KB040213

프랑스 사회주의 통합의 지도자
장 조레스, 그의 삶

장 조레스, 그의 삶

제1판1쇄 인쇄 | 2009년 9월 25일
제1판1쇄 발행 | 2009년 9월 30일

지은이 | 막스 갈로
옮긴이 | 노서경
펴낸이 | 박미옥
디자인 | 조완철

펴낸곳 | 도서출판 당대
등록 | 1995년 4월 21일 제10-1149호
주소 | 서울시 마포구 서교동 395-99 402호
전화 | 02-323-1315~6
팩스 | 02-323-1317
전자우편 | dangbi@chol.com

ISBN 978-89-8163-148-2 03300

Cet ouvrage, publié dans le cadre du Programme de Participation à la Publication, bénéficie
du soutien du Ministères des Affaires Etrangères et de l'Ambassade de France en Corée.
이 책은 프랑스 외무부와 주한프랑스대사관의 출판 번역 지원 프로그램의 도움으로 출간되었습니다.

프랑스 사회주의 통합의 지도자

장 조레스, 그의 삶

막스 갈로 지음 | 노서경 옮김

당대

1913년 3월 8일 니스에서
조레스의 말을 막으려고 했던 자들에 대항해,
몇몇 사람과 함께 조레스를 지켰던 나의 아버지,
아직도 그 집회를 잊지 않고 있는
나의 아버지의
그 추억을 살리기 위해.

"성역의 진리를 두어서는 안 된다. 다시 말해 인간이 철저히 조사하는 것을 금하는 것은 안 된다…. 세상에서 가장 위대한 것은 지고한 정신의 자유이다."
–조레스(『세속교육에 관한 연설』 1895. 2. 11)

"사회적 강제보다는 차라리 모든 위험과 함께하는 고독을, 그 어떤 전제주의보다는 오히려 무정부주의를!"
–조레스(La Revue socialiste 1895. 4)

"길 양편에는 무덤이 늘어서 있으나 그 길은 정의로 나아가는 길이기에."
–조레스(L'Humanité 1914. 1. 21)

차례

조레스를 기억하다

그 사람, 장 조레스는 1859년 9월 3일 카스트르에서 출생했다.

나폴레옹3세의 제정은 1851년 12월 2일 쿠데타로 들어선 후, 공화국을 목조르고 대규모 투기선풍을 일으키며 프랑스 산업혁명의 길을 열어놓았다.

카르모 광부들이 사회주의 의원으로 선출하고 "우리 조레스, 크나큰 조레스"라고 부른 그 사람은 1914년 7월 31일 암살당해 죽었다. 전쟁을 막기 위해 힘쓰던 그는 "군대의 선두에 서서 살해되는 영웅!"[1]처럼 쓰러졌다. 그러나 1905년 3월 7일 그가 한 말이 떠오른다. 잔잔한 구름이 폭풍우를 품고 있듯 자본주의는 그 안에 전쟁을 잉태하고 있다고 그는 예고했다.

수많은 혁명과 사건이 일어나고 수많은 이념이 펼쳐지고 전복되는 것을 목도한 세기, 그 격한 이념들이 '역사'의 전면을 차지하여 수많은 사람들이 수도 없는 범죄에 휩쓸린 세기를 거치고서 이제, 사회주의자 조레스 그 사람을 돌아보면 그는 차관조차 지내지 않았다. 정객들이 안됐다는 듯 동정조로 "그 사람은 어린아이야, 커다란 어린애지"[2] 하고 말했던 조레스는 언제나 그

---

1. "역사는 탈취당했다. 눈물에 젖어, 경악하며/군대의 선두에서 살해당한 이 영웅에 대해"(안나 드 노아유)

자리에 있다. 마치 우리 가족인 듯.

　"장 조레스, 프랑스 정치인, 1859~1914"라는 표지들이 있다. '거리나 광장의 기억'이다. 하지만 그뿐이기도 하다. 남부 도시를 가면 곳곳에 플라타너스로 둘러싸인 네모난 작은 광장에 그의 기념물이 서 있다. **동상의 기억들.** 이 동판의 인물은 어깨 위로 꼿꼿이 치켜든 육중한 머리에 넙적한 얼굴, "사상이 꽉 찬 두 주먹"[3]을 앞으로 내밀고 그렇지 않아도 강렬한 인상이 더 강렬해지는 네모난 턱수염을 가졌다. 연설할 때면 언제나 턱을 치켜들고 격정에 휘말려 즉흥과 영감에 사무친 웅변을 하던 그 순간이 살아 있다. 그리고 **이미지의 기억.** 하원에서 찍은 사진들을 보면 그는 자신이 쏟아내는 말에 심취하여 의석을 향해 온몸을 왈칵 내밀고 있다. 그 사진들은 말을 할 때면 온몸이 흔들리는 그의 모습을 그대로 되살려준다. 힘을 주어 말을 하느라 벌겋게 달아오른 사진들 속 얼굴을 보면 우리는 무엇을 표현하려는 그의 의지가 얼마나 강한지 짐작할 수 있다. 얼굴이 얼마나 뻘개졌던지, 어느 증인은 그를 구릿빛 두상이라고 말했다. 그는 청중을 매료시키거나 혹은 청중을 향해 고함을 질렀다. 1919년 3월 조레스를 암살한 라울 빌랭의 재판에 증인으로 나온 마르크 상니에(가톨릭 사회운동인 밭고랑운동의 주창자—옮긴이. 이하 옮긴이 표시 생략)는 "조레스의 목소리는 일찍이 프랑스와 세계가 가졌던 가장 숭고한 목소리 중 하나"라고 말한 것으로 알려져 있다. 그리고 트로츠키는 조레스에 대해 냉담한 판단을 내리지만 "그는 숨겨둔 힘을 동원하고 있었"고 그의 연설은 여러 번 들어도 "마치 매번 처음 듣는 듯했다"고 덧붙인다.

　목소리의 기억. 어떤 이들은 남부의 열기가 드러나는 억양과 그 장중한

---

2. 리보 알렉상드르(1842~1923), 여러 차례 장관을 역임했고 총리를 지냈다.

3. 쥘 르나르

음색을 아직도 잊지 않는다. 포병들이 굽어보는 가운데 프레생제르베(파리 동북부 교외의 지명) 시청 앞에 모여든 남자들 속에 어린아이들이 섞여 있다. 조레스는 맨 앞 연단의 창 쪽에 있다. 그는 물론 말을 하고 있는데, 왼팔을 치켜들고 마치 누구를 특별히 지목하여 아주 가까이서 대화를 나누는 듯 대중들에게 따져 묻는다. 오늘, 70년도 더 지나서 아이는 기억을 한다. 어쩌면 조레스가 온몸을 다 바쳐 말하면서 호소의 대상으로 삼았던 것은 자기였으리라고 믿는다. 말은 멀리 퍼져야 했다. 그러려면 커야 했다. 1913년 5월 25일 프레생제르베에서도 조레스를 보러 약 15만 명의 인파에 모여들었다. 그는 중절모를 쓰고 두 손을 꼿꼿하게 앞으로 내밀고 피리지 모자(프랑스혁명기에 혁명의 상징으로 쓰고 다닌 모자)로 뒤덮인 붉은 깃발들 사이에 서 있다. 누구나 그를 쳐다본다. 그는 한복판의 인파뿐 아니라 벌판 가장자리에 흩어져 있는 사람들까지 모두 자기 말을 들을 수 있게 하고 싶다. 마이크나 확성기도 없고 오직 목소리 하나로 당해 내야 하므로 지성과 신념에 찬 말을 뱃속에서부터 긁어내야 한다. 그래야 자신의 뜻이 확실히 살 것이다. 그래야 사람들이 드문드문 보이고 양산 쓴 여자들이 있는 언덕 멀리까지 목소리가 퍼져서, 자신의 말을 주의 깊게 듣고 있는 수많은 사람들이 자기 뜻을 알아듣고 마침내 그 뜻을 널리 전파할 것이다.

　　탈진한 기억. 몸과 마음을 온통 불사르는 조레스의 연설행위가 끝나면 어떠했는지, 그 기억이다. 그는 세 시간을 내리 연설할 수 있었고 연단에서 내려오면 "탈진하여 목소리가 갈라지고 오그라들었다." 모리스 바레스는 1909년 6월 25일 하원 본회의에서 그렇게 쓴다.

　　1901년 1월, 그는 몇 주 동안이나 목이 완전히 잠겼다. 후두염이었다. 얼음장같이 차디찬 방이든 찌는 듯 후텁지근한 방이든 그는 말하고 말하고 또 말했으며, 아무리 목도리를 둘러도 담배연기 때문에 목이 상하는 것을 막을 수 없었다.

연단의 기억. 쉼 없이 거듭되는 그 노력에 측근들은 불안했고 부인 루이즈
는 그 때문에 그의 집회에 참석하기를 거부했으며 "그는 나를 겁나게 한다"고
말하곤 했다. "그는 나를 겁나게 한다. 연설 끝에는 주검 같은 모습이다."

그러나 그를 억지로 침묵시켰던 침묵의 기억도 있다. 다시는 그가 목소리
를 내지 못하게 하려면 그를 죽이면 된다. 하지만 그에 앞서 얼마나 많은 집
회에서 그의 적수들이 그를 중단시키려고 했던가? 그리고 우리 집안은 조레
스에 대한 추억을 간직하고 있다. 나의 아버지는 1913년 니스에서—나는 역
사라는 '씌어진' 기억 속에서 그 날짜를 찾아냈다—3년 군복무법에 반대하
는 스포츠협회 청소년들이 신부들의 보호 아래, 조레스가 연설하기로 되어
있는 회의장에 난입했던 광경을 들려주었다.

증오의 기억. 그후 사회주의자가 된 나의 아버지는, 그 집회장에서 '왕의
부대' 젊은이들이 배부받은 호각을 불면서 목이 쉬도록 고함을 치는 사이에
아버지가 속해 있는 한 무리의 젊은이들이 무대에서 조레스를 지키는 장면을
세세히 묘사하면서 그 집회 이야기를 잊을 만하면 또다시 꺼냈다. 조레스는
자신의 말을 듣게 할 도리가 없었고 집회장소를 떠나야 했다. 하지만 나의 아
버지는 그가 던지는 몇 마디를 알아챘다. 그리고 70년 후에도, 원한은 아니지
만 유감을 인정하는 도전 같던 그 몇 마디 말을 기억했다. "그들은 외국 출신
이고 민족들 사이의 평화를 원치 않는다." 그러나 모욕이 빗발쳤다. 조레스는
독일 황제에게 팔린 '계집애'였다. 그리고 시인 샤를 페기는 분개해서 예고했
다. "전쟁이 선언되는 즉시 우리가 맨 먼저 해야 할 일은 조레스를 총살하는
것이다. 우리는 이 배신자들이 후방에서 우리 등에 칼을 꽂도록 내버려두지
않을 것이다." 증오, 죽이라고 다그치는 그 증오. 레옹 도데는 1914년 7월 23
일자 『락시옹 프랑세즈』(L'Action française)에 이렇게 썼다. "우리는 정치적으

로 살해할 인물을 결정하려고 하지 않는다. 그러나 조레스는 전율해야만 한다!" 그로부터 일주일 후, 민족주의와 보수주의 언론이 헤르 조레스(헤르는 독일어 호칭)라고 부른 그 사람은 라울 빌랭의 손에 암살당한다. 1914년 8월 10일 (동생에게 보낸) 빌랭의 편지는 그가 품고 있던 맹목적인 증오의 정념과 자기만족감을 적나라하게 보여준다. "만약 네가 보병다운 보병이라면 깃발을 쥔다는 게 무슨 의미인지 알 거다. 또 깃발을 쥐지 못하면 어떻게 되는 건지 알 거다. 그러니까 나는 큰 깃대를 쓰러뜨린 거야. 3년법 당시의 중대한 배신자, 알자스-로렌의 소집나팔을 모조리 꺼버린 그 큰 주둥아리. 나는 그걸 응징했고 그건 프랑스나 외국에 새로운 날이 오리라는 상징이다. …나는 선두에 서서 알자스에 쳐들어가지 못한 것을 후회했어도 이젠 가슴을 활짝 펴고 살 거다…."

조레스에 대한 **계획범죄의 기억**.

1919년 3월 29일 토요일, 조레스 암살사건에 대해 법원이 11 대 1로 무죄판결을 내렸을 때의 **분노의 기억**. 법원은 심지어 미망인 루이즈 조레스 여사가 민사재판의 소송비용을 부담해야 한다는 판결을 내린다.

"조레스 암살자는 무죄선고를 받았다. 노동자들이여! …그를 살해한 것이 범죄가 아니라는 가공할 판결이 공포되었다. 이 판결은 우리를 무법지대로 몰아낸다"고 아나톨 프랑스는 썼다.

조레스가 수호하고자 했던 이들의 가슴속에는 **부당함의 기억**이 남아 있어 그들의 반발과 감동을 시와 문학으로 표현했다. **말들의 기억**이다. 안나 드 노아유(프랑스 여성작가, 시인)는 조레스가 암살당한 다음날 이렇게 썼다.

어느 여름날 저녁에 그 강력한 죽음을 보았다.

준엄한 전율. 식탁을 옆에 하고

초라함 곁에 잠든 영광

나는 장엄한 그 죽음과 간소한 그의 방을 보았다.

방은 사람의 침묵으로 가득 차 있었다.

존경으로 둘러싸인 몽상의 분위기

장중하게 잠든 이 사람에게 평화가 들러붙어 있었다.

더 나중에 대중가요 작곡자인 자크 브렐(조레스 노래를 부르기도 한 벨기에 출신의 샹송 가수)은 이 노래 속에서 따질 것이다.

멋진 젊음이여, 당신들은 질문하라.

어두운 추억의 시절을

한숨 쉰 시절을

그들은 왜 조레스를 죽였는가.

그들은 왜 조레스를 죽였는가.

이 후렴은 집회에 나와 조레스의 연설을 들었던 수백만 명이, 그들의 조레스가 암살당했다는 소식에 울음을 터뜨렸던 1914년 7월 31일의 형언할 수 없는 슬픔을 그리워하는 애가처럼 들린다. **애정의 기억이다.** 나중에 카르모 시장이 된 광산노동자 칼비냐크는 한밤중에 소식을 듣고 그 자리에서 무릎을 꿇고 쓰러졌다. 어떤 이들은 마음속으로 말했다. "당신들이 아는가. 우리는 조레스 그를 사랑한다. 마치 제자들이 그리스도를 사랑했듯 그랬다고 믿는다."[4]

------

4. Henri Guillemin, *L'Arrière-Pensée de Jaurès*, Gallimard, 1968, p. 215.

그런데 작가 레옹 블루아는 증오를 멈추지 않고 자신의 일기에 이렇게 분명히 쓸 수 있었다. "어제 저녁, 조레스 암살당하다. 이 불운을 맞은 자를 위해 호곡할 자 누구이겠는가?" 그날 저녁 오열하는 이들은 수도 없이 많았다. 노동자, 교사, 농민 들.

　　1924년 좌파연합 정부가 조레스는 원치 않았던 **공식** 기억을 수립하고자 한다. 그래서 연단의 시신을 팡테옹으로 이장하기로 결정한다. 그것은 이 분개한 세력에 정당성을 주어 조레스의 권위를 이용하기 위해서였다.

　　아리스티드 브리앙(프랑스 독립파 사회주의자이며 1차대전기에 총리를 지냈음)은 언젠가 조레스와 함께 팡테옹에 간 적이 있다고 회상한다. "팡테옹에 들어서자, 조레스와 나는 컴컴하고 텅 빈 신전이 무섭다는 인상을 받았다. 그래서 우리는 햇빛 내려쬐는 팡테옹 광장으로 다시 나왔는데 그때 조레스가 나에게 이렇게 말했다. '내가 여기 묻히지 않을 건 확실해요. 하지만 우리 시골의 햇빛 비치고 꽃들이 핀 작은 묘지에 묻지 않고 내 유해를 이리로 갖다놓는다면 정말이지 내 유해에는 독이 들 거요.'"

　　그는 그렇게 될 것을 몰랐고, 믿지도 않았다. 그의 고향마을 카스트르에 **기억의 기억**인 조레스 박물관이 세워지리라고 상상이나 했겠는가? 역사가들이 조레스연구회를 창설하리라고, 수백 권의 책과 연구논문 및 학위논문 들이 **학문의 기억**을 비축해 가리라고 그가 상상했겠는가? 그는 틀림없이 이 모든 것보다 그가 뿌렸던 말들이 싹이 텄음을 증명하는 **신념의 기억**, **충실함의 기억**을 더 좋아할 것이다.

　　카르모에서는 그의 동지 칼비냐크가 1892년에 사회주의 시장으로 선출된 이래 한번도 시장의 색깔이 바뀌지 않았다. 1983년 3월 사회주의 퇴조의 시기에도 유권자의 72%가 사회주의 시장을 선출했다.

　　노동자의 기억이고 또한 **당의 기억**이다.

1904년 4월 18일에 그가 창간한 신문 『뤼마니테』는 아직도 제호에 영예의 칭호인 듯 "창립자 장 조레스"라고 명기하고 있다. 하지만 『뤼마니테』를 중심으로 돌아가는 공산당과 조레스 사상 사이에는 깊은 간격이 있다(『뤼마니테』는 이 책이 간행된 1984년 이후 공산당의 당기관지가 아니다).

우회의 기억? 이 논쟁은 이미 오래되었다. 1924년 7월 31일 좌파연합이 팡테옹 장례식을 준비할 때, 한 공산당의원은 "사회주의에 충실했기 때문에 암살당한 이의 권위를 사회주의에서 독점하려는 이 정치조작은 철저한 사회주의 배신행위"라고 항의한다.

기억을 둘러싼 분쟁? 조레스와 가까웠던 사회주의 지도자 레옹 블룸은 감성을 살려 이렇게 대답한 바 있다. "우리는 그에 속한다. 그러나 그가 우리의 것이다. 그가 우리의 당이었고 우리의 사상이었고 우리의 교리였다. 우리는 프랑스 사회주의자들인 우리를 위해 그를 간직한다. 그를 온전히 간직함으로써 우리는 그를 국민과 역사에 바친다."

그러면 조레스는 누구에게 속하는가? 그의 기억이 누구에게 소용이 되는가? 대립한 계승자들인 공산주의자들과 사회주의자들은 그의 유품을 전유하고 그의 어깨를 올라타고 성장하고자 했다.

조레스는 누구에게?

대답은 어렵지 않다. 그는 사상이라는 허물어뜨릴 수 없는 자양분을 창출했고 집단기억에 그 자양분을 공급했다. 그러나 가장 소중한 기억인 조레스의 텍스트에 대한 기억은 무엇보다도 미약하다. 그 때문에 그의 유산을 사취하거나 착복하는 일이 일어났고 지금도 그렇다.

웅변가, 국회의원, 암살당한 사회주의 투사라는 기억은 그가 사실은 창조하는 사상가이며 엄밀하고 관대한 지식인이며 대학 출신의 고전교양을 갖추었음을, 이미 고등사범을 나왔고 교수자격증을 획득한 데 더해 1892년 소르본에 학위논문을 제출한 철학도임을 가리키고 있다. 그의 주 논문은 「감성세계의 실재」를 다루었고 라틴어 부논문은 「독일 사회주의의 원천」을 천착했다. 조레스가 『사회주의 프랑스혁명사』의 저자라는 것을 생각하면 전문가들조차 속아버린 기억이 한층 생생해진다. 하지만 감히 누가 주장하겠는가? 조레스가 더 이상 모던할 수 없는 수준으로 언제나 역사와 인간의 의미에 비추어 성찰하고 행동했으며, 정치개입의 의미를 늘 탐문하면서 당대 최고의 지식인들과 똑같은 인정을 받았다는 것을, 그의 저술을 다 합치면 400쪽 분량의 책이 80~90권이나 된다는 것을 사람들이 알고 있을까?

그러므로 그에 대한 기억은 불완전한 기억이다. 조레스는 민중에 대해 "물에 잠긴 시커먼 암초"라고 쓴 바 있다. 마찬가지로 우리는 바로 그가 그렇다고 말할 수 있을 것이다.

아마도 팡테옹, 카스트르의 박물관, 조레스연구회에도 불구하고 정치인 조레스의 추억과 그의 격렬한 사라짐의 광채가 너무도 강해서 지식인 조레스는 대다수 사람들에게 여전히 '물에 잠겨' 있을 것이다.

하지만 **사상의 기억**은 어느 날 느닷없이 그 사상이 얼마나 모던하고 투명한가를 일깨워준다. "무엇보다 중요한 인간다움은 개인의 자유, 소유의 자유, 사상의 자유, 노동의 자유이다"는 말을 누가 했는가? "모든 것의 척도는 인간 개인이다"고 누가 말했는가? 그리고 1893년 1월 2일에 누가 이렇게 썼는가? "우리는 살아 있는 당파이다. 우리는 삶의 복잡함을 이해한다. 우리는 우리가 만들 정의의 작품을 허공 속에서가 아니라 현실을 꿰뚫으며 추구한다." 조레스는 실제 문제들에 내포된 이론의 의문들을 버리지 않고 제기하면서 그 문제들을 다루고 있다.

전쟁이 한창이던 1917년 7월 31일 파리 생마르탱 거리의 축제궁전에서 열린 회의에서 레옹 블룸은 "조레스를 기억하기 위해 연례추모회보다 훨씬 오래 가는 기념비를 세워야 한다"고 언명하고 이렇게 덧붙인다. "우리는 그가 연설의 달인이었을 뿐 아니라 프랑스가 언제나 기릴 수 있는 가장 고매한 사상가, 가장 힘찬 역사가, 가장 위대한 작가, 가장 위대한 시인들 중 한 사람임을 보여줄 것이다."

확실히 조레스는 나폴레옹을 제외하고는 아마도 그 어떤 프랑스 정치인보다 여러 번 소설 속에 등장한 문학기억의 인물이다. 20세기의 저명한 작가 반열에 드는 로제 마르탱 뒤 가르, 줄 로맹, 아라공이 1914년(『티보가의 사람들』,『선의의 사람들』,『상층동네』)에, 또는 『바젤의 종(鐘)』 시기의 그를 묘사했다. 소설가들은 조레스의 사람됨에서 프랑스 사회의 모든 상징성을 포착했고, 그때부터 조레스는 이 사회의 고르지 않은 얼굴 전체를 대표했다. 그리고 필자 개인의 기억이 있다. 세기 전환기를 포착하고 싶은 소설가의 경험에서 볼 때, 이 시기를 묘사하고자 한다면 조레스를 만나지 않을 수 없다는 것이 분명하다. 그러므로 나 역시 나의 주인공들에 조레스를 섞어넣게 되었다.

그렇지만 상상의 기억만으로는 충분치 않다. 조레스는 아직도 상황이 만들어낸 분열의 희생으로 보존되고 있다. 투르 대회(1920년 12월 투르에서 열린 프랑스사회당대회에서 공산당과 사회당이 분리된다) 이후 혁명가이기를 자원하고 그렇게 자칭하는 공산주의자들과 '옛집'에 남아 이상(理想)을 배반했다고 비난받는 사회주의자들이 갈라섰다.

공산주의자들은 조레스를 하나의 조각상처럼 만들었다. 그들은 그의 개성을 비워버리고 그를 기렸다. '과학적 사회주의'의 길에서 아직도 머뭇거리고 있는 '마르크스주의자 이전'의 인물이 아니라, 마르크스를 세심하게 읽고 수용했고 이미 그보다 더 나아가 있던 그 독창성을 비워버린 것이다. 우익은 그를 모욕하고 중상(中傷)한 후 침묵하는 데 만족했다. 혹은 조레스를 자기 환상에 매달린 관대하고 천진하고 서툰 사람으로, 결국 유토피아의 희생자로 만들었다. 우익은 더 이상 그와 싸우지 않았고 때로는 그의 사상에서 사회주의를 지워버리려고까지 애쓰면서 공손한 칭송 아래 그를 질식시켰다. 사회주의자들의 이념이 이러한 이중압박 사이에서 힘들었던 것은 사실이지만, 그들은 결코 자신들이 했어야 할 만큼 그를 지켜내지 못했다. 즉 그에게 덮어씌워져 있는 조각상을 벗겨내고 생생한 조레스, 살아 있는 조레스 속에서 프랑스 사회주의의 진정한 얼굴을 발견하지 못했던 것이다.

조레스의 기억은 사회주의자들의 방황과 머뭇거림, 공산주의자들의 능란함 그리고 붉은 모델에 사로잡힌 여러 역사가들의 조심스러움에 따라 희생된 기억이다.

이제 크나큰 조레스로 돌아갈 것인가? 역사적 순간에는 어떤 태도를 정해야만 한다. 선입견 없이 모든 기억을 열어젖혀야 한다. 그러기 위해서는 조레스와 함께 그의 생애를 밀고 가는 것이다. "그의 기억보다 그 책들 중 하나를 들려고 하면서… 한 사람의 역사를 가로질러 한 시대의 역사가 투명하게 비친다."(레옹 블룸)

그러면 마시프 상트랄이 내려다보이는 기름진 언덕들의 풍경 속, 시도브르의 작은 산들과 누아르 산의 끝자락, 아구 강과 토레 강이 합류하는 그곳 카스트르에서 시작하자. 그곳에서 사람들은 선사시대부터 오랜 발자취를 남겼고 농업을 창안했고 풍경을 가꾸었으며 커다란 조레스의 고장, 산악과 평야와 석회질과 화강암과 충적토의 고장에서 여러 종류의 토양을 이용하는 법을 터득했다. 그곳에서 농민들은 남부의 말 오크(Oc)어를 사용한다. 그곳에서 자유를 요구하는 것은 정통에 복종하기를 거부한 다른 문명의 피, 바로 그것이다. 독립의 고장이다.

그곳에서 장 조레스는 태어났다. 1859년 9월 3일 카스트르이다. 다들 알다시피 나폴레옹3세의 치세이다.

두 형제 장과 루이 조레스
그리고 어머니 아델라이드 조레스
(장 조레스 박물관, 카스트르)

고등사범학교의 조레스(왼편 앉은 자리에서 두번째). 1878년 입학생이고 베르그송(맨 오른편에 서 있다)과
동기생이다. (장 조레스 박물관, 카스트르와 로제 비올레)

Ⅰ. 어떻게 어른이 되어가는가

1859
1885

조레스가 태어난 9월은 카스트르 지방의 날씨가 차분해지는 때이다.
이따금 폭풍이 닥친다. 천 개의 침으로 찌르는 열풍에 이어 한 순간 상쾌한
바람이 분다. 날은 맑고 풍경은 황금빛이다. 과일들이 무르익어, 밭두렁에 늘
어선 나무들은 가지를 축 늘어뜨리고 있다. 밭은 조각조각 경계를 이루고 색
색이 구분된다. 초가집의 짚은 금색, 초원에 남은 녹색, 일렬로 늘어선 포도
나무들과 대조를 이루는 반점. 그것들은 장 조레스와 동생 루이가 뛰어다니
는 이 좁은 길들의 표지판 같다. 그 아이 장을 사람들은 '뚱뚱이'라고 부른다.
얼굴은 포동포동하고 금발에 둥글게 말린 머리칼, 단단하지만 꿈꾸는 듯한
아이는 자기보다 말랐고 '점박이'라는 별명을 가진 동생 루이를 데리고 다닌
다. 두 아이는 페디알-오트의 아버지 농장에서 카스트르까지의 3킬로 거리
를 걸어다닌다. 그곳 소도시의 시내인, 나무덧창에 지붕이 낮은 집에서 조레
스는 태어났다. 집의 전면은 간소한 회색이고 두드러지게 거무스레한 문짝이
보이는데 그 현관문을 열려면 계단 세 개를 올라가는 볼품없고 수수한 그 집
은 레클뤼잔 거리 5번지의 좁은 골목에 있다.

  카스트르에 있는 생-자크-드-빌구두 교구 세례장부에는 이렇게 씌어

져 있다. "1859년 9월 6일, 본 교구에서 오귀스트-마리-조제프-장이 이달 3일 정오에 출생. 장-앙리-쥘 조레스와 부인 마리-아델라이드 바르바자의 아들. 레클뤼잔 거주."

1년 후 루이가 태어났다. 그러나 어린 딸아이 아델이 태어난 지 몇 주도 안 되어 숨졌고, 그때 조레스 내외는 피델에 있는 농장에 자리 잡는다.

조레스는 그래서 들밭의 아이였고, 밀의 향내, 힘 있고 느릿느릿 다니는 짐수레, 폭풍우가 오기 전에 재빨리 집요하게 낫을 움직이는 이들의 자식이다. 일은 참을성 있고 고집스럽게 언제나 다시 시작해야 하고 밭을 갈 때는 구석구석까지 반드시 땅을 깊숙이 파야 하며, 흙이 위대한 리듬을 만드는 것을 그는 배웠다. 그는 수확의 기쁨을 알았고, 또 여름이면 오후 끝자락에 광풍이 불고 우박이 내려 밀이 툭툭 꺾이고 포도가 엉망이 되어버리는 이 명암의 고장에서 자연의 인자함과 격렬함을 체득했다. 조레스, 그는 시도브르의 누아르 산이나 라콘 언덕들이 남쪽에서 동쪽까지 지평선을 가로막는 고지가 낮은 이 준엄한 풍경의 자식이다. 남부지방의 풍요한 역사가 산출한 듯 공들여 가꾸는 다작물들이 슬기롭게 경작되어 있는 대지의 자식이다. 겨우 수 킬로미터 반경에 지나지 않지만, 그는 양들이 풀을 뜯는 마시프 상트랄의 비탈에서부터 아구와 토레 강가, 뜰을 가꾸고 포도송이가 매달린 낮은 언덕까지 다니는 법을 배웠다.

19세기 중반에 이 지역은 꼼짝 않는 농촌세계의 부동성을 서서히 벗어나고 있었다. 카스트르 사람들은 라구 강을 따라 양모 일을 했다. 계곡에서는 지방 산물인 피혁이나 목재를 활용한 소규모 공업을 일으켰다. 카르모를 향해 더 북쪽으로 가면 고(高)용광로와 광산을 가진 제철업이 부상하고 있었다. 농민들은 노동자, 광부가 되어갔다. 그들은 유리병 제조공장과 선박건조에 필요한 기계작업장들에 고용되었다. 소규모 산업이 발달하면서 현지 토지귀족 주인들의 지배를 받는 반(半)농촌 반(半)노동 프롤레타리아가 태동했다. 카르모의 영주인 솔라주 후작은 모든 가구를 손 안에 꽉 쥐고 있는 주인이었다.

이런 변화의 움직임은 이제 갓 시작되었으므로 아직 농촌풍경은 손대지 않았지만 도시를 향한 이농은 이미 조장되었다. 이로써 카스트르나 카르모는 주민이 2만 명 가까이 될 만큼 늘었다. 제2제정은 이런저런 입법으로 이러한 발전을 촉진시켰다. 은행과 유한주식회사가 생기고, 수표사용(1865)도 조레스 일가가 겨울이면 가서 지내는 타른 도의 카스트르까지 퍼졌다. 오랜 안정감이 흔들리기 시작했다. 조레스는 또한 이 동요하는 시대의 자식이었다.

물론 지나가는 짐수레들을 응시하고 고삐에 묶여 느릿느릿 밭을 가는 소들을 뒤쫓고 동생과 함께 밭일을 하지만, 장 조레스는 무엇보다 붙박인 농촌세계에 대해 전망을 가졌다. 농민들은 불과 몇 헥타르의 폐쇄경제로 근근이 살아가는 소농들이다. 조레스는 그들을 보고 그들과 얘기하고 함께 포도를 짜고 그들의 수확을 거들었다. 그는 루이보다 일손이 서툴렀지만 이런 노동에 끼어드는 것이 기뻤다. 사람들이 애쓰는 것을 배우는 것이다. 그의 교양은 단지 말과 사상과 추상화의 축적이 아니었다. 농민의 수고와 기쁨, 고개 들어 하늘을 보며 비가 오려나 우박인가 하는 하루하루의 불확실함, 그러면서도 이 관대한 지역에선 언제나 식탁에 빵과 버터 한 조각은 놓이고 심지어 포도주 한 병도 놓인다는 안도감, 그것을 알고 있는 교양이었다. 그는 농가에서 볼 수 있는 풍성한 공동의 식사를 사랑하게 된다.

기름진 땅 6헥타르를 가진 페디알 농장은 이 지방 전형의 경작형태이다. 집은 불룩하니 야트막하고, 도구와 짐수레를 넣어두는 헛간과 외양간이 이어져 있다. 지붕의 로마식 기와는 여기가 북부와 다른 남부 오크 문명이고 미디랑그도크, 저항의 땅으로 교회권력과 결탁한 왕정의 권력의지에 오랫동안 반항한 이단의 고장임을 말해 준다. 조레스는 페디알 집 앞의 우물가 돌에 앉아 학교의 교과목을 공부하고 풍경을 바라보면서 땅의 개인소유에 근거한 독립심의 전통에 물들어갔다.

페디알을 지은 사람은 장의 아버지 줄 조레스이다. 하지만 그는 농부가 아니었다. 다른 직업들을 전전하다가 흙으로 돌아왔을 뿐이다. 그는 보케르에서 카스트르로 직물을 싣고 와 타른 시장에서 파는 상인이었다. 도로망이 생겨나는 이 무렵에 그는 자갈과 모래밭을 건너며 교량과 제방을 찾아 수레를 몰았다. 늘 큰소리로 말하고 긴 여정의 끝에 여인숙에 들러 동행인들끼리 한잔 걸칠 때면 강술을 마시는 남자였다. 그는 손수 짐을 나르기도 하고 언제나 가방이나 삽을 들고 다녀야 했으므로 건장하기도 했다. 그는 오랫동안 독신이었다. 이 시장에서 저 시장으로 돌아다녀야 했고 한곳에 정착할 틈이 없었다.

그러다가 서른세 살—1819년 출생이다—에 줄 조레스는 레클뤼잔 거리에 자리를 잡았다. 5번지 집의 주인 딸 마리-아델라이드 바르바자는 서른 살이었다. 그 여자는 말이 없고 온화하고 착하면서도 독립심이 강했다. 그 여자는 모험의 냄새를 풍기는 이 '잘생긴 남자'에게 반했다. 하지만 그는 여기저기 다니는 떠돌이였다. 그의 집안 전체가 그랬다. 조레스 집안은 조르 계곡에서 멀지 않은 두르뉴의 누아르 산에서 왔고, 필경 집안의 성을 그 조르(Jaur)에서 땄을 것이다. 조레스 집안사람들은 농민이었다. 하지만 양모 일을 하면서 차츰 '상인'이 되어가던 중에 장 조레스의 할아버지가 19세기 초에 카스트르에 정착했다. 줄 조레스는 거기서 태어났다.

그런데 장 조레스의 이 부계가족은 남다른 것에 마음을 열었다. 제(Sees)의 사제인 알렉시스 소솔 신부는 조레스 집안과 사촌지간이다. 특히 장의 두 삼촌은 국가의 훈련을 받았고 이로써 지방의 틀을 벗어났다. 그들 역시 상인의 자식이었지만 시야를 넓히기를 열망했고 둘 다 제독이 되었다. 1808년에 출생하여 1865년에 사망한 첫째 장-루이-샤를 조레스는 알제 공격에, 그리고 이어 인도차이나와 중국 원정에 참가했다. 1823년에 태어나서 1889년에 눈을 감은 둘째 벵자맹-콩스탕 조레스는 (크리미아, 이탈리아, 안남, 1870년 전쟁에서) 영광스런 경력을 쌓은 후 해군장관이 되었다.

삼촌들이 집안에서 중요한 위치에 있었던 것은 잘 알려져 있다. 이런 집안계보에서 조레스의 아버지는 영광스러울 게 하나도 없는 인물이었다. 바라바자 집안은 그걸 알고 있었고, 그래서 마리-아델라이드의 양친은 자기 집에 세 들어 사는 줄 조레스에게 마지못해 딸을 보냈다.

결혼식은 1852년에 올렸다. 위세 당당한 줄 조레스의 두 사촌은 축전을 보내왔다.

반대로 바르바자 집안의 친척들은 혼인을 반대했지만 결혼식에는 참석했다. 그들은 그 지방에 뿌리박고 살면서 직물제조로 성실하게 살림을 꾸려나가고 있었다. 아델라이드의 아버지는 카스트르 시의원이었다. 외할아버지 조제프 살바야라는 부시장을 지냈으며, 시 교육기관인 보놈 중학교에서 철학을 가르치는 '문예'교사였다. 사촌 루이 바르바자는 생시르 육군사관학교 출신으로 크리미아 전쟁 때 큰 부상을 당했다. 이에 대한 보상으로 제정정부는 그를 타른 도 퓌로랑의 세리로 임명했다. 장과 루이 조레스에게는 그 역시 제독 삼촌들의 영광을 잇는 인물이었다.

장 조레스는 부모가 결혼한 지 7년이나 지나서 태어났다. 그때 줄 조레스는 사십이었는데, 이미 병들어 있었다. 술 때문이었는지 감정의 충격을 삭히지 못해서 그랬는지 알 수 없지만, 차츰 몸이 마비되어 페디알에 자리보전하게 되었다. 아내 마리-아델라이드는 서른일곱 살이었다. 그 여자는 완강하지 않으면서 경건했다. 신앙심이 깊고 선하고 부드러웠다. 외가 쪽으로 여러 명의 자선수녀와 카스트르의 프레장타시옹 수도원 수석수녀가 있었다. 마리-아델라이드는 세번째 태어난 딸아이를 어려서 잃고는 아들들에게 헌신하는 마음이 더 깊어졌다. 그 아이들이 제대로 피어나게 하기 위해 무슨 방법이든 다하려는 의지를 가졌다. 무엇보다 따뜻한 모성애를 지녀 두 아이가 다정하게 '메로트'라고 불렀다. 아이들이 세잘 기숙학교에 다닐 때도, 나중에 카스트르 중학교로 가는 길에도 늘 곁에 동반하는 엄마였다.

레미 세잘 수도학교, 장 조레스가 처음 다닌 이 학교에서는 라틴어를 가르쳤다. 한 신부가 라틴어 교사였고 프랑스어 수업은 수도학교의 클로딘 수녀가 했으며 식사준비는 리조트 수녀가 맡았다. 교육은 초보 수준이었고 과목도 몇 가지밖에 없었지만 장 조레스는 공부를 열심히 했다.

마치 책이 그를 빨아들이는 듯했다. 그는 걸으면서 밥을 먹으면서 혹은 페디알 우물가에 기대앉아 책을 읽곤 했다. 고개를 들어 농촌풍경을 바라보거나 가끔 농부들의 일정한 동작을 뒤좇을 뿐, 그는 언제나 책을 읽었다. 어리지만 심지가 깊은 아이였다. 물론 맏이이기도 했다. 하지만 메로트는 두 아들을 차별하지 않았다. 늘 똑같이 옷을 입혔다. 카스트르 중학교에 입학해서는 교복을 입어야 했다. 목까지 단추를 채운 조끼와 긴 반지와 흰 셔츠, 짧은 상의였다. 두 아이는 나란히 사진을 찍었다. 열 살의 장은 진지하면서도 어딘지 좀 뻣뻣하고 오만한 모습이다. 중학교에 들어가자 몇 달 안 되어 금방 드러났듯이 우수한 학업성적을 자신했기 때문이다. 한 손을 형의 어깨에 얹은 루이는 좀 놀란 표정을 하고 있다. 다정함과 공정함이 물씬 묻어나는 어머니의 애정과 의좋은 형제, 집안을 평온하게 다스리는 어머니의 손길이 고스란히 전해진다. 그러나 언뜻 애수가 깃들인 두 소년의 심각한 태도라든가 이미 장 조레스에게 붙어 있는 성인의 분위기는 아마도 중풍에 걸려 바깥출입을 못하는 아버지한테서 비롯되었을 것이다. 어머니가 경건하고 충실한 태도로 받아들이게 한 이 결핍. 그것이 신랄한 태도를 갖게 하거나 가족갈등의 씨앗이 되지는 않았지만, 그래도 장 조레스와 또 동생 루이에게 무거운 책임감을 갖도록 했다. 두 형제는 중학교 학비의 반을 루이 바르바자 삼촌이 대는 것을 알고 있었다. 또 엄마의 사라진 보석이 나머지 반을 위해 팔렸다는 것도 알았다. 메로트에 대한 그들의 애정과 성실함은 더 커졌다. 그들은 엄마가 일요일 용돈으로 주는 동전을 한 푼도 쓰지 않았다. 그들은 긴장하고 노력했다. 그렇게 하기에 농촌의 환경은 더할 수 없이 적합하다. 메로트의 희생은 그 자체가 무언의 요구였다. 그리고 삼촌들의 존재, 그들의 성공과 영광은 학업에 정확한 목표를 주었다.

삼촌들이 어느 정도는 장과 루이 조레스의 의식에 실제 모범이 된 것을 어떻게 믿지 않겠는가? 동생 루이 조레스는 해군사관학교 입학을 준비하기 위해 카스트르 중학교에 가기로 마음먹었다. 삼촌 두 분이 해군제독이고 그중 한 분은 곧 해군장관이 되리란 것이 우연이겠는가? 장의 입장에서는 이 벵자맹-콩스탕 조레스를 잊을 수 없다. 장이 파리 중학교에서 받게 된 장학금을 두 형제가 나눠서 쓰도록 주선한 사람이 이 삼촌이었다. 멀리 있는 보호자, 국가에서 활약하는 이미지를 지닌 후광 같은 삼촌들은 자리보전해 있는 아버지를 대신해서 자극을 주고 열심히 공부하기를 요구했다.

맏이인 만큼 아버지-삼촌의 이 모순을 한 몸에 떠맡아야 하고, 일등이라는 뛰어난 성적으로 어머니의 모든 희망을 또한 아버지를 위한 설욕을 한 몸에 안아야 하는 것이 그가 처한 상황이었을까? 이 애매함이 그가 겪는 불안의 징후들을 자극하고 만성두통과 눈 깜박거림을 일으키고 마치 피가 너무 격하고도 빨리 뛰기라도 하는 듯 얼굴이 붉어지는 장 조레스의 인상을 만든 것일까?

이 증세들은 분명 심하지는 않았다. 조레스는 늘 쾌활한 아이였다. 하지만 심각하거나 몽상하는 표정이 언뜻언뜻 비쳤다. 몽상은 다스려도 다시 나타나는 번민 끝의 불확실이다. 이 모든 것은 또한 열광과 의지의 원천이기도 했다. 장 조레스에게서 느낄 수 있는 내면의 긴장은 역동성과 세상에 섞이려는 욕망을 창조했다.

그리고 삼촌들은 여전히 역사의 중재자로 봉직하고 있었다.

1870년 제정이 맹목적으로 전쟁에 뛰어들자 크리미아의 영웅 루이 바르바자 삼촌은 전투작전에 대해 논평하고 스당과 바젠의 항복에 분개한다. 이때 어린 조레스의 가슴과 머리에는 민족감정과 패배한 조국에 대한 애정이 새겨진다. 조레스는 민족이 겪게 되는 수모와 알자스-로렌이 잘려나가는 치욕감을 아는 아들이었다. 나중에 말하듯이, 그는 "조국을 위해 아무것도 할 수 없다는 미칠 것 같은 마음"이었다. 중학교에 다니는 열두 살의 조레스는 2개 포병연대가 주둔해 있는 카스트르 시에 감도는 정치적 분위기를 충분히 느꼈다. 삼촌 벵자맹-콩스탕은 프로이센 군대에 맞서 루아르 강에서 전투를 치렀으며, 샹지는 그를 해군소장으로 승진시켰다. 그리고 그는 1871년에 타른 도의원으로 당선되었다(나중에 장관이 되기 전에 에스파냐 대사와 상트페테르부르크 대사를 거친다).

장 조레스는 집안에서 가장 돋보이는 삶, 선망받는 삼촌의 운명이 개입된 이 사건들—패배, 제정붕괴, 공화국—에 깊은 인상을 받는다. 그러나 삼촌은 '실재'하긴 해도 '부재'했다. 타른 도 사람들이 전부 그렇듯이, 아직 어린 장 조레스가 공화파라는 건 이상하지 않았다.

어느 날—조레스는 막 열세 살이 되었다—몇몇 사람들이 카스트르의 공화파의원이 될 프레데리크 토마 주위를 둘러쌌고, 그 속에서 그는 "민중의 아들, 토마 만세!" 하고 외친다.

지역과 풍경, 이곳의 역사와 문명, 가족의 영향과 모순, 사건들, 순간, 시대의 정신은 갈림길에 서 있는 이 시대—특히 1870~71년—에 성장한 아이에게 깊은 흔적을 남겼다. 그 모든 것이 장 조레스가 바라는 모델이었고, 모든 것이 카스트르 중학교 시절부터 누구나 그 비범함을 금방 알아본 이 지성의 자산, 이 풍부한 인간성을 지도했다.

물론 그는 이 학교를 다닌 7년—1869~76년—동안 늘 학급에서 일등이었는데, 마리-아델라이드 조레스 여사가 언제나 맨 앞줄에 앉는 엄숙한 시상식은 조레스의 축제였다. 시상식이 끝나면 메르트는 아들의 팔을 끼고 자랑스럽게 페디알로 돌아왔다. 루이 역시 형의 도움을 받아 학업이 우수했다. 루이는 해군사관학교를 선택하고 입학준비를 해나갔지만, 그렇다고 장이 형으로서 동생을 포기한 것은 아니었다. 장은 문학과 역사 교재 또 수학 책으로 루이를 가르치고 어려운 문제는 함께 풀기도 했다. 장은 모든 학과목에 통달했다. 물론 프랑스어로 글쓰기를 했지만 라틴어도 빠트리지 않았다. 시저의 언어를 모국어처럼 읽었으며, 어떤 교수는 시험 보는 자리에서 이 학생의 텍스트는 키케로의 글에 버금간다고 평했다. 장은 그리스어를 잘했으며 물리에 밝았고 독일어도 뛰어났다. 칸트 언어의 선택은 시대의 추세였고, 그것만으로도 당시의 많은 소년들처럼 조레스의 머릿속에 독일이 들어 있음을 알려준다. 패배는 깊은 인상을 심어주어서 그들은 '보주(프랑스 동북부의 국경지대 지명)의 푸른 선'까지 국경선을 옮겨놓은 이 오만한 승리자 독일을 확실히 물리치기 위해 독일을 이해하고자 했다.

그러나 조레스에게는 흔히 보는 자질 이상의 것이 있었다. 조레스는 우선 성숙함으로 사람들을 놀라게 했다. 교수들마다 그 점을 증언한다. 수사학(프랑스어와 문학과 고전어) 교수 제르마, 철학을 가르친 브리농 또 (고등학교 교감) 델페슈는 그를 자신들과 거의 대등한 수준으로 인정했다. 소도시 카스트르에서 이 인사들은 진정한 지식의 빛을 발휘했으며, 그중에 제르마 같은 이는 글을 쓰는 저술가였고 그 박학함이 지방에 널리 알려져 있었다. 역사와 언어에 대한 사랑을 가득 지니고 오래된 지역의 지적 활기를 일으키는 이 사람들이 조레스의 상대자가 되었다. 그들은 그와 대화를 나누고 그와 함께 많은 계획을 세웠고 그에게 책을 빌려주었다. 그들은 그가 밭일을 거들거나 몽상에 빠져 있을 때말고는 온종일 책을 본다는 것을 알고 있었다. 수상식 연설을 한다거나 부지사가 학교를 방문하는 기회가 오면 교수들은 조레스를 지명했다. 더구나 그는 타고난 웅변가였다. 준비한 원고를 낭독할 필요가 없을 만큼 기억력이 뛰어나고 말이 청중의 심금을 울렸다. 문장 하나를 쓱 읽어도 그대로 외웠다. 그의 웅변을 듣는 이들은 하나같이 놀라움을 금치 못하고 경탄했다. 손님들은 곱슬곱슬한 금발에 두상이 큰 조레스가 구겨진 옷을 입고 어색하게 좀 묵직한 걸음걸이로 앞으로 나갈 때는 그리 유심히 보지 않는다. 이윽고 그가 접은 종이를 펼쳐들고 열기어린 말투로 풍부한 라틴어 문장을 구사하며 말을 한다. 150명의 학생들이 박수를 치고 손님들은 이 빛나는 품성의 주인공이 누구인지 묻는다. 이 돋보이는 수재는 해군제독 상원의원 조레스의 조카이고 외가로는 카스트르 시장을 지낸 조제프 살베르가 친척지간이다. 1876년에는 교육기관 전체 경연대회에서 수상을 하면서 조레스의 이름은 지방 일대에 널리 알려진다.

그러나 조레스는 성공했다고 자만심을 보이지 않았다. 중풍으로 페디알에 칩거해 있는 아버지와 메로트를 위해 기쁠 따름이었다. 그는 어떤 학교동료보다 우수했지만 친구들 사이에서 인기가 많았다. 그의 뛰어난 학업성취로 학교는 권위를 누렸고, 기숙학생들에게도 약간 혜택이 돌아와 휴일이 추가되거나 특별 식사가 나왔다.

한편 조레스가 절제의 감각을 지녔던 데는 매일 카스트르에서 페디알—

오트까지 수 킬로를 걸어다니고 농민들의 말(파투아)을 같이하는 이 시골길의 여정이 주효했다. 책과 지식, 문화는 그 자체가 목적이 아니고 자연과 다른 사람들을 이해하고 그들에게로 귀환하는 하나의 수단이며, 현실을 보다 민첩하게 포착하고 역사와 풍경을 읽어내고, 무엇이 사람들을 움직이게 하는지 간파해 내는 하나의 방식이었다.

그가 밟은 교육과정은 고대의 전통에 따라 고전의 지성을 키워가는 것이었다. 조레스는 라틴과 그리스 작가들에 대한 지식을 쌓아 그 전통을 자기 것으로 만들었다. (1학년) 수사학 시간에 그는 당대 작가 르낭과 퓌스텔 드 쿨랑주(『고대도시』를 쓴 역사가)를 읽었으며, 그들이 바로 고전을 통해 풍요로움을 쌓은 작가들이었다. 그는 그들의 비판방식과 준엄한 의지에 푹 빠졌다. 우수한 어린 학생들은 '신계층'(제3공화국이 사회적 기반으로 삼은 폭넓은 중간계층) 출신으로 애국심이 강하고 공화파였으며 교육을 통해 사심 없는 지성을 고양시켜 성숙해지는 모럴을 찾고 있었는데, 조레스는 이들을 대표하는 모범이었다.

이런 점에서 장 조레스는 나라를 위해 엘리트를 배출하고 전국에서 이런 엘리트들을 발굴해 내는 공교육의 산물이었다. 1875년에는 아직 줄 페리의 무상의무교육(1881)이 실시되기 전이어서 인재선발과 진급체계가 사회에 깊게 스며들지는 않았으나, 장학제도를 설치하여 시골 소부르주아지 전체에서 우수한 학생들을 모집했다. 나라의 중핵을 형성하기 위해 최우수 인재를 선발하는 제도는 개인으로 보면 사회적 상승의 길이었다. 이 길에서는 시험을 치르고 선발되고 그 다음으로 그랑제콜(고등사범학교, 폴리테크닉, 해군사관학교와 생시르 육군사관학교)의 단계를 반드시 거쳐야 했다. 조레스는 그렇게 해야만 했다. 공화파든 왕당파든 정치와 행정 엘리트들은 1870년의 패배로—어떤 이들은 보복을 원했지만—그렇게 해야 할 절대적 필요가 있다고 자각했다. 이에 따라 1875년 니콜라-펠릭스 델투르 장학관이 제르마 씨의 수업에서 라틴어 시문을 쓰고 모든 과목에서 압도하는 이 수사학의 제자 장 조레스를 골라냈을 때, 그 장학관은 이러한 운명에 집착한다. 스스로 말하기도 했지만, 그는 이렇게 지적인 자질을 갖춘 소년은 본 적이 없다고 확신했다. 델투르는 고위공무원이 아니었다. 교수이고 18세기 라신(고전기 극작가)의 적수들에 관한 책을 쓴 저자였다. 가느다란 목소리에 빼빼 마른 몸이 구부정한데다 수염을 길러 늙은 인상을 풍기는 이 학식 높은 장학관은 열정을 내면서도 관대하고 결단력 있는 사람이었다. 그는 우연히 책갈피에서 떨어진 종이에 씌어 있는 라틴어 시를 읽고는 바로 그 자리에서 조레스에게 질문을 했고 그를 알아보았다. 장학관은 조레스와 함께 페디알-오트까지 가서, 조레스 부모에게 어려운 일은 자기가 해결할 것이라고 설명했다. 델투르, 그는 고등사범학교 입학을 준비하는 파리 중학(리세)의 장학금을 얻어낼 것이다. 조레스는 교수자격자가 되고 교수가 될 것이며, 또 이 젊은이는 어머니 곁에 있기를 원하므로 고향으로 돌아와서 학생들을 가르치게 될 것이다. 파리에서 생활하는 것은 걱정할 필요가 없다. 그는 조레스의 집에 들어가자마자 그 방에 샹보르 백작의 초상화가 걸려 있는 것을 눈여겨보았다. 줄 조레스는 왕당파였고 델투르 역시 마찬가지였다. 신앙심이 깊은 조레스 부인은 델투르가 장을 잘 보살피리라는 걸 의심치 않았다. 더구나 자식이 교수가 될 꿈을 갖고 있으니, 우체국장보다는 교수가 좋지 않겠는가?

양친은 오래 망설이지 않았다. 장 조레스는 기쁨에 젖었다. 이제 델투르가 약속을 지키는 일만 남았다. 그는 이 일에 달라붙다시피 집요해야 할 것이다. 파리의 '카뉴'(기숙사)에 방을 얻기란 무척 힘든 일이었다. 특히 고등사범 준비반은 파리의 재능 있는 학생들이 다 모이므로 붐볐다. 델투르는 직접 나서서 여러 번 신청한 끝에 간신히 팡테옹 광장에서 몇십 미터 떨어진 생트-주느비에브 언덕에 있는 생트-바르브 콜레주 기숙생 방을 얻었다. 국가에서 지원하는 이 사립학교는 고등사범 준비로는 파리 최고의 학교였으며, 거기서 몇백 미터밖에 안 떨어진 루이-르-그랑 리세에 강의를 듣도록 학생들을 보냈다.

그래서 1876년 10월 장 조레스는 생트-바르브 기숙학교에 들어간다. 열일곱 살이었다. 시골 카스트르를 떠난 것은 그의 삶을 결정짓는 단계였다. 타른에서 지낸 삶은 그를 보호해 주었다. 그는 노동자의 비극이나 코뮌의 학살을 알지 못했다. 그의 농촌은 살기는 힘들지만 커다란 폭력 없이 소농들 사이에 사회적 균형이 지배했다. 민주주의와 공화파 사회라는 낡고 오래된 이미지이다.

조레스는 우선 열일곱 살의 비범한 학생에 불과했지만 그래도 어엿한 공화파였다. 그는 1876년 초에 전국의 선거투쟁을 지휘한 강베타의 캠페인에 민감했다. 2월 20일과 3월 5일 총선에서 공화파는 (360명 대 135명으로) 왕당파를 압도했다. 그러나 여전히 상원 그리고 공화국 대통령인 막마옹 원수가 왕당파였다. 조레스가 기숙사에 들어간 1876년 10월에 하원의 공화파 다수가 막마옹에게 반대하는 치열한 정치운동이 시작되었다. 대통령은 승복할 것인지 사임할 것인지를 분명히 하지 않고 우회하는 언사를 썼다. 조레스는 정치투쟁이 한층 고조된 그 순간에 파리에 도착했다. 그는 이 분위기를 모르지 않았다. 공부에 파묻혀 있었지만 이 논쟁의 메아리가 그의 귀에 닿지 않았을 리 없었다.

그는 1870~71년—그때가 열두 살이었다—이 갈림길이었다는 것을 깨달았다. 이제 5년이 지나서 그는 또 다른 전환점을—행동하는 주역은 아니기 때문에—구경한다.

그때는 제국의 군사적 붕괴와 국민의 패배 속에 공화국이 태어났다. 지금 1877년 6월 25일은 막마옹이 공화파 하원을 해산함으로써 공화국의 사활이 걸렸다. 조레스가 페디알에 귀향해 있던 여름 내내 선거투쟁은 다시금 강베타의 지휘 아래 가열되어 최고조에 달했다. 프랑스의 '주권의 길'을 깨닫게 하려는 이 웅변가에게 조레스는 매혹될 수밖에 없었다. 치열한 대결의 끝에 공화파는 다시 승리하고 막마옹은 무릎을 꿇었다. 이로써 정치투쟁은 수그러 들었지만, 장 조레스의 정치신념은 이 두 번의 시기—1870~71년과 1877 년—를 거치면서 단련이 되고 확고히 다져진다.

카스트르 콜레주의 교정에서 열린 연회가 끝날 무렵에 일어난 사건이 의미심장한 것 같다. 파리로 나가 1878년 전국경연대회에서 일등을 한 졸업생 장 조레스의 성공을 축하하는 연회에서 조레스의 성공으로 카스트르가 영광을 안았다는 부지사의 연설이 끝나자, 해군사관학교에 입학한 루이가 벌떡 일어났다. 그는 부지사가 "프랑스 만세!"에 그치고 공화국이란 말을 빠트렸다고 느끼고 "공화국 만세!"를 외친다. 사람들은 이 사관학교 생도를 나무라지만, 장 조레스는 침묵을 지킨다. 왕당파인 아버지 줄 조레스의 소신과 충돌할 것을 염려했을까? 아마 그랬을 것이다. 그러나 돈독한 형제사이에 의견이 다르든가 무관심한 것은 분명 아니었다. 두 형제를 서로 엮어준 것은 지적이며 도덕적으로 진정 일치한다는 감각이었다.

조레스는 공화파이고 강베타는 그의 모델 중 하나였다. 물론 장 조레스는 파리가 열어준 그 지식의 문으로 들어선 학생이었지만.

1876년부터 1881년까지 조레스가 5년간 살게 되는 1880년대의 파리는—그는 방학 때만 페디알에 돌아왔다—1870년 패전의 수치 그리고 시청과 튈르리 궁이 방화로 불타고 센 강이 피로 물들었던, 목 졸린 코뮌의 꿈을 지우고 잊기를 원하는 수도였다.

　　프랑스와 파리는 부유했고 거의 보란 듯이 이를 자부했다. 티에르는 프로이센이 프랑스 영토에서 철수하는 조건으로 요구한 금화 50억 프랑을 모을 수 있었다. 막마옹 원수는 프랑스의 쇄신을 공언하기 위해 1878년 5월 1일 세계박람회를 개막했다. 조레스는 외출하는 날—생트-바르브의 기숙생이었을 때의 목요일과 일요일—에는 구경거리를 찾아다니면서 42헥타르의 박람회장과 큰 건물들, 샹드마르스의 궁전과 트로카데로 궁전을 보았다. 불꽃놀이, 조명, 프랑스의 공업력을 자부하는 기계류 전시. 조레스는 하나하나 관람했다. 수십만 명의 관람객들과 마찬가지로 그는 샹드마르스에 전시된 거대한 크뢰조 공장의 증기망치에 흠뻑 빠져들었다.

　　민족이란 열기, 애국심 어린 자부심, 인민의 교육, 한마디로 파리는 용광로였다. 교사들은 이 박람회에 500~600명씩 단체 관람하도록 초대받았다.

강베타는 이 운동의 화신이었다. "프랑스는 전세계를 눈부시게 한다"고 강베타는 말했다. 1879년 1월 30일에 막마옹이 사임하고 공화파 줄 그레비가 새 대통령에 올랐다. 그리고 1880년 9월에는 강베타가 하원의장, 줄 페리가 내각총리가 되었다.

마침내 공화파에 속하게 된 파리, 이 공화국은 장 조레스의 것이었다. 과학의 진보(전화와 액화공기), 대규모 공공사업(프레시네 건설장관의 철도와 운하 개발계획) 이 모든 것이 사회의 낙관에 이바지했다. 코뮈나르의 피가 마르자 공화파 부르주아지가 자신을 가지고 오만하게 개선의 나팔을 부는 것 같았다.

조레스는 이 풍요롭고 상징이 가득한 수도를 이리저리 찾아다니기를 좋아했지만 도시는 숨이 막혔다. 특히 생트-바르브와 루이-르-그랑은 닫힌 장소여서, 공간과 나무와 싱싱한 시골공기가 그리웠다. 팡테옹 광장은 석조 일색의 근엄한 묘지였다. 그는 짓누르는 듯한 심한 두통에 시달리면서도 정신이 얼얼해질 때까지 공부를 했다. 수업시간에는 내내 잠을 잘 때도 있었지만, 엄숙한 강의시간에 침묵해야 한다는 규율을 깨고 질문을 던지기도 했다. 그에게 무엇을 허락하지 않겠는가? 그는 무서운 경쟁자들인 파리의 내로라하는 수재들 중에서도 최고였다. 비상한 기억력으로 교수와 기숙생들을 아연하게 하면서 재빨리 공부를 끝냈으며 언제나 책을 단숨에 읽어대는 책벌레였고 글을 써도 고치는 법 없이 써내려갔다. 그런 다음에는 혼자 사색에 잠겨 있거나 다른 친구들은 공부에 갇혀 있는 동안 뤽상부르 공원을 지나 센 강까지 걸어 내려간다거나 합승마차의 지붕 위 좌석에 올라타고 돌아다니거나 혹은 자기를 보살펴주는 델투르 장학관 집에 들르기도 하고 또 삼촌인 조레스 제독의 초대에 응하기도 했다.

걸음걸이나 처신하는 모양새를 보면 그는 여전히 촌사람이었다. 단정치 못한 복장, 세련되지 않은 태도, 델투르의 집이나 삼촌 집에서 식사할 때도 영락없는 농부였다. 그러나 푸른 눈은 생기가 넘치고 눈매는 날카로웠으며 언제라도 적절한 답변을 하는 그는 수줍음을 타는 느낌도 주었지만, 머리에 든 것이나 팔짱을 끼고 경청하는 모습에서 지성과 자질에 대한 확신과 성공을 짐작게 하는 조용한 자신감이 엿보였다.

그는 1878년 전체 경연대회에서 우승을 했다. 대회의 주제는 한 고위 성직자가 프랑수아1세에게 페트라르카 번역자인 자크 아미요의 연금을 요청하는 청원문제였다. 이 주제는 장학생이고 고전문예 학도이며 델투르의 보호를 받는 조레스의 상황이 투영된 듯했다. 머지않아 그는 자신의 교양을 바탕으로 민중을 가르치고 그로써 계몽의 진보에 일조하는 교수가 될 것이다.

사실 조레스는 파리에서 도시의 즐거움만 발견한 것은 아니었다. 군중, 노동자들도 보았다. 윌름 가의 고등사범학교에 입학하기 전에—그가 수석입학하리라는 것은 틀림없었다—이미 그의 사상은 수도 파리의 모습, 이따금 갖게 되는 비범한 지적 동료들과의 대결, 비판과 창의를 살리며 열린 정신에 영향을 끼치는 사고의 확대, 윌름 가나 교사자격시험 같은 경쟁에서 이기기 위해서는 반드시 필요한 지식의 축적 등으로 흔들리고 있었다.

이런 파리의 분위기를 조레스는 페디알 이웃에 살던 장 줄리앙과 함께 떠올리곤 했다. 그는 고향과 우정에 대한 충실함을 표하듯 장 줄리앙과 편지를 주고받았다. 그건 이미 조레스가 결코 살롱의 영예를 딛고 올라서는 범속한 지성, '파리사람'이 되지 않을 거라는 표시였다. 그의 남부, 그의 시골, 그의 농부들은 태도와 억양과 향수로 그에게 들러붙어 있었다. 하지만 어떻든 파리였다! '파리에서는 밖에만 나가면 오만가지가 우리를 열띠게 해. 아름다운 저녁나절에 3수를 내고 합승마차에 올라타서 파리를 가로지르면서 즐기는 그 광경보다 더 멋진 광경이 있을지.”

　여자들은 그의 ‘열기’를 자극하지 않았던 것 같다. 여기서 우리는 상상력을 발휘해야 한다. 조레스는 고백을 하기에는 너무 수줍음을 탔다. 어떤 여자가 자기를 좀 응시하기만 해도 그는 얼굴이 붉어졌으며 고개를 푹 숙이고 큰 걸음으로 그 자리를 벗어나 생각에 잠겨 책방으로 들어가서 더한층 강렬하게 지적 흥분의 세계로 들어갔다. 리세와 이윽고 고등사범에서 그는 정열을 품고 학업에 몰두했다. 그는 경쟁과 토론에 만족해하며 학생들이 “자신이 읽은 책이나 발견한 것, 자신의 사상과 열광을 얼마나 서로 나누었는지 그리고 그치지 않고 지속된 이 교환이 비상한 정신의 활동을 얼마나 든든히 유지시켜 주었는지” 강조하게 된다. 그는 서로 섞이고 결합하고 끓어오르는 노도와 같은 사고의 물결에 휩쓸린다. 기숙학교와 고등사범의 분위기가 그랬다. 그리고 파리의 “정치, 이와 함께 문예와 연극들은 모두 사건이 되어 언제나 파리 콜레주에 메아리쳤다. 일요일마다 또는 외출하는 날 나가면 아케이드에는 신간서적들이 즐비하게 진열되어 있었다”는 말도 했다.

　박물관, 극장. 조레스는 이 강렬한 사상의 맥박에 전율했다. 그러면서도 불안해했다. 그가 언제나 묵직한 것을 붙안고 있는 농민이고 흙의 사람인 것을 모른다면 상당히 놀라운 신중함이다. 그는 ‘파리사람 식’에 깃들여 있는 위험을 느꼈다. “길게 보면 휴가로 이 열기를 식히지 않는 한 파리가 주는 이 행복감과 특혜로 병에 걸린 듯 머릿속이 흥분으로 가득 찰 것이다.”

　우리는 조레스가 두통에 시달린 것을 알고 있다. 공부를 너무 해서였는지, 내면의 갈등—아버지의 위치와 병—이나 그의 느긋한 성품이 성의 개화를 (의도해서라기보다 무의식적으로) 거부하기 때문이었을지?

　어떻든 조레스는 변했다. 그는 가톨릭에 대한 믿음을 잃었다고 학창동기인 (나중에 추기경, 파리 가톨릭학교 학장이 되는) 보드리야르에게 고백했다.

하지만 자기 보호자에게 상처를 입히고 싶지는 않았기 때문에 변함없이 델투르와 함께 미사에 참례했으며 다른 사람들의 신앙을 존중했다. 조레스의 사상을 특징짓는, 다른 사람들에 대한 관용과 존중의 정신을 말해 주는 첫번째 증거이다. 이 점이 혈기왕성한 젊은이로서는 지나치기도 했으리라. 물론 조레스의 이 조숙한 자상함은 그의 선의와 너그러움에서만 비롯되었다고 할 수 없으며, 대개는 험악한 사상투쟁이란 것을 그가 몰랐기 때문이다. 그는 세상에 대해서도 또 다른 사람들에게도 증오가 없는 시선을 보냈다. "우리는 그를 대단하게 평가하고 있었다. 우리는 그 순박함, 정말 아이 같은 단순한 마음에 존경의 염을 가졌다"고 고등사범 동기의 한 사람인 모리요는 말한다.

사람들을 사랑하고 그들과 함께, 그들을 위해 고통을 겪는 천진함인가? 조레스는 파리에 머물면서 어려운 사람들과 노동자들을 발견하게 된다. 수도로 가는 기차 안에서 그는 만국박람회를 관람하러 가는 오트-가론(남동부의 도, 수도는 툴루즈)의 노동자대표단 일행과 사귀게 되었다. 그는 그들이 하는 말을 경청했다. 그들은 파리에 도착하자 시선을 돌려 7월의 원주(1830년 7월 혁명 기념물)를 찾았고 코뮌을 상기하면서 대혁명 이야기들을 했다. 조레스가 통 모르는 사건이 코뮌이었다.

그러나 조레스에게 가장 강렬한 충격이었던 것은 노동자동네이다. 그는 코뮌의 실패로 10년 동안 노동운동이 봉쇄당하면서 그 세계가 완전히 파괴되었다는 것을 직감했다. 대규모 처형(1871년에 최소 2만 명이 총살당했다)과 유형(流刑)은 그 세계의 간부들을 절멸시켰고 발레스(파리 구청직원으로 코뮌위원) 같은 지식인들은 망명을 갔다. 하지만 1880년대에 상황은 변했다. 사면령으로 코뮈나르들이 귀환했다. 그중 한 사람인 줄 게드는 프롤레타리아의 혁명투쟁을 일깨우겠다는 뜨거운 결심을 하고서 탄압을 피해 수년간 온 유럽을 헤매고 다녔다. 그는 오랫동안의 망설임 끝에 마침내 마르크스주의를 선택하고 신념을 다해 헌신했다. 뼈만 앙상한 얼굴과 꿰뚫는 듯한 눈이 벌써 일체의 유예를 허락지 않는 투사였다. 1876년에 줄 게드는 다시 파리로 돌아와서 대학생들을 의식화하기 위해 소규모 토론그룹을 활성화시키고 그때 막 번역된 『자본』을 읽게 했으며 잡지 『레갈리테』(L'Egalité, 평등)를 창간했다. 그의 목표는 공화파의 목적과 결별하고 혁명을 사명으로 하는 마르크스주의 노동자당을 창설하는 것이었다. 아직 영향력은 크지는 않았다. 그 사이에 조레스는 세비네 부인에 관한 논문으로 학사학위를 받고 철학교사자격시험을 준비중이었고, 게드는 노동자당의 토대를 닦고 있었다. 1881년 아브르(서부의 항구도시)에 최초의 조직이 건설되었다. 조레스는 이 사실을 몰랐지만, 노동세계의 비참함과 혼란은 그에게 충격을 주었다. "어느 겨울날 거대한 도시에서 나는 일종의 사회적 공포에 사로잡혔다. 수천 명의 사람들이 서로 알지도 못한 채 스쳐 지나가고 고독한 유령 같은 수많은 군중은 낱낱이 끈에서 떨어져 나온 것 같았다"고 그는 말한다.

카스트르처럼 이웃관계가 아주 중요하고 안정된 시골 농촌사회 출신에게 이 원자화된 군중은 '비인간적인 무서움' 같은 것을 불러일으켰다. 그는 이 모든 사람들이 자신들을 짓누르는 불평등과 가진 것 없는 삶을 감내하는 악, 고독을 용인하는 이유를 알고자 했다. 왜 그들은 저항하지 않고 자신들의 노동력과 영혼을 내주고 있는가. 그들 편에서 거부하면 거대한 사회구조가 해체될 것이 아닌가?

"내게는 그들의 손과 발이 사슬에 묶여 있다고 여겨지지는 않는다"면서 조레스는 계속 이렇게 말한다. "사슬은 가슴에 있다고 하겠다. 사고가 묶여 있다. 그들의 정신에 삶의 형상이 새겨지고, 습관이 그들을 옭매어놓았으며 사회체계가 이 사람들을 이렇게 빚어놓았다. 그 체계는 그들 내부에 있고 어떤 면에서 그들의 생존 자체가 되었다. 그들은 현실과 자신을 혼동하기 때문에 현실에 맞서 저항하지 않는다."

조레스의 추론을 따라가 보자. 사람들 하나하나는 잘못이 없다. 포로상태인 것은 그들의 머리이다. 사상이 모든 것을 결정한다. 따라서 사상을 바꾸어야만 하고 그 머리와 가슴에 들어 있는 사슬을 끊어야만 한다.

물론 학생인 조레스는 아직 사회주의자가 아니었지만 노동자의 상황에 큰 충격을 받았다. 지금은 사상을 교육하는 것으로 충분했다. 왜냐하면 그런 상황을 감수하게 하는 것은 머리이기 때문이다. 우리는 그가 왜 줄 페리의 교육원칙인 사교육 아닌 공교육 그리고 종교교육 아닌 세속교육 또한 자식을 학교 보내기 어려운 시대의 의무교육 정책을 강력하게 지지했고 또 페리의 수도원교육 금지 결정을 찬성했는지를 이해할 수 있다. 정신을 자유롭게 해주어야 한다. 이러한 행동은 당연히 공화파인 강베타의 행동과 일치했다. "우리의 수도원에서 은밀하게 하는 말들은 거리에서 휘몰아치는 강풍처럼 문짝을 부숴버린다"고 조레스는 말했다.

고등사범생인 장 조레스의 인생에 정치가 파고들었다는 것은 굳이 소개할 필요도 없다.

공화파의 기세에 맞서려는 막마옹의 저항에 이어 왕당파를 단죄하는 열띤 분위기의 선거운동, 하원을 치려는 사건(1877년 5월 위기)으로 마침내 1879년 1월 공화국 대통령이 사임하지 않을 수 없는 정치고비(1877~81)로 파리와 프랑스가 요동을 치는데 그가 어떻게 거기서 비켜날 수 있겠는가?

사태를 종결시키기 위해 공화주의 국가는 왕당파와 연결된 교회에 맞서 투쟁했다. 조레스가 파리 거리를 쏘다니고 '신문'을 읽으면서 매일 발견하는 것이 바로 그것이었다. 그는 또 수시로 하원이나 상원의 방청석에 앉아 의원들의 토론을 참관했다.

그는 뤽상부르 궁이나 팔레–부르봉 궁에서 윌름 가까지 걸어서 돌아오곤 했다. 거리는 가끔 흥분에 휩싸였다. 줄 페리의 법령으로 수도원들에 법규정이 강제 적용되었으나 이 기관들이 순순히 이 법에 따르기를 거부했기 때문에, 경찰은 추방령의 신호탄으로 종교단체 본부 앞에 정렬했다. 1880년 6월 29일 세브르 거리의 예수회관 앞에 사람들이 우르르 몰려들었다. 2천여 명이 종교인들의 저항을 지지하며 그들에게 박수를 보냈다. 몸싸움이 일어났고 문이 나가떨어지고 부서졌다. 프랑스 곳곳에서 공화파의 공세와 이에 반발하는 가톨릭과 왕당파의 거부로 똑같은 사건이 일어나고 있었다.

조레스는 고등사범에 돌아오면, 하원이나 상원에서 들은 것과 거리에서 본 것을 친구들에게 이야기했다. 자신이 들었던 연설을 기억을 되살려—친구들은 그의 능력과 천부의 자질을 알고 있었기 때문에 부추기고 다그쳤다—그대로 옮겨서 들려주었다. 의회제도에 매료되고 말을 하는 것이 기쁨을 주었기 때문이다. 그가 옮겨놓는 연설가가 좌파든 우파든, 그건 거의 상관이 없었다. 연설의 장(場), 그 형식이 조레스를 유혹했다. 동료들은 그가 공화파라는 걸 알면서도, 그의 폭넓은 시야를 인정했다. 윌름 가에서 소수에 해당하는 (미사에 참석하는) 고등사범생 '탈라르트'들은 그가 분명 공화파에 가담했건만 자기 입장을 조금도 손상시키지 않고 다른 이들의 권리를 배려하는 그의 온건함을 높이 평가했다.

작가 에드몽 아부는 지난날 보나파르트주의자였는데 아마도 자신의 과거를 잊고자 신문에 글을 쓰고 줄 게드와 정치적으로 대립하는 고등사범 철학교수 올레-라프륀을 비난하자 조레스는 학생들의 이름으로 이에 항의하는 공개편지를 썼다. "교수는 자유로울 권리가 있다"고 그는 주장했다.

이러한 개입, 당시 정치생활의 원천인 연설 취미는 동료학우들이 보기에 조레스의 앞날을 그려주고 있었다. 학우들은 그가 말문을 열기를 바라고 다정하게 익살을 부리며 "라이우스 조레스"(그리스신화에서 델피의 신탁을 받은 테베의 왕)라고 불렀다. 그러면 조레스는 그대로 실행에 옮겼다. 그들은 그가 정치생활의 훈련을 하고 있다는 인상을 받았으며, 고등사범 졸업 무렵이 되면 조레스는 웅변의 대가 강베타처럼 유명하고 연설 잘하는 의원이 되어 있다.

필경 운명이었을 그의 참여는 주위에 적을 만들지 않았다. 따뜻한 존경심과 우의, 감탄, 이런 것들이 윌름 가의 조레스를 둘러싸고 있었다.

'수석'으로 입학한 조레스는 동기생들을 대표하며 일종의 '판관'이자 집행자 역할을 했다. 금전에 대해 무심하고 계산할 줄 모르고 실제 사물의 세계에는 관심이 없는 그는 어수선하게 이 직책을 수행했다. 남의 눈을 의식하지 않고 되는 대로 걸친 옷이며 실내화, 끈으로 윗도리를 질끈 동여매고 풀을 질근질근 씹으면서 생각에 잠겨 있는 모습이며, 즉흥연설을 하고 한번 고치는 법 없이 단숨에 써내려가고 또 천부의 자질과 고전문예에 대한 박식함으로 사람들을 아연케 하며, 학교 도서관에서 살다시피 하면서 이따금 책에 엎드려 자고 있는 독서광 그리고 또 식당에 가면 막일꾼처럼 급히 먹어치우는 그. 그의 동기생 하나는 거듭거듭 말한다. "나는 그보다 더 단순하고 더 자연스러운 사람을 별로 보지 못했다."

훗날 조레스가 이야기하지만 사실 그는 마치 수도원의 수도사처럼 고등사범에서 행복했다. 그의 신념은 앎이다. 나머지, 구체적인 미래에 대해서는 지극히 무관심했다. 돈? 그는 어깨를 으쓱한다. 우아함? 씩 웃는다. 중요한 것은 사상, 사고력이었다. 종교기관의 세속 복제판이고자 한 이 학교에—초등교사사범학교가 그렇듯이—조레스는 흠뻑 빠져 지냈다. 그는 최상의 학생들이 모이는 이곳의 '세미나'를 좋아했다. 그는 샤를 살로몽과 방을 같이 썼는데 짝이었던 친구에게 평생 편지를 쓰게 된다.

그는 장차 프랑스 사회학의 태두가 되는 에밀 뒤르켕, 역사가 샤를 피스테르, 카미유 줄리앙, 디엘, 보드리야르, 철학자 데자르댕을 비롯하여 모두

다 몇 년 후에 단과대학이나 콜레주 드 프랑스의 교수, 대학학장이 되는 이들과 사귀었다. 여기 모인 사람들은 분명 이 나라의 엘리트 지식인들이며 그중에서도 조레스는 으뜸이었다. 그의 영예와 탁월함에 위협이 될 만한 사람은 오만할 정도로 초연한 파리 학생 앙리 베르그송뿐이었다.

1878년 동기생들의 사진을 보면, 맨 오른쪽에 줄무늬 바지에 시계 줄을 걸친 조끼, 재킷을 입은 베르그송이 마치 자기는 다른 곳에 있어야 하는데 우연히 혹은 너그럽게 관습이니 양보해서 여기에 있다는 것을 드러내는 듯한 태도로 눈을 반쯤 감고 단정하게 면도한 얼굴에 냉소이면서도 무관심한 표정을 짓고 서 있다. 반대로 조레스는 텁수룩한 수염과 금방 싸움이라도 한 듯한 머리에 도무지 '모던'하지 않은 낭만의 표정으로 동료들 사이에 팔짱을 끼고 앉아 있다. 그의 용모에서 풍기는 내면적인 안도감—확신—이 드러나는, 약간 고개를 쳐든 모습은 흡사 1848년의 학생이든가 단호한 코뮈나르 같다.

베르그송과 장 조레스가 경쟁자였을까? 우선 그들은 다르다. 베르그송은 영국인 어머니와 작곡가인 유대인 아버지를 둔 파리의 상층 부르주아 출신이다. 그는 오랫동안 풀 수 없는 문제들로 간주되어 온 수학문제들을 해결하고 완벽한 철학논리를 발전시킬 만큼 뛰어난 지능의 소유자로서 동료학생들보다 교수들, 특히 철학교수 에밀 부트루와 즐겨 사귀었으며 또 그런 위치를 차지했다.

대번에 그는 사색과 명상, 사상과 책만 아는 '별궁' 사람이 되었다.

왕성한 활력과 관대한 말투, 자기 개인의 전략이란 없는 농부 같은 투박한 성격의 조레스는 그와 정반대에 서 있었다. 그러나 두 사람 사이에 반감은 없었으며 역사교수—에른스트 뒤자르댕—가 모순토론에서 두 사람을 대립시켰을 때도 그랬다. 조레스는 나르본에 나간 로마총독의 말 바꾸기를 비난하는 역할을 맡았고 베르그송은 그 총독을 변호하는 입장이었다.

누가 이길까? 열변인가 냉소가 곁들여진 논리인가?

의견은 갈렸지만, 두 젊은이 다 범상치 않은 지식인이라는 것은 아무도 의심치 않았다. 이들은 줄곧 서로의 학업을 감시하면서 앞서거니 뒤서거니 또 이름을 밝히지 않고서 이 생각 저 생각에 응답하곤 했다. 문학수업 시험의 꽃인 철학교수 자격시험에서 조레스의 구두답변─그는 '참과 아름다움과 선함'에 대해 논해야 했다─은 그의 말을 들으러 온 강당의 청중들 사이에서 열광을 자아냈지만, 결과는 베르그송이 2등이고 조레스는 3등에 그쳤다. 혹시 경연 동안 장내를 시끄럽게 한 그의 인기가 심사위원을 불편하게 한 걸까? 1등을 한 레스바제유(Lesbazeilles)는 심사위원에 순응하여 영광의 두 지성을 앞질렀다는 덧없는 악명을 누렸을 뿐이다. 조레스는 화가 났을까? 자격시험을 치르고 얼마 지나지 않은 1881년 9월 17일에 그는 샤를 살로몽에게 보내는 편지에서 이렇게 쓴다. "레스바제유 같은 이들은 15분이면 해치울 수 있어. …런던의 베르그송 주소를 알고 있는지? 내가 어떻게 그에게 주소 물어본다는 걸 잊어버렸는지 모르겠어. 때때로 그가 어떻게 지내는지 뭘 하는지 무척 궁금하다."

그러므로 학교는 조레스에게 신나고 따뜻한 장소였다. 학교환경은 그의 마음을 편안하게 해주었다. '은밀한 수도원'의 정적을 느끼게 하는 정원, 그의 기숙사 방 격자창은 수도원처럼 조용한 그 정원에 면해 있었으며, '탈라트'(고등사범생)들은 깊은 생각에 잠겨 산책하곤 했다. 학교장은 다름 아닌 역사가 퓌스텔 드 쿨랑주이었고 조레스는 그의 업적을 존경했다. 한편 조레스는 진로를 선택하는 데 오랫동안 망설였다. 문학? 역사를 선택하면 아테네 프랑스학교로? 그의 짝 살로몽은 로마 프랑스학교로 떠났다. 그러나 조레스는 그가 발군인 철학에 끌렸다. 그는 『순수이성비판』을 간파하는 통찰력이 있었으며, 예사롭지 않은 과제 세 편을 열정을 다해 작성해서 에밀 부트루를 아연케 했다.

사상, 조레스의 열정은 그것에 탐닉했다. 그는 역사에 대해 결코 저버리지 않는 매력을 간직하고서 철학자가 될 것이다.

정말 그는 모든 것을 배우고 알고 이해하려는 마음이다. 그는 학교가 자극하는 지적 경쟁을 사랑한다. 다른 사람들과의 대화를 "승자도 패자도 없지만 종내는 모든 지성이 더 넓어지고 이웃 지성들로 더 커지는 끊임없고 즐거운 투쟁"이라고 그는 말한다.

이 시기와 이 분위기로부터 조레스는 지적 승부, 진지한 관점의 대결에 취미를 지니게 되고 그 취미는 오래 간다. 상대방을 설득할 수 있다는 신념이 있었던 것이다. 그러나 이 시기의 그의 토론은 지적 관심사나 엄밀한 모럴의 문제에 그쳤다. 토론이 실제 사회의 상황에 뿌리박은 신념과 이해관계의 충돌이라는 잘못된 믿음에 어떻게 대처해야 할지는 전혀 준비가 없었다. 한마디로 조레스는 사상의 결전에 대면할 줄은 알았지만 투쟁을 옹호하고 구현하는 계급과 집단 또한 개인들 사이에서 야기되는 지적 왜곡은 아직 몰랐다.

고등사범과 대학은 이 점에서 말과 '순수이성'이 지배하는, 보호장치 안에 들어 있는 섬들이었다. 땀과 피의 시간이 닥칠 것이다.

조레스는 방학에 월름 가를 떠나 페디알로 돌아오면 전 같지는 않았지만 그래도 여전히 격한 충돌 없이 아늑한 세계에 머물렀다. 물론 농민들에게는 힘든 시절이었다. "모든 게 넘쳐. 최상의 밀과 귀리, 호밀, 감자, 시장에는 물건이 쌓여 있고 과일은 그냥 생겨. 지나가다가 나무를 흔들면 되거든" 하고 조레스는 살로몽에게 쓴다. 하루 종일 조레스는 친구들이나 카스트르 중학교에서 가르쳤던 철학교수와 이야기하다가, 탐스러운 포도가 송이송이 달린 포도밭으로 뒤덮인 페이루 산비탈의 돌길을 타고 카스트르에서 페디알로 돌아왔다. 날은 뜨겁고, 조레스는 환호한다. "친구여, 우린 포도주를 마실 걸세. 우리의 아름다운 남부에서 한잔 가득 즐거움을 마신다네!" 옥수수는 키가 껑충 자랐다. 현금은 만지기 어려웠지만 농민들을 한껏 넉넉히 먹이는 다작물 재배는 풍요로웠다.

조레스는 이 너그러운 풍경 속에서 지내는 얼마 동안의 한가한 날들을 좋아했다. 때로는 테라스에 앉아 책을 읽고 메로트와 포옹하고 아버지와 이야기를 나누며 이따금 당구도 치고 귀뚜라미 소리에 귀를 기울였다. "반쯤은 고독한 이 환경 속에서 우리는 사소한 걱정거리와 자기애를 거의 씻어낸다. 다퉈야 할 사람도 없고 잘 지내고 잘 사고하고 다른 사람들보다 앞서기보다 자신을 위해 잘 행동하기를 꿈꾼다. 훨씬 더 자기를 생각하고 훨씬 더 초연한 태도로 살아간다."

내면의 이야기인 점이 주목된다. 그는 경쟁판에 서면 뛰어났지만 경쟁은 그를 피로하게 했다. 그는 경쟁에 따르는 책임을 졌지만 모순되게도 경쟁은 그를 짓눌렀다. 평화, 휴식, 몽상, 식물에 관한 책을 읽고 그 책에서 알게 된 것을 숲에 나가 확인하고, 이런 것들이 그가 사랑하는 것들이었다. 투쟁은 부득이한 일이었다. 투쟁에 당당히 나섰지만 조레스에게 투쟁은 본능이기보다 결단에 속했다. 짐꾼이 곡식자루를 어깨에 걸머지려면 먼저 허리에 힘을 꽉 주며 영차 하고 들어올려야 하듯이, 결연한 노력이 필요했다. 물론 근육을 써서 언덕 꼭대기까지 짐을 들고 올라가는 일은 기쁨을 준다. 그러나 '그날이 그날 같은' 이 나날들, 가족들과 함께 문 앞에 앉아 있는 이 저녁나절이 얼마나 더 진짜 즐거움인가!

어린 시절을 그리워하고 평화를 갈망하고 조용히 사색하고 몽상을 좋아한 조레스는 스피노자와 말브랑슈의 책과 부트루의 그리스철학 강론을 읽었다. 하지만 그는 '친구들'을 잊지 않았고 그들이 무슨 공부를 하고 활동을 하는지 궁금해했다.

1881년 6월 조레스는 신병 때문에 학교의 허락을 받아 6주 먼저 고등사범을 떠났다. 예기치 않은 그의 도착으로 시골에서는 놀랐다. 정말 조레스인지 알아보기도 힘들었다. "난 새 옷을 차려입었거든. 댄디풍의 멋쟁이 옷과 가장자리가 올라간 밀짚모자를 써서 10년은 어려 보였지" 하고 그는 말했다. 그는 '감미로운 날들'을 보냈다. 스물두 살의 장래를 보장받은 청년이었다. 곧 발표될 교사자격시험 결과는 틀림없을 것이었다. 그의 인생이 그것뿐인가? 그의 말 행간에서 배어나오는 기쁨은 "매우 상냥하고 재치가 넘치며 매력적인 젊은 여성" 때문이기도 했다. 전통을 따르고 고결한 순정, 순수하고 감상을 아는 사랑, 그 지방의 음유시인처럼 조레스는 어린 시절 함께 놀던 이웃친구 마리–폴 프라의 마음에 들려고 애썼다.

마리–폴은 페디알에서 1킬로 떨어진 크루자리에에 있는 작은 성채의 젊은 안주인이었다. 그 여자는 안락한 부르주아의 딸이고 조레스의 집안은 영광스럽지만 수수했다. 장은 대학시절의 성공을 젊은 아가씨의 발아래 바친다. 여자는 미소 짓고 그의 말에 귀 기울인다. 두 사람은 함께 미사에 간다. 선의의 공모자인 어머니들은 흐뭇한 눈길로 자식들을 바라보았다.

조레스는 격해져서 열변을 토하고 자세한 전기를 읽은 적이 있는 라코르데르 신부 이야기를 하다가는 갑자기 활기 넘치는 자신이 무안해져서 수줍어하며 말을 그쳤다. 그러면 마리–폴은 하던 말을 계속하도록 했으며, 이윽고 두 사람은 어깨를 나란히 하고 말없이 카스트르에서 크루자리에까지 걸었다.

이 애정관계는 더할 수 없이 전통에 순응하고 고답적이었다. 이 방면에서만큼은 조레스는 관습에 얽매여 있었다.

어떤 지식인들에게는 부르주아 생활의 틀을 깨는 자유가 허용되었지만 조레스는 그런 자유를 전혀 몰랐다. 그런 것을 원하지도, 상상하지도 않았다. 가족간에 서로 끈끈하게 밀착된 집안에서 자란 조레스는 '엄마와 아빠' 이야기를 했으며, 교훈을 주고 종교를 일깨우며 부르주아다운 교육에 관해 이야기했다.

그는 창의의 소양을 지녔지만 가족이란 문턱을 더듬을 때는 멈칫거렸다. 이런 소양은 반체제 같았을까? 흔히 이런 소양은 단절의 의지보다 지속성 속에서 키워진다. 조레스는 부정하고 물리치기보다 확장하고 늘리고 확대했다. 늘 조용한 지방 농촌에서 태어난 그에게는 서서히 오는 변화가 급격한 해체의 힘을 이겼다. 조레스는 단절을 추구하지 않았으며 상정하지 않았다. 그는 정상급 대학기관에서 양성되었고 뒤집어엎어야 한다는 문제의식을 갖지 않았다. 큰 문제없이 사회적 세계에 통합된 가정―과 가계―의 출신이고, 하루아침에 이룬 것이 아니라 능력과 경쟁을 통해 선발되는 고전적 경로를 밟아 차근차근 발전해 온 조레스는 자발성을 바탕으로 진화한 편이다.

제도, 공화국, 보통선거, 민주주의, 대학 모든 것이 제대로 움직였다. 그의 인생, 그의 두뇌도 그렇게 움직였다. 삶의 틀을 완성하고 확장하고 열어젖히고 개선하고, 지식을 축적하고 더 깊이 파고들고, 뭇 인간사에서 곧장 흘러나와 뻗어가는 진보의 방향에 서서 행동했다. 이런 조레스를 사회는 알아보고 명예롭게 해주었다. 그는 규칙을 위반할 필요가 없었고 오로지 열심히 살면서 공부만 했다. 그리고 장학금을 받았고 시험에서 좋은 성적을 거두었다. 확실히 그는 철학 자격시험에서 수석을 할 만한 자격이 있었으나, 그건 그저 어깨를 한번 으쓱하고 지나칠 일이었다. 모든 것이 규칙대로 돌아가는 속에서 비죽 튀어나온 작은 돌출이었다. 조레스는 어머니 곁에 있기 위해 자원했던 알비 중학에 부임했다.

1881년 9월 17일 샤를 살로몽에게 보낸 편지에서 그는 이렇게 쓴다. "지금 이곳은 정말 감탄할 때야. 오늘 아침에 포도를 땄는데… 포도송이가 어찌나 탐스러운지, 포도주가 맛있을 거야. …나는 용감하게 산스크리트 문법을 공부하기 시작했고 열심히 하고 있어. 노트를 하고 문법규칙들을 적으면서 한 100페이지쯤 해치웠어. 아무리 시골에 있어도 잠들지 않았다는 걸 알겠지. 오히려 반대야. 그 어느 때보다 의욕이 넘쳐. 이따금 두통에 시달리지만 더 열심히 공부에 매진할 생각이야."

모든 것이 순조롭다.

"가슴을 활짝 펴서 즐거운 마음으로 잘 지내기를" 하고 그는 편지를 맺는다.

조레스는 어린 시절과 청소년기를 보낸 그 남부에서 단절 없이 순조롭게 성인의 삶을 시작한다.

03 | 남쪽 땅 강단에서 의회로 1881 / 1885

조레스는 이제 스물둘, 불과 스물두 살이다. 아직은 몸이 무거워질 만큼 살이 찌지도 않았다. 키는 168센티미터, 크지 않다. 그러나 이 시절에 찍은 사진을 보면, 조끼에 프록코트를 걸치고 머리와 수염을 가지런하게 단장하고 왼손을 바지 주머니에 찌르고 서 있는 모습이 당당하고 우아하다. 그가 마리—폴과 사랑에 빠져 그 여자를 유혹하려 하고 희망에 차 있다는 것을 모른다면 놀라운 일이다. 물론 이 처녀의 아버지는 19세기 말 사회에 순응하는 시골 부르주아지답게 전제군주 같다. 조레스는 샤를 살로몽에게 속내를 털어놓는다. 그래도 "우리 엄마가 마리—폴 아버지한테 내 뜻을 전했어. 그 댁 어머니한테도 전했고 그 댁은 반대하지 않는 것 같고 오히려 더 상냥하게 대해 줘."

조레스의 외모에 드러나는 이 자신감은 여기에서 연유했을까? 그는 행복하고 낙관했다. "나는 그 부인과 따님을 일요일마다 만나고 있어. 정말 기뻐."

그렇지만 아마 눈물이 고인 듯 흐릿한 푸른 눈 때문인지 아니면 텁수룩한 구레나룻과 무거우면서도 흐릿한 하관 때문인지, 조레스의 얼굴에는 비감과 우수가 깃들인 집요한 그늘이 있었다. 누가 보아도 묵직하고 진지한 성품이 느껴졌다. 책임감과 깊은 상념이 마치 후광처럼 얼굴을 둘러싼 듯했다. 하지만 파리에서 지적 생활에 한껏 부풀었다가 시골의 조용한 일상이 반복되며 리듬이 가라앉은 데서 오는 변화 때문이기도 했을 것이다. 마리─폴 프라에게 애정을 가지고 있고 희망을 품고 있고 또 부모님 곁에서 지내지만, 이 같은 일상이 한편으론 당혹스럽고 불편하다.

가설인가? 조레스는 진한 감수성이 묻어나는 편지 속에서 속마음을 털어놓는데, 그 편지에는 의지보다 연약한 정서가 비친다. 조레스는 다정하고 부드러웠다. 충동을 받지만 관대했고 너무나 진지해서, 어쩐 일인지 모르게 자신에게 깃들어 있는 이 부드러운 환멸의 원인들을 명료하게 분석해 낼 수가 없다.

그는 알비 중학 교수였다. 학생은 주의 깊고 감탄하지만 5명뿐이었고, 수업은 일주일에 11시간인데 그중 5시간은 금요일에 몰려 있기 때문에 사흘은 내내 자유로웠다. 토요일이면 페디알 집으로 돌아와서는, 사랑해 마지않는 메로트와 여전히 자리보전해 있는 아버지 사이에 앉곤 했다. 그리고는 책을 읽고, 일요일 미사 보러 가는 길에서 마리─폴 프라를 만났다. 그는 자기 직업과 알비 중학과 자주 산책 나가는 좁은 골목을 사랑했다. 타른의 가파른 제방을 죽 따라 걸어가다가 생트 세실 성당으로 들어갔다. 붉은 벽돌의 성당은 격렬했던 중세사에서 요새처럼 축조되었다. 그는 거리를 오가는 사람들을 바라보았다. 우유행상인도 있고 다리를 절룩이는 소녀도 끼여 있다. 수도 파리의 열기, 경연대회, 하원과 상원에서 참관했던 의정회의, 그에게 예정된 미래, 그런데 여기는 파리에서 710킬로나 떨어져 있다. 기차로 17시간이 넘었으며, 이따금 24시간이 걸리기도 했다. 그의 편지에는 자신이 아는 고등사범생들의 이름이 길게 나열되어 있다. 베르그송, 디엘, 뒤르켕, 미셸─미셸, 그는 대일간지 『르 탕』(Le Temps, 시대)에 글을 기고하기도 했다. 그들은 어떻게 지낼까? 그는 로마 프랑스학교에 들어간 샤를 살로몽에게 물어본다. "너는 햇빛과 고대를 듬뿍 받아들이겠구나. 행운이다! 꿈꾸고 어슬렁거리고 그리고 행복하기를!" 하고 쓴 조레스의 편지에서 불평은 찾아볼 수 없지만, 불안감이 새어나온다. "이미 쟁기에 매여 밭고랑에 발을 내디딘 이들을 잊지 말거라."

자신의 펜에서 튕겨져 나간 이 은밀한 고백이 조레스의 마음으로는 너무도 의젓하지 않다. 그는 후회하며 말을 고쳐 이렇게 덧붙인다. "이 전원 이미지를 듣고 내가 힘겨운 생활을 하고 있다고는 생각지 마. …내 마구간은 훌륭하고 연장은 튼튼하거든."

그렇다. 그는 동기들 가운데 으뜸이었다. 강베타 같은 영광을 기약했고 강당에서는 박수갈채를 받았다. 동료들 그 누구보다 명석하고 지성적이다. 그런데 알비의 교수가 되어 있다. 씁쓸한 심정까지는 아니었지만, 분명하게 파악되지 않는 막연한 불안이 늘 그의 곁을 따라다녔다. 만약 그가 이 생활의 덫에 빠져버리고, 출구가 없다면? 그는 마치 자학의 쾌감을 맛본다는 듯 "하루 내내 공부도 안하고 책도 보지 않고 생각도 거의 하지 않고 그저 돌아다니며 식물을 키우는 어려운 기술을 얻었다"고 되뇌면서 모호한 자기만족을 지니고 자신을 질책한다. "찬탄할 만한 기술이야. 난 그걸 키우고 싶어. 왜냐면 늘그막에 아주 좋은 자원이 될 테니까." 그는 이 구절을 스물네 살, 1883년 3월 11일에 쓰고 있다.

하지만 그 스스로 납득하지 못했다. 자아에 압도당하기보다 의무를 지키고자 하는 사람인 조레스는 가족의 고장으로 돌아와 메로트와 병든 아버지 곁에서 지냈다. 그는 자신의 선택을 재고하지 않았다. 여기 있고, 가르친다. 그는 메로트를 사랑하고 그 여자는 큰아들과 함께 있으면 행복하다. 무엇을 더 요구하겠는가? 그러나 그는 이렇게 확인한다. "겉으로는 근사해 보일지라도, 나의 불쌍한 기계가 나날이 더 섬세해지는 걸 느껴. 사소한 일에도 고장 나고, 그래서 때때로 우수에 빠져들곤 하지." 그런 한편 "알비 성당을 다녀오면 나는 오전 내내 곁에 없는 친구들을 그리워하면서 조용히 슬픔에 빠진다"고 고백한다. 그는 성서를 읽으면서 행복을 느낀다고 거듭 말한다. 그러면 떨칠 수 없는 병처럼 두통이 일어난다. 돌연 그는 이렇게 고백한다. "나는 잠자는 것 같아" 혹은 자신의 하루를 "채우는 단조롭고 굳어버린 생각의 내용"에 관해 말한다. 그는 의지를 다해 "오직 일을 하여" 우수와 그리움을 "떨쳐버렸다." "여기에는 자원이 많아. 나는 마치 친구들을 안심시키고 스스로 설득하려는 듯 강의에 정성을 들이고 있어. 그리고 학위논문도 조금 시작했어. 한마디로 야심을 갖게 되었어" 하고 덧붙인다.

냉소이고 스스로 경멸일까? 오히려 몇 해 동안 같이 공부하고 한방에서 토론과 열광을 나누었던 친한 친구의 이해를 바라는 호소이다.

베일을 쓴 고백편지일 수도 있다. 조레스의 모든 것을 다 표현해 주지는 않지만 그의 성품, 내성적이고 은밀한 취약점은 내비친다. 그런데 남성적 기풍이 유행이고 '기계주의'가 대세인 세기말에 이 여성다운 감수성이라니 놀랍다.

이런 태도는 조레스가 당시 남자라면 으레 보이는 유형에서 벗어났으며, 친구에 대한 강렬한 감정을 끈으로 해서 당시 '예술가'라고 하던 이들과 같은 개성을 지니고 살아간 것을 말해 준다.

"내가 네 생각 많이 하는 것 알겠지…. 우린 언제 다시 볼까? 우린 거의 똑같은 일과를 보내고 늘 같이 있었는데, 지금은 언제 만날지 운이 닿기를 기다려야 하다니 슬프기만 하다"고 그는 쓴다.

이렇게 깊은 우정, 감정의 비중은 또한 조레스가 지닌 고독한 감수성을 말해 준다. 마리−폴 프라와의 플라토닉 관계. 카스트르 중학의 교수였던 사람들과 이제는 알비에서 나누는 토론. 조레스가 어떻게 윌름 가의 친구를 아쉬워하지 않을 수 있겠는가. 그는 감정이 북받친다. "내가 어떻게 네 소식을 이렇게 오래 모를 수가 있어? …자콥 거리(파리에 있는 거리) 모퉁이에서 너와 헤어지고는 3년이란 오랜 시간 동안 너를 보지 못했고[1884년 5월 28일자 편지], 우리가 지난날과 앞날에 대해 의논하지 못한다는 걸 생각하면 정녕 목이 멘다. 좋았던 학창시절과 그리운 우정, 다시는 함께 지내면서 그렇게 할 수 없고 그 시간을 되찾을 수 없는 게 고통스럽기까지 하다."

감정을 전하는 말들이지만 순수하기 때문에 그런 척하는 데가 없다. 조레스는 '단순'해서 길게 분석하지는 않는다. 그는 짤막한 펜으로 둥글고 가지런한 글씨를 또박또박 쓴다. 펜은 계속 같은 아쉬움으로 돌아온다. "우린 언제 다시 볼까? 언제 만나게 될까? 바로 얼마 전인데도 지난날을 잊지 못하는 이상한 심정으로 세월을 보내고 있어. 이 모든 걸 언제 같이 얘기할 수 있을지?"

아울러 여기서 드러나는 것은 지적인 놀이에 대한 흥분, 새로운 것을 찾았을 때의 열광, 사상뿐 아니라 하루하루 친밀함을 공유하는 데서 온 고등사범 시절 관계의 중요성이다. 삶이 '수도원 동료'들과의 인연을 끊어놓은 것이다.

조레스는 고백한다. "이건 위기야. 왜냐면 존재가 위축되는 것 같거든. 직업을 가졌고 규칙에 따라 해야 하는 직무가 있고 행정체계의 작은 자리를 차지했어. 처음 몇 해 동안의 멋진 자유와 막연한 희망과는 이제 작별이야." (1883년 3월 11일)

사랑의 환상이 사라지면서 위기는 한층 더 절실하다. 산책과 담소, 한숨과 미소, 함께 다니던 미사는 모두 끝났다. 집안의 전제군주인 늙은 프라 씨는 조레스가 마음에 차지 않아 장래가 보장된 변호사인 푸르네 씨를 딸의 신랑감으로 골라주었다.

그러니 느닷없는 결별이었다. 환멸. 꿈의 목신이 쓰러졌다. 조레스는 현실과 대면하게 되었다.

"정말이지 경악할 지경이야. 내가 생각하던 모든 것이 완전히 뒤엎어져서 상심이 들어설 자리도 없다"고 살로몽에게 쓴다.

그는 "한참 동안의 달콤한 꿈에서 깨어났다." 절망? 사람은 사라진 기적 때문에 한탄하지는 않는다. 자존심이 그를 살렸을까? 그보다는 무언의 슬픔과 오랜 낙담이 따랐지만 그의 실망과 탄식을 다스린 것은 지성이다. 인간의 존엄이 걸린 문제였다. 남자라면 허물어지지 않는다. 고통 속에서도 그는 인내하고 생각하고 싸웠다. 조레스의 가슴속으로 비관주의와 회의주의가 스며든다. "나는 이런 쪽의 행복은 추구하지 않으리라. 의문의 낙인이 찍힌 뉘앙스를 간직하고서 그것을 기다리는 데 그치겠어. 그런 걸 믿는 마음은 더 이상 없어"라고 그는 쓴다. 당연히 여성, 젊은 여자들에 대한 불신이 깃들인다. "무엇보다 단순한 일들이 나한테는 너무 복잡하게 보여" 하고 명확하게 말한다. "전에는 하루저녁 생각하면 판단이 나왔어. 지금은 평생을 생각해도 모자랄 것 같고 사랑한다는 건 언제나 위험이 따르는 일이야. 내게 사랑했던 때가 있었던가?"

조레스의 사랑에 대한 태도가 경직되어 버리는 중대한 고백이다. 이미 교육과 편견과 원칙, 도덕주의가 그를 고립시켰고 인격의 해방을 가로막았다. 조레스의 순결함? 아마 그랬을 것이다. 막 겪은 이 불행한 사건으로 말미암아 그는 여자란 알 수 없고 이해하기 어렵고 위험하기까지 하다는 생각에다 불안과 두려움까지 품게 된다.

"사랑을 하면 결국 뭔가 위험이 따른다?" 핵심어이다. 위험을 무릅써야 하는 것이 애정의 영토가 될 수는 없다는 것이다. 그건 너무 불확실하고 너무

사적인 문제이고 또 너무 불투명하다. 다른 일에 승부를 걸자. 무모한 짓은 넓고 넓은 사고의 체계, 정치의 세계에서 하자. 그러나 사랑과 섹스의 백병전에서는 조금도 대담하지 말자. 모든 것을 송두리째 잃어버릴 '위험이 있다.' 사람은 그렇게 난파당하거나 열광하는 것보다는 훨씬 가치 있다. 그런 건 너무 자신만의 문제이고 너무 위태롭다.

조레스의 이 신중한 퇴각은 어쩌면 그가 얼마나 다치기 쉬운 감수성을 지녔는지 보여준다. 그러나 이런 감정표출을 그 스스로 거부한다면—그리고 그것이 좌절감을 안겨준다거나, 적어도 우리가 모르는 낯선 영역이나 나쁜 영역이 있다는 믿음을 갖게 한다면—다른 데서 그에 대한 보상을 찾지 않을 수 없을 것이다. 다른 사람에 대한 개입이 지성과 사상 혹은 정치활동과 정치를 통해 이루어지는 영역이 있다. 존재를 덜 다치게 하는, 감성과 관념, 추상과 현실이 하나가 되는 그리고 그토록 낯설고 위험한 사랑의 대면을 피할 수 있는, 다른 사람의 먹이로 자기를 내던지고 온몸을 불사르는 영역이라면—그건 연설이 아닐까?

이로써 그의 교육, 하나의 시기, 가치의 서열과 성격 그리고 연애사건이 한 인생의 방향을 정해 놓는다. 조레스의 열정은 사랑으로부터 태어나지는 않을 것이다.

정치에 대한 열정? 그건 아직 드러나지 않고 겨우 싹이 튼 상태이다. 조레스의 알비 생활에서 그걸 느낄 수 있다. 그가 방학 내내 공화파 후보로 총선에 출마한 공증인 카발리에의 선거운동을 도왔기 때문이다. 1881년 8월 21일 카발리에는 경쟁자 없이 1만 4483표를 획득하여 당선되었다. 조레스는 농촌의 선거구들을 돌아다니고 카스트르 시장거리에서 늘 만나는 농민들과 이야기를 나누면서 선거운동의 경험을 쌓았다.

이 지역에서 조레스가 하게 된 최초의 정치활동은 일상생활과 중학수업으로 조금씩 제동이 걸렸던 파리생활의 약동이 결국 되살아난 것이다. 조레스는 당연히 그 일에 재능과 열정을 쏟아부었기 때문에 그렇게 말할 수 있다. 그렇지만 선거가 끝나면 그는 어디에 에너지를 쏟게 될까?

학생들은 이 젊은 교수, 노트 없이 머뭇거리지도 않고 정확히 지난 시간에 끝나면서 했던 말에 뒤이어서 다음 강의를 시작하는 이 '놀라운 유형'에 꼼짝 못했다. 그는 교실 안을 천천히 왔다갔다하면서, 가끔은 주먹을 꽉 쥐고 위에서 아래로 허공을 가르는 것 같았다. 그러다가 마치 나이가 좀 든 큰형처럼 편안하게 이야기를 했다.

학생 수가 적기 때문만이 아니라, 무엇보다 조레스의 정신적 위엄과 권위, 지적 역량이 말할 수 없이 압도하여 다른 규율은 필요가 없었다.

그의 수업은 백과전서같이 풍부했다. ㅜ설마다 인용문과 해설로 조레스의 고전 소양이 만개했다. 그때 학생이었던 루이 라스콜이 정성들여 필기해 놓은 노트를 보면, 조레스가 알비의 학생들 앞에서 철학뿐 아니라 시문으로 자신의 주요한 사상적 초안을 잡아간 것을 알 수 있다. 그는 맨 처음 강의에서부터 이렇게 말한다. "파도 밑에 바다가 있고 그것은 시공간을 넘듯이, 모든 외양의 속에는 변하지 않는 존재가 있다. 철학의 목적? 그것은 이 감춰진 존재를 찾아내는 것이다."

보편적인 것을 포착하고자 하는 욕구. 그것은 '물질'과 '정신'의 대립을 거부하고 운동과 융합의 동력 안에서 그것들을 통합하려는 시도이다. 어디나 물질과 운동이 존재하는 것은 사실이라고 조레스는 확인하지만, 그러나 그것으로는 "동물이나 인간 의식의 가장 사소한 부분조차도 설명'할 수 없다.' … 과학은 그 자체로 우주의 토대를 제공'할 수 없다.'"

젊은 교수는 이처럼 융합의 의지를 드러냈고, 학생들은 여기에 흠뻑 빠져들었다.

학생들은 흔히 성당까지 혹은 시내와 타른 강 우안의 마들렌 교외를 잇는 그 중세다리까지 조레스와 함께 걷곤 했다. 그들은 아직도 이야기를 하고 있다. 조레스는 걸으면서 대화하기를 좋아했다. 강의나 대화에서 그는 멘 드 비랑(Maine de Biran)을 언급했다. 비랑은 1795년에 도르도뉴 도의 행정관을 지냈고 이어 왕정복고기에는 베르즈라크 의원이었으니, 정치인이다. 그러나 또 유물론과 관념론을 화해시키려 한 철학자이기도 하다. 까다롭고 용기 있는 사람이며 철학의 선택의 결과 정치에 참여하기로 했다. 조레스는 메느 드 비랑을 이을 것인가? 그는 베르즈라크의 국회의원이자 철학인인 멘 드 비랑의 생애와 작품을 큰 목소리로 논했다. 어떻든 이 두 사람은 다 남부 출신이며, 조레스는 알비 중학의 수업에서 자신에게 흠뻑 빠져 있는 학생들을 앞에 두고 이와 같은 사유와 행동의 융합을 꿈꾸었을 수 있다.

머지않아 조레스의 행동반경은 중학교의 테두리를 넘어서게 된다.

학생들은 이 비범하고 친근한 교수의 인품과 강의에 찬사를 아끼지 않았다. 그는 이 지방 자식이고 조레스 제독의 조카이다. 사람들은 카스트르 학창시절 그의 수상경력을 기억했다. 바야흐로 이 지방 일대에서 그의 영예가 인정되기 시작했다. 툴루즈 문과대학장이고 프랑스혁명을 연구한 역사가 클로드-마리 페루(Claude-Marie Perroud)는 조레스의 실력을 살피러 왔다가 대번에 그의 지성과 웅변에 탄복했다. 한 보고서에는 정확히 이렇게 씌어 있다. "조레스 씨는 학생들의 글을 세심하게 수정해 주며 매우 좋은 평가를 얻고 있다. …젊은 교수는 학부모들에게 전적인 신뢰를 불어넣는다. 시 전체의 평가가 매우 우수하고 동료들은 물론이고 행정당국과 관계도 아주 원만하다."

마치 새로운 델투르 씨가 조레스의 생애에 나타난 듯했다. 페루는 사심이 없고 타인을 위하며, 오직 재능이 꽃을 피우고 그로써 대학이 환하게 빛날 수 있도록 자신의 임무를 다하는 대학인의 한 사람이었다. 이로써 그는 조레스가 중학교에서 시들어버리도록 두지 않았다. 페루는 그에게 여러 가지를 세세하게 물어보았다. 학위문제라든가 문과대학에서 가르치는 일, 한마디로 대학에 몸담는 문제와 관련해서다. 당연히 조레스는 툴루즈 문과대학의 조교 자리를 받아들였다. 그는 학위논문 준비를 시작했다고 말한다. 페루는 조금만 기다려줄 것을 당부했다. 그는 조레스의 지적 자질을 넘어 그의 품성에 푹 빠졌다. 이제 스무 살을 얼마 안 넘은 사람의 재능과 성실성이 이 정도이니 앞날이 훤하다고 페루는 예감했다. 조레스에게 애정을 갖지 않을 수 없었다. 아테네 프랑스학교에서 눈부시게 출발할 수 있는 것을 포기하고 부모 곁에서 자식의 도리를 다하기 위해 자신의 고장, 알비를 택한 그를 아끼는 것은 당연했다.

조레스에게 하나의 문(門)이, 아직 멀리 있지만 전망이 열렸다. 물론 그건 지금까지 그가 이루어온 결과였다. 공정하고 능률에 따라 돌아가는 사회가 가장 우수한 그를 선택한 것이나 마찬가지이다.

조레스의 사회경험은 실패한 연애경험을 빼놓고는, 힘든 장애 없이 인생의 문턱에 서게 했다.

공화국은 사회질서에 대항하지 않는 중간부르주아지와 소부르주아지 출신들에 대해 관대했다. 그리고 조레스는 성인이 되고 처음 몇 년 동안은 반항의 인물이 아니었다.

그가 반항을 할 이유가 어디에 있었겠는가? 그는 노동세계가 겪고 있는 억압을 직감으로 알았지만, 단지 그 세계를 엿보았을 뿐이다.

그는 사회주의자들의 두더지 작전, 1882년 8월 몽소-레-민 탄광에서처럼 여기저기서 터지고 있는 짧고 격렬한 노동자시위를 몰랐다. 그보다 열네 살 위인 줄 게드가 1878년에 이어 1883년에도 여러 차례 감방을 드나든 경험을 그는 모른다. 선거집회에서 선동하는 발언을 했다는 이유로 기소되어 물랭 법정에 선 게드는 꼿꼿이 혁명가다운 결연하고 거만한 태도로 답변했다. 당시 조레스가 생각하고 겪고 있던 것과는 정반대의 언어이다. "아니다. 나는 살해와 약탈을 추구하지 않았다. 나는 무력에 호소했다. 무력을 거부하기는커녕 그에 기대고 있다. 무력은 모든 변혁의 도구이다."

알비의 조레스는 이 발언과 그 아래 깔려 있는 역사철학을 모른다. 1881년 총선에서 그는 단독 출마한 매우 온건한 공증인 카발리에를 지지했다! 그러나 바로 이 선거에서 처음으로 프랑스노동자당연맹은 출마 가능한 곳이면 후보를 내고 처음으로 선거전을 치렀다. 줄 게드의 출마지 루베(북부 공업도시)에서는 게드의 494표에 비해 1만 2천여 표가 보나파르트주의자와 공화파에게 돌아갔다! 사회주의자 대회(1879년 마르세유, 1880년 르 아브르, 1881년 랭스, 1882년 생테티엔)는 사회주의 운동의 진전이면서 동시에 분열의 진원이었다. 마르크스주의 당을 건설하기로 단호하게 결정한 줄 게드의 당파—초강경 사회주의자들—와 브루스처럼 눈앞의 현실을 받아들이고 '가능한' 것을 얻으려는 당파가 대립했다. 게드와 '가능주의자파'는 반목했다. 가능주의자들도 마르크스와 엥겔스에게 경의를 표했으나 "사회주의 운동을 그들 머릿속에서 다해 낼 수 있다는 주장"은 받아들이지 않았다.

1882년 9월에 브루스는 이렇게 쓴다. "교황지상권주의자(교황의 정신적 사법적 권한이 프랑스 국가에 미쳐야 한다는 주장)들은 자기 나라의 법을 따를 수 없다. 왜냐하면 그들의 수장은 로마에 있기 때문이다. 마르크스주의자들은 당과 당대회의 결정에 따를 수가 없다. 왜냐하면 그들의 진정한 수장[마르크스]은 런던에 있기 때문이다. …해결책은 하나뿐이다. 독실한 마르크스주의 교도들과 사회주의 노동자국가를 분리하는 것이다."

이처럼—조레스가 학생들을 가르치고 학위논문을 구상하고 유물론과 관념론의 융합을 전개하고 연애의 좌절을 겪고 지방 부르주아지 살롱에 드나드는 사이에—사회주의는 본질적인 논쟁을 치렀고, 닫힌 사회주의와 열린 사회주의의 투쟁이 이미 거세었다는 것을 알 수 있다.

줄 게드는 지도자로 군림하고 있었다. 그는 "전쟁나팔처럼 쩌렁쩌렁하고 또렷한 금속성 목소리로" 청중을 사로잡았다. 안경을 코에 걸치고 길게 늘어뜨린 짙은 밤색 머리카락과 수염 때문에 그는 더 비쩍 말라 보였다. 그는 제스처를 쓰고 말을 하면서 "마치 청중을 끌어당기려는 듯" 연단 쪽으로 몸을 내밀었다. 그의 말은 명료하고 엄격했으며 "학문다운 어조도 띠었지만 동시에 시적인 이미지를 풍겼다."

그는 거듭 주장한다. "우리는 약탈자도 봉기자도 아니다. 우리는 경제공화국을 세우고자 한다."

이런 태도는 조레스를 매료시킬 수 있었을 것이다. 하지만 게드가 자신의 말을 경청하는 법정 재판관들의 주목을 받으면서 "나는 프롤레타리아에게 오직 자신들만을 믿고 준비를 하도록 권한다. 나는 역사를 만들고 있는 것이지, 범죄를 저지르는 것이 아니다"고 했을 때 그 '프롤레타리아'라는 말은 조레스에게 조금도 울려오지 않았다. 그에게 정치란 아직 의회생활을 가리키며 의회를 결정짓는 것은 선거 그리고 위대한 웅변이었다.

1881년 11월 강베타가 마침내 '거국내각'을 구성하자 조레스는 환호했다. 그는 강베타를 "사물을 크게 보고 자기가 무엇을 원하는지 아는" 정치가로 판단했기 때문이다. 그러나 강베타는 이미 거동이 둔해지고 피로에 지쳐 숨을 헐떡였다. "나는 여러분의 양심에 호소한다"며 그는 결정을 유보하고 질시하는 의원들을 끌어들였다. 정권은 이렇게 75일 동안 이어지다가, 1882

년 1월 강베타는 무너졌다. 추문에다 무능이 겹쳐 대외정책의 기본 방향을 세우지 못하고 사업가들이나 파산한 은행과 협상하면서(1882년 1월 위니옹 제네랄 은행의 경우) 여기저기 살피는 범속한 정국이 되풀이되었다. "먼지 같은 하찮은 장면이 하원을 괴롭힌다. 아무리 입김을 불어도 끄떡도 않는 먼지. 어떤 바람이 불더라도 그 먼지를 모으지 못하고 흩어버릴 것이다"(1882년 8월 10일)고 조레스는 맵게 심판했다.

조레스에 따르면 이로부터 비켜서 있는 사람은 오직, 근엄하지만 공교육의 혼(魂)이며 특히 통킹에서 식민정책을 지휘한 쥘 페리뿐이었다. 1882년 12월에 강베타가 서거했다. 모든 국민을 살피는 공화주의 원칙을 사회정책 면에서 펴지 못하고 있는 시기에 페리 말고 존경할 인물이 남아 있는가?

우리는 이 시기 조레스의 분명한 한계를 보게 된다. 정치적 반경은 철저하게 공화파였으나 사회운동에는 몽매했다. 1871년에 유형을 간 코뮌의 전사(코뮈나르) 루이즈 미셸이 1883년 6월 26일에 파업자들을 선동해서 빵집을 약탈한 혐의로 6년 금고형을 선고받은 것을 그가 알고 있었을까? 조레스는 아직 불확실한 이 동요에 참여할 만한 준비가 없었다. 그러한 동요는 부르주아 사회를 삐걱거리게 했고, 그러자 쥘 페리는 한 발 물러나 직업노조의 결성을 허용한다(1884년 3월 24일). 광부들의 파업이 번져갔기 때문이다.

알비 지방에까지 영향이 미치지 않은 이 사회운동에서 비켜서서 조레스는 여전히 전통을 따르는 정치에 이끌려 있었다. 그는 '사소한 야심'으로 움직이지 않는 것을 스스로 느꼈다. 그의 정치지향은 자신의 힘과 사상을 커다란 계획에 적용하려는 욕망을 말해 준다. "나는 우리네 의원들을 떨게 만들고, 몰려다니는 카페 정치꾼들에 맞서 과감하게 내 의견을 세울 거야."

조레스는 내심 이 꿈에 전율한다. "누가 알겠어? 아마 4년 후면" 1885년 선거에 나서기로 "결심하게 될 거야" 하고 스스로 다짐한다. 지금부터 그때까지 알아내야 할 철학의 비밀이 있었다. "사물은 무엇이고 물질은 무엇이며 그 모든 것은 어디로부터 오는가? 그 모든 것은 어디로 가는가?" 그건 조레스가 학생들 앞에서 그리고 문헌을 마주하면서 스스로 제기하는 천진한 질문이었고 그의 행동에 필요한 전제였을 뿐이다. 철학과 정치는 분리될 수 없는 것이었다. 정신생활과 시테(cité, 정치적 공간과 공동체를 의미하는 말)의 삶은 하나로 결합되어야 했다. "정치를 연기할 뿐이야. 만약 내가 우주의 근원에 닿으면 나는 혼잡하고 소란스런 표면으로 돌아와야만 할 거야. …친애하는 친구, 너에게 고백하지만 그 모든 건—철학—나와 정치를 멀리 떼어놓지 않아. 그건 모두 오히려 나를 정치에 참여하게 해" 하고 샤를 살로몽에게 분명하게 말한다. 도덕을 지키면서도 철학의 필요에서 연유한 정치에 대한 고매한 비전이다.

조레스는 이로써 지식인으로서 정치활동을 준비했다. "지금부터 4년 후에는 모든 문제를 해결했기를 바란다"고 그는 말했다. 대학 학위논문 작성과 영원한 형이상학의 문제 해결을 좀 혼동했던 것 같다.

삶은 거침없이 그를 불러내었다. 현실과 현실의 고통을 책 속에 가두어 둘 수 없었다.

장의 아버지 쥘 조레스는 병이 들면서 수족이 마비되어, 페디알에서 여러 해 메로트의 간호와 조레스의 따뜻한 보살핌을 받으며 지내고 있었다. 루이 조레스는 툴롱이나 세르부르에서 출항하여 원양항해를 하는 동안에도 휴가 때면 어김없이 부모와 형을 만나러 농장으로 왔다. 형은 루이의 "건강하고 의젓한 태도"가 기뻤다. 그러나 부모를 돌보는 일은—맏이였으므로—조레스의 몫이었다.

그 때문에 그는 알비 중학을 택했다. 그리고 도리를 다하는 것에 행복해했다. 60대에 접어들어 머리가 하얘졌고 이미 허리가 굽었는데도 여전히 부지런한 메로트는 아들을 만날 때마다 행복감으로 얼굴이 환해졌다.

다만 그 여자는 그가 정치에 끌리는 것을 느꼈고 또 가끔씩 우수에 잠기는 것을 알아챘기 때문에 걱정이었다. 그 여자는 걱정이 되어 아들의 혼인을 바랐으며—한동안 마리-폴 프라에 대해 자신했고 두 젊은이의 만남에 편들었다—장이 파리에서 정기적으로 만났던, 상원의원이 된 조레스 제독에게 조언을 구했다. 제독은 웃었다. 그의 조카는 극단에 빠질 인물이 아니었고 공화국이 필요로 하는 장래가 열려 있다. 뭘 불안해하는가? 우리가 그를 위해 할 일이 무엇이 있는가? "오리가 물을 찾아가듯 장은 정치로 갈 것이오."

그러므로 조레스는 결혼하면 툴루즈 대학 교수가 된다는 기대를 가졌고, 또 그걸 받아들여야 했다. 그는 강사자리를 요구했고, 페루 학장은 곧바로 그 자리를 줄 수 없어서 주당 1시간 강의로 시작하고 시간을 벌면서 경험을 쌓게 하겠다는 약속을 했다. 메로트에 따르면 장은 대학인으로 연구생활을 택해야 했다. 그렇게만 되면 아들은 늘 자기 곁에 있을 것이다.

마리-아델라이드 조레스는 남편의 임종이 다가오고 있다는 것을 느꼈기 때문이다.

줄 조레스는 거의 움직이지 못했다. 조레스는 1882년 5월 2일자 편지에서 이렇게 쓴다. "부활절 축제 동안 가엾은 아버지는 무척 고통스러워하셨어. 갑자기 다리에서 배 쪽으로 부기가 올라왔어." 그로부터 한 달도 채 지나지 않은 5월 27일에 조레스는 급히 샤를 살로몽에게 한마디를 전한다. "가엾은 아버지가 고통 없이 세상을 떠나셨어. 우리를 측은히 여겨줘. 우린 정말 위로가 필요해. 진심으로 너를 포옹하며."

두 젊은 남자 사이의 짙은 관계, 조레스답게 직선적으로 간결하게 표현한 깊은 상심이다. 그는 우애를 다짐하는 샤를 살로몽에게 이렇게 답한다. "너한테 편지를 쓰는 것이 좀 늦었어. 네 편지가 나를 안심시켰어."

그리고서 그는 정말 상심했을 때 나오는 인지상정의 말을 한다. "너를 더이상 만나지 못하고 네 얘기를 듣지 못하다니, 어떻게 이럴 수가?" 조레스는 참으로 견디기 어려운 것, "가엾은 육신이 다 닳아 사라지면서 방에 넘치고 있는 썩는 냄새"를 누구에게든 알리고 소통할 필요가 있었다.

현실을 묘사하는 날것 그대로의 말, 다른 이들이라면 감추려고 하거나 건너뛰고 말 진실의 힘이 담긴 말이다.

그러나 조레스는 사태를 당당하게 대면할 줄 알았다. 두 형제는 시신을 헛간으로 옮기고 생명이 펼쳐지는 농촌풍경을 마주하며 밖에서 밤을 지새웠다. 죽음과 잔인한 장면, 대지는 급격히 흉해지는 육신의 가차 없는 변모를 전혀 숨기지 않는다. "다행히 그 순간 상상력은 무기력해져. 가슴에는 슬픔만 남아서, 우리를 떠난 이들에 대한 연민이 더욱 깊어지거든. 그들에게서 떠난 것은 아무것도 없고 모든 것이 다시 되돌아와" 하고 조레스는 말한다.

여기서도 반항이나 애끓는 외침이 아니라, 상심과 사라짐을 온전히 수락하는 것이며 죽음이 파놓은 이 불가피한 공백에 순종하는 태도이다. 아버지의 죽음을 받아들이는 조레스의 이 지혜는 자신이 농촌 출신인 데서 연유했을까? 그것이 무엇이든 이 견딤, 모든 사라짐이 제기하는 질문들은 그를 무쇠처럼 단련시켰다. 그의 철학적 사고는 무르익었다. 물론 그는 학위논문을 생각했지만, 그것은 더 이상 수사와 형식이 중요한 대학과정의 과목이 아니었다. 조레스는 설명한다. "나는 모든 관념의 교리에 반대하며, 외부세계는 우리의 뇌를 통해 변형될지라도 독립성을 갖고 있고 고유한 실재임을 증명하고자 한다."

상투성 말일까? 철학으로서는 분명한 경계선이다. 죽음의 현실에 막 부딪혀 죽음이 생명을 해체하면서 이루어내는 것을 목도한 조레스는 한쪽 진영에 자리 잡는다. "우리의 바깥에는 빨간색, 파란색, 보라색이 있으며, 설령 세

상을 바라보는 모든 눈이 감긴다고 해도 그래도 여전히 빨간색, 파란색, 보라
색은 존재할 것이다"고 결론짓는다.

페디알의 헛간 아래서 밤새도록 아버지의 시신을 지키면서, 밤과 낮이
번갈아 서로 다른 색채로 주위를 물들이는 것을 바라본 사람의 경험의 열매
가 아닐까?

아버지의 죽음은 또한 조레스를 페디알에 대한 애착으로부터 해방시켜 주었
다. 어머니하고만 함께 있으면 되었다. 어머니를 혼자 남겨둘 수도 없고 그러
기를 원치도 않았지만, 알비나 툴루즈에 가서 살아도 좋았다.

이 3년 동안(1882~85) 그는 메로트와 감동스런 짝을 이루게 된다. 우선
조레스는 알비에 마당 있는 자그마한 셋집을 얻었고, 메로트는 레이스가 달
린 긴 상복을 입고 모자를 쓰고 학교 앞에 가서 아들을 기다렸다. 그는 어머
니와 팔짱을 끼고 잘 어울리는 모자답게 다정한 모습으로 천천히 걸었다. 그
여자는 아들에 대한 자부심이 컸고, 자신과 또 아들이 주는 기쁨과 아들이 존
재하는 그 자체로 행복했다. 그는 1년 동안은 일주일에 한번 툴루즈로 강의
를 하러 가다가 1883년 11월에 정규 보충강의를 맡게 되면서 중학교 수업은
관두었다.

툴루즈에서 조레스는 프리자크 가 11번지의 예쁜 집에 정착했다. 툴루
즈는 진정 그 지방의 수도였다. 13만 1천 명의 주민과 박물관들과 대학 그리
고 풍부한 시행정의 역사가 있었고 또 방아시설을 갖춘 34개의 방앗간과 연
초공장, 사륜마차와 마구 제작소, 식품공장, 철공소와 강철제작소로 남부 여
러 도의 물산 집산지 역할을 했다. 이곳에서 조레스는 탄탄한 친분관계를 맺
어나가게 된다. 우선 페루 학장이 그를 일정한 날마다 초대해서 프랑스혁명
사가로서—페루는 롤랑 부인(프랑스혁명기의 정치적 역할로 유명한 여성)의 전기를 썼

다—현대 프랑스의 격동들과 직접 연결되는 기원들로 안내했다. 그는 조레스에게 1789년 그때가 공화국과 거의 대부분의 진보사상들이 싹을 틔우는 토양이었음을 꿰뚫어보게 해주었다.

또 조레스는 친절한 동료들과 사귀면서 매일 평화의 카페에서 함께 모여 여러 시간 담소를 나누었다.

조레스 교수가 어머니와 팔짱을 끼고 카피톨 광장(툴루즈 시내 중심가의 오래된 광장)을 한 바퀴 돌며 산책하는 모습을 늘 볼 수 있었다. 20여 명이 그의 강의를 들었고 그중 몇몇은 교수자격시험을 준비하고 있었다. 그는 여자중학교에서 심리학 강의도 했다. 아직 젊은 나이인데도 곧 그는 도덕과 지성의 권위로써 '스승'의 명성을 얻었다. 이 지역에서 그의 영광은 확고했다. 그는 『툴루즈 통신』(*La Dépêche de Toulouse*)에 '리죄르'라는 필명으로 몇 편의 서평을 기고하기도 했다. 사람들은 그를 알비에서 멀지 않은 루아라크 성의 살롱들에 초대했는데, 그곳은 데플라 부인이 지역사회 인사들을 영접하는 곳이었다.

노동세계나 도시세계와는 멀리 떨어진 그곳에 지도층 엘리트들이 모두 모였다. 정원은 넓고 아름다웠으며 야회는 감미로웠고 음료는 신선했다. 여자들은 균형 잡힌 예쁜 몸매에 가슴이 풍만했다. 격렬한 정치투쟁과 페리의 결정이 남긴 흔적에도 불구하고 이곳 명사들은 사제들과 어울렸고 왕당파나 보나파르트파 관료들, 체제와 결탁한 부유한 상인들이 섞였다.

조레스는 활발했다. 그들은 실증주의라든가 종교를 화제로 삼았다. 여기서는 졸라는 잘 안 읽었지만 르낭은 읽었다.

1883년 『민중의 외침』(*Le Cri du Peuple*)에 다음과 같이 쓴 줄 게드의 관심사와는 한참 거리가 멀었다. "감옥에 가고 [코뮌의] 벽 앞에 서더라도 내가 속한 프랑스노동자당은 오직 자본가계급의 재산수용과 생산수단과 교환수단의 집산적 전유를 목적으로 한다. 그 방법은 프롤레타리아 또는 임금생활자 계급의 당을 수립하여 혁명적으로 정치권력을 장악하고 사적 소유를 공공의 소유로 하는 데 필요한 변혁을 하는 것이다."

루아라크 성의 조레스는 그러한 관심사와는 고립된 아늑한 세계에 둘러싸여 있었다. 주변에서는 그의 결혼에 마음을 썼다. 좋은 신랑감 아닌가? 훌륭한 대학경력, 어쩌면 정치경력을 쌓을 교수이고 또 조레스 제독의 조카가 아닌가? 학장이 직접 나섰다. 부르주아 결혼답게 신랑감의 장래와 신붓감의 지참금을 저울질하는 지방도시들의 최선 전통에 따라 조레스 주위로 그물망이 쳐졌다.

여러 차례 중매가 오간 끝에, 탄탄한 치즈상인이자 확실한 공화파이며 무엇보다 브술레에 40헥타르의 대토지를 가진 지주의 딸, 열일곱 살의 루이즈 부아를 찾아내었다. 타른 계곡을 굽어보는 자리에 커다란 저택이 있었는데, 양옆으로 오래된 밤나무들이 당당하게 늘어선 길을 따라 올라가면 나오는 그 저택과 토지가 지참금이었다.

그러나 사윗감의 장래를 보아야 했다. 조레스는 사진을 보냈다. 이제 데풀라 부인의 주선으로 두 사람은 은밀히 만날 것이다. 조레스는 반했다. 루이즈 부아는 '예쁘다'고 할 여성이었다. 키가 크고—조레스보다 머리만큼 컸다—건강하고 꽉 끼는 코르셋과 드레스에 감싸인 포동포동한 몸매는 그 시대 미의 기준에 들어맞는 것 같다. 그러나 얼굴은 좀 무미건조하고 눈에는 표정이 없다. 우윳빛 피부에 갈색머리의 그 여자는 수동적이고 부드러워 보인다. 필경 예리한 프라 양에 대한 불안한 추억을 지녔을 조레스의 마음을 끈 것은 그 부드러움이었을 것이다. 말이 없고 조용한 루이즈 부아는 온유해 보이고 격정을 배제한 혼인조건이 조레스를 안심시켰다. 한편 1884년 말의 첫 번째 구혼에서 상대방은 망설인다는 것을 이해해 주기 바란다. 루이즈가 너무 어리다는 게 이유였지만, 사실 그들은 알고자 했다. 조레스의 장래가 이

밤나무 길과 저 넓은 브슐레 소유지에 합당할까? 그들은 의문스러웠다. 조레스는 문제가 없다는 것을 증명해 보여야 했다.

조레스가 이런 애정문제를 도통 주도하지 못한다는 것은 우리가 십분 헤아릴 수 있다. 그는 오히려 수줍어하고 스스로 확신이 서지 않아 망설이고 무관심을 나타내기도 했다. 부르주아 사회 환경의 법칙을 받아들인다는 것은 그가 이 시대의 기존 질서에 순응한다는 표시이다. 그의 내면 저 깊은 곳에서부터.

그가 루이즈 부아에게 끌린 것은 확실하다. 그러나 중매부인들을 통해 끌리게 되었다는 것은, 그가 지난번에 부르주아식 결혼기준으로 거부당했던 충격을 받았어도 사생활과 애정 면에서 변화를 일으키겠다는 생각이 없었고 그럴 필요도 느끼지 않았다는 뜻이다. 다른 한편 그것은 아마 그가 그 어느 때보다 더 사상의 게임과 정치의 꿈에 몰입해 있었기 때문일 것이다.

이제 정치가 그의 삶에 다가와서 문을 두드렸다. 공적 문제에 개입하려는 깊고 물리칠 수 없는 욕망이 본능처럼 그에게 부과되고 있었다. 그는 살로몽에게 이렇게 쓴다. "아마 나는 1년 안에, 1885년 선거 때 큰 정당으로 갈 거야. 나한테는 이 일이 도저히 피할 수 없을 만큼 절실해."

왜? 야심인가? 그럴 수도 있겠지만, 결코 범속하진 않다. 확실히 그는 개인으로 행동하고자 했다. 하지만 그의 강렬한 성품이 말로써 흔적을 남기려는 욕망을 지닌 것이 이유였다. 그에게는 말이 바로 행동이다. 고전적 전통에 따라 시테에서 한몫을 하기 위해 사상과 삶의 합일을 추구하는 젊은 철학도. 그가 1880년대 자락에서 감지하는 정치가 우선 그런 것이었을 것이다. "나는 다른 많은 사람들보다 하찮은 야심을 덜 가질 수 있다"고 그는 쓰고 있다.

자신을 비난하는 이들에게 응답하면서 그는 이렇게 말하게 된다. "어쨌든 야심은 노력하고 공공선을 지향하여 정당화될 때는 잘못이 아니다."

그러므로 정치를 도덕에 비추어 사유하고 그로써 높은 곳을 바라보려는 의지가 있었던 것이다. 그리고 언제나 의무에 대한 감각이 있었다. "내가 아는 특정 후보자들, 무뢰배 치고도 속이 텅 비었고 누구보다 야비한 자들을 나의 고향마을에서 몰아내는 것, 나는 그 일을 시도해야 할 의무가 있으며 내가 반드시 할 것이라고 믿는다." 그의 주위에서 그를 모험에 뛰어들고 가담하도록 부추겼다. 그의 역량을 인지했고 그의 시도를 예감했든가 그의 망설임을 알아챘기 때문이다. 알비 중학이나 툴루즈 대학의 동료들과 학생들은 그가 얼마나 정치에 몰입해 있는지 알고 있었다. 그들은 그가 강베타를 치켜세우고 정치의 저열함을 비난하고 줄 페리를 지지하는 소리를 들었다.

한번은 문과대학에서—제정기 때 입법의회 의원을 지냈던—연사가 줄 페리를 비판하자, 우연히 청중석에 앉아 있던 조레스가 연사에게 질문을 던졌다. "저는 이 학교에서 가르치므로 발언할 권리가 있을 것입니다"라는 말로 그는 시작한다. 언제나 그렇듯이 그는 자신의 욕망을 드러내는 무의식의 충동에 밀려 거의 자기 뜻과 상관없이 앞으로 나아간다. 그는 말을 하고 청중을 꼼짝 못하게 휘어잡는다. 학장이 환호한다. "이렇게 두각을 나타내다니요. 보댕 재판의 강베타입니다."[1]

그러한 찬탄은 전달된다. 스스로 느끼는 타고난 자질과 재능의 역동성을—스스로 부정하지 않고서는—벗어버리기도 어렵다.

동시에 1885년 총선 후보를 겨냥하고 벌인 조레스의 방식에는 계산과 능란함이 깔려 있다. 그는 곳곳에서 강연회를 열었고, 알비에서는 자신이 지지하는 식민화정책을 주제로 연설했다. 식민화를 프랑스 문명화 행동의 하나

---

1. 강베타는 제정하에서 공화파를, 특히 보댕 의원을 옹호했다.

로 제시하며 프랑스는 "순결하고 위대하고 정의와 선함이 가득 스며들어 있기" 때문에 식민화정책에서 자국의 언어와 미덕을 소개한다는 것이다. 또 카스트르와 노동자의 고장 카르모에서도 연설을 했다. 그렇지만 후보를 선정하는 군 선거위원회를 의식하는 운동은 거부하고 스스로 나서지 않았다. 어릴 적부터 그를 알고 있는 카스트르 중학의 전직 교수들, 신의 있는 친구들에게 기댈 수 있다고 보았다. 삼촌이며 타른 상원의원인 조레스 제독의 지원도 받을 수 있다. 또한 자신의 개성이 공화파 선거명부에 얼마나 유용할 수 있는지를 계산했다.

사실 이제 시작되는 싸움은—조레스가 맡게 된 첫번째 싸움—은 공화파에게 힘든 싸움이었다.

파산과 파업을 몰고 온 경제위기가 1882년 이래 계속되고 있었다. 대외적인 위협은 더 분명해진 것 같았다. 프로이센과 오스트리아–헝가리, 이탈리아는 3국동맹을 체결했고 이는 프랑스에 적대적일 수밖에 없었다. 이미 민족주의자들이 보복을 외치면서 재집결했다. 폴 데룰레드가 애국동맹을 창설하자 곧바로 "누가 이기는가? 프랑스다!"를 외치면서 20만 명이 모여들었다.

난처한 상황에 처한 공화파는 국내 문제로는 중도정책과 식민지 팽창을 선택하고 있었다. 그러나 식민지 사업을 선도한 줄 페리는 통킹 정복을 놓고 중국과 전쟁을 벌여, 1885년 3월 29일 랑송에서 프랑스인 200명이 중국 군대에 의해 살해되었다는 소식이 파리에 날아들었다. 페리는 궁지에 몰렸다. 급진파 클레망소는 하원에서 외쳤다. "우리는 더 이상 당신을 인정하지 않으며 인정할 수도 없다. 지금 내 눈앞에 있는 이 사람들은 더 이상 각료가 아니라 대역죄 피고들이다."

언론은 기승을 부려 페리 반대로 몰고 가더니, 마침내 그를 물러나게 했다. 그날, 1885년 3월 30일 저녁 콩코르드 광장에서는 2만여 명의 사람들이 분노의 외침을 토해 냈다. "페리 타도! 페리를 물속으로! 통킹파에 죽음을!"

랑송 사건은 극좌파와 급진파를 격분케 했지만, 특히 보나파르트주의자들과 왕당파에게 공화국의 주요한 상징적 인물을 공격할 빌미가 되었다. 이 세력이 모여 1885년 10월 4일과 18일 선거를 목표로 '보수주의 동맹'을 결성하게 된다. 그리고 그들은 해외원정, 경제위기, 파나마 운하 부설공사의 대출 건으로 여기저기서 드러나는 부패에 대한 비판을 하는 것이라면서 공화국에 대한 공격을 은폐했다. 극좌 사회주의는 중도공화파—'기회주의자들'—에 대항하여 좌파와 우파의 모든 반대자들을 결집시키는 긴장된 분위기를 조성함으로써 페리 타도에 기여했다.

그 밖에도 보수주의 동맹은 가톨릭 성직자들의 지지를 받았고—페리는 정교분리를 주장한 사람이다—유리하게도 여러 도(道)에서 보수파 후보들을 지원하고 자금을 대는 선거위원들의 지원을 받고 있었다.

공화파의 패배가 다가오는 느낌이었다. 이런 상황에서는 지방 수준에서 오가는 타협 이상이며 꽤 알려진데다 신선한 이미지를 주는 조레스 같은 후보가 받아들여질 수밖에 없다. 1885년 8월 16일 공화파명사대회는 기꺼이 6명의 후보명단에 조레스를 올렸다.

마침내 조레스는 정치에 입문했다. 나이 스물여섯 살이었다.

그의 무기는 웅변과 관대함이다. 그는 청중을 움켜쥐었다. 복잡하게 뒤얽힌 저열한 정치를 거부하고 공화국의 원칙들을 말하는 그의 발언은 새겨들어야 했다. "공화국은 잘못을 저지를 수 있다. 하지만 그걸 고칠 수 있는 유일한 정부다. …공화국은 조정과 토론과 자유의 체제이다."

그는 이 도시에서 저 읍내로 다니면서 시장판의 농민들에게 한 치의 양보 없이, 일체의 선동 없이 당당하고 지적으로 호소했다. 그는 둘러대지 않고 속에서 우러나오는 웅변가의 열광에 밀려 가슴속에 담긴 말을 토하는 기쁨을 발견했다. 그는 교육, 자유, 공공사업, 식민지 팽창 등 모든 영역에서 업적을 내는 이 공화국을 위해 간청했고 제2제정이 남긴 유산, 1870년의 패배가 국민들의 가슴에 새긴 알자스-로렌의 상처를 비난했다.

동시에 그는 공화파 후보 진영을 위해 선거공약을 작성했다.

고전적인 공화파의 수호는 도의 명사들을 만족시켰지만 조레스의 한계였다. 하지만 연설을 거듭하면서 그의 시야는 차츰 넓어지고 있었다. 그는 가난한 사람들과 그들에게 필요한 사회정의에 대해 말했다. 아직 그 이상 구체성을 띠지는 않았지만, 사회문제에 대한 그의 감수성은 공화파의 연설을 돋보이게 했다. 반면 적수들이 너무 굳어 있어서, 조레스가 아무리 온건해도 좌측으로 기울어진 셈이 되었다.

적수 중에는 대지주이고 '누아르 산맥의 왕'이자 타른 의원으로 계속 선출된 르네 레유 남작이 있었다. 사실 그의 딸은 아시유 드 솔라주 후작의 아들과 결혼했다. 이로써 두 귀족가문은 대토지와 카르모 산업의 결합체를 만들었다. 두 가문은 성직자층의 지원을 받아 타른 도를 봉건영주처럼 장악했다. 성직자들 내에서 자유주의의 요소들은 위험시되어 금지, 폐지되었다.

일말의 여지도 없이 전형적인 정면대결 양상의 싸움이었다. 조레스는 선의만으로 충분치 않다는 것을 알고 있었다. 그들은 그를 모욕했다. 그의 입후보 동기에서 치사한 구석을 찾아내려고 파고들었다. 그는 상처를 입었다. 아무리 높은 목표를 제시하고 원대한 원칙과 고결한 열정을 가지고 활동해도, 사람을 위축시키고 자기네의 낮은 키에 꿰맞추려고 하는 난쟁이들에 의해 심판받는다는 것을 그는 깨닫기 시작했다. "잠깐 동안이지만 난 심정이 몹시 상했네. 나에 대해 하는 말들이 역겨웠어. 하지만 많은 것을 기다려야 한다는 것을 알게 되었고 그래서 이내 마음의 안정을 찾았어."

조레스에게 그건 도제수업이었다. 그의 적수들은 공화파 명단 중 가장 두려운 존재가 그라는 것을 알았다. 보수파 기관지인 일간 『르 누벨리스트』(*Le Nouvelliste*)는 조레스를 저속하게 공격했다. 그의 성격을 비난했으며 그는 무절제한 야심을 가졌다고 하고 입후보도 하기 전에 장관이 되기를 원하는 것 아니냐고 했다. 이 작달막하고 언변 좋은 교수는 말 잘하는 것밖에 할 줄 아는 게 없다. 젊은이다운 열정은 찾아볼 수도 없고 용의주도하게 출세의 길을 택했다. 못생기고 매력이라고는 없으며 아주 보기 흉하게 오른쪽 눈을 실룩인다고 했다.

메로트는 아들이 불러일으키는 적대감이 불안하기만 했다. 아들이 정치를 해서는 안 된다는 것을 잘 알고 있었다. 하지만 이미 늦었다. 10월 4일 1차 명부투표가 치러졌다. 유권자들에게 각종 압력이 가해졌음에도 불구하고 1차 투표에서 조레스는 4만 8040표를 얻어, 지역정치의 관록 있는 거물 정치인 레유 남작보다 110표나 앞서면서 연기(連記)명부에서 1위에 올랐다.

공화파는 기존 입장에 충실한 계층의 전통적 열광 이상의 것이 되었다. 조레스가 자기 주위에 진정한 열광이 솟아나게 했기 때문이다. 사람들은 그에게서 우월감이나 그런 거동을 찾아볼 수 없는 진지한 양심, 고매한 정신을 느꼈다. 오히려 그는 철학적이고 도덕적인 요구인 진짜 평등성을 드러내 보여주었다.

"내 생각에는 다수의 인류는 조금도 어리석지 않고 불량하지 않은 인격체야. 나는 앞으로 나아갈수록, 아무도 경멸할 수 없다는 걸 알게 돼" 하고 조레스는 살로몽에게 쓴다.

심지어 한 강연에서는 '인간성의 가치'를 논하려고까지 했다. 그는 샤를에게 이렇게 논평했다. "너는 나를 좀 비웃겠지만 나는 이 관용의 정신에 형식을 부여하고 싶은 거야."

타른의 농민과 노동자들은 조레스를 조롱하지 않았다. 때로는 그의 까다
로운 연설을 다 알아듣지 못했지만, 그가 자신들에게 표하는 존중의 증거를
보았다. 그들을 경멸하지 않는 사람이 나타난 것이다.

1885년 10월 5일, 1차 투표의 결과를 본 다음날 카스트르의 노동자들은
『타른 통신』(*Le Courrier du Tarn*)을 통해 조레스에게 공개편지를 보냈다.
"당신은 우리를 실망시키지 않았다. 수개월 전부터 당신은 우리가 열렬히 지
지하는 [공화파] 당에서 우리의 대의를 위해 싸웠다. 우리 편에서도 당신을
결코 실망시키지 않을 것이다." 조레스가 보통선거의 어려운 장애물을 넘었
음을 보여주는 감동스런 증거이다. 그는 인정을 받았다. 선거결과가 나온 그
날 저녁, 열광한 유권자집단은 조레스를 향해 박수를 쳤으며 메로트를 포옹
하러 그가 페디알 농장으로 들어가자 그의 집을 둘러싸고 "타른 의원 만세!
조레스 만세!"를 외쳤다.

총선결과가 보수파의 약진으로 나타났기 때문에 조레스의 승리는 더 주목을
받았다. 우파정당들은 177석을 얻었고 공화파는 모든 정파를 다 합쳐도 겨우
129석이었다. 178만 9천 표차로 우파를 물리쳤던 1881년 공화파의 돌풍
(1877년에는 357만 7천 표) 이후, 보수파가 354만 1천 표를 거두어들였다.
보수파 45%, 공화파 55%를 획득한 1881년 공화파의 물결 이후 다시금 고전
적인 세력균형으로 복귀한 것이다.

이렇게 밀리자 공화파는 2차 투표를 위해 전열을 다졌다. 당선된 조레스
는—이미 그의 웅변재능이 알려졌으므로—타른의 이웃 도들에서 열리는 집
회들에 뛰어다녔다. 전국을 보면, 불과 몇 주 전에 "4년 후 프롤레타리아 혁
명"을 예측하던 쥘 게드도 "공화파 선봉세력의 단합"을 촉구했다.

이 전략은 주효했다. 10월 18일 다음날 공화파는 다수파가 되었다. 결과는 보수파 201석 대 공화파 383석이었다. 그러나 공화파 내부를 보면, '기회주의자들'을 제치고 두각을 나타낸 것은 급진파(101석)와 사회주의자들(6석)이었다. 바야흐로 극좌파의 존재가 뚜렷해졌다. 조레스는 아직 온건파 의원이었을 뿐이다.

하지만 조레스는 9월 18일 그롤레(카스트르 인근의 소공업도시)의 한 모임에서 의사당의 어느 자리에 앉을 것인가라는 질문을 받자 이렇게 답변했다. "나는 어느 그룹이나 어느 당파에도 가담하지 않겠다. 민중의 자식으로서, 고통받고 있는 사람들의 운명을 개선할 수 있는 개혁이라면 모두 다 찬성할 것이다."

그것은 그를 멀리 이끌고 나갈 진정한 공약이다.

그가 이 길을 따르리란 것을 믿을 만큼, 사람들은 이미 조레스가 누구인지 충분히 겪었다.

Ⅱ. 자아의 발견

1885
1893

딸 마들렌 조레스

카르모 조레스—그리고 칼비냐크(위 사진)—주위로 열기가 넘친다.
파업에서나 선거 때 조레스가 도착하면 흔히 시위를 벌였다.
(장 조레스 박물관, 카스트르)

04 | 기성의 정치, 공화파 의원 1885/1889

마침내 조레스는 그들의 일원이 되었다. 팔레-부르봉의 조레스는 카트르-콜론 홀에서 담소하고 있거나 파-페르뒤 홀에서 저널리스트와 가십난 기자들과 한데 어울린 의원들을 바라보며, 막연한 감동에 목이 멘다. 의회의 회기 시작을 앞두고 여기저기서 웅성거리며 부산한 가운데 안내인은 의원들을 하원의장에게 소개할 채비를 한다. 곧 의장이 라시 관저를 떠나서 취주악대의 북소리에 맞춰 등장할 것이다.

깊은 인상을 받은 조레스는 행동이 조심스럽다. 그는 등록을 하고 조심스럽게 자기 자리를 찾아가는 하원의 첫번째 절차를 밟는다. 이제 그는 민주주의의 전당에 들어왔다. 아직 그에게, 마주치는 사람들은 영감을 불어넣어주고 프랑스 정치를 이끌어나가는 모델이었다.

그는 줄 페리를 알아보았다. 1885년 3월의 패배자이고 통킹파인 재선의원 줄 페리는 무관심한 듯 새침한 표정에도 불구하고 복수할 기회를 노리고 매복해 있는 느낌을 풍겼다. 조레스는 졸리는 듯 게슴츠레한 눈에 턱이 말끔한 사람들과 달리 턱수염을 길게 기른 이 대부르주아를 세세히 뜯어본다. 앞머리가 벗겨져 머리카락이 없고 웃을 때 보면 좀 경멸하듯이 냉소 같은 웃음을 짓는다. 여느 의원들과 마찬가지로 페리는 그저 의원일 뿐이었으나 조레스에게는 여전히 공화국의 화신이고 국민교육을 위해 노력한 사람이었다. 조레스는 이 인물을 옹호했다. 그러나 페리와 기회주의자들—온건파—은 1885년 10월 총선의 패배자로 보였다.

급진파 지도자 클레망소는 '골수 강경파'로, 페리의 사형집행인 가운데 한 사람이었다. 둥글둥글한 머리의 정수리는 벗겨졌고 짙은 눈썹에 양쪽으로 갈라진 수염이 옛날식으로 휘날렸다. 사람들이 클레망소의 주위로 몰려든다. 그는 페리에 반대한 연설이 보수파의 약진을 유발하기는 했지만 후회하지 않는다고 말한다. 누구를 보든 여전히 "나는 한번도 뒤를 돌아본 적이 없고 언제나 앞만 본다"고 호언한다. 또 다른 거물의원들이 지나간다. 백발에 턱수염을 기른 우아한 프레시네는 기품 있는 분위기를 풍긴다. 공화국 대통령 줄 그레비가 신임하는 인물이라는 소문이 있었다. '흰 쥐'라는 별명을 가진 프레시네는 내각을 요리할 줄 알았다.

근엄한 발덱-루소. 코안경 너머로 바라보는 루비에. 까무잡잡한 얼굴에 머리는 짧고 턱수염을 기른 이 사람은 다니엘 윌송, 바로 그레비 대통령의 사위이다.

조레스는 마음이 무겁다. 기념물과 웅장한 장식, 이곳에 들어서니 막중하게 느껴지는 역사에 대한 책임감. 열렬한 공화파로서 의회를 존경하는 신념이 한층 더 뚜렷해진다. 그는 인민의 대변자들 속에 있는 한 명일 뿐이었다. 그리고 스물여섯 살. 그중에서 가장 젊다. 의회의 막내이다. 이 때문에 나이든 서기를 대신해서 직무를 맡도록 지명되었다. 그의 신중함과 불안감을 이해할 만하다. 어떻든 그는 시골 출신이고 이름이 나긴 했지만, 친절하게 아랫사람 대하듯 하는 이 동료의원들 가운데 아는 사람이 없었다. 그는 이 인사들이 하원이라는 닫힌 '클럽'에 속한다는 묵계가 있다고 느꼈다. 그러나 의원들을 묶어주는 연대감 같은 것은 보이지 않았다. 각자 자기 방식이었다. 증오심, 질시, 비열한 공격, 귀엣말을 나누고 험담하고. 공통의 사상을 중심으로 형성된 그룹이나 당은 없이 각자 자기 위주로 움직였다. 이해관계와 '돈벌이', 또 언젠가 장관자리를 차지하겠다는 야심이 지배하고 있을 뿐이었다. 고등사범에서 계율이 엄한 동료애를 경험한 조레스는 어찌할 바를 몰랐다. 그는 인민의 선량의 구실을 너무 높이 평가했으며 이 비속함, 특히 법률가(560명 의원 중 약 50%)가 다수이고 또 그중 2/3는 변호사인 이 사람들의 얕은 계산을 상상하지 못했다. 나머지는 의사, 고위관리, 기업가, 지주 들이었다. 교수는 드물었고 노동자로 사회생활을 시작한 사람은 그보다 더 드물었다. 사회주의를 주장하는 선량들 중에는 그런 사람이 몇 명 있었다. 하지만 조레스는 기회주의자들과 함께 중도좌파 의석에 자리 잡았다.

훗날 그는 그때 각종 사회주의 조직의 이름조차 몰랐다고 실토한다. 한편 그 조직들은 소규모 파벌로 갈라져 서로 적대했으며, 줄 게드의 강경한 입장을 중심으로 경쟁을 벌였다. 조레스는 "한쪽은 공화국 또 한쪽은 왕정과 성직자의 반동이라는 것"밖에는 몰랐다.

그는 보수파 진출이 두드러진 이 의회에서 공화파가 분열되어 있다는 것을 확인했다. 무엇으로 그들을 집결시킬 수 있을까? 그들은 서로 적대하고 격분했으며 각자의 경쟁심으로 흔들거리고 오해로 말미암아 갈라졌다. 그들 상당수가—페리처럼—대부르주아지에 속했다. 이 대부르주아가 공화파가 된 것은 1879년에 기업가들이 체제에 합류하였기 때문이다. 그러나 체제의 사회기반을 넓히기 위해서는 이 의원들이 헐벗고 굶주린 사람들에게 혜택을 줄 궁리를 해야 할 터인데, 이 문제를 상정하는 것조차 금했을 정도로 그들은 몰염치했다. 그들은 그저 되는 대로 표결에 임했다. '기회주의자들'은 '급진파'에 반대했으며, 급진파는 민중에 대해서는 훨씬 예민했지만 그들 역시 부르주아 출신이기는 마찬가지였다. 이로써 '사회문제'는 의사당 밖에 방치되어 있었다. 정책은 변화를 몰랐고, 의원들은 재선에 유리한 방향으로 혹은 그때그때 상황에 따라 조금씩 문제들을 처리했다.

의원들은—페리처럼—목표를 제시할 때 경제력과 사회구성으로 보아 그들이 지배하고 있음을 문제 삼지 않았다.

처음 몇 주 동안 조레스는 의원들의 속내를 알고자 했다. 자신이 예찬하는 이 체제의 비밀을 간파하고자 그는 이 사람 저 사람에게 조심스럽게 물었다. "저는 중학 교사 출신입니다" 하고 말을 건넸다. 그는 알고 싶었다. 한번은 의사당 복도에서 줄 페리에게 다가가, 이렇게 물었다. "귀하가 생각하시는 정치의 궁극적인 목표는 무엇입니까?" 페리는 어쭙잖다는 듯 훑어보았다. 이 순진한 풋내기 청년은 무슨 얘기를 듣겠다는 것인가? 조레스는 물고 늘어진다. "귀하의 이상이 무엇인지요? 인간사회는 어떤 종착점을 향해 진화한다고 보십니까? 그리고 귀하는 인간사회를 어디로 인도하려는 것입니까?" 페리는 미소를 지으며 반쯤 눈을 감고는 응답한다. "그런 일은 놔두게. 정부는 미래의 나팔을 불지 않네." 조레스는 집요하다. 줄 페리의 행동을 결정하는 세계와 역사에 대한 일반적 사유가 무엇인지 묻는다. "귀하는 경험론자가 아니지 않습니까? 그러면 무엇이 귀하의 목표입니까?" 하고 조레스는 반복한다. 줄 페리는 이미 저만큼 가면서 말한다. "나의 목적, 그건 신도 왕도 없는 인류를 조직하는 것이오." 그러나 "고용주가 없는"이라고 덧붙이지는 않는다. "그건 좀 부족합니다"라고 조레스는 말한다.

조레스는 당황스러웠다. 그는 공화국을 위한 투쟁에 매달렸다. 보수파동맹이 주는 위협감이 무겁게 느껴지기만 했다. 공화파의 분열이 유감스럽지만, 조레스는 어슴푸레한 수족관 같은 이 의사당에서 친구도 없고 표지도 없이 혼자서 어떻게 처신해야 할지 몰랐다. 숨쉬기조차 힘이 들었다. 마치 폭풍이 몰아칠지 소리 없이 안개가 쏟아져 내릴지 알 수 없는 하늘처럼 가라앉은 분위기가 가슴을 짓눌렀다.

그는 황홀해하면서 첫 연설들을 경청했다. 자신이 연단에 서면 잘한다는 것이 금방 드러나겠지만, 그는 발언권을 요구하지 않았다. 의사당의 간부들, 저 멀리 500인평의회(혁명 후 나폴레옹1세 시대 사이의 정치기구)로부터 이어져 내려온 역대 웅변가들의 연단, 역시 브뤼메르 시대의 것으로 보나파르트 일파가 쿠데타를 감행하던 현장을 지켜보았던 이 연단의 탁자가 그를 마비시켜 버린 듯 그는 나서지 않았다. "연단 가까이 간다는 생각만 해도 견딜 수 없을 만큼 공포감이 나를 휩쓸었다."

그는 겨우 스물여섯 살이었다.

하지만 1885년 11월 23일 월요일 『관보』(Journal Officiel)에 따르면, 조레스는 당선된 지 1개월 후에 일성을 던졌다. 그의 신념이 수줍음보다 강했기 때문이다. 65명의 보나파르트 의원 가운데 한 사람인 폴 드 카사냐크가 10월 18일의 2차 투표 진행상황에 대해 항의발언을 했다. 그는 정부가 유권자들에게 압력을 가했다고 비난했다. 이에 브뤼송 총리는 강력하게 응수했고 카사냐크는 자신의 질의를 철회했다. 좌파 쪽에서 그의 회피를 비평하는 발언들이 나왔고, 그 가운데 조레스의 목소리도 들어 있었다. "귀하는 좌파동맹이 중요하다는 것을 확인시켜 주었습니다."

장 조레스 의원이 의사당에서 처음으로 던진 말이다. 상징적 구절이다.

그러나 공화파가 단결하겠다는 의지는 확실해도, 그 이상은 방향만 가늠할 수 있을 뿐 미지의 일이었다.

의회가 정치 편짜기에 몰두해 있는 사이에 사회문제들은 쌓여만 간다는 것을 조레스는 느꼈다.

몇 달 전에 에밀 졸라가 『제르미날』(*Germinal*)을 출간했고, 사람들은 땅 밑에서 으르렁거리는 노동자의 분노, 광부들을 질식시키는 실직의 공포의 소리를 들었다. 임금을 경매에 붙이는 순간, 소설의 한 주인공은 고함친다. "저들은 억지로 노동자가 노동자를 잡아먹도록 한다." 그리고 파업—1884년 탄전지대를 휩쓸었던 그 파업들—은 "실업과 각종 벌금에 대한 기아의 항거"였다. 그들은 격노하며 "가난한 이들의 차례가 오리라"고 굳게 믿었다.

기나긴 경제위기 동안 노동자의 삶의 조건은 가혹했다. 실업자에게는 한 줌의 보장도 없는데, 부분실업이 마치 전염병처럼 모든 일자리에 타격을 가했다. 하루하루 일거리를 찾아야 했다. 휴가는 물론이고, 내일에 대한 보장도 없었다. 늙은 노동자, 병든 자, 재해를 당한 자는 보호받지 못했다. 노동시간은 늘 10시간이 넘었고 공장에서는 12~14시간을 계속 서 있어야 했다. 임금만으로는 입에 풀칠하기조차 힘들었다. 노동세계에서는 내일의 빵이 불안정했던 것이다. 고용주들은 생산을 높이기 위해 성과급 제도를 두었다. 노동자들은 조직을 만들고, 파업이 일어나면 버티기 위해 기금을 모았다. 사람들은 열두 살 때로는 열 살부터 일을 하기 시작했다. 탄광촌의 한 어린이는 이렇게 증언한다. "나의 어머니는 열 살이 되자 곧, 하루도 빠짐없이 연약한 어깨가 으스러지도록 무거운 우유배달통을 종일 메고 다녔다." 카르모의 광부들은 43년을 현장에서 일했으며 그중 38년을 지하 갱에서 지냈고, 평생 동안 일을 안 한 날이 모두 합해 18일밖에 안 되었다! 노동자의 참상이고 고통이다. 위고가 1869년 『황량한 세월』(*Les Années funestes*)에서 썼던 것은 아무것도 변하지 않았다.

그 사람, 내 아버지, 내 어머니, 나, 우리는 모두 광부였다.

작업은 가혹했고 주인은 착하지 않았다.

사람들은 빵이 모자라서 석탄을 깨물고 있었다.

우리는, 그를 불쾌하게 한다고 생각하지 않고

일을 조금 줄이고 임금을 조금 낮게 줄 것을 요구했다.

그런데 그들은 무엇을 우리에게 주었는가? 총탄이다.

그러자 지쳐 떨어진 노동자들의 도시들에서는 돌연 폭력적 소요가 일어났다. 1886년 1월 26일 드카즈빌에서는 광부들이 아내와 자식들을 데리고 회사 앞으로 모여들었다. 그들은 돌을 던져 혹독한 감시인, 고용주들의 집행인으로 지목된 바트랭 엔지니어의 사무실 유리창을 부쉈다. 사람들이 사무실로 쳐들어가 그를 쓰러뜨리고 유리창 쪽으로 끌고 갔다. 고함소리, 야수와 같은 울부짖음, 그는 창턱을 붙잡고 떨어지지 않으려고 안간힘을 쓰다가 바닥에 내동댕이쳐졌고, 결국 2층에서 땅바닥으로 떨어졌다. 군중은 숨이 끊어질 때까지 그에게 뭇매를 가했다.

오랜 파업중에 일어난 잔인한 사건으로 사회 부정의의 종양이 그대로 다드러났다.

조레스는 아연했다. 그 며칠 전에 그는 전국광부연맹 11차대회에 참석했었다. 대회장에 모인 대표들에게 그는 퇴직기금 설립제도를 제안했다. 그 제안을 의회토의에 상정할 것이었다. 조레스는 대표들을 설득했다. "고용주와 노동자 사이에 합의가 있어야 합니다. 1884년 이후 노조결성이 합법화되었으므로 노조가 있어야 하고 대의원들은 공공연한 비난에 만족해서는 안 되기 때문입니다. 일은 간단합니다. 사회문제들을 면밀하고도 총체적으로 연구해야 합니다."

조레스는 의욕에 넘쳤다. 사려 깊고 진지한 광부 대의원들, 온갖 시련을 이겨온 얼굴과 시커먼 석탄가루가 배어들어 거무튀튀한 살갗, 구부정한 손가락 마디마디가 툭툭 불거져 나온 이들 앞에서 그는 계획의 초안을 설명한다. "복지향상, 인간사회에 대한 자부심입니다"라는 말로 시작한 조레스는 이어 단호한 목소리로 이렇게 덧붙인다. "이 고귀한 사명은 반드시 공적 생활에서 피할 수 없는 자잘한 재난에 맞서 우리를 지켜줄 것입니다."

여기, 광부들의 대회장은 의사당을 지배하는 분위기와 뚜렷이 대조를 이루었다.

한동안 정치적 술수가 난무한 끝에 상하 양원은 공화국의 새 대통령을 선출하기 위해 엄숙하게 베르사유에 모였다. 그레비는 일흔아홉 살의 노인이었다. 그러나 측근인 사위 윌송과 딸은 그의 재선을 위해 갖은 술수를 부렸다. 엘리제는 그들이 직위와 훈장을 나눠주는 밀실이었다. 그리고 마치 구멍가게 주인처럼 대통령직을 수행하는 그레비는 권력의 특혜와 지급받지만 쓰지 않고 모으는 연 12만 프랑의 금화에 민감했다. 그는 출마를 수락했다. 이 지독한 공화파를 어떻게 물리칠 것인가? 그는 589 대 457 표로 재선되었다.

그러자 브리송 내각이 사퇴하고 1886년 1월 7일 프레시네 정부가 구성되었다. 만약 49세의 위풍 있는 불랑제 장군이 국방장관에 임명되지 않았다면 이 정부는 쓰레기 같은 정치꾼들의 집합소에 불과했을 것이다. 불랑제 장군은 임명되자 즉각, 볼록한 몸에 번쩍거리는 군복을 걸치고 군모를 비스듬히 쓰고는 자신만만한 푸른 눈으로 사열을 받았다. 그리고 차림 그대로 공화파이고 클레망소의 친구인 장군은 병영의 초소에 삼색기를 그려넣도록 하고 병사의 규율을 개선하고 '사제들'을 돌려보냈다. 그 밖에도 1884년에 파업자들을 진압하기 위해 군대를 동원하는 것을 반대했고 농민들에게 너그럽게 영농휴가를 허용하지 않았던가? 몇 달 내, 7월 14일에 그는 롱샹(파리 교외의 넓은 거리)에서 장대한 군사사열을 펼칠 것이었다. 경기장은 민중의 환호와 통킹에서 귀환하는 군대에 보내는 박수와 "공화국 만세! 그레비 만세!" "불랑제 만세" 소리로 뒤덮일 것이다. 그날 저녁에는 폴뤼스라는 가수가 알카자르에서 민중의 애국심과 파리인의 야유, 불랑제의 영광을 가사로 담은 노래를 부르게 되어 있었다.

즐겁고 기쁘다

우리는 승리자들

롱샹으로 가면서

마음은 흔쾌하고 심정은 편하다

왜냐하면 우리는 축제를 열고 프랑스 군을 보고 칭찬할 것이니

우리의 용감한 불랑제 장군을 찬미하도다.

불랑제주의가 시작되었다.

조레스는 잇따라 일어나는 사건들에 어떻게 대처해야 할지 알지 못했다.

그는 망설이고 모색했다. 그가 쓰고 있듯이 "내면의 삶과 사물의 운동의 삶 사이의 균형점"을 찾기 위한 깊은 사색의 작업이었다.

그는 몹시 고민했다. 노동자의 상태를 그는 잘 알고 있었다. 1886년 4월 8일에 그는 노동자들을 위한 상조기금과 퇴직기금 설치법 제안서를 제출했다. "사회질서가 정의와 일치하지 않는다는 것을 분명히 말해야 합니다." 그는 감히 연단에서 발언하지는 않았지만 이 제안서에서 힘을 주어 표명했다. 몇 달 후(1887년 10월) 마자메(카스트르 인근의 소공업도시)의 양모노조와 건축노조 위원장에게 보낸 편지에서도 마찬가지 뜻을 전했다. "저는 공화국과 사회정의의 사상을 한번도 따로 떼어놓고 생각해 본 적이 없습니다. 사회정의 없는 공화국은 빈말일 뿐입니다." 그러나 이 사회문제는 드카즈빌 광부들과 같은 방식이 아니라 평화롭게 해결해야 했다. 어떻게? 인민의 대표들의 끈질기고

집요한 행동으로? 그러나 그것이 가능할까?

처음 몇 달 사이에 금방 조레스는 정치계를 물들이고 공화국의 제도를 약화시키는 불건전한 분위기를 느꼈다. 서서히 나타나기 시작하는 불랑제 장군의 영광—이 구조!—은 번성하기에 알맞은 토양을 찾았다. 환경이 그렇다는 것은 너무나 분명해서, 조레스와 출신이 아주 다른 아브르의 면직물 무역상이지만 시골뜨기 초선의원인 줄 지그프리트 역시 똑같은 점을 확인했다.

"그레비 대통령은 늙었고 갈수록 더 윌송의 영향을 받고 있다고 고백한다. 발언권이 센 그 사위가 엘리제에서 무슨 소리를 하는 건지! 부패와 불확실성, 확연히 감지되는 회의주의, 그런 공기를 들이마시는 것 같았다. …제2 제정을 연상시킨다. 그때는 하루하루가 즐겁고 발랄하고 경박한 사교생활의 연속이었다. 그때도 사업이 세상을 독차지하다시피 했다. 특히 사업계와 정치계에는 대체로 냉소주의가 만연했다. 아무것도 존경하지 않는, 심지어 시대정신의 표현을 영광으로 아는 뻔뻔한 냉소주의가 퍼져 있었다…."

줄 지그프리트가 일반적인 이해관계, 공적인 것에 헌신해야 한다는 논조를 펴면, 그는 늘 손님들과 또 15년 전부터 파리에서 쓰는 말투에 익숙해 있는 친동생 자크로부터 '순진한 사람' 취급을 받았다. 그들은 그에게 "당신은 아무래도 파리사람은 못 되겠어요!" 하고 말했다. 사람들은 조레스도 비웃었다. 조레스는 지그프리트와 사교적인 접촉은 없었다. 그러나 조레스는 누구와 가치관도 관심사도 공유할 수 없는 이 세계에서 그가 이방인이라는 것을 알았다.

누구에게로 갈 것인가?

의사당 좌측 맨 끝에는 사회주의자들이 자리 잡고 있었다. 그는 그들을 관찰한다. 분명한 과거와 확실한 신념을 지녔고 개성이 강한 인물들이었다. 조폐국 노동자이고 성이 제피린인 카멜리나는 1864년에 인터내셔널을 창설했던 사람들 중 한 명이다. 그때 그는 갓 스물네 살이었다. 코뮌시기에 그는 파리를 빠져나가는 데 성공하여 영국으로 망명했다. 사면을 받았지만 그는 자신의 신념을 저버리지 않았고 선거 때 파리에서 열린 집회에서 다음과 같이 자기 뜻을 밝혔다. "인터내셔널 투사, 코뮌의 전투원이었던 저는 지난날 추구하던 공동체주의와 사회주의를 이제 하원에서 구현하는 사람이고 되고자 합니다." 개인적 야심이라고는 없고 그런 것에 끄떡도 않는 의원이 여기 있었다.

그의 곁에는 다른 노동자들, 님(지중해 가까이 있는 남부도시)의 통제조공 누마 질리, 탄광차 운반노동자와 제화공 사이에서 태어나 어릴 때 고아가 되어 지하 갱으로 내려갔던 앙젱(벨기에 인근인 북부의 유명한 탄광도시)의 광부 에밀 발리—하원에는 이들뿐이었다—가 있었다. 파업으로 해고된 후 드냉 시의원으로 선출된 『제르미날』의 실제 주인공은 하원에서 경멸당하고 저항하는 노동세계의 준엄하고 거센 목소리를 대변했다.

1886년 2월 11일 발리는 구체적으로 드카즈빌 사건에 대해 대정부 질의를 벌였다. 의원은 광산에서 채굴한 물량을 쌓아두는 집하장을 다녀왔다. 노동자들하고도 이야기를 나누었다. 그는 18년 동안 함께 일했던 노동자들의 생존조건을 익히 알고 있었다. 의회연단에서 이 점을 상기시키면서, 그는 바트랭 기사의 살해—린치—를 정당화했다. "그 기사는 미움을 받았고, 주민들을 모두 굶주리게 했습니다. 그가 하는 일은 특히나 역겨웠다"고 발리는 소리쳤다.

의원들은 광부 출신의 이 의원에게 따졌고 "죽은 이를 짓밟고 있다"며 그를 비난했다. 발리는 소란을 진정시키고 말했다. "법무장관 귀하는 바트랭의 행위를 제지할 생각을 했었는가? 아니다. 그렇다면 민중의 정의가 통하도록 놔두어야 한다."

그런 한편 발리는 이렇게 결론을 내렸다. "7월 14일은 전제자의 처형, 사람들을 굶주리게 한 자들의 처형으로 빛나지 않았던가." 조레스는 불끈한다. 발리의 연설은 그를 격분케 했다. 사람의 죽음은 그에게 "충격적이고 불필요한 폭력행위"였다. 그것을 인정하지 않는다면 더 이상 토론은 가능하지 않다. 사회주의 사상으로 가는 문은 닫혀 있다. 조레스는 "야만적인 증오와 바트랭 사건 가담자들에 대한 변호"에는 단호하게 반대했기 때문이다. 그는 노동자들의 참상에 민감했고 '사회공화국', 즉 조직되고 자기 권리를 가진 노동의 공화국에 동의했으나, 그것은 협상을 통해 이루어지고 법적 제안을 빌려 전개되는 것이었다. 그러나 조레스는 카멜리나, 아리스티드 부와예—무정부주의자인 극좌파 의원—또는 역시 사회주의 의원인 시인 클로비스 위그와도 손을 잡을 수 없었다. 3월 10일 그는 보수주의자들과 함께 에밀 발리가 제안한 불신임 결의에 반대표를 던졌다.

사실 회기 첫 몇 달 동안 조레스는 특히 그의 주위에 앉은 중도공화파 의원들과 다를 바가 하나도 없었다. 그는 의문과 불확실성을 가졌지만, 기회주의 공화파의 정책에 가담했다. 인도차이나 식민지 원정을 위한 채권에 찬성했으며, 팸플릿 작가 로슈포르가 제안한 정치범 사면에는 거부의사를 밝혔고, 예배예산을 승인했으며, 성직자가 유권자들에게 압력을 가한 코르시카 선거를 무효화하자는 성명을 거부했다. 심지어 소득세에 반대하고 상원의 보통선거까지 반대했다. 그는 공화파였고 공화파의 정책을 수호했다. 보수파를 의식하고 조심했기 때문이었을까? 그보다는 오히려 개혁 외에는 다른 방도가 없고, 만약 정당한 싸움을 한다면 공화국은 자기처럼 더 많은 정의를 원하는 이들의 목소리를 들을 것이라고 생각했기 때문이다. 이 시절을 회상하면서 조레스는 이렇게 말한다. "나는 모든 공화파가 공화국 사상을 끝까지 밀고 나가면 사회주의에 다다를 것이라고 상정했다." 그러면서 "1886년부터 신문에 글을 쓰고 하원에 대해 논평하기 시작하면서 사회주의는 나를 온통 사로 잡았고 나는 사회주의를 공언했다"고 덧붙인다.

'지난일이나' 마음대로 재구성한 것인가? 조레스는 이에 대해 자기 입장을 옹호했다. "나를 따라다니는 전향한 중도좌파라는 딱지를 떼어버리려고 이 말을 하는 것이 아니다. 그것이 사실이었을 뿐이다."

그는 사회문제에 열려 있었지만 의원들이나 노조원들의 절제된 행동으로 문제를 해결하는 것만 생각했을 뿐이다. 앞에서도 보았지만, 그는 1886년 1월 생테티엔의 전국광부연맹대회에 참가했다. 또 조합원이 500~600명인 카르모 광부노동자조합과 접촉하고 있었으며, 모자제조공과 무두질공 또 직물공 등 다른 지역의 모든 노동계와 관계를 맺고 있었다. 이 지역은 차츰 농촌적 범주에서 벗어났지만, 농촌이라도 노동으로 생산물들을 가공하기 때문에 노동자들과 연관되었다. 하지만 이러한 열림이 이미 사회주의자의 열림이었을까? 그는 오히려 '영혼'과 현실 사이의 균형점을 찾아 항상 더듬고 있었다.

사회주의 의원들의 확신과 진지함이 그를 끌어당겼다. 그러나 그들이 거칠다고 여겨져서 불안했고 그들의 사는 방식도 거친 것 같았다. 클로비스 위그의 부인은 자기 남편을 모독한 신문기자를 살해했다. 효과적이고 정밀한 행동보다는 비방에 신경을 쓰는 주변인들의 풍습 아닌가? 그래서 사려 깊은 선의와 엄격한 대학인의 배려가 몸에 밴 조레스는 사회주의자 신문기자 뒤크-케르시에게, 어느 날 사회주의가 승리하면 무슨 일이 일어나겠는가 하고 물었다. 뒤크-케르시는 "원리만 이해하려고 여기저기 찾아다니는" 이 '부르주아' 공화파 조레스를 비꼬며 이렇게 답했다. "그건 우리가 권력을 잡았을 때 사회가 얼마큼 경제적으로 진전해 있는가에 달린 거요."

엄밀한 정통 마르크스주의자로서는 타당한 대답이었다. 조레스는 이렇게 기억한다. "하지만 나는 좀더 명료한 사상적 노력을 원했던 것이고, 내게 그 답변은 좀 공허하게 들렸다."

조레스는 고립되었는가? 의회세계에 대한 환상으로 가득 찬 청년의원이어서 페리나 뒤크-케르시가 냉소적으로 바라보았는가? 그러나 그는 자신의 책무를 성실하게 받아들이는 의원이었다. 우선 법안 제안서를 작성했다. 그리고서 1886년 10월 21일, 그는 자리에서 일어나 연단이 있는 의사당 중앙으로 가려고 의석 사이의 계단을 내려갔다. 그는 한 계단씩 연단을 올라갔다. 흥분되면서도 수줍음으로 숨이 막힐 듯했다. 이윽고 감정을 지그시 누르며 목소리를 높인다. 사람들은 눈을 떼지 않고 그를 관찰한다. 그는 교육, 코뮌이 초등학교를 설립할 권리, 학교를 개수할 자유에 대해 발언한다. "학교는 가정생활의 연속이 아닙니다. 학교는 사회생활의 막을 열고 사회생활을 준비합니다."

그가 비판정신을 찬양할 때, 우파에서 질의가 들어왔다. 좌파에서는 "잘한다, 잘해" 하는 소리가 나왔다. 성공인가? 조레스는 열광이라고는 기색도 없는 이 분열되고 가차 없는 분위기에서 자신을 표현하기란 어렵다는 것을 깨달았다.

이튿날 신문들은 그의 연설에 대해 미묘한 차이를 보이며 판정을 내렸다. 『라 레퓌블리크 프랑세즈』(La République française)는 "고도의 명료한 언어"라고 썼으며, 클레망소의 일간지 『라 쥐스티스』(La Justice)는 하원에서 자주 "조레스 씨와 같은 설득력 있고 구체적인 발언"을 듣기를 희망했다. 『르 피가로』(Le Figaro)의 의회담당 기자는 의회회의를 경멸하면서 이렇게 말했다. "우리는 오래 전부터 신중하게 준비해 온 초선의원을 보았다. 고등사범을 갓 나온 참신한 타른의 의원 조레스 씨는 어제 젊은 혈기의 웅변을 처음 시도하여 찬탄을 샀다. 좌우 모두, 이런 경우 통용되는 격려를 아끼지 않았다. 하원 전체가 그의 도래를 축하했다. ···그건 모두 좀 장황하고 과장된 소르본 식 어투로 들리지만 이 풋내기 웅변가에 대해 공화파는 큰 기대를 걸고 있다."

연설을 하고 박수갈채를 받지 못하기는 처음이었다. 하지만 실망이 매우 컸어도 이 연설은 조레스의 말문을 틔워주었다. 겨우 이런 거였어! 그는 소르본 대강당에서 교수자격 구두시험 때 받은 박수, 중학생들과 대학생들의 열기, 미팅의 열광을 익히 알고 있는데 이건 뻣뻣하고 거의 내려다보는 식으로 주목을 받았을 뿐이었다. "장황하고 과장된 소르본 식이라고?" 이 몇 마디 말로써 거리감을 충분히 잴 수 있었다. 사교계 신문기자의 냉랭한 파리식 언사와, 의원이고 남부 대학인의 정통적 진지함이 담겨 있는 조레스 사이의 거리감이었다.

그러나 조레스는 자신의 임무를 깊이 의식하고 앞으로 나아갔다. 그리고 몇 차례 연설을 거치면서 조금씩 자신의 사고와 태도를 뚜렷이 그려나가는 것이 보였다. 그는 구체적인 사항을 선정했고, 꼼꼼하게 연구한 조치를 제안했다. 1887년 6월 17일과 7월 8일에 그가 착수한 광부대표단 문제를 예로 들 수 있다. 이보다 더 일은 없다고? 적어도 착수하기에는 안성맞춤이라고? 그러나 조레스의 특징은, 그의 첫 의회발언에서부터 그후 언제나 그랬듯이 특수한 관점과 일반적인 노선을 연결시키는 것이다. 이 의회 대웅변가의 생애에서 과거와 미래를 하나로 섞어 전망을 그리지 않은 연설은 하나도 없다.

광부대표단? "사회가 프롤레타리아의 도래를 경제발전에 맞추어 조절하지 않는 한, 원조와 공제의 법들을 축적해 가도 소용이 없을 것이며 우리는 사회문제의 핵심에 도달하지 못할 것이다."

보호주의에 관한 그의 발언은 구체적으로 농민의 재산상태, 도시노동자와 소작농, 그보다 아래의 반(半)소작농, 더 영세한 농촌노동자 같은 토지의 피착취자들 사이의 연대를 언급했다. 그의 목소리는 높아가고 어조는 해방되었다. 그는 쏘아붙였다. "대지주가 소작인과 반(半)소작인을 위한다고 주장하는 것은, 마치 유모가 젖먹이 먹일 것이라고 하면서 가장 좋고 맛있는 쪽을 떼어놓는 것과 다름없다."

그는 사회보장제도인 퇴직기금의 창설을 지지하고 이를 위해 개입했으며 산업체의 산재사고 희생자들을 위해 간청했다. 그는 "자유롭고 연대하는 강력한 노동자연맹"을 상기시키며 교육예산을 요구했다. "민중의 자녀들이 정치와 행정 기구의 기본 구조를 빨리 이해할 수 있게 해주는" 교육을 원했던 것이다. 조레스는 대담해졌다. 이로써 "예산위원들이 금이 가득 든 큰 통을 둘러싸고 숙의하고 근사한 분배거리가 있다는 것을 믿게 하려고 애쓰는, 점점 더 정치계를 휩쓰는 뻔뻔한 자들"은 끝날 것이다.

이제 사람들은 조레스의 말을 주의 깊게 들었고, 이미 가끔은 열렬한 관심을 보였다. 그의 연설은 늘 독창적이다. 그에게는 구체적이고 현실적인 감각이 있다. 루아레의 농민, 타른 농촌의 초등교사, 카르모 광부, 알비의 무두질공에 대해 말했다. 그의 목소리, 이미지, 불길은 잠자는 듯한 의회를 깨우고 안이한 연설을 부순다. 그가 청중을 두었다는 증거로, 『툴루즈 통신』에서 그에게 칼럼 집필을 제의했다. 조레스는 이 신문에 정기적으로 기고하였고 그건 하원발언의 연장이었다. 원고료로 논설 한 편당 100프랑을 받게 되어 그는 의회에 등단했을 뿐 아니라 저널리스트의 활동을 시작했으며, 이 일은 앞으로 그치는 적 없이—주간지에서 일간지로—웅변가의 행동을 보완하게 된다.

이로써 그는 우파와 좌파 모두의 주목을 받았다. 누구보다 예리한 관찰자들은 그의 재능을 알아보았다. 조레스의 첫 연설을 듣고 우파의 젊은 의원

자크 피우는 그에게 축하를 보냈다. "아주 멋있어요. 아주 우아합니다." 조레스는 그의 두 손을 붙잡고 악수하며 응답했다. "당신이 처음으로 저한테 그런 칭찬을 하시는군요."

조레스의 기대감, 이 젊은 선량의 천진함을 아무 관심 없이 빈정대는 중도좌파 동료들의 마비된 오만함과 몰이해 앞에서 그가 겪은 실망감을 포착할 수 있다.

극좌파에서도 몇몇 의원들이 울림이 있는 어조의 이 의원을 주목했다. 『르뷔 소시알리스트』(Revue socialiste) 1887년 4월호는 중도든가 좌파 가장자리에 앉는 조레스 씨는 확실히 경제와 사회 문제에서 "경제적 자유를 주장하기 때문에 매우 앞섰다고 믿는 극좌"를 한참 능가한다고 강조했다. 조레스는 그 기사를 읽고 감동했다. 이 잡지의 편집장 브누아 말롱은 민중의 자식으로 독학을 했으며, 그의 운명은 조레스를 매혹시켰다. 루아르의 피레티외에서 태어난 말롱은 일곱 살에 목동이 되었고 열세 살에는 주인의 회계일을 맡아서 했다. 말롱이 병이 들자 교사인 형이 그를 데려갔고, 그때부터 읽기와 사색을 시작했다. 그리고 그는 저항했다. 퓌토에서 세탁노동자로 일하던 그는 파업마다 찾아다니고 인터내셔널에 가입했다. 1871년에 의원으로 선출되었으나 알자스-로렌 양도에 항의하기 위해 사임했다. 물론 카멜리나, 발레스와 같은 코뮈나르였다. 그들처럼 망명을 했고 유럽 천지를 다니면서 안 해본 직업이 없었으며, 그런 속에서도 늘 지식을 갈망하고 스파르타쿠스 전기를 쓰기까지 했다. 프리메이슨이고 통합에 관심을 기울이는 그의 잡지는 "중도파, 강경파, 자율주의자, 권위주의자, 평화주의자, 혁명가, 상호부조론자, 공산주의자, 실증주의자, 집산주의자 등 현재 사회주의를 추구하는 모든 사람들"이 서로 만나는 '공동 숙소'이고 '작업현장'이었다.

그 강령은 조레스를 유혹했고 말롱이 구체적인 연구로 사회주의를 이끌

고 나가려는 방안으로 '사회경제회'를 창설했기 때문에 더욱 그랬다. 젊은 조
레스를 역겹게 하는 독설과 폭력과는 전혀 거리가 멀었다. 말롱이 개인적인
경쟁심, 학파의 맹목성, 분파적 음모를 피하고자 한다고 말했을 때 조레스는
사회문제에 대한 이 같은 접근방식에 전적으로 동의했다. 또한 말롱이 "무오
류라는 기이한 주장은 가톨릭 교황이나 하게 내버려두어야 한다"고 쓰면서
강경파 마르크스주의자 줄 게드에게 보낸 무언의 비판에도 동의했다.

『르뷔 소시알리스트』, 그것은 사회정의에 전념하고 또 여러 경향과 당파
와 그룹이 팽창하면서 뿔뿔이 흩어진 사람들이 모두 모이는 센터였다. 마침
내 이곳이 조레스가 자기 사상을 비교해 보고 그 차이를 가늠해 볼 수 있는
곳이 될까? 그는 자신에게 할애된 기사를 읽고 나서 얼마 후에 마르티르 가 8
번지에 있는 잡지사를 찾아갔다. 그는 수줍어하며 겸손한 자세로 그곳에 들
어갔을 때를, 자조 섞인 어조로 "사원에 처음 들어가는 신참교도 같은 종교적
인 감정"이었다고 말한다.

그를 이해해야만 한다. 그는 노동세계에 속해 있지 않았다. 말롱이나 카
멜리나 세대에 비하면 격렬한 투쟁을 모르는 세대였다. 제국이 붕괴했을 때
조레스는 겨우 열한 살이었다. 나폴레옹3세 치하의 공화파 투쟁이나 티에르
에 대한 코뮈나르의 투쟁은 그가 모르는 행동이었다. 유혈의 대파국과 그것
을 상속받은 이들 사이에 태어나게 된 세대들이었다. 그러므로 그는 줄 발레
스—1885년 2월 사망—가 브누아 말롱에게 쓴 것처럼 쓸 수가 없었다. "우
리가 제정의 판사들, [파리] 포위 속의 기아, 베르사유 대포, 그 앞에서 동지가
된 이래, 당신은 내가 언제나 민중과 함께 행군하는 것을 보았다." 조레스는
대학 출신이고 의원이었을 따름이다. 말롱은 블랑키(1881년 1월 1일 사망)와
동시대인이다. 〈인터내셔널〉 노랫말을 작사한 외젠 포티에는 말롱의 묘비명
을 이렇게 썼다.

피도 눈물도 없는 계급에 맞서

빵 없는 민중을 위해 싸우다

그는 사방 갇힌 벽 안에서 살았네

네 개의 전나무판자 안의 주검

이 영웅들과 조레스 사이에는 시대의 차이, 역사적 경험의 차이가 있다. 예컨대 브누아 말롱은 이렇게 속이야기를 했다. "1871년에 나는 의원이 되었다. 나의 의무를 다했다고 믿었다. …하지만 평생 다시는 의회에 발을 들여놓지 않으리라 맹세했다. 바보들의 장바닥이었고 선의를 꽉 눌러버리는 압착기였다."

조레스는 어두컴컴한 좁은 계단을 올라 잡지 편집실로 가면서 그 모든 것을 짐작할 수 있는 예감이 들었고 그래서 망설이면서 "브누아 말롱 씨(Monsieur)"를 만나러 왔다고 했다. 편집국장은 지금 없다고 누군가가 대답했다. 계단을 내려가는 조레스는 등 뒤로 그들이 껄껄 웃는 소리를 들었다.

부르주아식 차림새와 예절, 의회 중도좌파에 대해 '환상'을 가진 그가 어떻게 '완벽한 사회주의'의 수호자들이 갖고 있는 편견을 부술 수 있었겠는가?

그는 다시는 순례에 나서지 않았다. 한참 후에 그는 "너무 일찍 특정 분파에 얽매이지 않았던 것"을 자축하게 된다. 이로써 그는 어느 파벌에 속하면 당파투쟁에 말리고 그러면 타협을 해야 하고 그러려면 동맹관계를 맺어야 하는데 그에 구애받지 않고 연구와 실천, 자유로운 비판활동을 위한 개인적인 에너지를 간직하게 된다.

그러나 동전에는 이면이 있다. "의회에서 나는 완전히 고립되어 있었다"고 조레스는 확인해 준다. 좋다.

사회주의자들과 조레스의 만남이 1885년에 곧장 이루어지지 않았어도, 이념적 차이나 속한 세대에 따라 운명이 갈라진 것은 중요하다.

1885년의 조레스는 의회활동에 대한 신뢰가 있었다. 그것은 공화국에서 결정적인 노릇을 했다. 민중을 밝혀주는 민중교육, 민중 스스로 선량을 선택하는 보통선거, 노동조합 조직, 법. 이 모든 것은 민주주의의 수레바퀴들이었다. 같은 시기에―말롱이나 발레스와 같은 경험(제정, 망명)세계를 가진 (1885년에 40세)―줄 게드는 선거라는 협의체에서 혁명적 선동의 기회만 엿보았을 뿐이다. 게드에 따르면, 의원들은 "벽을 무너뜨릴, 바로 자신들의 의회의 벽을 무너뜨릴 책임을 지닌 완강한 반대자이다." 게드에게 의원직이란 "봉기를 목적으로 견고한 자본주의의 중심부"에 거점을 만드는 것이었다.

이 말을 조레스는 지지할 수 없었다. 출신환경과 교육, 세대, 성격, 세상에 대한 분석이 달랐다. 혁명가들이 이름을 떨치는 세계에 조레스 그의 자리는 없었다. 게드의 노동자당, 중앙혁명위원회(CRC), 브루스의 가능주의자들, 독립사회주의자들, 이 다양함은 활력을 증명했으나 또한 나약함과 미숙함을 표시하는 징표였다. 사람들은 서로 멀어졌다. 조레스는 바이양(1885년에 45세) 같은 이의 말과 행동에 주의를 기울였다. 바이양 역시 코뮈나르이고 망명자였는데, 그의 절제된 태도 뒤에는 결연한 기질과 집요한 행동의지가 숨겨져 있었다. 파리 시의원으로 선출된 짧은 머리의 이 엔지니어는 조용한 은퇴자 같아 보였지만, 개혁조치들을 통과시키기 위해 투표로 선출된 의회를 적극 활용하는 사회주의자들 가운데 한 사람이었다. 이런 면에서 그는 조레스와 거리감이 그리 크지 않은 사람이었다. 그러나 아직은 모든 것이 두 사람을 갈라놓았다. 1888년 8월에 과거 코뮈나르들(브누아 말롱, 장-바티스트 클레망)이 그들의 동지인 유드―파업중인 토목노동자들을 지지하는 집회의 사회를 보던 중 심장마비로 숨을 거둔 코뮈나르―의 장례식을 거행하기 위해 대규모 노동자시위를 촉구했을 때, 조레스는 그곳에 참석할 수 없었다. 지난날의 패배를 너무도 무겁게 안고 있고 자신을 표출하려는 욕구로 지나치게 고양된 이 노동운동을 그는 아끼고 운동가들과 대화하고 개혁을 제안했지만, 그 운동의 일원이 될 수는 없었다. 토목꾼들은 작업복 차림에 플라넬 띠로 허리를 동여매고 코뮈나르의 장례행렬에 나섰다. 조레스는 아직 그곳이 아닌 다른 세계에 있었다.

그들과 사이에 또 다른 경계를 그은 것은 조레스의 사생활이다. 말롱이나 게드, 바이양은 부르주아 사회의 법정에 섰고 옥고를 치렀으며, 망명자로 혁명가로 살아왔다. 이와 달리 1880~90년대의 조레스는 대학 출신의 시골 부르주아 국회의원으로서 사회적 위계질서와 관행을 존중했다. 그런 것들이 감정을 건드릴 때조차 그러했다. 이 점은 그의 결혼에서 여실히 드러난다.

　부아 씨 내외는 조레스가 툴루즈의 강사에 지나지 않았을 때는 그를 외면했다. 하지만 그가 국회의원이 되자 달라졌다. 부아 씨는 스스로 부도지사가 되기를 원했는데, 장래 사윗감이 그럴듯한 정치가들 속에 자리를 잡은 것이다. 그래서 조레스 미망인에게, 루이즈 부아가 이제 열여덟 살이 되었으니 장 조레스의 아내가 될 수 있다고 전했다. 부인들은 다시금 중간에 서서 의견들을 전해 주었다. 조레스는 순순히 관습에 따랐다. 타른의 의원은 상복차림을 한 어머니 아델라이드 조레스의 팔짱을 끼고, 구혼을 하기 위해 알비를 방문했다. 그의 차림새는 우아했다. 부아 가 사람들 모두가 나와 그를 맞아주었다. 남자들은 따로 모여앉아, 정치와 브술레의 소유문제에 관해 이야기를 나누었으며 또 브술레를 둘러보고 나서 관행대로 계약문제를 의논했다. 당연히 루이즈는 재산소유자의 딸이기 때문에 재산을 분배받을 것이고 그 여자에게는 브술레가 돌아갈 것이다. 그러면 마음에 드나요? 조레스는 37헥타르의 토지와 소박하지만 전통적 양식의 농장이 달린 브술레가 무척 마음에 들었다. 부재지주의 농장이 아니라 직접 경영하는 농장이었다. 물론 혼수(3천 프랑)와 연간수입 및 종신연금(1200프랑) 그리고 브술레 토지에서 나오는 소득 등이 모든 것은 부부 공동소유가 될 것이다. 부아 양으로서는 크나큰 결심이 아닐 수 없다. 하지만 장 조레스의 장래도 밝았다. 장관도 되겠지? 그외에 어머니는 페디알의 절반을 그에게 주기로 하고, 1886년 6월 26일 공증인에게 가서 이에 서명했다. 그리고 6월 29일, 부아 가의 교구인 생―살비 성당에서 성대하게 결혼식을 올렸다. 그 부르주아식 예식에는 관례를 중요하게 여기는 온건 공화국의 각계각층이 모일 것이다.

대사이며 상원의원인 벵자맹―콩스탕 조레스 제독이 중도좌파 의원인 조카의 혼례증인이었다. 사제가 이 부부를 축복했다. 장인장모는 지주이고 동생 루이는 해군장교이다. 부르주아지이고 정권과 단단히 결속된 공화파 엘리트들. 그러나 조레스를 빼놓고는, 다들 끓어오르는 근로민중의 문제에는 눈을 감았다. 근로민중은 피로연 자리에서 조레스 주위의 정치화제로 올랐을 뿐, 한 사람도 보이지 않았다. 더구나 사람들은 무엇보다 왕당파, 보나파르트주의자, 공화파동맹 같은 정치문제만 말했지 사회문제는 꺼내지도 않았다.

조레스가 담소에 열을 올려서 출발시각을 놓쳤다고도 한다. 그날 저녁 바로 아내와 함께 어머니를 모시고 파리행 열차를 탔다고도 한다. 사람들 말이다.

젊은 내외는 미망인 아델라이드 조레스와 같이 라 모트―피케 가(에펠탑 동쪽의 파리14구 주택가)에 자리 잡았다.

부르주아식 결혼에 전통적 가정을 꾸렸다. 미모의 여성 루이즈 부아는 소극적인 사람 특유의 단조로운 유순함을 지녔다. 몇 가지 사소한 것―처신이 기민하지 못하고 조레스의 활동에 아무 흥미도 보이지 않는 등―만 보아

도 그 여자가 남편의 관심사를 나눌 능력도 없고—그 여자의 교육과 환경이
이런 준비를 해주지 않았다—그저 아무런 목적도 없이 부부간의 회색지대에
서 '따로' 사는 것이 이해가 된다. 시어머니와 한집에 사는 것에 대한 짜증으
로 말이 없고 뿌루퉁해 있었다. 무엇이든 마음에 안 들어 하고 다른 사람들에
이끌려 결혼을 하고 사회적 규범에 순종하고 그리고 도발적인 무관심 속으로
도피해 버리는 여자였다. 가령 갈수록 조레스의 "차림새가 엉망"이라는 얘기
가 나돌았다. 셔츠는 더럽고 옷은 아무렇게나 입었다. 이런 방식으로 루이즈
는 자신의 상황, 땅딸막한 남편보다 머리 하나는 더 큰 '알비의 미녀'인 자기
가 그런 보잘것없는 자리나 차지하는 생활을 거부했다.

조레스는 한결같이 그 여자에게 충실했다. 매일 가까이 있는 것, 그 여자
가 자기 아내이므로 또 사회에서 통하는 도덕적 규범이 그러하므로 평생 한
여자와 살겠다는 결심, 만약 사랑이 그런 것이라면 그는 그 여자를 사랑했다.
조레스는 그 여자에 대해 "나를 편하게 해준다"고 말했다. 이는 그가 그 여자
곁에서 어떤 행복을 원하는가를 말해 주고 부부간의 불화에 대한 뭇 논평을
잠재워 버리며 이 결합이 성공적이란 것을 보여주지만, 또한 두 존재의 만남
이 의례적인 규범에 그친 것임을 가리킨다.

조레스의 내면생활은 풍파가 없었고 오히려 평온하기까지 했으나 그 평
화는 그저 부드럽고 싱거웠으며, 이런 부부생활이 요구하는 무의식적인 혹은
불가피한 비겁함으로 유지되었다. 루이즈는 시선을 외면해 버리거나 상대방
을 밀어내고 아예 쳐다보지 않는 식으로 자기표현을 하는, 미동도 않고 입을
꾹 다물고 있는 그런 사람들의 위력을 지녔기 때문이다. 그런데 조레스는 그
점이 힘들었다. 몸으로 치르는 이 전쟁, 부부사이에 암암리에 스며들어 구조
화된 이 힘의 관계를 이해하지 못했다. 그는 자기에겐 행동이 살아가는 것이
며 그 삶은 목소리와 글쓰기로 모델을 만드는 것이라고 알고 느끼기 때문

에—그것이 사회규범일지라도—우울한 평화라 하더라도 사적인 평화가 필요하여 양보했다. 이로써 루이즈는 아델라이드 조레스에 대한 싸움에서 이겼다. 아델라이드는 처음에는 조레스 부부와 함께 살다가, 베르사유의 어느 양로원에 들어가 멀리 떨어져 살게 된다.

조레스의 패배와 희생이었고 루이즈 조레스가 그에게 행사하는 권력의 표시였다. 운명으로 받아들이고 감수하면서, 그렇지만 자기들 방식대로 복수하는 여자들의 위력이었다.

조레스는 메로트와 헤어지는 것이 괴로웠다. 그가 얼마나 어머니에게 애정을 기울이는지 다들 알고 있었다. 그가 알비 중학교를 선택한 것도 어머니를 위해서였고 툴루즈에서는 매일 어머니와 함께 외출했다. 그런 그가 어머니를 포기했다. 조레스의 심장에 멍이 들었다. 열정이 맺어준 결합이 아닌 중매결혼을 한 대가였다. 그가 선택한 삶이었다. 조레스가 다른 곳에 쏟게 될 투쟁의 열정 때문에, 개인적으로는 결함이 있는 이런 타협을 할 수밖에 없기도 했다. 그는 자신의 모든 에너지를, 원대한 꿈을 사적인 대결로 소모해 버리지 않고 다른 투쟁들을 위해 간직해야 한다고 느꼈다.

1887년 12월 29일 툴루즈 문과대학에서 조레스는 루소의 정치사회사상을 주제로 강연을 했다. 강연장을 가득 메운 청중들은 교수이고 국회의원인 권위 있는 웅변가에게 박수를 보냈다. 아직 결정적인 선택을 하지 않았을 때의 루소를 상기하면서 그는 이렇게 결론을 내린다. "그는 이제부터 자신이 감행하게 될 전투가 자기 생을 뒤흔들어놓으리라는 것을 느끼고 있었습니다. 그는 망설였거나, 적어도 기다렸습니다."

조레스 역시 기다렸고 아마 망설이기도 했을 것이다. 몇 달이 지나자 그는 의회생활의 매운 맛을 알아채기 시작했다. 처가에서조차 아직 그가 기회주의자들과 다르다는 것을 몰랐다. 그는 자기가 기회주의자, 보수주의자 혹은 관망주의자가 되기를 거부하는 바로 그 순간부터 정치생활은 험난해진다는 것을 깨달았다. 오직 각료직 한 자리를 얻겠다는 목적으로 출세에 만족하려는 것이 아니라면 루소처럼 "전투가 자기 생을 뒤흔들어놓으리라는 것을" 알면서 온몸으로 밀고 나가야 했다.

이렇게 명료하면 아무것도 막을 수 없다. 열정에 불타는 신념, 그것이 바로 이상인 신념을 지녔을 때 어떻게 무너질 수 있겠는가? 조레스가 쓰는 논설마다, 언명하는 구절마다 이 전율, 이 누룩, 하나의 운명을 짜내는 사상들을 밀고 나가는 추진력이 느껴졌다. 신비주의자인가, 조레스가? 만약 신비주의자가 감정의 압도로 우리를 평범한 존재 이상으로 높여주고 그 격앙된 감정을 사람들과 나누는 것이라면, 그렇다면 그는 확실히 신비주의자이다. 1888년 1월 15일 『툴루즈 통신』에 초등교사들에게 보내는 글에서, 아이들에게 "우리의 즐거움이고 힘인 감정의 무한함을 일깨움으로써 사상의 위대함과 영혼에 대한 존경과 경배"를 가르치도록 주문하며 "우리는 이 감정에 의해서 악과 어둠과 암흑을 이겨내기 때문"이라고 할 때의 그가 신비주의자가 아니라면 무엇이겠는가?

1888년 7월에 조레스는 처음으로 강의를 했던 그의 중학교, 알비 중학에서 수상식 연설을 하게 된다. 삼색기를 내걸고 연단을 꾸미고 학부모들이 모여들었다. 맨 앞줄에는 알비의 친정에 와 있던 아내 루이즈 조레스가 앉아 있었다. 조레스는 말할 때 흔히 그러듯이 고개를 치켜들고 어린 중학생들을 향해 두 손을 내밀고 연설을 시작한다. "저는 여러분의 스승이 될 수도 있었습니다. 지금은 여러분의 선배일 뿐입니다…."

그는 열기를 뿜어낸다. 늘 하듯이 말에 밀려 표면적인 사건은 깨트려버리고 원칙을 상기한다. "인간다운 관대함을 가져야 합니다. 두 가지 힘만이 유일하게 정당하다. 진실의 힘과 노동의 힘이다."

그의 열띤 어조에 박수가 터져 나오고, 조레스는 이를 중단시킨다. "아! 젊은이 여러분, 지금이 행동해야 할 시간임을 불평하지 마십시오! 아마 어떤 세대도 이보다 더 크나큰 사업을 성취하지 못했을 것입니다…."

사람들이 조레스를 에워싸고 환호했다. 그가 생각하고 말하고 설교하여 정신을 높이 올려놓아 사소한 것들은 벗어던졌다는 느낌이 든다. 정치에 고결한 모습을 불어넣은 것이다.

하지만 출세주의와 추문으로 정치가 뒤틀리고 부패한 시대가 있다면 1880~90년, 바로 조레스가 하원을 발견해 가는 시기가 그러했다.

도무지 정치관행으로 보아 '부패한' 기미가 없는 권력의 장소가 없었다. 부동주의에 빠져버린 기회주의자들이 마치 권위의 이득을 나누어 행사할 능력은 없다는 듯이.

물론 모든 정치가가 다 연루된 것은 아니다. 그러나 분위기는 오염되어 있었다. 돈, 돈, 돈. 현금을 급히 조달하지 않으면 파산할 지경이 된 파나마운하회사는 복권발행의 권리를 얻고자 국회의원과 신문기자 들을 매수했다. 드레세프가 공약한 파나마 해협 굴착공사는 수에즈 계획보다 훨씬 힘들다는 것이 밝혀졌다. 출자자들이 1888년부터 불안해했으므로, 신규자금을 끌어들여 이들을 안심시켜야 했다. 이미 출자한 수천 명의 '소액주주들'의 편을 들기 위해 국회의원들이 개입했다. 수상한 인사들이 의사당 복도를 서성거리면서 의원들을 '설득시키느라' 안간힘을 썼고, 코르넬리우스 헤르츠 같은 모험가는 공화국 대통령 그레비 집안에 식구처럼 끼어들었다. 은행가로 출세한 자크 드 레나슈 남작이 헤르츠와 공모해서 클레망소의 신문에 자금을 대고 일부 각료들로부터 지지를 얻어내었다. 사건이 포착되고 알려졌다. 바로 그때 그레비의 사위 월송은 자신의 지위와 대통령에 대한 영향력을 이용해서 돈벌이를 하고 있었다. 자신의 너그러운 친구들에게 레종 도뇌르 훈장을 수여한 것이다. 추문이 터지기도 전에 악취가 퍼져 나왔다. 훗날 정치평론가가 되는 앙드레 지그프리트는 그때 열 살밖에 안 되는 어린아이였지만 아버지 줄 지그프리트의 말을 전하는데, 우리는 그 증언에서 정치인들의 파렴치에 경악을 금할 수 없다. 줄 지그프리트는 의회가 "야심과 개인적 탐욕을 감추려고도 안 하는 계략의 온상"이라고 확인하게 된다. "파나마회사가 언론과 기업계와 의회에 필사적으로 공작을 하던 시기였다. 그레비 대통령은 개인적으로 결백했지만 엘리제가 좀 고약한 장소가 되어버린 혼란스러운 때였다."

줄 지그프리트는 일요일 아침이면 가끔 월송이 조직한 펜싱모임에 나갔는데, 월송은 장인의 집으로 기업계와 정치계 인사들을 불러들였다. 은행과 증권가 소식을 들으면서, 지그프리트는 무슨 일이 일어나고 있는지 쉽게 간파할 수 있었다. 그는 "파나마 사업의 유해한 세균이 온통 득시글거려 오염된 환경"이라는 것을 알았다. 그의 아들은 이렇게 덧붙인다. "[아버지는] 도둑소굴에 들어간 느낌이었다. 아버지는 너무도 큰 도덕적 충격에 첫 임기 말(1886년 가을)에 일종의 신경증에 걸렸다. 전통적인 낙관주의를 지녔으나 그에 타격을 받고 역겨움과 실망을 느낀 아버지는 사임해야 할 것인가를 스스로 물으며 고민했다."

1887년 12월 2일에 사위로 말미암아 연루된 그레비가 사임하게 된다. 누가 후임자인가? 페리? 전 수상이 가장 적임자인 듯했지만 파리는 분개했다. 페리는 통킹파이다. 절대 안 된다. 팔레-부르봉 주변에는 봉기가 일어날 듯한 분위기였다. 거리에서 불랑제 장군——국방장관에서 해임되고 클레르몽 페랑(프랑스 중부에 있는 지방이름)으로 전출되었다——을 지지하는 애국자동맹의 민족주의자들과 블랑키주의자들에서부터 페리의 사회주의자들까지의 극좌파 사이에 이상한 동맹이 맺어졌다. 페리, 그는 기회주의의 상징이었다. 반독 민족주의(1887년 비스마르크 독일과의 사이에 사건이 발생했다. 프랑스 경찰 슈네블레가 독일 영토에 들어가게 되었고 첩보혐의로 체포되었다. 전쟁이 일어날 뻔했다), 이미 반유대주의(파나마회사의 모험가들 아르통, 코르넬리우스 헤르츠, 레나슈 남작이 유대인 아닌가. 그리고 1882년 위니옹 제네랄 은행의 파산은 '가톨릭' 은행을 무너뜨리기로 결심한 '유대 금융계'의 도발 아니던가?) 그리고 급속도로 반공화정, 반민주주의 경향으로 바뀌어간 반의회주의 정서 등 모두가 페리 반대대열에 합류했다.

1887~89년을 특징짓는 이 격렬한 논쟁에서 조레스는 상당히 비켜나 있었던 것으로 보인다. 뭇 여론동향에서 부각되는 젊은 지식인들의 눈에 기회주의 공화국이라면 저열함과 비속함의 상징으로 보이던 때에 그는 공화국을 지지하고 비판콘서트에 자기 목소리를 섞지 않으려고 했다. 조레스보다 불과 세 살 아래인 바레스가 이 적대적 경향을 부추겼다. 젊고 신경질적이고 약간은 댄디풍이고 어떤 태도를 취하든 오만해 보이고 자부심이 강한 바레스는 1882년 파리에 입성했으며, 1885년 무렵부터 문학적 명성을 날리기 시작했다. 그는 반란을 일으켰다. "나는 평민이다. 하지만 민주주의가 내 나라를 돼지우리로 만들려는 것이라면 민주주의에 항거한다." 또 한 작가, 옥타브 미르보는 1887년 이 정권에서 "정치는 땅에 떨어지고 문학은 쭈그러들고 예술은 가짜가 되었다"고 토해 내면서 "파괴되었고, 남은 쓰레기들이 민주주의의 파고를 따라 이리저리 밀려다니는 이런 사회"를 포기했다. 극좌파는 흥분했다. "도둑과 창부가 권좌에 앉아 있다"고 로슈포르는 썼다. 제정 치하에서 저항정신의 화신이었던 그는 "재물을 갈취하는 자들, 노골적으로 뇌물을 요구하는 자들, 권한을 이용하여 부당한 이익을 취하는 자들, 썩어빠진 사회의 관리들이 우리나라 지도자층의 다수를 이루고 있다"고 비난했다.

페리를 공화국 대통령으로 선출해야 할 판이라는 때에 독설은 절정에 달했다. 정작 페리는 "우리의 실업과 빈곤에 책임이 있는 비루한 벌레"였다. 페리 그자는 "썩어문드러진 문둥이 같은 자, 사람들을 굶주리게 하는 자, 살인을 서슴지 않는 자"다. 또한 로슈포르는 이렇게 결론 내린다. "페리에게 5만 명을 통킹으로 보내라고 지시한 것은 비스마르크다."

모독이었다. 하지만 지속되는 경제위기의 압박으로 주름이 진 어려운 사회 분위기 속에서 민심은 동요했다.

베르사유에 모인 의원들은 불안했다. 그들은 봉기와 무력 발생을 겁내고 있었다. 그들이 양보했으나, 페리 후보는 근소한 표밖에 얻지 못했다. 조레스는 페리에게 찬성표를 던졌는가? 알 길이 없지만, "카르노에게 투표하자. 그리 강성은 아니지만 공화파로서 이름이 나 있다"는 클레망소의 해결책을 받아들인 것은 확실하다.

이렇게 해서 사디 카르노가 공화국 대통령으로 선출되었다. 파리 군사령관 소시에 장군의 184표를 따돌리고 616표를 얻었다.

사태는 종료되는가? 사실 공화국을 흔들어놓을 깊은 위기는 이제 시작이다. 이후 수개월 동안, 왕당파에 둘러싸여 은밀하게 조언과 자금을 받는 불랑제 장군이 약해빠져 보이는 공화국 제도를 공격했다. 불랑제는 "개헌, 의회 해산, 제헌의회"를 주장했다. 정권을 정화해야 할 필요가 있다는 명분으로 독일에 맞설 애국적 세력을 결집하고자 한 것이다. 그가 바로 '설욕의 장군'이 아닌가?

심각한 것은, 그가 출마한―그리고 복수후보가 합법적인―보궐선거에서 열렬한 지지를 받으며 돌풍을 일으켰다는 점이다. 북쪽동네에서는 노동자 지역들을 파고들었다. 그는 드카즈빌 파업 당시 국방장관으로서 이 분규에 개입하지 않겠다고 언명하여 고용주들을 지지하지 않았던 인물이다. 1889년 1월 27일 그가 파리에서 당당하게 당선되었을 때 발휘하게 되는 압력은 절정에 이르렀다. 이윽고 정부에서 각종 조치를 취하자 이 현상은 수그러들었고 인기가 추락한 불랑제는 외국으로 도망갔다.

그러나 불랑제주의는 프랑스를 흔들어놓았다. 장군 주위로 급진파, 사회주의자, 지식인 들—낭시의 불랑제파 후보인 바레스—이 다시 모이고 대중주의적이고 반유대적인 이데올로기가 발전하는 것을 볼 수 있었다. 바레스는 산만하지만 격렬하고 민족주의적인 정치강령 속으로 다양한 사회계층을 결집시키는 이런 대중적 반유대주의를 발명한 사람들 가운데 하나이다. 파리 거리를 장악한 폴 데룰레드의 애국자동맹은 마치 대중정당의 태동을 보는 것 같았다. 이 운동은 또한 사회주의를 내세우는 이들의 이데올로기가 얼마나 취약한가를 드러냈다. 클로비스 위그와 로슈포르가 장군 쪽에 가담했다. 카를 마르크스의 사위인 폴 라파르그 같은 마르크스주의자와 그 밖의 게드주의자들은 이 운동이 대중적 지지를 받는 것에 민감했다. 게드와 바이양은 개인적으로 불랑제에 대항하는 후보자로 나서지 않았다. 그리고 프랑스 사회주의 극좌파는 한동안 "불랑제파의 위협이나 페리파의 위험이나 무섭기는 마찬가지"라고 어떤 입장도 택하지 않았다. 심지어 게드는 '민족당파' 불랑제파의 가파른 상승세 속에서 이렇게 쓴다. "권력구조는 그리 중요하지 않다. 모든 것은 권력을 행사하는 계급의 손에 달려 있다." 결국 위기에 놓인 것은 의회주의 공화국이었다! 블랑키주의자들은 불랑제와 접촉을 갖고, 그가 파리에서 당선된 후 1889년 1월 17일 팔레-부르봉에 입성하는 날 콩코르드 광장에 모여 장군이 소동을 일으키면 의회에 쳐들어갈 생각을 했다.

이는 불랑제주의가 어느 한 인물이 벌인 모험을 훨씬 넘어선다는 것을 말해 준다. 브누아 말롱이 1888년 5월 『르뷔 소시알리스트』에 쓴 것처럼. "현재의 위기의 기원은 중대하고도 사소하다. 그 알 수 없는 상황을 우리는 1년 전부터 보아왔고 그것은 화약고에 불을 지폈을 뿐이다. 사실 우리는 끓어오르는 민중의 불만과 실망과 분노와 희망의 격류 앞에 있다."

그러나 불랑제주의는 프랑스 사회주의 운동에 깊이 스며들었다. 그리고 프랑스 사회에 깊은 위기감을 불어넣었다. 그 혼합 이데올로기들은 바레스가 명시했고, 20세기의 파시스트적 이데올로기들을 예고하는 것이었다. 사회는 이 사상플랜으로 얼마나 들끓었는지 모른다. 불랑제주의는 이로써 공화국과 민주주의의 위기를 드러냈다.

그러면 조레스는? 그는 그토록 많은 극좌파 사람들과 노동자 유권자들이 휩쓸렸지만 바레스가 말하는 이 '반란의 회오리'에 가담하지 않았다. 오히려 바레스 주변사람들이 그의 신문 『라 코카르드』(*La Cocarde*, 휘장)에서 조레스를 공격하지 않고 배려해 준 것과 달리 그는 양보하지 않았다. 그는 뒤늦게 논쟁에 가담하여 1887년 5월 27일 민주주의를 위협하는 '말 탄 사람'을 마지못해 겨냥하는 표현을 했다.

조레스의 무관심인가? 공화국의 승리로 끝나기는 했지만, 이 긴장된 위기의 시간을 저평가한 것인가? 아마 조레스는 서민대중을 끌고 가는 이 운동에 맞서서, 체제의 결함을 짐작하지만—또 알고 있지만—그래도 체제를 지지할 적절한 논조를 찾지 못했을 것이다. 그러나 그가 자기 입장을 표명했을 때는 늘 그렇듯이 높은 관점에서 문제를 바라보았다. 그는 1888년 12월 18일 『툴루즈 통신』에 불랑제 운동이 지닌 부수적 요소들을 제거한다면 "보다 나은 질서를 향한 혼란스러운 욕망 그리고 절망적 행위" 두 가지가 발견된다고 썼다. 민중이 '거대한 운동'의 필요성은 느꼈지만 "스스로 그 일을 떠맡아야 한다는 중대한 자각"은 전혀 없었기 때문이다.

자기 사상을 충실히 지키는 태도, 선동과 혼란의 시기에 보이는 절제의 감각, 많은 게드주의자들이 공화국을 저버렸을 때 변함 없이 공화국 수호를 견지하는 정확한 분석, 민중이 방향을 잃고 헤맬 때도 그들에게 보내는 신뢰감, 비판력을 키울 교육을 민중에게 제공하겠다는 의지. 이 시기의 조레스는 조심스럽고—대기하면서—물러서 있는 것처럼 보이지만, 그러면서도 매우 단단하고 현실적인 냉철함을 지녔다. 사건에 영향을 미친 바는 전혀 없지만, 이탈하지 않고 명예롭게 자신이 할 노릇을 했다. 그는 확고한 공화파로서 여전히 사회문제에 열려 있고 정의와 평등의 권리를 확장시켜 나가려고 결심했다. 그러나 엄격함과 신념으로 가득 찼기 때문에 과오를 저지르지 않았고 선동이나 당장의 지배적 여론에 양보하는 것을 피할 수 있었다.

조레스는 인기를 좀 얻기 위해서 사상과 원칙을 저버리는 유형에 속하지 않았다. 상황을 이용하여 사사로운 이득을 취하려는 사람도 아니었다.

1889년 제독인 삼촌이 해군장관에 임명되었을 때도 그는 개인적으로 아무런 혜택도 받지 않았다. 물론 이 인척관계는 그의 생애에서 여러 번 도움이 되었다. 중학생이었을 때, 콜레주에 들어가기 위해 장학금을 신청했을 때, 그리고 그후 파리에서도 조레스 제독은 젊은 고등사범생을 자기 집에 초대했고 특히 정계에 입문할 때 도움이 되어주었다. 1885년에 장 조레스가 공화파 후보로 결정된 데는 필경 타른 상원의원인 제독의 영향력이 작용했을 것이다. 그런데 조레스 제독은 해군장관에 임명된 지 한 달 후에 사망했다. 정부는 1870년 전투에 나가 싸웠으며 마드리드와 상트페테르부르크 대사를 역임했고 타른에서 당선되어 공화국 엘리트의 전형을 구현한 이 인물에게 국민장을 결정했다. 장례식 내내 조레스는 당연히 맨 앞줄에 있게 된다. 그때 그는 삼촌에게 무엇을 빚졌는지 생각했을까? 삼촌의 존재는 자신이 갈 길을 정하고 의지할—동시에 혼자서 난관을 헤쳐나가는 능력을 보여줄—데를 찾을 때 그리고 권력에 수반되는 명예를 고려하면서 정계에 들어가고자 할 때 도움을 줄 수 있다는 생각을 하지 않았을까?

루이즈 조레스의 양친이 바라는 바가 바로 그것이었다. 그렇지 않아도 부아 씨는 생퐁스의 부지사 자리를 차지했다. 야망을 이룬 것이다. 1889년 초의 일인데, 그때 루이즈는 출산을 기다리고 있었다. 이는 모두 고전적인 정치적 삶을 예고하는 상황이다. 다음번 의회임기 때는 각료직에 오를지 누가 알겠는가? 어떻든 조레스는 이제 겨우 서른 살이다. 의사당은 이제부터 비상하거나 대응력이 뛰어난 이 웅변가 의원의 말을 경청할 것이다. 그가 사회주의를 '빛나는 이상'처럼 말하고 프롤레타리아의 도래를 일깨워도, 정의를 이루려는 그의 길은 개혁의 길일 것이다. 그는 충분히 현명했다.

조레스는 1889년 3월 17일 『툴루즈 통신』에 쓴다. "정의는 이런저런 사회분파의 과격한 선동에서 도출되지 않는다. 정의를 태어나게 하는 것은 일종의 국민적 운동이다. 1789년에 민중과 부르주아지가 귀족의 특권과 봉건적 악습을 폐지시키기 위해 서로 뭉쳤다. 1889년 전야에 민중과 근면한 부르주아지는 자본가들의 특권과 권력남용을 폐지하기 위해 뭉쳐야 한다."

1889년 5월 6일 사디 카르노 대통령이 개막 테이프를 끊은 만국박람회는 이 계급간 합의를 보여주는 것 같았다. 그 전날 베르사유의 유리의 방 회랑에서 카르노는 삼부회 소집 100주년을 축하했다. 이제 대통령은 100여 명의 빈객들에 둘러싸여 샹드마르스를 일주하고, 철의 개가를 말해 주는 금속 골조의 기계관에 감탄한다. 마지막으로 그는 엔지니어 에펠에 의해 신산업의 상징인 듯 건립된 철탑 아래 도착한다. 평론가들은 이렇게 썼다. "이 탑은 정해진 날, 마치 운명처럼 수학적으로 정확한 시각에 도착했다. 삼색기가 나부끼는 이 탑의 오만한 꼭대기는 온 세상 사람들을 찬란한 정상으로 초대하는 것 같았다." 에펠탑 만세!

에펠탑은 군중을 사로잡았다. 불랑제 장군은 사람들에게서 잊어졌고, 한낱 런던의 망명자로 자신의 인품에 비해 너무 높았던 야심에 대해 명상했다.

식민지 정책이 박람회 별관에서 번쩍이고 국방정책은 국방관에서 찬양을 받는다! "세계를 환히 비추는 빛"의 공화국 만세. 1150개의 가스등, 1만 개의 백열등으로 방문객들은 눈이 부시다! 바스티유 함락을 축하하는 과학과 이성의 개선이었다.

조레스는 이 광경에 전율했다. 삼부회 100주년 기념행사를 마치고 베르사유에서 돌아오면서 에펠탑을 보았을 때, 그는 열광했다. 이건 마치 '새로운 행성' 같다고 말했다. 탑 꼭대기에 켜진 조명불빛은 사방으로 돌면서 파리를 비추고 있었다. "신(神)의 별들 바로 아래 인간의 천재적 별"이라고 조레스는 외쳤다.

사실 지난 몇 년의 도덕과 정치의 위기를 겪고 난 후 1889년 5월 그달은 공화제가 이 나라에 안착한 휴면의 시기였고, 조레스가 체제를 신임한 것은 그럴 만한 타당한 이유가 있었다.

그가 의원이 된 지도 4년이 되었다. 환상은 무너졌고 의회세계는 스스로 약체임을 드러냈다. 불랑제파의 노도는 민중의 변덕을 보여주었다. "죽은 듯 깊은 수면에 빠진 민중 속에서 이상은 잠들어 있기" 때문이라고 조레스는 1889년 7월 14일에 적었다. 그렇다고 포기해야 하는가? 그러면 지금 이 순간에 사고하는 젊은이의 의무는 무엇인가? 아직 지식인이라고 불리지 않지만, 분명 조레스도 그 안에 속해 있는 사람들 편을 바라보면서 그는 물었다. "이 사고의 연속성 또한 존엄과 힘의 연속성이 민중 속에 단단히 뿌리내려야 한다."

눈을 뜨고 비판정신의 씨앗을 뿌리고 가르치고 또 가르치는 것, 그것이 목표이다. "공정하고 진지하고 힘찬 열망"이 "방탕하고 후안무치한 황제주의 선동가들"의 발판이 되는 것을 막기 위해 더한층 양심을 다져야 한다.

언제나 민중을 지향했지만 한 사람의 교사로서, 정치생활과 사회생활의 교육자로서다. 1889년 여름 바스티유 함락을 기념하여 파리에 모인 사회주의 투사의 모습과 다르다.

7월 14일부터 21일까지 수도 파리에서는 두 가지 사회주의 대회가 열렸다. 프랑스에는 프랑스노동자당의 게드주의자들과 프랑스사회주의근로자연맹의 가능주의자들이 있었기 때문이다. 한쪽은 '페트렐 대회장', 또 한쪽은 '랑크리 대회장'에서 모였다. 경쟁적인 대회였지만, 국제 노동자운동의 힘이 커가는 것을 확연히 드러냈다. "여러분은 모두 형제이다. 적(敵)은 오직 하나, 그것이 프로이센 것이든, 영국 혹은 중국 것이든 사적 자본이다!" 폴 라파르그는 그렇게 외쳤고 누구나 제2인터내셔널의 탄생을 희망했다.

조레스는 이 비약과 이 발전을 뒤좇았다. 그들은 필연적인 노동자해방에 참여하고 있고 그는 도울 것이다. 그러나 4년이 지난 지금 그는 강도 높은 정치생활에 지치기도 했다. 9월 22일과 10월 6일의 선거를 6개월 앞두고 조레스는 툴루즈 문과대학에 교수자리를 부탁하게 된다. 정치에서 물러나려는 것인지 아니면 장래를 대비한 것인지? 이번 선거가 그에게는 힘들 것으로 예상되었다. 투표방식—조레스는 반대했지만—이 변경되었다. 군(郡)별 투표방식이 채택되어 지역유지인 르네 레유 남작 또는 그의 사위인 제롬 루도비크 마리 드 솔라주 후작에게 유리했다. 1885년에는 명부투표 방식이었기 때문에 그 고장의 지배자인 그들에 맞서 조레스가 이길 수 있었다. 그때 그는 무명의 젊은 교수였지만 조레스 제독의 조카였다. 1889년 임기 끝 무렵이 되자, 사회문제에 대한 그의 깊은 관심은 잘 알려졌다. 그러면 조레스를 기꺼이 쳐부수자.

그는 거듭 집회를 열고 농부처럼 끈기 있게 길을 누비고 다니면서 어린 시절의 자연과 풍경을 다시금 발견했다. 그는 후작과 남작 일파의 협박, 자신에 대해 비방운동을 하는 성직자들의 증오에 과감하게 맞서면서 이리저리 회의장을 뛰어다녔다.

선거는 힘겨운 대결이었다. 브술레에 내려가 있는 루이즈는 출산을 눈앞에 두고 있었다. 마침내 선거 3주일 전인 9월 19일에 루이즈는 딸 마들렌을 출산했다. 처가의 부아 내외는 조레스가 자신들의 생각보다 더 좌파임을 알게 되었다. 선거에서 맞서게 되면 미묘한 차이들이 다 사라져 버리기 때문이었다. 한편에는 공화국과 '진보적' 사상, 반대편에는 이 고장에 뿌리박은 보수파, 오랜 전통의 상속자들이 있었다. 조레스는 웅변으로 자신에게 반감이 심한 사람들까지 청중으로 끌어들였다. "나는 우애와 정의의 꿈을 가슴속에 간직하고 있으며, 이 꿈을 실현시키기 위해 끝까지 일할 것이다."

상대편에서는 다른 방법을 썼다. 귀족들의 저택과 교회에서 사회적 또는 도덕적인 압력을 가했다. 솔라주는 자기 저택의 문을 활짝 열어놓고 맥주와 담배를 나누어주었다. 카스트르의 조레스 상대는 아브리알이라는 사람이었다. 활기 없는 보수파 인물로 레유 남작과 솔라주 후작에게 충실했다. 그 사람은 조레스를 '사회주의자'이며 혼란을 야기하고 반란을 조장하는 사람이라고 비난하는 데 만족했다. 카스트르 시에서는 그의 주장이 먹혀들지 않았지만 농촌 선거구에서는 사람들이 이 말에 불안해했다. 9월 22일, 카스트르는 조레스에게 다수표를 주었어도 선거구 전체로는 패배였다. 긴장하고 격앙되었던 선거운동이 끝나자 4년간의 공직생활을 마친 그의 주변은 갑자기 조용해졌다.

자신을 떠나가는 친구, 그 긴 집회 동안에는 내내 잊고 있었는데 갑자기 으스러뜨릴 듯 덮치는 몸의 피로. 선거가 끝나고 앞으로의 계획을 정하고 "우리의 두 선거구에 가해진 성직자들의 반동이 너무나 거세어서" 패배는 놀랍지 않다는 성명서를 유권자들에게 보내기로 한다.

이윽고 조레스는 기운을 차리고, 단단하면서도 섬세한 필치로 진지하게 울려오는 말을 풀어나간다. "나는 낙담하지 않았고 힘들지도 않다. 굳센 의지와 당당한 자세로 공직생활을 끝냈다."

충실함과 깨끗함. 쓸모 있는 사람이고자 자신이 품고 있는 바를 표현하려는 야심만 있는 듯이 그는 자신의 길을 벗어나지 않고 그렇게 했다. 주변환경이 주는 유혹, 선동, 불랑제주의 시기 내내 많은 안이함과 유혹이 있었지만 그를 사로잡지는 못했다.

이제 그의 나이 서른 살, 극좌파 사회주의자로 자칭하는 사람들 다수가 빠져든 그 어떤 경향에도 넘어가지 않으면서 정치적으로 상당히 성숙한 모습을 보여주었다.

조레스가 패배한 다음날 카미유 펠탕이 발행하는 파리의 신문 『라 쥐스티스』는 "의회에서 자리를 지켰어야 할 대단한 웅변과 깊은 신념을 지닌" 인물의 패전을 애석해해야 한다고 썼다. 그러나 전국적으로는 공화파가 승리했다. 불랑제파는 38석에 그쳤으며—그중에는 '수정사회주의'라는 기치 아래 낭시에서 당선된 모리스 바레스가 있었다—보수파는 단지 172석을 차지했다. 공화파—기회주의자와 급진주의자들까지 합쳐서—는 366석, '사회주의자'도 6명 들어 있었다. 의회제도는 적들을 쓰러뜨리고 버텨냈다.

조레스는 만족했다. 그는 툴루즈에서 다시 교단에 설 것이다. 어린 딸 마들렌을 보면 기쁘다. 그는 속내를 털어놓는다. "나는 그저 쉬는 게 필요하다기보다 영원히 수도생활에 가까운 은거의 욕망을 느낀다."

피로감 끝에 나온 고백인지 혹은 혼란스럽고 과격한 정치생활을 끝내고 지적 생활을 되찾고 싶은 깊은 바람인지?

두 가지 다였을 것이다. 그러나 사람들과 사회생활을 이해하는 데 모든 삶을 다 바친 그가 설령 개입의 형태는 바꾼다 할지라도 시테(cité)에서 행동하기를 포기하고 사건에 영향을 미치지 않을 수는 없다.

"사고와 일과 명예로써 사생활을 영위하면서도 공화국에 단단히 봉사할 수 있다"고 그는 패배 다음날 썼다.

05 | 사상의 시절, 철학과 사회주의 1889/1892

사생활? 조레스는 아무 어려움 없이 슬그머니 그 속으로 들어갔다.

이제 갓 서른. 살은 쪘지만 더 둥그스름해진 얼굴의 두 눈은 여전히 어린 시절의 다정함이 깃들인 활기를 간직하고 있었다. 사람들 역시 그의 재능, 경이로운 능력을 뜨겁게 느꼈는데, 그것을 만든 것은 그의 관대함이었다. 그는 세상을 맞아들였고 삶의 모든 발현에 마음을 열었다.

조레스는 마들렌의 요람을 굽어보면서 환하게 웃었고 딸아이를 팔에 안고는 우는 아이를 어르며 글을 썼다. 그가 집중할 때는 그 자리에 그는 존재하지 않았고, 딸에게 시선을 보낼 때는 미소로서 존재했다.

그의 아내는 몸이 무거워져서 더 흐느적거리는 모습이었고 틀어올린 머리는 머리카락이 삐죽 빠져 나와 좀 흐트러진 모양새이다. 그 여자는 조레스가 툴루즈에 빌린 생팡탈레옹 광장 20번지의 조촐한 부르주아 아파트에서 꾸려가는 전통적 가정생활에 행복해했다.

조레스가 문과대학에서 철학강의를 하게 되어 가족들은 다시 이 장미의 도시에서 살았다. 그는 이 퇴각을 미리 준비해 두었다. 편지 몇 통을 작성하고 노르망디 출신의 위그노인 루이 리아르를 방문하는 것으로 충분했다. 페리(당시의 교육정책을 담당한 줄 페리)는 리아르를 고등교육국장으로 임명했고, 리아르는 조레스의 재능을 인정하여 추천을 했다. 조레스의 자질을 높이 평가하고 있던 툴루즈의 페루 학장은 리아르의 추천을 당연히 지지했다. 그리고 조레스는 페루 학장에게 반가운 소식을 주었다.

학장 귀하

어제 리아르 씨를 만났습니다. 제가 툴루즈에서 한 강좌를 맡게 될 거라고 들었습니다. 저는 매우 기쁩니다. 저의 존경어린 인사를 받아주십시오. 장 조레스

추신: 저희가 며칠 전에 예쁜 딸아이를 두었다는 것을 제가 말씀드렸나요?

그는 학장에게 이미 이 편지를 썼는데, 아버지가 된 기쁨과 이제 시작하는 삶에서 얻게 될 균형감을 거듭 말하고 있다.

그는 대학에서 가르칠 것이다. 그는 학생들과 만나는 것을 좋아했다. 1889년 신학기—선거를 치르고 불과 몇 주 지나서—부터 여느 때와 다름없이 '인식의 문제' '신과 영혼' 같은 철학의 근본 주제를 광범하게 다루면서 강의를 시작했다.

저녁에는 공개강연을 가졌는데, 사람들이 많이 모여들었다. 그의 강연은 이런 핵심적인 문제 외에 '독일 사회주의의 원천' 같은 현재의 관심사와 연결된 주제에 접근했기 때문이다. 다양한 계층의 사람들이 와서 강연을 들었다. 학생들도 있었지만 독학자들도 있었고 노동자들, 툴루즈의 사회주의자 시의원들도 보였다. 조레스는, 빼어난 교수라는 것뿐 아니라 전직 국회의원이고 『툴루즈 통신』의 정기기고가라는 후광도 지녔다. 신문기고는 몇 주일 동안 중단했으나, 편집국에서 다시 글을 써달라는 요청을 해왔다. 조레스는 학장과 상의를 했고, 학장은 잠시 망설이는 기색이었다. 교수인지 저널리스

트인지라는 혼동은 대학에서 반감을 살 위험이 있었다. 그러나 시사문제를 다루어도 조레스의 차원이 다르다는 것을 알고 있었으므로 학장은 이에 동의했다.

다시금 조레스의 사생활 속에는 공적 삶의 활기가 넘쳤다.

물론 생활의 리듬은 달라졌다. 조레스 내외는 춤도 추고 사람들을 초대하고 또 초대에 응했다. 학교동료들, 페루 학장내외와도 다시 교제했다. 카페의 테라스, 카피톨 광장에서 오랜 시간 대화를 하고 어머니와 함께 산책하는 조레스의 모습을 다시 볼 수 있었다. 아델라이드 역시 툴루즈에 자리 잡았기 때문이다. 늘 변함없이 그 여자에게 마음을 쓰는 아들은 예전처럼 팔짱을 끼고 매일 애정의 몇 걸음을 함께했다.

지방수도를 배경으로 조레스는 한껏 피어올랐다. 그는 자신의 사상의 틀을 만들었다. 대학 도서관에서 마치 자신의 흡수력과 기억력을 스스로 의식하여 빠져든 듯 놀라운 속도와 고도의 집중력으로 책을 탐독하고 메모를 하는 조레스를 볼 수 있었다.

그는 자신감과 열정을 가지고 논문의 초안들을 다시 붙잡았다. 그에게는 자신을 자극하는 이 창조적인 일을 하려는 치열한 욕구가 있었다.

의정활동 4년 동안 그는 논설도 많이 썼고 정치생활의 현실도 많이 알게 되었지만, 개인적인 작업을 추진시킬 시간은 없었다. 그런데 조레스는 지식인이었다. 학력과 학위를 가졌고 사회적으로 교수라는 활동을 하기 때문에만 지식인이 아니었다. 무엇보다 성찰하고 문제를 던지고 글을 써서 그것들을 이해하려는 끊임없는 의지를 가졌다. 그에게 행복이란 "삶의 모든 잔잔한 것과 인간성의 모든 측면을 밝혀주는 지적이고 관대한 빛"이다. 이제 1889년 말에 그는 툴루즈에서 행복했다. 그가 구축한 연구의 반경, 철학의 고전적 주제인 감성세계의 실재에 관한 주(主)논문, 독일 사회주의의 원천에 바쳐진 부(副)논문—관행에 따라 라틴어로 작성하게 된다—에 그는 만족했다.

지난 4년 동안 해온 활동과 그로부터 이끌어낸 자신감으로 그의 지적 갈망은 더한층 살아났다. 이제 서른 살일 뿐인데 이미 많은 일을 겪었다. 자신을 위해 또 다른 사람들을 마주대하고 현상을 명확히 정리할 필요가 절실했다. 그는 책을 읽고 주석을 달고 발언을 하고 거침없이 논문을 써나갔다. 생활의 안락함과 가정의 새로운 균형감이 힘이 되었다. 그가 애지중지하고 토닥토닥 재워주고 글을 쓸 때면 무릎에 앉히는 딸 마들렌은 마치 그가 표현하고자 하는 우주의 조화, 사물의 통일을 증명하는 것과 같았다.

그러니 선거의 패배로 상처를 입은 것은 없다. 의원직 상실은 개인적으로는 지적으로 풍부해지고 발전하는 수단이 되어주었다.

가끔 그의 낙선은 유감이라고 성의 없는 의례적 표현을 하는 사람들에게 그는 당당하게 대답했다. "제가 졌다고요? 그렇죠. 하지만 공화국 깃발을 힘차게 치켜들었고 적에게 상처를 입혔습니다." 그리고는 미소를 지으며 팔을 흔들면서 "졌다고요? 그렇죠. 9월 27일 저녁에 저는 졌습니다. 하지만 이튿날 신문에서 전국 선거결과를 보고 공화국이 이긴 것을 알았고, 그러면 저는 승리한 것입니다" 하고 말했다.

조레스에게 중요한 것은 개인적인 성공이 아니라 사상의 운동, 사물의 변화였다. 의원으로든 교수로서든, 공적 생활이든 사생활에서든 그는 이에 기여했다. 이론적 연구와 가르침, 정치활동을 혼합하는 바로 그 점에서 그는 현대적 지성인이었다. 자신을 툴루즈의 저명인사로 만든 논설들로 그는 사상 논쟁 속에 서 있었고, 또 정치적 격동 속에 머물렀다.

그런데 이 1890년대의 몇 해는 공화국의 역사에 전환점을 이루는 중대한 시기이다.

불랑제주의에 맞서 체제의 힘이 드러났다. 1889년 선거는 철저한 보수주의자들에게 공화정이 이 나라에 뿌리를 내렸으며 왕정의 복고를 꿈꾸어서는 안 된다는 것을 보여주었다. 하지만 반대로 공화국이 사회개혁에 깊은 관심을 두는 것은 원치 않는 이들을 재규합하는 온건블록의 형성이 긴급했다.

교회도 명민한 교황 레오13세의 권위 아래 현실에 순응하기 시작했다. 이미 소멸한 왕정과 교회를 연결시키는 것은 이제 필요 없으며, 오히려 가톨릭은 신앙이 보존된다면 공화파에 다가가야 했다. 레오13세와 입장을 같이 했던 알제의 라비주리 추기경이 누구보다 이렇게 나가는 것에 개방적이었다. 그는 '우파 입헌주의자'들과 부지런히 접촉했다. 자크 피우 같은 과거 왕당파 사람들, 페레시네나 리보처럼 상당히 온건한 공화파, 불랑제 장군을 희화화하고 불랑제주의를 무너뜨리고 이어서 1889년 선거를 승리로 이끈 내무장관 콩스탕스가 그들이었다.

조레스는 정계에서 시작된 이 중대한 운동을 지켜보았다. 그러나 그에게 공화국은 여전히 근본적이다. 프랑스혁명을 직접 계승하는 공화국은 사회적 평등으로 나아가는 도구이다. 그래서 그는 언제나 노동자와 '공화파 부르주아'의 동맹을 권유했다. 한편 그가 썼듯이 "현 시점에서 사회주의 정당은 그리 강하지 않다." 1889년에 유권자의 1.5%만이 사회주의자들에게 표를 주었을 뿐이다. 다행히 "사회주의 사상은 현재의 당조직과 연관이 없다. …그 사상은 당보다 훨씬 강력하고 훨씬 광대하다."(1889년 10월 27일)

그래서 조레스는 사회주의를 자처하는 군소정당들의 분파투쟁에 대단히 비판적이었다.

그는 1889년 선거에서 매운 교훈을 끌어냈다. 일부 사회주의자들이 불랑제주의자들과 연결되고 그로써 '반동을 이롭게' 한 것을 비난했으며, 그렇지만 유권자들은 "지도자들이 혼탁한 물에서 낚시질하는 데 능할 뿐이어도 이들 병사들은 이때 선량했다"고 덧붙였다.

동시에 그는 이 사회주의 사상을 점점 자기 것으로 소화했다. 그가 하는 강의나 쓰고 있는 논설, 독일 사회주의의 원천에 관한 연구는 그 나름으로 사회주의를 정의하는 방식이었다. 언제나 사색을 거쳐 자신의 행동을 밝히는 조레스로서는 그만큼 절박한 과제이기도 했다. 그는 또—역시 1889년 10월 27일 『툴루즈 통신』에서—사회주의 정당의 취약성을 지적한 후 "이제부터 우리나라에서 사회주의가 강력하게 발전할 것"을 믿는다고 덧붙이고 있다.

그런 만큼 "있을 수 있는 이 운동을" 통제하고 "어떤 조건 아래서 그것이 막연하고 위험한 선동으로 전락하지 않을 것인가를 알기 위해서도" 우선 이해할 필요가 있었다.

조레스의 연구는 비현실적인 내면의 성찰이 아니었으며 현실에 열려 있고 시대의 지성을 공고하게 다지기를 지향했다.

이 젊은이를 이끄는 이 열정, 사고에 시간을 쓰는 이 지성은 여기서 나왔다. 그는 정기적으로 파리에 들러, 행복한 시절을 보냈던 윌름 가 고등사범학교의 도서관을 찾았다. 그곳에서 밝은 색 호두나무로 만든 커다란 책상 앞에 앉아 있는 젊은 사서를 만났다. 갓 스물여섯 살의 뤼시앙 에르이다. 다른 곳보다 좀 높은 데 놓인 책상 위에는 책이 수북이 쌓여 있다. 에르의—1891년에 그를 알았던 레옹 블룸의 말에 따르면 자잘한 불꽃이 번득이는 연푸른빛의—시선은 위압적이다. 키가 크고 운동선수를 방불케 하는 체격이었으며, 해맑은 얼굴의 울퉁불퉁한 이마 아래로 튀어나온 광대뼈와 반듯한 코, "금빛 콧수염을 가지런히 양 갈래로 기르고 꽉 다문 여린 입술은 움직일 줄 모른다." 뤼시앙 에르에게는 어딘가 오만한, 아니 차라리 영웅적이고 함부로 건드릴 수 없는 당당함이 있었다.

그는 자기보다 다섯 살 많은 조레스가 다가오는 것을 보았다. 조레스의 명성은 익히 알고 있었다. 에르 역시 고등사범 출신으로 1886년에 철학교수 자격을 땄으며, 조레스는 그때 이미 국회의원이었기 때문이다. 그런데 동기생 중 가장 우수했던 에르는 당시 대학세계에서는 특이한 존재였다. 프랑스를 택한 알자스인 교사의 자식인 그는 독일과 러시아를 누볐고 두 나라 말을 다 했다. 그는 모르는 게 없었다. 백과사전적 지식은 비판정신의 자양분이 되었다. 차르체제를 피해 나온 러시아 망명자들과 선이 닿았고, 소설 같은 삶을 산 40년 연상의 피에르 라브로프도 알았다. 차르에 의해 유배형을 받은 라브로프는 탈출하여 코뮌에 참가했으며, 코뮌 탄압시기에 다시 도망을 쳤다가 사면을 받자 파리로 돌아왔다. 그는 에르처럼 독일철학, 특히 헤겔에 열정적이었다. 헤겔처럼 그는 늘 자신에게서 떠나지 않는 사상에 대한 지적 열정으로 프랑스의 사회주의 선구자들을 연구했다. 에르는 마르크스를 맨 처음 읽은 사람들 중 하나이다.

에르는 이 폭넓고 근대적인 교양을 자기 개인의 야심에 쓰지 않았다. 그는 아주 일찍 사회주의자가 되었다. 그에게 고등사범의 사서자리는 전략적 거점이었다. 그는 앞으로 대학의 엘리트 지식인이 될 고등사범 학생들에게 영향을 끼치게 된다. 에르는 스스로 부여한 임무를 집요하게 설명하면서 한판 다툰 끝에, 고등사범 학장이 반대하는 사서자리를 고등교육국장으로부터 따냈다. 학장은 암묵적인 관행과 달리 에르가 이 자리를 몇 년이 아니라 평생 차지하고 있으리란 것을 알았다. 에르는 그렇게 했다.

모범적이고 엄격한 삶의 선택. 은밀한 지적 영웅심, 다른 사람들의 말을 경청하고 자신의 지식으로 그들에게 봉사하려는 심성 그리고 전술적인 용의주도함만으로는 다 설명이 되지 않는, 은밀한 유혹이라고 해도 무리가 없는 정신에 대한 지배욕구.

　책들로 둘러싸인 곳에서 조레스가 에르를 만났을 때, 속을 털어놓고 자기 연구에 관해 말을 꺼낸 것은 선배였다. 그는 에르처럼 독일학에 관심이 있고 독일 사회주의의 철학적 원천을 연구하고 있었다. 그는 사회주의 사상을 신뢰했다. 그는 남부 사람들처럼 말을 많이 했고 뒷생각을 하지 않는 진지함으로 동의를 끌어냈다. 에르는 그의 말을 귀담아들었고 책에 관한 정보를 주었지만 처음에는 본색을 드러내지 않았다. 자신이 브루스의 사회주의근로자연맹에 가입한 것을 밝히지 않았던 것이다. 이 당은 줄 게드의 프랑스노동자당에 반대하고 있었다. 나중에도 그는 자신이 왜 가능주의자들을 선택했는지 밝히지 않지만, 그것은 필경 그들이 불랑제주의에 반대입장을 취하고 공화정 수호의 깃발 아래 모인 유일한 사회주의자 그룹이기 때문이었을 것이다. 예를 들어 그는 역시 고등사범 출신으로 독일전문가인 젊은 샤를 앙들레르와의 우의를 입에 올리지 않았다. 앙들레르도 고등사범에 자리를 잡게 되며 마르크스의 원전을 많이 읽었다. 또 에르는 피에르 브르통이란 자기의 가명도 밝히지 않았다. 콩스탕 내무장관 정보원들의 감시망을 피하기 위해 사용한 이 이름으로 『노동자당』(Le Parti ouvrier)에 20여 편의 논쟁적이고 이론적인 글을 쓰기도 했는데, 예를 들어 자본주의를 쓰러뜨리기에 앞서 그것을 마비시킬 수단으로서 총파업을 지지했다.

　신중하고 비밀을 지키는 뤼시앙 에르였지만, 우정에는 마음이 열려 있었다. 그는 자신의 삶을 정신과 마찬가지로 육체도 힘을 지녀야 하는 고행으로 간주했다. 아침이면 불로뉴 숲에서 자전거를 타고 골목길을 달려나오는 그를 만날 수 있었으며—자전거는 1886년에 발명되었다—여름에는 힘든 알프스 등반의 희열에 빠졌다. 이 모든 것은 에르에게 사회주의란 엄격한 규율의 도덕이어서 개인적인 관심사는 일절 버려야 하는 것을 의미했다. 그는 사회주의자들 중에서 노동세계에 가장 가까운 사람들을 골랐다.

이로써 1890년 10월 샤텔르로 대회에서 가능주의자들이 떨어져 나오고 그중의 한 파가 혁명노동자사회당을 결성했을 때 에르는 여기에 가입했다. 이 신당을 지도하는 장 알만은—브누아 말롱처럼—노동자였다. 역시 코뮌의 전사로 누벨-칼레도니아에 유형까지 갔던 인쇄공 장 알만은 노동자의 말투와 태도를 가졌으며 투사다운 자기희생 정신도 지녔다. 에르는 알만의 당에는 야심가들을 위한 자리도 없고 선거용 결탁도 없으리라는 걸 알았다. 에르는 공적으로 인정받으려는 욕심이 전혀 없었다. 그는 혁명노동자사회당의 강령을 승인했다. 이 당은 "정치꾼들을 배제하고 유일한 당사자들인 노동자만으로 사회주의 선전과 노동자조직을 성취하기 위해 노력할 것이다."

전투적인 지식인 에르에게 조레스는 중도좌파, '공화파' 의원이란 과거에도 불구하고 '정치꾼'이 아니었다.

에르는 도서관 바닥보다 약간 높은 곳에 놓여 있는 큰 책상 옆에서 몇 마디를 나눈 것으로 조레스를 알아보았다. 그의 진지함에서는 삶과 사상을 일치시키려는 철학도의 자세가 묻어났다. 또 그는 혼자서 직접 사회주의를 향해 나아가는 사람이었다. 오직 정의를 향한 열망과, 프랑스와 독일 철학자들과의 만남이 그의 방법이었다. 조레스는, 사회주의를 위한 중대한 모병이었다. 다만 에르가 생각하는 수준의 의식으로까지 이끌어내야 했다.

사실 에르와 조레스는 어느 모로나 가까워지기 쉬운 사이였다. 출신학교가 같았고 같은 스승—부트루—들 밑에서 공부했고 도덕적 열정, 초연함, 어떤 일이든 온몸으로 뛰어들려는 의지가 같았다.

마침내 에르는 자신의 모습을 드러냈다. 앙들레르의 이야기이다. 어느 날 저녁 뤼시앙 에르는 조레스에게 자신의 정치참여를 밝혔다. 두 지식인 사이에 토론이 벌어졌다. 한 사람은 투사이고, 또 한 사람은 의회와 선거 활동을 경험했고 사회주의를 공화국 정신의 당연한 발전으로 이해하고 있었다. 하지만 당이라는 엄격한 틀과 자유의지로 합의된 규율을 몰랐다. 이런 것들이 부담스럽고 심지어는 수족을 묶을 수도 있지만, 정치집단을 특징짓는 것이다. 에르는 조레스를 가입시키는 데 여러 이론들을 활용했다면, 조레스는 몇 가지 주요한 원칙들로부터 행동을 끌어냈다. 그리고 1889년 선거의 패배가 가져다준 이 성찰의 시간을 이용해서 자기의 사상을 명확히 하고, 아직 정의하지 못한 채 받아들인 이 사회주의 사조의 먼 원천을 연구하려고 했다.

"토론은 거의 밤새도록 이어졌다"고 샤를 앙들레르는 밝힌다. 역사적이고 결정적인 교류였다. 조레스는 풍부한 학문적 원천들로부터 끌어내는 논쟁을 하는 동안 자신과 마찬가지로 학구적 원천으로부터 주장을 도출하는 사회주의 지식인을 처음 만났기 때문이다. 조레스에게는 황홀하고 감동적인 순간이었다. 여기서는 그가 브누아 말롱과 대화하려고 마르티르 거리를 찾았을 때의 냉소도 없었으며 '부르주아' 지식인이라는 경멸도, 제정기나 코뮌의 영웅적인 개인 경험에서 오는 교만도 없었다. 에르는 동료이고 후배였다. 고등사범 출신이고 철학도였다. 오류 없이 엄밀한 판단을 내리는 지식인의 한 사람이었다. 스피노자, 루터, 루소, 칸트, 콩도르세, 헤겔, 카베(1788~1856, 디종 출신, 미국에서 사망. 왕정복고에 반대하고 초기 사회주의의 감정적 이상도 추구) 또는 르루(1797~1871, 파리 출신의 사회주의자, 정치인, 생시몽주의자), 생시몽 또는 프루동처럼. 마침내 조레스는 논쟁할 수 있는 상대를 찾았으며, 에르는 이 저자들 하나하나에 대해 개인적인 성찰과 투사적 실천으로 밝혀낸 마찬가지의 박식함을 제공했다. 그리고 뤼시앙 에르는 마르크스에 관해서도 설명해 주었다.

"에르는 그를 설득할 줄 알았다"고 앙들레르는 다시 말한다. "조레스라는 큰 재목을 데리고 온 것은 에르이다. 이 이야기를 해야만 한다. 왜냐하면에르가 이 사실을 사람들이 알기를 원했기 때문이다. 그때부터 두 사람의 사유의 우정은 식을 줄 몰랐다."

조레스는 지식인의 사회주의를 발견한 것인가? '고등사범인'의 사회주의? 사실 그에게나 에르에게는 이념적인 공모 이상의 것이 있었다. 삶의 도덕성에 바탕을 둔 서로에 대한 존중이 경험의 교환을 탄생시켰으며 또한 그 교환은 책의 세계에 그치지 않았다.

조레스는 군중 앞에 섰고 토론회에서 당당하게 논쟁에 임했다. 그는 의회가 무엇인지 알고 있었다. 에르는 노동투사들, 과거 코뮈나르와 망명자들과 어울렸다. 그들은, 개인이 초인이 될 수 있다는 환상 속에 고립되는 그런 개인에는 반대했으나 개인의 역할이 결정적일 수 있다는 사상을 공유했다. 그 때문에 에르는 어떠한 전략적 '지위'를 가질 수 있다면 그것을 조금도 소홀히 하지 않았다. 1889년에 그는 『르뷔 드 파리』(La Revue de Paris)의 편집국 서기가 된다. 그곳은 영향력 있는 공간이었기 때문이다. 그는 "지적인 힘은 극히 작다. 그러나 현재를 창출한 선대의 힘 역시 마찬가지로 극히 작다"는 피에르 라브로프의 사상을 조레스가 공감할 수 있게 해주었다.

조레스처럼 연속성의 감각을 지닌 사람은 이러한 부추김에 예민할 수밖에 없다. 라브로프는 이렇게 말을 잇는다. "그러니 역사적 힘이 되도록 스스로 적응하라. 처음에는 불가능한 것 같은 모든 승리를 거두어낸 것은 바로 그 길뿐이기 때문이다. 사실 대다수의 사람들은 나중에야 기적이라고 생각하게 된다. 언제든 기적을 가동시키는 것은 사고의 힘이며 개인들의 의지로 이루어진 에너지이고, 그것이 결정론에 필요한 도구로 쓰인다."

개인적 에너지, 인격적인 창조 그리고 집단적 운동 사이의 이러한 화해는 조레스의 열망과 완전히 일치했다.

에르는 조레스 그가 원하던 것을 그 스스로 내면에서 계발할 수 있게 해주었다.

고등사범 도서관에서 이루어진 두 젊은 지성의 만남은 결정적이었다. 말은 행동과 신념과 파장의 씨앗이 될 것이기 때문에 미래가 충만한 교환이었고 또한 때가 바로 사회주의 운동이 휘청거리는 즈음이었다.

조레스는 사회주의가 파편화되어 나가는 것을 똑똑히 보았다. 노조운동은 막 태동하고 있었다. 1890년에 노조원이 13만 9692명이었다. 생존조건과 임금조건은 전혀 나아지지 않았고 프랑스의 산업은 위축되고 갈팡질팡하고 있었다. 경제위기, 위니옹 제네랄 은행의 파산, 이제 터지기 시작한 파나마 추문은 투자자들을 움츠러들게 했고, 그 결과 근대적 프롤레타리아는 맹아상태에 머물러 있었을 뿐이다. '대중들'의 힘은 거의 수렴되지 않았다. 프롤레타리아는 코뮌이나 프랑스혁명의 기억에 기대어 과격하고 노골적으로 행동할 유혹을 받았으며, 그 결과 불랑제와 함께했고 반란적인 선동의 연설에 동조했다. '실천을 통한 선전', 테러행위를 찬양하는 아나키스트 운동의 첫번째 징조들이 나타났다.

특히 1890년 무렵에 대두한 것은 세대문제이다. 이제 50세 전후가 된 영웅적인 투사들은 나이가 들고 쇠락했다. 그 때문에 조레스나 뤼시앙 에르 혹은 비비아나 밀랑같이 30대인 새 세대의 등장이 중요했다. 밀랑은 조레스와 동갑인데 역시 1885년에 하원에 당선되었다. 하지만 그는 이미 파시(파리의 구역 이름)의 시의원을 지냈다. 텁수룩하니 숱이 많아 무거워 보이는 머리가 떡 벌어진 어깨 사이로 푹 파묻혔고 거칠고 투박한 몸집에 얼굴을 잔뜩 찌푸린 그는 변호사였다. 굳센 턱에 코안경을 걸치고 어딘지 좀 저속해 보이지만 그는 체계적이고 명료한 웅변가였다. 그러나 지식인은 아니었다. "좀 크게 보는 눈이 없다"고 노련한 증인인 조제프 카이요는 평한다. 또 다른 동시대인은 아마 좀 엄하게 이렇게 덧붙인다. "그의 정신에는 그에게 모자라는 따뜻한 마음을 대신해 줄 덕성이 없다."

에르와 조레스의 만남이 그래서 중요했다. 1890년대는 치열한 사상의 격동으로 기록되는 시기이다. 아마도 지식인들에게 새로운 사조가 덮쳐 굴절을 겪는 시절이었을 것이다.

조레스는 이 운동에 바짝 주의를 기울였다. 그의 고등사범 동기들은 종교적으로 위기를 겪었거나—데자르댕처럼—조레스가 애착을 갖는 합리주의로부터 멀어졌다는 것을 문필로써 드러냈다. 윌름 가의 입학시험(조레스 1등, 베르그송 2등)이나 교수자격시험 때(베르그송 2등, 조레스 3등) 조레스가 이야기를 나눈 경쟁자이고 동료인 베르그송은 1889년에 박사학위논문을 제출했다. 라틴어 논문은 아리스토텔레스의 관점에서 본 장소 관념에 관한 것이고, 프랑스어로 쓴 주(主)논문은 「의식의 직접 소여에 관한 시론」이다.

조레스는 이 논문을 주의 깊게 읽고 쟁점을 찾아나가면서, 이에 고무되어 자신의 논문 「감성세계의 실재」를 작성하게 된다. 그중에서 약 30쪽은 베르그송을 반박할 것이다.

그러나 베르그송의 시론은, 다른 많은 사람들이 지적 변화를 일으키는 것을 가리키는 하나의 지표였다.

사람들은 심령, '위대한 교리 전수자'를 재발견한다(그해에 슈레(1841~1929, 프랑스 문인)가 책을 출판한다). 의심할 수 없는 단 하나의 실재는 영혼뿐이라고들 말한다. 그들은 과학주의나 졸라의 자연주의에 반대하여 들고 일어난다. 졸라는 『인간짐승』과 『해빙』으로 대중적인 인기를 흠뻑 누렸지만, 새로운 사조는 클로델의 『황금 두상』과 폴 부르제의 『제자』 혹은 바레스와 그의 『자아숭배』를 주목한다.

조레스는 이념적으로 미끄러지는 사회적 원인들을 양해하는 이 철학사
조에 분개했다. 1889년 11월 3일 『툴루즈 통신』에 쓴 글에서 그는 묻는다.
"지금 우리의 의과대학과 법과대학 그리고 문과나 이과 대학들에서 쏟아져
나오는 이 젊은이들이 사회에서 어떻게 하려는 것인가? 그들은 내가 아는 여
러 사람들처럼 정치적 술수의 초라함과 일부 학문들의 조잡한 유물론과 일부
작품들의 자연주의가 역겨워져서 복음적인 원전으로 돌아가 기독교의 감정
과 기독교적 희열을 부활시킬 것인가?"

체제가 희망을 주지 않아 시대적 위기의 혼란에 휩싸인 이 학생들에게
그는 냉소하지도 않았고 "제정치하에서는 공화국이 얼마나 멋있었는데" 하
는 동정을 보내지도 않았다. 여기저기서 추문과 부패가 터지고 있었다.

하지만 이 상황을 이용하려는 자들에게는 가차 없었다. "모리스 바레스
같은 사람들, 젊은이들에게 모든 것을 맛보기만 하고 아무것도 집어들지는
말라고 설득하는 자들이 넘쳐난다."

특히 조레스를 걱정스럽게 한 것은 이 사상운동이 점점 더 민주주의, 심
지어 공화정 형태에 대한 격렬한 비판을 수반하는 것이었다. 전위파라면 공
화국을 공고하게 만드는 일 따위에는 가치를 두지 않는다는 듯이.

알제의 라비주리 추기경은 대부분 왕당파인 해군장교들이 모인 어느 연
회를 주재하는 자리에서 공화국을 위한 건배를 제의함으로써 "교회와 체제
의 제휴"를 분명히 표시했다(1890년 11월 12일). 교황이 직접 "공화국은 합
법적인 정부형태"라고 선언했으며, 주목을 끈 1892년 11월 2일 『르 프티 주
르날』(Le Petit Journal) 인터뷰에서 이러한 태도변화는 확인되었다. 보수파
들이 뒤를 따랐다. 그러나 폴 부르제는 "보통선거라는 고도의 사악한 전제정
치"를 비난했다. 드 보그(De Vogüe, 저술가, 문예비평가)는 정부의 형태가 전제정
이든 공화정이든 그건 중요하지 않다고 선언했다. "인간은 다시금 비참하고

자신의 정념에 굴복하는 노예가 될 것이다."

낭시의 불랑제파 청년의원 모리스 바레스 주위로 반합리주의와 민중선동 그리고 기왕의 반유대주의와 민족주의가 뒤섞인 혼란스러운 사조가 모이는 것을 볼 수 있었다. 그가 경영하는 신문 『라 코카르드』가 중심지였다.

정치계에서 모락모락 피어오르는 추문은 바레스가 표현하는 이 혐오감을 키웠다. 그는 "이 나라의 노동을 점령한 애매한 국적의 사람들… 본고장의 노동자들을 희생시키고 조국의 땅에 이탈리아 노동자들의 유입을 권고하는 이 나라의 정치"를 고발했다.

바레스와 로슈포르는 훨씬 더 나갔다. 『동부통신』(*Le Courrier de l'Est*)에서 로슈포르는 1889년 불랑제파의 실패를 이렇게 설명한다. "로스차일드 가는 올 한 해에만 다뉴브 지방에서 유대인 3만 5천 명을 데리고 왔으며, 이들은 밑바닥 일자리를 대거 차지했을 뿐 아니라 곧바로 프랑스인으로 귀화했다. 정부는 파리에서 다수당이 되기 위해 이 누더기부대의 지원이 필요했다." 에두아르 드뤼몽의 책들(『유대인 프랑스』가 1886년에 출간되었다)이 퍼뜨린 이런 사회적 반유대주의는 위기 또는 사회주의라는 용어에 이 흐름을 덧붙인 선동으로 해석되었다. 1889년 11월 24일 바레스는 "사회주의, 그것은 프랑스가 지닌 희망의 말이다. …그러므로 사회주의자가 됩시다"라고 썼다. 그리고 같은 운동의 『동부통신』은 이 "더러운 출신의 인종", 이 "매부리코와 검은 수염의 냄새나는 전갈" "입가에 침을 질질 흘리고 때가 낀 작달막한 몸에 낡아빠진 옷을 걸치고는 손에는 번쩍거리는 반지를 끼고 허리춤에 무거운 금줄을 두르고 양파냄새를 풍기는 끔찍한 자들"에 대해 쓰고 있다. 바레스에 따르면, 어쩌면 반유대주의는 '반(反)부르주아' 민중운동을 단단하게 굳혀주는 일종의 시멘트 같은 것이었다.

드뤼몽은 『유대인 프랑스』의 마지막 장에서 이렇게 묘사하지 않았는가.

"프랑스 전체가 공정한 지도자를 추종할 것이며, 그 지도자는 1871년 사람들 같은 불행한 프랑스 노동자들을 치는 대신 금으로 휘감은 유대인들을 칠 것이다." 또한 그는 브누아 말롱의 『르뷔 소시알리스트』에, 어떤 게드주의자들은 때로는 "사회문제는 곧 유대인 문제"라고 생각한다―글을 쓴다―는 의견을 피력했다.

한편 하원에서 불랑제주의자들―데룰레드와 바레스―은 노동자 퇴직 연금제도를 주장하면서 사회주의자 의원들과 일치하여 투표했다.

이 혼란에 직면하여 조레스가 벌이기 시작한 사상투쟁이 얼마나 필요했는지, 또 드레퓌스 사건으로 만천하에 드러나게 되지만 이미 1880~90년에 그것이 프랑스에서 얼마나 무르익었는지 헤아릴 수 있다.

조레스는 무분별한 열광 앞에 합리주의의 장벽을 세워 그에 대항하려고 했다. 그가 「감성세계의 실재」라는 논문을 쓰게 된 것은, 바로 고비노의 인종주의 사상이 다시 고개를 들고(『인종불평등 시론』은 1855년에 초판이, 1884년에 재판이 간행되었다) 다원주의를 사회에 적용하려는 흐름을 목도하자 이에 대결하기 위해서였다. 우수한 사람이 이기게 마련이며 패배한 자들은 불운이고 자연법칙의 희생이라고 사회적 다원주의는 설명했다. 조레스는 프랑스혁명과 18세기 철학이 물려준 하나의 사상블록 전체에 대해 끊임없이 언급한다. 왜냐하면 그 사상 전체가 민주주의와 공화국을 세운 것인데 바레스와 조르주 소렐에 의해 문제시되고 있고 학자들은 이 문제를 정당화하려고 하기 때문이다.

줄 수리가 생리심리학을 가르치는 소르본 고등교육원에서 『중추신경체계』라는 1863쪽에 달하는 대작이 출간되었다. 바레스는 이를 찬미하고 "자연적 힘들의 관계를 추상적으로 표현한 운명의 법칙"을 설파하는 강연을 따라다녔다.

바그너주의와 궤를 같이한 니체류의 비관주의 철학 역시 마찬가지의 씨앗을 품고 있었으며, 프랑스에서 크게 성공했다.

그것은 계몽주의 철학, 주지주의에 반대하여 표출된 '진정한 반란의 숨결'이었다. "지성은 우리 자신의 허울에서 얼마나 하찮은 것인가?" 하고 바레스는 말하며 사람들은 본능을 재발견하고 직관과 무의식을 우대했다. 그런데 조레스와 겨루는 베르그송은 이 부활에 한몫했다. 사람들은 '군중심리'(귀스타브 르봉)가 존재하는 것을 확인했는데, 여기서 두드러진 것은 결정론적인 반개인주의이다.

우리는 이 시기의 조레스가 르봉이 선동하는 사조에 대항하기 위해 교육을 찬양하고 교사의 직무를 상기하며 개인 의식화의 필요성을 강조한 것을 보게 된다. 르봉에게 "군중은 이미지로밖에는 사고하지 못한다. 이미지를 통해서만 인상을 받는다. 오직 이미지만이 그들을 두렵게 하고 유혹하고 그들의 행동을 유발하는 동기가 된다."

르봉은 사람의 두개골 크기를 재는 거짓된 학문연구를 토대로 자기 이론을 세웠다. 그는 인종을 분류하고 뇌의 무게를 재고 "군중은 오직 무의식에 의해서만 움직인다. 그들의 행동은 뇌보다는 골수의 영향을 더 많이 받는다. 이 점에서 군중은 거의 원시적인 존재에 가깝다"고 언명했다. 같은 시기에 다른 연구자는 오래된 묘지에서 600여 구의 두개골을 발굴하여, 겉보기에는 유사한 과학적인 방법을 사용해서 크기를 측정했다. 여기에 "아리안족의 사회적 역할"이란 제목으로 정치경제학 공개강연을 열어 대성공을 거둔 것은, 일찍이 게드주의 투사였고 법학 교수자격 수여자인 바세 드 라푸주이다.

같은 시기, 조레스도 툴루즈에서 공개강연을 가졌는데 강연의 주제는 "신(繼續됨)"이라고 벽보에 적혀 있었다.

차이는 크다. 조레스에게는 인간의 위대함을 우주의 조화 위에 세우려는 의지가 있었고, 그 다음 독일 사회주의의 원천과 함께 논리적이고 합리적인 연속성에 대한 탐구가 있었다. 그것은 '종(種)의 도덕성'을 합리화하고 개인과 인종에 서열을 매기고 천부적인 엘리트층을 정당화하며 원시적인 폭력성을 생명의 약동의 증거로 받아들이는 '사회적 다윈주의'에 반대하는 것이었다. 그 사상은 18세기에 태어난 전통, 인간의 권리의 전통과 결별이었다.

바세 드 라푸주는 몽펠리에에서 가진 대중강연에서 계몽시대의 관대한 낙관론을 야금야금 좀먹는 일부 지식층의 새로운 신념을 강력하게 주장한다. "그러므로 인간의 권리란 없다. 신의 이미지를 닮은 특별한 특권을 상실한 인간은 다른 모든 영장류와 똑같은 권리만 가질 뿐이다. 권리라는 개념 자체가 허구에 불과하다. 존재하는 것은 오직 힘뿐이다." 반인도주의 사상의 폭력성. 바세 드 라푸주는 말을 이어간다. 원숭이의 권리, 수레에 묶인 말의 권리, 아니면 도살당하는 소의 권리가 없듯이 인간의 권리도 없다고.

이 사상에 내포된 것은 하나같이 감정의 격앙, 거침, 노예화에 대한 암묵적인 수락임을 알 수 있다.

같은 시기에, 조레스는 그에 대립되는 신념들을 확인하게 된다. 그는 공과기술학교의 최우수 졸업자 가운데 한 사람인 친구와 '어느 날 저녁 농촌' 길에서 산책을 하며 긴 대화를 나누게 되었다. 날씨는 상쾌하고 밝은 달빛 아래 앞으로는 고원이 훤히 보이고 달빛을 받아 하얀 길은 마치 현실과 꿈이 한데 어우러진 듯했다. 조레스는 현 사회에 저항했다. 경감시킬 수 있는 물질적 고통뿐만 아니라 "투쟁의 상태와 가공할 불평등이 낳는 도덕적 재앙" 때문이었다. 노동자들은 "무기력하고 기계 같은 존재로 위축되었다"고 그는 말한다. 잠시 말을 멈추고 하늘을 바라본다. "반대로 사회주의가 승리하는 날, 투쟁의 상태에 이어 일치의 상태가 되는 날…"

조레스는 태동하는 사회과학 연구에 스며들어 이 연구의 골격이 된 다윈주의의 정반대편에 섰다. 그는 말을 잇는다. "사회주의가 이기는 날, 모든 사람이 무한한 인간자본 속에서 각자 소유의 몫을 가지는 날…"

"장엄한 밤이지" 하고 조레스는 중얼거린다. 그는 자신을 둘러싸고 있는 이 자연을 온몸으로 호흡한다. 이윽고 고개를 들고 큰소리로 말한다. "사람들은 생의 깊은 의미를 훨씬 더 이해하게 될 거다." 목표? 그는 풍경과 하늘을 가리킨다. 인류는 우주에서 나왔으며, 그러므로 그 본성은 결코 거칠고 맹목적일 수가 없다. 그의 목소리가 더 높아진다. "사방에 정신이 있고 사방에 영혼이 있다." 우주? "그것은 질서, 아름다움, 자유, 선함을 향한 무한하고 무질서한 열망일 뿐이다." 목표? 생의 의미? "모든 의식의 일치, 모든 힘과 모든 자유의 조화." 역사는? 인류는? "의식과 정신의 개선(凱旋)이다."

그는 다시 걸으면서 '보편적 정의'를 논한다. 얼굴에 미소를 지으며 친구의 팔을 낀다. "자, 우주는 내버려두자. 우주는 모든 이를 기쁘게 해. 자기 방식대로 사회주의자야."

프랑스 남부의 또 다른 끝인 몽펠리에서 바세 드 라푸주는 대강당의 야간강의중에 명료하고 냉소에 찬 목소리로 이렇게 결론짓는다. "그렇다. 모든 사람은 형제이다. 모든 짐승은 형제이다. 그러나 형제라는 것이 잡아먹히는 것을 막지는 않는다. 우애, 좋다. 그렇지만 쓰러진 자는 불행하다. 생명은 죽음에 의해서는 유지되지 않는다. 살기 위해서는 먹어야 하고 먹기 위해서는 죽여야 한다."

두 사람, 두 개의 철학, 역사를 보는 두 개의 눈.

시대는 갈라졌다. 반목하는 두 사조. 우리는 조레스가 수행하는 투쟁의 중요성을 헤아릴 수 있다.

그는 가르치고 이론적인 연구를 하고 대일간지에 주간논설을 쓰고 그 글의 출판을 적절히 배합하면서 자기 방식으로 근대적 지식인의 길을 간다.

이 활력, 빠른 일솜씨, 역동성, 사상과 현실성에 대한 열정이 조레스의 생활에 균형을 준다.

그리고 그의 힘, 그의 독창성은 그러한 상이한 관심사들을 서로 뒤섞는 데서 나왔고 그의 언론활동은 철학적 성찰, 뤼시앙 에르와의 토론으로 풍부해졌다. 이 힘으로 그는 프랑스 사회주의에서 독창적인 자리를 차지하기 시작했고 그에 버금가는 자가 없게 된다. 이론적인 관심과 공적인 표현, 명상과 행동, 지적 작업과 여러 사건들에 대한 논평 사이를 스스로 끊임없이 오가기 때문이다.

이로써 1890년 2월 25일 그는 처음으로 『툴루즈 통신』에서 마르크스의 이름을 언급하며, 뤼시앙 에르와의 토론과 자신의 논문작업에서 영감을 받은 그의 논설기사는 프랑스 사회주의자들의 약체성을 비판한다. 조레스는 "독일의 동료 사회주의자들의 이론에 대한 집착"에 찬사를 보낸다고 쓴다. "그들은 마르크스와 라살의 사상에 깊이 빠져들어 있다. …그러므로 독일 사회주의는 막연한 불만과 욕구의 결집이 아니라 하나의 주의(主義), 하나의 사상을 대표하며 이 사상은 대중에게로 내려와 있다."

가르치고 싶어하는 교수가 쓴 글이다. 조레스는 심지어 독자들의 요청에 따라 사회주의를 이해할 수 있는 기초적인 참고서적을 열거하는데 "분명하고 확실한 책들"을 권하고 게드와 라파르그의 소책자, 루이 블랑과 프루동과 라살의 책들 또 "마르크스의 힘차고 수학처럼 정확한 책 『자본』에서는 잉여가치와 노동자 착취에 관한 결정적인 장(章)들"을 추천한다.

조레스에게는 종파적인 성향이 없었다. 프루동이 마르크스의 옆에 있고 게드는 브누아 말롱과 가깝다. 합(合)을 이루기 위해 모든 원천을 발굴하고 그것을 자유롭게 검토하며 다시 비교연구하고 통합하려는, 그로써 "자유주의 경제의 궤변"에 대해 싸우려는 의지가 이미 명백하다.

이 글들, 다양한 청중들이 몰려드는 그의 열린 교육, 의원경력, 소통하려는 열기. 그의 강연들은 그를 툴루즈의 저명인사로 만들었다. 그가 사회주의자인가? 그가 불어넣는 영감이나 이념적으로는 분명히 그러했다. 그는 자신이 어느 정파에도 소속되지 않았음을 덧붙이고 독립적 판단을 견지하리라는 것을 밝히면서, 사회주의자임을 글로써 확인했다.

1890년 5월 1일, 모든 도시에서 8시간 노동을 주장하고 또 제2차 인터내셔널의 재건에 맞추어 노동자들의 국제연대를 표시하기 위한—노동운동의 부활이 가능하다는 첫번째 신호였다—대열이 형성되자, 조레스는 어느 편을 들기보다 관찰했다.

파리를 비롯한 대도시들의 분위기는 삼엄했다. 내무장관 콩스탕스는 기마대가 통과할 수 있게 거리에 모래를 덮으라고 지시했다. 군대가 동원되었다. 반란과 폭력의 '거센 밤'에 겁을 먹은 일부 주민들 사이에 공포가 휩쓸었다. 조레스는 사회주의자와 노동자의 동원을 반가워하면서도 한편으로는—이것이 그의 독립심, 사회주의 운동과 전략에 대한 그의 거리감이다—"소동으로 변질되고 또 빈촌의 민중들과 직업군인들 간의 싸움이 될 위험이 있는 무모하고 연극적인 행진"을 유감스러워했다.

그가 계급투쟁의 폭력적 선택을 비난하고 화해를 믿었다는 것을 느끼게 된다. "사회주의의 구실은 겁에 질려 떠는 부르주아지를 저항하도록 내모는 것이 아니다. 그와는 반대이다. 국제적이고 평화적인 강력한 선전으로 정신과 사물의 상태를 차츰 일구어나감으로써 부르주아지들을 설득 반 필요 반에 의해 사회주의로 오도록 해야 한다."

조레스에게는 타협의 의지, 평화적 경로가 막힐지 모른다는 우려, 선동에 대한 거부가 있었다. 그는 그였다. 그는 자신이 생각하는 것을 말하고 글로 썼다.

툴루즈에서는 그의 성실함을 인정했다. 조레스의 공개강좌를 들으러 젊은 사회주의자들이 여러 명 오고, 그 가운데는 갓 스무 살이지만 이미 주위에서 알아주는 알베르 브두스가 있었다. 사생아로 태어나 열두 살 때부터 노동을 하고 또 독학을 한 그는 불랑제에 적대적인 반인민투표청년그룹을 창설했다. 그리고 줄 게드의 프랑스노동자당에 가입하게 된다. 그는 조레스가 권위 있는 지식인이고 사상의 사회주의로부터 당조직의 사회주의 길로 접어들어야 한다고 보았다.

사실 조레스처럼 젊고 의원까지 지냈던 인물이 도시에서 그 정도의 청중을 모은다면 그는 정치계에 다시 뛰어들 수밖에 없었다. 이윽고 사람들은 조레스에게 시의원 보궐선거에서 나설 것을 권했다. 1890년 7월이다. 선출직을 그만둔 지 10개월 만이었다.

그가 후보로 나섰다는 건 그만큼 현실정치를 그리워한 것일까? 그건 잘못된 질문이다. 그 스스로 침묵과 고독에 침잠해 있을 때 외에는 모든 것이 그를 정치로 이끌었다. 그가 토해 내고 그가 쓰는 말 한마디 한마디가 정치적 행위이고 선거를 향한 한 걸음이었다.

짧은 기간이었지만 그는 활기 있게 사회주의적 영감을 불어넣는 적극적인 선거운동을 했다. 그는—일찍이—급진파와 사회주의자의 단결을 호소했다. "모든 개혁을 원활히 수행할 수 있도록 사회주의적 행동의 거대 정당을 건설하기 위해서"였다. 그는 자기 신념에 따라 청중을 이끌었다. "그렇습니다. 제가 숨을 쉬는 한 큰소리로 말하겠습니다. 강자들에 맞서 약자들을 위해, 민중을 억압하는 자들에 맞서 민중을 위해, 불공정과 부정의에 맞서 사회정의를 위해 싸우는 데 저를 바치겠다고…"

그는 거의 만장일치에 가까운 9100표 중 8400표를 얻어 당당하게 승리했다. 교수에게, 관대한 인물에게 주는 표였고, 시의회에서 그가 공교육을 맡게 되리란 것을 알고서 던진 표였다. 1892년 5월 재선에서도 그는 명부투표로 선출되고 제3시장보, 다시 제2시장보가 된다.

조레스는 다시금 선출직을 맡아 임무를 수행했다. 그의 생활은 더욱 충만해졌다. 그는 일을 맡으면 마치 시간이 늘어난 듯이 능력을 발휘하는 그런 사람에 속했다.

급진공화파와 사회주의자동맹으로 구성된 시의회에서 조레스는 학교운영의 구체적인 문제들을 마주하게 된다. 그는 학교들간의 경쟁심을 북돋우고 도서를 배부하고 우수 학생들에게는 50프랑의 저축금고 통장을 나눠주고 환영받을 만한 환경의 고등교육 신축건물들을 툴루즈에 세우는 데 온힘을 기울여 성과를 올렸다. 1891년 5월 20일에 공화국 대통령 사디 카르노에게 신설 의약대학을 소개하는 사람은 다름 아니라 조레스였다.

조레스에게는 양식을 쌓아가는 시기였다. 그는 복잡한 사안들을 처리하고 조치를 강구했다. 그의 태도에 종파적인 면은 찾아볼 수 없었으며, 보조금을 실업자 지원으로 돌리기보다는 그대로 문화단체 지원에 쓰기로 했다. 그는 생시프리앙 구역 노동자들의 빈곤한 처지를 알고 있었다. 그들은 그를 뽑아준 유권자들이었고 그 가운데 몇몇은 그의 강좌를 들으러 왔다. 그러나 그는 선동하지 않았다. 문화가 중요했다. 명사들이 드나드는 시청의 한 별관에 노동자들을 위한 무료 박물관을 만들 것을 제안했다. 이러한 방식의 시정활동으로 그는 사회주의자 의원들과 자주 충돌했는데, 네 명의 사회주의자가 조레스의 행동과 말을 예의 주시했다. 블랑키주의자인 33세의 샤를 드 피트는 귀족 출신이지만 자기 출신과 결별하고 인쇄공이 되었으며 논쟁을 좋아했다. 양복공 데데가 있었고 쿨롱은 모자공, 드장은 석재 재단공이었다. 이들은 모두 게드파였으며, 노동자이고 부르주아 개혁 앞에서 주저했다. 이들의 자발성, 배우려는 열정—이 시대 투사들의 전형—은 감동스러웠지만 이들의 노동자주의에는 화가 났다.

이 사람들과의 접촉은 소중했다. 조레스는 한층 더 있는 그대로, 생활 속의 사회주의자들과 가까워졌다. '사회문제'의 해결을 스스로 목표로 정했지만 시장보로서 사회적 갈등에 당당히 맞서야 했다. 승합차와 전차 운전사들이 8시간 노동을 주장하며 파업에 들어가자 거리에서 폭력이 발생했다. 기마병이 출동했다. 파업참가자들은 참가하지 않은 운전사들이 차고에서 끌고 나오는 마차들에 달려들어 말을 떼어내고 마차를 뒤집어엎었다. 툴루즈는 군대로 가득 찼지만, 드 피트의 의견과 달리 조레스는 지사를 비난하기를 거부했다. 그는 일관되게 공화국의 질서를 존중하였으며 "노동운동에 대한 공권력의 협력이 절대적으로 바람직하다"고 믿었고, 마침내 시의 요구대로 타협을 이끌어냈다. 심지어 무조건적인 파업이나 부분파업들을 비난하면서 사유재산을 방어하는 입장을 취하기까지 했다. 현실주의자 조레스이다. 이데올로기를 명분으로 맹목적으로 움직이지 않고 제기된 문제들에 해결책을 찾기로 결심한 사회주의자이다.

1891년.
푸르미는 파리 북쪽 200킬로에 위치한 주민 약 1만 5천 명의 도시이다. 양모제사공장들이 있는 이 노동자의 도시에서는 거의 모든 주민들이 기계 돌아가는 소음이 윙윙거리고 온실처럼 후텁지근한 곳에서 하루 12시간을 일했다. 열두 살이면 일하기 시작했다.

빈곤, 실업, 근심, 절망과 반항의 도시였다. 기업가들이 불황이 닥치면 이윤증대를 위해 임금을 삭감했기 때문이다. 자생적인 파업이 여러 차례 터졌고, 프랑스노동자당의 게드주의자들은 이 유리한 터전에서 노동자들을 조직하고 단결시키려고 노력했다. 지역 책임자인 퀼린은 거듭 집회를 열었다. 5월 1일 준비를 위해 4월에 파리에서 온 폴 라파르그가 11일 동안 8번이나 집회에 나서 투쟁심을 북돋우는 연설을 하게 된다. 그래서 프랑스노동자당이 동원되었다. 프랑스노동자당은 이 시기에 프랑스 전역에서 발전을 하고 있었다. 1889년에 2천 명이 안 되던 당원이 1년 후에는 6천 명으로 늘어났다 (1893년에는 거의 1만 명). 8시간 노동과 임금인상을 목표로 하는 중대한 5월 1일 시위를 조직하기 위해 생캉탱 사람들이 푸르미 노동자들을 지원하러 왔다.

고용주들은 양보하지 않으려고 힘을 합쳤다. 그들은 일치단결하여 "그들에게 선포할 전쟁에서 집단적으로 연대하고 또 재정적으로도 명예롭게 방어하기로 맹세"한다는 벽보를 푸르미 곳곳에 붙였다.

전쟁인가? 5월 1일 보병 2개 연대가 푸르미에 도착했다. 도지사와 시장이 고용주들의 요구를 들어주었다. 그날 오후, 해산을 거부하는 시위자들을 향해 군대가 발포를 했다. 신형무기 르벨 소총에 맞아 9명이 죽었다. 8명은 21세 미만의 젊은이들이고 한 명은 이제 열두 살밖에 안 된 어린아이였다. 부상자 가운데는 두 살배기 아기도 있었다.

총탄을 맞은 시위.

하원 연단에서 사회주의 의원 에른스트 로슈는 총탄 6발이 뚫고 나간 셔츠, 피로 물든 셔츠를 의원들 앞에 펼쳐 보이면서 5월 1일의 사건을 진술하게 된다. 그가 쏘아붙인다. "프랑스에 정의가 있다면 내무장관 콩스탕은 무고한 이들의 죽음에 스스로 대가를 치러야 한다."

콩스탕스는 "유감스러운 일"이라고만 하면서 '직접적인 살인교사' 혐의로 퀼린과 라파르그를 하루빨리 재판정에 세우도록 사법부에 압력을 가하기로 한다. 한 사람—퀼린—은 징역 6년형, 또 한 사람—라파르그—은 1년형을 받았다.

'모략재판'이라고 『르 소시알리스트』는 썼다. 조레스는 이 판결에 분개했다. 피테가 시의회에 제안한 희생자들을 위한 성금모금 투표조차 거부하면서, 그는 우선 판단을 유보했다. 그러나 푸르미를 지목하지 않고("나는 푸르미 사건에 대해 한마디도 하고 싶지 않았다"고 그는 밝혔다) 경고했다. "만약 정부가 중대하고 훌륭한 공약들을 저버린다면 정치는 유혈희극에 지나지 않게 될 것이다." 그러면서 "어떤 환경에서는 사회주의에 대한 적대감이 나날이 커지면서 거의 맹목적인 증오로 변한다는 것을 알고 있다"고도 덧붙였다.

그는 아직은 판단을 유보했다. 신문들이 퀼린과 노동자들이 폭력을 추구했다고 보도했기 때문이기도 하지만, 조레스는 참혹한 행동에 대한 우려와 정보의 부족으로 (정부를) 믿었다. 그러나 재판 기록과 판결은 조레스에게 "프랑스 사회의 일부가 증오와 공포에 굴복했다"는 것을 알려주었다. 법정 판사들의 면면이 그중 하나였다. 이제 조레스는 목소리를 내기 시작한다. 자기의견을 분명하게 표명하여 7월 15일 『라 데페슈』에 이렇게 썼다. "퀼린—네 자녀의 아버지인 이 노동자—의 진정한 범죄는 오직 혼자서 노동자들의 힘을 조직했다는 것, 사회주의자였다는 것이다."

1891년 여름, 푸르미의 여름에 마침내 조레스는 공화파 중에서 일부가 노동자 탄압을 선택했다는 것을 알았다. 그들은 자신들의 특권을 하나도 양보하지 않았다. 그들은 구 왕당파와 결탁하여 보수파의 버팀목이 되어주었고 『릴뤼스트라시옹』(L'Illustration, 삽화 중심의 정치사회 풍자잡지)지에서 읽을 수 있듯이 르벨 소총을 찬양하면서 기뻐했다. "그 총알은 서너 명을 하나씩 연속 관통해서 죽일 수 있다." 조레스는 자신이 문턱을 넘었다는 것을 알았다. "오늘 나는 말을 하면서 어디에서도 친구를 찾을 수 없다."

동료들도, 처가사람들도 더 이상 친구가 아니었다. 조레스는 신중함 때문이 아니라 사회주의 조직들에 대한 자신의 정직한 사고 때문에 여태 머물러 있던 자리를 이제 떠났음을 자각했다. 이제 정말 다른 이야기를 하고 싶다고 자기 속내를 비쳤다. 그건 아주 간단했다. "그러내여기서 어조는 진지하고 엄숙했다], 그러나 내가 만약 프랑스 사회주의 투사들에게 예견될 수 있는 시련, 감옥, 합법적 중상모략, 추방이 시작될 때 원칙과 정신과 마음으로써 그들과 하나라는 것을 다시 확언하지 않는다면 나 스스로 나를 비겁한 자로 간주할 것이다."

조레스는 선택했다.

푸르미의 살상은 여론을 뒤흔들었다. 5월 13일 교황 레오13세가 '레룸 노바룸' 교칙을 공포하여, 노동세계에 대한 교회의 사회적 교리를 확정했다. 그러자 프랑스에서는 라 투르 뒤 팽과 드 멍 같은 가톨릭과 왕당파들이 자신들에게는 사회주의자들에게 동의할 권리가 있다고 주장했다. 푸르미의 사회가톨릭들은 프랑스노동자당이 라파르그를 감옥에서 꺼내기 위해 릴의 보궐선거에 옥중 출마시켰을 때 지지했다. 1891년 11월 8일 라파르그는 당선되었다. "의회에 들어간 것은 집산주의이다"고 경제학자 르루아-보리외는 말하게 된다. 또 엥겔스는 "평범한 보궐선거가 헤아릴 수 없이 중대한 정치적 행위로 바뀌었다"고 논평했다.

그러나 조레스의 입장선택이 한층 더 중요했던 것은 푸르미 사건에서부터 분개한 민심이 변질되어 갔기 때문이다. 그건 동요가 크고 여론이 불안하다는 표시였다.

데룰레드는 의회에서 불랑제파의 이름으로 "1793년보다 백배나 더 무서운 폭동"을 예고했다. "그것은 더 무섭고 더 정당할 것이다. 왜냐하면 혁명과 공화국으로부터 태어난 당신들이 혁명과 공화국을 무시하는 것이기 때문이다."

에두아르 드뤼몽은 더 심각하게 『푸르미의 비밀』에서 총격이 일어난 것은 유대인 부지사 이자크가 르벨 총의 성능을 탐지하려는 독일인들의 지시를 받았기 때문이라고 주장한다. 그리고 드뤼몽은 총탄이 '민중의 어린 딸'의 정수리를 어떻게 관통했는지 자세히 설명한다. 푸르미의 한 사제는 이렇게 말한다. "보도에 흩어진 그의 머리를 주워 모았지만 그 아이가 그렇게 자랑스러워했던 빛나는 금발은 도무지 찾을 수 없었다."

"들리는 소문으로는 누군가에 의해 아이의 머리카락은 벗겨져 팔려나가, 필경은 어떤 늙은 유대인 남작부인의 대머리를 장식하게 되리란 것이다. 또 여자 곁에 바짝 붙어서 그 여자에게 남편의 돈을 빼내게 하려고 애정행각을 벌이는 빈털터리 놈팡이는 필시 몽소 구역의 한 골방에 앉아 살해당한 여성 노동자에게서 벗겨낸 금발에 키스를 하리라는 것이다."

이 역시 1890년대 프랑스의 모습이었고 긴장과 대립, 희망과 이기주의 또 증오로 찢어진 이 모순되고 들끓는 세계가 조레스의 행동반경이었다.

여름에 조레스는 가족과 함께 브술레로 가서 장인장모와 함께 지냈다. 부아 씨는 드디어 부지사가 되었고 부아 여사는 온갖 자질구레한 일에 다 신경을 쓰며 말이 많았다. 둔감한 표정의 루이즈 부아는 무관심과 권태로움으로 매사에 심드렁했다. 며칠 동안 아들에게 와 함께 머문 미망인 조레스 여사는 밝은 얼굴로 아들과 팔짱을 끼고 공원에서 타른의 끝과 알비 성당을 바라볼 수 있는 곳까지 산책을 했다. 두 살 된 어린 딸 마들렌이 집안의 기쁨이었다. 조레스는 아이가 하는 몸짓에 일일이 주의를 기울였다. 그가 글을 쓸 때도 아기는 늘 곁에 있었다. 물론 그는 일을 했다. 그해 1891년 여름에 마치게 되는 논문을 썼다. 논문의 제목은 결정되었다(「감성세계의 실재」와 「루터, 칸트, 피히테, 헤겔을 통해 본 독일 사회주의 원천」). 이 논문은 1892년 초 소르본에서 열릴 학위논문 심사를 위해 곧 인쇄에 들어갈 것이었다.

또한 이 1891년 여름 브술레에서 조레스는 전원을 다시 찾았다.

그는 이 풍경, 세상의 이 '감성적 사실성'이 필요했다. 황혼, 갈아놓은 땅, 갖가지 삶의 형태, 별이 빛나는 여름 밤하늘. 그는 이들에 공감하고 이 질서정연한 자연의 관대함에 가슴과 정신을 활짝 열었다. 자신을 둘러싸고 있는 이 우주의 떨림과 팔딱거림을 들었다. 브술레를 찾아오는 친구들에게 그는 말했다.

"그렇다. 우리는 은밀하게 새로운 세계를 펼쳐나가는 이 멋진 밤을 우리의 멋진 희망의 증인으로 삼을 수 있다. 우리의 감미로운 인간적 꿈에 평온한 자연의 무한한 감미로움을 섞을 수 있다."

그는 조용한 기쁨을 안고 산책에서 돌아왔다. 마들렌은 잠들어 있다. 그는 글을 쓸 수 있었다. 사회에 대한 분석, 즉 그가 푸르미에 대해 원칙적으로 찬성하고 친밀한 감정을 표명한 사회주의와 역사와 삶의 관점, 세계의 통일성이 존재한다는 신비로운 확신을 이에 조화시키려는 시도. 여기에 모든 사상운동, 시사적인 사건들, 가톨릭의 공화국 합류, 레룸 노바룸(Rerum Novarum) 교칙, 교회의 헌신적인 사회적 모습뿐 아니라 푸르미, 노동자 투쟁, 그의 마르크스 읽기 그리고 에르와의 토론이 그를 부추겼다.

그는 자신의 내면에 자연의 장대한 광경과 자신의 역사분석에 의해 굳건해진 '믿음'의 닻을 내렸다. 그의 사상의 전체적인 구조이며 그가 포기하지 않는 이성이 있었다. 그리고 희망을 나누고자 하는 사회주의, 그 교회가 있었다. 그런데 가장 저명한 사회주의자들은 굳세게 유물론자임을 확인했다. 바로 얼마 전에 바이양은 『급진파』지와의 인터뷰에서 자신의 무신론을 다시금 힘주어 말했다. 이 모든 것을 어떻게 화해시킬 것인가? 각자의 마음속에 뿌리박혀 있는 억제할 수 없는 이 신념을?

이해하기 위해 글을 쓰고 자신의 관점, 자신의 개인적 합(合)을 정의한다.

이미 그는 1891년 여름 전의 몇 달 동안 툴루즈 신학자들의 토론을 쫓아다녔다. 그들의 성찰은 툴루즈를 유력한 가톨릭 중심지로 만들었다. 1891년 6월 25일 『라 데페슈』에서 그는 급진파 의원이고 자유사상가이며 기자인 카미유 펠탕에게 "귀하는 이제 신학자들이 없다고 한다"고 말문을 열면서 질문한다. "과연 그런가? 여기서 우리는 끝도 없이 신성, 자유, 의무, 은총, 진화론, 신비주의자들에 대해 논의하고 있다." 그리고는 덧붙인다. "위고처럼 영원의 감각을 가진 사람들은 진정 자기 시대의 감각을 가진 유일한 사람들이다."

철저하게 반교권적인 『라 데페슈』의 편집진은 깜짝 놀랐다. 그러나 조레스로서는, 이렇게 주장한다고 해서 그것이 곧 가톨릭 제도를 지지하는 것은 전혀 아니었다. 그는 생각을 해본 후, 심지어 교회에서 사회적 교리를 전개할 가능성조차 믿지 않았다. 드 멍과 같은 이들의 노력과 한때는 자신이 긍정적으로 판단했던 레룸 노바룸 교칙에도 불구하고, 그는 1891년 8월 21일에 이렇게 썼다. "교회는 근로자들의 사회적 해방에 지속적으로 우호적일 수 없다. 그렇게 되면 그것은 그들의 종교적 해방으로 이어져 가톨릭을 무너뜨리게 될 터이다. 그러므로 교회는 오늘이든 내일이든 정치와 사회의 반동으로 돌아설 수밖에 없다."

하지만 이 믿음, 자신에 대한 이 신념.

그는 글을 썼다.

30여 쪽밖에 안 되는 소책자인데(1959년까지 간행되지 않다가 『종교문제와 사회주의』라는 제목으로 출판되었다), 필경 어느 논설의 초안이었을 것이고 또 『르뷔 소시알리스트』를 의식했을 것이다.

여기서 그는 불과 몇 쪽 내에서 자신의 신념과 믿음, 합법적인 이성, 신비한 이성을 통일시키고 있다. "인류는 무한의 표현으로써만 어떤 가치를 가질 뿐이다. …인간이란 종은 근본적으로 종교적이다. 종교문제는 우리 시대, 모든 시대의 가장 중대한 문제이다." 하지만 그는 "신비주의적인 딜레탕트에 표류하는 기독교"라고 낙인찍는다. 제도적 종교, "사회적 불공평에 봉사하는 신학기구"를 비난한다. 더구나 "전통적인 기독교는 철학적으로 과학적으로 또 정치적으로 자멸해 간다." 그리고—사회주의와 연결하여—"현재의 사회체제는 우둔과 증오의 체제, 즉 비종교적인 체제이다. …만약 우리가 현재의 사회질서를 비난한다면, 그것은 그 질서가 또다시 사람들의 복리를 위태롭게 만들고 동시에 그들의 자유를 억압하고 인류의 종교생활의 도래를 막기 때문이다."

해야 할 말을 다한다.

조레스에게 의식은 우주 깊은 곳에 존재한다. 그러나 신은 구현되지 않는다. 조레스는 모든 상(像)을, 따라서 가톨릭의 모든 도그마를 거부한다.

신(神)은 진정한 의식인 세계의 통일성 안에 각인되어 있는 원리이다. 그 이유는 "모든 의식 있는 존재는 우주의 자연스러운 진화로부터 출현하기 때문이다."

사회주의를 위해 자본주의 사회질서에 반대해서 싸우고 깊고 부드러운 신비의 나무 안에 병든 공장처럼 기독교의 온유함과 철학적 관대함으로 온통 물든 인간사회 안에서 자본주의의 소멸을 원하는 것, 그것은 "감연하고 정의로운 행동으로 어쩌면 신의 작업을 계속하는 것이다."

자신에게, 즉 인격의 모든 측면에 충실하며 자신의 믿음과 이성을 결합시키는 조레스이다.

그는 평생 동안 그렇게 남는다. 1910년 1월 24일 하원 연단에서 이렇게 말하니. "본인은 신이란 말만 들어도 겁을 집어먹는 사람이 아니다. 나는 20년 전에 자연과 신, 그들의 관계, 세상과 삶의 종교적 의미에 관한 책을 썼고, 그중 단 한 줄도 번복하지 않았다. 그것은 나의 사상의 실체로 남아 있다."

그 책은 1892년 3월 12일에 조레스가 소르본에 제출한 논문이다. 1891년 여름 부슬레에서 논문작성을 마치면서 30여 쪽으로 압축한 것을 한층 광범하게 서술한 글이다. 여기서 그는 "인간이 그 눈과 가슴이 이상하게 부드러워져서, 예수의 은은한 등불빛이 평온한 저녁 석양빛에 스며드는 것을 돌연 지각하는" 이 세계에 대해 논한다. 논문심사위원장은 30년간의 강단생활에서 감성세계가 실재한다고 믿을 정도로 천진한 철학도는 처음 본다고 평했다.

다른 논평자들은, 그처럼 비웃는 어휘는 삼가면서 젊은 부르주의의 '관념론'과 사회주의자의 정치적 신념 그 사이의 불가능한 화해를 기도하는 사람이 조레스라고 평가했다. 자신이 지닌 양단 사이에서 절충적인 타협을 해버린 사람이라는 것이다. 아! 그가 마르크스를 좀더 주의 깊게 읽었더라면 자기를 만족시키는 변증법적 유물론을 발견했을 텐데, 하는 말들을 했다. 이 역시 조레스를 축소시키는 길이 아닐까? 왜 그의 개인적 합성, 변증법적 유물론에 값하는 종합을 신임하지 않는가? 아무튼 변증법적이든 아니든 엄밀한—즉 무시할 수 없는—유물론적 논증을 기대하는 것이다. 그런데 문제는 철학적 신념이었다. 철학자 조레스는 칸트와 헤겔을 읽고 또 마르크스를 모르지 않는 철학자의 고유성을 지녔다. 조레스의 이론을 지지하든 거부하든 그것은 각자의 자유이다. 그러나 논의할 수 없는 우주해석이 존재한다는 것을 가정하든—강요하든—아무도 이 합성이 만족스럽지 못하다고 말할 수는 없다.

　이로써 그는 1891년 여름 동안에 자신의 신조와 신념을 찬양하는 글을 쓰고 이렇게 결론을 내린다. "사회주의자들이 한 순간 하늘의 모든 별의 빛을 꺼버린다 할지라도 나는 정의로 나아가는 어두운 그 길에서 그들과 함께 행군하고자 한다. 아무리 높은 공간에서라도 모든 태양을 다시 밝히기에 충분한 천상의 빛, 정의."

　1892년 2월 5일에 그는 라틴어 논문을 제출했으며, 심사위원들은 독일 사회주의를 연구한 논문에서 독일 사회주의는 루터와 철학자들에게서 유래했다고 제시하는 학위후보자의 대담성에 놀랐다. 심사위원 중 한 사람인 가브리엘 스아유 교수는 학생들에게 이렇게 전했다. "학위논문 심사에 잊지 말고 오시오. 사회주의 연구에 관한 것이고, 학위후보자는 강베타만한 웅변가입니다."

　그들은 조레스와 논쟁했다. 그러나 그의 관점에 대해 적대적인 경우에도—그의 스승이었던 부트루나 각료를 역임한 와딩턴 같은 심사위원들이—그의 재능과 박식함, 지성을 어떻게 부인할 수 있겠는가? 또한 이렇게 연구의 결론을 내리는 그 관대함을. "모든 영혼, 모든 정신, 모든 힘과 인식능력 또한 기도교적인 우애 있는 결합, 인간성의 존엄함과 진정한 자유 그리고 사물과 역사와 세계의 절박한 변증법이 사방에서 하나같이 단 하나의 사회주의로 수렴하고 합류한다."

　이렇게 조레스는 박사학위를 받았다. 베르그송과 함께 화려하게 대학인의 반열에 들었다. 그러나 고등사범의 동문과는 대조적으로, 조레스의 철학 연구는 그의 삶의 일부에 지나지 않았다. 그는 대강당을 나오면서 정치생활을 되찾았다. 그가 우주의 원리로까지 삼은 이 통일성을 그 자신의 존재 안에서 실행하는 것이다.

이 묵직한 사람에게 역동성과 운동은 필요한 활력이었다. 그 까닭은 끊임없이 다시 시작해야만 했기 때문이다. 아무것도 확정된 것은 없다.

1892년 3월, 조레스가 소르본에서 학위논문을 제출하던 그달 파리에서는 폭발사고가 여러 구역에서 발생하고 희생자를 냈다. 경찰은 프랑수아 클로디우스 쾨니히슈타인, 일명 레옹 레제, 흔히 라바콜이라고 하는 인물을 체포했다. 법관들의 자택 두 채, 병영 한 군데, 라바콜이 체포되었던 베리 식당이 표적이었다. 라바콜은 종신노동형에 이어 다시 사형선고를 받았다. 형량을 선고하는 소리를 들으면서 그는 "아나키 만세!"를 외쳤다. 라바콜은 조레스와 나이가 한 달밖에 차이가 나지 않았다. 기요틴의 칼날은 'Ré…(Révolution 혁명) 만세" 하고 외치는 그의 목소리를 끊었다. 이 보통법의 암살범은 사회의 재생과 병리적인 범죄폭력에 대한 열망을 속에 품고 있는 가난한 주변인의 전형이었다. "아나키, 그것은 소유의 절멸이다"고 그는 말하고는 했다.

아나키스트들이 일으키는 일련의 폭발사건은 사회가 '썩어가고 있다'는 하나의 징조였다. 푸르미 총격과 사회주의 투사들에 대한 선고로 해결된 건 없었고 그로부터 노동자의 상황을 개선하는 어떤 중대한 개혁조치도 나오지 않았다. 지도층이 들끓는 반란을 모면할 수 있는 길은, 모든 경쟁을 피하고 프랑스 사회를 '안정'시킬 목적으로 (1892년 1월 11일 멜린 정부의 주도 아래) 보호관세율을 결정하고 국경선 뒤에 틀어박히는 것이 아니었다.

그렇지 않아도 보수주의자들은 알고 있었다. 온건공화파 신문 『르 시에클』은 1892년 2월에 이렇게 썼다. "사회주의가 조직을 만들고 차츰 투쟁의 대열을 갖추고 있다. 더 이상 이 선동에 미적거리면 안 된다. 그것은 머지않아 대혼란으로 귀결될 게 틀림없다."

조레스는 끊임없이 격렬해져 가는 이 투쟁으로 놀라지는 않았다. "세상

의 삶이 매우 극적인 것은 투쟁이 결코 이긴 적이 없다"는 점이다. 그러나 그
의 인생관에 비극적 감각을 부여하는 이 비관주의에다 그는 이렇게 덧붙인
다. "그러나 싸움 자체는 결코 패배하지 않았다."

운동, 투쟁, "이론이 대담할수록 행동이 대담해지는 것"을 그는 경험했
다. 1892년 3월 27일 줄 게드가 강연차 툴루즈에 왔을 때, 조레스는 프랑스
노동자당의 지도자 옆에서 발언하기를 거부했다. 그러나 맨 앞줄에 앉아 이
마르크스주의자 웅변가가 힘을 주어 "그들은 이제 더 사회주의를 침묵시킬
수 없습니다"라고 확언하는 것을 경청했다.

조레스는 행동방식에서는 이견이 커도 이 말을 인정했다. 강연이 끝난
후, 젊은 브두스가 게드와 만날 기회를 마련하려고 그를 초대했다. 두 사람은
게드가 묵고 있는 패롤리에르 가 에스파냐 호텔로 갔다. 낡은 장식에 검소하
다 못해 초라하기까지 한 방은 고난 속에서 잔뼈가 굵어진 게드에게 어울렸
다. 의견은 부딪쳤지만 두 사람은 밤새 담소를 나누었다. 강경한 게드는 정면
투쟁을 지지하는 입장이었다. 조레스의 견해는 그보다 유연하고 민주주의와
공화국 제도들의 모든 가치를 인정하면서 교육에 의한 점진적인 변화를 신뢰
했다. 게드에게는 그런 것은 무의미한 모습이고 환상이었다. 그러나 조레스
는 프랑스노동자당이 조직력과 강령을 수립해 가는 노력에 경의를 표했다.
그러자 게드는 몹시 화를 내고 "조레스의 사도(司徒) 같고 부드러운 면을 꺾
으려고 하면서" 열네 살 아래인 이 후배의 열정에, 지성에 예민하게 반응했다
고 브두스는 말하게 된다.

이 만남은, 역사적 경험이 갈라놓았다가 마침내 합류시킨 두 세대의 만남이
었다. 프랑스 사회주의자들 사이의 통합의 끈을 처음으로 이어주는 상징적인
만남이었다.

조레스가 떠난 후 게드는 "오늘은 아주 좋은 날이었다"고 브두스에게 말한다.

조레스는 생팡탈레옹의 집으로 돌아와서, 아마도 자신이 가고 있는 생의 밀도에 대해 사색했을 것이다. 며칠 전에는 소르본에서 학위 심사위원들 앞에 섰다. 지금은 줄 게드를 막 만나고 왔다. 이론에서 생활로 옮긴다.

내일은?

그는 삶이 한층 더 충만하리라는 것을 알았다. 그가 세상을 이해하고 변혁하기를 원하면 그렇게 되었기 때문이다.

06 | 카르모에서 부르다 1892/1893

1892년 여름, 휴가다. 조레스는 지난 몇 달을 돌아본다. 지금 그는 오베르뉴에서 시골길을 걷고 또 온천에서 목을 치료하며 지내고 있다. 말을 할 때 하도 힘을 주는 바람에 자주 목이 잠겨서, 신경을 써야 했다. 여러 해 동안 하던 학업과 일, 만남, 활동을 잠시 접고 며칠간 휴식을 취하기로 했다. 학위논문이 통과되었고 10여 편의 글을 기고했고 시정운영에 참여했고 에르, 게드 그리고 마침내 자신의 사고체계 속에 재정립한 사회주의.

그는 잔뜩 내려앉은 오베르뉴의 하늘 아래를 걷는다. 돌연 큰바람이 불어, 저 멀리 대양의 공기를 실어 나른다.

조레스는 충만한 감정이 넘쳤다. 서른세 살. 마침내 돛을 달았다. "인간은 사물의 진정한 흐름을 이해하면 그 흐름을 돕고 촉진하게 되며, 그때 정말 혁명가가 된다."

그는 알고 있다. 더한층 힘차게 움직여야만 한다. 자신의 젊은 에너지를 모두 다 써버릴 태세이다.

루이즈와 마들렌이 그를 기다리고 있다. 주위는 평온하고 마들렌이 뛰어다니는 모습을 보면 그저 기쁘다. 그가 루이즈의 팔을 잡는다. 그 여자는 피하지 않는다. 부드럽고 약간 물렁한 손이다. 가끔 조레스의 마음에 자리 잡는 여자가 다른 사람이 아니라 왜 루이즈일까 하는 문제에 무엇 때문에 집착하겠는가? 그 문제는 부각조차 되지 않는다. 여자란 그렇지 않은가? 조레스에게는 평정심이 있고 만족하고 전통적인 틀에 비춰 더 바랄 것이 없는 어머니가 모델이었다. 그런 문제는 놔두자. 역사, 행동, 인간의 진전을 생각하자.

"인간 개개인은 자연의 무서운 진화의 산물이다. 거칠고 난폭한 힘의 우수한 계승자이다. 속에 동물성의 본능을 지니고 있다. …그러나 본능적인 힘은 보편적이고 높은 교양으로써 제어되고 순화된다. 자연은 억눌리거나 약화되는 것이 아니라 변모되고 영광스러워진다."

공부하고 이해하고 가르치고 행동하기.

3년 전부터의 이 삼각형 균형 속에서 지금까지 전혀 표출되지 않은 것은 행동이다.

철학자, 교수, 저널리스트로서 조레스는 1889년부터 사상과 시대의 운동에 몸담아 왔다. 이제 막 한 걸음이 마무리되려고 한다. 그는 알고 있는가? 8월에 브술레로 돌아왔을 때 그 어느 때보다도 한껏 커지고 분명한 방향을 가진 힘은 현실의 적용만을 요구했다.

브술레 집에서 광산도시 카르모까지는 약 30킬로에 불과하다.

조레스는 카르모의 광부들을 잘 알고 있었다.

1885년 선거운동을 할 때 그는 이 노동자도시에서 회합을 가졌다. 힘들었다. 그는 부르주아 교수였을 뿐이고, 사람들은 그를 냉소적으로 대했다. 그들이 말을 막으면 그에 따라야 했다. 그는 광부들의 생활조건, 그가 상대해야 하는 레유―솔라주 가문의 권세와 지배에 대해 아무것도 몰랐다. 1889년에 그를 쓰러뜨린 것이 그 가문이다.

파리클럽 회원답게 세련된 자태에다 오동통하니 동그란 얼굴에 뭔가에 놀란 듯한 눈을 한 솔라주는 광부들을 꽉 잡고 있었다. 그는 온정주의와 특히 임금표로 노동자를 쥐고 흔들었고 노동과 사상, 심지어 사생활의 시시콜콜한 면까지 다 통제했다.

1884년부터 노조가 조직되었으며 노동운동이 활성화되는 것이 카르모에서도 느껴졌다. 더군다나 카르모에서 그리 멀지 않은 드카즈빌과 북부의 앙쟁 또 중부 생테티엔의 광부들이 행동에 돌입하였다. 사회주의 의원들 가운데 지하 갱 노동자 출신의 의원들이 광산 국유화 문제를 발의했다(1889년 11월 19일). 1810년 4월 21일 법에 따라 광산들은 국가에 의해 개인소유로 영구 양도되었다. 레유와 솔라주, 이 귀족들은 공화국 시대에도 카르모에서 삼림과 광산, 그에 따른 고용광로, 유리병 공장으로 이루어진 제국을 소유하고 있었다.

비록 그 주인들이 자선을 베풀고 온정적이라 할지라도, 아직도 이렇게 지배할 수 있는가? 후작부인—레유 부인—은 노동자의 아들에게 젖을 먹이기도 했다.

광부들은 아직 순종했으나 완강했다.

이들은 소농의 자식들이었다. 그래서 흔히 광산에서 나오면 얼마 안 되는 땅뙈기를 직접 갈았다. 불충분한 임금의 보완책이고 실업에 대비한 보장이고 독립성을 유지한다는 자부심이었다. 그러나 그것도 변했다. 이들은 나날이 노동자가 되어갔고 점점 농민이 아니었다. 광산회사는 노동생산성 향상을 추구했기 때문에, 이렇게 되기를 바랐다. 회사는 노동자들을 완전히 장악하기를 원했다. 하지만 이들이 프롤레타리아가 되어가는 이 변화는 정치사상이 퍼져나갈 수 있는 온상이었다. 신문이 들어오기 시작했다. 철도—알비-툴루즈 지선—가 시골길을 열어놓았고, 글과 사상을 실어 날랐다. 카페가 문을 열었고 그곳에서 사람들은 모여 토론을 하고 레유-솔라주에 반대하여 '뭉쳤다.' 1869년 파업, 1883년 파업, 1892년 2~3월 파업. 광부들은 사활이 걸린 임금문제를 비롯하여 벌칙규정, 노동규율에 관한 28개 요구사항을 이때 제시했다. 타른 도지사가 중재에 나섰고 작업이 재개되었다.

하지만 행동과 시대의 분위기는 광부들을 돌이키지 않고 전진하도록 만들었다. 바로 몇 달 전에 조레스는 광부들 앞에서 도의회 선거에 나선 온건공화파이자 기회주의자인 에랄을 지지했다. 조레스는 공화파의 연대를 촉구했다. 그러나 시간은 금방 지나갔다. 에랄은 이제 적수이고 조레스는 사회주의자이며 광부들에게는 장-바티스트 칼비냐크라는 지도자가 있었다.

둥글둥글한 얼굴에 턱수염을 길게 기르고 코안경 너머로 강인한 눈빛을 뿜어내는 이 정력적인 인물은 1864년에 소농의 자식으로 태어나, 굶주림으로 광산에 발을 들여놓았다. 그리고 아버지는 사고가 나서 갱 속에서 세상을 떠났다.

교육을 받은 칼비냐크는 동료들 가운데서도 두각을 나타냈다. 철물 숙련 노동자로서 열일곱 살까지 학업을 계속했으며, 그 다음에는 직인이 되기 위해 프랑스 곳곳을 돌아다녔다. 카르모에는 조립공으로 들어왔다. 이 작업장의 근로자들은 낮에 근무하기 때문에, 지하 갱 속 작업으로 탈진할 일이 없는 노동귀족층이라 할 수 있었다. 칼비냐크는 글을 읽을 줄 알았으며, 1883년 파업부터는 노조를 이끌었다. 그리고 지역의 조건과 전국의 발전에 즈음하여 장 알만의 혁명사회주의노동자당에 가담했다. 윌름 가의 사서인 뤼시앙 에르가 당원으로 있는 당이었다. 이 나라의 정치적 그리고 이념적 풍토에서 자라난 깊은 운동에 의미심장하게 접근하는 것이었다. 칼비냐크는 지역 정치서클들과 노조지부들을 모아서 타른노동자연맹까지 창설하고 『근로자의 목소리』 (La Voix des Travailleurs)라는 신문도 발행했다. 조직이 성공할 때마다 신념이 강해졌고 가입자가 늘었다. 1892년 5월 15일 장-바티스트 칼비냐크는 카르모 시장에 당선되었다.

고용주에 대한 노동자들의 도전, 레유 남작과 솔라주 후작에 대한 보통선거의 도전이었다. 성채를 뒤흔드는 선출이었다. 하얀 깃을 세우고 진주 박힌 흰색 넥타이를 맨 갈고리 수염의 후작은 분개했다. 시장에 당선된 칼비냐크는 직무를 집행하기 위해 결근했다. 회사는 그가 신청한 휴가를 거절했고 그는 이를 무시했다. 그는 보통선거로 선출되지 않았는가? 회사로서는 말썽이었다. 그럴수록 칼비냐크는 저항했다. 그리고 1892년 7월 말에는 카르모군의 군의원으로 당선되었다. 그러자 8월 2일에 회사는 그를 해고했다. 파리의 신문 『르 탕』(Le Temps, 시대)는 이렇게 쓰게 된다. "칼비냐크는 시장으로 선출될 권리가 있고 회사는 그를 해고할 권리를 가진다." 이것이 온건공화파의 논리였다.

그러나 이러한 논리는 더 이상 통하지 않았다. 8월 15일 광부들은 회합을 가졌고 칼비냐크의 복직을 요구했다. 이어 저녁 6시에 사람들은 윙블로 광산소장의 집으로 쳐들어갔다. 문과 유리창이 부서지고 소장이 무기를 들었다. 광부들과 소장 사이에 헌병 한 명과 시장이 섰다. 마침내 윙블로는 사표를 헌병들의 손에 넘겨주었다. 그러나 날이 어두워지고 자정 무렵이 되자 솔라주 후작과 그 일가는 성을 떠나 알비로 향했다.

힘겨루기이다. 10주 동안 이어질 파업이다.

프랑스는 들끓고 갈라졌다. 사회주의자 지도자들과 모든 정파가 서로 엉키고 (게드주의자들과 가까운 뒤크-케르시, 독립파 사회주의자가 되는 밀랑이나 비비아니), 급진파(클레망소)가 연설을 하러 카르모에 당도했다.

조레스가 개입했다. 카르모에는 2천 명의 광부들 그리고 그들의 주인이라면서 눈앞에서도 그들을 알아보지도 못하는 남작과 후작이 있다고 그는 썼다. 이 남작과 후작은 겨울이면 파리에 가서 지내고 여름에는 성채에 머물렀다. 이 신사들에게 카르모 노동자들은 각종 서류와 함께 금고에 차곡차곡 쌓여 있는 근무카드에 지나지 않았다.

조레스는 썼다. 에너지와 굳은 결심이 충만했다. 더 이상 주저는 없다. 전선은 명확하게 그어졌다. 그는 "머리와 심장을 가진 사람들 모두 다 석탄으로 시커멓게 된 마네킹에 불과하고" 남작과 후작의 비위를 맞춰 선거일과 투표용지를 선택하도록 이들에게 강요하면서 저절로 그리 되는 듯하는 것을 받아들일 수 없었다.

이런 것은 구시대의 작태라고 조레스는 말했다. 이 사건에서 자신이 신성한 미덕으로 여기는 보통선거가 문제가 된 것에 그는 반발했다. "회사는 투표함을 하찮은 것으로 만들어버림으로써 범죄적으로 노동자들의 폭력을 도발했다."

시간은 흘렀지만 변화가 오기에는 아직 멀었다. 투쟁은 험했다. 새로 취임한 에밀 루베 총리는 카르모에 군인 1500명을 파견하기로 결정했다. 파업자 두 명에 군인 한 명 꼴이었다. 굶주림이 덮쳤고 전국적인 연대로 이를 이겨냈다. 이때 젊은 학생이던 샤를 페기는 수백 명의 다른 사람들처럼 카르모 광부들을 위해 모금활동을 했다. 셰르 도의 사회주의자 의원 보도는 이 카르모 시에서 게드의 사상을 전파하는 독립파 사회주의자 뒤크-케르시 옆에 항상 붙어다녔다.

긴장이 고조되었다. 파리의 신문—9월 6~18일자 드뤼몽의 『라 리브르 파롤』(*La Libre Parole*, 자유언론)—이 파나마 사건의 배후를 폭로하고 온건파 의원들과 각료들의 부패를 백일하에 드러내면서, 사회주의자들과 노동자 대열의 분개심은 더욱 커졌다. 미크로라는 가명으로 지방의 한 은행가가 의원들과 저널리스트들을 매수하는 메커니즘을 터뜨렸다. 그는 실명(實名)을 알리며 증거까지 내밀었다. "정치인들은 돈 받고 자기 주장을 펴는 것을 개의치 않는다는 이야기를 여기저기서 들었지만, 처음으로 그 확실한 증거를 목격하고 심한 충격을 받았다"고 그는 말을 맺는다.

의회의 추문으로, 정부에 대한 사회주의자들의 압력은 한층 거세어졌다. 만약 정부가 해결책을 내놓지 않는다면 폭력과 도발적 행위들이 우려되었다. 이미 카르모에서 광부들은 낯선 무정부주의자 한 사람을 내쫓았다. 이름이 투르나드르인 그 사람은 회사건물에 다이너마이트를 설치할 돈을 주겠다고 했지만, 광부들이 경계망을 펴고 정치적 통찰력을 보였기 때문에 서둘러 떠나버렸다. 그의 가방 속에서 왕당파 인사들(위제스 공작부인)이 보내는 지지 편지들이 나왔다. 하지만 내일은 또 어떤 인물이 나타나 유혹을 할지 모른다. 그만큼 다들 기진맥진했다.

그럼에도 차츰차츰 광부들의 결의와 사회주의자들의 지지—알렉상드르 밀랑은 하원에서 정부가 광산들을 몰수할 것을 요구했다—로 레유—솔라주 가문의 반격은 힘을 잃어갔다. 후작이 제일 먼저 굽혔다. 10월 14일에 그는 의원직을 사임하고, 18일에는 레유가 중재의뢰를 받아들였다. 이어 30일에 루베에 의해 결론이 내려졌다. 칼비냐크는 복직되고, 윙블로 소장이 직무를 재개하면(실은 그는 파리로 전근된다) 윙블로 집의 주거침해로 유죄판결을 받은 광부들—9명—을 제외하고는 전원 다시 일터로 돌아가기로 했다.

광부들에게 유리한 이 타결은 정치적으로 중요한 의미를 가졌다. "카르모에서 일어난 노동자의 승리로 민주주의는 다시금 도약할 것이다"라고 조레스는 쓰고 있다.

"승리이다. 왜냐하면 레유 남작의 정치적 영향력이 치명적인 타격을 받았기 때문"이라고 그는 덧붙인다.

모든 사회주의 계열과 급진파가 광부들을 지지했기 때문에 거두어낸 승리였다. 조레스의 열광 뒤에는 유죄판결을 받고 카르모를 떠나야 했던 그 아홉 명 노동자들의 양보가 숨겨져 있었지만, 그들의 동료들은 이 타결로써 승리를 실감했다.

광부들은 〈카르마뇰〉을 힘차게 부르면서 광산으로 돌아왔다. 그들은 사면받은 동료들을 열렬히 환영했다. 1만 명이 넘는 사람들이 노래를 부르며 행렬을 지어 걸어가면서 자신들의 힘을 드러냈으며 앞으로 더는 패배란 없다고 자신했다.

이제 사임한 후작의 후임을 뽑기 위해 곧 선거를 치를 것이다.

진다고? 그들은 이기게 된다.

승리한 다음날 행진의 열기 속에서 생각하던 것처럼, 상황은 그렇게 단순하지 않았다. 우선 선거를 치를 알비 제2선거구는 5개 면 중에서 네 곳이 농촌이었다. 물론 카르모 면은 전체 등록인의 30% 이상을 차지했고, 이 노동자도시 하나만으로 이 1/3의 66%를 넘었다.

그래도 역시 농민들의 비중이 컸다. 소규모 토지를 보유하고 고립되어 있는 그들은 주로 팜플론이나 모네스티에, 발드리에스 또는 알비의 발랑스 면의 주민들이었다. 그들은 결정질과 편암질 땅을 힘들게 갈아서 호밀과 약간의 밀을 재배하면서 변변찮은 목축을 겸하고 있었다. 여러 작물을 경작했지만 소득은 보잘것없었다. 물론 카르모 시가 결정적이긴 했어도, 고여 있는 물 같은 이 농촌세계는 전통적인 사고를 가진 유권자들 다수가 살고 있는 곳이었다.

그러면 누구를 후보자로 선정할 것인가?

전처의 사촌인 여성과 얼마 전에 재혼을 한 후작은 출마를 하지 않았다.

이 가문은 도지사의 충고를 받아들여, 1891년 조레스가 지원했던 온건공화파 에랄을 추천했다. 이 공화파와 함께 분란을 일으켜 농민들의 표와 카르모의 신중파를 공략하려는 계산이었다.

도시의 노조원들과 사회주의자들은 주저했다. 칼비냐크를 생각했다. 안된다. 농민들이 겁을 낼 것이다. 게드주의자들과 가까운 뒤크-케르시에게 출마할 것을 제의했지만, 그가 거절했다. 그는 의원자리를 얻으려고 카르모에 오려 하지 않았다. 그리고 이 고장 출신도 아니었다. 로지에르 마을의 시장인 중앙혁명위의 블랑키주의자 쥐스탱 술리에가 출마하겠다고 했으나 노동자들의 동의를 얻지 못했다.

조레스의 이름이 거론되기 시작했다. 그는 이 고장 사람이다. 파투아 말 (프랑스 남부 지방어)도 한다. 의원을 지냈다. 여름이면 카르모에서 아주 가까운 브술레에서 지낸다. 파업기간 동안 그의 태도는 애매하지 않았다. 어떤가?

노동자들은 승인했지만 노조 지도자들인 광부 베르통, 유리병공 오쿠튀리에는 너무 늦게 사회주의에 합류한 이 교수를 경계했다. 그들은 코뮈나르인 루이 카멜리나를 추천했다. 하지만 사람들이 조레스, 조레스, 조레스 하고 응수했다. 그렇다면 보증이 필요했다. 그들은 툴루즈의 게드주의자 브두스에게 조레스에 대한 보증을 요구했다. 그가 지도하는 프랑스노동자당 지부의 당원은 단 12명이었다. 브두스는 그들과 협의하여 입장을 밝혔다. "우리는 조레스의 사회주의 증명서를 작성했다." 그것으로 충분치 않았다. 결국 조레스에게 1892년 9월 마르세유에서 확정된 프랑스노동자당의 강령을 승인할 것을 요구했고, 그는 그것을 읽어보니 거슬리는 바가 없었다.

이로써 조레스가 후보로 지명되었다. 첫번째 회합은 질문이 오가고 논쟁으로 가득 찼다. 그리고 술리에는 여전히 출마를 포기하지 않았다. 조레스는 정말 사회주의자인가? 의심스러웠다. 표결을 하기로 결정했고 다수가 조레스를 지지했다. 마침내 오쿠튀리에가 일어서서 엄숙하게 선언한다. "우리는 당신, 조레스 시민과 싸웠다. 그러나 다수가 당신과 함께했다. 그러므로 우리는 당신의 입후보에 찬성한다. 당신만 바르게 나간다면, 당신은 우리보다 더 충실하고 더 헌신적인 친구를 보지 못할 것이다."

이렇게 해서 조레스는 노동자들의 후보, 사회주의자들의 후보가 되었다. 명시적으로. 상대는 온건공화파 에랄이고, 도지사는 드러내놓고 농촌지역의 면장들에게 그의 선거운동을 했다. 이 출마는 조레스 삶의 극적인 전환을 말해주고도 남았다.

상황은 분명해졌다. 이론의 선택에 이어 행동이 따랐다. 조레스의 철학으로 지난 3년에 걸쳐 마무리된 사상이 이제 현실화한다.

후보지명을 받은 조레스는 가슴이 부풀었다. 이건 삶의 자연스런 통일성을 보여주는 하나의 증거였다. 그는 1892년 12월부터 선거운동에 들어가, 농민과 노동자들을 하나로 묶는 작업부터 시작했다. 선거의 현실에 맞춘 전략인가? 농민과 노동자의 결합은 이미 1887년 3월 3일 의회에서 수호했던 일관된 노선이다. 그는 카르모에서 경작자들과 광부들이 함께 모이는 집회를 열어, 이렇게 말했다. "도시근로자들은 우리가 무엇보다 먼저 농촌근로자들에게 전념할 것을 요구했다."

그는 익히 아는 농촌 면들을 돌아다녔다. 농가에도 들어갔고 파투아어로 말했다. 사람들은 그의 말을 주의 깊게 들었으나 소득은 전혀 없었다. 농민들은 경계하며 조심스럽게 행동했다. 농민들은 폭력이 불안했다. 11월 5일에 파리 카르모사의 사회국 건물 앞에 누군가 설치한 폭탄이 발견되었다. 건물에서 일하는 한 소년이 폭탄을 발견하고는 경솔하게 봉 장팡 거리의 경찰서로 운반했고, 그 자리에서 폭탄이 터져 소년과 경관 5명이 죽었다. 노트르담

성당에서 정부요인들이 참석한 가운데 평화수호자들의 장례식이 엄숙하게 치러졌다. 이 사건이야말로 사회주의 선전의 신랄한 결과 아닌가? 도지사는 그렇게 중얼거렸다. 조레스의 라이벌 에랄도 그런 식으로 시사했다. 조레스는 머뭇거리는 사람들을 안심시키면서, 이런 도발적인 가정(假定)이나 암시의 길목을 차단했다.

한편 12월 말에 들어와 파나마 추문은 더 커졌다. 11월 20일, 레나슈 남작이 시체로 발견되었다. 자연사인가 살해인가? 또 같은 날 코르넬리우스 에르츠는 런던으로 도망갔다. 이튿날 불랑제파 의원 들라에는 하원에서 조사위를 구성할 것을 촉구했다. "엘리제의 십자훈장 거래는 파나마 거래에 비하면 새 발의 피다. 대통령 사위 다니엘 윌송은 한낱 경솔한 자에 불과하다. 파나마, 이것은 정치계가 통째로 연루되어 있다. 시민과 가난한 사람, 수입이 변변찮은 사람 들을 보호하고 지켜야 할 임무가 있는 정치인들이 백주에 그들의 재산을 서로 먹으려고 벌이는 쟁탈전이다."

그로부터 얼마 후 12월 22일에 코르넬리우스 에르츠의 수표책을 찾아냈고, 수표원장에는 누가 관련이 되어 있고 또 어느 의원이 "수표를 받았는지" 이름들이 적혀 있었다. 확실히 이것은 정치의식이 높은 유권자들의 공분을 자아내어 항의성 투표를 하도록 자극했고, 당연히 그 표는 조레스에게 갔다. 그러나 그보다는 겁을 내고 의심이 많은 농민들 사이에서는 이로 인해 반의회주의가 강화되었다. 이 부르주아 교수가 우리한테 표를 달라는 것은 무엇 때문인가? 다른 사람들과 마찬가지로 자기 이익을 취하려는 건 아닌가? 의심은 꼬리에 꼬리를 물고 뻗어갔다. 바르바자 집안 쪽으로 조레스의 친척부인이 있었는데 그 여자는 조레스가 "돈을 얻어내려고 사회주의자가 되었다. 그는 착한 남편인데 예쁘게 생긴 루이즈가 돈이 필요하다"고 계속 떠벌리고 다니게 된다.

이리하여 치열한 접전이 벌어졌다. 1893년 1월 8일 1차 투표에서 조레스는 253표(4660 대 4407) 차로 에랄을 이겼다. 2차 투표에서는 술리에가 조레스 지지를 선언하고 사퇴함으로써, 조레스와 에랄의 격차는 424표로 벌어졌다.

농촌의 4개 면은 조레스에게 반대표를 던졌다. 토지세 폐지, 농민을 위한 저리대출 실시를 포함한 적극적인 캠페인도 소용이 없었다. 도지사의 의도가 헛되지 않게, 불안감이 이긴 것이다. 그러나 카르모는 결정했다. 1172표라는 다수가 조레스를 택했다.

조레스는 노동자들의 선량이었다.

광부들의 도시 카르모의 기쁨. 조레스의 기쁨. 삶은 다시금 약속을 지켰다. 그는 행동을 원했고, 이제 행동이다. 게드가 그에게 인사하고 환영했다. 오만하고 열정적인 작가이며 적수인 모리스 바레스가 당선을 축하해 주었다. "조레스는 사회주의 노선의 토론과 선전에 철학자이며 역사가다운 정신을 불어넣을 것이다. 조레스 씨는 우리가 염두에 두어야 할 인물이다"라고 바레스는 1월 20일에 썼다.

다시 파리로 갈 차비를 했다. 루이즈 조레스는 만족해했다. 기회주의 의원? 사회주의 의원? 그런 건 이 여자에게 아무 상관이 없었다. 국회의원은 국회의원일 따름이었다. 그리고 무슨 수로 이 여자가 여론의 변화에 진지하게 관심을 기울일 수 있겠는가? 누가 이 여자와 상의하고 누가 말을 해주겠는가? 파리가 툴루즈보다 좋았다. 그렇다면 선거는 잘된 것이다! 게다가 유감이 많고 계속 말이 많은 친정가족들과 떨어져 살 수 있는 길이다. 사회주의자 사위라니? 그것이 부아 가문과 맺은 결혼계약에 들어 있던가?

조레스는 굴러다니는 소문에 신경 쓰지 않았다.

그는 간다. 고개를 꼿꼿이 들고.

1893년 2월 8일 의사당의 의원석 계단을 내려와 팔레-부르봉의 연단으로 향하는 그 조레스는 분명 이미 8년이나 지났는데도, 8년 전 하원의원으로 처음 입장하던 때의 감동과 수줍음과 환상을 기억했다.

지금 그는 자신 있는 걸음으로 내려가고 있다. 환상은 사라졌다. 공화파라는 단어는 부패를 은폐하고 있었다. 파나마운하회사의 은행가들에게 이득이 되는 안건을 가결하기 위해 회사로부터 "수표를 받은 사람"이 104명이고 그 가운데는 전직 각료들도 있음이 드러났다.

"지난 10년 동안 민주주의는 100만 프랑의 위력 앞에서 끊임없이 굴복해 왔다"고 조레스는 쓴다. 공화파라고? 그는 신념이며 불의에 대한 투쟁의 욕이며 인민의 대변자가 지녀야 할 덕목인 자신의 에너지를 다해 분노했다. "공화파라고 하는 많은 사람들에게 공화국은 토지과점 대신 금융과점, 시골 귀족 대신 대기업, 사제 대신 은행가, 신조 대신 돈으로 바뀐 것일 뿐이다."

그는 청록색 의사당과 의원들을 다시 만났다. 의원들의 유일한 공통점은 언제라도 싸울 태세가 되어 있다는 점이었다. 파나마와 관련해, 이들은 사회주의자들의 면전에서 호되게 당했다. 다음은 클레망소를 꾸짖는 데룰레드의 발언이다. "이 인사는 우리나라를 치명적인 파탄으로 몰고 간 장본인이다. 나는 무엇 때문인지, 누구 덕분인지를 추궁하면서 코르넬리우스 에르츠 씨를 위해 그럴 수밖에 없었구나 싶었다…."

내각총리를 지낸 프레시네와 루비에도 연루되었다.

한 세대의 정치인 전체가 이 사건에 연루되어, 앞으로 몇 년 동안 정치에서 손을 떼게 되고—클레망소는 1906년까지—이들 신세대의 젊은 의원들에게 자리를 내어준다. 푸앵카레와—몸이 호리호리하고 능란한—루이 바르투, 델카세, 데샤넬.

조레스는 그들과 함께 강력한 일파를 이루게 된다.

1858-1893

그들 역시 조레스 연배의 삼사십 대였다. 그들은 불같은 야망에 이끌려 행동했다. '사자의 자식들'이라고들 불렀다. 부지런한 일꾼들이고 탄탄한 교육을 받은 정통 부르주아에다 공화파이지만, 제정에 대한 투쟁경험은 없었다—이 점에서도 그들은 조레스와 닮았다. 이 체제는 말할 것도 없이 그들의 체제였다. 그들은 양심의 가책도 없이 이득을 취하고자 했다. 각료가 되고 권력을 잡고, 그것이 목표였다. 1893년 4월 푸앵카레는 서른셋의 나이에 벌써 샤를 뒤퓌이 정부의 교육장관이 되었다.

그들은 파나마 추문에 연루되지 않았고 이로부터 유리한 입지에 서 있었다. 수뢰 의원들은 의원면직 철회 후에 면소(免訴)판결을 받았지만, 그래도 이제 의사당의 지휘자는 이 젊은 사자들이었다.

사회주의는? 그들에 따르면 그건 유토피아이다. 그리고 위험하다. 왜냐하면 그건 그들 출신의 사회질서 또 그들이 능란하게 헤쳐 가는 정치체제를 위협하기 때문이다. 동년배인 밀랑과 조레스 같은 이들은 왜 체제 내에 들어가지 않는가? 냉소적인 그들은 조레스 같은 사람의 열정을 이해하지 못한다. 다만 모리스 바레스 같은 사람만이 자신의 정치적 선택이 무엇이었든, 조레스의 불같은 순수와 열정을 인정했다.

조레스는 어떤 유혹에도 넘어가지 않았기 때문이다.

바레스가 자처하고 또 조레스와 함께할 용의가 있다는 '젊은이들의 왕자' 역할을 조레스는 일절 거부했다. 철학자? 역사가? 찬사이다. 하지만 과분하다고 조레스는 답한다. 젊은이들을 향해 그들의 불안에 대해 응답한 것일까? "꼬치꼬치 따지지 말고 헛된 어둠을 떨치고 진군하자. 정의의 목표로 나아가자. 정신을 일깨우고 노동을 해방시키자. 일단 해방되면 사람들은 모두 자신의 길을 추구할 것이다"고 그는 말한다.

젊은이들에게 주는 충고는? 그는 하나밖에 몰랐다. 일하고 또 일하자.

범상한 형식이지만 최상이고 마법인, 단 하나의 것이다. 그것이 세상을 만들었고 또 쇄신할 것이다.

조레스는 그랬다. 그가 종교문제와 종교적 감정을 얼마나 중요하게 여기는지를 우리는 알고 있다. 그러나 종교가 정의를 위해 반드시 필요한 투쟁을 은폐하는 부질없는 말장난이 될 때는 이에 응답했다. "그건 사생활 문제다. 그러므로 행동하고 또 행동하자! 그것이 지금 이 순간의 정확한 군호이다."

그 문구는 혁명기를 회상하듯 울렸다. 당통이나 오슈(프랑스혁명기의 젊은 혁명파 장군)의 선언이다. 조레스가 생의 운동, 즉 우리가 생각하는 것을 구현하는 힘, 우리가 존재하는 것과 우리가 말하고 행하는 것 사이의 일치감에 따라 움직인다고 자각한 것은 사실이다. 스스로의 통일성은 탄환이 날아가듯 그 사람을 돌진하게 한다.

2월 8일, 연단에 선 조레스는 파나마 추문으로 드러난 부패를 질타한다. "우리는 일종의 사회적 해체를 보고 있다"고 그는 주장한다. 사람들은 그의 말을 중단시키기 위해 그에게 상기시킨다. "7년 전에 당신은 중도좌파였다." 그는 수표 받은 변절자 에마뉘엘 아렌을 냉소적인 한마디로 물리친다. "지금 시작하는 것은 끝나가는 사회질서에 대한 심판이다."

그는 어디든 갔다. 1893년 8월 20일과 9월 3일로 선거일이 확정되었고, 후보들을 지원 유세하러 지방을 돌아다녔다. 몇 달 사이에 7번이나 의회 연단에 서서 (교사들의 처우와 토지세에 관하여 그리고 5월 1일 파리에서 경찰 탄압에 항의하며) 발언했다.

마치 온몸이 마비된 듯 자기 목소리를 내지 못했던 초선의원 시절에서 완전히 벗어나 있었다.

나이? 경험? 중요하다. 그러나 무엇보다, 마침내 자신과 일치하는 것을 찾았다는, 이 감정이 있었다.

그의 면전에서 온건공화파가 가면을 벗어던졌다는 사실도 작용했다. 수표 받은 자들은 면소판결을 받았다. 파업행위에 대한 재판이 열렸고 5월 1일 경찰에 체포된 보댕 의원에 대한 폭력, 학생들의 시위행렬에 대한 폭력이 일어났다. 경찰은 생미셸 대로에서 진압을 했고 행인들이 카페의 테라스에서 얻어맞았다. 그리고 한 명이 죽었다.

공화파인 이 정부인사들? 우선 그들은 조레스가 반대하는 보수파였다. 그는 라탱 구에서 학교민주동맹을 창설한 대학생들을 향해 연설했다. "전적으로 사람과 함께할 때만이 사회주의는 싸우러 나가야 한다." 그는 밀랑과 비비아니를 지원하기 위해 몽타뉴–생트–주느비에브에서 거리집회를 열었다. 마침내 카르모에서 자신의 선거운동을 벌였고 8월 20일 1차 투표에서 재선되었다. 8개월 만에 500표를 더 얻었다.

이때부터 그는 확실히 카르모의 의원, 사회주의 의원, 노동자들이 뽑은 사람이었다.

조레스의 적수는 솔라주 후작(위 사진)이다. 1895년 카르모 유리제조공들의 파업에서 조레스가 시위의 선두에 서있다. 병력이 상당히 배치된 가운데 폭력적인 분위기에서 시위가 진행되었다. (장 조레스 박물관, 카스트르, Cl.레느)

알비 유리병노동자공장의 건설은 진정한 노동의 서사시였다. 1896년에 준공되었다. (장 조레스 박물관, 카스트르)

Ⅲ. 충만한 직업

1893 1898

충만함. 조레스가 "자신의 고유한 생활이 지속된다는 감정"으로 확신에 차 있는 모습을 느끼려면 파리를 돌아다니는 이 사람을 보면 된다.

사람들은 라탱 구에서 그를 만난다. 그는 뤽상부르 공원을 가로질러 윌름 거리로 접어든다. 친구 뤼시앙 에르가 기다리고 있는 고등사범 도서관으로 가는 것이다. 수플로 거리에서 팡테옹을 바라보며 차분하게 지난날을 생각하고 있는 그 혹은 생테티엔-뒤-몽 교회에 가느라 길을 돌아서 팡테옹 광장에 이른 그와 마주친다.

그는 마담 거리 27번지에 있는 아파트에 세를 들었고, 그 길은 학생 때 수없이 다니던 학교동네의 맨 끝에 있었다. 지난날과 연결된 이 장소를 선택한 것은 조레스의 정신상태를 잘 보여준다. "나는 사람들이 정치라고 부르는 것, 나의 젊은 날 학창시절을 한껏 부풀게 했던 보편적 희열과 점점 커가는 인간적 완성의 꿈에 여전히 충실하다"고 그는 말했다.

라탱 구에서 그는 추억을 떠올린다.

1880년대의 해들 이후로 변한 것은 별로 없었다. 1889년에 소르본 신관이 문을 열었고 루이-르-그랑 중학은 정면 몇 군데를 개수했다. 그러나 전체적인 장식은 그대로다. 그리고 조레스의 마음을 끌어당기는 것들이 있었다. 앙리4세 중학 건축물의 우아한 장식 투르 클로비스, 팡테옹의 '신비하게 긴 주랑들', 몽타뉴-생트-주느비에브 거리, 분수가 있는 고등사범의 정원. 조레스는 학구적이었던 젊은 시절과 단절되고 싶지 않았다. 그는 학생이고 교수로 "사물이 시간을 비켜간 것 같은, 역사를 피해서 부드럽고 고요한 영원이 된 것 같은" 이곳들에 매료된 지식인으로 남아 있다. 그의 삶이 하나이고 통일되어 있다는 믿음을 확인시켜 주는 동네이고 건물들이다.

한편 그는 지적인 작업을 계속했다.

마담 거리의 이 간소한 아파트에서 일찍 일어나 오전 내내 글을 읽고 썼다. 그의 의회발언은 즉흥적인 것이 드물었다—거의 없었다. 조레스는 의원직을 숭고하게 여기고 너무도 주의를 기울여 직책을 수행하려고 한 나머지 혹시라도 재치를 부리거나 변덕스러운 발언으로는 만족할 수 없었다. 그의 연설에 분석이나 정치적 공세만 있었던 건 아니다. 그는 명제를 구축하고자 했다.

1893년 11월 21일 의회회기의 모두(冒頭) 발언에서 그는 보수주의에 갇혀 있는 온건공화파에 맞서, 사회주의자들을 향해 구체적인 과제를 제시했다. "우리는 당신들이 하지 않았던 개혁과제를 제출할 것이다. 그리고 당신들이 공화주의 정치를 저버렸기 때문에 여기서 그 일을 할 사람은 바로 우리 사회주의자들이다."

그러나 여기에는 각 제안은 전문적인 연구를 거쳐 제출된다는 전제가 있었다. 백과전서적인 고전적 교양을 가졌어도 '근거 없는 재산세 감축안'을 멋대로 만들지 않았다(1894년 1월 17일). 관세 개정안도 마찬가지였다(1894년 2월). 조레스는 이런 세제(稅制)안을 놓고 매번 며칠씩 작업을 했다.

아침이 지나간다. 마들렌이 온 집 안을 뛰어다닌다. 루이즈는 의욕 없이 이 방 저 방 다니며 딸을 돌보는 젊은 여자와 하녀가 일하는 모습을 건성으로 둘러본다. 두 사람이 살림을 도와주니 루이즈 조레스는 할 일이 없고 평화롭다. 조레스와 친한 사람들 사이에서는 "남편의 속옷도 안 챙기는 이 고상하고 예쁜 여자"에 대해 놀라기 시작한다.

급기야 신문기자 제로-리샤르는 "조레스는 내 셔츠를 스무 벌도 더 가져갔다"면서 제로 부인이 조레스의 바지들을 기워주기까지 했다고 주장한다.

하지만 조레스에게 무슨 상관일지. 그는 우산, 외투, 그외에도 무엇이든 잊어버렸다. "그리고 그의 가방에는 자기 모자와 심지어 여자 모자, 신발, 더러운 속옷, 치즈 등 온갖 것이 다 들어 있다"고 제로-리샤르는 말한다. 게다가 가방이 잠기지 않았다. 그러면 "수선집에 가져가야 하는데 또 잊었군!" 하고 조레스는 한바탕 웃었다.

조레스에게는 이런 웃음, 이따금 마치 '유쾌한' 사람을 마주대한 듯 과장된 몸짓으로 흥분하는 표현 속에 드러나는 그런 관대함이 있었던 것이다. 서로 상대방을 관찰하며 거드름 피우고 비꼬는 파리에서 여전히 촌사람으로 남아 있는 남부인.

가차 없는 시선을 지닌 『홍당무』(*Poil de carotte*)의 작가 줄 르나르는 말한다. "농담 한마디에도 그는 어찌나 크게 웃던지 그 웃음은 계단을 굴러 내려가 땅바닥에 닿고야 멈추죠." 그러면서 "'세'(c)를 묘하게 경멸하듯 발음하는" 악센트를 지적한다. 조레스의 말투는 느리고 "투박하고 좀 머뭇거리며 고저가 없었다."

"어떤 사람하고 관계를 가지든 건강하고 활기 찼죠" 하고 르나르는 덧붙인다.

과연 조레스는 성큼성큼 걸어서 윌름 가로 향하거나 하원으로 갔다. 빳빳한 칼라에 위로 말려 올라간 넥타이, 갑자기 불어난 몸과 거무튀튀하고 넓적한 얼굴, 신경질적으로 깜박거리는 오른쪽 눈꺼풀, 숱 많은 머리를 짧게 자른 그는 사람들이 상상하는 이름난 교수의 모습과는 전혀 어울리지 않았다. 오히려 "교수자격시험에 떨어져 재수하면서 운동이라고는 전혀 하지 않는 선생 혹은 너무 먹어대는 상인" 같았다고 르나르는 말한다.

그러나 그와 몇 마디만 나누면 기억력이 놀랍도록 완전하다는 것을 알게 된다. 어떤 주제든 좁고 비속한 틀 속에 가두지 않으려고 유의하며 매 순간 역사와 우주론을 개입시키는 능력의 소유자임을 알 수 있었다.

"내가 무슨 인용을 하면 아직 몇 마디 하지도 않았는데 그 말을 다 마치 도록 두지를 않았다." 이런 것말고도 그는 손수건에다 침을 퉤퉤 뱉었다….

'천생 농군'이 보이는 낙망스런 태도였지만, 사람들은 그의 탁월한 사고 에 압도되어 그런 건 왕왕 잊었다.

심사위원단이 계속 그를 축성했던 이 라탱 구에서 그는 의회질의만 준비 하지 않았다. 학생들에게 강연을 했고 『르뷔 소시알리스트』에 글을 썼다. 1893년부터 1895년까지 계속 자신의 사회주의를 이론적으로 정립해 나갔 다. 폴 라파르그나 줄 게드처럼 도그마의 엄밀한 수호자로 자처하거나 자청 하는 그런 정통 마르크스주의자들과 자신을 구분시켜 주는 차이점을 부각시 키기 위해서였다.

활발하고 강렬한 지적 활동을 하면서도 간간이 지방의 대중집회를 찾아 연단에 서기도 하고 카르모의 유권자들도 방문하고 『툴루즈 통신』—그의 글 이 점점 더 많이 실렸다—이나 『라 프티트 레퓌블리크』에 보낼 글을 단숨에 휘갈기기도 했다. 이 신문은 알렉상드르 밀랑이 주관하는 중립지로, 나중 1898년에는 제로-리샤르가 편집을 맡았다.

그리고서 센 강을 따라 콩코르드로 향하거나 아니면 라탱 구를 가로질러 팡테옹으로 가는 파리에서 조레스의 발걸음은, 브술레 공원을 산책할 때나 다름없이 그에게 어울리는 몽상의 순간이었다.

조레스는 "명확한 정의도 날짜도 양식(樣式)도 역사도 없는 불멸의 영원한 신전, 침묵에 둘러싸여 말없는 찬양으로 떠받들어지는 사색과 꿈의 신전" 팡테옹을 따라 걷는다.

이어 작은 골목길로 접어들어, 가끔은 자기를 기다리고 있는 토론장이나 강연장의 문을 열고 들어간다.

모베르 광장, 무프타르 거리. 그는 역사의 그늘 아래 붐비는 이 민중들의 구역이 편하다. 그곳에서는 마치 사람들이 즐겁게, 하지만 "사물의 명상적인 평온함과 변함없는 지속성 속에서 지금 이 순간을 너무 세게 방해하지 않기 위해 나지막한 소리로" 이야기하는 듯이 보인다.

조레스에게는 지적인 작업과 진정한 도시 분위기─또는 시골─에서 보내는 일상의 원천이 필요했다. 매일 그는 가차 없는 정치세계를 대면해야 했기 때문이다.

투쟁은 한층 험악해졌다.

우선, 조레스는 이제 모든 중도공화파의 적이 되었기 때문이다. 더 나쁜 것은 그가 의사당을 떠날 때는 "기회주의의 문으로 나갔는데" 사회주의자가 되어 다시 돌아왔기 때문이다. 바야흐로 보수주의자들을 불안하게 하는 사회주의 운동이 약진하는 시기였다.

등록한 유권자 1050만 명 가운데 750만 명이 투표를 했고 그중에서 60만 표가 사회주의자들에게 돌아갔다. 이 숫자 자체는 미약해 보여도 1889년에 비해 5배가 늘어난 것이었다. 무정부주의자들의 모험적 행동이 처음으로 일어나고 노조가 강화되고 5월 1일 노동자들의 대열이 도시의 거리를 누비고 노동자들의 요구조건이 더한층 구체적이고 절박한 때와 일치하여 사회주의자들에게 표가 몰렸다. 이때부터 모든 보수주의자들에게 최우선적인 것은 사회질서의 수호가 되었다. 『라 누벨 르뷔』(*La Nouvelle Revue*)의 정치부장 마르세르는 "반동이 될 용기를 가져야만 한다"고 이 잡지에다 썼다.

그건 '새 바람'이었다. 그런 까닭은 공화국이 받아들여지고 자리를 잡았기 때문이다. 사람들은 공화국에 합류했다. 하원 566명 중 76명만이 왕당파 또는 개헌파이고 27명은 합류파(가톨릭에서 공화정에 합류한 정파를 가리킴), 특히 278명이 여당 공화파였다. 공화국 제도의 틀 내에서, 사회적 대혼란에 대한 투쟁을 최우선 과제로 설정한 사람들이라면 연합하기로 결정한 인물들이었다. 그들의 관점으로는 사회주의는 무정부주의와 연결되어 있었다.

하원에 50여 명의 사회주의자 의원들이 있었기 때문에 싸움은 한층 치열했다. 하지만 이 숫자는 부정확한데, 그 이유는 의원들이 이쪽에서 저쪽으로 옮겨가는데다 실제로는 의회그룹이 형성되어 있어도 아직 형식적으로는 존재하지 않았기 때문이다.

극좌파(급진공화파와 사회주의자들을 함께 지칭함) 의석에는 이미 사회주의 역사를 대변하는 줄 게드와 바이양이 보였고 그 다음에는 '소장파'인 알렉상드르 밀랑과 조레스, 비비아니—코르시카 출신 소송대리인의 자식으로, 알제리에서 태어났으며 30세의 변호사—가 있었다. 노조원들의 변론을 도맡아 하던 비비아니는 파리 중심가인 5구에서 당선되었다. 이 세 사람이 독립파 사회주의자로서 웅변을 맡고 실무를 조직하고 기술적인 문제에 개입하면서 게드주의자나 블랑키주의자 또는 장 알만의 혁명사회주의노동자당의 의원들을 이끌었다. 1886년부터 사회주의에 가담한 파리 출신의 밀랑이 리더로 보였는데, 광산노동자 발리를 만나게 되는 그룹을 조직한 것이 바로 밀랑이다.

이 시절에 조레스가 충만한 감정을 가졌다면 그것은 하원의석 속에서 나눈 우애 덕분이다.

이제 더 이상 조레스는 고립되어 있지 않았다. 희망을 나눌 수 있는 동료들이 있었다. 이 사회주의자동맹그룹은 처음에는 미소를 짓게 하는 정도였다. 게드가 야유하듯 '신비의 턱수염'이라고 부른 클로비스 위그는 여전히 텁수룩한 모습 그대로였다. 그가 1877년의 한 결투에서 보나파르트주의자를 죽였던 것을 사람들은 기억했다. 이들은 온건공화파의 신참 엘리트 '젊은 늑대'들이나 푸앵카레와 바르투, 델카세와 레그가 지닌 세련됨과 교만함과 경박함 같은 것을 몰랐다. 보수파 신문들은 사회주의자들을 "눈은 맹하니 풀려 있고 입에서는 저주가 흘러나오고 일하고 절약해야 하는 풍속에 따라 수염을 기르게 된 세속의 사도들"이라고 썼다…. 가장 관대한 이들은 이 선량들을 쓸모없는 유토피아나 낡아빠진 과거로 내쫓기 위해 이렇게 덧붙였다. "그들은 반은 복음서 속에서, 반은 1789년 혁명 속에서 살고 있다…"

반대로 여권 공화파는 젊고 야심차고 언제든 전투에 임할 태세였으며, 지도자 세 사람은 2년 이상 정부수반과 하원의장직을 번갈아 지냈다. 42세의 전직 철학교수이며 오트-루아르 도의 하원의원인 정력적이고 열등감이라곤 찾아볼 수 없는 보수파 샤를 뒤퓌이는 질서를 존중하게 하기로 결심했다. 그리고 야심으로는 그와 경쟁자이고 사상적으로는 그와 동류인 카지미르-페리에가 있다. 나이는 46세. 이익을 탐하는 집안의 힘으로 제1제정기 이래 막대한 재산을 축적한 카지미르-페리에는 입헌왕정파인 오를레앙파와 가까웠다. 역시 공화파였지만 매우 권위적이다. 루이-필리프 치세 때 대신을 지낸 할아버지와 벼락부자 하원의원을 아버지로 둔 그는 앙쟁 광산들의 대주주였다. 게드나 사회주의자들에게 카지미르-페리에는 "4천만 프랑을 축적한 인간, 앙쟁의 카지미르"였다. 현재의 정부에 만족하고 사회영역에서 평등과 정의와 자유의 원리를 펼치기를 포기한 이 공화국의 상징이었다.

또 변호사이고 법관이며 파-드-칼레 도의 하원의원인 알렉상드르 리보가 있다. 그는 파나마 사건 당시 총리였으며 자신은 관계가 없었지만 희생자가 되었다. 1893년에 재선되어 다시금 온건파의 수장 격인 역을 맡았다. 키가 크고 마른 몸집에 검은 옷을 입은 그가 어느 날 연단에 오르는 것을 보면서, 조레스는 옆자리의 의원에게 아테네의 장군정치인을 떠올리며 '포키온'이라고 중얼거렸다. 그후 리보에게 응수하기에 앞서 그는 이렇게 말을 시작했다. "사람들이 포키온에게 한 말을 당신에게 할 수 있을 것입니다. 그대는 길고 사이프러스 나무처럼 슬프다. 그리고 사이프러스처럼 열매를 맺지 못한다!"

이 인물들과 이들을 둘러싼 젊은 야심가들 사이에, 한편에는 '두 애송이'라고들 부른 루이 바르투와 레몽 푸앵카레 그리고 레그와 델카세가 있고 또 한편에는 조레스가 있었다. 특히 조레스 그는 그 시기에 가담은커녕 이해조차 할 수 없었다.

조레스의 유난히 날카롭고 열정적인 연설을 듣고 리보는 놀랐다. 그가 알던 사람은 중도좌파 의원인데 다시 만난 이는 단호한 사회주의자였다. 더욱 자신감 있고 힘이 넘치는 조레스의 연설태도에서 드러나는 인간적 변화에도 리보는 아연했다. 그는 조레스에게 그 이유를 물었고 조레스는 이렇게 대답했다. "당신들 속에서 나는 얼음 밑에서 불을 뿜는 화산 같은 심정이었다."

이 분위기는 정치투쟁에서 상대방에게 서로 사용하던 어휘들로 해명이 된다. 무정부주의자들의 모험, 노동자들의 시위에 대한 군사적 탄압이 조성한 '사회적 전쟁'의 환경은 한층 더 격렬해졌다. (실제보다 과장된) '거대한 공포'가 마치 사회혁명의 전야인 것처럼 온건파 정치계급을 사로잡았다. 때는 코뮌으로부터 겨우 20년 남짓 지났을 뿐이며 사회주의 의원들 가운데는 지난날의 코뮈나르들이 있었으며, 권력의 지척이라든가 군대의 지휘부에는 과거 베르사유파나 진압에 가담했던 사람들이 있었다.

기억은 잊히지 않았다. 프랑스 역사의 어쩔 수 없는 특징의 하나인 상호 경련이 부분적으로 설명된다. 뒤퓌이, 카지미르-페리에, 리보의 반동적인 정책, 그와 함께 1893년 선거승리로 가슴이 부푼 사회주의자들이 권력을 쟁취하기 위해서는 10여 년만 기다리면 된다며 품은 혁명적 희망.

이 의회집단들 사이에 급진파가 놓여 있었다. 그러나 조르주 클레망소는 파나마 추문으로 재선에 실패했다. 이렇게 지도자를 잃었어도 급진파그룹은 (560석 중) 140석을 차지하여, 표결 때 자신의 소속감을 깨뜨리는 의원들이나 '개헌파', 사회주의자들과 합세하여 총리를 퇴진시킬 수 있었다.

그런데 사회주의자들의 역동성은 급진파를 끌어들일 수 있었다. 원내에 아직 체계 잡힌 당들이 존재하지 않을 때이어서 합의에 의해 정해진 규율 없이 개인적인 신념에 따라 표결을 했다. 그런 탓에 한번의 연설이나 의회토의로 분위기가 바뀌면 다수의 표가 흔들렸다. 더구나 표결을 통해서 은밀히 정적들에게 자신의 뜻을 표현할 수 있었다. 샤를 뒤퓌이와 카지미르-페리에 같은 인물은 서로 으르렁거리고 알렉상드르 리보는 때를 기다리고 있었기 때문이다. 총리, 하원의장, 상원의장, 공화국 대통령, 이 권위 있는 자리 주변에는 역시 반동정치를 펼치려고 모여든 자들을 견제하는 야심과 모략이 춤추었다.

이러한 여건이어서 사회주의자들은 자신들의 50의석으로는 도맡을 수 없는 압력을 행사할 수 있었다. 그리고 의회연설의 평판, 의정활동에서의 역할이 의사당 밖으로 메아리치며 큰 힘을 발휘했다. 조레스는 탁월한 웅변과 샤를 뒤퓌이나 카지미르-페리에에 대한 날카로운 공격으로 진정한 전국적인 인물이 되어 명성과 공감을 한 몸에 모았지만 동시에 정적들에게는 타도해야 할 인물을 상징했고 증오심을 불러일으켰다.

이 원내그룹의 영향력과 무정부주의자들의 폭탄 또는 사회투쟁의 박력으로 공포감과 반동과 동시에 흡인현상을 일으키면서 '사회문제'가 제기되었다.

1896년에 『르 피가로』의 한 기자는 자기 신문의 대대적인 설문조사에서 이렇게 야유조로 썼다. "교황은 사회주의자이다. 빌헬름2세는 사회주의자이다. 미미-파트-앙-레르는 사회주의자이다. 이자를 많이 받고 아무 일도 안하고, 포커노름만 하고 티타임을 가지고 레드페름에 가서 옷을 사고 랑트리에 가서 머리치장을 할수록 사회주의자이다." 우리는 이 풍자 뒤에서 보수주의자들이 사회문제가 점점 더 크게 제기되는 것을 보고 또 사회주의가 불러일으키는 관심을 확인하고 성내는 것을 느낀다.

이 모든 것은 적대감과 탄압적 환경에도 불구하고 1893년 사회주의자 당선자들은, 나중에 조레스가 쓰듯이 '여명 같은' 시기를 보냈음을 말해 준다.

조레스는 다시 말한다. "그 시기엔 모두의 기억 속에 환희처럼 남아 있는 싱싱한 젊음과 열렬한 그 무엇이 있었다. 갑자기 성장한 사회주의 그룹에는 경쾌함과 탄복할 만한 희망과 투쟁의 힘이 있었다…. 단 며칠, 몇 주일 사이에 두터운 동지애가 자연스럽게 형성되었다."

이 형제애를 조레스는 자기 생애의 위대한 순간들처럼 경험했다. 초선의원 때는 고립감에 시달렸다. 이제 세대와 감수성과 다양한 역사적 경험이 서로 만나 통일된 사회주의를 향해 첫 걸음을 내디딘다.

이로써 1893년의 총선과 조레스가 중심인물의 한 사람이 되어 결성된 의회내집단은 중요한 계기를 이루었다.

"나처럼 어떤 학문집단도 거치지 않고 과거의 비극적 투쟁에 끼지도 못하고 또 첫번째 선전단계의 고된 시련기를 겪지 않고 고독한 길로 사회주의에 이른 사람들에게, 초창기의 투사들과의 진심에서 우러나온 뜻하지 않은 친밀감은 투쟁의욕을 키워주었다. 돌이켜보면 하나의 커다란 당 같은 모든 투쟁과 모든 노력에 우리가 연결되었던 것 같다."

보수파의 대형 주간지 『릴뤼리스트라시옹』(L'Illustration)의 시사담당 기자는 이 인물들이 여러 모로 자기들과는 매우 다른 사상을 가졌다는 것을 알고 있었는데, 실망스럽게도 "감탄할 만한 규율이 있고 위원회의 모든 쟁점과 모든 원성에 능통한 것"을 확인해야 했다. 이어 "그들은 고대의 합창처럼 일제히 방해를 하고 일제히 손뼉을 친다"고 덧붙였다.

투쟁 속의 이 단합, 이 연대의식은 왜 조레스가 논쟁에 적극적으로 뛰어들고 사회주의의 근본명제에 찬성을 표명하게 되는지 그 변화를 설명해 준다.

조레스의 초기 정치생활에서 그를 이끌어준 70세의 거물 베르나르 라베르뉴가 『툴루즈 통신』에서 집산주의에 대한 태도를 물었을 때, 자신은 마르크스의 주요한 사상을 받아들였다면서 자기가 볼 때 이 사상은 개인주의의 확립과 개인적 역량의 전개, 심지어 정당한 형태의 사적 소유에 대한 존중과 모순되지 않는다고 조레스는 답변한다. 그는 생산수단을 국가가 관장하는 것에 대해 호의적인 입장을 보인다. "그렇게 하지 않는다면 기계주의의 발전 앞에서 당신은 무엇을 하겠는가?" 하고 임금생활자를 대변하는 상원의원에게 질의한다.

토론이 시작되었고, 그러자 조레스는 자신이 선택한 사상을 세상에 알린다.

의회회기가 시작되는 1893년 11월 들어서는 더한층 힘을 기울여 이 일을 해나갔다.

그해 마지막 몇 주일 동안 열린 본회의는 열기가 가득했다. 의사당 방청석은 긴장한 청중들로 가득 찼으며, 신문들은 회의장의 대결을 자세히 보도했다. 샤를 뒤퓌이 총리는 대규모 군사행동을 화려하게 펼쳐 보임으로써 혁신을 과시한 군대를 옹호하기 위해 애국심을 자극하면서 온건공화파의 활동을 호의적으로 묘사했다. 또 사람들은 그의 발언에서 대외정책이 프랑스-러시아동맹 쪽으로 기울어지고 있다는 것을 알아챘다. 이렇게 되면 독일제국은 아래위에서 꽉 죄어 들어오는 형국이 될 것이다. 툴롱에서는 러시아 함정이 열광적인 영접을 받았다. 그외에도 뒤퓌이는 "인간연대의 원리에서 고취된 일련의 사회입법"을 예고했다. 그러나 기본적으로 그의 연설에는 보수파의 논조가 흐르고 있었다. 무정부주의자들의 거사를 고발한 것은 사회주의자와 테러리스트를 혼동하게 하려는 것이었다. 사회주의를 독재와 연결시키는, 분명히 반대하는 입장이었다. "우리는 집산주의라든가 이런저런 어휘 아래 개인의 자발성을 익명의 국가독재로 대체하려는 노선을 거부한다"며 뒤퓌이가 포문을 열자, 사회주의자들은 책상을 두드리고 대다수 의원들은 박수를 치고 좌파후보인 급진파 하원의장 브리송을 이기고 당선된 카지미르-페리에는 정숙을 촉구하고 신참의원들 쪽에서는 주류 경향을 표시했다.

그로부터 일주일 후인 11월 21일에 조레스가 연단에 올라 사회주의자들의 이름으로 연설했다. 방청석의 청중들은 귀를 쫑긋 세워 들었으며 냉소적인 여권의원들은 그의 첫마디를 야유로 받아쳤다. 변절자, 전향자가 저기 있다! 조레스는 격분한 어조로 엄격하면서도 뜨겁게 말을 이어나갔고 차츰 좌중은 조용해졌다. 그가 한마디씩 자기 주장을 펼칠 때마다, 마치 저 옛날 조레스라는 우리에서 빠져나오는 것처럼 화염 같은 힘을 뿜어냈다. '빙하'는 끝나고, 샤를 뒤퓌이가 공언한 "사회주의 운동에 대한 선전포고"에 화산의 용암이 분출한다.

멋진 연설이다.

"우리들 사이에 가차 없는 전투가 선언되고 선포되었다"고 조레스는 말문을 연다. 그런데 사회주의는 당신들이 세운 공화국, 이 나라에서 지난 50년간 발전해 온 경제체제 그 자체에서 나온다. 그것은 고통으로부터 나온다. 뒤퓌이가 사용한 '주동자'들은 필요치도 않다. "분명히 정부의 분노와 그보다 더 무서운 노동자들의 무관심에 정면 대응하는 한 줌의 투사들이 존재한다. 그들은 당신이 일컫는 야심가나 음모자들이 아니다. 그들은 신조가 있고 신념이 있는 사람들이다"고 조레스는 쐐기를 박는다.

신념, 신조.

이 정치연설은 조레스를 평범한 대열에서 끌어내어 사회주의 그룹의 선장으로 내세우도록 밀랑 쪽을 압박했다.

그는 뒤뛰이와 온건공화파가 자기들의 모순을 인정하게끔 밀어붙인다. "여러분은 교육법을 제정했다"고 말하고는 잠시 멈추어 의원들을 응시하더니 다시 호흡을 가다듬어 낮은 소리로 심문한다. "여러분은 이성적인 교육을 천명했고, 당신들은 세속파였다." 이어 그는 숨을 크게 몰아쉰다. "하지만 그 후 어떻게 했는가? 여러분이 인간의 참상을 다스리는 옛 노래를 끊어버리자 인간의 참상은 절규하며 잠에서 깨어나, 지금 여러분 앞에 우뚝 서서 자기의 자리를 요구한다. 여러분이 결코 그 빛을 약화시킬 수 없는 유일자, 자연계의 태양 아래 넓은 자리를 요구한다."

"공화국, 그것이 위대한 주동자이니 귀하의 헌병들 바로 앞에서 이 말을 전하시오" 하고 그는 말을 맺는다.

좌파와 극좌파가 조레스에게 박수갈채를 보냈다.

조레스가 치른 중대한 첫 연설이었다. 그의 웅변술은 완벽한 단계에 이르렀다. 사상이 명료하고 입장이 정해지고 운명의 윤곽이 그려졌기 때문이다. 그리고 그에게 지적인 환희, 도덕적 확신을 주었기 때문이고, 그것들 없이는 강력한 발언도 있을 수 없다.

물론 그가 표결에 부칠 것을 제의한 의사일정은 부결되었다. 그러나 조레스의 논지, 그의 영감은 급진파에게 "공화국의 원칙을 저버리지 않는 한 사회주의를 이길 수 없다"는 관념을 심어주었다. 그후 사흘 동안 "내각의 반동적이고 도발적인 정치를 강력하게 규탄하는 것"(의사일정에서 조레스의 발언)을 망설이다가, 마침내 11월 25일 뒤퓌이 내각의 급진파 각료들은 사직서를 제출했다. 조레스가 파국의 문을 연 것이다. 샤를 뒤퓌이 역시 11월 25일에 사임했다. 열정적인 언변이 보수적 응집력에 금이 가게 한 것이다.

바야흐로 조레스는 위대한 의회인의 상(像)을 획득했다.

1893~94년 겨울. 경제위기의 경색이 조금 풀리고 낡은 구조와 방법으로 정체되어 있던 농업이 보호관세라는 대외경쟁의 보호막을 찾으면서 상황이 호전되었다. 그렇지만 이런 회복에도 불구하고 여전히 가혹한 시절이었다. 경기가 호전되었어도 도시의 영락한 사회계층은 아무런 혜택도 없었으며 오히려 생존조건이 더 나빠진 것을 실감해야 했다. 신제품들—1893년에 디옹사의 최초의 자동차가 굴러다녔다—이 나오면서 혜택받은 '부르주아들'과 이들의 격차를 더 크게 벌려놓았다. 이때부터 부르주아들은 그들의 구역, 그들의 유행, 그들이 즐기는 스포츠, 유행이 된 론-테니스라는 영어 같은 그들의 언어를 가졌다.

이 새로운 것들을 모두 극소수만 차지하자 사람들의 분노는 더욱 커졌다. 반면 정치적 쟁점들은 관심조차 받지 못했다. 보통선거, 의회주의는 결국 출세주의와 추문과 부패를 낳았다. 샤를 뒤퓌이가 총리에서 물러났지만 그 자리에 하원의장 카지미르-페리에가 들어서고 샤를 뒤퓌이는 다시 하원의장으로 대체되는 팔레-부르봉의 유희를 보면서 어떻게 정치에 관심을 쏟겠는가. 그 사람이 그 사람인데, 끼리끼리 들고났다.

그러자 일부 시위는 저절로 폭력적으로 되었고 군대는 심하게 탄압을 했다. 그 때문에 어떤 작가와 신문기자들—장 그라브 같은—은 무정부주의를 권유하고 『페나르 신부의 예언』(L'Almanach du père Peinard) 같은 간행물에

는 라바콜을 기리는 글이 실렸다. 그리고 〈라 라바콜〉을 〈사 이라〉(Ça ira, 잘
되겠지 하는 뜻의 민중노래)의 곡조에 맞추어 불렀다.

파리라는 대도시

잘 먹는 부르주아들

못 먹어서 허기진

가난한 사람들

그들의 이빨은 길고 기네

돈에 매수된 법관들

배 불룩한 금융가들

경찰

그런데 이 모든 속물들을 위해

다이너마이트를

노망난 상원의원들

썩어빠진 하원의원들

장군들

살인자와 형리들

벼락부자들의 저택

신의 이름으로 이것을 끝내자

충분히 오랫동안 신음하고 감수했다

하다 마는 전쟁은 이제 그만

비열한 연민은 이제 그만

부르주아지에게 죽음을

이 노래를 따라 부르는 사람은 소수였다. 게다가 주요한 인물들이 아닌 고립된 개인들이 "사실에 근거한 선전"을 실천했다. 하지만 그들은 사회적 질병의 증세였고 모든 도발의 구실로 쓰였다. 이로써 사회주의에 반대하는 정부의 공세는 더욱더 거세어졌다. 카지미르-페리에가 취임연설에서 "사회주의자들의 주장에 대해 무시가 아니라 다양하고 관대한 공권력으로 대처할 것이다"고 말해 보았자 아무 소용이 없었다. 곧 그는 이 같은 정책을 포기하고 법의 권위에 호소하게 된다. 12월 9일에 위쪽 방청석에서 오귀스트 바이양이라는 젊은 남자가 의사당을 가로질러 의석으로 폭탄을 던졌고 의원 한 사람이 가벼운 부상을 입었기 때문이다. 하원의장 뒤퓌이는 "회의는 계속한다!"고 소리 질렀고 그 사이에 의자 밑으로 몸을 숨겼던 의원들이 자세를 가다듬고 박수를 쳤다.

분노 어린 어수선한 공포감. 그로부터 며칠 후, 하원은 무정부주의에 대한 투쟁을 내세워 언론의 자유, 집회와 결사의 자유를 제한하는 탄압법을 통과시켰다. 민주주의가 송두리째 정지될 수도 있었고 대테러 투쟁으로 사회운동은 질곡상태에 빠졌다.

사회주의자들은 이 '악법'에 분개했다. 조레스는 대열의 선두에 서서, 지난날 카르모의 경험을 떠올리며 다시 한번 도전을 촉구한다. 그리고 나중에야 앙드리외 경찰국장의 발표로, 바이양이 의사당에 던진 폭탄은 경찰서 실험실에서 제조된 것임이 밝혀진다.

그러니 의도는 분명해졌다. 무정부주의자들의 저항을 역이용해서 될 대로 되라는 식의 어설픈 개인들을 조정하여 사회투쟁 조직을 분쇄하려는 것이다. 바이양은 1월 10일 사형선고를 받았다. 조레스가 청원한 바이양의 사면은 사디 카르노 대통령에 의해 거부되고, 2월 7일에 바이양은 처형되었다. 그리고 이 무정부주의 운동의 또 다른 미스터리, 불랑제에게 자금을 지원했던 위제스 공작부인이 바이양의 수양딸인 어린 시도니를 맡겠다고 당당하게 선언했다.

이성을 잃었거나 병이 든 사람들에게 자신들의 사명이라고 믿는 것을 해치우도록 다이너마이트를 제공하고 그 다음에는 그들의 목을 베기 위해 광장에 기요틴 처형대를 세우는, 세기말의 혼란스런 분위기였다. 공포와 증오가 퍼져나갔고 정부는 탄압법을 앞세워 노동투사들을 감시했다. 조레스는 외친다. "당신들은 왜 가장 막연한 실마리, 가장 공허한 구실, 주민의 단순한 밀고나 익명의 고발을 근거로 가난한 사람들을 수색하고 잡아가는가?"

처형 또한 아무런 필요가 없었다.

바이양은 처형되었다. 생라자르 역 근처의 르 테르미뉘스 식당에 폭탄을 설치하고 희생자들을 비웃은 것은 에밀 앙리이다. 일찍이 그는 카르모 회사의 파리 지사 앞에 폭발물을 갖다놓았던 사람이다. 그는 체포되어 재판을 받으면서, 후회하는 기색이 전혀 없었다. "푸르미의 피의 주간을 만들었던 살인자들이 다른 살인자들을 처결할 수 없다"고 그는 쏘아붙였다.

사형언도. 1894년 5월 21일 새벽, 라 로케트 광장에서 처형.

클레망소는 『라 쥐스티스』에 에밀 앙리의 처형을 보도하기 위해 군중 속에 있었다. 바레스 역시 현장에 나왔다. 『르 주르날』에 이 광경을 기고하기 위해서였다.

"군대가 로케트 광장을 점거했다. 1천 명이 넘는다. 한 사람을 죽이는 데는 너무 많다"고 클레망소는 썼다.

사형집행인 데블레르와 십자 모양으로 엮은 가로대를 설치하는 그의 부하들이 보이고 이윽고 에밀 앙리가 나타난다. "그의 창백한 얼굴에 나는 눈을 감았다." 그는 사방을 둘러보며 소름끼치게 비죽거리며 세차게 발작적으로 목쉰 소리를 내뱉는다. "동지들, 힘을 내시오! 무정부주의 만세!"

한편 바레스는 지치고 상심해서 돌아온다. "21일 아침은 반란에 도움이 되고 사회에는 도움이 되지 않는다. …피와 에너지는 존재의 가장 깊은 곳에서 이상한 저항심을 불러일으킨다." 그리고는 엄중하게 결론을 내린다. "사상에 대한 반대는 심리적인 수단으로 이루어지는 것이지, 데블레르 씨의 부속품들을 가지고 하는 것이 아니다. 위기에 처해서는 높은 지성과 따뜻한 마음을 가진 사람들이 필요하며, 정치꾼과 부르주아는 일시적인 수단만 제공할 뿐이다."

그러면 조레스는?

이 사형집행에 그는 역겨움을 느낀다. 이와 같은 행위에 대해 그 같은 탄압으로 도전하는, 즉 범죄에 범죄로 대응하는 사회에 맞서 싸워야 한다는 결심을 더욱 굳힌다. "우리는 거사를 인정한다"고 거침없이 말하면서, 불같은 조레스의 스타일로 이렇게 덧붙인다. "우리는 범죄로써 확인되는 인간자아를 비난한다." 그리고 테러리스트들의 전력을 검토하고는 결론을 내린다. "이 슬픈 무정부주의 전염병은 민중에게서 나오지 않고 민중에 의해 전파되지 않는다. 폭탄은 부르주아 사회의 낙오자들이 던지는 것이다."

그러나 상황은 잘못 돌아가고 있었다. 탄압기구는 노동투사들을 겨냥했고 겁에 질린 여론은 악법을 승인하면서 그에 복종했다. 조레스가 볼 때, 지금 이 상황은 안성맞춤인 구실이요 필경 부분적으로는 빈틈없이 조작되었거나, 경찰에게 이용당하는 무정부주의자들이 아니라 자유에 대한 본격적 공세였다.

"파나마 인사들이 언론의 자유와 집회의 자유를 파괴하려고 맹세한 지 이미 오래되었다"고 조레스는 썼다. 그리고 조레스가 제시한 것들은 사람들에게 타격을 가했다. 정치적 사태의 추이가 그의 분석을 확인시켜 주었기 때문이다. 매일 '새바람'이 나타났다. 저번에는 교육종교부 장관—강베타의 동

료인 외젠 스푈레르—이 교회를 더 이상 수상하게 볼 필요가 없다고 선언했
다. 공화국을 위협하는 것은 집산주의자들뿐이라는 것이다. 이번에는 건설부
장관 조나르가 철도원들의 노동조합 권리 일부를 문제 삼았다. 그러자 주로
하급공무원들의 지지를 받는 반(反)교권주의 급진 '좌파' 의원들이 들고일어
났고 하원에서는 격렬한 논쟁이 벌어졌다. 카지미르-페리에가 신임투표를
제기했으나 231 대 217표로 부결되었다.

다시 한번 사회주의자들의 압박, 조레스의 발언이 다수파를 흔들었다.

그러나 돌고 돈다. 샤를 뒤퓌이는 하원의장에서 물러나 카지미르-페리
에 후임으로 총리가 되었고 후자는 하원의장의 자리로 복귀했다!

편짜기다. 조레스의 지원공격에도 불구하고 여권의 보수주의가 이겼다.
샤를 뒤퓌이를 중심으로 새로 짜인 진용에는 '젊은 늑대'들과 두 '젊은이'가
보인다. 33세의 재무장관 레오 푸앵카레, 31세의 건설장관 루이 바르투, 36
세의 교육장관 조르주 레그 그리고 뒤퓌이 역시 43세에 불과했다. 그러므로
보수파 정권의 인적 쇄신이다. 여기에 펠릭스 포르가 해군장관, 메르시에 장
군이 국방장관으로 원로그룹을 형성했지만 그들도 50대였을 뿐이다. 뒤퓌이
는 "우리는 모든 선동에 단호하게 맞서 공공질서를 보호하며 어떤 경우에도
공화국 법을 엄격하게 준수토록 할 것이다"를 공약으로 내세웠다.

법의 무기고 안에는 이제 악법의 무기들만 있다.

정치적으로는 평온을 되찾은 것 같았다. 의회회기가 끝나고 에밀 앙리는 처
형되었다. 여권은 새로 편성되었다. 루이즈 조레스는 브술레로 떠나기 위해
가방을 챙겼다. 질서가 자리 잡았다.

6월 24일 공화국 대통령 사디-카르노는 리옹에 가서 1천여 명이 모이는
연회를 주재했다. 그는 1887년 대통령에 당선되고부터 시작한 지방방문을

좋아했다. 다른 국가수반들이 모두 따르는 관행을 창설한 것이다. 여론은 네모난 수염에 맡은 바 책임을 꼼꼼하게 이행하는 이 검소한 이공계 출신에게 익숙해 있었다. 그는 의무와 권위를 중시하는 사람이었고 무정부주의자들의 사면을 거부했다. 정의는 준수되어야 했다.

그가 연회장을 떠나 사륜마차를 타고 그랑-테아트르로 갔을 때는 이미 날이 어두워졌다. 마차는 기병대의 호위를 받으며 라 레퓌블리크 거리로 접어들어, 구경꾼들이 모여 대통령에게 박수를 치고 있는 증권거래소 앞을 통과했다. 프랑스로 건너온 많은 이탈리아 이민자들 중 한 사람일 뿐인 제빵공 산토 카세리오는 아무런 어려움 없이 군중의 맨 앞줄에 설 수 있었다. 그런데 그가 갑자기 차도로 튀어나오더니 호위병들을 헤집고 들어가 한 손으로 마차 문을 꽉 잡고 다른 손으로 공화국 대통령을 칼로 찔렀다. 간 부위가 찔린 사디-카르노는 3시간여 출혈 끝에 사망하게 된다. 경찰을 피해 이탈리아에서 도망쳐 온 무정부주의자 카세리오가 체포되었다. 그 역시 세기말의 광신적인 낙오자들의 구호를 내질렀다. "무정부 만세!"

그후 카세리오는 처형장으로 끌려간 동지 라바콜, 바이양, 에밀 앙리의 복수를 하려 했다고 말한다.

그의 행동은 엄청난 분노의 파도를 일으켰다. 이탈리아인들에게 반감을 품은 대중들의 정서가 곳곳에서 드러났다. 이민자들이 운영하는 상점들 유리창이 박살나고 그들에게 욕설을 퍼붓고 걸핏하면 덮쳐 주먹다짐을 하여 부상자가 속출했다. 이런 거칠고 자잘한 외국인 혐오의 불길은—테러행위들이 그랬듯이—변화하는 사회의 긴장상태를 그대로 드러냈다.

6월 27일 상하 양원은 베르사유에서 합동회의를 개최하여 투표자 851명 중 451표로 카지미르-페리에를 공화국 대통령으로 선출했다. 좌파가 지지한 후보—브리송—는 195표밖에 얻지 못했다. 공포로 물든 이 시기에 새

바람의 공화국을 상징하는 인사가 엘리제에 들어갔다. 문을 열기보다 악착같이 특권을 방어하며 보수를 고집하는 새바람이었다. 이 보수적 공화국을 상징하는 대통령, 백만장자 카지미르-페리에는 취임한 지 며칠도 안 되어 언론의 자유를 더욱 제한하면서 악법들을 더 개악했다. '무정부주의 이론의 발전'을 차단한다는 구실 아래, 앞으로는 범죄사실의 재판권을 배심원이 아니라 경범재판소 판사가 가지게 되었기 때문이다.

하원에서 이 법안에 대한 토의가 시작되자 좌파의 분노는 극에 달했다. 그리고 그것을 온몸으로 표현한 사람이 바로 조레스이다.

사디-카르노가 암살되기 이미 며칠 전부터 조레스는 전열의 선두에 서 있었다. 전투적인 그는 수시로 사회주의 그룹의 이름으로 발언함으로써 정부에 한 치의 틈도 주지 않았다.

6월 21일에는 정치활동을 한다거나 단순히 사회주의적 의견을 가졌다는 이유로 교사들을 박해하는 교육부장관에 맞서 교사들의 사상의 자유를 옹호했다.

또 카지미르-페리에가 대통령으로 선출되고 얼마 안 되어, 조세개혁을 요구하면서 소득 및 상속에 누진세를 적용할 것을 제의했다. 이로써 그는 특권층의 심장부를 찔러, 특권자들이 타도해야 할 인물 중 하나로 지목되었다. 소득세는 모든 유산자를 불쾌하게 했기 때문이다. 푸앵카레는 이 법안을 사유재산에 대한 종교재판과 같은 조치라고 발언했다. 다른 온건파들이나 같은 경향의 신문들은 재산몰수, 노동과 명예심에 대한 부정으로 가려 한다고 단언했다. 이 제안이 막대한 재산가로 알려진 카지미르-페리에를 겨냥한 것으로 보였던 만큼, 조레스에 대한 비난은 한층 거셌다. 이로써 조레스는 국가수반과 앙쟁의 광산관리자들에 맞선, 공화국의 또 다른 얼굴을 구현한다.

새 언론법을 토의하는 동안 그가 연단에 오르는 것을 보고 사람들은 또 한번 그가 문제의 핵심에 철퇴를 가할 거라고 생각했다.

6월 25일이다. 하원의원들은 아직도 소득세 안건을 "진정한 자본의 독재"라고 비난한 그의 연설을 기억했다. 이 자리에서도 변함없이 힘차게 그는 부정과 부패로 테러리즘의 발전을 조장하는 사회와 정치계를 비난한다. "똑같은 배가 썩은 정치꾼과 살인자 무정부주의자들을 뜨거운 유형의 땅에 내려 놓으면 그들은 대화로 연결될 것이다. 그들의 얼굴은 같은 사회질서를 서로 보완하는 두 개의 거울 같을 것이다"고 말하면서 그는 이렇게 덧붙인다. "먼지는 대지의 목마른 누이라는 고대 시인의 멋들어진 이미지를 한번 떠올려 보시오! 무정부적 광신의 거센 먼지로 눈이 멀어버린 이 비참한 자들은 자본가와 정치꾼들이 만든 진흙탕의 누이이고, 여러분의 합법적 정부가 이 진흙탕을 바짝 말려줄 것이다."

침묵이 의사당을 뒤덮자, 이윽고 그는 무정부주의 프로파간다에 관한 법안의 개정을 표결에 부칠 것을 제의한다. 그가 천천히 낭독하기 시작한다. "자신의 직위를 이용하여 부당한 이익을 취했거나 뇌물을 받았거나 썩어빠진 일에 손을 담근… 공무원, 장관, 상원의원, 하원의원 들은 모두 무정부주의 프로파간다 법에 저촉되는 것으로 간주한다."

여권은 심기가 불편해졌고, 표결의 순간 혼란이 일어났다. 어떻게 조레스를 인정하지 않을 수 있겠는가? 개표가 진행되었고 42표가 사회주의자 법안에 반대했다. 여기저기서 항의가 빗발치며 사회주의자들은 투표함을 뒤지라고 말한다. 재개표로 여권의 표가 불과 4표 더 많다. 조레스는 다시 항의한다. 다시 계산해 본 결과, 샤를 뒤퓌이의 여당은 단 1표 차로 이긴다. 의회에서 조레스의 힘을 보여주는 보잘것없는 승리였다. 물론 이튿날 언론법은 분명한 다수결로 통과되어 이제 이 나라는 감시 아래 놓이게 된다. 새 법의 틀

내에서는 누구나 '무정부주의 프로파간다'로 기소당할 수 있었다. 일착으로 유죄판결—2년형—을 받은 사람은 블랑키주의의 장-루이 브르통이라는 사회주의자였다.

그러나 조레스의 말은 온 나라에 들렸다. 당장 7월 1일에 검찰관이 검거된 30여 명을 센 법원에 송치하면서 일반범과 무정부주의 사상을 전파한 혐의로 기소된 지식인들, 작가 장 그라브와 세바스티앙 포르 또는 펠릭스 페네옹을 교묘하게 섞어놓았는데, 배심원은—아직 배심원이 판결했다—지식인들을 방면 조치했다.

양식(良識)의 승리이며 조레스의 반격이 이와 무관하지 않았다. 그리고 국민들이 내심으로는 반동적인 정치를 좋아하지 않는다는 것을 국회의원들은 확인할 수 있었다. 카지미르-페리에는 모든 프랑스인들의 공화국 대통령이 아니다. 백만장자를 대표로 내세운 이 공화국은 대체 무엇이란 말인가? 조레스는 '공화국'이란 말을 다른 어조로 온 나라에 울리게 했다.

그때부터 우파는 그를 두려워했다. 팔레-부르봉 연단에서 그가 발휘하는 박력과 효력을 느끼고 있었다. 그의 청중, 사회주의 운동에 퍼지는 그의 메아리를 헤아리게 된다. 1894년 9월 14일부터 18일까지 조레스는 낭트의 프랑스 노동자당 대회에 참석했다. 열렬한 박수로 환영을 받았다. 그는 본회의의 사회를 보는데, 호리호리한 몸매와 부드러운 목소리의 32세 젊은 변호사 아리스티드 브리앙이 총파업은 노동자들의 효과적이고 절대적인 무기라며 총파업의 필요성을 역설했다. 조레스는 미묘한 차이를 두고 다수파 게드주의자에 반대하며 이 제안을 지지했다. 한편 그는 권고를 받고서도 당에 가입하지 않았다. 자신은 사회주의자이지만 어느 계파에도 속하지 않는 통합론자라고 답했다. "그럼 제가 누구냐고요?" 묻는 이들에게 그는 명확하게 밝혔다. "이제 나는 사회주의 몽상가가 아니다. 사상에 복무하며 프롤레타리아의 전체적인 역량을 키우는 데 힘을 기울이는 진정한 투사가 되고자 한다."

그는 휴식을 모르고 싸웠다. 동지들이나 적들의 눈에 하나의 화신으로 비치기 시작했다.

1894년 4월 8일, 게드는 함께 참석한 집회가 끝나자 조레스를 돌아보고 이렇게 말했다고 한다. "나는 이제 죽어도 좋다. 나의 과업을 이어받아 잘 이끌어갈 조레스 같은 사람을 두었으니."

그러니 2년도 안 되는 사이에 조레스는 사회주의자들의 대열에서 선두에 섰다. 겸손하게.

집회 때면 "투쟁적인 사회주의의 첫 걸음을 내디디지" 않았다고 말하는 조레스의 장중한 목소리를 들을 수 있었다.

그는 게드를 향해 몸을 돌린다. 그의 어조는 높고 엄숙하다. "초창기의 투사들, 코뮌에서 살아남은 이들, 불굴의 추방자들, 결코 지칠 줄 모르는 선전가들, 바로 이들이 프랑스 사회주의의 진정한 창건자들이다." 그리고 바이양과 게드, 알만과 브루스, 이들의 이름을 계파를 뛰어넘어 하나로 묶었다.

"나는 한 가지 이해만 구하겠다. 나는 사회주의가 오늘과 같은 세력이 되는 것을 보고서 사회주의를 이해한 것이 아니며 그래서 가담한 것이 아니다"고 그는 말한다.

무정부주의자들의 모험으로 정부의 반동이 손쉬워진 이 어려운 때 그의 삶에서 규칙적으로 반복되었던 발언과 행동들이 바로 그를 전국적 무대의 맨 앞에 설 수 있게 이끌어주었다. 그는 자신의 개인사를 다시 쓸 필요가 전혀 없었다. 사람들은 그를 보고 그의 말에 귀기울이고 그가 뿜어내는 적대감을 헤아렸다. 그는 모든 전선에서 최전방에 있었다. 그가 받은 두려운 명예이다.

사디-카르노의 피살로 피로 얼룩진 여름이 가고 가을이 왔다.

조레스 일가는 다시 파리로 돌아왔다. 브술레의 집에 머무는 동안 조레스는 늘 하듯이 책을 읽고 글을 썼다. 『르뷔 소시알리스트』의 편집국장 브누아 말롱의 저서가 재출간되는데, 그 책에 실릴 「서문」을 다시 검토했다. 말롱은 1893년 9월에 금욕주의자답게 서거했다. 1887년에 암에 걸려 투병생활을 하던 말롱은 기관절개 수술을 받은 뒤로는 노트에 글씨를 써서 주위사람들과 의사소통을 할 수 있었다. 조레스가 경애한 '통합사회주의' 파르티잔의 길고도 힘든 고통이었다.

말롱의 『사회의 도덕』(*La Morale sociale*) 「서문」에서 조레스는 다시 한번 자신이 인본주의자이고 모럴리스트임을 확고히 했다. 자기 소양의 원천을 다 끌어내면서 영감을 받은 듯 종교적 어조로 썼다. "프롤레타리아가 전투에 나갈 때는, 불카누스가 찰나의 섬광으로 뿜어내는 세 줄기 광선처럼 그 내부에서 욕망과 열정과 희생이 한꺼번에 솟구친다." 이어서 다음의 말들이 울린다. "사회주의는 그 자체가 하나의 모럴이다." 프롤레타리아들은 무지 때문에 멍해 있거나 악덕으로 시들어 있지 않은가? "하지만 잘못된 지난날이 무슨 상관인가? 그것이 바로 인간의 모습이다. 입장하시오. 그 두 눈에 인간의 빛이 보인다. 입장하시오! 여기는 인간의 시테이니."

모든 감수성과 관대함이 여기에 그려져 있다. 민중의 상상 속에서 '미래의 태양'은 프롤레타리아의 돛단배가 떠가는 격랑의 바다를 비추이고 부르주아 사회의 서로 헐뜯고 이기적이고 썩은 사람들이 치고받고 싸우며 물에 빠져 허우적대는 동안 저 힘찬 사람들은 순수를 향해 앞으로 나아간다.

이 그림들에서 자주 나오는, 역사의 단죄를 받아 물에 처박히는 배불뚝이 자본가는 반유대주의 풍자화를 닮았다.

그 까닭은 프랑스 사회에—푸르미 사건이나 사디-카르노 암살에서 보듯이—외국인 혐오와 인종주의 사조가 어슬렁거렸기 때문이고, 그것은 때로 피상적인 반(反)자본주의와 동일시되었다. 로스차일드는 상징적 인물이 되었고, 1885년에 줄 게드는 한 공개집회에서 이렇게 소리쳤다. "로스차일드가 처형대 앞에 서는 바로 그날 비로소 공화국은 존재할 것이다."

그로부터 한참 후인 1892년에 게드는 드뤼몽에 반대하며 이렇게 선언했다. "프롤레타리아를 파멸로 이끄는 것은 로스차일드도 유대인들도 아니다. 근로자들의 참상에 책임이 있는, 그 누구보다 독실한 가톨릭인 고용주들이다." 어떤 이름과 경제체제를 혼동하는 것은 여전했다. 그리고 "반유대주의가 어리석은 자들의 사회주의"라고 해도 드뤼몽이나 바레스 또는 일부 사회주의자들에 의해 이 포퓰리즘 이데올로기는 퍼져나갔다. 1894년 10월 29일 반유대주의 신문 『라 리브르 파롤』은 그때까지 비밀이 지켜졌던, 한 장교가 첩보혐의로 체포된 사실을 보도했으며 이튿날에는 이렇게 큰 제목을 뽑았다. "대역죄. 유대인 장교 체포" 이로써 거의 자동적으로 대역죄와 유대인의 신분이 동일시되고 그 자체가 유죄의 증거를 내포했다.

장교의 이름은 알프레드 드레퓌스이다. 1894년 11월 19일 드레퓌스는 유죄가 증명되지 않았음에도 종신형 선고를 받았다. 당국의 주장—비밀문서—이 군사 재판관들을 승복하게 했다. 드레퓌스는 계속 자신의 결백을 주장했다. 그러나 유대인이라는 신분에 근거해 드레퓌스에게 유죄확정을 내린 것을 어떻게 반대하는가?

제출된 물증이나 드레퓌스의 태도에 대해 의문을 제기하자 정보국장 상데르 중령은 이렇게 답변했다. "분명한 사실은, 여러분은 유대인들이 어떤 사람인지 모른다는 것이다. 그 인종은 애국심도 명예심도 자부심도 없다. 수세기 전부터 그들은 반역질만 해왔다." 사건은 끝난 것이다.

1895년 1월 5일 8시 45분. 군사학교의 대연병장에서는 군적을 박탈하는 가혹한 행사가 열렸다. 드레퓌스 대위는 품위를 지키며, 한 부관이 자신의 계급장을 거칠게 뜯어내고는 칼집에서 칼을 꺼내 부러뜨리는 폭력적 행동을 참아냈다. 이윽고 군중들 사이에서 고함이 터졌다. "유다, 반역자 유대인을 죽여라!" 증인인 바레스는 그것을 '유다의 사열'이라고 부르면서 "이질적인 인종의 모습, 그 인종 특유의 코"라고 묘사했다. 또 다른 증인 레옹 도데는 "후회의 기색이라곤 없이 야비하고 핏기 없는 납작한 얼굴, 틀림없는 이방인의 얼굴, 게토의 찌꺼기"를 떠올렸다.

드레퓌스의 초상이라기보다 특정한 프랑스의 모습을 그리고 있는 프랑스 작가들. 바레스와 마찬가지로 "유대인들에게는 최대의 이익을 얻는 곳이 바로 조국"이라고 생각하는 프랑스.

그날 드레퓌스가 감옥에서 이렇게 쓴 것을 누가 알았을까. "결백한 나는 군인에게 가해질 수 있는 가장 무서운 순교의 순간을 맞닥뜨렸다." 그러면서 울었다. 그는 죽음의 유혹 앞에서 지지 않으려고 온힘을 모았다. "나는 한 점 의혹 없는 순결한 양심의 힘으로 내 이름에 맹세하오. 나에게 목숨이 붙어 있는 한 세상을 저버릴 권리가 없소. 나는 머지않아 빛이 밝아오는 것을 보리라는 희망을 가지고 싸울 것이오…."

프랑스의 정치적 상황을 뒤엎는 데는 몇 년이 걸릴 것이다.

1894~95년 겨울에 조레스는 알프레드 드레퓌스 대위에 대한 선고가 무엇을 의미하는지 감지하는가?

그는 엄청난 긴장의 날이 오리라고 보았다. 정치투쟁은 여전히 치열했다. 악법과 그 법들이 지배하는 분위기에 맞서 좌파가 일제히 일어났다. 카지미르-페리에가 엘리제에 있다는 것 자체가 공화국에 대한 도전으로 여겨졌다. 그리고 국민들은 사람을 경멸하고 거대한 부(富)에 힘입어 오만하고 자기만족에 빠져 있는 이 인물을 좋아하지 않았다.

좌파신문은 빈번하게 그를 공격의 대상으로 삼았다. 『변혁』(Le Chambard)을 운영하는 언론인 제로-리샤르는 이미 언론법 위반으로 13차례나 유죄판결을 받았다. 거드름피우며 허풍을 떠는 모사꾼이자 야심가인 제로-리샤르는 "카지미르 타도"라는 제목의 기사를 새로 쓰면서, 루이-필립 시대에 장관을 지낸 카지미르 조부의 투기를 문제 삼아 대통령 가문을 공격했다. "조부의 죄는 손자에게 득이 되었다. 그 죄가 착취자들의 왕국에서 우월함을 보장해 주기 때문이다." 고소당한 제로-리샤르는 조레스에게 법정변호를 해줄 것을 요청했다.

이제부터 조레스가 차지할 자리를 알려주는 신호였다. 그는 위험을 알면서 수락했다. 공화국 대통령을 공격하는 일이었다. 그는 방청석에서 일어서면서 이 임무가 얼마나 어려운지 짐작했다. 방청인들은 마치 극장에 온 듯 조용히 앉아 있었다. 법관들은, 조레스가 권력에 봉사한다고 의심하는 이 재판에 임해서 지극히 냉담했다. 그는—나중에 말하기를—이토록 불편을 느낀 적이 없었다. 그러나 그의 목소리는 조금씩 안정을 찾았고 카지미르-페리에의 재산형성의 기원과 1831년 "빵 아니면 폭약을!" 하고 외친 리옹 카뉘(나막신 신은 사람들이란 뜻으로 리옹의 견직공을 일컫는 말) 항거를 탄압한 그 조부의 경력을 상기시키면서는 분노에 떨었다.

바로 이것이 공화국 대통령의 전통이다. 카지미르-페리에는 중재자가 아니라 싸우는 대통령으로 엘리제에 들어갔다고 설명한 다음 그의 목소리는 한층 커진다. 아마도 방청인들이 그를 폭력적인 인물로 보게 되리라는 느낌이 들어 말하기가 불편했으리라. "나는 우리나라를 위해 구체제의 낡은 왕정을 빈사상태에 빠트린 탕아의 가문들이 낫다고 본다! 부르주아 공화국의 명예를 빈사상태에 빠트린 은행가와 대금업자의 탐욕스런 가문보다는!" 이 같은 비교에 대통령은 경악하고 분개했다. 조레스는 고함친다. "한 세기의 침묵의 이름으로 우리가 말한다는 걸 명심하시오."

제로-리샤르는 1년 징역형에 벌금 3천 프랑의 최고형을 언도받았다. 그러나 판결은 조레스의 개입발언에 묻혀버렸다. 온건파들이 볼 때 그의 논평은 언어도단이었다. 조레스는 정말로 닻줄을 끊었다. 재능 때문에 위험한 사람, 우파에게는 '치유 불가능'이라고 여겨지는 사람, 자신의 사상에 대한 충실함, 타협할 줄 모르는 단호함, 한마디로 폭넓은 식견과 관대함과 명민함과 교양이 결합된 미덕, 모럴과 직무에 대한 고결한 관념이 그를 주적으로 지목하게 했다. 타도해야 할 사람이었다.

1894년 12월 24일, 조레스가 하원에서 발언했을 때 이미 그가 불러일으킬 증오심은 감지되었다. 드레퓌스에 관해서이다.

국방장관이 간첩죄에 대해 사형제를 다시 실시할 것을 요구하자, 조레스는 연단에 올라서 반대로 난폭행위를 저지른 군인에 대한 사형제를 폐지할 것을 주장했다. 우파는 분개했다. 조레스가 군과 기율을 파괴하려는 것이라고 우파는 주장했다. 이에 조레스는, 국방평의회는 드레퓌스에 대해 관대한 태도를 보였는데 그것이 그가 판사와 마찬가지로 장교였기 때문이라고 반박한다. 카스트 간의 연대감이 작용한 것이다. 만약 그가 일개 프롤레타리아였다면 주저 없이 교수형을 받았을 테지만 장교에 대해서는 얼마나 아끼는가. "바젠 원수(프로이센 전쟁 당시의 장군)를 총살하지는 않았다. 그들은 드레퓌스에게 사형선고를 내리지 않았다…." 그리고는 극좌파로부터 박수를 받으며 이렇게 말을 맺는다. "이러한 판결에 비해 한 순간의 과오나 폭력행위로 하급병사들은 사면도 동정도 받지 못하고 총살당하는 것을 온 나라가 보고 있다."

젊은 건설부장관 루이 바르투와 날카로운 설전이 오간다. 서로 거짓말을 한다고 비난했으며, 하원은 조레스를 견책하고 또 정부인사를 모욕하고 위협하고 도발을 일으킨 이유로 일시적으로 그를 토의에서 배제시키기로 했다.

의사당은 떠들썩했다. 바르투와 조레스는 서로 증인을 내세웠다. 성탄일에 권총으로 결투를 할 것이다. 두 사람은 총알을 두 발 쏘았으나 허사였다.

그렇지만 조레스는 드레퓌스의 유죄를 문제 삼았던 것이 아니다.

비공개재판의 내막을 모르는 그가 어떻게 그럴 수 있겠는가? 오히려 그는 이 판결이 부르주아 연대에 의해 강요된 '계급적 정의'의 전형이라 보았다. 초기에 드레퓌스 측근들의 행동방식을 보면서 그는 '부자들'이 자기네 사람 하나를 석방시키기 위해 책동을 부린다고 의심했다. 1894년 12월 26일자 『툴루즈 통신』에 그는 이렇게 쓴다. "자기네 사람을 구하려는 유대인 권력의 비상한 책략이 놀랍다. 드레퓌스는 돈을 목적으로 비밀문서를 넘겨주었다. 그것이 전부다."

편견이 낳은 성급한 결론이었다. 무고한 자에게 유죄판결이 내려졌다고 상상하기란 불가능했고 또한 여러 분야에 퍼져 있는 반유대주의가 무의식적으로 투영되었을 것이다. 그러면서도 판사들이 너그러웠다는 사실이 그를 짓눌렀다. 팔레-부르봉 연단에 선 조레스의 발언을 강렬하게 상기시키는 노래가 있다.

조레스는 군법이
대역죄에는 사형도 내린다는 걸 증명하네
만약 그자가 프롤레타리아의 자식이라면
그 운명은 보나마나지

우린 알지. 열두 발의 총탄이 똑바로

그의 심장을 꿰뚫을걸

그런데 드레퓌스들한테는 명예를 무시하고

사형이 거부된다네

이 무렵 팔레-부르봉에서 벌어진 사건들, 바르투와의 결투로 조레스는 다시 좌파와 우파 싸움의 주역이 되었다. 1895년 1월 6일 제로-리샤르가 파리에서 옥중출마를 하자, 조레스는 선거전에 뛰어들었다.

제로-리샤르가 당선되어야만 했다. 조레스는 브뤼셀에도 갔다. 지난날 불랑제파의 로슈포르로부터 제로-리샤르 지지를 얻어내기 위해서였다. 그러자 모리스 바레스는 "소중한 동질의 구성원들의 이런 단결이 행복하다"고 선언했다.

이렇게 해서 조레스는 지도자의 모습을 갖춘다. 그의 이름 주위로 사회주의자들뿐 아니라 지난날의 불랑제주의자들이나 샤를 페기 같은 젊은 지성들이 모여들었다. 페기는 그를 열심히 따라다녔고 『라 프티트 레퓌블리크』 『르뷔 소시알리스트』에 실리는 조레스의 글을 탐독했다.

제로-리샤르의 당선은 분명 카지미르-페리에 대통령에 대한 조레스의 승리였다. 자만심이 대단한 카지미르-페리에는 자신이 부정당한 것은 참을 수 없었다. 제로-리샤르 재판에서 조레스가 페리에 가문을 심문한 것을 유권자들이 인정했다는 표시이다. 한편 카지미르-페리에는 엘리제궁에 고립당하는 곤혹스러운 처지에 있다가 결국 1895년 1월 16일에 사임했고 17일에는 여러 차례 그와 자리를 바꾸었던 내각총리 샤를 뒤퓌이가 물러났다.

1894년 1월에 『르뷔 데 되 몽드』(*La Revue des Deux Mondes*, 두 세계 잡지)는 "이제 막 끝난 이번 의회회기의 특징을 한마디로 요약한다면 사회주의

파 회기였다고 할 수 있겠다"고 썼다.

　그렇다. 조레스는 위험한 인물이었다.

조레스라는 이 '지독한 사람'을 어떻게 할 것인가?
마르크스의 사위인 게드주의자 폴 라파르그 혼자만 이런 궁리를 했던 것은
아니다. 조레스는 온갖 곳을 다 누비고 다녔다. 자주 전문적인 주제로 늘 논
전이 벌어지는 연설을 했으며 또 카르모 의원으로서 자기 선거구를 찾아다녔
다. 그는 광부든 농민이든 자신의 유권자들을 개인적으로 많이 알았다. 그들
의 집을 찾아가고 파투아 말로 이야기했다. 늘 웃음 지으며 그들의 말에 귀를
기울였으나, 만약 부당한 청탁을 한다 싶으면 딱 잘라 거절하고 솔선해서 사
회적 도덕성을 실천했다. 조레스는 전혀 선동가가 아니었다.

　그는 항상 지식에 굶주렸으며 인간의 업적에 대한 열정이 한결같았다.
작업도구를 손에 들고 혹은 예술작품을 바라보며 또는 셰익스피어의 희곡이
나 잡지기사나 알비 성당을 보며, 그때마다 그는 찬탄하고 재발견했다.

　그렇다고 호사가나 우아한 아마추어처럼 문화를 대하진 않았다. 이 분야
의 책을 읽으면서도 연신 줄을 그어가며 주석을 달곤 했다. 지방도시에서 모
임이 있을 때면 한두 시간씩 사라져서는 박물관을 찾아 화폭 앞에서 걸음을
멈추고 도록을 들여다보며 소감을 적었다. 그는 쉰다는 것을 몰랐다. 언제나
책을 끼고 다니면서 뒤적거렸고 그렇게 해서 내용을 파악했다.

　활동함으로써 더한층 활동적으로 되는 '지독한 사람'이다. 항상 자신과
대화하고 상대방을 설득하려는 열정에 넘쳤으며 자신의 관대함과 자신의 수
많은 어휘에 스스로 볼모가 되어 아마도 좀 장황했던 것 같다. 행동과 사상을
분리시키지 않는, 현대적 의미의 지식인이다.

　하원에서의 연설로 정치적 승부에 결정적인 영향을 끼치게 되자 이제는

사상토론에 개입했다. 1894년 12월 12일과 1895년 1월 10일에 조레스는 집산주의 대학생들의 주최로 아라스 회의장에서 열린 중요한 대립토론에 참여했다. 열띤 청중들 앞에서 그는 역사사유 속의 관념론과 유물론에 대해 폴 라프르그와 논쟁을 벌였다.

조레스가 흥겨워하는 것이 느껴졌다. 여기는 온통 자기 세상이었다. 이 대학생 청중들, 일찍이 대강당의 그들 앞에서 언어로써 자신의 사상을 생생하게 표현했던 조레스이다. 행동과 이상, 성찰과 전투성 사이의 융합을 확립한다. 또한 일상적인 정치생활에 대해 거리를 두고 여유를 부린다. 그리고 커다란 전망을 주는 숨결을 되찾는다.

사적 소유의 구조가 '물질'의 전제였고 정의의 관념은 거기서부터 시작하여 머릿속에서 형성된다고 주장하는 폴 라파르그에 맞서 조레스는 이렇게 언명한다. "인간의 역사 속에는 필요한 진화만 있는 것이 아니라 지적인 방향과 이상적인 관념도 있다."

"삶의 구도를 실현시키고자 하는 은밀한 열망"이 존재한다. 그리고 그는 관념론과 유물론 사이에 필요한 융합을 구축했다.

마르크스가 인간의 두뇌에는 '경제현상의 반영'이 존재한다고 말하는 데 그친 지점에서 조레스는 응답한다. "나는 그 말을 받아들인다. 그렇다. 모든 지적 생활의 발전은 인간의 두뇌에 있는 경제현상의 반영일 뿐이다. 그렇다. 하지만 그와 함께 인간의 뇌가 있고 따라서 인류의 정신적인(모럴) 기성설(既成說)이 존재한다."

조레스에 따르면, 마르크스는 궁극의 현실을 표명하지 않았다. 애초에 의식이 있고 의식은 반영을 포착할 능력이 있다. 그것이 신비한 것이고 조레스의 관념론의 뿌리이다. 그와 마르크스 사이에 모순은 존재하지 않는다. '관념의 법칙'과 '기계적 법칙'은 역사를 설명하기 위해 서로 얽혀 있다.

청중은 바짝 긴장하여 한마디 한마디를 새겨들었고 조레스의 열렬한 의사표현과 라파르그의 단호한 대응 모두를 높이 평가했다.

현실정치가 어려움에 처하고 무정부주의자들의 폭발과 (반유대주의를 억압의 원인처럼 해석하는) 피상적인 이론들이 날로 커가는 시기에, 조레스가 이끄는 탐구의 노력은 미래를 풍요롭게 했다. 차츰차츰 조레스는 파리의 젊은 지식인들 사이에 하나의 전범이 되고 있었다. 게다가 『르뷔 소시알리스트』에 연재논설을 실었다. 그는 여기서 사회주의를 '집산주의 독재'인 것처럼 표현하는 비판들에 응답했다. 자유는 "사회주의의 영혼 자체"라고 주장하면서 "우리 역시 자유로운 영혼을 갖고 있다. 우리 역시 내면적으로 모든 외적 강제를 참을 수 없다고 느낀다!"고 외친다. 그리고는 이렇게 덧붙인다. "사회적 강제보다는 차라리 모든 위험과 함께하는 고독을, 그 어떤 전제주의보다는 오히려 무정부주의를!"

이 '절대자유주의적' 언명, 이 관념론과 유물론의 융합은 그의 기사마다 이어지면서 고유한 프랑스 사회주의를 규정해 냈다. 그 사회주의는 "병영화와 무정부"를 거부하고 '산업민주주의'를 세우려 하고 있었다.

그것들은 대학생들에게 건네는 말들이었다.

이때 고등사범 학생이던 젊은 샤를 페기는 조레스의 글을 모조리 탐독하고 도서관에서 『르뷔 소시알리스트』를 빌려서 읽고 라파르그와의 논쟁을 가서 들었으며 그 자신이 "프랑스 사회주의자들의 거의 공식 기관지"라고 말한 『라 프티트 레퓌블리크』를 한 호도 빠뜨리지 않았다.

그중에서도 조레스를 만날 기회가 있었던 학생들은 그의 소박함과 교양과 솔직함에 금방 매료되었다.

조레스는 농부와 같은 일정한 발걸음으로 그들과 함께 센 강둑길을 걸었다. 때로는 그가 말을 하지만 때로는 그들의 말에 그가 귀를 기울였다. 라틴어와 그리스어로 낭독하고 페기와는 고대예찬론을 나누었다.

나중에 페기는 이렇게 말한다. "조레스가 쩌렁쩌렁 울리는 목소리로 외는 시인을 다 알고 있는 사람이 얼마나 될까. 라신과 코르네유, 위고와 비니, 라마르틴과 비용에 이르기까지 그는 우리가 아는 시인들을 모두 다 알았다. 그리고 우리가 모르는 것까지 엄청나게 알고 있었다. 내 생각에는 『페드라』의 전문과 『폴리엑트』(*Polyeucte*) 전체를 다 아는 것 같았다. 그리고 『아탈리』와 『르시드』도…."

조레스 같은 인물을 희화화하기는 불가능하다. 사람들은 그에게 다가가 그의 말을 경청하고 그의 글을 읽었다. 그들은 어떤 경우에도 그에게서 종파주의나 맹목성을 느끼지 못했다. 물론 현실에 깊이 개입했지만 그의 참여는 저속한 논쟁을 배제했다. 조레스는 언제나 역사적 조망 속에서 주제를 다루었다.

그는 (1895년 2월 11일 하원에서) 세속화에 대해 발언하면서 '협소한 실증주의'를 거부하는 것에서부터 시작한다. "그 어떤 기계적 해석도 우주의 의미를 고갈시키지 못한다. 우리가 세상에 내놓은 수학공식과 추상적 공리의 그물망은 강물이 흘러가게 내버려둔다." 모든 종교는 인류의 근원 자체에서 솟아오른다. "종교들은 인간본성을 말해 주는 비길 데 없이 훌륭한 자료이다."

하지만, 그렇다고 해서 "성역의 진리를 두어서는 안 된다. 다시 말해 인간이 철저히 조사하는 것을 금하는 것은 안 된다…. 세상에서 가장 위대한 것은 지고한 정신의 자유이다."

그렇다. 조레스는 위험한 인물이었다. 타도해야 할 인물.

그들은 대항의 채비를 한다. 정부의 주목을 끌고 사회질서를 위협하는 이 힘을 부수어야 한다. 총명함과 폭넓은 식견으로 프랑스 정치계를 제압하는 이 지도자, 그의 입을 막아야 한다.

물론 국가수뇌부는 바뀌었다. 카지미르-페리에와 샤를 뒤퓌이를 이어 공화국 대통령은 펠릭스 포르가, 총리는 알렉상드르 리보가 되었다. 카지미르-페리에의 "대부르주아 독재정치"(조레스)는 왕당파의 표로 선출된 '태양 대통령' 펠릭스 포르의 자기만족과 지나치게 외양을 포장하는 데 관심을 기울이는 것으로 대체되었다. 몇 가지 조정—무정부주의자와 국사범을 제외한 정치범의 석방—을 빼놓고는 리보 정부는 뒤퓌이 정권의 정책을 이어나갔고, 그러므로 똑같은 방해물 조레스를 맞닥뜨렸다.

한편 조레스는 병으로, 아니 오히려 피로 때문에 몇 주일 몸져누웠다.

1895년 4월에 그는 시디-벨-아베스에 있는 비비아니(알제리 출신으로, 그의 집은 수도 알제에 있었다)의 집에서 요양하고 있었다. 젊은 사회주의 의원의 집안은 당페르-로슈로 거리의 예쁜장한 주택에서 살고 있었다. 조레스는 싱싱하고 강렬한 색깔의 이 자연에 환호했지만 동시에 "물질적으로나 지적으로 극도로 비참한" 아랍인들의 상황을 확인했다. 그건 식민주의로 유발되지는 않았다 하더라도 그로 인해 한층 악화되고 있었다. 그는 명확히 말한다. "프랑스는 진정 고귀한 인종의 쇠락에 책임을 지려는 것인지 아닌지를 곧 결정해야 한다. 아니라면 스스로 중차대한 난관을 맞닥뜨릴 것이다." 그러나 그는 '유대인 고리대'라고 부르는 것 역시 알아보았고 "알제리에서는 좀 편협한 반유대주의 형태로 진정한 혁명정신이 퍼져나가고 있다"고 썼다.

분명 조레스는 알제의 기후에 매혹되어서 아직 반유대주의의 심각성을 알아보지 못했다. 그러나 3년 전에 저항의 이름으로 반유대주의를 선전하는—바레스에서부터 드뤼몽까지—모든 사람들과 자신을 구분하면서 "유대

209

인들에 대해 편견을 가진 적이 전혀 없다"고 밝힌다. 그러면서 "아마 나는 그들에게 우호적인 편견이 있을 것이다. 오래 전부터 그들 중에 놀라운 친구들을 알고 지냈기 때문이다"고 덧붙인다. 사실 현안을 뛰어넘어서 이렇게 결론 짓는다. "나는 민족문제를 가지고 논쟁하는 것을 좋아하지 않는다. 비록 지금 보기에는 너무 낡았고 가소롭게 위엄을 부리는 것 같지만 프랑스혁명의 이념, 결국은 인류라는 하나의 민족밖에 없다는 이념을 믿는다." 분명한 원칙론의 입장이며 그 때문에 알제리에서 제국주의에 대한 비난으로 나아간다. 그러나 아직은 반유대주의라는 나병을 고발하는 때는 아니었다. 산적해 있는 목전의 과제들에 그 위험은 가려져 버렸던 것이다. 그렇지만 "영국의 지배를 받는 인도인과 프랑스의 지배를 받는 아랍인" 문제와 관련하여 사회주의자들이 주도적으로 "인도적인 제안을 내고 필요한 항의"를 할 것을 요구한 (1896년 5월 17일) 것으로 보아, 어떤 경우에든 식민지 문제에 민감했던 것 같다.

그는 프랑스로 돌아오자 활력을 되찾았고 본회의의 마지막 싸움을 수행한 후 루이즈와 마들렌과 함께 여름 동안 브술레에 머물렀다.

그때 조르주 르나르―『르뷔 소시알리스트』의 신임 편집장―와 친구들이 근처에서 휴가를 보내고 있었다. 가족들이 서로 만나 풍성한 식사를 하고 크로켓 놀이를 했다. 노을이 물든 공원의 자작나무 아래서 오랫동안 이야기를 나누었다. 평화로웠다.

그런데 카르모에서 온 소식으로 돌연 폭풍이 몰아친다.

아무도 카르모를 잊을 수 없었다.

누구나 1892년에 솔라주 후작과 레유 남작이 광부들로부터 받았던 수모를 생생하게 기억했다. 광산회사에게서 거둔 승리의 생생한 증거로 여전히 칼비냐크는 시장으로 있었다. 조레스가 광부들의 선량인데 어떻게 카르모를 기억하지 않을 수 있겠는가?

조레스를 두려워하는 사람들, 그에게 칼침을 꽂고 그를 타도하고 싶어하는 사람들은 먼저 그의 선거구인 영토에서 노동자들의 성공이라는 상징을 패배로 돌려주려 할 것이다.

사회투쟁에서는 아무것도 망각되지 않고 결코 아무것도 결정적으로 획득되지 않는다.

그런데 국가의 정치상황이 변했다. 1892~93년에는 정부가 광부들과 회사의 중재자 역할을 했었다. 정부는 사회주의 의원들과 함께 타협을 이끌어내는 데 일조했다.

지금은 우파가 탄압법을 등에 업고 지배하고 있다. 여권과 특히 알렉상드르 리보는 여러 차례 조레스라는 유능한 불길을 끄고자 했다. 결코 그에게 관대하지 않았다. 1892년에는 사람들이 아직 그의 사회주의적 결심에 대해 회의적이었다. 일단 당선되어 파리로 가면 스스로 '합리적'으로 될 것이고 애초 그의 입장이던 중도좌파로 돌아올 것이라고 상상했었다. 그러나 샤를 뒤퓌이와 카지미르-페리에를 쓰러뜨린 자, 바르투와 결투를 한 자에 대해 이제 더 이상 환상은 없다. 조레스는 누구보다 위험한 적이다. 카르모를 치고 유권자들을 모욕하고 무릎 꿇게 하는 것은 곧 조레스에게 상처를, 그것도 치명적인 상처를 입히는 것이다. 또 그로써 그에게 선거패배를 안겨줄지도 모른다. 보통선거로 조레스를 하원에서 쫓아내는 것이 의회에서 다수결로 일시적인 견책을 얻어내는 것보다 낫다.

카르모에 달려들고 조레스에게 덤비자.

타른의 정부대표는 피에르 두 도지사이고 그는 머리를 조아리고 무섭도록 주인에게 봉사하는 유형의 인물이었다. 그런 사람들을 국가의 대시종이라고들 불렀다. 사실 그들은 어디에 힘이 있는지 냄새를 맡아 알아내서는 용의주도하게 봉사한다.

도지사는 타른에 도착하자 당연히 지역의원들과 접촉을 가졌고 따라서 조레스를 방문했다. 언변이 좋은 그는 출신이 같은 사람들끼리 하나로 뭉치는 암묵적인 결탁관계를 만들고자 시도했다. 그들은 표면적인 반대를 넘어, 같은 이해관계와 같은 감수성을 가지고 있지 않은가. 자신의 재주를 믿고 이 천진한 조레스쯤이야 아첨으로 속여 넘기리라고 작심했다. 결국 교수 아닌가. 옷도 제대로 챙겨 입지 못하는 교수나부랭이. 두 지사는 반듯한 복장을 하고 하인도 여럿 부리고 사륜마차를 타고 알비의 지사관저에서 많은 빈객을 접대하고 있었다. 그는 조레스에게 신문에 기고하는 글을 정말이지 매우 흥미롭게 열심히 읽는다면서, 그 고매한 안목을 높이 산다고 단언했다. 게다가 그는 사회주의를 이해하기를 원했다. 이 도에서는 그럴 필요가 있었다. 그는 조레스가 권해 주는 책을 읽고 싶다고 했다. 타른 도의 공화파를 결집시킬 정책을 추진하는 것이 그의 목적이었다. 분명 조레스는 그 인사들 중 한 사람이었다. 따라서 그는 지사의 도움에 기댈 수도 있었다. 그리고 지사는 그의 투철한 책임감과 의회에 신뢰를 보낼 것이다──물론 분명하게 밝히겠지만.

지사가 국민의 선량과 함께 존경받는 것이 관행이고 정식이다.

하지만 두 지사가 자기 말을 제대로 알아듣는 사람들만 있을 때는 자신 있게 이렇게 말하는 것을 들을 수 있었다. "우리는 조레스를 손에 넣어야만 한다. 어떤 식으로든. 타도해야 할 대상이다."

그 까닭은 두 지사가 반동적 알렉상드르 리보 정부의 대표였기 때문만은 아니다. 이 지역 고용주들의 결심을 의식했기 때문이다.

솔라주 후작은 한밤중에 그의 카르모 성채의 비밀 문으로 황급히 피신해야 했던 일을 잊지 않았다. 그가 유감으로 여기는 것은 의원직을 잃었다는 것 자체가 아니었다. 그는 사직할 수밖에 없게 되었고 그 자리를 조레스라는 자가 차지한 것이며, 때문에 그 사람을 용납할 수 없었다. 레유 남작은 한층 더 단호했다. 그런데 이제 그들에게는 카르모 유리공장의 르세기에 사장이라는 새로운 동맹자가 생겼다. 그는 하층민 출신의 고용주답게 완강한 사람이었다. 자기 힘으로 성공한 사람들에게 볼 수 있는 공격성과 강한 집념이 있었다. 이 공화파는 툴루즈에서 시작한 유리병 영업점을 기반으로 제국을 건설했으며, 이어 카르모에서 공장을 세울 때마다 그 지분을 사들여 제조과장을 장악했다. 에로 도의 부스케-도르프에도 공장을 가지고 있었다. 언제나 그는 능란하게 술수를 부리고—다른 제조업체의 상표를 도용하는 일 등을—거리낌 없이 해치웠으며, 겉으로는 피고용인들에게 임금을 더 많이 주는 척하면서 실제로는 착취하는 위장된 관대함이 잔뜩 배어 있는 선동을 했다. 이런 식으로 경쟁자들을 물리치고 유리한 가격에 석탄을 구입하는 계약을 광산회사와 체결했다. 유리병공장 운영이사회에 솔라주 후작을 참여시켰고, 이렇게 해서 80세의 늙고 완강한 르세기에와 레유 가와 솔라주 가 사이에 노동운동을 분쇄할 확고한 동맹이 성립되었다.

더구나 사업현황이 이들에게 유리했다.

하루 생산량 1만 개를 내는 유리병공장은 500만 개가 넘는 재고가 쌓여 있었다. 두 지사는—정부의 지시에 따라—노동측의 모든 요구에 대해 가차없는 정책을 펼치도록 조장했다. 어떤 요구든 일절 받아주어서는 안 된다. 모든 운동을 싹부터 자른다. 정치적으로도 '새바람'이 불어왔다. 솔라주 후작과 레유 남작은 뒤퓌이, 리보, 카지미르-페리에 심지어 펠릭스 포르로 상징되는 이 공화국에서 인정받았다.

르세기에는 이 부추김에 한층 흡족해할 이유가 있었다. 그의 노동자들이 이미 1887년부터 조직을 과시하고 있었기 때문이다.

사실 그의 고용인들은 한창 노조가 일어나는 기운을 놓치지 않았다.

르세기에는 몽뤼송 지역에서 숙련공들에게 호소해서 직원을 모집했다. 이렇게 카르모에 정착하게 된 노동자들 중 일부는 프랑스노동자당에 가입했는데 오쿠튀리에가 그런 경우였다(1892년 조레스가 출마했을 때 합류한 사람들 중 하나). 그는 노조를 조직했다. 르세기에에게서 받는 임금이 광산의 임금에 비하면 높아도 작업조건은 가혹했기 때문이다. 이들은 용광로의 높은 열기 속에서 입으로 유리를 불어야 했다. 용광로의 강한 불빛에 피부가 그슬리고 땀이 줄줄 흘렀다. 미지근한 물을 배가 불룩해질 정도로 마셔 식욕도 없었다. 또 체력소모가 심해 걸핏하면 병에 걸렸다. 19세기 말의 유리공장은 마치 도살장에서 노동하는 것과 같은 제조업체 중 하나였다.

"유리제조공들이 용광로 열기 속에서 엄청난 땀을 흘리면서 기력을 완전히 다 소진하지 않고 병을 불려면 하루에 적어도 물을 20리터는 마셔야 한다는 걸 아는가?" 하고 조레스는 물었다.

그리고는 유리제조공들이 '잃어버린 식욕'을 살려보려고 맛있는 음식을 차려서 먹는 것을 보고 놀라면서 "유리제조공들은 얼마나 미식가인가! 좋은 건 다 먹어야 한다"고 말하는 '신사나리'들에 대해 분개했다.

1891년에 파업이 일어났다. 조레스는 르세기에와 관리부장인 그의 사위 모프르가 폐기처분되는 불량품에 대해서는 임금을 지급할 수 없다고 우기면서 그 병들도 팔았다고 야유했다. 노동자들은 그것들에 대한 수당을 받기로 되어 있었지만, 사실 회사는 유리제조공 개개인의 생산량을 증대시킴으로써 지급한 것을 도로 회수해 갔다.

그러나 르세기에는 다른 운동들과 부딪치는 상황을 만들기를 원치 않는다면 자신이 먼저 일을 저질러야 한다고 생각했다. 솔라주와 레유, 두 지사가 그를 지지할 태세였다.

몇 주일은 버틸 수 있는 재고확보로 유리한 고지에 있다. 고용주집단은 정부와 함께 조레스에게 맞설 수 있다. 카르모에서 정치적이고 사회적인 공세를 취하는 것이다. 그렇다면 창을 먼저 던질 수 있다. 광산회사의 의사 쉬드르 박사가 보수파 전체를 결집시키는 정치블록—새바람—을 만들었다. 오직 목적은 1892~93년의 실패를 깨끗이 지워 없애는 것, 즉 노동자들의 야심을 끝장내고 그 김에 조레스를 정치적으로 제거해 버리는 것이다.

이를 위해서는 1월 선거, 이어 1893년 8월의 선거에서 1892년 노동자 승리의 상징인 인물부터 먼저 쳐버려야 한다. 그것이 조레스가 카르모에서 얻은 승리의 서막이었다. 장-바티스트 칼비냐크가 그자이다. 노동자 시장, 화 잘 내고 고집 세고 온 얼굴에서 결단력과 예리한 지성을 뿜어내는 그 교활한 자.

정부는 민주주의의 현실에 거의 개의치 않았다. 법령집에서 의원 하나를 파괴할 수단을 골라낼 수 있다면 구실을 만드는 것은 일도 아니었다.

그리하여 두 지사는 칼비냐크가 기한 내에 선거인 명부를 수정해야 하는데 이를 제대로 하지 않은 것을 확인했다. 지사는 시장의 직무정지를 결정했다. 그리고 정부는 1894년 3월 12일 각료회의의 결정사항으로 카르모 시장 칼비냐크를 1년 동안 직위해제하는 것을 택했다.

정치적 의도와 공세적 현실을 보여주는 그 법령은 칼비냐크 한 사람을 겨냥했다. 그러나 카르모 사람들은 가만히 있지 않았다. 시의회 전원이 사임했고 다시 선거를 해야 했다. 유권자들은 정부와 도지사를 모욕하면서 사회주의자를 찍었다. 시의회가 새로 구성되고 칼비냐크가 시장으로 선출되었다. 보통선거의 의지를 이보다 더 확실하게 확인하기도 어렵다. 그러나 정부는 이에 전혀 개의치 않고 칼비냐크의 선출은 무효라고 했다. 진퇴양난에서 벗어나기 위해 사회주의자 시의원들은 그들 중 한 사람인 수석보좌관 마장스가 1895년 4월에 칼비냐크가 다시 선출될 때까지 시장을 맡기로 결정했다.

정치인은, 비록 시장 정도의 권력이라 해도 권력을 쥐었을 때 참모습이 드러난다.

두 지사는 마장스를 세심하게 보살펴주었다. 그가 최고이다. 칼비냐크에게 자리를 내줄 이유가 어디에 있는가? 어쩌면 두가 다른 압력수단도 쓰지 않았을까? 어떻게 사람을 부패시키는지를 아는 것도 정치적인 지사의 속성에 속한다. 아무튼 마장스는 그 순간이 왔을 때 자리양도를 거부했다. 고성이 오가는 격한 회의였다. 칼비냐크가 공개석상에서 모욕적인 언사를 썼나? 과거 동지에게 "매수당한 배신자"라고 소리쳤나? 역시 시의원이고 르세기에 유리병공장의 노조원인 보도가 그에게 합류했나? 상황이 어떻게 돌아갔는지, 지사가 고소를 하여 칼비냐크와 보도는 법정에 섰다. 검사는 그들을 "평판이 난 선동가들"이라고 했다. 그들은 카르모 사람들이다. 더 물을 것도 없다. 가혹한 판결이 내려졌다. 보도는 면직되고 칼비냐크는 40일 구류에 앞으로 5년 동안 공민권이 박탈당한다.

1892년의 보복인가? 솔라주와 레유, 르세기에 그리고 두 지사는 그렇게 상정했다. 그러나 1895년 7월 28일의 군 선거에서 보도와 칼비냐크는 각각 면의원과 군의원에 선출되었다. 고집 센 저 노동자들! 그해, 1895년에 누가 힘이 있는지 그들에게 보여줄 것이다.

1895년 7월 30일, 보도와 펠티에—부스케-도르프 유리병공장의 대의원—는 르세기에에 의해 목이 잘렸다. 이사회는 1892년에 광산회사가 칼비냐크를 걸고넘어진 결근이라는 구실을 똑같이 써먹었다. 보도와 펠티에가 대의원 자격으로 유리제조공 노동조합대회에 참석한 것은 사실이었다.

그리고 르세기에는 지역 고용주들의 확고한 지지 그리고 지사와 정부지침의 결정적인 지원을 등에 업고 사전조정을 일절 거부했다. 파업을 하고 싶으면 어디 마음대로 해봐라, 하고 노동자들에게 말했다. 파업의 위협 앞에서 결코 물러나지 않겠다고 여러 차례 거듭해서 밝혔다. 『툴루즈 통신』에 실린 편지에서 그렇게 썼다. 나아가 툴루즈의 신문인 『르 텔레그람』(*Le Télégramme*)을 장악해서 계속 경계심을 늦추지 않았다. 르세기에는 노련한 고용주였다.

칼비냐크가 시장에서 축출된 후 고용주들과 정부는 그를 빌미로 한판 벌일 생각이었던 것은 분명하다. 반드시 개입하고 들어올 조레스가 적수들이 싹 준비해 놓은 싸움의 희생자가 되기를 바란 것이다.

1895년 사건의 현장인 카르모는 확대경이다. 제3공화국이 뒤퓌이와 리보 씨라는 확고한 보수주의자들에게 장악되었을 때 실제로 어떻게 작동하는지 거울처럼 비추어준다.

시간이 흐르면서 정치권력과 고용주의 밀착관계가 드러났다. 보통선거의 뜻을 뒤엎으려는 지사의 술수는 훤히 보였다. 노동세계를 향해, 경찰과 사법부나 유리병공장 이사회를 통해서 행사된 폭력은 적나라했다. 노동조합과 사회주의 의원들을 파괴하려는 반동정책은 명명백백해졌다.

저항의 의지가 분명했던 만큼, 노동자와 노동자 선량들은 난관 속에서도 필사적으로 싸웠다.

만약 우리가 민주주의란 끝없이 쟁취해야 하는 것이며 사회집단들간의 세력관계가 민주주의의 기능과 범위를 결정한다는 것을 믿고자 한다면, 1895년 8월의 카르모를 가보면 된다.

7월 31일, 유리병 노동자들은 파업에 돌입했다. 그들의 대표인 보도와 펠티에의 해고에 항의하기 위해서였다. 그들은 조레스에게 전보를 보냈다.

조레스는 브술레에 머무르고 있었다. 급히 가야 했다. 그는 카르모를 대표하는 의원이자 노동자들의 대변자였다. 어떻게 그들의 부름에 응하지 않을 수 있는가. 그는 루이즈와 마들렌이 있는 집과 친구 르나르를 떠나 곧바로 8월 1일에 카르모에 도착했다.

그는 덫에 걸려들었다.

기차 승강장에서 그를 기다리고 있던 노동자들은 상황을 설명한다. 조레스는 현실적으로 분석한다. 파업은 어렵다. 협상을 해야 한다. 바로 그날 저녁, 그는 관리부장 모프르를 만나 협상을 제의한다. 노동자들은 대의원들에 대한 제재를 받아들이고 대신 사측에서는 그들을 해고하지 않는다는 것이다.

냉담한 모프르는 르세기에 씨에게 전하겠다고 쌀쌀하게 밝힌다.

조레스는 그를 만나자 고용주집단이 한판 붙기로 작정했다는 것을 감지한다. 이 싸움이 전국적인 결전이 되리란 것을 짐작한다. 파리에서는 『르 탕』 (*Le Temps*, 시대)이 조레스의 제안—노동자들의 이 명예로운 항복—은 필시 분쟁을 정치적으로 비화시킬 것이기 때문에 절대로 받아들여서는 안 되는 사회주의적 책략이라고 논평한다.

르세기에는 거부한다.

조레스는 막이 오르는 것을 실감한다. 그는 노동자들에게 아무것도 얻어내지 말고 작업을 재개하고, 연대로써 해고자들의 수입을 보장해 주라고 충고한다. 근본적인 것, 즉 최대 다수의 노동을 구하기 위한 전적인 항복이다. 그러나 르세기에는 이런 현장복귀조차 받아들이려 하지 않는다는 소문이 퍼지기 시작한다. 선동을 끝장내려는 것이다.

8월 7일, 조레스는 알렉상드르 리보 총리에게 전보를 발송한다. 다음과 같이 모든 것을 명료하게 밝힌다.

본인은 공화국 정부의 최고 책임자인 귀하께 직접 말씀드립니다. 카르모의 상황이 갑자기 악화되었습니다. 어제, 화요일 오전 11시에 이곳에서는 모두 파업이 끝났다고 믿고 있었는데…. 하지만 르세기에 씨는 카르모 노동자들에게 전보를 보내, 사정상 유리병공장은 한참 후에나 문을 다시 열 것이라고 통지하면서 그 사정은 밝히지 않았습니다…. 이로써 다시 파업이 시작되었습니다. 고용주 그 한 사람 때문에 말입니다…. 그는 노조를 파괴하기 위해 파업을 원하며 또한 자신의 정치적 의도를 위해 파업을 원합니다. 전투적인 신문의 설립자이자 대주주인 그는 카르모의 사회주의자들을 굶주리게 하여 보복하려고 합니다….

저로 말할 것 같으면, 도발의 기미가 있는 그 어떤 행동에 대해서도 냉정을 잃지 않고 끝까지 침착할 것이며, 모두에게 끝까지 충고할 것입니다. 공화국 프랑스 전체가 항의하지 않을 리 없다고 보기 때문입니다….

카르모 노동자들과 함께하는 전국적 연대를 확신하는 이 전보는 조레스가 이 사건을 어떻게 간파했는지를 알려준다. 도발은 지역적 충돌의 차원을 넘어섰다. 그는 다시 도전에 응했다. 날짜를 정하고 푸르미 사건과 이런저런 도발사건, 테러와 탄압으로 얼룩진 이 시기의 정치적 분위기를 명심하면서 리보에게 편지를 썼다.

불의와 가난으로 그 고통이 더욱 심해진 노동자들은 당연히 원한을 품게 되고 결국 폭력에는 폭력으로 대응하게 됩니다.

위험의 순간에 나는 그들과 함께 그들의 선두에 서 있을 것이며, 정부와 고용주들이 무엇보다 공화파라는 죄밖에 없는 이 용감한 사람들을 향해 발포하는 서글픈 만용을 부린다면 이들이 흘린 피는 공화국이 침해당한다는 이름 아래 그 같은 범죄를 준비하거나 묵인한 참담한 체제로 되돌아갈 것입니다.

적대감은 노골적이었다. 카르모는 전국적인 싸움의 장이었다. 신문은 스스로를 속이지 않았다. 르세기에는 자신의 신문 『르 텔레그람』에서 비난을 되풀이했고, 그것을 파리의 온건파 일간지들은 받아서 썼다. 그 신문들은 담력 있는 훌륭한 고용주 르세기에를 찬양했다. "노동자들의 요구를 단호하게 꺾어버리고 그들에게 고용주의 뜻을 받아들이도록 하는 최초의 기업체를 보게 될 것"이라면서 이제 됐다! 하고 『르뷔 데 되 몽드』는 썼다. "이 모든 것을 바꿔놓은 사람이 바로 르세기에 씨이다." 그러면서 조레스가 광부들의 어려움을 이용해서 자기 마음대로 행동한다고 비난했다. 개인적인 목적을 위해 이 사람들의 비참한 상태를 활용한다는 것이다. 기자는 조레스가 브술레의 자택에 편안하게 앉아서 파업자 지지 순회강연을 준비하고 기분 전환하느라 발자크의 『베아트리스』를 읽는다고 묘사했다. "그 작품을 칭송할 수밖에 없다. 더할 수 없이 격렬한 열정은 때때로 긴장을 풀어주어야 하기 때문이다. 하지만 카르모의 유리제조공들은 그런 종류의 오락거리를 손에 넣을 수 없다. 그들은 무엇을 하며 시간을 보내고, 아니 우선 살아남기 위해서 무엇을 할 수 있겠는가?"

이처럼 중상모략이 퍼지고, 부호처럼 편안하게 살면서 자신이 착취하는 불쌍한 사람들에게 반란을 조장하는 조레스라는 풍자가 그려지기 시작했다. 증오가 조레스를 잡고 늘어졌다. 현실참여의 대가이다. 증오는 이제 그를 놓아주지 않으리라.

협박 역시 그러할 것이다.

카르모는 계엄령 상태에 놓였다. 두 지사는 기마헌병의 순찰과 수색을 강화하고 핑곗거리만 보이면 체포했다. 이리하여 오쿠튀리에와 유리제조공들이 법정에 서게 되었고, 베르트랑 검사는 노동자들의 위임을 받아 출석한 조레스를 가리키며 쏘아붙였다. "판사 여러분, 바로 저 작자입니다. 저자가 못된 사상으로 사람들을 타락시키고 지금 이 자리에 출석한 건 틀림없이 법정에서 비열한 압력을 행사하기 위함입니다."

사회주의 의원들이 리보 수상에게 항의를 했음에도 불구하고 그 검사는 아무런 제제도 받지 않았다.

또한 거리를 다닐 때도 헌병들이 조레스 곁에 바짝 붙어서 다니고 한번은 그중 하나가 이렇게 중얼거리기까지 하여 긴장이 고조되었다. "조레스 씨, 어디로 들어가시오. 당신을 살해하려고 해요." 나중에 한 헌병은 자기 동료 하나가 조레스를 해치우기로 되어 있었는데, 그에게 만약 그 임무를 정말 수행하면 죽여버리겠다고 위협했다고 스스로 고백했다.

어떻든 조레스는 경찰들과 밀고 당기고 거친 행동을 하다가 여러 차례 체포된다.

정부의 지지를 받은 고용주의 도발적 행동이 만들어낸 상황이었다. 유리병회사의 부사장 시르방은 이에 항의하여 사임하기까지 했다.

프랑스 전역에서 신속하고도 힘 있게 연대를 표명했다. 모금이 이루어지고, 조레스가 파리 티볼리 보알에서 1만여 명을 앞에 놓고 이끌었던 것과 같은 집회가 열렸다. 카르모 현지에도 사회주의 의원들이 노동자들을 지지하고 나섰다. 조레스는 영향력이 있고 그 명성이 유리제조공들의 투쟁에 도움이 되는 인사라면 누구에게나 호소했다. 그 때문에 그는 클레망소에게 카르모를 방문해 주십사, 진심으로 간청했다. 다음은 조레스의 개입방식이 잘 드러나는 감동적인 편지이다.

친애하는 클레망소 씨에게

귀하는 르세기에 씨가 노동자들을 향해 시작한 싸움을 자세하게 알고 계실 것입니다. 부디 저희들을 도와주십시오. 카르모의 모든 노동자들이 얼마나 깊이 귀하에게 감사하는 추억을 지니고 있는지 아실 것입니다. 그들은 위기를 겪으면서 귀하에게 호소해 달라고 저에게 부탁했습니다. 그들에게는 그럴 권리—전적인 권리가 있습니다. 귀하는 『라 쥐스티스』로 그들을 도울 수 있습니다. 그리고 제가 감히 청해도 되겠습니까? 귀하가 그들을 위해 글뿐 아니라 연설을 해줄 수 있는지요! 여기서는 모두가 귀하를 더없는 기쁨으로 맞이할 것이며 멋진 공화파 시위를 벌일 것입니다.

저는 형식을 매우 중요하게 여기지만, 형식을 떠나서 참담한 반동에 맞서서 사회주의적 관용의 정신을 확인한다면 얼마나 근사하겠습니까?

귀하가 거친 투쟁에서 멀리 떨어져서 깊은 사색을 하시며 그 묵상을 통해서 매우 고귀하고 새로운 기쁨을 찾는다는 것을 잘 알고 있습니다. 그러나 노동자들을 굶주림으로 몰아넣는 이 고용주의 공세와 정부의 묵인, 모든 노동조직과 모든 사회주의 사상에 대한 도발은 너무도 반동적인 뻔뻔스러움이어서 초창기의 투사들 모두 다 떨쳐 일어나야 할 것입니다.

제가 무례하다면 용서를 바랍니다. 저의 무례를 알고 있습니다. 마음으로부터 정중한 인사를 드립니다.

장 조레스

그러나 클레망소는 답변을 하지 않았다. 사회주의 의원들만 움직였다. 이리하여 9월 14일 밀랑이 조레스 편에서 발언했다. 번번이 경찰이 동원되어 집회를 열지 못하게 막았다. 청중과 연사들 다 겁을 먹고 포기하게 만들려는 속셈이었다.

"카르모에 대한 작전 때마다 내 앞에는 경찰들만 있다. 그래서 싸우다가 그들에 대해 말하지 않을 수 없을 때면 하루 종일 내 자신이 역겨워진다"고 조레스는 탄식했다.

매일 가두투쟁이 벌어지고, 대결과 불의―연대조직의 자금을 관리하는 회계 노동자 두 명이 10월 15일에 체포되었다―를 경험하고 자기 주변에 감도는 증오감을 느끼고 자신을 겨냥한 위협을 겪으면서 조레스는 바뀐다.

"그들은 결코 나를 자기네들 수준으로 끌어내리지는 못할 것이다. 그들이 나를 헐뜯을 빌미를 주지 않고 신중하게 싸울 것이다"고 말하는 조레스에게서 신랄함 같은 것은 전혀 찾아볼 수 없다. 그에게는 이런 만연한 난폭함을 피할 수 있게 해주는 자원들이 있었다. "이따금 나는 한 시간 정도 잠깐씩 혼자 있을 때면 인간에게 저 높은 곳 영원한 정온(靜穩)으로 향한 길을 열어주었던 사상의 스승들을 다시 만난다." 그는 고전들을 읽고 들판을 걸었다. 혼자서. 이렇게 해서 다시 힘을 얻었다.

그리고 또 "돈 있는 자들이 권력 가진 사람들의 도움을 받아 자신들의 지배를 연장하려고 저지르는 구역질나는 온갖 위선과 이기적인 술수와 야비한 폭력을 겪을 때면 나는 이 근로자들 중 누군가를 향해 발길을 돌린다."

그는 희생의 감각을 가진 이 사람들, "사회문제를 향해, 인간의 문제를 향해서" 믿음과 신념을 드높이는 이들 독학자들을 좋아했다. "그러면 나는 인간의 본성에 대해 안도하게 된다. 정부와 국민의 경찰이 작전을 벌이는 것을 조용히 경멸하면서 바라본다"고 조레스는 말했다.

그러나 이 경험은 조레스의 마음에 깊이 새겨진다. 그는 사회의 심장부에서 국가권력의 폭력을 목도한다. 10월 24일 그는 하원의 대정부 질의 중에 외치게 된다. "아! 신사 여러분, 온건파는 온건하다는 전설을 끝내야 합니다."

경찰을 공격에 나서게 한 것은 바로 이 온건파들이었다. 연대조직의 자금을 관리하는 회계원들을 부당하게 공금횡령으로 수갑을 채워 잡아넣게 한 것도 그들이었다. 운동을 파괴하기 위해 모든 것을 다 동원하고 있었다. 심지어는 카르모 밖에서 노동자들을 불러오려고 했지만 그 '어용'들은 동지들을 배반하기를 거부했다.

조레스는 이 모든 것을 깊이 사고했다. 작업재개를 위해 도지사에게 정확하게 어떤 압력을 가해야 할지 생각했다. 어떤 젊은 여성은, 만약 그의 아버지와 오빠가 유리공장으로 돌아온다면 교사 자리를 주겠다는 제의를 받았다. 또 다른 사람들에게는 복종하면 금전적인 지원을 약속했다.

더구나 경찰과 기마헌병은 인도를 따라 집집마다 조레스를 쫓아다녔고 그는 이들의 공격에 물리적으로 맞서야 했다. "그들은 말을 타고 말 가슴팍으로 우리를 좁은 골목으로 몰아넣고는 그렇게 두 시간 동안 속보로 돌아다니며 카르모 시 광장들에 그림자 하나 얼씬거리지도 못하게 했다"고 그는 하원에서 진술했다.

이제 조레스가 육체적으로도 용감한 사람이라는 걸 알게 된다. 거리에서 이 폭력에 맞서 싸웠기 때문이다.

1895년 10월 24일과 25일 그는 하원에서 이 진술을 계속한다. 그가 리보와 온건파 정부를 규탄하자, 이에 맞서 38세의 젊은 내무장관 조르주 레그가 나선다. 하지만 소용없는 일이다. 모든 사실이 논란의 여지 없이 분명했다. "우리를 가두어놓으려는 우스꽝스런 폭군들"이라고 말할 때 조레스의 물 어뜯을 듯이 경멸 어린 냉소. 그리고 빅토르 위고의 『징벌』(*Les Châtiments*)을 상기하면서 이렇게 덧붙인다. "우리는 한번도 이 벌레를 이 몽둥이로 으스러뜨리겠다고 생각해 본 적이 없다."

큰소리가 터진 격한 토론이었지만 여기서 조레스는 다시 한번 탁월한 웅변가로 자리 매김한다. 카르모 시장에서 어느 농부가 했던 말을 르세기에의 신문이 대수롭지 않게 활자화한 것을 들려줄 때 그의 비중은 포착된다. "결국엔 그 조레스 모가지에 수레 막대기를 처박아 치워버리면 되지 않나?"

그런데 조레스는 이 구절을 읽으면서 이렇게 덧붙인다. "사실 우리가 해방시키고자 하는 사람들에 의해 우리가 쓰러지는 날이 올지도 모른다…." 마치 명상하듯이 잠시 침묵하고는 다시 말을 잇는다. "하지만 결국 그것이 뭐 중요하겠는가! 근본적인 것은, 인생의 하고많은 사건들과 역사의 선동들 속에서 우리가 인간의 호의나 물질의 은혜로 용서를 받는다는 것이 아니다. 근본적인 것은, 우리가 우리의 이상에 따라 행동하고 언젠가 우리가 정의라고 믿는 것에 힘을 쏟고 적막과 어둠 속에 영원히 몸을 누일 그날까지 인간으로서의 도리를 다하는 것이다."

의사당은 이 진지하고 위엄 있는 연설에 사로잡힌다. 순간 얼어붙은 듯 고요하던 의사당에서 좌파와 극좌파의 박수소리가 울려퍼진다.

물론 여당이 표결에서 이겨 273 대 176표로 조레스의 질의를 물리친다. 그러나 조레스의 그 말과 그 사실은 머릿속에 박힌다.

다음날, 수염을 짧게 깎고 시가를 입에 문 보헤미안풍의 50대 급진파 의원이지만 정계의 예리한 관찰자인 카미유 펠탕은 이렇게 쓴다. "이 연설은 새로운 조레스를 보여준다. 이제 그는 완벽한 웅변가이다. 그는 오랫동안 축적한 구체적 사실들로 의회 연단의 걸작들 중 하나를 만들었다. 그는 야유도 분노로 구사한다."

사실 조레스는 리보 내각에 치명타를 입혔다.

10월 28일, 공금횡령과 새로운 스캔들을 추측하게 하는 남부철도(Chemins de fer du Sud)의 재정운영과 관련하여 변명의 여지가 없게 되었다. 그날 리보는 275 대 196표로 역전되었다.

이 싸움의 첫번째 접전에서 조레스는 눈부시게 승리했다.

샤를 뒤퓌이와 카지미르-페리에에 이어 알렉상드르 리보는 이 '악마'가 그 혼자만으로도 가공할 세력이라는 것을 배웠다.

그런데 그는 혼자가 아니다.

08 │ 노동자들, 자유의 요람을 건설하다 1895 / 1896

사람들이 조레스를 에워쌌다. 사회주의 의원들이 몰려들어 축하를 하고 그의 의견을 경청했다. 투표결과가 발표되자마자 리보가 각료석에서 벌떡 일어났고, 그러는 사이에 본회의의 종결과 정부의 사망선고로 웅성거리는 소리가 의사당을 뒤덮었다.

표결의 결론을 내는 것은 공화국 대통령 펠릭스 포르이다.

리보를 넘어뜨리기 위해 사회주의자들에 합세한 급진파 의원들이 조레스 주위로 모여드는 가운데 그는 설명을 계속해 나갔다.

사람들은 그의 말을 듣기를 좋아했다. "공화국 정신에 대한 공격은 실패했다"고 그는 말했다. 반동적 기도의 여권 대들보가 막 무너진 것은 사실이며, 이런 기도가 적용된 지점 중 하나가 바로 카르모에서 조레스에 반대하여 수행된 사회전쟁이었다.

조레스는 '새바람'을 끝장내려면 여권을 바꾸어야 한다면서, 자신이 샤를 뒤퓌이에게 했던 말을 상기시켰다―뒤퓌이, 리보, 카지미르-페리에는 얼굴은 다 다르지만 정치는 똑같은 하나다. "귀하는 어제의 적들을 공화국에 받아들이지만 결코 공화국을 파괴할 수 없다…. 귀하는 세속의 법에 성직자의

227

기풍을 최대한 도입하지만, 그 법들을 파괴할 수 없다."

"자, 그것이 심판을 받았다"고 조레스는 말을 맺는다. 따라서 바꾸어야 한다.

사람들은 조레스에 동의했다. 또 다른 다수파를 찾아야 하는데, 조레스의 연설이 이끌어낸 표결로 그 세력이 부상했다. 새로운 다수파는 사회주의 의원들의 지지를 받는 급진파 의원들로 구성되었고, 거기에 새바람과 이 반동에 반대하여 체제 비판자들과 결합한 공화파 사람들이 가담했다.

비록 우파연합으로 선출되었지만, 아무튼 펠릭스 포르는 제도를 존중했다. 사람들이 펠릭스1세라고 야유하는 이 태양 대통령은 재산('미남 펠릭스'는 저녁에 엘리제의 은빛 살롱에서 특별한 손님을 맞았다) 못지않게 외양에도 신경을 쓰는 만큼 정부를 구성하기 위해 급진파를 한 사람 부를 수 있을 것이다.

왜 안 되겠는가?

조레스는 팔레-부르봉을 나왔다.

1895년 10월. 늘 하듯이 걸어서 집으로 돌아간다. 그에게 찾아든 비만과 싸우기 위해, 무거워진 몸을 조절하여 육중하고 네모난 얼굴윤곽을 바꾸기 위해 운동에 조금 신경을 쓰는 것이다. 그렇지만 조레스는 겉모습에는 관심이 없다. 그는 자신의 삶을 불태우며 살아간다. 그래도 때로는 숨이 막히고 피로에 짓눌린다. 연설, 글쓰기, 여행, 시위, 정신적인 긴장으로 한꺼번에 와르르 무너질 수도 있다. 4월에 알제에서 보낸 일주간의 휴식은 먼 기억일 뿐이다. 여름내 카르모에 있었다.

증오 역시 피로를 주었다. 마담 거리의 아파트로 돌아가면서 걷는 몇 분, 혼자만의 이 순간이 얼마나 편안한가.

그러나 할 일이 태산 같다.

그는 중단할 수도 없고 중단하고 싶지도 않다. 그는 리더가 되었고, 리더는 방향을 제시하고 사람들과 협의하고 협상을 전개해야 한다. 그 일은 힘을 북돋워주고 흥분케 하고 극도로 긴장시킨다.

다행히 걸어가면서 잠시 틈을 갖는다. 다시금 깊은 사색을 하며 급히 읽었던 페이지들이지만 사상의 세계로 옮겨가 있다. 이렇게 다시 정신을 차리고—그러나 피로는 여전하여 신경질적으로 깜박거리는 오른쪽 눈의 경련 속에 예민하게 남아 있다—글을 쓰고 말하고 조언을 해준다.

"조레스 그는 교황이야" 하고 한 증인은 확신한다. 그는 조레스가 사회주의자들에게 끼치는 영향력을 헤아린 것이다.

그 가운데 어떤 이들은 '독립적인 사회주의자' 이외의 다른 파는 거부하는 이 사람, 마르크스주의 이론은 받아들이지 않으면서 자신의 분석을 내놓는 이 사람의 권위에 불안해했다.

정통이론의 수호자인 프리드리히 엥겔스는 여러 차례 폴 라파르그에게 캐어물었고, 마르크스의 사위는 별 도움 안 되는 증언을 엥겔스에게 보냈다. "조레스가 그런 지위를 차지할 수 있게 도운 것은 우리가 아니다. 전적으로 그 혼자서 했다. 그는 하원에서 사람들이 가장 경청하는 웅변가 중 한 사람이다. 지금까지 그의 행동은 해롭다기보다 오히려 바람직했다. 그가 제시하는 방식으로 해서 우리가 다가가지 못했던 계층으로 사회주의가 침투했기 때문이다."

그는 엥겔스를 설득하고 또 자신이 끊임없이 주의를 기울이고 있다는 것을 증명하기 위해 이렇게 덧붙였다. "그는 부르주아지에게 사회주의를 존중할 만한 것으로 보이게 한다. 조레스와 밀랑은 지금 자유주의자들이 가장 두려워하는 사회주의자 두 사람이다. 어느 날 그들이 위험해질 수도 있겠지만 그때는 그들이 크게 해가 되지 않을 만큼 사회주의가 강력해져 있을 것이다."

이 마키아벨리즘은 엥겔스를 전혀 설복시키지 못했다. "오늘은 하원이 그들의 말을 듣고 그들은 그곳에서 우리를 침묵시키지만, 내일은 온 나라가 그들의 말을 들을 것이다."

여론이 조레스의 효과를 증명해 주었다.

공화국의 역사에서 처음으로 대통령은 전원 급진파로 이루어진 조각(組閣)을 수락하게 되었다.

1893년의 정치성향에 비하면 엄청난 방향전환이었다.

급진파의 가장 빛나는 인물인 클레망소도, 펠탕도 물론 내각에 참여하지 않았다. 그러나 이 변화가 정치에 미친 영향력은 막대했다. 조레스의 승리이고 그가 개입한 사회투쟁의 승리였다. 그는 자본주의를 전복시킬 급진파의 역량에 지나친 환상을 갖지 않았다…. "급진주의에게 자본주의는 폐위시킬 수는 없고 다만 채찍질로 규율을 잡아야 할 정당한 왕조이다. 경제적으로는 이상하고 일시적인 개념이고 정치적으로는 입헌군주제에 해당한다."

그러나 '새바람' 인사들의 반동보다는 급진파가 제기하는 개혁이 나았다. "뒤퓌나 리보보다는 새 정부의 수장을 맡을 레옹 부르주아가 더 낫다"고 조레스는 말했다.

44세. 도청에서 근무한 전직 변호사인 이 인사는 경찰국에도 있었다. 체구는 작지만 정력적이고 안경 너머로 예리한 눈이 반짝이는 부르주아는 다른 사람들에게 주의를 기울였다. 그는 사람들에게 봉사했고, 1888년에 유권자들은 그를 마른 도 하원의원으로 선출했다.

그는 부드러운 목소리로 말하고 연대주의 이론의 초안을 잡았으며 실용주의자가 아니었다. 자유주의의 약점을 보완하기 위해 사회법을 제정해야 하

지만 결코 사유재산에 손을 대서는 안 된다고 생각했다. 고드프루아 카베냐
크를 국방장관, 폴 두메르 교수를 재무장관 그리고 신학자였다가 의사가 된
60세의 에밀 콩브를 교육 및 종교부장관으로 임명하는 등 새로운 인사들을
포진시켰다. 부르주아 정부의 각료 10명 중 8명이 프리메이슨이라는 소문이
돌았다.

레옹 부르주아가 취임연설에서 용의주도하게 교회와 국가의 분리 문제
는 무시하고 일련의 사회법(노동자퇴직연금, 사회분규의 중재, 상호부조회에
관한 법률안)만 지지하는 데 그쳤지만, 노선의 변화는 분명했다.

그러나 이 강령에서 물의를 일으킨 것은 종합소득세법안이다. 연간소득
5만 프랑(현시세로 약 60만 프랑) 이상에는 세율이 최소 1%에서 5%까지 누
진 적용된다. 서민가정 출신의 폴 두메르는 법안을 제출하면서, 이 법조문은
혁명적인 것이 아니라고 소개하며 프랑스 조세제도에 얼마간의 질서와 정의
를 도입하는 문제라고 역설했다. 그래도 상관없이 하원과 특히 상원에서 불
안과 비난의 분위기가 퍼졌다. 상원에서는 이미 이 법안을 두고 '공산주의의
대기실' 소리들을 했다. 우리는 몇 달 전에 조레스가 비슷한 조세법을 상기시
켰던 것을 기억한다. 레옹 부르주아의 책무는 힘들어 보였다. 그러나 그는 첫
번째 난관을 헤쳐 나갔고 신임을 얻었다. 사회주의자들은 그의 배후에서 블
록을 형성했다.

조레스는 만족스러웠다. 여러 가지 일들이 진행되고 있었다. 그는 결정타를
날렸다. 카르모에서도 마찬가지다. 레옹 부르주아가 등장하고 그 첫번째 효
과로, 가택수색과 기마헌병의 순찰을 지시했던 두 지사가 퇼르로 전보되었
다. 정부와 고용주들 사이에 더 이상 신성동맹은 없었다. 그러나 르세기에를
굴복시키기 위해서는 다른 대응이 필요했다. 유리병공장의 주인은 완강하게

거부했다. 증오심에 불타는 그에게 양보란 없었다. 그는 버틸 수 있었다. 공장의 재고품과 자신의 재산, 모든 고용주의 지원을 배경으로.

　　1895년 말에 이 분규의 질곡에서 벗어날 발상이 나왔다. 일터를 잃고도 투쟁의지가 확고한 유리제조공들에게 노동자들의 연대가 답지했지만, 가난과 굶주림이 그들의 목을 옥죄었다. 왜 르세기에의 공장을 무찌를 노동자들의 공장을 세우려고 하지 않는가? "우리는 할 수 있을 것이다"고 조레스는 쓰고 있다. 그가 표현하는 것은 모두의 꿈과 같은 것이었다. "공장 대 공장으로 대결할 수 있을 것이다. 그리하여 반동적이고 난폭한 기업의 이익과 자만심을 다 쓰러뜨릴 것이다. 그리고 전제적 고용주의 '막무가내 고집'을 꺾을 것이다."

　　이 발상은 세상에 나오자마자 곧바로 사람들을 사로잡더니 불길처럼 퍼져나갔다.

확실히 노동운동은 분열되어 있었다. 1895년 9월 리모주 대회에서—서적연맹과 전국철도노조가 주축이 되어—노동총동맹(CGT)이 창설되었지만 전체 노동자조직의 결집에는 성공하지 못했다.

　　해결해야 할 여러 가지 문제가 논쟁을 불러일으켰다. 우선, 총파업의 필요성 문제이다. 프랑스노동자당이 비난하는 이 행동양식을 조레스는 프롤레타리아 투쟁의 한 가지 방법으로 인정했다. 사회주의 정당들에 대한 노조의 독립성 개념도 쟁점이 되었으며 무정부주의자들의 구실이나 노동자 해방을 위한 경제행동의 필요성 개념도 도마에 올랐다.

　　이에 따라 CGT는 노동운동 통일의 노력을 대표하게 되었지만 지역 노동조직인 부르스노동연맹은 CGT에 가입을 거부했다. 부르스의 지도자들은 대부분 무정부주의 출신들이었는데, 게드 같은 '마르크스주의자들'과 마찬가지로 밀랑 식이나 심지어 조레스 식의 '정치꾼들'을 무시했다. 부르스노동연맹의 28세 젊은 총서기 페르낭 펠루티에는 엄격하고 독립적이면서도 의심이 많은 태도를 취했다. 프티부르주아 환경에서 자란 펠루티에는 자신의 전투적 열정에 완전히 매몰되어 있었다. 이 젊은이는—병으로 쓰러진다—마르크스주의와 절연했다.

한때는 무정부주의자였던 그는 단호하게 정치로부터 독립성을 제1원칙으로 삼고 노동계급에 헌신했다. 자유지상주의자로서 의회주의를 경멸하고 심하게 비판했지만, 그래도 조레스에 대해서는 너그러웠다. 그는 조레스를 "자유지상주의적 공산주의로 기울어졌다"고 보았다. 펠루티에는 이렇게 말했다. "그는 오직 한 가지 이유로 의회주의에 계속 충실할 것이다. 개혁입법이 사회체제를 변혁시키는 데 무력한 것이 드러날수록 그것을 더 절박하게 요구해야만 하기 때문이다. 실망한 민중은 화를 내고 국민이 자본을 장악하도록 압박할 것이므로."

그러나 펠루티에와 그외 무정부주의적 노조주의자들은 늘 깨어 있으면서 감시할 것이다.

노동자들이 직접 공장을 설립한다는 조레스의 제안은 노동계의 모든 계파를 유혹했다. 협동조합운동 참가자들(노동운동 내에 생산자협동조합 지지자들이 많았다)은 열광하면서 이 제안에 동의했다.

그러나 사업을 시작하려면 돈이 필요했다. 금화와 지폐로 10만 프랑(현 시세로 120만 프랑)이 팸플릿 저자이자 『랭트랑지장』(*L'Intransigeant*, 비타 협자) 편집국장인 로슈포르 앞으로 전달되었다. 어느 노부인이 내놓은 돈이었다. 이름이 당부르인 그 부인은 이 돈을 무정부주의 이론가 장 그라브에게 제공하려다가 실패한 후 나폴레옹3세에 대한 저항 이래—비록 모호한 점이 많아도— '불굴의' 공화국을 상징하는 로슈포르 편으로 고개를 돌렸다.

당부르 부인은 로슈포르에게 이 거금이 들어 있는 낡은 가방을 건넸다.

로슈포르는 조레스와 원만한 관계를 유지하고 있었다. 조레스는 사람에게 잘 속지 않았다. 그는 로슈포르의 불랑제주의를 기억하고 있었으며 언젠가 유용할 데가 있을 거라고 생각했다. 그리고 자기 나름으로 진지한 공화파였다. 조레스가 그를 부르러 브뤼셀로 달려갔을 때 두말없이 제로-리샤르를 변호해 주지 않았던가. 지금은 브술레에 자주 내려와서 자신의 지난날을 이야기하곤 했다. 노동자 유리병공장이라는 안이 마음에 들었다. 로슈포르는 당부르 부인의 10만 프랑을 여기에 쓰기로 마음먹는다.

하지만 그 4배의 돈이 있어야 했다. 필요한 돈을 꼭 모으리라. 온 프랑스가 팔을 걷어붙였다. 출자자와 모금, 희사금, 카르모 유리제조공들의 수난의 모험을 노래하는 거리의 악사들, 복권이 줄을 이었다. 어느 모임에서나 유리병공장을 지원하자는 호소를 들을 수 있었다. 고용주들은 한판 승부를 벌이고자 했지만, 조레스와 노동자들은 그 모든 도전을 이겨냈다.

무엇보다 일체의 정치적 당파에 대해서 독립성이 보장되어야 했다. 또 이 유리병공장의 성격에 대한 합의가 있어야 했다. 유리제조공들의 공장인가—그러면 유리병공장 노동자들에게만 속하는 공장이 된다—아니면 온 나라의 모든 노동자들이 소유한 노동자 유리병공장인가? 토론이 장기화되고 위원회들이 경쟁적으로 만들어지면서 일은 실패할지도 모르게 된다. 조레스는 이 모든 상황을 직접 맞닥뜨리면서 어려운 사안들에 대해 조언하고 민감한 사항들을 처리해야 했다. 하지만 개인적으로는—게드주의자들에 반대하여—모든 프롤레타리아의 재산인 유리병공장의 안에 찬성했다.

결국 조레스의 해결안—통합안—이 이겼다. 장애물을 극복할 만큼 희망은 강렬했고 그 목적이 분명했다. 조레스는 이렇게 썼다. "모든 근로자가 이 노동자 공장에 초석을 놓을 것이다. 이곳은 카로모에서 패배한 거대 고용주 맞은편에 우뚝 서서 노조의 자유, 정치적 자유의 요새가 될 것이다."

카르모에서? 1896년 11월 26일에 이렇게 썼을 때 그는 믿어 마지않았다. 그러나 현실의 증거를 모른 척하면 안 된다. 공장설립지로서는 알비가 훨씬 유리한 장소였다. 그곳이 석탄가격이 싸고 주거지가 더 많고 부지비용도 카르모만큼 비싸지 않았다.

오랜 토론과 심각한 분열이 나타났다. 유리제조공들은 카르모에 정착해 있었고, 이 도시의 광부들과 소상인들은 이들의 이전에 반감을 품었다. 한쪽은 선거를 이유로(사회주의자들이 약세가 될 것이다), 또 한쪽은 고객을 잃게 되고 '협동조합' 사상이 퍼지게 될까 봐 두려워했기 때문이다.

그러면 조레스는? 그의 기반은 약해질 것이다. 알비는 또 다른 선거구이다. 그가 카르모를 떠난다면 힘들어질 것이다. 고용주와 우파로부터 거둔 승리가 패배로 귀착될 수 있으며, 그에 따라 고용주들은 목적한 바를 달성하게 되리라는 것을 그는 알고 있었다.

조레스는 결정에 영향을 주고 싶지 않았다. 그는 지지층을 만들어놓고 무슨 수를 써서라도 그 지지자들을 지키려는 국회의원이 아니었다. 중재자들이 나서서 해결해 주기를 바랐다.

중재자는 제로-리샤르와 비비아니, 밀르랑을 포함하여 5명이었다. 1896년 1월 7일, 그들은 최종 결정을 내렸다. 알비가 되어야 했다. 환영하는 가운데서도 저항이 일어났다. 간단한 것은 아무것도 없었다. 조레스는 개입하지 않는다.

해결해야 할 모순들과 넘어서야 할 반대의견들, 끝없이 되풀이되는 분열로 한동안 그는 기진맥진했다.

1월 11일에 조레스는 유리제조공들에게 편지를 쓴다. "이 혼란이 끝난 후 모든 정신력과 용기가 되살아나고, 사회주의와 노동자 연대가 모든 것을 이기기를 바랍니다." 이어서 여간해서 하소연을 하지 않는 그가 몇 마디 믿음을 표하고 이렇게 덧붙인다. "지금 이 순간 투쟁에서 멀리 떨어져 피로와 병으로 꼼짝 못하는 것이 퍽 괴롭습니다. 끊임없는 전투가 요구하는 힘에 미치지 못하는 한정된 힘을 가진 인간의 조건을 감수할 줄도 알아야 할 것입니다. 그렇지만 여러분의 이해관계를 결코 잊지 않을 것을 약속드립니다. 저는 곧 언론 캠페인을 다시 전개할 것입니다. 용기와 단결을!"

용기가 모자라지는 않았다.

몇 푼을 벌기 위해 파리 저택들의 안마당에서 노래하는 유리제조공들이 있다.

1월에 새벽부터 외출복을 차려 입고 모여드는 사람들이 있다. 어깨에 연장통을 메고 저 습지의 공장부지, 알비로 향한다. 앞으로 10개월 동안 그들은 토목공, 대목수, 석공이 되어 자신들의 공장을 건설할 것이다.

그리고 저녁이면 다시 카르모까지 16킬로를 걸어서 돌아온다.

가족과 함께 공사장에서 지내는 사람들이 있다. 그들은 시간당 6수(1수는 1프랑)밖에 못 받기 때문에 수프로 끼니를 때운다.

남편들보다 훨씬 더 결연한 아내들이 있다.

이 모든 이들에게 혹독한 추위와 배고픔은 좌파의 표시가 되었다.

그리고 극도의 불안감 속에서 프랑스의 모든 근로자가 감동하며 뒤따르는 노동자의 서사시를 하루하루 다시 시작한다.

적대적인 또 하나의 프랑스는 무장을 해제하지 않았다.

카르모에서는 보수파 그리고 솔라주 후작과 르세기에 파가 임전태세를 하고 있었다. 조레스는 카르모를 배반했으며 상인들의 분노를 부추긴다고 그들은 되뇌었다. 광산회사 의사인 쉬드르 박사는 이 공세의 장본인이었다. 물론 그는 1896년 1월 26일의 군 선거에서 사회주의 후보에게 패배했다. 그러나 다가오는 1898년 총선을 겨냥해서 그는 카르모에서 '진보공화서클'을 조직하여 사회주의자들에게 적대적인 온건파와 보수파를 재결집했다. 2월 2일 솔라주 후작에게 보낸 편지에서 그는 "무슨 일이 있더라도 기필코 승리하겠다"고 다짐했다.

조레스는 자신의 입지가 약화된 것을 느꼈다. 그러나 이것은 결코 개인적인 목적을 앞세운 바 없는 투쟁의 대가였다.

중요한 것은 알비에 그 무엇이 건설되고 있다는 것이었다.

"그처럼 오랜 세기 동안 무지와 고통의 상징이었건만 우리가 찬미해야만 하는 성당 바로 옆에 노동계급이 처음으로 자기 계급의 바실리카를 건립한다. 그곳에서는 노래가 울려퍼지리라. 오르간 반주가 아닌 기계들의 장엄한 멜로디에 맞추어서."

그렇지만 조레스에게는 카르모의 상황만 악화된 것이 아니었다.

급진적 정부는 전국적으로 점점 더 단호해지는 반대에 직면했다. 사람들은 급진정부의 소득세 법안을 용서하지 않았다. 하원은 레옹 부르주아를 계속 지지하고 예결위의 악착같은 반대(코슈리 의원이 발언자였다)에도 불구하고 조레스의 지지에 힘입어 법안을 가결시켰지만, 상원은 어디서나 정부를 무너뜨릴 구실 찾기에 혈안이었다. 상원은 헌법과 의사일정을 이용했다. 마다가스카르에 파견하는 군대를 위한 예산의 통과를 거부하고 필경 소득세 징수의 원천이 될 '세무측정'을 반대함으로써 자유의 수호를 과시했다. 보수파 신문이 치밀하게 조직한 여론몰이는 전국으로 확산되었다. 펠릭스 포르가 지나가는 곳에서는 "상원 만세! 내각 타도!" 하는 외침이 터져나왔다. 70개의 군의회가 소득세에 적대적인 결의를 표명했다.

하원과 정부 입장에서는 상원을 정면으로 반대하는 확고한 정책이 요구되었다. 우회적인 방법으로 헌법정신을 위배하고 레옹 부르주아를 치려는 이 방해공작을 무시해야 했다. 그러나 부르주아는 의지가 부족했다. 그 결과 상원과 대치하고 법령으로 예산을 책정하기보다 싸워보지도 않고 1896년 4월 23일 사임했다. 선의의 내각이다.

의회를 '새바람' 편으로, 급진적 정부 이전의 그 우파 쪽으로 몰고 가는 새로운 정치 전환기였다. 조레스는 사회주의자들을 동원했다. 4월 24일 팔레–부르봉에서 의원들을 향해 상원의 힘에 대응할 것을 촉구하였으며, 하원의원들은 291 대 250으로 개혁의지를 재천명했다.

온 나라에서 집회가 열렸다.

25일 파리의 티볼리 보알 집회에는 급진파와 사회주의자들을 포함하여 1만 명 이상이 모였다. 연단에 선 카미유 펠탕은 조레스와 똑같이 맹렬했다. '반동블록'에 맞서 궐기해야 한다고 펠탕은 말했다. 그는 바스티유 함락을 상기시켰다. 그렇게 해야 한다…며.

그러나 며칠 후 펠릭스 포르는 줄 멜린에게 새 정부의 구성을 맡겼고 멜린이—근소한 차(28표)로—취임했다.

소득세 법안을 단호하게 반대한 코슈리 의원이 재무장관이 되었고 내무장관에는 조레스와 결투를 벌이면서까지 대결했던 루이 바르투가 되었다.

이로써 급진파의 막간은 끝났다. 멜린은 어느 때보다 강력하게 '새바람'이 지배할 수 있게 만들었다.

실패는 해명되어야 한다. 특히 정부의 신임 수장이 "비싼 빵 멜린"이라고 불리는 사람이고 이 58세의 보주 하원의원은 자신의 '상층 유권자들', 즉 국제

경쟁에 적대적인 제사업자들을 만족시키려고 했기 때문에 보호정책을 지지했으며 또 토지소유자들에게 우호적이었다.

서로의 이해관계에 따라 손을 잡은 확실히 유리한 선거판이었고 그건 빵값을 높게 유지하도록 자극했다. "비싼 빵 멜린"이었다!

좁은 어깨에 희끗희끗한 구레나룻, 눈을 반짝거리며 입을 꼭 다문 단호한 태도와 가냘픈 목소리의 이 작은 사람은 정확한 정책안을 갖고 있었다. 보수정책을 견지하고 물론 소득세는 거부하고 종교계를 보장해 주는 것이었다.

그의 정책은 경기주기에 의해 유리해지게 된다. 경제위기로 성장이 우선시되었기 때문이다. 하지만 그는 특히 농업인들이 그에 대해 갖고 있는 우호적인 이미지의 덕을 보았다. 그들은 일체의 경쟁으로부터 보호를 받았다. 멜린은 장기적 안목으로 결과를 생각하며 나라를 위해 정책을 세우기보다, 예를 들어 1884년에 농업훈장을 만들어서 농업인의 비위를 맞추었다.

유권자들이 표만 잘 준다면 농업구조와 농업 생산성이 개선되지 않는 것쯤은 문제 될 게 없었다. 경쟁력이라는 격랑을 거부하면서 프랑스 산업이 발전하지 못해도 별로 상관없었다.

포용력 없는 근시안적인 정책이었다. 미래의 필요성에 적합지 않은 낡은 정책이었다. 루이 바르투 같은 새로운 정치지도자들이 그 정책을 수행한다 해도 마찬가지다. 조레스가 말했듯이 그들은 "지친 부르주아지의 젊은 마키아벨리들이다."

조레스는 이 같은 급진파의 의정실패 요인을 집요하게 파고들었다.

급진파의 소심함에도 그 원인이 있었지만 사회주의자들의 분열, 강령을 갖춘 큰 통합정당을 만들지 못하는 그들의 어려움에서 기인한 것이기도 했다. 그런 통합당 세력이라면 권력을 쟁취하거나 보수파의 압력에 대항할 수 있게 충분한 영향력을 가지고 급진파를 지원할 수 있을 것이다.

이제 막 겪은 상황—현장투쟁과 급진적 정부에서의 경험은 모두 모호한 결과를 가져다주었다—은 조레스에게 깊고 치밀한 생각을 하도록 압박하는 것들이었다.

더군다나 1896년 5월의 시(市) 선거에서 사회주의자들은 대성공을 거두었다.

야권의 사회주의자들이 리옹, 그르노블, 몽펠리에, 페르피냥, 카스트르, 크레유, 아르망티에르 시의회에 입성했다. 특히 릴, (사회주의 시장 들로리와 플레시에르가 있는) 마르세유, 디종, 툴롱, 리모주, 몽뤼송, 루베, 칼레, 드냉, 코망트리, 로안, 피르미니, 세트 그리고 물론 카르모에서 사회주의 시장이 나왔다.

충격은 상당했고 그 여파가 갈수록 더 커지면서 급진파의 의정(議政)실패를 상쇄시켜 주었다. 이 '붉은 파도' 앞에서 우파는 불안했다. 때로는 온건파도 자기 동네를 포위하고 있는 이 물결을 느꼈다.

우선 축하연이 베풀어졌다.

1896년 5월 30일, 밀랑의 지역구인 12구의 사회주의 공화파가 중심이 되어 개최한 대연회에 조레스는 모든 사회주의자들과 함께 참석했다.

포르트-도레 식당의 큰 살롱들에 게드와 브루스, 바이양과 조레스, 밀랑과 비비아니가 나란히 앉아 있었다. 다만 알만주의자들은 참석을 거절했다. 마르세유와 릴을 비롯해 당선된 시장들이 박수를 받았다. 사람들이 조레스에게 인사를 건넸다. "공동의 적에 맞서 하나의 심장, 하나의 정신, 하나의 행동"이라고 밀랑이 제시한 사상을 공통 주제로 해서 승리의 축하연설이 줄을 잇는 열띤 분위기였다.

게드주의, 독립사회주의, 가능주의를 가르는 입장의 차이를 누구나 다 알고 있었지만, 그것을 뛰어넘는 공동의 실천으로써 다양한 사회주의 계보들이 하나가 되었음을 보여준 모임이었다. 이제 게드의 마르크스주의는 연설의 스타일이고 외관이며, 사실이기보다 환상적인 준거였다. 이 생망데의 연회에서 중요한 연설을 한 것은 밀랑이지 조레스가 아니었다.

밀랑은 먼저 새 세대가 원로 투쟁가들에게 바치는 감사로 사회주의의 개척자들에게 경의를 표했다. 클로비스 위그와 게드와 바이양을 회고하면서 "이분들은 고난의 시기에 원한과 실패와 내분으로 더 가혹한 좌절을 겪었다"고 말했다.

이어 지중해의 마르세유와 북부공업지대의 릴 또 카르모의 당선자들이 나란히 앉아 있는 연회장의 테이블을 가리키면서 "오늘 이들은 지칠 줄 모르는 끈기가 가져다준 정당한 성과를 받고 있다. 이들이 뿌린 씨가 싹을 틔웠으니 이제 그 결실은 풍성할 것이다."

다음으로, 밀랑은 크게 세 가지로 구성된 강령을 발표했다.

사적 소유의 사회적 소유로의 필연적이고도 점진적인 대체를 수락하는 사람만이 사회주의자이다.

보통선거에 호소하는 사람만이 사회주의자이다. 우리는 설득할 권리만 주장할 따름이다.

국제주의를 위해 조국을 희생시키지 않는 사람만이 사회주의자이다.

조레스가 어떻게 동의하지 않을 수가 있겠는가? 그렇지 않아도 이 강령이 만장일치로 동의를 받으리란 것은 너무나 확실했으므로 민첩하게 합세하기도 했다. 나중에 게드주의자인 폴 라파르그는 이렇게 말하게 된다. "우리는 생망데의 신조를 공개적으로 비판한 적이 한번도 없다. 그 이유는 그것이 충분히 탄력적이고 모호해서, 지나치게 선명한 우리의 선전으로는 접근하지 못했던 일부 엘리트 부르주아지를 사회주의로 끌어들이는 데 유용하다고 생각했기 때문이다."

조레스는 이 순진한 마키아벨리즘을 공유하지 않았다. 독립사회주의자로서 그는 단기적인 행동과 그것이 주는 즉각적인 이득 그리고 다른 한편 명료하게 남아 있어야 할 계획 사이의 결합을 꾀했다. 개혁에 매몰되지 말자. 개혁을 발판으로 삼자. 그러려면 그것을 비난하지 말자. 그것이 조레스이다. 어떻든 생망데의 연설로 하나의 정론과 하나의 계획이 결정되었다. 줄 게드가 이렇게 말하는 소리도 들렸다. "의회활동은 최상의 사회주의 원칙이다. 우선 정부를 장악해야 한다."

조레스의 정당성이 입증되었다. 그는 만족했다.

여름이다. 쉴 새 없이 이어진 투쟁으로 피로했다. 그는 고향 알비의 전원마을 브술레에서 일상을 보낼 때 비로소 긴장이 풀리는 기분이 들었다. 습관대로 읽고 쓰고 이제 일곱 살이 되어가는 마들렌과 이야기를 했다. 가끔은 요리도 했으며, 너무 크게 웃어대서 함께 얘기를 나누던 사람들이 놀라기도 했다. 그에게서 우수의 빛은 찾아볼 수 없었지만, 미래를 계획하는 데 골몰해 있거나 너무 깊이 생각에 잠긴 나머지 종종 아주 기본적인 것들을 잊어버리곤 했다. 어떤 때는 우스꽝스럽게도 호주머니에서 양말을 꺼내 이마의 땀을 닦으면서도 전혀 의식하지 못했다. 어떤 이들은 너무 중요하게 여기는 옷이나 일용품 등 자질구레한 사항에 관심을 쏟기에는 지나치게 열중해 있고 완전히 몰두해 있었다. 사람들은 이런 소홀한 모습과 그의 얼굴을 보고 조레스는 매사에 무관심하다고 생각했지만, 그는 본질적인 것만을 보았다. 또 사람을 만나면 언제나 그들에게 가장 좋은 것을 제공하고 그들에게서 긍정적인 면만을 보면서 신뢰를 보낼 만큼 관대했다.

이런 부주의는 무엇을 숨기고 있을까? 막연한 불안, 세상에 대한 거부감, 현실이 진실일—비열하고 잔인하고 폐쇄적이고 무기력할—수 있다는 데 대한 실망? 이런 태도를, 세상과 자신에게서 공허함을 발견할 것을 우려하는 비관주의를 의도적으로 거부하는 것이라고 보아야 할까? 이런 과잉활동, 말과 글쓰기와 행동에서의 과도함 역시 도피가 아닌가? 그를 둘러싸고 있는 눈앞의 환경 혹은 루이즈 혹은 일상생활 앞에서의 도피인가? 그렇다면 정치, 그 불타는 열정 역시 전진하는 '도피'에 불과할 따름이다.

조레스에게 감수성, 도덕적인 엄격성 같은 과다한 자아가 있는 한 그는 행동할 수밖에 없다. 왜냐하면 세상을 바꾸고 삶의 의미를 세우고, 사람들이 행동할 수 있도록 이런 감각들을 확고하게 다져야 하기 때문이다.

조레스는 일부 사람들이 무사태평과 행복에 빠져 하릴없이 지내는 이런 무기력한 시기가 참을 수 없다. 그는 일할 때 행복하며, 사고는 그에게 하나의 일이다.

그리고 세상이 이런 판인데 어떻게 쉴 수 있겠는가? 조레스는 알비의 유리병공장 건설현장을 찾을 때마다 그곳에서 공장을 필히 완성하려는 노동자들의 노력과 햇볕에 그을린 야윈 몸의 여자들과 어린아이들—개중에 일부는 노숙을 하고 있다—이 말해 주는 노동과 희망을 보았다. 벽은 벌써 높이 올라갔고 지붕도 얹었다. 곧 용광로가 완성될 것이다. 센의 소비자협동조합들은 물건을 주문하기로 결정했다. 이처럼 '인간의 시테'의 첫 건물이 땅 위에 세워지고 있는데 어떻게 온힘을 다하여 행동하지 않을 수 있겠는가?

그리고 조레스는 다시 시작한다.

1896년 7월 27일부터 8월 1일까지 그는 제4차 인터내셔널 대회가 열린 런던에 머물렀다.

여기서 조레스는 외국의 노동운동 대표자들을 처음으로 만났다. 그는 열심히 보고 또 런던을 찾아다녔다. 말은 잘 못하지만, 글을 통해 영국의 대작가들을 이해했으며 젊은이처럼 열광적으로 대화에 뛰어들었고 또 인정을 받았다. 그의 연설은 열렬한 박수로 환영받았다. 청중들은 기립해서 손수건과 모자를 흔들었다.

조레스는 발언을 통해 사회주의 의원들의 직무를 정당화했다. "노동자들 편에 설 수 있고 일부 정치적 메커니즘을 활용해서 노동자들을 도울 수 있다."

이로써 그는 무정부주의자들의 제명을 가결시키고 독립사회주의자들을 인터내셔널의 정규회원으로 인정받게 하려는 밀랑의 편에—생망데에서처럼—섰다. 그것은 노동운동의 분열을 알리는 혼란스런 긴 회의(會議)의 결말이었다.

혁명적 생디칼리스트들과 무정부주의적 생디칼리스트들은, 페르낭 펠루티가 "야심가 정치꾼들. 이자들은 이름만 사회주의자들"이라고 말하는 이들을 혹독하게 비판했다. 또 무정부주의자 세바스티앙 포르는 "조레스와 게드를 비롯하여 의회의 모든 수다꾼들은 언젠가는 국방장관, 교육장관, 외교장관이 될 것이다"고 말했다.

자신이 볼 때는 부당한 이런 공격들로 조레스는 고통을 받았다. 어느 한 순간이라도 장관자리를 마음에 품은 적이 있던가? 라탱 구의 국제주의혁명가사회주의대학생회 같은 소규모 조직들과 조르주 소렐 같은 작가들이 자신을 비난한다는 것을 조레스는 알고 있었다. 그렇다면 이해를 받는 것은 불가능한가? 그는 런던에서 이렇게 천명하지 않았던가? "우리는 사회혁명이 의회제의 길을 통해서만 실현된다고 한번도 말한 적이 없으며 앞으로도 결코 그렇게 말하지 않을 것이다. 우리는 사회주의가 마치 감옥에 갇힌 것처럼 자본주의적 합법성 속에 갇혀 있어야 한다고 결코 말한 적이 없으며 앞으로도 그럴 것이다."

무슨 말을 덧붙이고 무엇을 더하겠는가?

어떤 생디칼리스트 투사들은 탈정치를, 또 어떤 이들은 혁명을, 또 어떤 이들은 오직 협동조합운동만이 해결책이라고 주장하는데? 이 모든 행동이 왜 하나로 수렴되지 못하는가?

모순의 프랑스. 프랑스의 정치운동이나 이념운동은 느린 산업성장, 시대에 뒤진 농촌구조, 멜린 정부의 반동성향 그리고 그로부터 사회주의 사조가 설 땅을 얻어가는 모순을 드러냈다.

모순의 프랑스. 공화국이지만 왕당파가 대거 침투해 있는 군대에 힘이 잔뜩 들어 있었다. 그 때문에 조레스는 "노동대중과 사회주의 대중들에게 어디서나 공화국을 수호할 태세를 갖출 것"을 요구하면서 "아마 그것이 필요해질 것이다"라고 말했다.

모순의 프랑스. 공화국이지만 러시아의 집권자들, 저 니콜라이2세 차르를 융숭하게 영접할 준비를 했으며 공개하지도 않고 동맹조약까지 체결했다. 또 펠릭스 포르는 훈장을 주렁주렁 단 제복 차림으로 그를 환영할 작정이다. 각료회의는 제복은 거부했지만 호화로운 환영식을 열기로 결정했다. 사열과 예포, 이 웅장한 광경을 구경하기 위해 각지에서 93만 명이 파리로 온다고 한다. 그래서 행렬이 지나가는 거리로 창문이 나 있는 방들은 가장 작은 것도 빌리는 데 10루이(금화)나 되었다. 공화국도 왕정과 마찬가지로 과시하기를 좋아한다고 사람들은 말한다. 신문들은 계속 대중들의 열광을 부추긴다. 그리고 은행—혹은 러시아 대사관—이 낯설지 않다. 금화 수십억 프랑의 러시아 공채를 발행해야 했으니까. 그리고 수수료와 지원금 명목으로 은행과 신문을 위해 발행된 규모가 각각 수백만 프랑이나 되었다. 이 부패사건은 파나마 사건보다 더 방대하고 심각했다. 그 이유는—차르와의 정치적 동맹으로—나라의 운명이 걸렸기 때문이고, 이처럼 저축의 사전공제라는 족쇄를 찬 국가의 경제발전이 아무런 이의 없이 통과되었기 때문이다.

조레스에게는 그것이 통하지 않았다.

그는 해달라는 대로 글을 쓰면 중재자들이 응분의 대가를 지불하는 이 비밀스런 공작을 몰랐다. 오히려 이렇게 선언했다. "파리 민중들을 향해 차르에게 박수치라는 것은 다른 것이 아니다. 지적으로 도덕적으로 인민이 무력해지기를 기회주의와 반동이 기대하는 것이다." 그러나 민중들은 앞을 다투어 행렬을 보러 가서 박수쳤다. 마침내 조레스는 프랑스를 러시아 정치에 얽혀들게 한, 비밀리에 진행된 대외정책을 고발하게 된다. 그는 학살당한 10만 명의 아르메니아인들을 거론하면서 멜린 정부를 비난했다. "이 유혈 앞에서, 이 가증스러운 야만적 행위 앞에서, 프랑스의 약속과 인권의 약속의 위반 앞에서 귀하의 입에서는 단 한마디 외침도 나오지 않고 귀하의 양심에서는 단 한 마디 말도 울리지 않았다. 그러므로 귀하는 침묵이라는 공모로써 철저한 절멸에 동조한 것이다."

외교장관 아노토는 침묵했다.

정권의 하수인이 된 언론은 말이 없었다.

조레스는 러시아가 변화하고 있다고 말했다. 파리나 루베(프랑스 북부지역의 공업도시)처럼 상트페테르부르크와 모스크바에도 대규모 공장들이 들어섰다. 상트페테르부르크에 있는 공장들에서 4천명의 노동자들이 파업에 돌입했다. 카르모와 마찬가지다. 그런데 파리의 프롤레타리아들에게 니콜라이2세를 향해 힘차게 박수를 치라고 요구하다니! "오늘날 차르는 기존 질서의 수호자 가운데 한 사람이다. 레그와 르세기에게 마차를 끌고 박수치게 하라!" 그런데 민중은? 조레스의 발언에 아랑곳없이 그들은 샹젤리제 오페라극장 앞으로 모여들었다. 절망, 비통함?

"군중은 허둥대며 항복할 것이다"고 그는 말했다.

그러면 싸움에서 물러설 것인가? 아니 반대로 "사회와 긴밀해지고 그 속에서 사회를 해체시키는 요소들을 강화시켜 나가야 한다."

그러나 조레스 자신이 사회의 위기를 정확하게 알려주는 사건들을 늘 예측할 수는 없다.

1896년 가을에 군중들이 러시아 집권자들을 환호하고 조레스는 이 정책을 비난하는 사이에 유대인 청년 베르나르 라자르가 『법정의 오류, 드레퓌스 사건의 진실』이라는 제목의 소책자를 브뤼셀에서 냈다. 11월 6일에 3천 부를 찍어서 나서줄 만한 인사들에게 배포했다. 인권문제나 사법의 공명정대함에 매우 민감한 조레스에게도 그 책자가 왔다. 증거도 없고 결백하다는 항의에도 불구하고 종신형을 선고받고 악마의 섬에서 짚을 넣은 매트 위에 사슬로 묶여 있는 알프레드 드레퓌스를 어떻게 일종의 음모가 되어버린 사법적 과오의 희생자라고 느끼지 않겠는가?

조레스는 베르나르 라자르를 맞이하여 그로부터 유죄판결의 메커니즘에 대해 설명을 들었다. 드레퓌스의 유죄를 입증하는 실질적인 증거는 아무것도 없었다. 전문가들의 증언은 상반되었다. 유죄판결을 이끌어내기 위해 조작된 비밀문건이 만들어졌고 기밀문서라는 이유로 변호인에게는 열람이 허용되지 않았다.

조레스는 베르나르 라자르를 알고 있었다. 이 젊은 작가는 종종 '아나르시'(anarchie, 무정부)를 명분으로 신문지상에서 그를 공격했다. 베르나르 라자르는 시 한 편과 철학론을 발표했고 또 잡지를 발간하고 있었다. 유대인이지만 무신론자이고 까다로운 도덕은 지키지 않았다. 조레스는 편견 없이 그의 이야기를 경청했지만, 이때는 개입하지 않았다. 필시 조레스의 친구 뤼시앙 에르는 이미 드레퓌스의 무고함을 믿고 있었을 것이다. 그러나 조레스는 프랑스의 여론에 장단 맞추느라고 이를 듣지 않았다. 정의를 요구하기 위해 국회의원들에게 호소하는 라자르도나 뤼시 드레퓌스의 말도 듣지 않았다.

무관심인가? 그는 사회주의 신문기자 제바에스가 『라 프티트 레퓌블리크』에 베르나르 라자르에 관해 쓴 의견에 공감하는가? "무정부주의자의 상류 사회 생활을 대표하는 이 저명인사는 동시에 로스차일드 폐하를 누구보다 충실하게 찬양하는 사람 중 하나인데 바로 얼마 전에 소책자를 발간했다. …그것은 사법적 과오로 인한 무고한 희생자의 권리회복을 주장하는 진지한 시론이라기보다 한 개인의 냉소적인 주장이다. …이러한 해석은 더구나 베르나르 라자르 씨에게 가장 명예로운 것이다."

아니면 조레스는 악마의 섬, 그곳 죄수 드레퓌스 주위에서 일어나고 있는 일을 의식하기에는 일상의 투쟁에 너무 빠져 있었던 것일까? 드레퓌스는 이렇게 썼다. "나는 마치 뭇매를 맞아 쓰러진 것처럼 자주 녹초가 되곤 한다. 그럴 때면 번민과 고통에 시달리는 한낱 불쌍한 존재에 지나지 않는다."

그러나 이것은 일이 어떻게 전개될지 이따금 알아채지 못하는, 투쟁의 톱니바퀴에 맞물려 있는 사람들의 속죄금이었다. 조레스는 이 운명에서 벗어나지 못한다. 왜냐하면 그에게 톱니바퀴는 돌고 또 돌기 때문이다.

우선 기쁘다. 승리했다.

10월 25일, 관계당국의 인사들이 참석한 가운데 축제의 시작을 알리는 예포가 터지고 이윽고 조레스는 로슈포르와 함께 알비 노동자 유리병공장을 개막했다.

감동과 열광. 수개월 동안의 피땀과 희생. 적대감과 회의주의 또는 실망을 딛고 쟁취한 승리이다. 노동자들의 집요한 끈기가 있었기에, 의회에서 조레스의 지칠 줄 모르는 공격이 있었기에 가능했다. 또 레옹 부르주아의 급진파 내각이 있고 분열을 극복할 수 있었기에 가능했다. 그리고 조레스는 자신

1893-1898

의 피로를 전혀 개의치 않아야 했다.

멜린 정부는 이미 시작된 이 사업에 대항하여 아무것도 할 수 없었다. 르세기에와 그의 정치적 동맹자들, 고용주 동맹자들에 맞선 도전에서 이긴 것이다.

쾌청한 날씨였다. 유리병공장 안마당에는 1500명의 연회를 위한 테이블이 세 개 차려지고 노동자들이 연회를 주관했다. "반쯤은 시골뜨기에다 반쯤은 하층노동자의 괴상한 결혼식 같다"고 어느 기자는 썼다. 〈라 마르세예즈〉 노래가 울려퍼지고 이어 〈라 카르마뇰〉을 외친다. 갑자기 조레스의 그 육중한 몸집이 테이블 위로 불쑥 튀어오른다. 말 한마디라도 더 힘차게 하려는 듯 왼손을 움켜쥐고 오른손을 활짝 펴서 치켜든다. 조레스가 소리소리 지르면서 노래하자 사람들이 후렴을 따라 부른다. 그를 향해 박수가 쏟아진다. 이번에는 〈사 이라〉를 부르기 시작한다.

『릴뤼스트라시옹』의 기자는 화들짝 놀라며 분개했다. "고등사범 출신에다 툴루즈 대학에서 철학교수를 지냈으며 지금은 알비의 하원의원인 장 조레스 씨의 입에서 부르주아는 모두 목을 매달아라"는 말이 나오다니.

목표를 향한 긴장의 끈을 놓치지 않으면서 이 서사시에 따르는 위험을 의식하며 자신과 함께 이 사람들이 목표에 도달한 감격, 수개월 만에 맛보는 해방감과 감정의 폭발이었다. 사람들은 외쳤다. "조레스 만세! 사회공화국 만세!"

노래들에 담긴 이 폭력은 그가 대면했던 폭력, 그가 카르모에서 겪었던 계급투쟁에 대한 응답이었다.

로슈포르가 첫번째 가마에 불을 지피고 마지막으로 조레스가 축제를 마감하는 연설을 했다.

그는 감옥과 다름없는 공장과 슬픔의 눈물을 흘리는 환락가와 만약 말씀을 하실 수 있었다면 예수님이 추방당했을 교회들에 대해 이야기했다.

"언제까지고 빛날 타른의 강가에 여러분은 인류가 영원히 자유의 요람으로 받아들일 하나의 신전을 세웠습니다!"

과장된 수사(修辭)인가? 오히려 상황을 고려한다면, 감동이다. 조레스가 현재에 역사적 전망을 불어넣는 순간이다. 한걸음 한걸음이 '삶의 구도' 속에 새겨지면서 보다 나은 세계로 나아간다.

곧바로 다음날부터 조레스는 증오심에 맞서야 했다.

그는 카르모에서 연설을 하기로 되어 있었다. 그가 카르모에 도착하자 시위자들은 휘파람을 불며 그에게 야유를 퍼부었다. 경찰은 역에 마중 나온 노동자들을 난폭하게 밀어제쳤다. 집회장에서는 훼방꾼들이 질서수립을 이유로 경찰이 개입할 구실을 마련해 주었는데, 실은 4천 명의 청중을 해산시키기 위해서였다. 조레스는 연설을 할 수 없었다. 정부와 그의 적수들은 그가 이기지 않았다는 것을 느끼게 만들려는 것 같았다. 카르모에서는 선거에서 그를 낙마시키기 위한 준비가 진행되고 있었다. 그들은 닥터 쉬드르의 사람들, 진보공화파 서클회원들로 경찰을 등에 업고 휘파람을 불며 집회를 열지 못하도록 방해했다.

조레스는 카르모에서 자신의 힘이 약해졌다는 것을 모르지 않았다. 유리제조공들의 승리의 대가가 그의 패배로 될 위험이 있었다. 11월 5일, 조레스는 이런 사건들이 이미 준비되고 있었고 정부는 자신을 파괴시킬 의도를 버리지 않았음을 증명하면서 내무장관 루이 바르트에게 따졌다. 음모가 있었던 것이라고.

바르투는 냉소를 지으며 카르모 주민들이 조레스에게 가지는 적대감을 이야기한다. 그리고 그는 지지표를 얻는다.

어제는 알비에서 승리를 축하하는 축제가 열렸다. 그리고 다음날은 실패. 조직적인 적대감이 앞을 가로막는다.

　하루하루가 투쟁이다. 조레스의 삶은 언제나 그랬다.

09 | 권력, 당신들은 결코 우리에게 내놓지 않을 것이다

1896/1897

잠깐 동안 휴식을 취한다. 어느덧 오전시간이 다 갔다. 몇 시간 전부터 조레스는 마담 거리 27번지의 집, 서재로 쓰는 작은 방에서 일을 하고 있었다. 하얀 나무책상 위에는 책과 신문, 팸플릿, 조레스의 글씨임을 한눈에 알아볼 수 있는 급히 휘갈겨 쓴 종이들이 뒤죽박죽 쌓여 있다. 그날 아침, 조레스는 거의 토할 지경이었다. 1896년 10월 말이다. 터키 술탄의 아르메니아인들에 대한 정책에 관해 쓴 것은 모두 다 읽었다. 그동안 그는 끔찍한 증언들을 수집해 왔다. 이미 의회에서 프랑스 대외정책과 터키의 범죄를 둘러싸고 프랑스의 침묵의 공범관계에 대해 문제제기하면서 이 문제에 개입하고 있었다. 그는 다시 발언할 것이다.

다시 시작하기 전에 잠깐의 휴식이다. 이윽고 자리에서 일어선다. 입술과 눈꺼풀의 경련도 더 이상 느껴지지 않는다. 시야를 방해하고 미소를 일그러뜨리는 경련은 그가 얼마나 집중하고 속으로 긴장하는지를 보여주는 증거물과 같다. 마루 위에 수북이 쌓인 문건들 속에서 그는 농민세계의 생활과 소유의 분배 및 발전, 멜린 정부의 보호관세제도가 농산물 유통에 끼치는 영향, 농가 고용인들의 비참한 실태에 관한 통계와 설문조사서 등 내일 읽어야 할 자료들을 찾는다. 그렇다, 그는 하원에서 농민계층과 농촌의 실상에 관해 대대적인 질의를 벌일 생각이다. 그는 농민계층을 잘 알고 있다. 사회주의자들이 권력을 쟁취하고자 한다면 반드시 이들에게 전망을 제시해야 할 것이다.

그는 기운을 회복한다. 뤼시앙 에르처럼 숲이나 들판에서 흔히 볼 수 있는 투박한 체구를 가진 지식인이지만, 이 작은 방에 있으니 마치 포로 같다. 해가 갈수록 조레스는 더 뚱뚱해져 땅딸막하다는 인상을 풍겼다. 그러나 우선은—한 증인이 묘사하듯이—"네모난 턱수염이 두드러져 두상만 보이는데 로마 군단의 두상 같은 힘이 느껴진다. 하지만 어깨에 붙어 있다시피 한 두상이고 마찬가지로 다부진 체구의 나머지에 힘이 꽉 들어찬 금발의 로마 군인 같다."

배가 나오기 시작하면서 허리춤에서 자꾸 흘러내리는 바지를 습관적으로 끌어올리며 조레스는 농부처럼 굼뜬 행동으로 책을 찾는다. 하지만 아무리 그래도 바지는 흘러내려 신고 있는 고무장화 위로 바짓단이 돌돌 말려 있다.

마침내 찾고 있던 책을 집어든다. 그리스 고전이다. 조레스의 얼굴이 환해진다. 이제 잠시 쉬는 시간이다. 그는 소리 내어 그리스어 몇 구절을 읽는다. 손님이 찾아와 서재에 들어온다면, 벽 저 너머를 쳐다보듯이 고개를 약간 들고 잔잔하게 꿈꾸고 있는 조레스를 보게 될 것이다.

잠시 후 황급히 점심을 먹고는 걸어서 하원으로 간다.

걸음걸이가 다부지다. 거리의 모습을 예리하게 주시한다. 세탁부 여자, 꽃 파는 여자, 구걸하는 걸인들, 지나가는 승합마차 그리고 점점 눈에 많이 띄는 자동차(1897년에 1200대가 되었다)와 역시 늘어나고 있는 자전거(같은 해에 이미 거의 50만 대가 되었다). 뤼시앙 에르는 자전거의 매력을 자랑하며 자전거를 타고 시골로 이 친구 저 친구를 찾아다녔다. 앙들레르와 모노(자크 모노,

『우연과 필연』의 저자인 생물학자) 또는 그가 자주 언급하는 저 명민한 젊은 고등사범생 레옹 블룸 등. 블룸이 기고하는 잡지 『르뷔 블랑슈』에는 줄 르나르와 말라르메와 그 밖에 전위파의 중요한 저자들이 글을 쓰고 있었다.

조레스는 심각해 보일 정도로 집중해서 길을 간다. 거리에 붙어 있는 것들을 일일이 다 읽어본다. 〈위뷔 왕〉(1896년에 공연된 알프레드 자리의 극작품) 공연포스터, 자전거와 자동차 박람회 개최를 알리는 광고, 〈시라노 드 베르주라크〉 공연이 끝나면 같은 작가 에드몽 로스탕의 〈사마리아 여인〉을 무대에 올린다는 안내문, 또 고골리의 〈레비조르〉 공연을 예고하는 안내문 등. 서점의 진열장에는 프랑시스 잠(시인)의 책들이 보이고, 신문 가판대에는 『에코 드 파리』(L'Écho de Paris), 『레클레르』(L'Éclair, 번개), 『르 마탱』 『르 피가로』의 굵은 제호가 진열되어 있지만 거기엔 아무것도 없다. 이 순간 조레스를 사로잡고 있고, 그날 1896년 11월 3일에 몇 시간 후면 그가 발언하게 될 연설의 내용에 관해서는 한마디 언급도 없다. 그를 격분케 한 저기 아르메니아에서 일어난 일, 그의 머릿속에서 한시도 떠나지 않는 끔찍한 이미지, 그는 팔레―부르봉에서 큰소리로 절규할 것이다. "임신한 여자들의 배를 가르고 태아를 끄집어내 칼끝에 꽂아서 끌고 다니고, 터키 군인과 쿠르드 유목민들 속에 어린 처녀들을 집어넣고 널브러질 때까지 능욕하고 유린하고는 급기야 총알이 아랫배에서 정수리로 관통하는 가공할 가학적인 사격연습으로 총살한다. 이런 식으로 강간하고는 죽인다. 그리고 밤이 되면 천막 옆에… 시체를 모두 다 집어넣을 커다란 구덩이를 판다. 참수당한 사제들과 넓적다리 사이에 꽂아놓은 치욕스러운 그들의 머리…. 이런 일들이 일어났고 이 모든 일들을 유럽은 보았고 이 모든 일들에 유럽이 등을 돌렸다…"

폭력과 그 생생한 고발에 하원은 경악했다.

입을 다문 언론과 도저히 용납할 수 없는 정부의 침묵 그리고 "한 세기

전에는 유럽 전체가 지체 없이 프랑스에 촉구했으며 프랑스는 응답"한 것을 상기시켰을 때 무슨 대답을 할 수 있겠는가? 조레스는 이 일이 망각되어 버리게 하지 않을 것이며 할 수 있는 데까지 알릴 것이라고 말했다. 실제로 그 후 몇 주일 동안 그는 세 차례 연거푸 발언을 했다.

그러나 멜린 정부로부터 무엇을 기대할지?

멜린은 하원에서 50~80표의 다수파를 장악하고 있었다. 그는 제기되는 문제들에 대해서 반동적이거나 침묵을 택했고, 그것은 억압의 서곡이었다. 기존 질서를 유지하고 강화하는 것, 그의 정책강령은 그 선에 머물러 있었다.

1896년 가을 일부 신문들이 드레퓌스의 유죄판결 정황에 대해 의문을 품기 시작했고, 11월 10일에는 『르 마탱』(Le Martin, 아침)이 필적이 유사하다는 근거로 드레퓌스를 기소했던 문건의 사본을 공개했다. 그러나 멜린은 하원 의사일정에 정부신임을 묻는 표결을 포함시키게 했다. 그리고 군 참모부나 정보국에서도 문건을 공개하지 않겠다는 뜻을 보였다.

알자스인 피카르 중령이 신임 정보국장으로 임명되었다. 높은 도덕적 관념을 지닌 청렴한 가톨릭신자인 그는 자료를 조사하다가 문제의 문건의 필적이 에스테라지 소령, 부패하고 수상한 그 장교의 필적과 유사하다는 것을 발견했다. 이 사실을 상관들(공스 장군과 부아데프르 장군)에게 보고하자 그들은 이렇게 대답했다. "당신이 아무 말도 안 한다면 아무도 모른다." 그는 분개했고 몹시 난처해졌다. 결국 그는 드레퓌스 문건을 빼앗기고, 1897년 1월 초에 제4연대 원주민부대로 전출되어 멀리 튀니지 남쪽으로 쫓겨났다. 그 사이에 앙리 소령이라는 다른 장교가 위조된 문건을 만들었다. 필요할 경우 드레퓌스를 옴짝달싹못하게 하기 위해서였다. 그는 파리에 있는 이탈리아 무관―파니차르디―이 독일인 동료 슈바르츠코펜에게 쓰는 식으로 해서, 그

무관의 글씨를 보고 다음과 같이 편지를 썼다.

친애하는 친구에게. 어느 국회의원이 드레퓌스에 관해 질의할 것이라는 기사를 읽었소. 만약 로마에서 본인에게 다시 설명해 달라고 요구한다면, 나는 그 유대인과 아무런 관계가 없다고 말할 것이오. 물론입니다. 만약 누가 당신에게 묻더라도, 그렇게 답하시오. 그자와 사이에서 일어난 일이 결코 알려져서는 안 되기 때문이오. 알렉산드린.

충성의 대가가 주어졌다. 앙리는 중령으로 승진하여 피카르 후임으로 정보국 책임자가 되었다.

사건은 완전히 봉해졌다고들 상상했을 것이다.

문건에 관한 기사들이 나오고 베르나르 라자르의 소책자—『사법의 오류』—가 프랑스에서 다시 출판된 뒤로도 여론은 미동도 하지 않은 것은 사실이다. 몇 개의 선동적인 제목을 제외하고는 신문들은 드레퓌스 사건에 관심을 보이지 않았다. 반(反)유대 일간지 『라 리브르 파롤』(La Libre Parole)이 악마의 섬에 있는 사람은 가짜 드레퓌스라고 써서 그에 관한 논평 몇 개가 나왔을 뿐이다. 사건은 곧 잊혀졌다. 마티외 드레퓌스와 베르나르 라자르만이 집요하게 파고들었다. 지식인 몇 사람—루이-르-그랑 중학교의 철학교수 레비-브륄과 드레퓌스의 사촌 그리고 뤼시앙 에르의 친구—만이 대위의 무고함과 재심이 필요하다는 것을 믿었다.

여론과—모든 정치인과 마찬가지로—조레스는 이제부터 벌어질 격동을 짐작조차 못했다.

한편 이렇게 반동적인 정부에 맞서는 것을 이 나라의 대중에게 기대할 수 있을까?

확실히 카르모 유리제조공들 또 그들과 함께하는 노동운동은 한 차례 승리를 거두었다.

알비로 가는 입구에 있는 노동자들의 유리병공장 노(爐)들에 불이 붙여졌다. 그러나 이 모든 것은 취약하고 부분적이었다. 카르모에서조차 일부 주민들은 솔라주 후작의 패거리에게 세뇌되어 그들 편에 서서 조레스에게 적의를 드러냈다. 이런 적대감은 유리병공장이 문을 연 바로 다음날 나타났고 1896년 11월 29일에 다시 표출되었다.

조레스와 밀랑과 카미유 펠탕은 칼비냐크와 카르모의 사회주의자들이 영접 나와 있는 기차역에서부터 내내 야유의 휘파람을 불고 오물을 던지는 수모를 당하며 걸어갔다. "치욕스러운 조레스" "불쌍한 놈 조레스" 하고 그들은 소리쳤다. 르세기에 유리병공장과 광산의 십장과 갱내 감독들은 대오를 지어 연사들을 포위하다시피 해서는 연설하지 못하게 막았다. 치안유지를 내세워 헌병대가 개입해서 칼비냐크와 오쿠튀리에를 체포했고, 법정은 이들에게 5일 내지 10일 구류를 언도했다.

그러나 더 심각한 것은 노동운동이 내부에서 유약해진 것이다. 계파간의 대립과 분열이 끊이지 않았다. 생망데 강령이나 조레스와 밀랑을 필두로 한 국회의원들의 역량에도 불구하고 운동의 앞길은 불확실했다. 어떤 전망을 가져야 하는가? 총파업인가 선거를 통한 의회정치인가?

'혁명적 언사'와 실천 사이의 모순은 한층 더 심해졌다.

1896년 5월부터 사회주의자들이 수십 군데의 시 행정을 관장하고 있지만 여전히 사람들은 혁명을 전파하고 '그랑 수아르'(봉기의 저녁)를 꿈꾸었다.

노동자들이 직접 대고 따진 만큼 조레스는 이 분열이 더더욱 괴로웠다.
사실 노에 불을 붙인 지 채 몇 달도 안 되어서 유리병공장은 첫번째 위기를 겪었다. 갖은 어려움과 궁핍 속에서 근근이 공장의 벽을 세우고 노를 건설하던 중 토목공과 석공 네 명이 작업장에 보고도 하지 않고 돈을 써서 1896년 12월 13일과 14일에 운영위 결정에 따라 공장에서 해고되었다. 일부에 국한된 비극이었으나 노동운동에서 일어나는 모든 문제를 극명하게 보여주는 것이었다. 해고된 사람들은 열성적인 노동조합 운동가들이었다. 르세기에는 그 중 한 명(에티엔 게노)의 이름을 블랙리스트에 올려놓았기 때문에, 그 사람은 재취업이 절대 불가능할 것이다. 그런 사람을 오쿠튀리에가 노동자 유리병공장에서 내쫓았다. 고소한다고? 그들은 무정부주의자였고, 기필코 공장을 성공시키기로 각오한 운영위에서 정한 근로규정을 거부했다. 네 사람은 협의를 거치지 않고 노동자들에게 복종을 강요하는 책임자들의 권위 혹은 '국가이성'을 인정하지 않는 자유지상주의자들이었다. 그렇다면 뭐가 변했는가?

그들은 페르낭 펠루티에에게 급히 사정을 통지했다. 그리고 해임통보를 받자마자 조레스에게 편지를 썼다. 유리병공장에서 민주주의의 규율과 노동조합의 원칙들을 위반했다고 그들은 해명했다. 이제 막 생겨난 노동조직에 관한 두 가지 사고방식이 충돌한 것이다.

조레스는 답변을 하지 않았다. 마음이 찢기는 듯했지만 아무런 힘이 없었다. 『툴루즈 통신』에도 『라 프티트 레퓌블리크』에도 유리병공장에 관한 글을 쓰지 않은 지 여러 달째였다. 해고된 노동자 네 명이 결국 재판정에 서게 되었을 때 그는 침묵을 깨고 그들에 대한 판결을 비난했다.

그러나 동시에 이 침묵은 도피가 아니었다. 조레스는 유리병공장의 경험으로 마음이 무거웠다. 온통 모순이다. 카르모에서는 자신의 용감한 선택의 대가를 치르고 있다—앞으로도 치를 것이다. 이런 사실들은 그에게 프랑스의 상황을 변혁하기 위해서는 노동운동의 통합이 불가결하다는 것을 가르쳐주었다.

하지만 사회를 변화시킨다는 것이 얼마나 어려운 일인가! 조레스는 그것을 의식하고 있었다. 마을유지들의 지시에 고분고분 순종하는 순진한 농민들을 개인적으로 잘 알고 있었다. 마을사람들이 "조레스 씨, 당신이 교회란 교회는 몽땅 두들겨 부순다는 게 정말이오?" 하고 물으면 그는 파투아 말로 재치 있게 대답했다. "내가 그 많은 돌을 어디에다 쓰겠소?"

노동자구역에서는 임금이 지급되는 토요일 저녁이면, 몸을 제대로 가누지 못하고 흐느적거리는 사람들을 보았다. 민중계급의 재앙인 음주습관을 그대로 볼 수 있었다. 제사공장 노동자, 탄광인부, 농사짓는 아낙네 등 너무도 일찍 시들어버린 여자들도 스쳐 지나갔다. 하나같이 고된 노동과 거듭된 출산과 가부장적 지배에 억눌려 있었다. 심지어 이 가부장적 지배가 작업장에서는 성적 폭력으로 표출되기도 했다.

물론 졸라가 '자연주의' 소설가로서 『목로주점』이나 『제르미날』 「나나」를 통해 특정 양상들을 부각시켰고, 세기말에 와서는 생활조건들이 어느 정도 개선되었다. 그러나 현실은 여전히 억압적이었다. 매춘이나 구걸을 하며 맨 밑바닥 삶을 사는 사람들이 수만 명에 이르렀으며, 이들은 사회조직의 암적 존재였고 사회적 약자들의 정치조직에서 장애물이었다. 길거리에서는 "새까만 얼굴에 끔찍하리만큼 퀭한 눈으로 쳐다보며 말도 제대로 못하고 떠듬떠듬 동냥을 하는 사람"을 자주 만났다.

조레스는—결코 잊지 못한 걸인의 초상을 그린 쥘 르나르처럼—사회가 만들어내는 이 인간참상에 민감했다.

그는 이런 토양에서는 단순한 이데올로기가 빨리 퍼져나가고 그것이 성장하기에 유리한 조건이라는 것을 알았다.

이렇게 해서 대중적 반유대주의가 존재했고, 유대인들의 희생자로 자처하는 사기꾼 쥘 게랭이 지도하는 반유대인동맹은 이를 악용했다. 이 동맹은 회원이 1만 명이 넘었으며, 각각 60명을 보유한 130개 지부를 두었다. 그 강령은 단순하다—선동적이었다. "외국인의 경쟁적 노력에 대항하여 일체 사회계층을 구분하지 않고 민족적 근로를 보장한다. 현금, 은행을 비롯한 금융기관, 철도, 주요 상공업체를 소유한 유대인들의 속박으로부터 프랑스 국가와 민족을 해방시킨다. 모든 공직에 유대인들의 접근을 금한다…"

푸아투 반유대인상업인동맹처럼 1896년에 소상인들이 집결하여 다음과 같이 주장했다. "프랑스의 명예와 구원을 위해 유대인들에게는 아무것도 사지 말자."

가톨릭 출판물은 드뤼몽의 『라 리브르 파롤』, 로슈포르의 『랭트랑지장』과 같은 주장을 펼쳤다. 가톨릭의 영향력이 막대했고 (특히 여러 판을 발행하는 성모승천회 신문 『라 크루아』처럼) 매일 수십만 명의 독자들이 그 출판물을 읽었다.

유대인은 프랑스의 적이다. 매점매석한다. 『라 리브르 파롤』은 하루 발행부수가 10만 부가 넘었지만 그 폭력의 반향은 제한적이었다. 반면 가톨릭의 '유력한 언론'은 같은 생각, 같은 이미지를 두려울 정도로 효과적으로 주입시켰다. "유대인은 신을 살해한 민족이다. 그들은 저주 받았고 우리는 기독교인이다"라고 그들은 반복했다.

이 반유대인 감정은 민족주의, 국수주의와 결합하여 불랑제주의라는 노도의 흐름을 다시 일으켜 증폭시켜 나갔다.

그들은 외국인과 유대인을 프랑스에 대한 불길한 음모와 연결시켰다. 레오 탁실 같은 사기꾼들은 가톨릭계에 자기들이 알고 있는 정보를 '팔았고' 『라 크루아』(La Croix, 십자가)는 그것들을 퍼뜨렸다. 이 신문에서는 프리메이슨 저명인사들이 사탄숭배에 빠졌다고 보았다. 이런 예언들은 번쩍이는 성공을 거두었다. 1896년 노바예 남작은 "이제 우리에게 전쟁과 혁명이 닥칠 것"이라고 발표했다. 마침내 유대인과 프리메이슨과 외국인이 서로 겹쳐져 완전히 하나가 되었다. "유대인이 프리메이슨의 영혼이라고 생각하다 보면, 처음에는 그럴 것 같지 않고 괴이하게 보였던 일들도 아주 간단하고 자연스럽게 여겨진다"고 드뤼몽은 썼다.

이와 같은 것들이 멜린 정부 아래서 퍼진 사상들이었다. 바세 드 라푸주, 바레스, 수리(Soury), 르봉(대중연구에 주목한 사회학자) 같은 이들이 10여 년 전에 지식인 서클들에 퍼뜨리기 시작한 분석들이 여러 여론층에 널리 전파되었다. 그것은 사회적 곤경과 미래에 대한 불확실성에 기대어 확고하게 뿌리를 내리고 있었다. 『라 리브르 파롤』의 편집국장 가스통 레리는 1896년에 이렇게 썼다. "이 세기말에 인간영혼들은 그 원인을 알 수 없음으로 해서 한층 더 괴로운 번민으로 갈팡질팡하고 있다. 위에서부터 아래까지 모든 계층의 사람들이 불안해하고 앞날에 대해 의문을 품고 천 가지 조짐으로 재앙적인 폭력이 우리를 위협하고 있다는 것을 알아챘다고 믿는다."

이 모든 흐름과 모든 세력이 한 덩어리로 뭉쳐지기 위해서는 사건 하나만 터지면 충분했다. 요 몇 년 동안 줄 르나르가 그의 신문에 쓴 것처럼. 그러면 여론은 "이런 끈적끈적하고 털투성이 덩어리"가 될 것이다.

그렇지만 이 저술가보다 더 현실 속에 뛰어든 조레스는 가끔 낙담하는 순간이 있었지만 결코 오랫동안 비관주의나 실의에 빠져 있지 않았다. 투쟁적인 그는 가장 미천한 사람들의 의식화를 믿고 낙담하지 않고 그들에게 '인간의 시대'의 문들을 열어주고자 했다.

그는 생사의 가혹함 앞에서 어쩔 줄 몰라 하는 사람이었던 것 같다. 1896년 11월 젊은 사회주의 의원 소튀미에—1896년 2월 뇌이이-불로뉴 선거에서 모리스 바레스에게 패했다—가 자살했다는 소식을 듣고 그는 경악했다.

그러나 조레스의 감수성은 음울하거나 관조적이지 않았다. 장례식장에서 고별사를 할 때 그의 목소리는 어느 때보다 깊은 슬픔에 잠겼다. "개인적으로 저는 인생에는 어떤 의미가 있고 우주는 하나의 전체이며 이 모든 힘과 모든 요소는 하나의 작품을 꾸미는 것이며 인간의 생은 그 생이 사라지고 다가가는 무한과 동떨어져 있지 않다고 깊이 믿습니다."

조레스는 브술레의 집에서 인생의 의미를 명상하던 때와 변하지 않았다. 다만 죽음이 내면의 신념을 드러낼 수밖에 없게 했기 때문에 마음속에 뿌리박은 신념을 이렇게 재확인했지만, 그에 만족하지는 않았다.

그는 목소리를 높인다. "사랑하는 동지의 관(棺) 앞에서도 저는 생과 사의 수수께끼를 파고들기를 거부합니다." 개인적인 신앙의 문제이고 사적인 문제이다. 그리고는 힘주어 결론을 던진다. "우주와 운명에 관한 고매한 꿈, 애매한 꿈 때문에 우리의 투쟁에너지가 흐트러지는 것은 원치 않습니다."

싸운다는 것이 다시 근본적인 것이 되었다. 사람들에게, 모든 사람에게 언젠가는 자신의 신념을 선택하고 '생과 사의 수수께끼'에 대해 자유롭게 자문할 수 있도록 하기 위해서다. 그러나 지금 조레스가 누리고 있는 이 능력— 근본적인 특권이며 인간의 본질 그 자체의 기초—은 투쟁에 방해물이 될 수 있다. 똑같은 순간에 수백만 명의 남자와 여자들이 기본적인 권리조차 전혀 누리지 못한다는 것을 알지 못하고서 이기적인 사치에 매몰되어 있기 때문이다. 이제 우리는 생의 의미에 대한 문제를 자기 속에 간직하고 필요하면 별빛이 다 스러진 하늘 아래일지라도 행군하는 것이다.

조레스가 물질적인 필수품이 없을 뿐 아니라 '통찰력'과 철학적인 '물음'이 결여된 사람들에게 연대감을 가지고 여기서 이런 관대한 표현을 하는 것을 어떤 이들은 이해하지 못했다.

늘 조레스의 말과 행동에 주의를 기울이는 바레스는 분개했다. 그는 자신의 『카이에』(*Cahiers*)에 조레스가 소튀미에의 묘지에서 한 연설의 긴 대목을 그대로 옮겨놓았다. 정적(政敵)의 자살에 충격을 받은 바레스는 휘갈겨 쓴 글씨로 다음과 같이 평한다. "이 무슨 목적론이며 어리석은 짓인가! …거의 낭만적인 허영의 목소리로 지적 빈곤을 증언하다니!"

바레스는 죽음을 겁냈던 것이다. 그는 고백한다. "이 신경증 속에서 계속 커져가는 것은 다른 무엇보다 죽음에 대한 감정이며 시체 속에서 우글거리는 벌레들. 나의 온 생의 비밀이며 감정적 불안인 시체." 그런데 생의 의미에 대한 조레스의 신뢰, 다른 사람들을 위해 자기 자신은 생각지 않는 능력, 바레스는 그것이 자신은 결코 도달하지 못할 접근 불가능한 이타주의로, 그의 고유한 천성으로 느껴져서 화가 나는 것 같다. "같은 혁명사상 안에 투사적 행동과 교육의 업적을" 결합해야 한다고 조레스가 말하는 이 '사회주의 신념'을 그는 결코 공유할 수 없을 것이다.

이러한 규정을 조레스는 1896년 12월 18일 블랑키를 추모하는 글에서 공식화한다.

그는 생애의 대부분을 감옥에서 보낸 이 혁명가를 자주 회고하면서 '수감자'(오귀스트 블랑키에게 붙여진 이름) 블랑키가 '야심가 대열'에 속하지 않는 사람임을 알아보았다.

조레스도 그러한 사람들에 속했다. 필경 그는 그 정체성 때문에 블랑키의 운명과 행동에 대해 성찰했을 것이다. 배움의 욕구에 불탔고 자기들의 계급에 헌신한 다른 독학자들, 브누아 말롱과 칼비냐크와 오쿠튀리에 같은 이들 역시 관대한 사람들의 우애를 지니고 있었다.

스스로 털어놓지는 않았지만 조레스는 사사로운 이익이나 훈장 혹은 각료자리를 좇아다니는 개인적 야심을 이해조차 못했다는 느낌이 든다. 그는 출세가도를 가지 않았다. 알프레드 드레퓌스의 인척이 되는 철학교수 레비-브륄은 이렇게 믿게 된다. "나는 조레스가 자신의 상황을 돌아보고 이렇게 처신하면 장래에 이득이 될까 아닐까 하는 자세로 자문하는 것을 한번도 본 적이 없다."

그는 자신이 해야 한다고 믿는 것을 끝까지 했다.

1896년, 그해 말에 조레스가 수호하고자 한 건 농민들이었다. 12월 14일 그는 정부의 농업정책에 대한 질의서를 제출했다. 멜린이 농촌세계의 수호자로 자처한다는 것을 알고 있었다. 활동인구의 다수가 아직 농민인 프랑스에서 정부가 농촌지역에서 펼치고 있는 반동정책을 파헤치지 않는다면, 농민의 장래가 사회주의당에 달려 있다는 것을 그들에게 보여주지 않는다면 어떻게 권력에 접근할 수 있겠는가?

조레스는 농민을 위한 강령을 작성하기로 했다. 그는 체계적인 연설준비에 온힘을 기울였다. 사회주의자들은 마을 전체를 대상으로 대규모 설문조사를 실시하고 조레스는 문항들을 자세하게 만들었다. 그는 아침마다 농민들의 상황을 다룬 기사와 문건들이라면 모두 읽었다. 조레스의 연설은 구체적이고 논쟁적이며 언제나 그를 살아 움직이게 하는 열정의 숨결이 실려 있었다.

멜린은 그것을 너무 잘 알았기 때문에 조레스의 질의를 몇 달씩 늦추었다. 그래서 1897년 6월 19일 토요일에야 조레스는 연단에 오를 수 있었다. 예외적인 연설이었다. 6월 26일과 7월 3일에도 발언을 함으로써 연설이 3회로 연장되었기 때문이다.

찌는 듯이 덥다. 정장을 차려입은 의원들은 숨이 턱턱 막히고 연단에 선 조레스의 얼굴은 뻘겋게 익었다. 육체적으로도 지적으로도 조레스는 엄청난 노력을 기울였다. 주제도 중요했으며 제3공화국 치하에서 의회제도의 중대성을 명확히 보여주었다. 사상이 퍼져나가는 곳은 팔레–부르봉이었다. 이곳이 정치생활의 중심이었으며 바로 이곳에서 지도자는 자신의 이미지를 각인시킬 수 있었다.

조레스의 이미지는 이제 그 윤곽이 드러난다. 그는 모든 주요 사안에 개입하는 의회의 대응변가이다. 그리고 농민문제의 전문가로서 명성을 얻는다.

그는 수치를 제시하면서 말한다. 2만 8천 명의 지주가 600만 명의 농민이 가진 땅만큼을 소유하고 있다! 그러면 한 줌밖에 안 되는 밭뙈기를 가진 사람들—300만 명—에 대해서는 말할 것도 없다. 중농과 소작인 간의 가혹한 계약 혹은 농촌프롤레타리아들, 이 350만 명의 가내일꾼과 일용노동자들의 생활실상에 대해 누가 알겠는가?

그들에게 '생과 사의 수수께끼'에 대해, 그들의 운명을 바꿀 투쟁수단에 대해 말해야 하는가? 마치 묶여 있는 가축처럼 그들의 소유주들에게 종속된 운명이다. 언제나 개인의 수호를 언명하는 신사 여러분, 하고 조레스는 말을 내지른다. "소유하고 있는 땅 한줌 없고 아무런 권리도 보장받지 못하고 서로 얼굴을 쳐다볼 수 있는 단 한 시간의 여유도 없고 자기들끼리 모여 앉을 식탁도 없고 거처도 없는 이 가내일꾼들의 상태가 비천한 형태의 팔랑스테르(고대 그리스의 밀집병사들의 병영을 말함), 저급한 형태의 공산주의가 아닌지 당신들에게 묻습니다."

그는 미디의 포도농장 일꾼들, "삼림의 번성하는 부(富) 속에서 그처럼 빈곤한" 세르(동부의 도)의 삼림꾼들에 대해, 브르통(서부 브르타뉴 지방) 지방의 농군들… 그리고 "그들의 비참한 오두막들"에 대해 말한다.

그가 제시한 숫자들은 서정적이고 아름답고 강렬한 이미지들로써 부각된다. 이제 그의 목적은 분명하다. 농민들을 고립시키는 고리를 끊으려는 것이다. 농민들이 자신의 재산을 지키기 위해서는 사회주의에 합류해야 한다는 것을, 그리고 노동자들과 그들의 이익은 연대할 수 있다는 것을 농민들에게 제시한다.

더위가 의사당을 짓눌렀지만, 조레스가 펼쳐 보이는 넓은 시야는 흔히 들을 수 있는 임기응변식의 연설과 대조를 이루었기 때문에 의사당은 흐트러지지 않는다. 그는 갈리아-로마의 대영지들, 여름의 위력과 가을의 풍성함을 일깨운다. 그는 분개한다. "오, 신사 여러분, 저는 관념적인 위선을 알고 있습니다. 자신은 매우 만족스럽고 보장된 삶을 누리면서 다른 사람들의 물질적 문제를 말한다는 것이 얼마나 속되고 낯 뜨거운 일인지 압니다."

조레스는 포도밭을 갈고 나와서도 물밖에 마실 것이 없는 농민들의 식사에 대해 말한다. 경제적 발전은 농민들을 대규모 집단운동과 연대하게 만들었다고 주장한다. 농민들은 더 이상 마을의 경계선을 나타내는 작은 돌들에 시선을 멈추지 않고 나머지 세계를 본다. "고립된 이기주의자들이던 그들이 오랜 위기 동안 고통을 겪음으로써 비로소 인류와 살아 있는 교감을 하게 되었습니다."

극좌파의 박수갈채로 연설이 중단된다. 우파들이 제지하려고 나서지만 소용없다. 조레스가 한 문구, 한 가지 사실로써 농민들의 생활상을 폭로하고 그들을 향한 호소의 말—"농민들 스스로 자신의 계급적 이해를 의식하고, 신성한 소유의 특권 위에서 마치 다 자란 풀을 향해 날선 낫을 들이대듯이 자신들의 말과 힘을 번쩍이게 갈아야 할 것입니다."—을 던지자 우파는 소리를 지른다.

자유주의 사도인 경제학자 르루아-보리외가 조레스에게 이의를 제기한다. 사회주의 웅변가가 자기 글들을 훼손했고 따라서 자신의 사상을 왜곡했다고 분개한다. 조레스는 자신이 제시한 것을 포기하지 않고서—르루아-보리외는 소토지 농민들을 청산함으로써 농업위기를 타개해 나가고자 했다—

경제학자가 요약한 그의 사상을 인정하고 자신의 연설을 수정하겠다고 말한다. "사회주의자가 반대론자의 사상의 뉘앙스까지 왜곡했다는 말을 듣는 것은 원치 않는다."

그러나 그의 말 한마디 한마디, 그가 제시하는 것 모두가 정곡을 찔렀다. 르루아–보리외에 이어 멜린 그리고 우아한 폴 데샤넬이 발언에 나서서, 하나같이 '집산주의'를 상기시켰다. 그들의 말대로라면 조레스는 야비하게 사실을 은폐한 위선자였다. 그들은 조레스가 농민들에게 착취와 전제를 제안한다고 주장했다. 그러나 통계수치는 가차 없다. 1882~92년의 10년 동안 토지소유자가 13만 8천 명이나 줄었다. 자본주의적 집중화가 성과를 내면서 이농(離農)을 확대시켰다. 마침내 1897년 11월에 조레스가 농촌의 소유실태와 농업노동자의 상황을 공식적으로 조사할 것을 요구하자, 여당은 그의 제안을 거부했다.

조레스는 묻는다. 누가 진실을 두려워하는가? 누가 소농을 쓸어없애려 하고 있는가? 농촌세계는 멜린 정책에서 아무것도 기대할 것이 없었다.

다시 한번 조레스는 정부를 흔들어놓았다. 지방에서는 사회주의자들이 그의 연설을 소책자로 만들어서 마을마다 나누어주었다. 이제 더 이상 사회주의자들은 노동자들에게만, 노동자들을 위해서만 말하지 않았다. 그들은 농민들의 역할과 욕구를 찬양하면서 농민들에게 말을 건네었다. 조레스는 호소한다. "애초부터 지금까지 수세기 동안 농민들은 강자들에게 자신들도 향유할 줄 알고 향유하려 한다는 것을 일깨우기 위해 항의해 왔다."

때는 무르익었다. 7월 어느 오후에, 수확하는 사람처럼 온통 땀에 젖은 얼굴로 그것을 요구한 사람은 '재능 있는 농부' '교양 있는' 농부이다. 그 농부는 이렇게 외친다. "권력, 당신들은 그것을 우리에게 주지 않을 것이다. 당신들이 우리에게 권력을 주는 것이 아니다. 민중이 쟁취한다."

이 몇 달 동안의 분위기는 열띠고 불안감이 지배하고 극적이거나 요란하지는 않았지만 이런 기운을 누그러뜨리는 해결을 기대하는 분위기였으므로 조레스의 말들은 한층 더 울림이 컸다.

사람들은 동정을 살피고 앞날을 예측하며 예언과 점성술에 귀를 기울였다. 파나마 추문을 예고하여 살롱마다 경쟁적으로 모시려 한 점성가 쿠스동 양이 1897년 3월에 샹젤리제 가까이 자선모임이 열리는 건물에서 화재가 난다고 예언했다.

자선행위가 유행이었다. 귀족들 사이에서는 가톨릭 노동자서클이나 아르메니아 희생자들을 위한 기금을 모았다. 비참하게 사는 거리의 여자들을 돕는 지원협회도 있었다. 조레스가 부단하게 고발하는 부정의, 세상의 불평등과 잔인함에 대해 보수적이고 안심되는 대응책이었다.

5월에 장—구종 거리 17번지에서는 큰 천막을 두른 창고 안에 중세의 골목을 재현하여 최상류층 부인들이 간이상점을 운영하는 자선바자가 열렸다.

영사실에서는 영화와 시사영화가 상영되었다. 사실 영화는 그 시대의 소문난 구경거리였다. 5월 4일 영사실에서 등잔을 켜기 위해 산소관과 에테르 통을 이어붙이는데 불이 났고, 마침 그때가 한창 물건이 팔리는 시간이었다. 순식간에 사람들은 공포에 휩쓸려 서로 자기만 살겠다며 몸부림치는 끔찍한 광경이 벌어졌다. 사교계 남자들은 지팡이를 휘두르며 길을 만들어 출구로 뛰쳐나갔고 그 바람에 여자들은 남자들의 발길에 짓밟히기도 하고 불이 옮겨 붙기도 했다. 희생자 125명 가운데 남자는 5명, 그것도 세 명은 나이든 노인이고 한 명은 의사, 또 한 명은 열두 살짜리 아이였다! 바자에는 젊은 남자들이 100명도 더 있었다.

프랑스를 크게 뒤흔들어놓은 사건이었다. 최고 작위의 1500가문이 영향을 받았다. 무정부주의자의 소행이라고들 했다. 공화국 대통령과 정부의 인사들이 노트르담에서 치러진 장례식에 참석했다. 공권력이 종교의식에 참석한 것은 25년 만에 처음이었다. 여기서 사건이 던져준 충격뿐 아니라 멜린 정부의 정책노선을 표명하고자 했다. 그러나 장례식을 주재한 사제가 설교에서 불경한 프랑스에 신의 분노가 내린 것이라고 비난함에 따라 정부의 의도는 허사로 돌아갔다. 사제의 말을 따른다면 이런 재난을 계기로 모두가 종교적 가치를 존중하고 잘 지켜야 함을 깨달아야 하는 것이었다.

이 사건과 그것을 정치적으로 이용하는 논평들을 보면, 정치적 열정의 장을 비켜가는 것이 하나도 없었다. 좌파언론과 하원의장인 급진파의 브리송 그리고 사회주의자들은 "신과 종교의 이 역겨운 개념"에 대해 항의했다. 브리송의 연설을 시청에 일제히 게시하라는 명령이 내려졌다. 그것은 멜린이 구현하는 '새바람'에 맞서 교권반대주의자 다수가 다시 뭉쳐야 한다는 의미였다.

그러나 멜린은 장애물을 에돌아가면서 능란하게 지연술을 썼다. 그는 하원에서 의원임기의 6개월 연장을 승인하도록 하며 하원은… 공모하게 된다. 이렇게 해서 예정된 4년 임기의 마지막 기간인 1897년 8월이 아니라 1898년 5월에 하원선거를 실시하게 된다. "여름보다 봄에 선거하는 것이 적절하다"고 멜린은 설명했다. 사실은 자신의 권력을 공고히 하고 또 여당에서도 자신의 대외정책의 결과를 왈가왈부 못하게 하려는 의도였다.

1897년 8월 14일 공화국 대통령 펠릭스 포르는 덩커르크를 떠나 크론슈타트로 향했다. 그 전해 러시아 최고권자의 파리 방문에 대한 답방이었다. 포튀오 순양함에서 펠릭스 포르는 공화정의 군주처럼 행세했다. 그는 뱃전에서 차르 니콜라이2세를 영접하고 "두 나라의 친선과 동맹"을 위해 작별의 건배를 들었다.

화약을 따라 번지는 불길 같은 말, '동맹'이 재상의 공보실에서 흘러나왔고 유럽의 새로운 동맹체제의 공식출범을 찬란하게 기록한다.

프랑스로서는 외교적으로 성공이지만 유럽 강대국들의 대결을 초래할 수 있는 치열한 국가경쟁의 장기판으로 들어선 것이다. 그럼에도 프랑스의 여론은 열광했다.

1897년 3월 러시아와의 동맹 배후에 어떤 금융적 이해관계가 감춰져 있느냐고 묻는 조레스의 목소리, 그의 명석함은 무엇일까? 사실 펠릭스 포르가 답방한 다음날부터 러시아는 파리 시장에 새로운 러시아 채권을 도입할 것을 요청했다. 조레스가 이 일에 개입하며 비판하자 외교장관 가브리엘 아노투가 그를 상대하기 위해 나섰다.

44세의 이 인물은 조레스와 마찬가지로 고등사범 출신이며 역사저작들과 또 능란하게 쌓아온 경력 덕분에 몇 달 후에 프랑스 학술원에 들어가게 된다. 그는 조레스의 공격, 멜린 정부가 차르 정권과 '반동적' 결탁을 했다는 분석, 특히 러시아와의 동맹으로 프랑스는 자율성을 포기해 버렸다는 비난을 참기 어려웠다. 우파와 특히 여당 쪽에서 조레스를 막았고 그에 대해 발언검열을 요구했다. 며칠 후 조레스는 이렇게 썼다. "우리는 위대하고 영광된 프랑스를 너무나 비참하게 추락시킨 이른바 지도층, 비열한 부르주아지에게 루이15세의 가장 수치스러웠던 시절에도 프랑스가 이렇게 나락으로 떨어졌던 적은 없었다고 말할 권리가 있다. 더 나쁜 것은 지도층은 이 열세를 알아채지도 못하는 것 같다는 점이다. 다 쓰러져가면서도 피가 모자라 위험하다는 경고성 저항조차 못하는 백혈병 환자와 같다. …국정을 담당하는 우리의 위대한 인사들은 범죄자보다도 더 가증스럽게 허영의 미소를 지으면서 수치와 타락의 비탈길을 내려간다. 오, 사랑하는 프랑스, 이자들을 제치고 떨쳐 일어나라!"

세찬 비웃음을 그대로 드러내는 과격한 말들이다. 역사적이고 지적인 저 높은 교양, 토론중에 상대방에게 어떠한 빌미도 주지 않는 초연함으로 공언된다.

멜린이 중단시키려고 하자 조레스는 벵자맹 콩스탕을 인용하여 응답한다. "당신은 우리가 별궁의 사방 벽을 장식한 이 모든 두상의 침묵에다 반대의 침묵을 추가하기를 바라는가?"

그가 적절한 시구와 증거들을 하나 가득 끌어오기 위해서는 자신의 박식의 동굴을 캐내기만 하면 되었다. 어떻게 해야 그를 대적할 수 있겠는가? 그를 의회에서 쫓아내고 카르모에서 패배하게 만든다?

그 생각은 항상 하고 있었다. 계속 그 일을 도모할 것이다. 선거까지 1년이 채 안 남았다. 시간은 금방 갈 것이다. 솔라주 후작과 르세기에의 부하들이 카르모와 농촌 면들을 '공작한다.' 그들은 낙관한다. 1897년 10월 초, 멜린과 바르투가 이 내각은 제3공화국의 최장수 내각 중 하나라고 영광의 결산표를 제출하며 미래를 자신한 것처럼. 멜린은 점점 더 단호한 새바람의 주창자로서 반(反)성직주의에 반대하며 화해를 권고하고 있었다.

누가 이런 정부를 위협할 것인가? 조레스? 조금 기다려보자. 유권자들이 그를 철학강단으로 쫓아보내리라.

정부는 온 나라를 장악했다. 이 1897년 여름 끝에 정치적 발작요인이 하나씩 자리를 잡는 것을 누가 짐작이나 했겠는가?

사실 1896년 가을 여러 신문들이 드레퓌스를 종신유형 보내게 한 보르드로(기밀문건)를 공개한 후 수개월 동안 접선이 이루어지고 있었다. 서로 만나면서 차츰차츰 유대인 장교의 재심을 성사시키기로 결심한 사람들이 그룹 또는 네트워크(앞으로 적들은 '신디케이트'라고 부르게 된다)를 형성했다. 그들 속에 조레스가 있었다. 분명히 그는 이 장면에서 첫번째로 들어오는 사람들 중 하나는 아니었다. 여름에 그는 파리에 체류하지 않았다. 그런데 일이 시작되는 것은 언제나 수도이며 특히 여름에는 더 그랬다.

피카르 중령은 루이 르블루아라는 변호사에게 보르드로의 필적이 에스테라지 소령의 것을 닮았다고, 그를 믿고 말한다. 게다가 에스테라지와 독일 무관의 관계를 입증하는 '우편물'—속달우편—이 존재한다. 하지만 군사법정의 결정을 위해 '비밀문서'가 판사들에게는 전해지고 변호인에게는 은폐된다. 피카르는 무슨 일을 당할지 모르는 튀니지 남부로 다시 떠나면서, 위협받고 있는 사람의 입장에서 비밀을 털어놓은 것이다. 그는 르블루아에게 비밀을 지켜달라고 당부한다. 르블루아는 프로테스탄트이고 알자스 사람이었다. 그가 역시 프로테스탄트이고 알자스인인 상원 부의장 슈레르-케스너와 만났을 때 부의장이 드레퓌스의 유죄에 대해 의심을 가지고 에스테라지라는 이름을 꺼내지 않았더라면, 아마 이야기를 하지 않았을 것이다. 르블루아는 약속한다.

일이 굴러가기 시작한다.

조레스는 아직 아무런 의심도 하지 않았다. 그러나 사회와 정치의 논리는 그를 비켜가지 않았다. 당연히 그에게도 줄이 뻗쳤다. 슈레르-케스너는 결백한 사람이었다. 오랭(라인 상부 도명) 국회의원인 그는 1871년 알자스-로렌을 포기하는 데 반대하여 사임했다. 이제 그는 드레퓌스 재판의 정황과 에스테라지에 대한 의심으로 번민하게 된다. 그는 사건이 부당하다는 생각에 참을 수 없었다. 무고한 사람—같은 알자스 사람인데—이 유형지에 있다는 것은 도저히 용서할 수 없는 일이었다. 1897년 7월에 그는 이 사건을 다른 상원의원들에게 말했다. 마티외 드레퓌스, 베르나르 라자르, 레비-브륄이 통지를 받았다. 곧이어 또 다른 알자스인 뤼시앙 에르가.

뤼시앙 에르는 조레스와 직접적으로 연결되었다.

그렇지만 뤼시앙 에르 주변의 그룹은 아무런 움직임을 보이지 않고 여름이 지나갔다. 8월이 되어서야 비로소 그들은 '아주 구체적인 증거의 단서'를 찾아내어야 한다고 느꼈다. 그러나 그들은 언론과 참모본부 그리고 정부의 자발적인 방향전환을 기대하고 있었다. 멜린의 반동적인 개입은 결국 참모본부와 기존의 판결을 지지하리라는 것을 그들은 헤아리지 못했다. 그래서 지나치게 주장하지 않고 서로 사건을 알리는 정도에 그쳤다. 조레스는 의회회기가 시작할 때 파리로 돌아오기 때문에 필경 다른 사람들보다 좀 늦은 여름 끝 무렵에 비밀을 알았을 것이다. 고등사범 출신으로 파리의 문예계에 등단했고 국무위원이 된, 뤼시엥 에르의 친구 레옹 블룸 역시 여름이 끝나갈 때 통지를 받았다. "1897년에 나는 파리에서 매우 가까운 시골에서 휴가를 보내고 있었다. 9월 내내 뤼시앙 에르는 거의 매일 오후에 자전거를 타고 나를 만나러 왔다. 어느 날 그는 불쑥 말했다. '드레퓌스가 결백하다고 믿어요?'" "드레퓌스? 그게 누군가요, 드레퓌스…."

블룸은 유대인이었지만— '평범한 유대인'이라고 그는 너무 겸손하게 말했다—"어떤 유대인 포병대위가 대역죄로 기소되었었다는 것을 기억해 내느라고" 애를 써야 했다.

정치인 조레스는 훨씬 정확히 알고 있었다. 알다시피 그는 개입한다. 그는 재판을 의심하지 않았다. 그러나 그의 친구 에르가 얼마나 엄격한지 잘 알았다. 에르가 드레퓌스의 무고함을 끌어내는, 적어도 재판의 정황을 반박하는 증거 한 묶음을 보여주었을 때 조레스는 평소처럼 세심하게 그리고 치밀한 지식인의 양심으로 그것을 살펴보았다. 그는 수차례 뤼시앙 에르에게 여러 가지를 캐물었고 이 1897년 늦여름에 마담 거리의 자기 집에서 레옹 블룸을 만났으며 아마 발–드–그라의 뤼시앙 에르 집에서도 만났을 것이다.

조레스와 블룸 둘 다 뤼시앙 에르와 우정을 나누었다. 그들은 고등사범의 사서에 대해 이야기했다. "에르보다 더 자연스럽게 사람을 꽉 사로잡는 사람은 없다. 그 이성의 지배에다 몸집도 한몫하고"라고 블룸은 설명했다. 에르가 거인 같은 체구에 머리통은 지나치게 크고 울퉁불퉁한 것은 사실이었다. 무엇보다도 그는 신념의 힘이 강했다. 딱딱하지 않은, 아니 부드럽기까지 한 어조로 말하지만 모든 것을 벌거벗기고 몰아세웠다. 그는 불룸에게, 조레스에게 사실과 논쟁과 증거를 하나하나 진술하면서 반복했다. "드레퓌스는 결백하다."

서른여덟의 조레스, 서른셋의 에르, 스물다섯의 블룸, 이 세 사람은 서로를 전적으로 믿고 존중하고 친했다. 조레스는 금방 이 젊은 국무위원 레옹 블룸이―리틀 봅이라고 부르는―댄디즘 뒤에 사회문제와 철학적 질문에 대해 열린 감수성을 지녔고 자신이 밟아온 것처럼 사회주의를 향해 걷고 있는 사람임을 알아보았다. 그리고 블룸은 블룸대로 조레스의 지성과 교양과 천부적인 간파능력에 매료되었다. 의회의 대웅변가라면 "자기 웅변의 노랫가락에 도취된" 궤변론자일 뿐이라고 믿었는데, 신념 있고 박학해도 마비되지 않는 비판정신이 넘치는 활기를 발견한 것이다.

그렇지만 조레스는 처음부터 모든 '투쟁에너지'를 드레퓌스를 위한 싸움에 쏟아부은 몇몇 인물에 들지는 않았다. 대위의 결백을 말해 주는 증거들이 쌓여가는 앞에서 주저했는가? 한동안 그런 것은 사실이다. 그러나 1897년 마지막 몇 달 동안―10월부터 12월까지―드레퓌스 재판이 '사건'이 되어가는 사이에 조레스가 보인 망설임은 오히려 조심스러운 성격과 그의 가담으로 야기될 정치적 책임이라는 전반적인 구도에서 설명되어야 한다. 또한 초기의 드레퓌스파 대부분이 과거의 '파나마 추문 관련자들'인 것도 문제였다.

이런 장애물들이 조레스에게서는 곧 사라지지만, 그래도 여전히 존재한 것은 사실이다. 조레스는 프랑스 사회주의의 중요한 리더 중 한 사람이다. 분열이 일어날 위험을 무릅쓰고 드레퓌스파의 격류 속으로 사회주의를 끌어들일 것인가? 한편 조레스는 자신의 계급투쟁 전망에 드레퓌스를 끼워넣었다. 사건은—이런 관점에서 보면—사회 주도층의 대립적 파벌들 사이의 경쟁으로 볼 수 있지 않은가? 어떤 점에서 이 문제가 프롤레타리아와 상관이 있는가? 프롤레타리아는 모든 힘을 그 자신의 목표를 달성하는 데 바쳐야 하지 않는가? 조레스가 드레퓌스를 위한 투쟁이 인간적 모범이며 정의를 향한 투쟁이라는 혁명적 가치를 가진다는 것을 확인하기까지 몇 주일—단 몇 주일—이 필요했다.

이렇게 해서 조레스는 자신의 친구들인 에르와 레비-브륄, 블룸 등 지식인들과 정당인들 사이를 중개하는—그로써 결정적인—역할을 하게 된다. 그는 두 집단에 속했다. 에르처럼 고등사범 출신이고 게드나 밀랑처럼 국회의원이었다. 진실을 위해 치러야 할 대가가 무엇이든, 진실을 걱정하고 사회주의자의 통합 문제 나아가 의회정책이나 선거정책에까지 온힘을 기울였다.

그는 진실 앞에서는 한 발자국도 양보하지 않았다. 그러나 정치인으로서는, 예를 들면 사회주의 의원그룹의 통합을 지키기 위해 타협안을 통과시켰다.

이제 지성의 세계와 정치의 세계, 이중의 소속은 드레퓌스 사건에서 그리고 나라의 역사에서 중대한 영향을 끼친다. 특히 주변적이지만 명석한 개성을 가진 드레퓌스파의 편에 참여함으로써, 그는 사회주의를 가담시키게 될 것이다.

그런데 사건이 가속화된다.

10월 29일, 슈뢰르-케스너는 공화국 대통령에게 면담을 요청했다. 드레퓌스가 결백하다는 신념을 가지고 대통령을 설득하기 위함이다. 펠릭스 포르는 당황했다. 그는 존경하는 상원 부의장의 말을 경청하고 단안을 내리게 된다. "나의 중립은 법에 따른 중립이다." 그리고 슈레르-케스너를 배웅하면서 나지막이 덧붙였다. "당신이 하려는 일에 조심하시오."

그러나 프로테스탄트인 슈레르-케스너는 정치인의 계산을 무릅쓰고 목에 걸릴 모래알을 삼키는 과감한 사람이었다.

10월 30일에는 국방장관 비요 장군을, 11월 3일에는 멜린을 만났다. 그들은 슈레르-케스너의 말을 주의 깊게 들었지만 확실한 답변은 하지 않았다. 그는—조제프 레나슈 같은 드레퓌스 지지자들과 똑같은 생각으로—자기들처럼 강베타와 함께 정치인생을 시작한 멜린이 재심의 필요를 이해할 거라고 기대하고 있었다. 멜린이 참모본부와 한통속이 되어 있고 보수파를 선택하여 신경이 마비되었다는 것을 그들은 포착하지 못했다.

그렇다면 드레퓌스 사건은 단순한 재판오류의 결과이거나 일련의 불운한 정황과 감정싸움으로 맹목적으로 악화된 사건이 아니었다. 그런 것이 아니라 분명히 조레스가 수년 전부터 고발하고 싸워온 '새바람' 정책의 정상적인—발작의 절정—귀결이었다.

푸르미 총격사건과 카르모 두 지사의 책략, 르세기에와 솔라주 후작에 대한 지지 그리고 드레퓌스 사건 사이에는 일련의 연속성이 있었다. 다만 세부적인 입장에서 새로운 편 가르기가 일어났다.

참모본부에서는 소문이 퍼지기 시작하고 슈레르-케스너가 움직이는 것에 불안해했다. 피엘뢰, 드 부아데프르, 공스 장군, 파티 드 클랑 중령은 신임 정보국장인 앙리 중령을 감쌌고 앙리 자신도—필시 그는 몇 년 전부터 참모본부의 심장부에 도사리고 있던 배신자 아니던가?—에스테라지를 보호하려고 안간힘을 썼다. 그는 에스테라지를 압박하는 위협에 대해 터무니없는 방식

(베일을 쓴 부인, 수수께끼 같은 만남, 분장을 한 정보원)으로 경고했다.

반유대주의 우파언론들은 예방책으로 반격에 불을 지폈다. 이미 『라 파트리』『르 프티 주르날』『르 골루아』『군의 장래』(*L'Avnir militaire*)는 "프랑스는 슈레르–케스너가 지휘하는 무명의 패거리 손에 장악되어 타락하고 노망나 버렸다…"고 쓰기 시작했다. 10월 19일 『로로르』(*L'Aurore*, 여명)의 창간호에서는 조르주 클레망소―파나마 추문 이후 공적인 사안에서 멀어져 있었다―가 드레퓌스 편을 들었다.

아직 조레스는 사회주의자 전체가 대가를 치를지 모를 오류를 범하지 않도록 조심하면서 긴장의 끈을 놓지 않은 채 아무런 발언을 하지 않고 듣기만했다. 그에게는 뤼시앙 에르나 다른 사람들처럼 자기 자신만 가담하는 작전을 구사할 자유가 없었다.

그런데 며칠 사이에 자료들이 쌓여갔다.

11월 14일 『르 탕』지에 슈레르–케스너의 편지가 실렸다.

"유죄선고를 받은 자의 무고함을 증명하는 새로운 사실들이 나타났다. 만약 재판이 잘못을 범했다는 것을 확신하고서도 침묵을 지킨다면, 평생토록나는 죄인이 다른 자의 죄를 면해 준다는 생각에 시달려서 조용하게 살 수 없을 것이다."

11월 9일 내무장관은 "드레퓌스 대위는 정상적이고 공정하게 군사위원회에 의해 유죄판결을 받았다. …정부가 할 일은 그의 유죄판결 집행을 확인하는 것뿐"이라고 언명했다.

11월 15일 마티외 드레퓌스는 국방장관에게 보내는 편지에서 에스테라지 소령을 문서의 작성자라고 비난하고 나섰다. 그러자 국방장관은 에스테라지의 모든 혐의를 벗기기 위해서 군사법정에 출두시키기로 결정했다. 그가무고하다면 드레퓌스의 유죄는 확인되는 것이다.

이제 싸움은 여론싸움이 되었다. 『라 리브르 파롤』에는 이런 구절이 실렸다. "유대인이 강하다는 것을 인정해야만 한다. 자기들의 드레퓌스를 구출하겠다는 목적으로 그들은 온 나라를 공포에 빠뜨렸다."

조레스는 아직 침묵하고 있었다. 그러나 자신이 나서야 할 대결이 얼마나 중요한지 점점 더 의식한다. 조레스는 슈레르-케스너를 만나 그의 말을 경청한다. 오랜 시간 뤼시앙 에르와 사실들을 대조해 본다. 마티외 드레퓌스와 베르나르 라자르를 만난다. 이들은 모두 다 조레스가 상황을 결정지을 하나의 중심축이라는 걸 알고 있다. 그가 대변하고 또 효율적인 그의 행동으로 보아, 그가 태도를 밝히는 날에는 한 사람일지라도 결정적인 동맹자가 될 것이다. 그러나 조레스는 침묵을 지킨다. 지방의 일부 도들, 특히 남부 도들에서는 많은 사회주의자들이 '유대인-금융가 단체'에 적대적임을 그는 알고 있다. 그들은 '유대놈 금융가'들을 비난하거나 "에스테라지를 옭아매고 있는 역겨운 음모"로부터 그를 지켜주었다(1897년 11월 18일 나로본의 『사회공화국』).

동시에 조레스는 고등사범―그의 고등사범―에서 젊은이들이 에르 주위로 모이는 것을 알고 있었다. 대학인들(귀스타브 모노, 샤를 세뇨보, 또 물론 앙들레르, 학교의 사감인 폴 뒤퓌이)과 전위 작가들. 조레스가 가깝게 느끼는 모든 사람이 드레퓌스를 위해 싸우기로 작정했다. 에르는 정확히 1897년 말 이때 정부에 드레퓌스 재심을 촉구하는 서명자 리스트를 작성하기로 한다. '지식인' 리스트(지식인 intellectuel이라는 말이 이때 퍼진다). 페로 학장, 그의 후임자인 에른스트 라비스부터 신중하지만 마음속으로 드레퓌스 편이 되어줌으로써 뤼시앙 에르의 작업을 돕는다.

탄압을 받을 수도 있었기 때문이다. 피카르 중령에게 닥친 운명을 다들 알고 있었다. 한편 라탱 구의 분위기는 가열되어 갔다. 첫번째 소동이 벌어지고, 아직은 짧은 순간이지만 훨씬 심각한 긴장이 예고되었다. 이런 분위기 속에서 에르는 비단 교수들뿐 아니라 학생들도 끌어들였다. 머리를 빡빡 깎은 열정적인 눈빛의 젊은 철학도 샤를 페기를 설득시킨 것도 에르이다. 페기는 싸움에 돌진하여 드레퓌스파 학생들의 '군사지도자'가 되었다. 이제 드레퓌스파 학생들은 대강당과 라탱 구의 거리들에서 주먹을 날릴 것이다.

조레스는 초조하다. 이미 10년 전부터 참가하지 않은 정치논쟁이 없고 개입하지 않은 대결이 없다. 오늘날에는 모든 친근한 관계, 접촉, 경고 때문에 그의 침묵까지도 그가 자신의 입장을 얼마나 중요하게 여기는지를 확인해 준다. 사회주의자들이 그처럼 어렵게 쌓아올린 자산을 허투루 쓰지 말고 낭비하지 말자. 1897년 말에 그는—『코스모폴리스』 1898년 1월호에 실린 글에서—지금부터 10년 내에 사회주의가 권력을 쟁취할 것이라고 쓰게 된다. 쥘 게드도 이 관점에 동참했다.

그 사이에 에밀 졸라는 『르 피가로』에 발표하는 일련의 글을 통해서 드레퓌스 진영에 가담한다. 막강한 인기와 상당한 판매부수의 작품들로 작가는 영광의 절정에 서 있었다. 존경과 영예를 한 몸에 얻은 졸라는 프랑스학술원을 노리고 있었다. 이제 그는 슈레르-케스너 편을 들고 그로써 자신의 사회적 존경을 태워 없앤다. 이를 '수정 같은 인생'이라고 그는 자랑한다. 그는 "병적인 호기심으로 발정하듯 돈을 마련하고 더러운 신문을 팔려고 군중들을 정신이 이상해지게 만드는 비열한 언론"을 규탄한다. 그리고 마침내 졸라는 고발한다—이 시기의 조레스나 사회주의자들에게서 전혀 볼 수 없는 박력을 보인 처음 몇 사람 중 하나다— "반유대주의, 민중 속에 깃들인 이 독(毒)… 참으로 개탄해야 할 드레퓌스 사건은 그 독이 만든 업적이다. 오늘날 군중을 겁나게 하는 것은 이 독뿐이다." 그러나 낙관주의자인 졸라는 이렇게 결론 내린다. "진실이 나아간다. 아무것도 그것을 멈추게 못하리라."

조레스에 앞서 졸라이다.

며칠 후 『르 피가로』는 놀랄 만큼 필적이 동일한 보르드로의 사진들과 에르테라지의 편지 사진을 실었다. 특히 에스테라지는 이 편지에서 프랑스의 적으로서 자신의 모습을 드러냈는데, 자기 정부(情婦)에게 다음과 같이 썼다. "이 민족을 없애는 데는 탄약을 쓸 필요도 없다고 확실히 믿는다. 나는 강아지 한 마리도 다치게 하지 않을 것이다. 그러나 심심풀이로 프랑스인 10만 명쯤은 죽일 수 있다…."

하지만 졸라에 대항하여 보수층에서 들고 일어났다. "수치스러운 졸라" "매수당한 졸라" "이탈리아인 졸라"라고 그들은 아우성쳤다.

마침내 조레스가 펜을 들었다. 그렇지만 슈레르-케스너나 졸라, 심지어 앙리에 비해서도 그는 매우 신중하게 처신한다. 11월 27일에 그는 이렇게 쓴다. "나는 드레퓌스가 유죄인지 아닌지에 대해서는 아는 바가 없으며, 아무도 그것을 알 수 없다. 왜냐하면 재판은 비밀리에 진행되었기 때문이다."

뤼시앙 에르가 조레스를 설득하지 못한 것인가? 조레스는 책임 있는 리더로서 반격의 구실을 주지 않으려고 세심하게 신경을 쓰며 자신의 판단을 유보하고 정치적으로 글을 썼다. 실망스럽게도 아마 그는 앞서와 같이 균형을 우려하며 글을 계속 쓸 것이다. "드레퓌스가 유대인이든 기독교인이든 그것은 별로 중요하지 않다. 게토에서 풍기는 냄새가 흔히 역겹지만 에스테라지와 다른 자들의 수상하고 사치스런 가톨릭 향기도 행인들에게는 마찬가지로 역겹다."

그러나 그는 공격의 각도를 정한다. 정치적으로 확실하게 기정사실화된 영역에서 가장 승산이 높을 것 같은 공격이다. "비밀리에 재판하고 선고를 내리도록 두어서는 안 된다. 이유는 그렇게 되면 군은 두려운 우상, 마치 통제를 받지 않고 마음 내키는 대로 희생양을 만들 수 있는 성소 같은 비밀법정이 되기 때문이다." 덧붙여서 이런 상황이 지속될 경우 어떤 위험이 따르게 될지 경고한다. "프랑스에는 하나의 권력만 남게 될 것이다. 의도적으로 반대자들을 군사재판관 앞으로 질질 끌고 가서 비공개라는 이름으로 그들을 제거해버리는 고위계급장의 권력."

원칙 면에서는 드레퓌스 재판을 확대시키겠지만—아직—의사표명을 하는 것은 거부한다, 이것이 조레스의 신중한 전략인데 그럼에도 드레퓌스 편에 영향을 끼친다.

며칠 후인 12월 2일에 뤼시앙 에르가 글을 썼고 그 차이는 두드러졌다. 지식인으로 남아 있는 지식인의 분석은 조레스의 글보다 훨씬 명료하다. "드레퓌스의 무고함은 의심의 여지가 없다. 나는 불명예스럽고 타락한 군인들의 필사적인 저항이 머지않아 바닥날 것이라고 낙관한다. 그러나 싸움은 험악할 것이며 아직은 막연하다. 무엇이 진실인지 아는 것이 아니라, 진실이 이기주의 연합을 이길 것인지가 문제이니 참으로 가공할 일이다."

조레스와 에르에게 상대는 동일하다. 군 수뇌부이다. 그러나 정치가는 십분 계산된 신중함을, 지식인은 보다 자유로운 결단을 내린다.

우리는 그것을 1897년 12월 4일에 다시 확인한다.

그날 하원에서 멜린은 사건에 관한 질의를 받게 된다. 총리는 조용하고 능란하게 에스테라지에 관한 폭로를 사전에 막으려고 한다. 멜린은 그자와 드레퓌스는 아무런 연관성도 없다고 주장한다. "두 사건에서 문제되는 것은 재판일 뿐이다. 재판으로 드레퓌스를 판결했다. 재판은 에스테라지를 판결할 준비가 되어 있다. 모두 문제가 없다."

그리고는 이렇게 말을 맺는다. "신사 여러분, 드레퓌스 사건은 없습니다."

본회의를 끝마치기 전에 의원들은 "드레퓌스파의 추악한 선전"을 비난하는 동의안을 채택한다. 조레스는—게드, 바이양과 함께—기권한다.

하지만 12월 8일 조레스는 정부를 사법적 음모의 공모자라고 비난한다. 그런데 11일에는 예의 신중한 분석으로 되돌아오면서 한 발 물러선다. "만약 아무 연줄도 없고 재산도 없는 가난한 사람에게 끔찍한 선고가 내려졌다면 과연 그에 대해 걱정을 할까? '서로 경쟁하지만 결국 같은 패거리'가 충돌한 것이다. 재판을 둘러싸고 두 특권계급의 분파가 맞부딪치고 있다. 한편에는 기회주의자와 프로테스탄트가 있고, 유대인 반대편에는 성직자와 군부가 있다."

여기서 나올 수밖에 없는 결론은 조레스를 만족시키기에는 너무 일반적이다. 그는 어떤 확실함에 도달하고 싶었다. 그래서 아침 내내 문건과 보르드로 사진들, 에스테라지의 필적견본을 살펴보았고 졸라가 기고한 글들이며 슈레르-케스너와 마티외 드레퓌스의 편지들을 다시 읽었다. 그의 휴머니즘적 열정은 세력관계에 대한 묘사나 분쟁집단들에 관한 사회학으로 충족되지 않는다. "프롤레타리아는 인류의 자산 속에 있는 선하고 고귀한 것을 보존해야만 한다"고 그는 말한다.

그러나 조레스는 드레퓌스 옹호와 사회주의자들의 결집 유지, 두 고리를 모두 붙잡고자 했다. 다만 이 신중함이 그를 압박하고 이 정치적 책임감이 그를 괴롭혔다. 이 딜레마 때문에 그는 물리적으로 혼란스러웠다. 군을 공격하고 투명한 정의를 호소하는 것이 통합을 위한 결속이라고 믿었다. 그러나 그는 드레퓌스 사건 자체의 기이한 진실로부터 벗어날 수도 없었고 벗어나기를 원치도 않았다. 이것이 조레스의 휴머니티 속에 있는 결코 꺾이지 않는 그 무엇이다.

그러자 그는 친구인 에르, 블룸, 레비-브륄, 뒤르켕 그리고 젊은 고등사범생인 페기, 랑주뱅, 페랭에게 편지를 쓰면서, 자신이 늦었다는 것을 깊이 깨달았음을 드러낸다. 그들은 막 드레퓌스 지지투쟁을 시작하려는 중이었다. "칼 찬 자들의 나날이 심해지는 횡포에 맞서, 그들이 은폐하는 미스터리에 맞서 정의의 풍자극으로써 용감하게 공개적으로 항의하는 이 모든 젊은이들, 사상과 용기를 지닌 이 모든 엘리트들에게, 바로 이 자리에서 우리는 존경의 마음으로 치하를 보낸다. 우리가 망설이고 늦은 것에 대해 이 젊은이들에게 용서를 구하고자 한다. 그들은 시민의 의무를 다하고 있다. 우리는 우리의 전투지점에서 그들의 모범을 따를 것이다."

연초부터 이상하다. 파리의 살롱들에서는 "시인이라면 로스탕밖에 없다"고 한다. 빅토르 위고는 잊은 것이다. 사람들은 『시라노 드 베르주라크』(*Cyrano de Bergerac*)를 쓴 이 작가가 공화국 대통령 딸 뤼시 포르 부인을 방문하였다가 그 여자의 아파트에서 매력 넘치는 루이 바르투 부인을 만났다는 이야기를 듣는다. 여자들은 시인에게 자선사업에 좋은 소네트를 지어달라고 청하고 있었다. 그때 갑자기 펠릭스 포르가 딸을 만나러 아파트로 들어왔다. "그분은 사냥에서 돌아오는 길이었는데 작고 부드러운 모자를 쓰고 있었죠. 풍채가 얼마나 근사한지, 차르가 그를 보고 감탄했을 만하더군요…. 루이14세처럼 유럽 최고의 인물이었죠."

줄 르나르는 『일기』 1898년 1월 3일자에 이 이야기를 들은 대로 적고 이렇게 덧붙인다. "그 인사는 매우 불행한 일을 만들 것이다. 그는 혁명 이후 상식도 자유도 키우지 못한 우리 공화국의 대통령답다. 이 공화국은 그레퓔 가문(Henry Jules Charles Emmanuel Greffulhe 백작)에서만 받아들여질 따름이다." 줄 르나르가 『르뷔 블랑슈』에 자주 글을 쓰고 비판적인 작가이지만 이 공화국에 경악을 금치 못한 것은 사실이었다.

그때 1월 초에 다들 군부를 주목하고 있었으며 군부가 논쟁의 중심이 되었다. 며칠 후 군사법정에서는 에스테라지 소령의 재판이 열릴 터인데 군부는 주로 종교단체, 특히 예수회 학교 출신의 장교들이 대거 포진해 있었기 때문이다. 1896년에 생시르(파리 시내에 있는 육군사관학교) 생도의 1/4이 그리고 해군사관학교 생도의 1/3이 사제들의 제자였다. 게다가 공화국 체제에 적대적인 대가문의 자손들이 군 수뇌부에 가득했다. 이렇게 해서 민간인과 정치인을 경멸하는 군부가 국가의 심장부에 형성되었다. 그 군부는 국가에 봉사하면서 국가를 민족과 공화국과는 별개로 생각했다. 조레스가 이런 '군고위층', 이 '우상'을 개혁해야 한다고 강조한 것은 당연하다. 드레퓌스 사건은 "공개 광장에서 이 모순투성이의 우상을 훤히 드러내게 된다."

1월 초의 며칠은 이상했다.

조레스는 마담 거리에서 작업을 하고 있었다. 에르는 드레퓌스에게 우호적일 지식인들을 명단에 한 사람 한 사람 추가해 나갔다. 교수들(뷔송, 파리 자연과학대학장인 아펠), 작가들—아나톨 프랑스, 옥타브 미르보—이 드레퓌스 진영에 합류했다. 센세이션을 일으킨 글을 쓴 졸라는 이제 그를 환영하는 신문이 없어서 『젊은이들에게 보내는 편지』 『프랑스에 보내는 편지』를 소책자로 펴냈다. 정치인들은 누구보다도 가담하기를 꺼려했다. 아무것도 잃을 것이 없는 조레스와 클레망소를 제외한, 다른 정치가들은 유권자들을 염두에 두고 신중하게 결정했다. 전 법무장관 뤼도비크 트라리외, 코뮈나르였던 아르튀르 랑크는 침묵으로 일관했다!

젊은 지식인들은 정치인들의 계산에 경멸감을 드러냈다. 그들은 요구가 많았다. 그들은 조레스를 좋아하고 신문에 쓴 그의 글들은 드레퓌스를 명시적으로 지지하지는 않았어도 명백하게 반드레퓌스파—군부와 정부—를 겨냥하고 있었기 때문에, 조레스가 이렇게 분명하게 이렇게 열렬하게 참여하여 그 능력을 발휘해 주고 자신들과 함께 "드레퓌스는 결백하다"고 외치기를 원했다.

그들은 한층 더 급박했다. 곧 에스테라지 재판이 열릴 것이다. 사기꾼 소령이 군사재판에서 풀려날 것인가 유죄판결을 받을 것인가? 이리저리 따져본다. 아주 낙관적으로 보는 측도 아무리 그래도 무고하다고는 못할 거라고 생각한다. 다른 이들은 불안하다. 떠도는 소문은 드레퓌스의 재심에 유리한 일이 없도록 군사재판관들이 에스테라지를 방면하리라는 심증을 가지게 했다. 이것은 이탈리아 무관 파니차르디가 12월 31일에 독일에 사령관으로 임명되어 파리를 떠나는 자신의 친구 슈바르츠코펜에게 썼던 내용이다. 사실 방탕과 첩보의 공모자였던 두 사람은 계속 연락을 주고받고 있었다. 그리고 파니차르디—알렉산드린이 미남 막시밀리안에게—는 설명한다. "모두들 1898년 첫째 주에 에스테라지의 첩보혐의는 무혐의로 처리되어 이 떠들썩한 사건이 종식될 거라고 믿었다. 정부의 이해관계가 너무 크게 걸려 있어 그렇게 안할 수가 없었다."

파리에서는 그렇게들 숙덕였다.

1월 초 어느 날 아침 지식인 두 사람 제롬 타로와 샤를 페기가 잔뜩 불안한 표정으로 마담 거리 조레스 집에 나타났다. 스물네 살과 스물다섯 살의 두 젊은이. 페기는 자신이 직접 말하듯 "광적인 드레퓌스주의자"였다. 두 사람 다 조레스를 "애정과 존경으로써 경의"하는 마음이었다.

그들은 평소와 다름없이 뒤죽박죽인 '비좁은 서재'에서 조레스를 만났다. 작업실 바닥에는 비밀문건의 필적표본, 드레퓌스와 에스테라지의 필적을 모아놓은 앨범이 있다. 조레스는 사건에 대해 해박했다. 벌겋게 달아오른 얼굴은 피곤해 보였고 목이 쉬어 목소리는 칼칼했다. 페기가 보기에는 '힘들고 비감한' 기색까지 감돌았다. 의사당으로 가려던 중이었던 조레스는 두 사람을 데리고 거리로 나왔다. 조레스의 얼굴은 뻘겋게 열이 올라 있다. "아파서 쓰러질 것 같다. 회기 말까지 버텨낼지 모르겠다"고 말했다. 수개월 동안 연설을 무기로 싸워온 그는 이렇게 털어놓았다. "저번 날 비열하고 적대적인 하원에 맞서 연설할 때는 천 개의 바늘이 머릿속을 찔러대는 것 같았다."

페기와 타로는 자만심 없이 담백하게 자신의 약함과 피로를 고백하는 존경하는 선배, 지도자의 말을 새겨들었다. 하원에 도착하기 바로 전에 생제르맹 대로에서 그들은 키가 자그마하고 간사한 느낌을 풍기지만 깔끔하고 호기심이 많아 보이면서 약간 천박한 노인이 어떤 사람 옆에서 조심스레 걸어가는 것을 보았다. "멜린이오. 노인이지만 아직 활기가 있어요" 하고 조레스가 일러주었다.

두 젊은이와 조레스의 토론은 생기가 넘치고 열려 있다. 조레스는 드레퓌스를 지지하는 행동에 하원의 사회주의자 그룹을 모두 끌어들이고 싶다고 말했다. 그러나 페기나 타로는 이런 정치적 고려들을 거부했다. 즉 만약 조레스의 작전이 성공한다면 드레퓌스 진영의 싸움에 유리하고 어쩌면 결정적인 요소가 될 이런 책임감을 거부한 것이다.

페기는 이렇게 소리쳤다. "그 사람들이 무슨 상관이고 그 당들이 뭐가 중요한가! 그 의원들, 장관들이 뭐 중요한가. 그 정치꾼들이, 그 그룹이 무슨 상관인가? 우리끼리 갑시다. 여러 사람일 필요가 없어요. 우리가 옳으니까, 우리가 정당하니까, 우리가 진실이니까 앞으로 나아갑시다…. 다른 사람들이 따라오면 다행이고, 따라오지 않든가 우리와 반대편이 되면 오히려 없는 편이 낫다. 그들 뒤에 남는 것보다 앞서가는 것이 낫다. 그들과 함께 뒤쳐지면 그들만 좋게 하는 것이다."

이러한 행동개념을 조레스는 공유할 수 없었다. 그것의 매력을 안다 할

지라도.

분노와 저항을 멋대로 타고 앉으며 위대하고 멋있는 영웅의 역할을 하는 것은 얼마든지 가능하다. 그는 집단행동의 감각을 가진다는 것이 무엇을 뜻하는지 이해시키려고 한다. "그룹 전체를 끌어들이려고 힘쓰는 것이 나 좋아서 하는 일이라고는 생각지 마시오." 조레스의 설명이다.

그는 화가 난 껄끄러운 목소리를 높인다. 피로감을 드러내는 일이 좀처럼 없는 그가 한탄한다. "당신들은 내가 어느 정도로 몰려 있는지 상상을 못할 거요. 내가 의회에 제출하는 것이나 당신들이 신문에서 보는 나의 글들은 그룹모임에서 내가 해내야만 하는 것하고는 도무지 비교도 할 수 없소."

어느덧 그들은 팔레–부르봉에 거의 도착했다. 조레스는 한층 더 성을 내며 말한다. "적들과 반대자들은 아무것도 아니오. 문제는 친구들이오. 내가 얼마나 지쳤는지 당신들은 모르오. 그들은 나를 잡아먹으려고 하오. 모두들 재선이 안 될까 봐 겁을 먹고 있소. 내가 연단에 올라가지 못하게 내 옷자락을 꽉 움켜잡고 있어요. 난 벌써 힘이 떨어졌어요. 이런 내부의 괴롭힘으로 속이 다 너덜너덜해졌고 힘이 완전히 빠져버렸어요. 벌써 지쳐서 나가떨어진 거요."

그리고는 자기가 필시 병에 걸릴 거라고 말한다.

사실 조레스는 혼신의 힘을 다해야만 풀 수 있는 모순의 매듭에 걸려들어 있었다.

적들의 증오에 더하여 동지들을 조심해야 하고 행동에는 그에 값하는 도덕성이 요구되었다. 그 어떤 것이든 위태롭게 만들어서는 안 되었다. 그의 말 한마디 한마디는 그 자신을 넘어 공화국의 정책 그리고 수백만 명의 일상적인 삶이 걸린 사회운동을 끌어들이게 될 것이다.

조레스는 현실을 받아들인다. 이러지도 못하고 저러지도 못하는 처지에 놓여 있다. 그러나 아무것도 포기하지 않고서 최대 다수를 모을 수 있는 말과 영역과 방향을 찾기 위해 노력하면서 사건의 발전단계마다 정면으로 대응하는 것이 바로 이 사람의 위대함이다.

그런데 우려했던 대로 군사위원회는 1월 10일 단 하루 재판을 개정하여 5분 동안 숙의한 끝에 에스테라지 소령을 풀어주었다.

방청석과 세르슈-미디(파리 시내 군사학교가 있는 거리이름)의 인근 거리들에서는 "군 만세!" "프랑스 만세!" "유대인 죽여라" 하는 고함소리가 울려퍼지는가 하면, 또 어떤 사람들은 이 '영웅'에게 인사하면서 "유대인의 희생자 앞에서 모자를 벗고 경의를 표했다."

12일, 군의 심장부에서 군을 경멸하고 모욕하고 배반한 자들은 구제하고 군을 명예롭게 한 사람은 추방하는 이 우스꽝스러운 그림은 피카르 중령이 체포되어 말레리앙 산(군 감옥이 있는 곳)에 구금되는 것으로 완성된다.

슈레르-케스너 상원의원은 상원 부의장에 다시 오르지 못한다.

드레퓌스 지지진영의 참담함. 레옹 블룸은 이렇게 쓴다. "우리 손안에서 산산이 부수어져 버린 우리의 작품 잔해 앞에서 우리는 절망하고 낙담했다."

조레스는 분개했다. 그가 신문에 기고한 글들을 통해 군 고위층과 그들의 재판, 비밀법정을 비난하면서 내세웠던 행동지침의 정당성이 확인되었다. 그러나 암울한 예측이 실패의 현실이 된 것을 어떻게 기뻐하겠는가? 조레스가 볼 때 위험에 처한 것은 바로 공화국이었다. 체제의 중심에 있는 우상, "군 고위층이 스스로 신망을 저버리고 불명예를 자초했기 때문이다. 이제부터 이런 소행들을 감내해야 하는 이 나라는 야만으로 회귀할 것이다."

드레퓌스 자체에 대한 조레스의 신중한 태도가 어떤 이들—페기나 베르나르 라자르 같은 이들—에게는 짜증스러웠겠지만, 그가 겁을 내서 그랬던 것이 전혀 아님을 알 수 있다.

조레스는 (1896년 11월 말부터 곧바로) 다른 사람들에 앞서서 드레퓌스를 쓰러뜨린 체제의 한복판을 공격해 들어갔다. 그에게 이 사건은 반동정책의 본보기이며 비인간적인 결말이었다.

팔레—부르봉에서 멜린을 지지한 다수 중에서 어떤 이들은 그보다 더 나아가려고 했다. 그리고 그들은 막강한 그룹이었다.

1월 10일 원내의 반유대그룹에 가담한 샤토브리앙 퐁브리앙 의원이 "행정부 및 육군과 해군 장교는 프랑스인이거나 그 부모가 프랑스인으로 귀화한 지 3대 이상 된 자들만 될 수 있게 하는" 법안을 제출했다. 이 법안은 158표의 찬성을 얻어 가결되었다!

한 달 후(2월 11일)에는 닥스의 드니 의원이 정부를 향해 "프랑스 행정부 각 부서에 유대인이 더 많은 것을 막기 위해 어떤 정책을 취할 것인지" 묻는 질의는 198명의 지지를 받았다.

바로 이 국회의원이 이미 1895년 5월 25일에 "유대인은 그 배반성향으로 보아 안보를 위협할 것이므로 국경지대에서 멀리 떨어진 프랑스 중앙으로 모두 집결시켜야 한다!"고 주장했다.

바로 이런 것들이 이 사건을 상징적으로 보여주는 모습이었으며, 조레스와 에르 중심으로 투쟁에 가담한 사람들을 분노케 한 것이다. 졸라는 그들 중 한 사람이었다. 1월 11일 밤부터 12일 새벽까지 그리고 12일 낮 내내 그는 분노하여 장문의 글을 썼다. 13일 『로로르』에 클레망소가 급히 정한 "나는 고발한다"는 제목으로 실리게 되는 글이다.

사람들이 신문을 사기 위해 몰려들어 불과 몇 시간 만에 30만 부가 팔린다. "나는 파티 드 클랑 중령을 고발한다. …나는 비요 장군을 고발한다. …나는 부아데프르 장군과 공스 장군을 고발한다…"고 졸라는 쓰고 있다.

어느새 거리에는 그룹들이 결성된다. 시내의 샤토덩 사거리에서는 식품 판매원들이 『로로르』를 불사른다. 유대인 상점들을 향해 돌이 날아든다. 사람들은 소리 지른다. "졸라를 죽여라" "반쪽 이탈리아인" "사분의 일 그리스인" "이탈리아인 졸라에 대한 선량한 프랑스인의 대답은 하나뿐이다. 꺼져라!"

조레스는 기사를 읽고 또 읽는다. 그는 전술적인 목표를 파악한다. 졸라를 재판하지 않을 수 없도록 몰아세워 비공개 군사법정 바깥에서 드레퓌스 재판을 다시 연다는 우회로 전술이다.

13일 오후에 조레스는 하원으로 달려갔다. 격동의 날들의 분위기였다. 누구 할 것 없이 졸라의 기사에 대해 논평했고 대부분이 분개했다. 사회주의 의원그룹이 모였고 조레스의 발의로 곧 토론이 벌어졌다. 입장을 정해야 한다고 조레스는 말한다. 이것은 "반드시 해야만 하는 싸움"이었다. 비비아니와 밀랑은 좀더 신중하다. 그들은 그룹의 다수파 쪽을 돌아보면서 위험한 문제라고 말한다. 차기선거를 염두에 두면서도, 가장 엄격하게 원칙에 충실한 주장을 내어놓는다. "졸라는 전혀 사회주의자가 아니다. 아무튼 졸라는 부르주아다. 사회주의당이 부르주아 작가에게 끌려가도록 내버려둘 것인가?" 이 노동자주의적인 선동을 택하면 양심에 거리낌이 없다. 그룹은 주저한다. 조레스가 다시 공격에 나섰고 밀랑이 대답한다. 줄 게드가 갑자기 일어나서 "이런 말을 듣는 것이 숨이 막히는 듯" 토론하고 있는 방의 창문을 열어젖히면서 말한다. "졸라의 편지는 금세기 최대의 혁명적인 사건이오."

바이양은 게드와 마찬가지로 논의에 개입하려는 조레스의 의지를 지지

한다. 조레스가 '참모본부의 카니발'을 비난하자 게드는 신랄하게 덧붙인다. "이렇게 저열하고 비굴한 인간성을 향해 우리가 무엇을 할 것인가? 사회주의 자들이 무엇을 할 것인가? 우리가 도착했을 때는 너무 늦으리라. …우리가 우리의 집을 세우려고 할 때 그때는 이미 인간적 재료들이 썩어 있을 것이다."

이튿날 1월 14일에 의회 본회의를 열기로 결정한다.

조레스는 사회주의 의원그룹의 일부가 매우 망설인다는 것을 의식했지만 이제는 운신이 좀더 자유로워졌다. 이로써 조레스는 멜린이 공화국의 적들에 합류했다고 한층 힘주어 질타한다. "귀하는 진퇴양난에 몰리자 그로부터 벗어나려고 신문과 기자들을 교란시키려 했다. 나는 이것 한 가지만 말하겠다. 귀하는 공화국을 장군들에게 넘겨주려고 하고 있다."

정부 불신임안 상정에 100명 넘는 의원들이 기권했다.

나라 안의 언론이 달아올랐다. 졸라가 기소되었다. 사회주의 신문들은 공화국을 위협하는 위험들을 역설하기 시작했다. 『노르의 각성』(*Le Réveil du Nord*, 북부 노동자사회주의 신문)는 이렇게 썼다. "반동의 기세가 고조되고 고조되고 또 고조되어 간다. 공화파는 결집해야 한다. 시간이 없다."

조레스는 훨씬 더 나아가기를 원했다. 사람들과 토론을 벌이고 에르와 블룸과 페기를 만났다. 그는 투사들의 모임에서 드레퓌스 사건을 검토하도록 제출하고, 이처럼 엄숙한 행사를 통해 통합과 사회주의적 의식의 초석을 놓을 생각까지 했다. 그러나 그는 저항을 감지한다. 게드는 졸라의 글이 지닌 중대성을 포착했으면서도 "인민은 인민의 연민을 희석시킬 권리가 없다"고 중얼거렸다.

1월 19일 사회주의 의원들은 다시금 긴 회합을 가졌다.

열띤 토론 끝에, 조레스의 글에 비해 뒤로 한참 물러선 문안이 나왔다.

조레스는 다시 타협 쪽을 택했다. 그는 노동자들에게 이렇게 말하는 선언문에 서명했다. "시민 여러분, 이 명예롭지 못한 일에 개입하지 말고 고상한 마음을 가지시오. 프롤레타리아 여러분, 어느 계파든 부르주아 내전에 가담하지 마시오! 똑같은 특권의 식탁에 둘러앉은 탐욕스런 손님들이 지금은 흥분하여 연회장에서 서로 싸우기 시작했지만 내일 여러분들이 그 연회장에 침입한다면 여러분들에 맞서 자기들끼리 화해할, 저 적대적인 유산자(有産者)들에게 양보하지 마시오."

드레퓌스라는 이름조차 거론되지 않았다. 희생자의 한 사람, 희생당한 개인이라는 생각은 "유대인이든 기독교도이든 자본과 싸우자! 성직주의와 싸우자! 군의 독주(獨走)와 싸우자!"는 추상적인 원칙에 가려져서 어느덧 사라져 버렸다.

조레스는 그룹으로부터 고립되지 않기 위해서 선언문에 서명했다. 일부에서 자신을 제거하려는 것을 알고 있었다. 독일 사회민주주의자들—리프크네히트에 이어 카우츠키—은 드레퓌스의 유죄라는 편에서 문제를 검토했다. 그들에게 조레스는 사회주의 대열에 설 자리가 없는 인본주의자에 불과했다.

이 때문에 조레스는 서명을 했어도 이 성명서를 근거로 힘차고 단호하게 개입해 나갔다. 서명으로 사회주의 의원들과 연대한다는 것을 확실히 증명했으므로 이제는 훨씬 멀리 전초지까지 나아갈 수 있었다. 그는 드레퓌스의 죄의 유무에 대해서는 거의 언급하지 않았다. 하지만 그의 주장과 논리 그리고 혁명적인 격한 발언은 드레퓌스에게 유죄선고를 내린 모든 자들 나아가 반동정신으로 그들을 보호하고 활용하는 정부를 강타했다.

조레스에게 증오심은 없었다. 분개하며 질의를 할 때도 증오심은 없었다. 심지어 "그가 싸우기 위해 말할 때 그 뒤란에는 진지한 슬픔" 같은 것이 깃들여 있었다고 페기는 적는다. 그러나 해야 했다. 조레스는 아리스티드 브리앙의 신문 『라 랑테른』(*La Lanterne*, 등불) 1월 22일자에서 병사들에게 이렇게 호소한다. "우리가 멸망하지 않겠다면 지금은 공화국의 법으로 군 고위층을 혁신해야 할 시점이다." 그리고는 프랑스 민중의 병사들은 "군 고위층이 끌어모은 이 사기한들, 귀족과 예수회 회원들에 의해 길을 헤매지 않도록" 촉구한다.

같은 날 하원에서 조레스는 소란스런 가운데 질의를 하고, 자신을 향해 군을 반대하며 『와해』(*La Débâcle*) 최신판을 준비하고 있는 졸라의 공모자라고 비난하자 이렇게 외친다. "우선 졸라에 대한 졸속 기소가 거짓이고 비열하다."

하원의장 브리송이 발언을 중지시키지만, 조레스는 무섭게 성을 내고 팔을 내저으면서 다시 말한다. "와해의 장본인은 제국(나폴레옹3세의 제국을 말함)이 보호하는 궁정의 장군들이었다. 지금 다시 공화국의 보호를 받는 예수회 장군들 속에서 와해의 싹이 트고 있다."

브리송이 다시 조레스를 중단시키려고 하지만 소용이 없다. 조레스가 문제제기하는 것은 멜린의 모든 정책, 공화국의 적들 및 반유대주의자들과의 동맹이다.

"그렇다. 당신들 지지자들이 유대인 죽이라고 거리에서 외쳤다"고 그는 소리를 내지른다.

소란은 극에 달한다. 님(남부의 도시)의 의원 베르니 백작이 조레스를 비난하자 조레스는 "당신은 생디카다"(드레퓌스파는 유대인 은행가들의 '생디카' (조합) 돈을 받고 있을 것이다) "당신이 생디카의 변호사다" "당신이 파렴치하고 비열한 사람이다"고 응수한다.

솔라주 후작과 인척간인 베르니 백작이 연단을 내려오고 있는 조레스를 향해 달려든다. 제로-리샤르가 그를 붙잡는다. 그래도 베르니는 조레스를 뒤에서 두 번 치는 데 성공한다.

회의를 폐회했지만 싸움은 번져나갔으며 멜린을 보호해야 했다. 군대가 와서 맞붙어 싸우고 있는 의원들을 의사당과 복도에서 몰아내었다.

열을 내며 또 한 단계를 막 돌파했다. 조레스는 의회 내 드레퓌스 진영의 리더로 못 박게 된다.

이튿날 모든 신문이 이 사건을 논평하면서 의원들을 다음과 같이 묘사하여 반의회주의 감정을 조장한다. "'게거품을 물고 이빨을 드러내며' 조레스는 연설을 다시 시작했다. ··· '왜 당신들은 군의 명예가 이 허점투성이 재판정의 너절한 누더기로 뒤덮이는 것을 가만히 보고 있는가? 장군들만이 자신들의 행위를 재판할 수 있는가?' 하고 그는 물었다. 그러나 멜린은 그가 제기하는 구체적 사항들에 대한 답변을 거부했고 표결의 순간이 되자 상당수(360표 대 126표)가 정부지지를 표명했다. 의원들은 조레스를 반대하는 쪽을 택했다."

사회주의자 그룹 안에서조차 그의 개입에 화를 내었다. 그들은 그의 전술에 속지 않았다. 능란한 그룹의 성명서에도 서명하고 드레퓌스라는 이름을 입에 올리지 않지만 속으로는 그의 지지자들 편에 서서 졸라 편을 들고 군과 반유대주의자들에 반대하는 전술에.

훗날 그는 블룸에게 이야기한다. 하루는 의회에서 나오는데 사회주의 의원들이 그를 붙잡아 샹젤리제 쪽으로 데리고 가더니 이렇게 따졌다고 한다. "조레스 당신, 계속 이럴 것인가? 당신이 우리 모두를 망친다는 것을 모르는가? 우리 유권자들은 우리가 당신하고 연대한 것으로 안다···"

조레스는 어깨를 으쓱하고 화내지도 않고서 간단히 대답했다. "당신들의 유권자들은 곧 진실을 알게 될 거요. 그때가 되면 그들은 당신들을 약해빠지고 비겁하다고 질책할 것이고 그러면 당신들은 유권자들에게 변명을 해달라고 나를 찾아올 것이오." 그러면서 예의 웃음을 지으며 덧붙였다. "앞일이 훤히 보이는군요. 나는 갈 거요."

알제리와 프랑스의 도시들에서는 혐오스럽고 분노를 자아내는 일들이 벌어지고 있고 그 핑계가 드레퓌스 사건인데, 어떻게 조레스가 포기할 수 있겠는가?

수도 알제에서는 반유대주의 시위대가 1월 19일부터 25일까지 거리를 점거했다. 경찰—시정 당국은 경찰에서 유대인을 배제했다—그리고 군대는 수수방관하며 이들이 조직적으로 유대인 상점들을 약탈하게 내버려두었다.

스물다섯 살의 대학생 막스-레지—훗날 알제 시장—가 이 운동을 지휘했고 파리의 민족주의 계열은 이 운동을 치하했다.

알제리의 폭력적인 구역에서는 명실상부한 유대인 박해가 이따금 목격되었다. 『반유대인』(L'Antijuif)이라는 신문은 매일 2만 부가 배포되었다. 그들은 이렇게 노래했다.

유대인을 죽여라, 유대인을 죽여라
그들을 목매달아야 한다
더 이상 기다리지 말고
그들을 목매달아야 한다
탁탁 총성으로

혹은 〈반유대 마르세예즈〉의 후렴을 반복했다.

외국인을 내쫓자

그래야 일자리가 생긴다

우리한테 필요한 건 더 나은 임금

우리나라에서 내쫓자

저 더러운 유대인떼거리를 몽땅

즉각 조레스는 하원에서 또 일련의 글로써 입장을 밝혔다. 반유대주의를 비난하면서 "아랍인들을 법적 대표권이 있고 일부 정치권력에 대해 권리를 가지는 시민이 되도록 해야 한다"고 요구했다.

이로써 그는 반유대주의를 구실로 알제리에서 '사회투쟁'을 표출하는 자들의 증오심을 불러일으켰다.

처음 알제를 여행하고 돌아와서 이 문제의 해결책을 정하지 못하고 머뭇거리던 그를 드레퓌스 사건이 자극한 것이다.

전반적인 상황이 경색되어 가므로 단순명료해졌다. 언론의 자유에 대한 침해가 점점 많아졌다. 내무장관은 드레퓌스 편인 프랑스어판 외국신문(스위스와 벨기에)의 반입을 금지하지 않았는가?

특히 반유대주의와 반공화파 무리들이 거리를 휘젓고 돌아다녔다. 그들은 반유대주의 동맹자들을 중심으로 모여들었다. 1898년 1월 14일에 경찰국 한 관리는 파리 외곽지대인 클리냥쿠르나 몽마르트르, 실업자들과 하층민들이 사는 변두리, 학생들 구역에는 극도의 흥분상태가 만연해 있다고 말했다. 그들은 보란 듯이 운동을 준비했고 그것은 유대인 상점들의 약탈로 끝날 것이었다.

프랑스의 주요 도시들(파리, 마르세유, 리옹, 보르도, 페르피냥, 낭트 등)과 동부의 전지역에서 흔히 폭력으로 번지는 반유대인 시위가 일어났고 사망자도 발생했다. 사람들은 "군 만세!" "유대인 타도"를 외쳤다.

때로는 시위가 며칠씩 이어져 진짜 거리싸움으로 변질되기도 했다.

공화국 체제에 불안감을 던지는 이 분위기는 조레스의 목을 옥죄었다. 이 시기의 그는 하루도 개입하지 않은 날이 없고 여전히 몸을 사리며 머뭇거리는 사회주의자들을 끌어내리려고 진력하지 않은 때가 없었다.

반동의 공세에 가장 세차게 반응한 것은 선거라는 방식에 가담하지 않은 이들—장 알만과 그의 당원들—이었다.

알만은 졸라에게 칭송의 말을 보냈다. "사회주의자들이 일어나서 다양한 반동에 대항해 투쟁할 것을 호소하게 했다"고 그는 썼다. 그의 당 서기국은 "인종, 국적, 종교에 관계없이 모든 적에 맞서는 민중의 통일"을 요청했다.

무정부주의자 세바스티앙 포르는 『리베르테르』(Le Libertaire)에서 반유대주의를 파문했다. 그는 시위하는 반동 속에서 '낙오자찌꺼기'들의 결집을 볼 뿐이었다. "왕당파찌꺼기, 국민투표파와 나폴레옹파 쓰레기, 불랑제 잔당, 성직자 지지자찌꺼기, 그 모든 반동의 오물들이 이 하수구 집하장에서 만나고 있다!"

조레스가 서명했던 사회주의 의원들의 절제된 선언과는 커다란 차이가 있었다.

특히 알만의 파르티잔들과 무정부주의자들이 거리로 나왔다. 티볼리 보알에서 모임을 꾸리던 반유대주의자들 대부분이 200여 명의 무정부주의자와 알만파 무리에 의해 쫓겨났다. 이로써 사회주의 운동의 주변인들은 일체 선거에 대한 걱정 없이 반동에 대항하고 드레퓌스 편을 드는 첫번째 투쟁대열에 나섰다.

조레스처럼.

왜냐하면 사람들이 조레스에게 2월 7일에 예정된 재판에서 졸라를 위해 증언할 것을 요청했을 때 그는 망설이지 않았다.

법원은 철통같은 치안병력으로 둘러싸였다. 시위대는 "졸라에게 죽음을" "조레스에게 죽음을" 외쳐댔다. 줄 게랭 연맹의 반유대주의자들이 재판정 주위를 장악했다. 거만한 모습으로 증언하는 장군들은 배심원석을 향해서 공갈을 쳤다. 부아데프르 장군은 위협을 서슴지 않았다. "만약 국민이 군 수뇌부를 신임하지 않는다면… 이 막중한 책무를 다른 자들에게 넘겨주려는 것이다." 신문들─가톨릭의 『라 크루아』─은 욕설로 넘쳐났다. 거리에서는 이렇게 노래했다.

졸라는 대단한 오입쟁이
늙어갈수록 더 짐승 같다네
졸라는 대단한 오입쟁이
그를 붙잡으면 불태워야지

"유대인을 죽여라"고들 소리 질렀다.

반면 법원 복도에서 조레스는 차분하게 아나톨 프랑스와 이야기를 나누었고 예의 그 박학함으로 17세기 무명시인들의 시구를 낭송했다.

조레스는 차분하게 가라앉아 있었다. 자신과 합의한 것이다. 죽음을 부르짖는 이 '카니발'(졸라의 표현이다)은 그가 늘 싸워왔던 모든 것, 멜린 정부가 재기를 위해 편승하고 활용하는 것을 고스란히 담고 있었다.

법관들이 질서의 편이란 것을 그는 알고 있었다. 재판장은 드레퓌스 재판을 언급하려고 하면 그때마다 "해당 사안이 아니다"며 개입했다. 판결은 배심원들이 내리지만 사법부도 속임수를 쓰고 있었다.

법정은 자신들이 인정한 공술서를 칼집으로 집어가며 또박또박 읽는 장교들로 가득했다. 조레스는 이런 법정에서 걸어나와 증언을 해야 했다. 그는 재판관석을 등지고 방청석을 마주보고 섰다가 재판장의 주의로 약간 자리를 옮겼으나 줄곧 이 적대적인 방청객을 응시했다. "에밀 졸라 씨는 조국에 대한 고귀한 봉사로 맹렬한 공격을 받고 있다"는 말로 조레스는 시작한다.

그의 목소리가 높아진다. 왜 졸라를 증오하는지, 왜 그를 기소하는지 알고 있다고 말한다.

"그들은 기적에 대한 이성적이고 과학적인 해석을 견지해 온 사람, 그 인간성을 기소했다." 비참한 프롤레타리아의 향상을 제시한 『제르미날』의 인간성을. 그들은 "무의식적으로 조국에 온갖 혼란을 일으키는 이 불성실하고 오만한 무책임으로부터 군 수뇌부를 구하게 될 사람"을 기소했다.

이어 조레스는 졸라 쪽으로 몸을 돌린다.

"이렇게 그들은 이분을 기소하고 몰아낼 수 있겠지만, 이 자리에서 이분 앞에 우리 모두 머리 숙여 존경을 표한다고 말하는 것이 이 나라 모든 자유시민의 뜻임을 나는 확신한다."

드레퓌스 사건의 정황에 관한 많은 글을 바친 후 사회주의와 드레퓌스 반대파 사이에 건널 수 없는 경계선을 또렷이 그어놓는 빛나는 공술이다.

또다시 조레스는 반동정책에 항거하는 모든 이들의 리더로 자리를 굳힌다. 주요 정치인들 중에서 드레퓌스 진영에 이처럼 전적으로 가담하기로는—졸라의 법정변호를 맡은 클레망소와 함께—그가 유일했다. 다른 사람들, 밀랑이나 비비아니, 바르투, 푸앵카레, 발덱-루소 같은 이들도 드레퓌스의 결백은 믿으면서도 공개적으로 발언하는 것은 매우 조심했다. 다가오는 선거에 출마하려면 군이나 여론과 대결해서는 안 된다고 생각했기 때문이다.

2월 23일에 판결이 내려지자 능란하게 몸을 사리던 이들은 자신들이 취한 태도를 자축했다. 배심원은 졸라에게 1년 금고와 벌금 3천 프랑이라는 최고형을 내렸다.

드레퓌스 진영은 분노했다.

당장 이튿날 조레스를 비롯한 몇몇 의원들은 졸라의 재판과정에서 장군들이 보인 태도에 대해 국방장관에게 질의했다.

멜린은 일언반구 답변 없이 오직 탄압법으로 드레퓌스파를 위협했다. 그리고 420 대 40으로 멜린은 지지를 받았다. 신문은 "민중들은 배가 터지고 머리가 깨진 졸라 위에 올라서서 발꿈치로 짓밟을 수 있다"고 썼고, 카르모에서는 졸라의 재판에 증인으로 나간 조레스를 향해 욕을 퍼부었고, 정부는 작가의 편에 선 사람들을 추격했다. 교수들이 해직되고 부시장은 공직에서 해임되고 공무원들은 전보되었다. 조레스가 말했듯이, 드레퓌스 사건은 한 개인의 유죄선고 재판을 인정할 것인가 반대할 것인가라는 저명인사들간의 대립이 아니라 정녕 공화국에 대한 두 가지 사고방식의 정치적 충돌이었다.

이 갈등으로 해묵은 입장차이가 다시금 확인된다. 그 한편에 조레스가 서 있다. 1898년에 고등사범의 철학교수가 된 그의 동료 베르그송은 자신의 출신에도 불구하고 조심스레 침묵을 지킨다. 이쪽 편에는 조레스가 서 있고 저쪽 편에는 구 불랑제파의 바레스가 있다. 처음에는 머뭇거렸고 레옹 블룸에게 이렇게 속내이야기를 털어놓았던 바레스다. "그때 본 장면이 뇌리에서 떠나지 않는다. 3년 전에 드레퓌스 강등식을 가서 보았다. …그런데 내가 잘못 생각한 게 아닌가 하는 의문이 들었다. …그의 태도 하나하나, 그의 얼굴 표정 하나하나는 범죄자가 금욕주의자, 순교자일 수 있다는 표시로 해석되었다."

그러나 바레스는 '민족적 본능'을 택했고 졸라에게 선고가 내려진 날 저녁에는 의기양양해했다. "나는 오늘 하루의 끝자락에서 소용돌이와 우애, 환희를 묘사하기를 포기한다."

조레스는 진영을 택했고 거기엔 에르와 블룸, 페기, 클레망소, 메테를링크(『파랑새』의 작가), 베르아랭(산업사회를 소재로 한 작품을 쓴 시인), 브리앙이 함께했으며 그 이름들이 『로로르』에 발표되었다. 이들은 지식인이며 이 '교수공화국'에 맞서 로슈포르와 드뤼몽, 바레스, 드 멍, 모라스 그리고 프랑수아 코페(작가)와 폴 발레리도 도열했다.

단절, 날카로운 대립이다.

줄 르나르는 졸라를 반대하는 판결이 난 저녁에 다음과 같이 썼다. "갑자기 바리케이드를 치고 싶은 격분에 휩싸인다. …우리의 장관들이 될 대로 되라는 식이니까 내가 미처 알지 못했던 존경과 애정을 자아내는 공화국에 애착이 간다…" 르나르는 바레스에게서 "향수 바르는 점잖은 천재…"를 보았다. "바레스는 조국과 자기 선거구를 혼동해서 말한다."

온 나라가 거세고 치열한 순간을 맞았고 조레스는 중대한 역할을 한다.

1898년에 이렇게 쓰는 조레스가 그렇다. "만약 드레퓌스가 결백하다면 그는 더 이상 장교도 부르주아도 아니다. 극도의 불행 그 자체에 의해 그의 모든 계급적 성격은 벗겨졌다. 그는 우리가 상상할 수 있는 가장 비참하고 절망적인 상태에 놓인 한 인간일 뿐이다."

이렇게 반복할 때의 조레스가 그렇다. "드레퓌스는 인간이 당하는 고통 중에서도 가장 비통한 하나의 전형일 뿐이다. 그는 거짓말하는 군부, 비열한 정치, 죄를 범하는 권위의 생생한 증인이다."

이렇게 결론을 내리는 조레스가 그렇다. "우리는 혁명적 투쟁 속에서 인간적 연민을 지킬 수 있다. 우리는 사회주의 안에서 인류의 바깥으로 달아나려고 버티는 것이 아니다."

조레스(그리고 에르의 친구 샤를 앙들레르는 훗날 이것은 그의 영원한 명예라고 말한다)는 이런 말을 쓰고 이렇게 참여하면서 사회주의의 여러 조류들이 갇혀 있는 좁은 틀을 뛰어넘었다.

갑자기, 한결같이 지켜오던 이 인본주의적 언어를 과감하게 발설함으로써 조레스는 프랑스 사회주의에 "새로운 도덕적 원대함"(블룸)을 불어넣었다.

사회주의 운동의 역사, 따라서 이 나라의 역사에 중대한 한 걸음, 바로 이 한 걸음이 조레스에 힘입어 성취된다.

그는 정치적 삶의 매순간 지식인 출신에게 요구되는 이성과 도덕성을 자신이 할 수 있는 한 견지하려고 했다. 그에게는 출세, 따라서 선거전략에 대한 걱정이 없었고 권력을 가진 자의 냉소주의나 권력에 다가가려는 조바심과 야심이 없었으며 오로지 신념과 포용력과 열정적인 지성과 높은 책임의식을 지키고자 했다.

정계나 동료의원이 아닌 사람들과도 우의를 맺어나갔다.

뤼시앙 에르의 역할은 결정적이었다. 그는 조레스를 설득하고 그에게 영향을 끼쳤다. 그리고 『르뷔 블랑슈』에 "한낱 도구에 불과함에도 스스로 스승이라고 믿을 정도로 자신의 역할을 잘못 알고 있는" 군인들, "군화 신은 작자들"에 대한 항의문을 발표했다. 반유대주의를 강력하게 비난하며 바레스와 논쟁을 벌인 에르였다. 그는 이렇게 썼다. "그들의 항의는 당신을 무척이나 즐겁게 해주었다…. 나는 그 '지식인들' 중 한 사람이다."

격하고 투철한 에르가 바레스를 신문한다. "유대인들을 증오하고 보주 너머의 사람들(보주는 국경지대, 따라서 이 말은 독일인을 뜻함)을 증오하는 당신 내면의 인간성, 그것은 12세기에 볼 수 있었던 인면수심이요 17세기의 야만성임을 명심하시오. 새로운 권리가 도래하지 않았다면 현대세계도 별것 아니었을 것이오…." 조레스는 에르와 계속 친밀한 교감을 가졌기 때문에 사회주의자 그룹 앞에서 고립되지 않고 오히려 사회주의를 지식인들의 위치로 옮겨놓았다.

조레스가 경직되지 않을 수 있었던 것은 블룸과 페기 같은 젊은 지식인들과 계속 교류했기 때문이다. 페기는 1898년 5월 소르본에 이웃한 퀴자스 거리와 빅토르-쿠쟁 거리가 만나는 모퉁이에 벨레 서점을 차렸으며 이곳은 드레퓌스파와 사회주의의 책방이 되었다.

조레스는 이 학생들이 하루도 빠짐없이 드레퓌스파 교수들─올라르, 뷔송, 세뇨보─을 엄호하러 나가서 라탱 구에서 숱한 반유대주의자들과 몸싸움을 벌이는 것을 알고 있었다.

한마디로 정치인 조레스는 자신의 직무에 고립되어 있지 않았다. 그가 맡은 역할의 포로가 아니었다. 그의 내면에는 지난날의 학생과 교수다운 요구와 열정이 여전히 살아 있었다.

그러나 이런 그의 자산이 단기적인 정치투쟁에서는 약점으로 작용할 수 있었다. 특히 반대자들에게 주적으로 지목될 때는 그러했다. 타도해야 할 대상으로.

선거가 몇 주 후로 다가왔다. 5월 8일이다.

이제 카르모의 조레스 적수들은 그의 재선을 막기 위해 수년 전부터 전개해오던 노력의 성과를 거두어야만 했다.

우선 후보에 대해 합의를 본다. 알라프티트 지사와 르세기에는 솔라주 후작에게 투쟁을 수락하도록 압력을 가했다. 이 격렬한 반동의 시기에 후작은 적절한 후보로 보였다. 열렬한 가톨릭신자인 그는 카르모의 신학교들에 재정지원을 하고 자선사업을 후원하고 온정주의를 실천하고 질서와 그리고 또 합류파로서 공화국을 대표했다. 교황 레오13세가 카스트르의 의원인 레유 남작과 함께 그를 친히 접견했다. 무엇보다 그는 광산회사의 고용주이므로 노동—즉 빵을 공급하고 있었다. 그리고 그의 선거운동원들은 사정없이 행동할 것이었다. 그는 마실 것도 제공했다. 선거에 쏟아부은 2만 프랑(1984년 기준 24만 프랑)의 절반이 식당과 주점의 비용으로 쓰였다. 사람들은 표와 술값을 맞바꾸었던 것이다. 그외에도 솔라주는 성직자, 유지들, 십장들, 닥터 쉬드르가 만들어놓은 조직의 지원을 받았는데, 이 진보공화서클은 몇 년 전부터 이 선거작전을 준비해 왔다. 도당은 조레스가 가는 곳마다 뒤쫓아가 농촌 구석구석을 돌아다니며 곤봉으로 청중을 위협하고 돌을 던졌다. 후작이 후하게 내어놓는 돈을 받는 이 남자들은 냄비를 두드리면서 "조레스 타도" "졸라 타도"를 외쳐 조레스의 목소리를 덮어버렸다.

선거운동 기간 동안 사람들은 조레스와 함께 있는 것이 다른 사람 눈에 띌까 봐 겁을 내며 그를 피했다.

조레스의 지지자로 간주되는 사람들—예를 들어 장인들—에게는 물품 주문을 하지 않고 주문한 것도 취소했다. 또 솔라주의 요원들은 정보카드를 작성하여 불온한 사람들을 표시해 놓고 그 사람들과는 거래를 못하게 했다. 광부노동자들은 그러다가 찍힐까 봐 두려워한 나머지 그런 사람들 집에는 비밀 문으로 몰래 드나들곤 했다. 이렇게 몸을 사리는 자신들을 부끄러워하며 후작 부하들의 압력을 벗어날 수 없다고 자조적인 목소리로 고백했다. "나는 빵 때문에 투표해."

멜린 정부는 당연히 지사와 헌병들을 동원하여 솔라주 후작을 지원했다. 4월 17일에는 멜린이 직접 르미르몽에서 균형 잡힌 강령을 공약하는 연설을 장시간 했다. "반동도 혁명도 아니다"고 그는 선언했다. 바로 뒤이어 내무장관 바르투가 자기 식의 공화파 정신이 깃들인 발언을 했다. 두 사람 다 드레퓌스 사건의 열기에 편승하여 지방들에 가장 전통적이고 반공화주의적인 반동적 분위기가 다시 자리 잡았음을 느꼈다. 가톨릭 신문, 특히 『라 크루아』는 세속학교를 지지하는 모든 후보자들을 비난하면서 격노했다. 사회주의자들은 불안해했다. 4월 들어 프랑스노동자당 전국위원회는 이들의 압박이 "공화주의 형태 자체"를 위협하고 있다고 고발했다.

그러나 카르모는 꿈쩍도 하지 않는다. 조레스를 쓰러뜨려야만 한다. 그는 집회를 한번도 열지 못했다. 투사들이 일자리를 뺏겠다는 협박을 받아, 그들 가운데 동원할 수 있는 숫자는 몇 안 되었다. 더구나 선거 전날 밤 행정조치에 따라 사회주의연맹과 광부노조가 해체되었다—지사의 영향력을 실감했다. 연맹이 내부분열에 휩싸이고 『근로자의 외침』 발행이 중단되었다. 그리고 지사의 압력을 받아 인쇄소들이 사회주의 간행물의 제작을 거부했다. 반대로 솔라주 후작은 4개의 지역신문 지원을 받는 혜택을 누리며 6만 부 이상을 살포하게 된다!

외딴 산간이든 주민이 많이 사는 마을이든 일절 연설을 금지당하고 정보수단도 전혀 구비하지 못하고 유리제조공들의 알비행을 힐난하는 일부 카르모 주민들의 적대감에 부딪혔지만, 그래도 조레스는 싸우며 헤쳐나갔다.

그는 카르모에서 말하려고 한다. 사람들은 "가난을 부르는 조레스" "우리를 굶길 조레스" 하고 외친다. 졸라 편을 들었다고 비난하는 전단들. 전단에는 그가 '조국의 재난'을 준비하고 있다고 적혀 있다. 그에게 "모두 단결하여 경멸을"이라는 표현을 서슴지 않는다. 그를 향해 고함친다. "군 만세" "배신자 타도" "조레스 타도"

조레스에 맞서 후작의 프로파간다는 단순하고 거칠다. "병사들에게는 장군이 필요하듯이 노동자들에게는 고용주가 있어야만 한다"고 솔라주는 반복한다. 농민들을 향해서는 이렇게 단언한다. "졸라의 친구가 대표하는 사회 공화국은 당신들을 벗겨먹고 당신들의 재산과 땅을 사회화하려고 한다."

후작의 선거공약 역시 마찬가지로 엄포의 펀치를 날려 겁을 준다. "우리 앞에 사회주의가 가로놓여 있다. 사회주의 그것은 계급적 증오, 산업의 멸망, 개인재산의 파괴, 공공기금의 낭비, 이 세상이 생긴 이래 위대한 민족이 이룩한 모든 것의 부정이다. 종교! 가족! 조국! 이 긴박한 위험을 맞닥뜨려, 자유와 정의 안에서 평화롭게 살고자 하는 사람은 모두 뭉쳐야 한다."

번번이 조레스의 이름을 졸라와 결부시킨다. 조레스를 공격하는 전단은 더 저속하다. "그는 생디카의 노예, 조국 없는 유대인들, 배신자 드레퓌스를 변호한 졸라를 옹호했다." 조레스는 자신의 증언에 혹독한 대가를 치르고 있다. 그는 순박한 사람들—십장, 광부들—에게 서려 있는 증오심을 느낀다. 그들은 돈을 받고 상여금을 약속받고 그리고 한마디로 사람들이 너무 존경하고 너무 말을 잘하고 너무 관대한 조레스를 쳐부수고 싶은 열망에 불탄다. 그래서 돌을 집어던지고 냄비를 두드리고 집요하게 못살게 군다.

일주일 동안 무척이나 힘들고 위험하고 억압받는 선거운동을 했다. 그 사이에 조레스는 패배의 위험이 매우 높다는 것을 깨달았다. 투표 당일, 사회주의 자들의 요청으로 경찰이 투표함을 지켰다. 그러나 압력과 협박이 끊이지 않는다. 5월 8일 저녁에 조레스는 사회주의자 집회가 열리는 필라키에 카페에서 위험을 무릅쓴 동지들 단 몇 명과 함께 선거결과를 기다렸다.

무서운 피로가 그를 짓누른다. 꿈을 꾸는 듯한 눈의 그는 말이 없다. 마침내 새벽 1시에 결과를 전해 듣는다. 솔라주 후작 6702표, 조레스 5515표. 카르모에서조차 불과 99표밖에 앞서지 못하였으며, 이것으로는 농촌 면들에서의 패배를 메우기에 역부족이었다.

거리마다 "졸라 타도" "조레스 타도" "후작 만세" 고함이 울리고 급기야
사람들은 행렬을 이루어서 흥에 겨워 카르모를 누비고 다녔다.

파리와 지방의 보수파가 설정한 목표가 달성되었다.

기쁨과 증오의 외침이 울려 퍼지는 동안 조레스는 그 자리에서 묵묵히
미동도 하지 않는다. 마치 이렇게 말하는, 아니 중얼거리는 것 같다. "민중은
우리를 이해 못한다." 그는 충격을 받았지만 이윽고 정신을 가다듬고 『라 프
티트 레퓌블리크』에 전문을 보냈다. "나는 큰 표차로 패배했다. 고용주세력
아래서 카르모 지역은 꺾이었다." 그리고는 이렇게 덧붙였다. "사회공화국
만세!" 그 느낌표가 마치 도전하듯 반듯하고 또렷하다.

조레스는 솔라주 후작에게 패배했다. 마찬가지로 압력을 받던 노르의 게드
역시 직물산업 고용주 모트에게 패배당했다. 그리고 반유대주의자 드뤼몽은
알제에서 의기양양하게 당선되었다.

이로써 사회주의자들은 가장 권위 있는 지도자를 잃게 된다.

5월 22일의 2차 투표가 남아 있다. (파리)5구의 제2선거구에서는 조레스
의 당선이 보장될 수 있었다. 당선할 수 있는 샤를 그라 후보는 얼마간 주저
하다가 사퇴를 수락하고 그 자리를 조레스에게 넘겨주었다.

조레스는 마음을 정하지 못했다. 몹시 지쳐 있었다. 임신한 아내는 잠시
라도 정치투쟁에서 물러서 있기를 고집했다. 자신이 뛰어듦으로써 가족에게
닥칠 어려움을 떠올렸다. 그러나 사회주의자들이 압력을 가했다. 페기는 고
집을 부렸다. 마침내 11시에 제로-리샤르(그 자신은 패배했다)가 5구 구청에
조레스의 입후보 등록을 했다. 그의 선거운동 그리고 당선이 하나의 연쇄적
인 운동을 창출할 것이라고 사회주의자들은 평가했다. "조레스는 아무데도
속해 있지 않다."

그러나 13시에 조레스는 혼자서 구청으로 가 입후보를 취소하고, 이후 생겨날 모든 압력을 피하기 위해 툴롱행 기차를 타고 동생을 만나러 갔다.

이렇게 두 번 조레스는 선거에서 좌절을 겪는다. 저들은 조직적으로 그에게 앙갚음을 했다.

그러나 조레스의 목소리를 막아버리려 한다고 누가 상상할 수 있었겠는가.

아들 루이를 어깨 위에 올려놓고 부인(가운데), 딸(오른편), 다른 가족들과 함께 있는 조레스. 어머니는 조레스의 동생과 함께 살았고 어린 여자아이는 동생의 딸인 이본 (장 조레스 박물관, 카스트르)

장 조레스는 『라 프티트 레퓌블리크』의 기사들로 드레퓌스 사건에 전적으로 개입하고 1899년 렌에서 열리는 재심 공판에 참석하게 된다. 사진에서는 비비아니와 함께 있는 모습과 피카르 중령이 이야기를 나누는 모습이 보인다.(장 조레스박물관, 카스트르와 빌로즈)

IV. 정의와 역사에 봉사하다

1898
1902

11 | 정의의 불을 환히 밝혀라! 1898 / 1899

조레스는 회상한다. 이제 아홉 살이 되는 딸 마들렌을 바라보고 있노라면 처음 낙선했을 때가 선명하게 떠오른다. 그러니까 선거에 지고 툴루즈 문과대학에서 철학을 다시 가르쳤던 것이 9년 전이다.

9년. 너무나 충만한 시간이었다. 9년 전과 후라는 조레스 생애의 두 날짜 사이에 한 세기나 흐른 것 같다. 평범한 시민으로 돌아온 지금은 공교롭게도 두번째로 아버지가 되려는 순간이다. 루이즈가 임신을 했다. 그리고 그 임신은 조레스가 2차 투표에서 파리 5구에 출마하지 않겠다고 결정하는 데 영향을 끼쳤다.

9년. 사회주의와 그 투쟁. 하루하루 수행한 행동으로 얻어진 이 영향력. 9년이 걸린 이 지도자에게서 분석과 방향이 나오기를 사람들은 기다렸다. 그렇지만 어떤 대가를 치르더라도 선거를 저버린 사람이었다.

11시부터 13시까지—경찰 보고에 따르면—이 두 시간은 조레스가 마음을 바꾸고 스스로 출마를 철회하도록 설득하기에 충분한 시간이었다. 장인 장모가 딸과 합세하여 그에게 시골로 가라고 단단히 일렀다. 벌써 몇 달 전부터 루이즈는 점점 더 심한 증오에 부닥치는 긴장된 정치생활을 참지 못했다

312

고들 한다.

조레스가 양보했다. 집안의 분노를 피하기 위해서만이 아니라 신체적으로나 지적인 면에서 버티는 데 한계에 달했기 때문이다. 에너지가 고갈된 것은 아니었다. 선거 이튿날 그가 글을 쓰고 집회를 열며 전처럼 노력하는 모습을 보게 된다. 이처럼 자유는 젊음을 되찾게 해주는 치료약이었다. 언제나. 사회주의자 의원그룹 속에서, 의사당 한복판에서, 이 야심의 폐쇄공간 속에서 조레스는 질식할 것만 같았다.

그리고 어떻게 카르모를 버리겠는가? 그곳은 그의 뿌리였다. "카르모가 나를 쫓아낼 때, 그때만 카르모를 떠날 것이다"고 그는 말했다. 그리고 카르모에는 아직 그를 지지하는 유권자들이 많이 있다. 그는 『라 프티트 레퓌블리크』의 공개편지에서 모든 사정을 상세히 밝혔다. 조레스는 무엇 하나 숨기는 사람이 아니었다. 그는 보고를 했고 그것이 그의 의무였다.

"지난 5년간 휴식 없이 활동하여 나빠진 건강을 회복하고 또 가족들의 건강을 지키려면 쉴 시간이 절대적으로 필요하다. 그리고 일반적으로 우리의 당이 당선자들의 힘을 고갈될 때까지 쓰고 남용하는 것은 잘못이라고 본다."

누적된 피로, 가족, 의원직이 주는 압박감 그리고 카르모에 대한 충성. 그러면 모두 말했는가?

덧붙여 조레스는 틀림없이 자신에게 더없이 중요한 사상적 삶을 계속 유지하고 싶고 성찰과 독서, 지식에 대한 끝없는 욕구가 있다고 말한다. "우리 당은 당의 피선자들이 에너지를 재충전하고 사상운동에 다시 합류할 수 있도록 이따금씩 일시적인 물러남을 인정해야 할 것이다…"

우리는 첫번째 임기중단 기간을 학위논문을 작성하면서 보냈던 조레스가 새로운 집필을 준비하고 있다는 것을 느낄 수 있다. 이 같은 욕망이 그에게는 있었다. 9년 동안 너무 많은 활동을 하고 너무 많은 정치평론을 매일 쓰고 현실에 쫓기면서 연설을 한 그와 같은 지식인이라면 당연히 한 발 떨어져서 사건을 반추하고 드높아지고자 하는 욕구가 있다. 한마디로 그가 이렇게 썼듯이. "나는 사상과 빛의 거대한 지평선을 다시 찾고 싶다."

그러나 사색만 하겠다고 해서 마음대로 되는 건 아니었다. 아울러 물질적인 생활 문제도 해결해야 했다. 물론 브술레가 있었다. 토지에서 나오는 약소한 지대와 루이즈의 지참금도 있고, 휴가 때면 처가에서 마들렌을 맡아주었다. 하지만 이런 것들이 소중해도 보조적인 것이었을 따름이다.

기본적인 수입원을 확보해야 했다. 하원의원 보수─하루 약 25프랑, 연간 9천 프랑(1984년 기준 11만 프랑)─로 필요한 것들을 충당했는데 이제는 없다. 하지만 조레스는 다시 툴루즈 대학에서 강의를 할 생각은 하지 않았다. 더구나 그 강좌의 정교수도 아니었다. 무엇보다 지금 하는 일이나 지적인 습관, 친구들 때문에 파리에서 지내야 했다. 다만 소득이 없고 가진 게 없었다─브술레 외에는. 그는 돈이나 재산에 관심이 없었다. 친구들 사이에서는 그가 종종 재정적으로 곤란을 겪는다는 게 알려져 있었다. 큰일은 아니지만 그 정도의 위치에 있는 사람으로서는 놀랍다.

다행히 선거가 끝나고 단 이틀 만인 5월 24일에 밀랑이 그에게 제의를 해왔다. 제로-리샤르와 공동으로 『라 프티트 레퓌블리크』 정치부를 맡아 매일 논설을 써달라는 이야기였다.

밀랑 입장에서는 선수를 치는 편이 유리했다. 조레스의 성가(聲價), 사회주의 유권자들이 그에게 보내는 애정, 거장다운 솜씨와 독립성, 그 활력이 틀림없이 구독자를 확장시켜 줄 터였다. 조레스가 이 제의를 받아들인 것은 이 논단에 나서면 정치현안에 영향을 끼치는 수단을 갖는 것이고 그러면 돌아가는 상황을 긴밀하게 파악하면서도 국회의원이기 때문에 꼼짝 못하고 순종해야 했던 지난날과는 달라질 것이기 때문이었다.

글을 쓰고 논평하는 일이 조레스에게는 필요에 따른 것이기도 했지만 즐거움이었다. 한편 그는 이 일들을 당혹스러울 만큼 쉽게 해내었다. 아침이면 집에서 신문을 읽고 자주 고등사범 도서관을 들렀다. 그곳에서 뤼시앙 에르와 친밀하지만 양보 없는 대화로 사상과 주제의 날을 벼리며 의견을 나누곤 했다. 그런 다음 『라 프티트 레퓌블리크』 본사로 갔다. 방은 제로-리샤르와 함께 쓰고 있었다. 신문사가 으레 그렇듯이 기자들이 수선스럽게 왔다갔다하는데다 조레스와 몇 마디를 나누려는 '동지'들이 오가는 바람에 소란스럽기가 더했다. 그는 초등학생용 공책 크기의 원고지를 스무 장씩 들고서 사람들에게 상냥하게 답변하며 공들여서 기사제목을 썼다. "마치 말뚝을 박듯이 제목을 페이지 위에 딱 박아야 한다."

조레스는 자신의 밭이랑을 똑바로 파들어간다. 누군가 중간에 방해하지 않으면 커다란 펜대를 빠른 속도로 놀리며 단숨에 끝까지 써내려간다. 일단 기사의 줄거리를 잡으면 한번 쓴 것을 다시 읽어볼 필요를 느끼지 않는다. 그만큼 그의 기억은 정확하고 머릿속에는 분명한 구도가 잡혀 있다. 물론 문체는 웅변가의 그것이다. 흔히 동일한 사상이 형태를 달리하면서 여러 차례 반복되곤 한다. 그러나 확고한 형식은 풍부하고 명료한 증거들에 근거해서 분출하고, 하지만 언제나 빈틈없이 엄밀하다.

이처럼 조레스 특유의 스타일이 있다. 나선형으로 전개되는 이미지와 메타포는 딱딱할 수 있는 글(또는 연설)들에 문학적인 색채를 가미한다. 조레스의 가슴과 지성에서 흘러나오는 이 '감성적인' 스타일은 번번이 세상 전체를 껴안는다. 조레스에게는 어떤 테마든 메타포나 분명한 준거를 사용하여 그것을 '자연'과 역사 속에, 다시 말해 시간 속에 놓을 때만이 비로소 그 테마에 접근하는 게 된다. 한마디로 '우주' 속에 문제를 재설정한다. 이렇게 글쓰기로써 조레스는 사건과 정치인 그리고 시인의 시야를 하나로 버무리는 힘을 발휘한다. 조레스의 어떤 글은 구절 하나하나가 그의 삶 자체인 '통일'의 표현이다. 그가 생의 원칙으로 삼은 그 **통일**.

그는 정기적으로 『라 프티트 레퓌블리크』에 논설을 썼고 밀랑은 매달 급여로 그에게 1천 프랑(1984년 기준 약 1만 2천 프랑)을 지급했는데 국회의원 급여보다 많은 이 액수는 조레스를 당장의 재정적 문제에서 벗어날 수 있게 해주었다.

아들 루이가 8월 27일에 태어났고, 여윳돈으로 조레스 가족은 1898년 가을 샬레 거리 7번지(파리16구의 서쪽 끝 동네)에 자리 잡았다. 조용한 파시 구역의 오퇴이유 경마장에서 멀지 않은, 라늘라 거리와 아송시옹 거리를 잇는 좁은 사잇길로 시골 같은 분위기가 아직 남아 있는 곳이었다.

마음껏 큰 숨을 쉬고 싶고 시골생활의 떨림을 그처럼 아쉬워하던 조레스는 이곳에서 훨씬 마음이 편안해졌다. 뭔가에 몰두해 무심한 듯한 모습으로 뚜벅뚜벅 걸어가는 그를 이 조용한 거리에서 자주 볼 수 있었다.

동시에 이렇게 동네를 바꾸어 이사를 한 것은—루이가 태어나면서 실제로 공간이 더 필요해진 것 이상으로—그의 젊은 시절과의 거리감을 나타냈다. 그 시절은 그에게 충실히 남아 있으나 더 이상 그는 고등사범 졸업생으로서의 조레스에 머무르지 않았다. 라탱 구는 그의 삶의 한 단계였고 그의 온 존재가 그 구역을 중심으로 해서만 돌아가지는 않았다. 파리가 학교(에콜) 동네에 그치는 것이 아니듯이 그의 생활도 그렇지 않았다.

또한 한창 무르익어 가는 장년이기도 했다.

곧 마흔이 되며 두 아이를 두었다.

공적 생활, 자신에게 가해진 공격을 견뎌낸 힘, 조레스라는 두드러진 위치가 부과한 책임감, 자신의 적수와 동료들에게 보여준 절제력 그리고 능력과 자질. 이 모든 것이 그의 인격을 형성하였다.

행동인이자 사상가이며 향수에 얽매이기를 의식적으로 거부한다. 대차게 적을 조소할 줄 아는 강인한 사람이지만 증오를 할 줄도 모르고 하고 싶어 하지도 않는다.

대쪽 같은 학생으로서 그를 주의 깊게 관찰해 온 샤를 페기는 이렇게 말한다. 분위기를 바꾸기 위해 말할 때는 기쁨이 "가득하고 그의 몸과 손, 눈에서 기쁨이 솟아나도 싸우기 위해 말할 때는 사라진다." 이럴 때는 그에게서 "뒤에 숨어 있는 슬픔까지 보인다." 조레스는 "부르주아의 비열한 언동"을 즐긴 적이 없다. 인본주의자이고 '인간의 시테'를 지향한 투사로서 "조레스는 두 인간, 부르주아와 사회주의자가 존재하지 않는다는 것을 잘 알고 있다"고 페기는 덧붙인다. 교양과 철학, 선함과 관대함이 "다행스럽게도 모든 사악한 기쁨에 맞서는 그를 지켜주었다."

그렇지만 비방과 증오의 그 진부한 얼굴은 어디든 빠지지 않고 모습을 드러냈다.

여기저기 적대적인 언론들에서는 그가 연간 1만 2천 프랑의 연금에다 브술레에서는 '성채' 생활을 즐기고 있다고 떠들어댔다.

1898년 6월, 로슈포르는 『랭트랑지장』에서 연거푸 인신공격을 해댔다. 이제 경쟁지에서 매일 펜을 들게 된 사람을 실추시키려는 것 같았다. 그는 조레스를 뒤늦게 사회주의에 찾아온 전향자에 불과하다고 힐난하면서 그의 지난날을 '기회주의적'이라고 평했다. 조레스의 강점, 결백함과 반듯함으로 쌓아올린 명성을 부수려는 것이었다.

이미 여러 글에서 로슈포르는 조레스가 종교에 관해 위선적인 이중플레이를 한다고 고발했다. 공적으로는 종교를 비난하면서 가족들 속에서는 가톨릭과의 긴밀한 관계를 관용한다는 것이다.

6월 14일, 조레스는 이 논란에 대응해야 할 필요가 있다고 판단했다. 저들이 자신의 것이라고 하는 부(富)에 대해 해명했다. "나는 내가 일한 것으로만 먹고산다. 만약 내일이라도 펜을 들지 못하게 되면 나는 완전히 빈곤해진다." 그러나 그가 길게 답변한 것은 자신에게 큰 타격을 가했던 종교에 대한 로슈포르의 논평이었다. 그는 사정을 밝히고자 했다. "나의 어머니와 아내는 기독교 신자이다. 이들의 자유를 막거나 이들의 감정을 억제시킬 권리가 나에게는 없다." 그러면서 절박한 필요성 때문에 "자녀들을 수도원 학교에 보내지 않을 뜻을 가지고 있다. 아이들이 도그마에 의한 체계적이고 지속적인 압박으로 왜곡되는 위험을 피하기 위해서"라고 분명히 말했다.

그러나 조레스가 이렇게 투명하게 밝혔다고 공격이 멈추지는 않았다. 매번 써먹는 주제였고 조그만 구실만 있어도 또 나타났다. 그 시기, 드레퓌스파와 반드레퓌스파가 빠져든 말 그대로 전쟁에서는 휴전도 규칙준수도 일절 배려되지 않았다.

그것은 카르모의 선거운동 동안 목격된 바이다.

매일 논설로 정치현안의 분화구에서 전투의 제일선에 나선 조레스는 무섭게 가해 오는 공격의 표적일 수밖에 없었다.

그 점을 깨닫게 되는 기회가 온다. 7월 18일, 파리 문과대학 교수단은 가을학기에 개설하는 소르본 공개강좌의 신청서를 검토하는 전체회의를 열었다.

조레스는 지원자였다. 그는 "개인성, 도덕성, 예술과 종교와 사상에 비추어본 사회주의 원리: 전적으로 철학과 교리의 관점에서"를 주제로 강의를 하고자 했다. 주제 작성문안으로 미루어 이론적 관점이지 전혀 논쟁적이거나 정치적인 관점이 아니라는 것이 충분히 짐작되었다. 고등사범 출신으로 교수 자격 수여자이자 문학박사이며 툴루즈에서 대학강단에 선 경력이 있는 비중 있는 인물인 조레스는 공개강좌의 형태로 주제를 다루는 데 요구되는 모든 자질을 갖추고 있었다. 그러나 역사가 라비스와 올라르 등 교수 17명은 조레스에 대해 우호적인 입장을 보였지만 반대 21명 기권 1명으로 조레스의 지원은 거부되었다. 교수단은 신중하고 객관적인 판단의 필요성과 소르본을 과격 행위로부터 지켜야 한다는 우려를 내세워 이렇게 결정했지만 그건 정치적 선택이었다.

일주일에 몇 번씩이나 반유대주의자들이 강의실에 몰아닥쳐 소동을 부렸다. 샤를 페기가 드레퓌스파 학생들의 선두에 서서 "그의 서점을 뛰쳐나가 위협받고 있는 대강당을 향해 달려갔다." 누군가 소리친다. "뒤르켕이 습격을 받았다. 세뇨보가 잡혔다!" 언제나 군사적 표현을… 즐겨 쓰는 페기는 "집합! 전원 지팡이 들고 돌진. 나[페기]와 함께 소르본에서 종대 행진" 하고 응수했다.

조레스는 그러므로 자신의 정치참여의 희생자였고 지식인들을 너무도 심하게 갈라놓은 '사건'의 희생자였다.

6월 4일—드레퓌스에 우호적인—인간의권리동맹 총회가 열렸다. 지역 단위로 편성되어 있는 동맹은 특히 교수들을 조직하여 1898년 말에는—약소하지만—4580명이었고 1년 후에는 두 배로 늘었다.

맞은편에서는 비웃음을 터트리고 바레스는 지식인들을 '단상 위의 무정부주의자들'이라고 말했지만, 그들은 조직을 결성하고 지지와 서명을 쌓아 나갔다. 데룰레드는 애국동맹을 다시 활성화하고 줄 르매트르나 프랑수아 코페 같은 작가들은 프랑스조국동맹을 준비했다.

이런 대치상황 속에서 소르본에서 조레스의 강좌를 허락한다는 것은 생각할 수 없었다.

그러나 대학에 대한 조레스의 태도는 그가 저널리스트나 웅변가의 활동으로 만족하지 않는다는 것을 보여준다―그는 여러 지방도시를 돌아다녔다. 이 순회는 조레스가 추구한 행동의 전망을 세우고 문제들을 제기함으로써 원칙들을 정립하는 기회가 될 것이다.

조레스가 이렇게 창조적인 작업에 좌절을 겪는 시기에 출판인 줄 루프가 1789년 이래 현대 프랑스의 역사를 출판하기로 기획하고 원고집필과 편집 총괄을 조레스에게 맡아줄 것을 요청했다.

줄 루프는 염가로 별쇄본을 만들어 많은 대중들에게 제공할 작정이었다.

조레스는 환호하며 수락했다. 오래전부터 그는 프랑스혁명에 대해 깊이 생각했고 많은 논설과 연설, 강연에서 이 주제에 접근해 왔다. 1892년부터 연구조사를 하고 독서를 늘려서 1897년 무렵에 체계가 잡혔다. 제헌의회와 입법의회 역사 그리고 1870년의 전쟁사를 선정하고 주요한 집필진으로는 게드(국민공회), 에르, 앙들레르, 제로-리샤르를 구상했다. 그리고 제목으로 『사회주의 역사』를 제안했으며, 처음에는 출판인이 놀라지만 결국 이 제목을 받아들였다. 도전적이고 상징적인 제목이다. 사실 제목은 책의 방향을 알리는 광고이다. 어떤 역사물이 정치적 관심사로부터 벗어나겠는가? 조레스는 나중에 이렇게 썼다. "우리가 민중, 노동자와 농민에게 1789년부터 19세기 말까지 전개된 사건들을 이야기한 것은 사회주의적 관점에서다. 인간역사의 근본이고 원천이었던 것은 분명 경제생활이다."

그러나 당장은 조레스가 열정을 가지고 뛰어들기 시작한 사업일 뿐이었다. 국립도서관과 의회도서관, 문서고, 카르나발레 박물관(파리의 혁명사 문서고)에서 그의 모습을 점점 더 자주 보게 되었다. 에르는 그에게 도서기금을 내주었다. 그는—다시 산—책을 많이 잃어버렸는데 여행을 할 때도 책을 가지고 다녔기 때문이다. 그가 잠시라도 틈이 나면 혹은 발언하는 사이사이에 책을 뒤적거리거나 읽거나 주석을 달거나 혹은 읽는 데 몰두하여 주위에서 무슨 일이 일어나는지 전혀 모르는 것을 보고 사람들은 깜짝 놀라곤 했다. 그는 책을 읽으면서 혁명기의 에피소드들을 되살려내었으며 또 입법의회의 이런저런 의원들이 지롱드파의 표를 훔치기 위해 사실을 조작했다고 큰소리로 나무라기도 했다. 조레스는 의원직을 잃은 이 시기에 할 수 있는 창조적 일거리를 찾았던 것이다.

다시 한번 그의 비상한 일솜씨, 신속한 동화력이 힘을 발휘한다. 『라 프티트 레퓌블리크』 편집국에서 드레퓌스 사건에 관한 열띤 토론에 뛰어들면서도 동시에 『혁명의 여러 원인』의 한 장(章)을 쓰기 시작한 그를 보게 된다. 이것은 지적 작업과 정치행동의 분리를 거부하는 상징성을 가진다. 통일의 욕망이 언제나 그의 생을 하나로 수렴시킨다.

　더구나 수만 명의 독자들이 매일 그의 기사를 기다리고 정치인들은 자신들이 구상하고 연루된 작전을 그가 폭로할 수 있다는 것을 알고 있는데 어떻게 그런 위치에서 현실의 문제들을 방기할 수 있겠는가?

　행동하고자 하는, 통일성을 유지하려는—정치적이면서 지적인—조레스의 이 욕망은 외부의 요구에 따른 것이 아니었다. 그렇게 해야 하기 때문에 개입하려는 것이다. 이 자리에 있어서 고맙다(Ago quod ago). 조레스는 강베타처럼 이렇게 중얼거리기를 좋아했다. "내가 해야만 하는 것은 끝까지 한다."

　우선 그는 정치상황을 분석하고—5월 11일부터 줄곧 해오던—자신의 실패원인들을 밝혀나갔다. '일자리를 주는' 솔라주의 유혹에 넘어가거나 '반동과 기회주의'의 노골적인 연합으로 혹은 지방의 급진당 지도자들의 '교활한 기권'으로 일부 노동계급이 일탈한 데 그 원인이 있다고 보았다.

물론 전국적으로는 사회주의자들이 5석을 더 확보하는 승리를 거두었다. 그러나 게드가 패배했다. 그는 사회주의자들이 160석을 석권할 것—그의 당 전략이 그렇게 결정되었다—으로 예측했다! 하지만 50석에도 못 미쳤다. 더구나 이 또한 조레스의 노력과 연설에 힘입어 농촌 선거구들이 약진한 결과였다.

이번 의회에서는 누가 다수파가 될지 점치기 힘들었다. 그렇게 되면 멜린 정부의 연장이 될 수 있었다. 고집불통의 원로들은 우아한 온건파 젊은이가—급진파 앙리 브리송에 맞서—하원의장에 출마했을 때 그렇게 믿었다. 조레스를 반대하는 집회를 열기 위해 카르모에 간 적이 있었던 이 젊은이의 이름은 폴 데샤넬이다. 그러나 사실 하원은 멜린을 연장시키는 데 주저했다. 늘 그렇듯이 몇 달만 지나면 개인적인 야심가들이 다수파들을 먹어치울 것이다. 밀랑은 사회주의자들의 이름으로 좌파정부이기만 하면 지지하겠다고 약속했다. 상반되는 의사일정을 표결에 부쳤고 멜린은 6월 15일 사임했다.

누가 그 자리에 앉을 것인가?

위기가 지속되었다. 펠릭스 포르는 협의를 구했다. 급진파 앙리 브리송에게 정부구성을 맡긴 다음 필시 그는 실각하고 고드프루아 카베냐크에게 정부를 위양할 거라는 기대를 가지고. 그러나 브리송이 책략을 썼다. 카베냐크를 국방장권에 앉히고 다수표를 확보했다.

애매한 내각이다. 급진파 내각? 물론 그렇다. 하지만 카베냐크는 각료회의에서 막강한 인물이다.

1848년 6월 봉기를 탄압한 장군의 아들인 마흔다섯의 이 남자. 정직하지만 성미가 급하고 불타는 야망의 소유자였다. 그는 군인들과 군 수뇌부로부터 신임을 받고 있었다. 당연히 드레퓌스 재심에 대해 적대적이었다. 더구나 불랑제식 민족주의자인 그는 어쩌면 자기가 주인공인 강자의 권력을 꿈꿀 수 있었다. 심지어 조레스는 카베냐크에게는 그의 부친에게 허용되지 않았던 운명에 대해 복수하려는 의지가 무의식적으로 작용할 거라는 가정까지 해본다. 그의 아버지는 1848년 엘리제에 입성하기 위해 공화국 대통령에 출마했었다.

데룰레드는 여기에 넘어가지 않았다. "나는 카베냐크가 군의 명예, 레종도뇌르의 명예, 나라의 명예를 구한다는 것을 보증할 때 이 정부에 대해 지지표를 던질 것이다."

그러므로 브리송의 급진적 내각은 드레퓌스 재심을 향해 한 걸음도 나아간 것이 아니었다. 오히려 내각의 중심인 카베냐크는 자신의 흠결 없는 명성과 야심 때문에 위험할 수 있는 인물이었다.

이로써 새 의회는 애매함, 불확실함 그리고 공화국 체제 주위를 감돌고 있는 위협 속에서 출범했다. 군부는 정부의 몇몇 인사와 조국방어를 내세운 거리시위를 등에 업고 일격을 가할 수도 있었다. 여러 달 동안 그것이 드레퓌스파에게는 불안스러운 가정이었고 그러한 징후들이 있음을 강조했다.

이 위험에 어떻게 반격할 것인가? 조레스가 생각하는 한 가지 해결책, 바로 사회주의자들의 통합이었다.

12구의 두안 거리에는 쉬지 않고 모임이 열리는 파리의 회의장들 중 하나가 있다. 조레스는 이곳, 티볼리 보알을 잘 알고 있었다. 여기서 카르모 광부들과의 연대나 유리제조공들과의 연대를 호소하면서 연설을 여러 차례 했으며 또 6월 7일 저녁에 연단에 올랐을 때는 마치 대규모 집회처럼 군중이 모여들었다.

그가 『라 프티트 레퓌블리크』에 글을 쓰기 시작한 지 두 주일이나 되었고 그 글들을 통해서 사회주의를 표방하는 조직은 모두 모여 통합문제를 논하자고 초대했다. 조레스가 보기에 이 통합은 공화국 체제를 수호하기 위한 조건이었다. 또한 "사회주의 정신에 물든 영락한 부르주아지 젊은이들―미래의 학자와 화학자, 엔지니어, 교수 들―을" 끌어들이기 위한 조건이었다. 다만 여기서 결여된 것은 "결정적인 힘, 전투적인 프롤레타리아트의 혁명적 에너지"와의 접촉뿐이었다.

이렇게 해서 티볼리 보알 회의장에는 『라 프티트 레퓌블리크』가 조직한 '사회주의자 강편치'를 위해 1만여 명의 투사들이 모였다. 사회는 조레스가 보았다. 그의 발언에 앞서 12명의 웅변가가 연설할 것이었다. 그러나 결론은 그가 내렸다. 그의 웅변은 열광을 자아냈다. 그는 '최상의 조직적 통합'을 지지할 것을 촉구했고 만장일치로 승인했다.

조레스의 성공인가?

그는 정치적 지도부들과 이들의 종파와 당에 압력을 가하고자 했다. 여러 해 전부터 POF, POSR, CRC, FTSF, 독립사회주의자들 모두가 하부그룹들은 고려하지 않고 서로 감시하고 서로 축출하고 사분오열되어 있었다. 또 게드와 알만, 바이양, 밀랑 누구나 그의 독립성을 질시했다. 독립성 그것 역시 권력을 보존하는 수단이었으니까.

회의장에서는 박수소리가 났다. 이렇게 통합론은 진전을 보였지만 지도자들은 조레스의 주도와 조종을 비난했다. 게드주의자들은 참석하지도 않았다. 바이양은 '조직들의 자살'이 될 것이라며 거부했다. 그들은 어떻든 조레스가 사회주의 가족에 들어온 신참자에 불과하다는 것, 강경한 종파들로서는 여전히 수상하게 보인다는 것을 일깨우려 했다.

게드주의자들은 불안했다. "우리 신문들은 조레스의 선전이 먹히도록 내버려두고 있다. 우리 내부에 어떻든 통합하려는 경향이 나타나고 있다"고 당의 한 간부는 게드에게 편지를 보냈다.

게드는 조레스가 장악한 지위를 질시하는가? 장차 통합당에서 자신이 제1인자가 못 될까 봐 겁내는가? 아니면 그와 조레스 사이에 훨씬 깊은 의견 차이가 있는 것인가? 필경 이 모든 것이 조금씩 작용했을 것이다. 조레스라는 이 운동력, 커다란 사상의 솟구침이 느껴지는 이 사람에게 맞서기란 만만치 않은 일이었다. 우수함을 인정할 수밖에 없는 사람이었다. 그러나 그 리더십을 받아들인다는 것은 결코 쉽지 않았다.

더구나 티볼리 보알의 집회 이후 조레스는 전방위적으로 밀고 나갔다.

7월 2일 조레스는 몽펠리에의 열광하는 청중 앞에서 다시 드레퓌스 사건의 재심을 주장했다.

그런데 줄 게드와 그의 당은 드레퓌스에 더 이상 관심을 갖지 않기로 결정했다. 그들은 애초 자신들의 분석으로 되돌아갔다. 이 싸움은 프롤레타리아의 싸움이 아니다. 그들은 수수방관하고 상어떼가 다 먹어치우는 모습을 지켜보기만 하면 되었다. 조레스는 짓눌리고 기습당했다. 그를 격분케 하는 이 뒤집기는 무엇 때문인가? 게드의 선거패배? 예측한 성공에 크게 못 미치는 선거결과 앞에서의 실망? 주도권을 쥐지 못한다는 종파주의에 갇힌 조직 '간부들'의 근시안?

무슨 말을 해도 조레스는 혼자였다. "우리는 지리멸렬하게 분열된 프랑스에서 유일하게 조직화되어 있는 당을 희생시킬 수 없다. …그 모든 것 안에서 우리의 강령과 우리의 특수한 활동들은 어떻게 되겠는가?" 게드주의자들은 이렇게 자문했다.

하나의 기구 전체가 한 사람과 대적하고 있었다. 그런데 느리고 답답하고 맹목적이고 분석의 오류와 정치적 실수를 저지르는 것은 기구였다.

사회주의 집단의 지도자들이 조직을 잔뜩 웅크려 잡고서 통합의 위험에 대한 성명서를 내거나 경고문을 발표할 궁리부터 하는 사이에, 국방장관 카베냐크가 화려하게 선수를 쳤기 때문이다. 그는 드레퓌스 사건이라는 이 '종양'을 도려내기 위해 정보국과 참모본부의 문서를 공개하도록 했다. 장군들은 장관에게 그들의 문건, 앙리 중령이 조작하고 드레퓌스의 이름이 분명히 씌어 있는 가짜서류를 보여주는 조작을 부렸던 것이다.

이를 곧이곧대로 믿은 카베냐크는 공세를 취하기로 결심했다. 그의 전임자들이 이미 결판 난 권위의 뒤로 신중하게 몸을 피한 것과는 달리 1898년 7월 7일 팔레-부르봉의 연단에 섰다.

여기 서류들이 있고 이것이 증거라고 그는 말한다. 그리고는 이 사실을 확신하며 '가짜' 앙리, 즉 이탈리아 무관 파니차르디 알렉산드린이 미남 막시밀리안, 슈바르츠코펜에게 보낸 쪽지를 읽어 내려간다.

하원은 경악했다. 그러면서도 의원들은 모두 안심했다. 결국 그렇구나. 사필귀정이다. 군부는 결백하다. 드레퓌스는 악마의 섬에 계속 남아 있을 것이다. 군사재판관들은 올바르게 재판했다.

의기양양한 카베냐크는 다음과 같이 결론을 내린다. "내일은 온 프랑스인이 하나가 되어 우리의 자부심, 우리의 명예를 지켜준 이 군대가… 국민의 신임을 받아 강할 뿐 아니라 그 행위가 정당하기 때문에 강하다는 것을 선포하기 바란다."

하원은 일동 기립하여 카베냐크에게 박수를 보냈다. 프랑스 전역의 코뮌(전국적인 프랑스의 행정단위)에 이 연설벽보를 붙이기로 의결한 것이다. 다만 사회주의자 15명과… 멜린은 기권했다. 거의 만장일치나 다름없었다. 급진파 카미유 펠탕은 "드레퓌스의 유죄를 언제나 믿었던 것"을 자축했다. 드뤼몽은 '최고의 언도'라고 평하고 알렉상드르 밀랑은 이 연설이 "공공의 양심을 안도시켰다. …이제 그는 이 비통하고 성가신 주제에 대해 침묵을 지키는 것이 의무라고 믿었다"고 썼다.

모두 조용하다!
드레퓌스파는 압도당했다.

　에르와 블룸은 머리를 양손으로 감싸고 입을 다물고 꼼짝 않고서 본회의 보고를 듣고 있다. 그들은 카베냐크가 청렴하고 근면하고 논리 정연한 것을 알고 있었다. "무섭고 끔찍한 것은 그가 진심으로 그 모든 것을 믿었다는 사실이다. 그런데 하원 전체가 그에게 박수를 쳤다"고 블룸은 덧붙인다. 사회주의자들을 포함해서이다.

　갑자기 종소리가 땡그랑 난다. 하원 본회의를 참관하러 갔던 조레스이다. 말없이 자리에 앉더니 에르와 블룸을 쳐다본다. 이윽고 분노를 터뜨린다. 그는 격하게 화를 내면서 친구들을 욕한다. 그리고 블룸은 이렇게 적는다. "그에게는 승리한 자의 빛남 같은 것이 있었다." 그는 가만히 있지 못하고 서성거렸고 말을 해도 단어들이 요동을 쳤다.

　"그럼 뭔가? 당신들도?" 하고 묻고 그는 말한다.

　"방금 하원에서 나오는데 동지들 한 무리가 나를 둘러싸고 압박을 해서 헤쳐 나오느라고 싸워야 했다. 그들은 모든 게 다 끝났다고 여긴 거다, 멍청이들. 그들은 선거운동은 다했다고 저주를 했다." 그는 그 자리에 멈춰 서서는 두 손을 내밀고 불굴의 신념으로 힘차게 말한다. "그러나 지금, 지금 처음으로 우리가 승리의 확실성을 손에 넣었다는 것을 모르고 있다."

　블룸과 에르는 갑자기 상황이 밝아지는 것 같다.

"멜린은 상처입지 않았다. 아무 말 안했기 때문이다. 카베냐크는 발언하고 논쟁을 하고 그러므로 패배했다"면서 이렇게 덧붙인다.

"유일하게 우리에게 위험한 적은 알 수 없다는 것과 침묵이었다. 이제 카베냐크가 문건을 내놓았다. 모든 것을 공개하고 제출해야 할 것이다. 참모본부는 손에 쥔 것을 다 내놓아야 한다. '그런데 당신들이 알다시피 …이라는 비밀문건이 있어' 하고 우리한테 흘릴 게 없을 것이다. 우리가 모든 걸 통제할 것이고 진짜와 가짜를 검증할 것이다. 방금 카베냐크가 인용한 문건들은 정말이지! 맹세컨대 가짜다. 가짜 냄새가 난다. 가짜의 악취가 풍긴다. 그건 가짜다. 더구나 바보같이 다른 가짜들을 은폐하기 위해 조작된 것이다. 내가 그걸 입증할 것이다."

그는 얼굴이 환해지며 계속 말한다. "위조꾼들이 자기네 소굴에서 얼굴을 내밀었다. 이제 우리가 그들의 멱살을 잡았다. …더 이상 쥐죽은 듯하지 마시오. 나처럼 즐거워하시오…."

조레스의 통찰력은 하나의 정치적 위력이다. 사회주의 의원들이 다 쓰러지고 조레스뿐이다.

그는 생각에 잠겨 논평한다. "한 사람도 찾을 수 없는 것이 슬프다. …처음으로 카르모의 패배가 유감이다." 그리고는 주먹을 꽉 움켜쥔다. "박수갈채는 사라진다. 진실이 남을 것이다. 나에게는 신문이 있다."

조레스는 『라 프티트 레퓌블리크』의 자기 방에 앉아 있다. 버릇대로 원고지 한가운데 제목을 쓴다. "카베냐크 장관에게 보내는 공개장"

"귀하는 어제 하원에서 유익한 일과 범죄적인 일을 동시에 했습니다. 국민에게 문건의 일부를 제출한 것은 유익한 일이었습니다. …범죄적인 행위는 그것이 가짜라는 사실입니다"로 시작하여 카베냐크의 연설을 분석하고 그의 의도와—장관의 처리방식이 엄호하고 숨기고 있는—정치적 위협을 벗겨낸다. 이어 가차 없이 계속한다.

"귀하는 목전의 성공이, 연단과 여론의 성공이 필요했습니다. 엘리제가 귀하를 유혹하니 귀하는 국수주의의 열정 덕분에 그곳에 들어갈 수 있으리라고 생각했습니다. 조심하시오. 권리와 정의와 진실을 위반하고도 언제나 그냥 넘어가는 것은 아닙니다."

조레스는 취약점을 파헤치고 상대방의 정체를 드러낸다. 아무것도 그를 막지 못한다. 또한 자신이 옳다는 것을 아는 사람의 권위와 고매한 논조로써 사회주의자들을 향해 세차게 따진다. 그의 분노는 양보를 모르고 파고든다. "파리의 사회주의자 그룹들이 원하면, 그들이 애매함과 무지와 거짓을 떨치고 가공스럽게 작동하는 군부조직을 생생하게 포착하기를 원하면 그들 앞에서 내가 한 말을 입증할 준비가 되어 있다."

이렇듯 확고한 적이 없었다. 웅변가다운 조심성, 신중함은 끝났다. 진실이 문제이고 한 인간의 운명이 달려 있고 공화국이 위험하다.

그러나 이 같은 어조는 깊은 골을 만들어내었다. 통합은 물 건너갔다. 7월 24일 노동자당 전국위원회는 조레스의 행동을 드러내놓고 부인하는 떠들썩한 선언문을 발표했다. 줄 게드는 이렇게 단언했다. "노동자당은 속지도 않고 배반하는 일도 없이, 단 한 순간도 궤도를 이탈하는 것을 보고만 있지 않을 것이며 본연의 전쟁을 중단하는 길을 가게 내버려두지 않을 것이다." 사회주의는 고용주의 감옥에서 고문당하고 있는 수백만 희생자들에게 이바지해야 한다. 사회주의는 "개인들의 과오를 바로잡는 일로 헤매서는 안 된다. 그런 잘못은 전체를 바로잡으면 고쳐진다." 조레스와 정반대 입장이다. 노동자당으로서는 누군가가 악마의 섬에서 썩고 있다는 건 별 문제가 안 된다. 그런 개인적 사안으로 허비할 시간은 없다. '전체를 바로잡는' 사회혁명을 위해 싸우자.

우둔한 논리. 상징적 가치가 있는 '무고한 사람'을 위한 투쟁과 집단투쟁이 바로 연결된다는 것을 포착할 능력이 없다. 위험한 논리다. 미래의 승리라는 추상을 위해 한 사람의 운명은 소홀히 여기기 때문이다. 이 관점에 강고하게 반대하면서 조레스는 드레퓌스를 위해 싸웠고 또 자신과 다른 사회주의 관에 대항해 싸웠다.

당연히 그는 물러선다는 결정을 하지 않았다. 바이양은 "이 사건은 빼어난 시민들을, 조레스까지도 부패시킨 두엄더미이다. 그자를 총살했어야 한다"는 말을 던졌던 것 같다. 노(老) 코뮈나르의 경구(警句)인가? 드뤼몽은 『라 리브르 파롤』에서 조레스가 낙선하자 정신을 잃고 미쳐버렸다고 확언했다.

조레스는 혼자였고―『나는 고발한다』 당시의 졸라처럼―모든 증오를 한 몸에 받았다.

사회주의 동지들은 그가 고집쟁이인 것을 알고 있었다. 사람들이 밀랑 집에 모였다. 게드와 바이양도 보였다. 사람들은 조레스에게 불필요하고 해로운 캠페인을 그만두라고 강경하게 말했고 그는 거부했다. 카베냐크와 군고위층으로 대표되는 위험을 적시할 것이다. 그가 이렇게 주장했다. "우리가 맞서 투쟁하는 그 사회에서 날조되고 범죄적인 재판을 받은 드레퓌스는 혁명의 한 요인이 된다."

사람들은 그의 말을 듣고 있었지만, 각자 그룹의 이해관계와 분파주의 그리고 야심에 갇혀 있다.

마침내 한 가지 합의안이 제안되었고 조레스가 받아들였다. 그는 자신의 이름으로 글을 쓸 것이며 사회주의자들을 끌어들이지 않는다는 것이었다.

좋다.

조레스는 신문사로 다시 갔다. 파리의 찜통더위 속에서 혼자서 증거를 제시하기 위해 전력을 기울였다. 그리고 『증거』라고 제목을 붙인 연재기사가 8월 10일부터 그달 말까지 발표되었다.

연재기사는 신문의 한 면을 거의 다 차지했다. 기사들은 수학적인 엄밀한 증거들을 제시하고 있었다. 졸라의 『나는 고발한다』가 분노의 절규라면 조레스의 『증거』는 검사의 논고이며, 그 파장은 졸라의 글 못지않게 결정적이었다.

사실 작가 졸라의 글과 조레스의 연재기사는 거짓을 폭로한 두 개의 결정적 타격이었다.

조레스는 증빙자료에 엄청난 노력을 기울였다. 단 하나라도 걸러내지 않은 자료가 없었다. 이리하여 연재기사가 끝날 무렵이 되자 드레퓌스는 무죄이고 에스테라지가 범인 중 한 사람이며 참모본부가 '바보 같은 가짜'들을 조작한 것이 명백하게 드러나게 된다.

국방부에는 불안이 감돌았다. 이 논박할 수 없는 주장은 국방부를 곤란하게 만들었다. 이 언론 캠페인을 무자비하게 중단시키려는 욕망과 그 선전은 거짓일 뿐이라고 반박하고 싶은 욕망 사이에서 의견이 갈라졌다.

때는 여름. 그런데 『라 프티트 레퓌블리크』는 이렇게 많은 부수가 나간 적이 없었다. 조레스 앞으로 온 편지가 수북 쌓였다. 협박과 모욕, 경멸의 편지들이었지만 존경의 표현들도 있었다. 전국적으로는 인간의권리동맹이 일련의 집회를 준비하고 있었다. 카베냐크 연설의 효과는 이미 힘을 잃었다. 조레스가 "박수갈채는 사라진다. 진실만 남을 것이다"고 한 말은 옳았다.

저녁이면 조레스는 걷거나 버스를 타고 조용히 집으로 돌아갔다. 이따금 자신을 알아보는 사람들이 보내는 증오감을 무시하고서.

친구 에르와 블룸이 그를 지지했다. 상반되는 루머들이 떠돌아다녔다.

군의 쿠데타 소문.

혹자는 브리송 총리관저에서 각료들이 참석한 가운데 펠릭스 포르를 기리는 만찬이 열릴 거라고 했다.

의결권이 없는 이 모임에서 카베냐크가 비공식적으로 대법원에서 소환할 드레퓌스파 리스트를 총리에게 제출했으리란 것이다. 슈레르-케스너와 피카르, 마티외 드레퓌스와 베르나르 라자르 이외에도 불편한 저널리스트들 『로로르』의 클레망소, 『급진파』의 랑크와 그 밖의 사람들 그리고 물론 졸라와 조레스.

기습적으로 선수를 쳐서 브리송의 의중을 파악하려는 방식인가? 브리송이 받아들이든 들이지 않든 국방장관으로서는 상관이 없었다. 확고한 반드레퓌스파인 공화국 대통령은 카베냐크를 신임할 것이다. 공화국은 다시 한번 포박당할 것이다.

그러나 브리송은 힘을 사용하지 않을 것이라고 선언했다. 그러자 카베냐크는 다시 문건을 꺼내들기로 결심했다. 조레스의 공격에 아무 대답 않고 가만있을 수는 없으니까. 카베냐크가 문건검토를 맡긴 집무실의 한 장교—퀴네 대위—가 간략하게 대조해 보다가 드레퓌스의 이름이 적힌 문건이 위조인 것을 발견했다. 조레스가 간단한 논리적 추론으로 '바보 같은 가짜'라고 썼듯이.

8월 30일 공스 장군과 부아데프르 장군이 배석한 가운데 앙리 중령이 카베냐크의 집무실로 소환되었다. 그리고 그는 자백했다. "제 상관들이 심려가 커서 저 혼자 그런 생각을 했습니다." 한마디를 덧붙이자⋯. "저는 우리나라를 위해 혼자 처리했습니다."

일련의 사건들이 급속하게 이어졌다. 자정에 아바스 통신사가 앙리의 자백과 함께 그의 체포와 구금 소식을 알렸다. 앙리 중령은 발레리앙 산으로 송치되었다.

8월 31일 여론이 아직 이 소식의 충격에서 벗어나지 못하고 있는데 다시
자정에 아바스의 속보가 날아들었다. "앙리 중령이 감옥에서 지니고 있던 면
돗날로 목을 베었다."

피엘뢰 장군과 드 부아데프르 장군이 자리에서 물러났다. 9월 4일 이번
에는 카베냐크 차례다. 에스테라지가 벨기에로 피신을 해서 거기서 런던으로
간 것으로 밝혀졌다. 알프레드 드레퓌스 부인은 남편의 재심을 공식적으로
탄원하고 나섰다. 이번에는 카베냐크의 후임으로 국방장관이 된 주어린덴 장
군이 재심을 받아들이지 않고 사임했다. 샤누안 장군이 그 자리에 올랐다.

조레스 같은 사람—어제의 드레퓌스나 졸라처럼—결단력 있고 지적 용기와
정치적 통찰력을 가진 사람, 무엇보다도 도덕적 원칙에 근거하면서 이를 자
신의 정치적 선택과 분리시키지 않는 사람, 한 사람의 운명과 모든 사람의 운
명—그리고 구원—은 통일되어야 한다고 생각하는 사람, 결코 타협하지 않
는 엄격함과 상황판단 능력을 결합할 줄 아는 사람, 이 사람 조레스는 몇 주
일 사이에 알프레드 드레퓌스의 상황을 바꿔놓는 결정적인 타격을 가한다.
또한 이 나라의 정치적 진로를 수정하게 한다.

사건들이 잇따라 일어나면서 그때까지 별로 관심을 가지지 않거나 주저
하던 일반 여론이 드레퓌스에 대한 음모를 알게 되었고 그의 무죄를 요구했
기 때문이다.

투쟁의 정확한 목표—드레퓌스가 무죄인가 유죄인가—를 보자면 드레
퓌스 진영이 승리했다. 하원의원들이 전원 일어나서 카베냐크에게 박수를 보
낼 때 시류에 영합하지 않았던 조레스에 힘입은 바 컸다.

신문기사가 『증거』만큼—졸라의 『나는 고발한다』도 마찬가지이다—영

향을 끼친다는 것은 드문 일이리라.

조레스의 얼굴이 밝아졌다. 임무를 완수했다. 친구들이 그를 에워쌌다. 에르가 조레스에게 소개해 주었던 그 라브로프의 말을 다시 인용하자면, 조레스는 "역사적 힘이 되고자 온 힘을 기울였다." 드레퓌스 지지 캠페인의 성과들에서 조레스는 자신이 받아들인 라브로프의 사상이 정확하다는 것을 확인했다. "결정론에 필요한 도구로 쓰이는 것은 개인들의 힘과 사고력과 자발적인 에너지"이다.

'투쟁의 에너지'를 상기하면서 조레스가 즐겨 쓰는 이 공식들에서 라브로프에 대한 추억을 볼 수 있지 않은가? 그러나 '사건'에 대한 조레스의 기사들(9월 25일에 책으로 간행되어 더 많이 배포되고 더 큰 효과를 발휘하게 된다)은 그의 또 다른 면을 보여준다.

페기는 자기 서점이자 본거지인 조르주 벨레에서 『사회주의 행동』이라는 제목으로 조레스의 다른 글들을 모아 출판하기로 했는데 『증거』에 대해서는 이렇게 평한다. 이 텍스트들은 "가장 멋진 과학적 기념물 중 하나, 방법론의 승리, 이성의 기념탑, 응용방법의 모델, 증거의 모델로" 남을 것이다.

조레스로부터 또 한번 공격을 당하고 그 사람 앞에서 무릎 꿇어야 했던 적대진영에서는 이를 용서하지 않았다. 조레스에 대한 적의가 새롭게 불붙기 시작했다. 새로운 원한이 생겨나고 있었다. 또한 이제 벌어질 정치싸움의 차원에서도.

드레퓌스 사건을 마무리지어야 할 일—무죄인 사람의 석방—이 남아 있었고 또 반드레퓌스 진영에서 계속 획책하는 무력의 위협도 피해야 했다.

바레스는 다음과 같이 냉소적으로 쓰면서 정치적 문제를 딱 짚어냈다. "쓰러뜨려야 하는 것은 드레퓌스보다 드레퓌스파이다. …설령 그들의 의뢰인이 무죄라 하더라도 그들은 여전히 범죄자이기 때문이다."

블룸은 이에 맞서 드레퓌스파는 "재심을 위한 공동전선을 인권과 정의를 위해 복무하는 상설군대로 전환시키고자" 했다면서 "조레스가 처음부터 일관되게 했듯이, 우리에게는 개인이 당한 부당함으로부터 사회적 부당함을 이끌어낼 책임이 있다"고 말한다.

그러니 앞날을 예측할 수 없는 격렬한 정치투쟁이었다.
앙리의 자살로 격정이 고조되었다. 계속 '비밀문건'을 믿고 행동하는 반드레퓌스파는 고심했다. 독일황제의 비밀편지의 존재는 입증되지 않았다. 그들이 가는 길목마다 어김없이 조레스가 선두에 버티고 서 있었다. 증거를 제시함으로써 정치적 승리를 거둔 조레스가 앞에 나섰다.

커다란 원고지 위에서는 조레스의 펜이 달리고 편집국 비서는 그 원고지를 들고 『라 프티트 레퓌블리크』의 윙윙거리는 소음 가득한 인쇄소로 달려갔다. 그는 부르짖는다. "프랑스의 명예를 떨어뜨린 불한당들은 프랑스 앞에 무릎 꿇어라! 비공개는 없다! 암흑은 없다! 정의가 환히 밝혀졌다. 무고한 사람의 구원을 위해, 범죄자들의 처벌을 위해, 인민의 가르침을 위해, 조국의 명예를 위해."

그러나 조국의 명예에 대한 이 사고방식에 어떤 사람들은 다른 식으로 대립했다. 그리하여 1898년 가을부터 1899년 봄까지 몇 달 동안 재앙의 저울은 크게 요동친다.

앙리 중령은 발레리앙 산의 감방에서 자살하기 전에 아내에게 보내는 편지를 썼다. "사랑하는 나의 베르트, 나는 미친 것 같아요. 머리를 짓누르는 이 끔찍한 괴로움 때문에 차라리 내 몸을 센 강에 던지려 하오."

그리고는 스스로 목을 그었다. 연금을 받게 될 그 미망인은 남편의 추억을 지키고 싶었다. 『라 리브르 파롤』에 성금을 모으는 난이 마련되었고, 이렇게 해서 앙리는 영웅이 되었다. 30세의 시골 젊은 작가인 샤를 모라스는 장교를 변호하기 시작했다. "전투에 열네 차례 나갔고 두 번이나 부상을 입었으며 두 번은 더 부상을 당할 각오를 해야 한다고 판단했다." 앙리는 만인의 선과 명예를 위해 '잘못된 애국심'을 수행했을 뿐이었다.

2만 5천 명이 성금을 내서 '앙리 기념탑'에 쓰일 돌을 바친다. 증오와 반유대주의를 표명하는 하나의 프랑스(군인, 귀족, 사제, 학생, 장인, 상인 들)가 전체적인 모습을 드러낸다. 바레스와 발레리, 레오토(1872~1954, 작가, 신문기자), 드 멩도 끼여 있다. "덤벼들지 않는 토끼보다는 차라리 유대인을 해부하기"를 바라는 자들이다. 또 '화덕'을 꿈꾸고 '수출용 화차'를 꿈꾸는 자들, "프랑스를 더럽히는 유대인들을 저격하기 위해 1793년에 조상들이 쏜 총을 발사하면 좋겠다는 방데인(프랑스 서부지방의 반혁명 본거지)"의 편에 선 자들이다. 그리고 조레스에 대한 증오심을 절대 잊지 않았다.

이 반유대주의 사조는 민족주의를 키우고 국제정세는 민족주의를 견지시켜 주었다. 나일 강 상류의 파쇼다에서 프랑스인 마르샹 대위는 영국인 키치너 경과 대치하고 있었다. 정부의 지시에 따라 마르샹 대위가 영국인들 앞에서 퇴각하면서—이 용감한 장교가 이끄는—군대는 수모를 당했다. 동맹—프랑스조국동맹, 애국자동맹—들과 협회—르 그랑 옥시당—들은 수천 명의 가입자를 모았고 그 지부와 상설기구들이 주요 도시들의 거리를 떼를 지어 휘젓고 다녔다. 프랑스조국의 작가들은 드레퓌스파의 '지식인 성명'에 반대했다.

사상과 인물, 원칙 들이 뒤얽혀 충돌한다. 그리고 그 승부의 중심에 조레스가 있다.

그는 재치 있는 조롱과 예리한 펜으로 반드레퓌스파 지식인들의 사상과 인물, 원칙을 질책한다. 문예비평가 브륀티에르는 "학문과 자유의 총체적 파산을 선포함으로써" 이런 유의 '인격적 파산'을 구출하려 한다. 폴 부르제는 "초라한 문학적 질투심을 분출하고", 줄 르매트르는 "갑자기 설교조의 회개로 교태를 부린다."

조레스에게는 양보도, 세속적인 영합도 없다. 대신 저속하지 않고 개인에 국한되지 않고 하나의 운동을 제시하는 공격을 한다.

"이 반동적 지식인들의 동원에는 다른 무엇이 있다. 온갖 악덕과 범죄에도 불구하고 멸망을 원치 않는 오늘의 사회는 어떤 대가를 치르든 권위를 회복하려고 안간힘을 쓴다. 그리고 사회는 사고하는 직업을 가진 사람들이 본보기로 사상을 포기한다는 신호를 보내기를 요구한다. 그리고 사회는 학문이 학자들에 의해 부정당하고 비판정신이 비판가들에 의해 부인되고 사상이 힘에 굴복하여 자신을 팔아버릴 때 비로소 매우 조용해질 것이다." 조레스는 사상투쟁과 정치투쟁에서는 이쪽이 저쪽에게 또 저쪽이 이쪽에게 영향을 끼친다는 것을 알기 때문에 최전선에서 투쟁을 이끈다. 또한 드레퓌스 사건으로부터 보편적인 교훈들을 끌어내고 사회주의자들에 대해 반대론을 펴면서 1898년 12월 1일자 『르뷔 드 파리』에서 이렇게 확언한다. "개인보다 위에 있는 것은 아무것도 없다. …그것이 사회주의다." 그리고 자신을 조롱하고 "아침저녁으로 유대인놈들을 짓밟기 위해 침대에 유대인 가죽으로 만든 매트를 깔고" 싶다고 고백하는 반대자들에 맞서 혹은 '계급적 증오'에 갇혀 있는 동지들 앞에서 되뇌고 또 되뇐다. "피와 살을 가지고 이 세상에 온 존재라면, 인간의 형상을 하고 있다면 그 사람은 그 자체로서 인간의 권리를 지닌다."

용기가 있어야 했다. 정치적 긴장이 고조되는 시기에, 모욕을 덮어쓰고 몰이해에 에워싸인 주요한 행동가의 한 사람이 비록 적이라 하더라도 그가 인간인 이상 그의 인간 존엄성을 확언하기 위해 싸움을 이끄는 데는 용기가 필요했다.

같은 시기, 게드는 다시 한번 투사들의 질서를 촉구하면서 격렬하게 항의를 계속했다. "지금은 사회주의가 참모본부 한 대위의 석방을 목표로 할 것이 아니라 프롤레타리아 해방을 목표로 해야 한다는 것을 상기할 때이다."

이 인사들—게드와 그를 추종하는 사람들—은 그 자질이 어떠하든 조레스가 제시하는 것을 전혀 이해하지 못했으며 바로 그들의 눈앞에서 전개되는 현실을 읽어낼 줄 몰랐다.

9월 말에 토목공들이 파리에서 파업을 일으켰다. 연속해서 사건들이 터졌다. CGT는 철도원들의 파업을 준비하면서 총파업으로 확산되기를 기대했다. 이 운동은 실패했지만 군 수뇌부는 브리송 정부에 압력을 가하고 갑자기 군인 6만 명을 동원해서 파리를 장악했다.

군대의 동원은 결정적이었다. 사회운동은 심각한 제약을 받을 수밖에 없었다. 점점 내전 분위기가 조성되는 듯했다. 동맹원들은 시위로 지지하고 군은 마르샹 대위라는 인물을 찬양하면서 영국인에게 대항하기를 부추겼다.

민족주의와 반유대주의에 더해 파업의 위협과 사회적 공포가 일었다.

클레망소는 『로로르』에서 지나치게 과격한 기사들로 브리송을 모욕했다. "그는 자신의 운명을 통탄하면서 우리를 궁극적인 파국으로 몰고 간다. 비열하기보다 어리석은가, 어리석다기보다 비열한 것인가? 두 가지 모두이다. 브리송, 사리앙, 부르주아(레옹 부르주아, 급진주의 정치인), 조롱받아 마땅한 모든 패거리, 예수회 전체보다 더 예수회답다. 이렇게 개탄스러운 인간쓰레기들을 본 적이 없다."

연대 규모의 군이 파리를 가로질러 다닌다. 쿠데타인가?

이렇게 분위기가 뒤숭숭해지자 사회주의자들은 조레스의 통합 호소를 기억해 낸다.

10월 16일, 바니에 회의장. 마침내 조레스는 모두가 다 모인 회합을 주재했다. 옆에는 게드와 브루스가 있다. 그의 기색에는 교만한 빛이라고는 보이지 않는다. 사상은 사람들과 필요에 밀려 자기 길을 간다. 감시위원회가 창설되었고 각 당파와 사회주의 신문들은 대의원 두 명을 파견했다. 그리고 알만, 조레스, 브루스, 제로-리샤르, 게드, 밀랑, 바이양, 비비아니, 제바에스가 이 위원회에 참여했다. 그러나 게드주의자들은 아직도 유보적이다. 사건을 알아보는 데 그쳐야 한다고 그들은 말했다.

그러는 사이 10월 25일에 애국자동맹 가담자들이 콩코르드 광장에서 시위를 벌였다. 엄청난 숫자가 모여 "군 만세" "조레스 타도" "유대인 죽여라"를 외쳐댔다. 팔레-부르봉 인근의 거리들에서는 몸싸움까지 벌어졌다. 데룰레드가 하원 개원에 맞추어 시위날짜를 정했기 때문이다.

갑자기 국방장관 샤누안 장군은 하원 연단에 올라 자기는 드레퓌스의 유죄를 믿는다면서 이 같은 상황에서는 '군의 명예'를 국민의 대표자들에게 넘겨주고 사임하겠다고 선언했다.

거리의 시위 말고도 파리는 군인들로 넘쳤으며, 브리송이 사임했기 때문에 하원은 정권의 위기에 무방비였다. 위협적인 분위기였다. 반드레퓌스파가 처음으로 사태의 흐름을 정치적으로 몰아가기 시작한 것이다.

11월 1일, 펠릭스 포르가 새 정부를 구성하면서 샤를 뒤퓌이를 선택한 것이 그 증거이다. 그 늙은 능구렁이가 이끄는 내각 아래서 드레퓌스가 유죄선고를 받았다!

사태가 심각해지자 11월 27일 감시위원회는 사회주의자화합위원회로 발전적으로 해소되었다. 조레스가 설정한 노선이 한 걸음 진전한 것이다. 그러나 1898년 말 이때는 사회주의 세력들이 어느 정도 재집결되었다 해도 상황은 여전히 위험했다. 인간의권리동맹의 지식인들이 여론에 압력을 가하고 그 어느 때보다 많은 청중이 조레스에게 몰렸다. 조금씩 그의 사상이 퍼져나갔다. 노동운동은 반유대주의를 거부했다. 지도자들의 거부에도 불구하고 '기층노동자들'은 조레스의 말을 경청하고 애정으로 그를 대했다.

지방의 한 도시에서는 수천 명의 청중이 그를 기다리기도 했다. 사람들은 행렬을 이루어 역에서 그를 맞이했다.

마르세유 카느비에르의 인도에는 3만 명이 몰려나와 있었다(1899년 5월). 조레스는 노아이유 호텔의 발코니에 서서 연설을 하고 이어 알람브라에 가서 발언을 했다.

이와 같은 장면이 여러 도시에서 재연되곤 했다. 사람들은 자신이 그의 책을 읽었고 우파가 욕하는 조레스의 말을 직접 들으려 했으며, 그의 말을 듣고는 그가 어떤 개인적 야심도 추구하지 않는다는 것을 본능적으로 느꼈다.

그가 오를레앙에서 연설해야 했을 때 『루아레의 진보』(1898년 10월 18일)는 샤를 페기(오를레앙은 페기가 출생하고 성장한 곳이며 페기 박물관이 있다)의 펜으로 다음과 같이 집회를 안내했다. "우리의 스승이며 친구인 조레스는 미사여구를 늘어놓는 사람도 궤변론자도 아닙니다. 그는 연설가이고 철학자입니다. 또한 연단의 웅변가이고 시비곡절을 가리는 사람입니다. 그는 오를레앙에서 곧 강연을 하기로 우리에게 약속했습니다. 독자 여러분께서 참석하시면 그가 어떤 사람인지 알게 될 것입니다." 프랑스노동자당의 가장 견고한 연맹 중 하나인 로브에서는 당 기관지를 통해 근로자들에게 "세상의 언어 주도권을 쥐고 있는 이 황금심장… 사회주의 사상의 씨를 뿌리는 거장" 장 조레스를 맞이하러 역으로 나오라고 권유했다.

뤼시앙 에르가 새로운 급진파 신문 『의지』(La Volonté)에 몇 주일 동안 이

렇게 글을 쓰던 때였다. "오그라들고 말라빠지고 딱딱해진 프랑스에서 소수의 사람들이 정의와 인간애와 명예를 이룩하기 위해 난폭한 동맹들이 부리는 오만한 힘과 이익의 결탁과 증오의 연합에 맞서 투쟁을 감행한다."

조레스는 "하루하루의 싸움에서 사람들의 영혼을 하나씩 흔들어놓을 수 있는" 사람들 가운데 으뜸이었다—사람들은 그것을 알아챘다.

그러나 결판난 것은 아무것도 없다. 10월에—거리에서부터 군대와 정부에 이르기까지—일어난 사건은 시도에 지나지 않았다. 무력에 대한 체제의 저항뿐 아니라 민주주의의 작동을 방해하는 자들의 단호함도 함께 드러났다.

작가 폴 레오토처럼 앙리 대령의 미망인을 위해 『라 리브르 파롤』에 성금을 보낸 사람들은 "정의와 진실에 대항하여 질서 수호"를 다짐했다.

그러나 다행히 사생활도 있다. 조레스는 집에서 아들 루이의 요람을 들여다보는 순간만큼 행복한 적이 없다.

그의 얼굴은 환하게 밝아지며 선함을 풍기는 웃음으로 빛났다. 아들에게는 아우의 이름을 주었다. 그리고 사람들은 1898년 5월에 그가 파리에서 출마를 포기한 이유 가운데 하나는 아내의 주장을 부정할 수 없었기 때문이라고 수군거렸다. 그의 정치활동 때문에 동생이 군대생활하면서 고통을 받는다는 것이었다.

사실 루이 조레스는 반동적 사고가 지배하는 해군장교들 속에서 빗대서던지는 말이나 비난을 의연하게 받아들이며 지냈다. 어떤 경우든 형과 굳게 맺어져 있던 그에게 가장 힘든 시기 중 하나—훨씬 더 견디기 힘든 압박을 받았다—는 군 장교들의 상당수가 공개적으로 드레퓌스 복권에 반대입장을 표명하는 1898년부터 1899년의 이 몇 달이었다. 앙리 대령의 미망인을 위한 『라 리브르 파롤』의 모금사업에 성금예약을 한 2만 5천 명 가운데 3천 명의 서명이 장교인 것으로 파악되었다. 그리고 장교들 사이에서 반유대주의가 폭력적으로 표출되고 있었다.

더 심각하게는 소문으로 떠돌던 군사쿠데타가 구체화되어 갔다. 피엘뢰 장군 등의 이름들이 사람들 입에 오르내렸다. 2월 9일 뒤퓌이 정부가 정상(情狀)참작 법안, 즉 청구소송들—드레퓌스 부인의 청구소송 역시 진행중이었다—을 형사재판부에서 파기원(프랑스 최고재판소) 제3법정의 합의부로 이송하는 '파기법'이 가결되었을 때 선동은 극에 달했다.

조레스가 볼 때는 정부가 아직도 재심절차를 거부하고 자신의 오랜 적수인 샤를 뒤퓌이가 하원을 조종하는 것이 분명했다. 기민한 몇몇 젊은 정치인—푸앵카레처럼—이 세력관계를 따져보고 신중하게 재심파에 합류할지라도 여전히 국회의원들 대다수가 드레퓌스파에게 적대적이었다. 정치경력을 쌓아가는 그들에게는 드레퓌스파가 승리하는 날 정치무대에서 쓸려나가게 될 것이 문제였다. 오랫동안 침묵을 지키던 그들이 마침내 발언을 했다. 2월 9일 푸앵카레는 "아주 오래 전부터 마음의 짐을 내려놓을 날을 기다리던 나에게 이 연단에 설 기회가 주어져서 무척 기쁘다"고 말했다.

사실 결정적인 요소는 지방의 세력관계였다. 조레스는 집회에 집회를 거듭했다. 고등사범에서는 뤼시앙 에르와 페기 그리고 드레퓌스파 학생그룹이 경계를 섰다. 무슨 사건이든 일단 터지기만 하면 무력을 동원할 구실이 될 것이었다.

'우파'가 재집결하여 자신들의 힘과 영향력을 과시했다. 프랑스조국동맹에는 가담자가 수천 명씩 몰려들었고 『레클레르』지는 전국적으로 반드레퓌스 사상을 지지하는 서명자 리스트를 14차례나 발표했다. 첫번째 리스트에는 학술원 회원 23명, 여러 분야 연구소의 연구원 수십 명, 대학과 콜레주 드 프랑스의 교수 수백 명이 들어갔다. 이 동맹의 중심에서 가장 적극적인 사람들이 샤를 모라스와 함께 악시옹 프랑세즈의 창설을 준비했다. 그리고 1899년 6월에는 같은 이름의 잡지가 창간되었다. 애국자동맹은 신속한 동원이 가능하게 잘 조직된 동맹원 3만 명을 집결시켰고, 사람들은 손에 지팡이를 든 폴 데룰레드가 낡고 큼지막한 프록코트를 바람에 휘날리며 시위자들을 훈련시키는 모습을 보았다. 이 고참 불랑제파는 무리의 진정한 지휘자였다. 어떤 조롱에도 끄떡 않고 돈키호테라는 인물을 그대로 체현하는 이 사람의 정치적 비중, 군부 내에서의 권위, 참모본부와의 끈은 현재진행형이었다. 그가 음모를 꾸몄다. 줄 게랭이 이끄는 그랑 옥시당은 샤브롤 거리에 본부를 두고 주간지 『반유대인』을 계속 발행하고 있었다. 게랭은 출처를 알 수 없는 자금지원을 받아 조직원들에게 하루 10프랑씩 지급하고 월말에는 임대료 50프랑을 지불했다(1984년 시세로 120프랑과 600프랑). 또 그들은 모집한 특수대원들을 레 알(당시에는 시장거리)이나 몽마르트르 교외, 테른과 바티뇰(모두 파리 북, 서, 동부 변두리) 근처에서 훈련시켰다.

1899년 2월 18일 이곳 파리에 펠릭스 포르가 심장마비를 일으켜 급사했다는 소식이 날아들었다. 스테넬 부인이 흐트러진 옷차림으로 엘리제의 정원 후문으로 부리나케 빠져나갔고 그때 그녀의 정부(情夫)는 숨이 넘어가고 있었다는 소문이 순식간에 퍼졌다.

　　마치 졸라가 쓴 자연주의 소설을 체험하는 듯했다. 사람들은 가소롭다고 비웃었지만 정치적으로 심각한 위기가 시작되었다. 드레퓌스 사건의 향방에서 공화국 대통령이 차지하는 비중은 컸다. 후임 대통령은 결정적인 역할을 할 수 있었다. 우파에서는 멜린을 천거했다. 하지만 2월 18일 상하 양원의 전체회의에서 에밀 루베가 선출되었다. 상냥하고 온건한 인물인 루베는 시골 억양이 강했으며 자신감이 넘치는 모습—자그마한 키에 웃음 띤 흰 수염의 얼굴—이었다. 드레퓌스 사건에 대해 입장을 밝히지 않았지만 동남부 몽텔리마르의 이 변호사는 원칙에 충실한 공화파였다. 그는 483표를 얻어 멜린의 279표를 제치고 선출되었다.

우파의 패배이다. "1주일 안에 루베를 엘리제에서 쫓아내겠다"고 프랑스조국동맹에서 가장 광분한 사람 중 하나인 줄 르매트르는 "이 선출은 여론에 대한 도전"이라고 결론짓는다.

조레스는 걱정스럽다. 무력사태가 일어나는 것인가? 루베가—회의가 개최된—베르사유에 도착하자 수백 명의 시위자들이 생 라자르 역에 나와 그를 향해 "파나마 일등공신 타도"라고 소리치며 욕을 하고 썩은 계란을 던졌다. 루베는 파나마 추문이 한창이던 시기에 총리자리에 있었다. 그의 승용차는 엘리제에 닿을 때까지 출렁거렸고 고함소리가 뒤를 따랐다.

군대와 보나파르트주의자들 그리고 오를레앙 공 지지파가 나설 거라는 소리가 점점 더 커져 갔다.

2월 23일 노트르담에서 거행될 펠릭스 포르의 장엄한 장례미사 날, 작전이 개시될 터였다.

조레스는 매일 논설을 통해 위험에 처한 공화국을 구해야 한다고 강조했다. 게드주의자들은 여전히 유보적이며 에르와 페기에게 저항할 사람들을 공급해 주는 쪽은 독일 사회주의자들이었다.

1899년 2월 23일, 분위기는 무겁게 가라앉아 있다. 한 증인—역사가 줄 이삭—은 이렇게 설명한다. "반역도당은 군대—장군과 장교들—와 경찰, 정부 내 일부 공모자들, 자신들의 동맹부대들, 알제의 직업소개소나 이 나라 소도시들에서 모집한 깡패들을 기대할 수 있다. 결단의 시간이 다가온 것 같다. 작고한 대통령의 장례식에 예정되어 있는 군대와 경찰의 대규모 사열은 바라마지 않던 기회이다. 우리는 이것을 예상하고 만반의 준비를 했다."

며칠 전부터 조레스는 쿠데타의 조짐과 준비를 추적했다. 19, 20, 21일 파리에서는 시위가 일어났고 뤼시앙 에르와 페기가 전략적 지점에 배치해 놓은 투사들이 시위들을 지켜보았다. 23일, 2개 연대—제4 및 제12전열—가 데룰레드를 앞세우고 바레스를 양옆에서 호위하며 행진할 준비를 다 해놓고 있었다. 그러나 나시옹 광장에서 데룰레드가 노트르담에서 장례식을 마치고 돌아오는 로제 장군 휘하의 부대를 끌고 가기 위해 "우리의 장군을 엘리제로!" 하고 외치지만 아무도 응하지 않았다. 로제 장군은 레유 병영으로 되돌아가고, 그곳에서 데룰레드는 밖으로 나오기를 거부하다가 결국 체포되었다.

10월에 이어 다시, 더구나 에밀 루베의 대통령 선출 다음날 실패한 것은 체제의 저항을 말해 준다. 조레스가 감시를 촉구하면서도 역설한 것이 그 점이다.

그는 프랑스를 순회했다. 그의 신념은 마지막까지 드레퓌스의 대의에 동참하기를 꺼리던 기층 사회주의자들의 거부감을 일소시켰다. 드레퓌스의 대의는 공화국과 사회주의의 대의와 하나라는 그의 설득이 받아들여진 것이다.

프랑스의 오지와 지방을 돌아다닌 조레스의 행군은 결정적이었다. 파리의 선택이 무엇이든 결정권을 쥔 것은 지방이었다—코뮌(파리코뮌 당시 지방의 호응이 미약하고 불가능했던 것을 말함)이 역설적으로 그것을 증명해 준다.

이러한 노력의 결과는 명백했다. 1899년 5월 그르노블에서 드뤼몽이 강연을 하려고 하자 1만 5천 명이 이 반유대주의 신문기자를 반대하는 시위를 하여 그는 2개 분대의 호위를 받아 간신히 기차를 탔다. 여론의 진전이었다. '군대와 교회'(앞으로 이 공식이 대두하는 것을 보게 된다)에 반대하여 여론이 공화국 수호로 변하면서 세력균형을 바꿔놓은 것이다.

왜냐하면 파리에서는 상반된 사실들이 연이어졌기 때문이다. 신임 국방장관 크란츠는 이름난 반드레퓌스주의자였다. 5월 29일 데룰레드가 센

(Seine)의 재판정에서 무죄 방면되었다. 그러나 6월 3일—사법적으로 알프레드 드레퓌스에게 결정적인 날이었다—최고재판소는 드레퓌스의 유죄판결을 파기하고 그를 프랑스로 이송하여 재심을 받도록 명했다.

드레퓌스는 악마의 섬에서 5년간의 지옥생활 끝에 다시 바다를 보게 된다.

약 1년 전부터 구금되어 있었던 피카르가 석방되었다는 소식도 들렸다. 민족주의 입장에서 볼 때는 참으로 지나친 조치였다.

1899년 6월 초, 이 진영은 상징적으로 마지막 작전을 시도했다. 오퇴이유 경마장에서 '귀공자들'이 두 시간 동안이나 공화국 대통령에게 모욕을 주었다. 시위자들은 단추에 흰 카네이션을 매달고 대통령을 향해 모욕적인 언사를 퍼부었으며 급기야는 루베 부인을 떼밀고는 그들 속에 있던 크리스티아니 남작이 지팡이로 대통령을 세게 쳤다. 수적으로 열세인 경호원들은 속수무책으로 보고만 있었다.

좌파는 격분했다. 조레스는 이 시위를 용인한 공모관계를 밝혀내고 샤를 뒤퓌이 총리의 소극적인 태도에 전적으로 책임이 있다고 주장했다. 그는 『라 프티트 레퓌블리크』를 통해 이에 대항한 시위를 호소했다. 사람들은 시위를 조직했으며 6월 11일—1주일 후—롱샹 경마장으로 좌파들이 집결했다. 학생들 옆에는 노동자들이 보였고 블룸과 에르와 페기는 처음으로 붉은 들장미를 달았다.

콩코르드 광장에서부터 롱샹의 연단에 이르기까지 줄이 길고 길게 이어졌다. 이번에는 수천 명의 군대가 동원되었다. 그러나 시위자들은 밝은 태양 아래 질서 있게 움직였다. 엄청난 군중이 결의에 차서 '노래하고' 흥겨워했다. "붉은 스카프로 모자를 만들어 쓴 여성이 행렬의 선두에서 행진했다. 또한 선두에서는 키가 큰 뤼시앙 에르가 눈으로 지시하면서 이 결정적인 날 혼신의 힘을 다 바쳤다. 조용하면서도 단호한 모습은 모든 사람들, 심지어 경찰들까지 압도하는 혁명군중의 대장, 위대한 지도자였다."

에르는 조레스의 친구이다.

이날은 이들의 승리의 날이다. 이들의 단호함과 이들의 동맹으로 역사는 풍요로워진다. 에르와 조레스는 서로를 지지해 준다.

클레망소는 이 6월 11일부터의 사건에서 다음과 같은 교훈을 끌어낸다. "모든 공화파가 서로의 미묘한 차이에 관계없이 드레퓌스 사건과 공화국이 대변하는 사상 자체가 밀접하게 연결되어 있다는 것을 마침내 알게 되었다고 생각한다. …교회와 왕정 앞에서 지금은 공화당이 다시 정신을 차리고 공화국에 정권을 부여할 중대한 시간이다."

이튿날인 6월 12일 『라 프티트 레퓌블리크』에서 에르는 전날 해산하고 돌아가는 시위자들을 향해 경찰들이 저지른 폭력적인 행동을 고발했다. 그가 직접 목격한 것이었다. "경찰이 이처럼 상식 밖으로 무자비하게, 이처럼 과격하게, 이처럼 어리석은 방식으로 개입하는 것을 본 적이 없다."

하원에서는 바이양이 뤼시앙 에르가 고발한 기사를 읽으면서 대정부 질의를 했다.

샤를 뒤퓌이는 머뭇거렸다. 그의 보수정부는 이용해 보려던 '대중적 혁명'에 대한 우려와 드레퓌스 사건의 범위를 크게 넘어서는 반공화파의 돌진 사이에서 꼼짝달싹 못하고 있었다.

또 한번 분명하게 해결되는 것은 아무것도 없었다. 파쇼다에서 귀환한 마르샹 대위는 "군 만세"를 외치는 개선의 환영을 받았다. 그날 6월 12일 하원에서 뒤퓌이의 방어는 지지부진했다.

그가 무너졌다.

이론의 여지가 없는 좌파의 승리다. 6월 11일 시위자들의 승리, 조레스의 승리다.

그러나 그 무렵 조레스는 줄 게드의 신문 『르 소시알리스트』에서 "뒤퓌이와 루베 같은 자들은 노동계급의 돌이킬 수 없는 적이다"는 기사를 읽는다. 중요한 것은 롱샹에서 시위를 하거나 샤를 뒤퓌이 정부를 전복시키는 것이 아니라 '사회공화국'을 위해 투쟁하는 것이라는 의미이다.

심지어 프랑스노동자당의 일부 사회주의자들은 자신들 노선의 순수성을 지키기 위해 조레스가 통합노력을 주도하기를 바란다. "되도록 빨리 결정적으로 깨지는 게 최상이다."

통합을 향한 여정은 길고 길 것이다.

그럼에도 조레스가 바라고 구축하려는 것이 통합이다.

12 | 칼침을 맞은 듯이 1899/1900

1899년 6월, 뒤퓌이 내각이 실각하고 드레퓌스 좌파는 개선한 후 장기간의 내각위기가 시작되면서 공화국 대통령 루베가 자문을 구하는 그달에, 조레스가 이제 9월이면 마흔, 프랑스인 평균나이에 이르고 생애의 절반도 더 살았다는 걸 생각할 여유가 있었을까?

조레스 그가 날이 갈수록 몸이 비대해져 게걸스럽게 먹어대는 부르주아의 모습이 되어간다는 것을 의식할 여유가 있었을까?

대체 그가 다른 감각적인 기쁨을 누릴 수 있었을까?

말은 확실히 그의 기쁨이었다. 그가 말을 할 때면, 쉰 목소리로 낮게 천천히 한 단어씩 한참씩 뜸을 들이면서 토해 내며 혼신의 힘을 다하는 모습이 보였다. 흔히 그는 주머니에 손을 찌르고 걸으면서 말을 하며 연신 손수건을 꺼내 입술을 닦았다. 그는 물 한 모금 마시지 않고 두 시간을 말할 수 있었다. 그리고는 갑자기 한동안 말을 하지 않았다. "커다란 음향의 물결이 크게 밀려왔고 그리고는 갑자기 부드럽게 낙하했다. 그런 규모의 물결이 10여 차례 일어났다. 최고로 근사했다. 정말 근사했다."

조레스의 연설을 들은 줄 르나르는 "그의 목소리는 맨 뒤에 있는 사람들

귀에까지도 들리지만, 명료하게 매우 넓게 퍼지며 좀 날카로운 것 같지만 벽력 치는 듯하지 않고 예포(禮砲) 같은 소리를 내어 듣기가 좋다"고 덧붙인다. 그리고 "목청을 다해 말을 하지만 고상한 여운이 있는 목청"이었다.

팔도 크게 움직였다. "그는 사물들을 밀어내었다." "허공을 향한 손가락의 움직임은 이상(理想)을 가리키는 것 같았다." "사상으로 가득 찬 두 주먹을 이따금 맞부딪쳤다."

그는 "좀 사랑스러운 곰"과 같은 분위기였다고 르나르는 다시 말한다. 이따금 누군가 자기 연설의 한 대목에 대해 질문을 하면 그는 팔을 불쑥 쳐들고 큰소리로 말했다. "이미 말한 것을 내가 어떻게 기억하나?" 사실 그는 연설문을 미리 작성해 두지 않고, 하원에서 집으로 돌아가면서 머릿속으로 생각했던 가장 의미가 풍부한 말들을 되풀이하는 것으로 만족했다. 물론 구체적인 상황이 문제가 되었을 때는 기술적인 사항 몇 가지는 메모했을 것이다. 그리고는 종이에 던져놓은 단어 몇 개, 인용문구, 시 한 구절이 구두로 표현하는 그의 상상력이 높이 날아오르는 도약대가 되었다. 순수한 육체적 기쁨이다. 그는 "내 얼굴을 보여야 한다"며 한번도 자기 목소리를 녹음하고자 한 적이 없었다.

블랑슈 보트라는 젊은 여성은 예리한 주의력을 가진 대학생이었는데, 조레스가 "아주 사사로운 한마디도 웅대한 어구로 과장을" 하고 "간단히 한마디로는 이야기의 실마리를 풀어내지 못하며" 다른 사람들의 정신을 음미하지만 일종의 경멸로 대한다고 상냥한 비판조로 평했다.

지나치게 심각한 조레스는 장난하듯 말하기에는 말의 힘을 너무 믿었고 말에 관한 지식이 너무 철저했다. 이 점에서는 그는 파리내기가 못 되는 시골 사람이었다.

그렇지 않아도 트로츠키가 이 점을 주목했다. "그의 얼굴과 목소리, 동작, 그의 온몸에서 어린아이의 진지함이라고 할 만한 확신을 느낀다. 연단에서는 단단한 거구처럼 보이지만 사실은 보통 체구보다 작다. 머리와 목이 딱 붙어 있다시피 한 다부진 체격에 광대뼈가 툭 튀어나왔고 연설을 하면서 콧구멍을 벌렁대는 쾌활한 모습은 열정의 격류에 온몸을 내맡긴 듯하다. 생김새로 보면 미라보나 당통과 같은 유형의 인물이다. 웅변가로서 그는 누구와도 비교할 수 없고 누구에게 비교되지도 않았다." 그리고는 이렇게 덧붙인다. "기적처럼 사람을 강타하는 것은 그의 풍부한 언변의 기예도, 세찬 목소리도, 멋대로 몸을 활짝 피는 동작도 아니고, 열광하는 천재적 순진함이다."

이에 비해 육체적 사랑, 루이즈와 성관계는 어떤가? 루이즈에 대해 상상할 수 있는 모든 것, 루이즈의 성장과정에 대해 우리가 아는 모든 것, 그 여자의 신체적인 태도와 수동성, 조레스의 공적 생활에 대한 젠체하면서도 질시가 섞인 태도를 미루어볼 때 그 여자와 조레스 사이에는, 여자는 순종적이고 미처 자신의 불만족의 원인이 무엇인지도 모르는 부르주아 결혼의 관습적인 성관계만 있었을 뿐이라는 생각이 들게 된다.

더구나 루이즈는 가톨릭 신자이므로 자유라는 건 상상도 할 수 없었다.

조레스의 입장에서는 루이즈에게 진솔한 애정과 짧은 포옹 외에 다른 표현을 하기에는 삶의 격랑이 너무 심했고 연단에서 쏟는 정열이, 지적 욕구가 그리고 선입견이 너무 많았다. 필시 포옹도 루이즈가 한숨을 쉬니까 잠깐에 그쳤을 것이다. 루이즈는 지루해하고 그는 수줍고 피곤하고 할 일은 산더미 같고 어색하고 게다가 서툴렀다.

믿을 만한 직접적인 것이 없기 때문에 어디까지나 가정이지만, 알려진 모습을 근거로 은밀한 영역의 세계를 재구성해 보는 것이 금기는 아니다. 그것들은 상호 내밀하게 연결되어 있다.

덕망 있는 조레스는 단순하게 행동하는 개인생활을 영위할 수밖에 없었다―그렇다고 복잡한 행동이 전혀 배제된 건 아니다. 그는 자기 나름의 균형에 도달해 있었다. 질탕한 육감은 신체와 사상과 사회적 행동의 육체적 결합인 그의 말 속에 녹아 있다.

그것은 그의 식사태도에도 녹아 있다. 육감적인 식탐을 부리며 많이 먹기도 하지만 소홀히 하기도 했다. 이미 식사했다는 것을 잊어버리고 두 번 먹는 일도 있었다. 먹을거리와 관련한 이런 '시골식' 소박한 식사는 그와 세계의 관계 맺음을 잘 보여준다. 그는 게걸스럽게 집어삼켰다. 음식도, 책도, 시간도, 인생도.

1899년 6월, 조레스는 그 어느 때보다 더 적극적이었다. 그는 사건들에 치이고 마치 만찬장의 최우선 초대자처럼 정치생활이라는 기습전에 참여를 강요받았다.

루베는 내각총리를 찾고 있었다. 좀 지체되긴 했지만 능란하게 드레퓌스진영에 가담한 온건파 레몽 푸앵카레가 실패로 돌아갔다. 그러자 공화국 대통령은 53세의 상원의원 발덱-루소에게 내각구성을 위임했다. 변호사이자 강베타 밑에서 내무장관을 지낸 거물 정치인인 대부르주아 발덱-루소는 1884년 페리와 손을 잡고 조합법을 통과시켰다. 12월 2일 루이 나폴레옹 보나파르트에 의해 추방당한 공화파의 자식인 그는 그 상황에 적합한 인물 같았다. 뿌리는 공화파이지만 온건파에 가담했고 금융계 및 산업계와도 끈이 닿아 있었다. 가령 그는 은행가 에나르, 또 발행부수가 많은 대중적인 신문 『르 프티 파리지앵』의 사주 장 뒤퓌이와 가까운 사이였다.

그는 집산주의를 단호하게 반대하는 사람이었다. 1898년 총선에서 조레스와 게드에 반대하는 입장을 취했다. 동시에 공화파의 강령인 세속화를 지지하는 냉정한 사람이었다. 게다가 초연한 척하는 태도를 보였다. 표정 없는 얼굴에 약간 흐릿한 시선만이 생명력을 느끼게 해주었다. 조레스는 그와 만난 적이 한번도 없었다. 블룸은 발데-루소가 이지적이지만 프레시네 같은 사람 이상은 아니라고 보았다. 어떻든 이 시기의 공화국 역사에서 안성맞춤인 인물이었다. 그 자신도 "온건공화파이지만 물렁물렁한 공화파는 아니"라고 여겼다. 꼼꼼하고 국정에 대한 감각이 있으며 무엇보다도 우선적인 관심사가 군을 민간권력에 엄격하게 복종하도록 만드는 것이었다.

이를 위해 그는 국방장관으로 마르티그 공(公) 갈리페를 임명했다. 코뮌을 진압했던 갈리페는 이로써 좌파 전체에게 '살해자'가 되었다. 그러나 그 사실 때문에 그는 군의 신임을 얻고 있었으며, 발데-루소와 마찬가지로 그 역시 군을 복종하게 만들기로 결심했다.

발덱-루소는 군을 무너뜨리기 위해 군에서 반대를 못할 사람을 고르는 능란한 인선(人選)을 했던 것이다. 그러나 문제는 좌파였다. 발덱-루소는 사회주의자 밀랑이 푸앵카레의 조각 때 접근했다는 것을 알고 있었다. 발덱-루소는 결심한다. 밀랑에게 상무장관직을 제의할 생각이다. 그러면 내각은 밀랑, 갈리페, 발데-루소의 3인방 체제가 된다(델카세가 외무장관, 카이요가 재무장관, 『르 프티 파리지앵』의 사주 뒤퓌이가 농업장관에 발탁되었다).

그러나 하원에서 다수의 지지를 얻어내야 할 뿐 아니라 우선 밀랑과 갈리페가 나란히 앉는다는 것을 성사시켜야 했다.

현실주의자인 두 사람 사이의 합의는 쉬운 일이었다. 밀랑은 야심만만하고 생망데 강령 이후 개혁을 지지하고 있었다. 그는 공화국 수호의 필요성을 믿으며, 더욱이 반드레퓌스 진영은 여전히 건재했다. 난관은 다른 데 있었다. 바이양과 게드, 알망을 비롯한 주요한 사회주의 지도자들은 코뮌을 겪었다! 그리고 좌파는 코뮌 학살의 기억에 다시금 사로잡혀 있었다. 그런데 조레스가 선거에서 패배한 후 원내 사회주의 그룹의 지도자가 된 자기네 일원인 인사가 갈리페 장군과 나란히 정부의 테이블에 앉다니. 하지만 밀랑은 동지들의 지지가 반드시 필요했다. 만약 그의 입각으로 사회주의 원내그룹이 결별을 선언하면 발데-루소 내각은 과반수를 차지하지 못하게 될 것이다. 그래서 도덕적인 보증인을 찾아야 했다. 그리고 정치적인 보증인. 밀랑은 그것을 조레스에게서 구할 수밖에 없었다. 조레스가 사리사욕이 없다는 것은 사회주의자 누구나 인정하고 있었다. 조레스가 이 결합에 동의해 준다면 아무도 밀랑그가 자신의 장래를 위해 장관직을 원한다고 의심하지 않을 것이다.

두 사람이 만났다. 밀랑은 푸앵카레에게 접근했던 자신의 행적은 숨긴 채, 공화국 수호와 가능한 개혁들을 앞세우면서 야심에 찬 부드럽고 효과적인 논리로 설득력 있게 발덱-루소에게 이미 동의의사를 전했음을 앞질러 말했다. 조레스는—레옹 블룸을 믿는다면—밀랑에게 "각료로 가지 말라고 간곡히 청했다."

더구나 그는 밀랑이 숨기는, 갈리페의 출현을 알지 못했다.

조레스가 걱정하는 것은 이 분열이 씨앗이 되어 사회주의자들의 통합이 한층 어려워지리라는 점이었다. "당신은 발덱-루소가 한 제안을 우리에게 비밀로 해야 할 권리가 없습니다"라고 밀랑에게 말했다.

사회주의 의원들에게 이 사실을 통지해야 했다. 밀랑은 이에 동의하고 6월 21일 의원들을 만나기로 한다. 그러나 그 전날 밤 클레르퐁텐에 있는 갈리페 가문의 성채에서 조각 인선은 끝났다. 밀랑은 이에 대해 의원들에게 한마디도 하지 않았다. 그리고 의원들은 밀랑이 정부에 참여하는 것은 그의 개인적인 처신이며 사회주의를 개입시키지 않는다면 반대하지 않는다고 말했다.

6월 22일 폭탄 같은 뉴스가 터졌다. 밀랑이 갈리페 장군과 함께 내각에 들어갔다! 발덱-루소의 이중공격이며 여론은 들끓었다. 지방에서 요양중이던 게드는 "치료를 포기하고 태풍에 맞서서 난파되어 가는 배의 키를 다시 잡기 위해" 파리로 돌아왔다.

조레스의 주변은 갈라졌다. 『라 프티트 레퓌블리크』와 그 주위에 있는 비비아니와 제로-리샤르, 브리앙 등 출세를 꿈꾸는 야심가들은 모두 다 밀랑을 받아들이라고 압력을 가했다. 바이양이 미래의 장관에게 다음과 같은 전보를 보냈다는 것이 알려진다. "이는 너무도 혐오스럽고 추악하여 본인은 믿을 수가 없으며, 빠른 시일 안에 사태가 바로잡혀 안심하기를 바란다." 소란스럽기는 민족주의 우파도 마찬가지다. 사회주의자가 정부에 들어갔다는 것은 나라가 결딴나고 혼란만 남았다는 얘기이다. 우파는 갈리페가 있다는 것만으로 충분히 안심할 수가 없었다.

세심한 조레스는 사태를 확실히 모르고 주저했다. 다른 사람들이 사소한 이유들로 중요한 선택을 할 수 있다는 것을 전혀 생각지 못했다. 밀랑의 야심? 그는 그것을 간파도 못했거니와 그 때문에 늑장을 부리지도 않았다. 사회주의자들의 통합, 위협에 대항하는 공화주의 전선, 가능한 개혁들, 이런 것들이 그에게는 중요했으며 자신의 판단기준이었다.

23일에 그는 고등사범으로 뤼시앙 에르를 찾아갔다. 그곳 학교의 정원, 연못가, 도서관에서 두 사람은 이야기를 나누었다. 그들은 중요한 문제에서 개인적이고 사소한 측면은 고려하지 않는 사심이 없는 공통점을 가지고 있었다. 에르는 이 주제를 한참 생각해 보았었다. 그는 이미 전보를 보냈고 이어서 조레스에게도 글을 보냈다. 그리고 이제 말을 나누는 것이었다. 두 사람 다 사토리(베르사유에 위치한 군 주둔지의 이름. 1871년 파리 코뮈나르들을 많이 처형한 곳이다) 병영의 '학살자'가 앉아 있는 내각에 사회주의자의 입각을 수긍하지는 않을 것이다. 그러나 현실은 현실이었다.

그러면? 이제 결단의 순간이다. 정치란 나쁜 것들 중에서 선택하는 것이다. 타협적으로 통합하자고? 그러자. 그런데 그로써 공화국이 강화되고 군사적 위험이 제거되고 공화국의 제도가 굳게 뿌리 내린다. 그 다음, 공화국의 구조를 촉구하는 것이 얼마나 사회주의의 명예이며 얼마나 큰 인정의 표시이며 얼마나 정당한 일인가. 조레스는 그의 말을 경청했다. 그는 에르의 결벽을 절대적으로 신뢰하고 있었다. 그 때문에 드레퓌스 사건에 대한 이 참여 지식인의 분석이 공정하다고 판단했다. 에르가 밀랑의 입각에 우호적이다? 이번에는 조레스가 결심할 차례다. 그는 밀랑에게 지지를 보낼 것이다. 두 사람다 자신들이 무엇을 하는지 철저히 인식하고 있었다. 자신들에게 쏟아질 모욕은 흘려버리기로 했다. "조레스는 자신이 올라 타려는 말을 미리 알고 있었다. 에르는 임무에 따르는 위험을 미리 알고 있었다."

조레스의 결정에서 발덱-루소가 가진 무기 또한 묵직하게 작용했다. 내각수반은 조레스와 선이 닿을 인물로 초창기 드레퓌스주의자인 조제프 레나슈를 선택했다. 갈리페의 국방장관직은 불가결하다고 레나슈는 설명할 것이다. 발덱-루소는 조레스에게 전달할 메모를 레나슈에게 건네주었다. 'G.는 군대를 앞에 두고 나를 지켜줄 뿐 아니라 심지어 유럽 앞에서 내각 전체와 공화국과 이 사람을 엄호해 줄 것입니다."

현실주의자 조레스는 도덕성을 조건으로 '학살자'를 수락하는 쪽을 택하고 있었다.

이렇게 결정한 그날 저녁 바로 그는 『라 프티트 레퓌블리크』의 자기 사무실로 가서 에두르지 않고 주저 없이 논설을 써내려간다. 그리고 다음날부터 그는 이에 휘말린다. "공화국은 위험에 처해 있다. 만약 정부가 공화국을 구하기 위해 반역도당을 칠 용기가 있다면, 그 정부가 사용하는 도구들은 우리에게 별로 중요하지 않다…."

조레스에게 갈리페는 도구이다. 그뿐이다. 그리고 본론으로 들어간다.

"나로서는 그리고 나의 개인적 책임 아래 밀랑이 이 투쟁 내각의 한 자리를 수락하는 것을 인정한다. 부르주아 공화국이 이 공화국을 포위하고 있는 군의 음모에 대항하는 데 사회주의 에너지를 필요로 한다고 스스로 선언한 것은 중대한 사건이다." 조레스는 오후에 윌름 가에서 뤼시앙 에르와 나눈 대화를 그대로 옮긴다. 언제나 그렇듯이 그는 일화나 상황적인 요소를 뛰어넘어서 갈리페에 대해서도 한 사회주의자의 정권참여와 마찬가지로 전체적인 시각에서 조망한다. "당장의 현안이 무엇이든 이는 중요한 역사적인 날이 될 것이다. 그리고 승리를 기약할 담대한 당이라면 이 운명의 부름, 역사의 서막들을 소홀히 해서는 안 된다고 생각한다."

조레스는 역사의 부름에 대해 너무도 확신했기 때문에 입각으로 일어날 사회주의의 분열에 두려움을 갖지 않았다. 만약 조레스가 타협에 재간이 있다 해도 자기 양심을 굽히지는 않을 것이다.

그러나 그는 명석했기 때문에 사회주의자들을 찢어놓게 될 분열의 조짐을 본다.

원내그룹이 해체되었다. 게드는 바이양과 회동했고, 두 사람은 '사회주의 수호노선'을 세웠다.

6월 26일 발덱-루소가 각료들을 수행하고 의사당에 입장하자 감정이 폭발한다. "코뮌 만세! 살해자 타도!"라는 외침이 터진다. 우파가 밀랑을 모욕한다. 연단의 발데-루소는 장내의 소란을 통제해 보려고 한다. "보통선거가 이룩한 체제에 반대하기 위해 소요를 벌이는 것을 간파할 수 있으니 이 소요를 종식시키기 위해 모든 공화파는 협력하자"는 그의 호소가 들린다.

여기저기서 그만두라고 소리쳐서 몇 마디도 제대로 못한다. 그는 약 10분 남짓한 연설문을 읽기 위해 1시간 가까이 의원들과 마주하고 서 있었다.

직설법으로 말하며 바싹 마른 몸매에 안색은 붉고 타는 듯한 눈매의 갈리페는 고함소리에 도전적으로 응수한다. "살해자! 여기 왔다!"

마침내 발덱-루소는 다음과 같이 선언하며 연설을 끝낸다. "만약 우리의 노력이 헛된 수고가 아니라면 공화국은 경제와 사회의 개혁을 곧 다시 시작할 것이다."

표결은 불확실해 보였다. 그러나 은행가 에나르가 자기 영향권에 있는 의원그룹을 끌어들였다. 갈리페, 뒤퓌이, 조르주 레그(교육부) 그리고 특히 발덱-루소의 존재는 모험을 피하려는 이 똑똑한 사람들의 보증수표였다. 공화국 안에서의 질서, 지도계층의 지휘 아래 노동계의 통합 성공, '개혁주의적' 사회주의자들과의 협력은 그들에게 합리적인 강령의 구성요소라 판단되었다. 어떻든 데룰레드의 모험에 함의된 위험보다는 선택할 만했다. 바르투나 푸앵카레, 루비에 같은 인사들은 이러한 관점을 공유했으며 『르 프티 파리지앵』 『르 탕』 『르 마탱』 등 여론에 영향력을 행사할 수단을 손에 쥐고 있었다. 그들은 그런 방향으로 여론을 전개시킬 수 있었다.

사회주의자들 중 25명이 발덱-루소를 지지하고 17명은 기권했다. 이는 의원그룹이, 심지어 좌파에서도 조레스의 주장을 인정했다는 뜻이다. 263 대 237표로 정부가 이겼다.

공화국의 역사에 전환점을 이룬 중대한 표결이었다.

조레스가 지레를 한편으로 기울게 했다. 순진해서? 속아 넘어가서? 발덱-루소나 에나르 같은 자들의 계산을 포착하지 못해서? 조레스는 단기적인 필요로 공화국 수호를 선택하고 그 때문에 사회주의자들의 이해관계를 버린 희생양인가?

조레스를 겨냥한 비난이다. 트로츠키는 "종종 의회연단에서 조레스가 밀랑과 팔짱을 끼고 겉보기에는 수단과 목적에 완전히 합의한 것으로 보였음을" 기억한다. 그러나 트로츠키는 속지 않았다. 밀랑은 "냉정하고 계산하는 의회 능구렁이"다. 조레스는 "사심 없고 쉽게 끓어오르고 격렬하게 열광하는 사람"이다. 다만 트로츠키에 따르면 그는 "일시적인 정략을 역사적 전망이란 큰 기준으로 측정하지 못했다. 그는 그날의 전망만 가지고 전적으로 나섰다…. 그의 정책은 균형감각을 잃었고 곧잘 '나무에 가려 숲을 보지 못했다…'" 조레스는 '노도의 시대'를 위해 태어났다고 트로츠키는 계속한다. "유럽 반동의 시기에 역량을 펼쳐 보이도록 태어난 사람이다. 조레스는 모든 천부적 자질 중에서 단 한 가지가 결여되었다. 앞으로 다가올 미래의 파도를 측정하고 검증하면서… 기다리는 자질."

조레스에 대한 연민이 가득 차 있지만 심한 판정이다. 잘못된 평가이다.

사실 조레스는 밀랑을 지지함으로써 민주주의를 선택했다. 보통선거와 의회의 틀 안에서 민주적으로 선출된 다른 그룹들이 수락하리라고 가정한 것이다. 어떤 의미에서는 갈리페 장군의 존재가 상징적이므로 코뮌의 유혈대립을 정치적 차원에서 '지워버리고' 또 사람들 사이에 아직 생생한 코뮌의 기억이 협력의 장애가 되는 것을 거부했다. 이처럼 조레스는 미래가 가득 찬 선택을 했다. 하지만 그에게는 이 역시 드레퓌스 사건에서 보인 태도와 같은 맥락이었다. 그 스스로 개혁주의와 혁명을 대립의 문제로 제기하지 않았다. 조레스는 통합인이고 융합의 인간이었다. 그는 혁명적 개혁주의의 노선을 수호했다.

7월 4일, 발데-루소는 의회에서 정기회기 폐회를 선포했다. 이로써 프랑스는 이제 수정주의적 정부를 가지게 되었다. 그리고 갈리페 장군은 군을 다시 장악할 첫번째 결정을 내렸다. 일부 장교의 보직이 이전되고 또 일부 장교는 퇴역하거나 승진규정이 변경되고 장군들 대신 장관이 수장이 되었다. 군부는 침묵하고 받아들였다. 상무장관으로서 방대한 분야(공업, 우편, 노동)

를 맡은 밀랑은 즉시 개혁에 들어갔으며, 특히 노동부문에서 노동자들의 보호조치에 우호적이었다. 노동청을 신설하여 아주 정직한 고위관료인 아르튀르 퐁텐에게 권한을 주었고 그는 유능하게 임무에 헌신했다. 이런 사실들이 조레스에게 정당성을 부여해 주었다.

밀랑은 자신이 어디 출신인지 잊지 않았다. 많은 사회주의자들이 그에게 편지를 써 일자리나 지원을 요청하고 있었다. 병에 걸린 노동운동 지도자 페르낭 펠루티에를 위해 조레스와 조르주 소렐이 나섰고, 펠루티에는 노동청의 조사관 자리를 얻었다.

그렇다고 사회주의자 그룹들 내의 쟁투가 그친 것은 아니었다.

이론적으로나 정치적으로 쟁점들에 대한 견해가 달랐을 뿐 아니라 밀랑과 함께 특혜와 권력의 향유를 받아들인 동지들에 대해 격노했다. 조레스 여사부터 최고의 부르주아 살롱에 초대되어 환대받는다는 소문이었다. 분하게도 연금생활자들이 이제는 연금 걱정을 하지 않는다는 기사를 『릴뤼스트라시옹』에서 읽게 된다. 이런 여권의 사회주의자들은 전혀 맹렬하지 않았다. 한때 흐릿했던 예전의 논쟁자들이 가끔씩 알비 유리병공장 건이나, 특히 드레퓌스 사건에서 다시 모습을 드러내었을 뿐이다. 수동적인 그들이 조레스의 정계진출로 다시 부상했다. 그래서 게드파 의원이자 신문기자인 알렉상드르 제바에스는 7월 10일 게드와 라파르그 그리고 블랑키파 사람들을 자기 집으로 불러들여 함께 '사회주의자 선언'을 만들어 7월 14일에 발표했다. 분노와 원한과 신랄함 그리고 이따금 질투심과 진지한 분개심도 배어 있는 필치다. 이 선언은 "5월의 총살집행자와 손을 맞잡은" 한 사회주의자의 '스캔들'을 비난했고 "타협과 일탈로 이루어진, 사회주의인 체하는 정책"을 고발했다. 그리고 "사회주의당, 계급의 당은 스스로 생명을 끊지 않는 한 결코 여당이 될 수도 없고 되어서도 안 된다." 그러면서도 다행히 "속아 넘어가는 때는 지났다"고 그들은 확인했다.

조레스는 이 선언이 마치 자신의 얼굴을 갈기는 듯했다. 그것을 읽고 또 읽었다. 한마디 한마디가 그를 겨냥하고 있었다. 그리고 그와 함께 정부를 지지하는 모든 사람들, 그에 앞서 드레퓌스 사건에 참여한 모든 사람들. 그는 자신의 진정성을 의심하는 이 공격을 몹시 고통스러워했다. 결국 자신은 '기만한 자'라는 것이다. 사회주의자가 아니라는 것이다. 자신의 생을 건 참여가 짓밟혔다. 이제 동지들이 그를 모독한다. 자신을 쫓아내려 하는 일부 사회주의자들이 맹목적으로 통합을 적대시하는 것을 느꼈다. 게드의 친한 친구 샤를 보니에는 이렇게 썼다. "만세! 조레스와 그 계파와의 통합은 끝났다. …이제는 차이를 강조하고 화해의 가능성을 모두 잘라버려야 할 때이다." 그들은 자기들의 세계와 자기들 당에 틀어박혀 있었으며, 관점의 쇄신이 필요한데도 무기력하고 패배적이었다.

조레스는 도전한다. "언어도단의 공격이다. 마치 칼로 가격한 것처럼 '선언'은 우리를 내려쳤다." 이로써 일부 사회주의자들에게 조레스는 "사회주의의 명예와 이익을 모독하고 위태롭게 한 사람들" 중 하나가 되었다. 우파의 갖은 공격에는 태연하던 그였지만, 심하게 상처를 받았다. 푸앵카레처럼 신중하고 발덱-루소처럼 노련한 중도파 정치인들처럼 되고자 했다면 쉬웠을 것이다. 볼 만한 생애였을 것이다! 그러나 조레스, 그는 그렇게 생각하지 않는다. 그가 저항하는 것은 몰이해이다. 그는 블룸에게 마음을 털어놓는다. 블룸은 이렇게 그의 말을 전한다. "그는 일부 사회주의자들의 비지성적 태도 때문에 고통스러워했다."

결백한 사람이 중상모략을 당한 심정을 붙안고 그는 기사를 쓴다. 게드와 바이양의 이름을 거론하고, 그들이 막연한 말만 사용하면서 "우리가 프롤레타리아를 속이려고 시도했다는, 투사에게 인간에게 가해질 수 있는 가장 참담한 모독"을 했다고 고발한다. …그들은 설명해야 할 것이다. 조레스는 묻는다. 내가 드레퓌스 사건에 가담한 것이 과오인가? 그들은 답변해야 할 것이다. 그러나 그는 훨씬 더 나아가 이렇게 비난한다. "누가 사람들을 속이는가? 우리가 건설하고자 하는 힘찬 통합 대신 편협하고 기계적인 파당적 규율로써 동지애와 우정의 감정뿐 아니라 도덕적 관념까지 깡그리 무너뜨린 진정 양심의 위기를 맞고 있다."

이것이 조레스 사유의 핵심이다. 정치는 또한 도덕이다. 그런데 '집단의 비밀'이라는 이름 아래 모든 인간적 진실을 파기하고 해소시켜 버리는 조직 형태들이 존재한다. "우리는 입장을 표명하고 양심을 언명하는 것을 가로막는 분파적 사회주의의 고질적인 체제를 비난한다."

흔히 신참자의 겸손한 자세로 선배들에게 존경을 표하던 마흔 살의 이 남자가 게드나 바이양과 대등한 권위를 지니고 연설한다. "그들의 공적이 아무리 막대해도 이제 더 이상 자기들이 원하는 사회주의와 행동을 자기네들끼리만 추구할 수 없다. …사회주의는 더 이상 일개 그룹 지도자들 개인의 소유도 아니거니와 일개 그룹의 집단적 소유도 아니다!"

조레스는 해방된다. 사람들이 조레스에게 귀를 기울인다. 지방의 도와 사회주의 연맹들이 그를 옳다고 하기 때문이다.

갈리페를 구실로 조레스를 공격하고 그가 제의하는 통합을 거부하는 지도자들을 사람들은 비난했다. 바이양 자신이—게드보다 열려 있는—독일 사회주의자 리프크네히트에게 보낸 7월 19일자 편지에서 이렇게 말했다. "우리는 조레스의 막강한 인기에 충격을 받고 있다. …그룹들은 조레스에 반대하다가 조직을 잃을까 봐 겁을 낸다."

그렇다면 사태를 원 위치로 돌려놓아야 한다. 그래서 라파르그는 이 논쟁의 중요성을 강조하면서 변명하는 편지를 조레스에게 보냈다. 왜냐하면 노동자들은 정부에 참여하고 몇 년이 지나도 자신들의 조건에 아무런 변화가 없으면 "우리에게서 등을 돌리고 해명을 요구할 것"이고 그렇게 되면 사회주의는 파산이기 때문이다. 라파르그는 이렇게 덧붙인다. "조레스, 당신의 충직한 성품과 당신의 혁명적인 열정에 공감하고 감탄해 마지않는 우리가 어떻게 당신을 프롤레타리아트를 기만하는 사람들의 범주에 넣으려 한다고 생각할 수가 있습니까?"

그러면 누구를 겨냥한 것인가?

그러나 조레스의 머릿속에는 승리를 위한 사회주의의 집단적 이익이라는 생각만이 가득 차 있다. 그는 간단하게 답한다. "좋소, 우리에게 해명하시오." 조레스를 쓰러뜨릴 수 없게 되자, 1899년 12월에 확정되는 사회주의자 총대회의 원칙을 받아들이는 수밖에 없었다.

조레스는 통합을 위한 대화를 강하게 요구했다. 그가 의지할 곳이라고는 자신밖에 없었다. 그는 온전히 혼자이다―아무런 조직도 꾸리지 않았기 때문이다. 그는 행동과 신문에 쓰는 글로써 모든 사회주의자 그룹들이 행사하는 힘에 대적했다.

그러나 이 새로운 싸움으로 치른 대가는 컸다. 사람들은 갖은 말로써 그에게 상처를 입혔다. 조레스가 꿈꾸는 동지애와 인간애는 아득히 먼 희망에 불과했다.

12월로 예정된 대회가 사회주의자 통합의 중대한 계기가 된다 하더라도 조레스가 타격을 입은 것은 의심의 여지가 없다. 그가 원한에 사로잡히지는 않았지만 부당한 비난에 대한 분노는 그의 마음에 남아 있었다. 오직 행동함으로써 혹은 『사회주의 혁명사』를 잘 만들기 위해 자신이 계획한 방대한 연구에 힘을 쏟음으로써만이 잊어버릴 수 있었다. 그렇다면 자료들이나 책들에 빠져드는 것은 치사하고 절망적인 현실을 '회피하는' 것 아닌가. 이런 사료들 속에서 그가 발견한 것은 투쟁하지만 다른 사람을 괴롭히거나 해치지 않는 인간들의 정치투쟁, 오랜 시간이 지남으로 해서 정제되고 장엄해 보이기까지 하는 투쟁이었다. 그는 이렇게 썼다. "노동은 자연과 삶을 풍요하게 하는 위대한 힘이다. 또한 내면을 빛나게 하고 어리석음과 저속과 비열함과 배신에 맞서 치명적 신랄함으로부터 통찰력 있고 순수한 가슴을 보존시켜 주는 평온의 힘이다."

이건 '순수하고' 예민한 사람의 고백이다. 정치세계에서의 인간관계는 특히나 가차 없고 그 때문에 늘 겪게 되는 실망에 굽히지 않고 창조와 일로 긍정적으로 대응하기를 선택한 사람. 그러나 공격을 유발하지 않는 '방어' 절차를 명백히 밟아야 한다. 조레스는 스스로를 성찰하면서, 개인적이고 외로운 작업 속에서 열린 자세를 유지할 수 있게 해주는 힘을 끌어낸다. '치명적 신랄함'에 대해 말하는 이 사람은—그리고 조레스는 정당한 말들을 사용한다—우수에 잠기지도 자기를 동정하지도 않으며 그저 몸을 사리고 조심만 하지도 않는다.

반대로 그는 다른 사람들에게 다가갔다. 그들의 말을 알아듣지도 못하면서. 1896년 7월에 인터내셔널 대회 참석차 런던에 갔을 때 그는 영국 유리제조공 대표단을 만났다. 그 영국인들은 노동자 유리병공장 건설에 참여한 카르모 유리제조공들에게 보내는 인사의 말을 가지고 왔고, 조레스는 그 말을 전해 주기로 했다. 그 자리에서 조레스는 수십 분 동안 오로지 몸짓으로만 프랑스 유리병 제조기술을 그들에게 설명했다. 그는—겉으로 보기에도—자발적이고 친절했다. 그는 연단에 오르면 갖기 쉬운 영광된 고립을 추구하지 않았고, 대회장에서는 대의원들과 함께 회의실에 남아 선동하지 않고 우애를 보였으며, 의례적이지 않고 주의를 기울이며 그들에게 질문했다. 이와 같은 식으로 그는 삭막한 이기주의로부터 그리고 깊은 개입과 우애에 대한 실망으로부터 자신의 '혜안'을 '지켰다'(여기서도 조레스가 사용하는 어휘에 유의해야 한다). 그리고 틀림없이 사랑으로부터도. 한 증인―드 몬지―은 이렇게 적었다. "조레스는 사사로운 정이 돈독해지는 것을 경계하며 그의 다정함은 그의 말처럼 널리 퍼져나간다."

조레스가 다른 사람들에게 열려 있고 인간을 사랑하지만 자신의 감정을 강하게 고집하지 않는다는 것을 잘 보여주는 정확한 지적이다.

젊은 시절 사랑의 실패를 경험한 탓인가? 현실과 본성에 부딪혀 깨진 꿈 때문인가? 그러자 그것을 바꾸어보려 하지도 않고 지체 없이 시간과 머리와 가슴을 개인적인 사랑과 우정에 쏟기보다 집단적 대의를 위한 일과 정치활동에 쏟는 것인가? 아니면 그 연원을 따질 필요 없이 그 자체가 조레스의 '성격'이며 그의 철학에 들어 있는, 모든 사람과 우주 전체를 껴안고 그 모든 것을 사랑하고자 하는 그의 감수성(과 호혜)의 결실인가? 언설이라는 것이 이처럼 인간들의 종교미사―사회주의―로서 인류애와 그리고 역사와 함께하는 '신비로운' 관계라면, 조레스는 그 설교자이고 예언자이다.

그것은 타인에 대한 관용과 가장 고통받고 억눌려 있는 사람들에 대한 애정과 연민을 의미하며, 그렇기 때문에 열렬한 우정이나 사랑을 어렵게 만들었다. 조레스에게 쌍방향관계는 깊이 빠져들 수 없는 것이었다. 더구나 그가 세상에 대해 열려 있어도 양자관계를 잘해 나가기가 불가능하다는 것은 경험으로도 알지 않는가? 어머니, 부드러운 메로트와 완벽한 융합이 존재했다. 그러나 그 여자와 헤어져야 했다. 루이즈와는? 그들 사이에 소통이 얼마나 보잘것없는지 다 안다. 딸 마들렌과는? 그는 딸을 사랑했지만 그 아이는 걱정스러웠다. 그들이 샬레 가 7번지에 자리 잡았을 때 그 아이는 몰리에르 리세에 다녔다. 하지만 마들렌의 학교성적은 좋지 않았고 건강이나 심적 상태도 박약한 편이었다. 불만이 가득한 느낌을 주는 아이였다. 아마도 강하지만 곁에 없는 아버지의 모습과 함께 있지만 나약한 어머니의 모습이 겹쳐졌기 때문이리라.

그렇다면 '역사'에 헌신하자.

먼저 그가 도서관과 사고(史庫)들에서 찾아낸 문건들과 그가 읽고 노트에 베껴둔 혁명기의 신문들—『인민의 벗』『비외 코르들리에』『파리의 혁명』—속에서 역사가 울려퍼졌다. 이 모든 자료들은 『사회주의 프랑스혁명사』를 서술하는 데 필요했다. 몇 달 후 1900년 2월에 초판이 출간될 것이었다.

조레스가 일련의 미간행 사료들을 추적하면서 상당한 작업이 이루어졌다. 여행 갈 때도 그는 늘 책을 들고 다녔다. 자칫 가방이 열리기 일쑤였고 그러면 기차역 플랫폼에 주석이 달린 책 10여 권과 인용문이나 자료의 번호를 적어둔 카드들이 와르르 쏟아졌다.

그런 다음 그는 쓰기 시작했다. 시끄러운 『라 프티트 레퓌블리크』에서 그리고 아침에는 집에서. 너무 열중한 나머지 조레스는 각 장(章)을 나누는 것도 잊을 정도로 문장을 죽 이어서 썼으며, 이렇게 단숨에 써내려간 원고뭉치를 출판인 줄 루프—민중출판의 전문이며 역시 별쇄본 형태로 미슐레의 『프랑스사』와 빅토르 위고의 작품들을 발간한 업적이 있다—에게 건넸다.

글을 쓰고 연구하는 시간은 조레스가 심적 균형과 지적 평형감각을 유지하는 데 필수사항이었다. 스스로 형성되고 또 끊임없이 조레스가 휩쓸려든 역사의 시간으로부터 이 시간을 떼어놓아야 했다. 사상가이자 창조자, 저널리스트이며 지식인인 그는 또 언제나 행동하는 인간이었다.

8월 8일, 조레스는 렌에 있었다. 그곳에서는 알프레드 드레퓌스의 재심이 열렸다.

그는 매일 기고하고 있는 『라 프티트 레퓌블리크』와 다른 언론들에 기사를 보내야 했다. 숙박은 철학교수인 빅토르 바슈의 집에 하기로 정했다. 렌의 리세에서 심리가 진행될 것이다. 그곳으로 가는 길은 모두 차단되었다. 도시는 계엄령 상태를 방불케 했다. 제복차림들, 말발굽 소리, 개머리판 가격하는 소리와 칼 부딪치는 소리뿐이었다. 군사위원회를 구성한 법무관 7명은 명백히 위계질서에 복종했고 장군들의 배석은 단지 그것을 확인시켜 주었다.

조레스는 새벽 5시에 일어났다. 글을 쓰고 책을 읽고 밖으로 나가 브르타뉴 시골 냄새를 들이마셨다. 법정에 갔다가 이어 점심을 먹으러 트루아 마르슈 여관으로 갔다. 렌의 입구에 있는 그곳에 방문을 걸어 잠그고 드레퓌스파 전원이 모였다. 그들은 재판을 분석하고 평가했다. "조레스의 멋진 목소리는 낭랑했고 그의 웃음소리는 힘차게 울려퍼졌다." 그러면서 그는 감동을 받았다. 드레퓌스의―이미 역사의 무게가 실렸지만 그래도 하나의 이름일 뿐인―얼굴이 그의 심경을 뒤흔들어놓았다. '연민의 감정'이 그의 가슴을 쳤다. 그 시선에서 조레스는 형언할 수 없이 깊은 고통을 읽었다. 그 사람과 그 정신적 용기를 이해하고 함께하고자 했다. 그의 특징인 공감할 줄 아는 능력 덕분이다. "그가 등을 구부리고 자동적인 걸음걸이로 앞을 똑바로 보면서 걸어나올 때 그 모습은 마치 억눌린 증오가 빗발치는 포화 속에서 하염없이 똑바로 걸어가라는 선고를 받은 사람 같았다."

그는 드레퓌스가 무너질까 봐 걱정되었다. "말할 수 없이 지쳐 최종 복권 판결이 나기도 전에, 명예를 위해 살려는 집요한 영웅적 의지가 허물어지지 않을까" 하는 생각이 들었다. 무엇보다 그는 "먹잇감을 꽉 물고 있는" 이 법무관들이 내릴 판결을 예감했다.

중학교 축제회관의 바깥은 긴장이 고조되고 있었다. 드레퓌스의 변호인 라보리가 잡아 채여 상처를 입었다. 군 총감독관—네그리에—이 위협을 가하지만 갈리페는 그가 마음대로 하도록 내버려두었다. 파리와 알제에서 온 반유대주의자들은 렌의 거리를 누비고 다녔다. 파리에서는 줄 게랭과 그의 '그랑옥시당'(석공조직을 말함) 친구들이 자기들 근거지에 바리케이드를 쳤다. '샤브롤요새'는 군대의 삼엄한 경계 속에서 수주일 동안 버티게 된다. 그 사이에 정부는 데룰레드도 속한 동맹의 지도자들을 체포할 준비를 했다. 항소심이 된 상원에 넘기기 위해서였다.

9월 9일 판결이 내려졌다. 법무관 7명 중 5명이 드레퓌스의 유죄를 인정하였으며 드레퓌스에게는 정상을 참작하여 10년 징역형이 언도되었다.

조레스는 포효했다. "군사위원회 재판관들은 스스로 명예를 실추시켰다."

이처럼 법무관들의 진실에 대한 집요한 경멸, 파리에서 데룰레드와 줄 게랭에 대한 조치는 조레스의 분석과 선택이 옳다는 것을 말해 주었다. 발덱-루소 정부를 지지함으로써 공화국을 보호해야 할 것이다.

드뤼몽처럼 렌 판결을 '새로운 오스테를리츠'(나폴레옹의 독일 승전지)라고 평하는 자들을 그는 비난했다. 바레스처럼 "나라 안팎의 외국인들이 우리를 진군할 수밖에 없게 하니까 프랑스의 민족적 양심이 상처 입고 분노한 것이다. 우리는 크나큰 희망으로써 렌의 승리를 기억할 것"이라고 언명하는 자들을 비난했다.

프랑수아 코페 역시 『르 골루아』지에서 "너무 많은 프랑스인들이 공모를 한 국제적 음모"가 렌에서 심각한 패배를 당했다고 언급했다.

조레스는 이러한 외국인 혐오와 민족주의 득세를 우파에서 발판으로 삼으려 한다고 평가했다. 그러므로 투쟁은 계속될 것이고 정부가 진로를 바꿨기 때문에 전보다 불공정은 덜할 것이다.

그리고 그는 인간 드레퓌스를, 그의 절망과 이제는 습관처럼 되었을 그의 한없는 무력함을 생각했다. 그래서 조제프 레나슈와 마티외 드레퓌스가 즉각적인 석방을 위해 사면을 청구할 것인지 새로운 재판을 위해 기나긴 투쟁을 시작해야 할 것인지의 문제를 제기하자, 처음에는 망설이다가 결국 사면요청에 찬성했다.

결정을 내리기가 힘들었다. 밀랑의 장관집무실에서 조레스는 마티외 드레퓌스와 클레망소, 레나슈와 자리를 함께했다. 두 개의 주장이 격렬하게 대립하다가 결국 밀랑은 즉각적인 사면이 이루어지지 않으면 사임하겠다고 약속했다.

드레퓌스의 무죄를 선언하지 않고 그를 석방한다는 협상안을 끌어낸 것은 밀랑이었다.

클레망소도 분개했지만 결국에는 동의를 했다. 조레스는 밀랑의 집무실에서 직접 드레퓌스의 성명서를 작성했다. "다른 사람이 저지른 죄를 나에게 돌리는 프랑스인이 한 사람도 없을 때 비로소 나의 가슴은 진정될 것이다."

아마도 이 순간 프랑스 공화국 최초의 사회주의 각료의 집무실에서 사건에 직접적으로 영향을 끼치면서 조레스는 다시금 지금까지 달려온 길을 밟아나갈 것이다.

9월 19일 각료회의에서 드레퓌스는 공화국 대통령으로부터 사면을 받는다. 21일 갈리페는 군에 명령을 내린다. "사건은 종결되었다. 만인의 존경으로 둘러싸인 군재판관들은 전적으로 독립적으로 판결을 내렸다. 우리는 아무런 저의 없이 이들의 판결에 동의한다. 마찬가지로 우리는 공화국 대통령각하가 명령한 깊은 측은지심의 행위에 동의한다. …그러므로 다시 말하건대 사건은 종결되었다!"

드레퓌스가 무죄라고? 드레퓌스파가 아니고서는 누가 그런 소리를 하겠는가? 마치 아무 일도 없었다는 듯이 사태는 다시 잠잠해진다. 사건은 종결되었다.

흔히 타협은 쓴맛을 남긴다. 드레퓌스 진영이 갈라졌다. 열정적인 샤를 페기는 격노했다. 자신이 아직 존경하는 조레스가 클레망소와 공모하여 "신비주의를 정치로" 타락시킨 정치꾼에 불과하다고 생각하기 시작했다.

다른 사람들의 고통에 철저하게 항전하는 그들은 드레퓌스가 등을 구부리고 재판관 앞으로 나가는 모습을 조레스처럼 눈여겨보지는 못했다.

다시 한번 조레스는 신중한 결정을 내린다. 정치적 상황과 함께 인간 드레퓌스의 운명을 고려한다.

몽상가라고 비난받는 조레스가 어떤 결정을 내리기까지 그 궤적을 따라가 보면 그가 현실적이고 구체적이며 그 순간의 세력관계를 분석할 줄 알고 이것 아니면 저것에 만족하는 방식에 빠져들지 않고 가능하고 바람직한 선택을 하려 한다는 것을 알게 된다.

그런데 발데-루소 정부의 첫 몇 개월의 치적에 대해 그가 내리는 결산은 긍정적이었다.

데룰레드와 오를레앙 공의 정무비서관 뷔페가 고등법원으로부터 10년 추방형을 받았다. 반유대주의동맹과 그랑 옥시당의 의장 줄 게랭에게는 10년 징역형이 선고되었다.

나라의 분위기가 바뀌었다. 조레스는 경찰과 군대의 방해를 받지 않고 집회에 참석하러 카르모로 귀향할 수 있었다. 그는 알비에서 노동거래소(페르낭 펠루티에가 주도한 전국 단위의 지역노조) 개설을 축하하고 노동자 유리병공장의 세번째 노에 불을 붙였다. 독일과 벨기에 사회주의자들(반데어벨데)도 참석한 자리에서 조레스는 '국제주의의 태양'을 찬양했다.

무엇보다도, 아마 지나치게 관대한 탓인지 "나쁘게 생각할 줄" 몰라서 혹은 개인적인 야심에 따라 움직이는 인물의 치졸한 의도를 읽을 줄 모르는 그는 밀랑이 "언제까지나 자기 자신에게 충실할 것"이라고 생각했다. 밀랑이 의원으로서 한 말과 사회주의 선전가로서 한 말을 장관이 되어서도 그대로 실행할 줄 알았다고 조레스는 말한다. "그는 폭력적인 수단을 사용하는 것을 언제나 혐오한다는 의미에서 늘 진화론자였다." 그러면서 "근로자들을 낡은 혁명적인 방식에서 등 돌리게 하고 보통선거를 통해 합법적이고 점진적으로 권력을 쟁취하도록 충고하는" 것이 바로 마르크스주의라고 덧붙인다.

따라서 그는 밀랑의 개혁과 규제들(겉보기에는 별 것 아닌 것 같지만 상점 판매원이—10시간이 넘는—근무시간 동안 앉을 권리를 갖는 것이 하찮은 일일까? 조레스는 그렇지 않다고 생각했다), 노동시간에 관한 법(우편국 노동자 8시간, 전체 근로자는 11시간으로 하되 4년에 걸쳐 10시간으로 줄인다)을 인정했다.

이 모든 사안—예를 들어 노동시간—에서 그와 게드 및 바이양은 의견이 달랐다. 그들은 개혁이란 사고 자체를 거부했다. "대중의 입맛에 맞추는 개혁은 대중을 굶어죽지 않게만 할 수 있을 뿐이다."

그리고 게드는 "자본주의적 소유가 폐지되지 않는 한 달라질 것은 아무것도 없다"고 재확인했다. 이에 대해 조레스는 정반대되는 의견을 표명했다. 그는 논쟁을 제기하여 증거를 제시하고 주장했다. 그는 또 하나의 사유방식, 즉 사람들의 일상적인 삶을 중요하게 여기는 명철한 점진주의를 지녔다. 그래서 지난 국회의원 시절에 몇몇 개인적인 사안들에 대해 직접 나서서 각료들에게 부탁을 하기도 했다. 1900년 2월 7일, 그는 카이요에게 편지를 썼다.

장관 귀하,

1889년 3월 27일 오리야크의 회계책임자로 고용되어 현재 사무장으로 있는 피에르 당기유 씨가 징수관의 직책을 희망하는데 귀하의 추천을 받기를 청하오니 부디 허락해 주십시오.

그리하여 조레스는 11월 16일에 발덱-루소의 강령, 매우 온건하면서도 종교단체에 대항하는 일련의 조치를 제시하는 강령을 지지하게 된다.

사회주의는 공화국의 종착점이다. 따라서 공화국을 수호한다.

조레스는 여론과 보조를 맞추어나갔다. 1899년 11월 19일 조각가 달루의 불후의 작품 〈공화국의 승리〉 제막식이 열리는 나시옹 광장(파리 시내 동북부)에는 50만 명이 몰려들었다. 이 시위를 주도한 것은 조레스의 신문이었다. 지방에서 올라온 시위자들은 발덱-루소와 루베 대통령이 앉아 있는 연단 앞을 6시간 동안 행진했다. 사람들은 붉은 깃발과 심지어는 검은 깃발까지 흔들어대며─그러자 루베 대통령은 자리를 떠났다─〈라 마르세예즈〉 〈라 카르마뇰〉 〈르 사 이라〉를 불렀다.

민족주의자들이 루베를 반대하는 오퇴유 시위를 벌인 지 6개월도 채 지나지 않은 때이다. 그러나 분위기가 완전히 바뀌고 세력관계가 변했다. 민주주의가 수호되고 폭력도 없다. 거사도 일어나지 않았다. 진전이다.

이렇게 달려온 길은 조레스에게 힘입은 바 컸다. 이날 시위에 조레스는 참석하지 않았다. 쥐라(알프스 가까운 동북부 지방)에서 연설을 하고 있었다. 그는 사회주의 사상을 가르치는 중요한 교육자 노릇을 했다. 또한 12월 3일부터 8일까지 파리의 자피 체육관에서 열릴 사회주의자총대회를 준비했다. 여기서 그는 동지이자 경쟁자인 줄 게드와 대결하게 된다.

사람들은 마치 전쟁에 나가듯 이 대회에 임했다. 그리고 통합대회라고들 말했다. 하지만 각자의 머릿속에는 온갖 힐난이 가득했고 잊지 않은 것은 서로에 대한 비방이었다. 갈리페 장군과 밀랑은 사회주의자들의 실천과 이론에서 제기된 문제들의 살아 있는 화신이었다. 부르주아 정부에 들어갈 수 있고 들어가야 하는가, 그렇다면 누구와 그리고 무엇을 위해서?

　　이 대회를 위해 주도면밀하게 준비를 했다. 파리에 대의원을 파견하고 의결권을 갖기 위해 연맹과 그룹들이 결성되었다. 에르를 비롯한 지식인들(페기, 부르쟁, 로크, 시미앙, 페랭, 랑주뱅, 알바크, 모스 등 모두 젊은 사람들이고 대부분이 고등사범 출신이며 이미 연구자—혹은 몇 년 후면 대학의 대강좌 주임교수가 된다)은 사회주의자 통합그룹을 창설했다. 레옹 블룸이 이들의 대표로서 대회에 참석했다.

　　게드주의자들은 모두 함께 모여 〈인터내셔널〉을 합창하면서 입장했다. 아직 노동운동에서는 낯선 노래인데다 붉은 깃발을 흔들며 들어오는 그들의 입장은 극적이었다. 자피 체육관 안으로 들어와서는, 당연히 맨 왼쪽에 자리를 잡았다.

　　관람석에서는 700명의 대의원을 내려다보면서 박수를 치고 중구난방으로 끼어들었다. 실내는 담배연기가 자욱했다. 혁명기의 대규모 집회들, 국민공회, 자코뱅의 회합들에 대한 기억. 그리고 연단의 인사들. 검붉은 얼굴의 조레스, 거무죽죽한 빛깔의 비비아니, 은발 노인의 바이양, 긴 머리와 각진 얼굴이 두드러진 논리 정연한 예언자 모습의 게드. 그리고 각별히 친근하게 조레스를 껴안는 브리앙과 능수능란한 사람들, 야심만만한 사람들. 대회 첫 순간부터 충돌이 빚어졌다. 의사일정에 대해, 토의방식에 대해서다. 사실은 단 한 가지 문제가 논쟁의 중심에 있었다. 밀랑, 밀랑이었다. 정부에 들어간 사회주의자.

라파르그, 그를 볼 때마다 사람들은 마르크스 사위라고 수군댔다. 그는 낭랑한 음성으로 빈정거리면서 "사회주의를 이용하려 들고 당을 진정한 길에서 벗어나게 하려는 신참들"에 대해 말한다.

몇 차례나 그의 발언은 제지당한다. 도대체 그 신참이란 누구인가? 이번에는 게드가 끼어든다. 밀랑을 말하는 건가? "부르주아가 다수를 차지한 내각에서 헤매고 있는 사회주의자는 자본주의의 사막에서 혼자 공허하게 외치는 목소리일 따름이다." 그리하여 12월 6일 아침 10시에 밀랑이 자피 체육관에 도착했을 때, 그를 맞이한 것은 "갈리페, 갈리페" 하고 연거푸 외쳐대는 소리뿐 그의 말소리는 들릴지도 않는다.

그러면 조레스는? 그는 한마디 말도 없이, 그만두라는 아우성 속에서도 아랑곳하지 않고 내던지는 라파르그의 연설을 좇아갔다. 라파르그가 "조레스 시민처럼 부르주아 출신인 사람… 자신의 과거를 부정할 수밖에 없다"고 표현해도 가만히 있었다. 이윽고 "조레스 만세!" 소리가 장내를 뒤덮는다.

그는 다음과 같이 답변했다(블룸의 말이다). "꾸밈이 없고 느리면서도 우렁찬 목소리는 점점 고조되면서 힘들이지 않고 말과 이미지를 창출하고, 실러의 표현을 빌리면 서정적인 장식음이 사상에 덧붙여졌다." 블룸에 따르면, 그는 시간이 모자랐기 때문에 한층 더 간결하면서도 한층 절실하고 풍성하게 활력을 띠었다.

조레스에게 참여문제는 원칙이 아니라 전술에 관한 문제이다. 그가 말한다. "매일매일 개혁을 가지고 부르주아 사회에 침투해야 한다. 개혁은 원칙과 양립하면서 그 사회의 해체를 앞당길 수 있다." 사회주의자가 승부수를 던지려면 각료라는 패를 두어야 한다. 그는 개혁과 혁명의 결합이라는 자신의 노선을 지킨다. "아무튼 내일의 정책, 당신들을 이끌고 갈 사물의 힘은 활발하고 지속적이면서 동시에 개혁적이고 혁명적인 정책이다!" 그리고는 "우리는 모두 다 훌륭한 혁명가들이다"라고 외치면서 말을 마친다.

박수가 터진다.

한참 뒤에 브리앙이 나서서 혁명적 총파업을 찬양한다. 게드주의자와 블 랑키주의자들을 갈라놓으려는 대회의 작전이다. 브리앙은 아무런 거리낌 없 이 구호에 불과한 원칙과 극단주의로 대의원들을 조종했다.

그 사이에 조레스는 대회의 의결위원회에 착석해 있었다. 그 한마디 한마디 가 사람들에게 영향을 끼치는 의결위는 29 대 28, 기권 1표로 "예외적인 상 황에서는" 인정하되 기본적으로 정부에의 참여를 비난하는 결의안을 채택했 다. 모두를 만족시킬 수 있는 종합안이었다. 게드는 수락하겠다고 약속했다. 그러나 의결위원들이 다시 회의실에 모였을 때 게드는 발언권을 요청하면서 느닷없이 다른 문안을 대의원 표결에 부칠 것을 제안했다.

조레스는 펄쩍 뛰었다.

자신을 둘러싼 이 같은 몰이해에 대해 그가 이토록 무섭게 화를 내는 모 습은 한번도 본 적이 없었다. 그에 반대하여 이런 의도적인 절차를 꾸민 것이 뻔했다.

노기 어린 목소리로 그는 외친다. "게드, 이건 비겁한 행위다. 게드, 이 자리에서 당신을 이렇게 부르겠다. 당신은 명예에 귀를 막았다. 게드, 당신은 타락했다. 이건 배신이다, 배신! 당신의 명예는 땅에 떨어졌다. 게드, 당신은 배반자다!"

회의장은 소동으로 법석이었다. 갑자기 한 대의원이 단 한마디 '통일' (UNION)이라 씌어 있는 플래카드를 꺼내들었다. 정회를 하고 비로소 진정 을 되찾는다.

게드의 엄격한 문안이 표결에 부쳐졌다. 찬성 818표. 이어 의결위의 모호한 문안은 찬성 1140표, 반대 240표를 얻었다.

45명으로 구성된 전체위원회는 정부참여파의 반대자들이 다수를 이루고 있었다. 언론에 관한 결의안은 사회주의 출판물들이 사회주의 계파들 사이에 일절 논쟁을 일으키지 않을 것을 의무화했다.

샤를 페기는 대회장에서 이 최종안의 발표를 듣고 있다가 분격했다. 그가 출판하기로 구상한 『격주평론』(*Les Cahiers de la Quinzaine*)과 출판협회에서 발간하는(그리고 에르가 재정을 담당하는) 책들이 이 결의안으로 위협받게 된다는 것을 감지했기 때문이다. 그는 이 결의안이 언론의 자유에 위배된다고 분석했다.

더구나 대회장의 분위기에 온몸이 오싹해졌다. 조레스는 그를 실망시켰다. 이런 것이 정치란 말인가! 아무리 조레스가 정객이 되었다고 이런 게 사회주의란 말인가! 이해력이 부족한 페기는 현실을 총체적으로 보지 못했다. 그는 코뮈나르들을 향해 연단으로 올라와 달라고 호소하는 소리를 듣지 못했다. 바이양과 카멜리나, 알만 그리고 원로들이 자리에서 일어나 올라갔다.

확실히 이 자리의 모든 것이 모순이었다. 사람들은 그의 정부참여를 관대하게 봐주었지만, 밀랑은 붉은 깃발을 들고 단상에 도열해 있는 모습을 바라보며 눈물 흘리는 이 노전사들의 동지들을 총살하라고 명령한 갈리페의 동료장관이었다.

좌중은 통합당의 결성을 박수로써 통과시켰다. 조레스와 게드, 바이양은 서로 바싹 붙어 서 있었다.

분열은 어디 갔고 불과 몇 시간 전의 모욕적인 발언은 어디 갔는가?

다니엘 알레비는 분열된 이 사람들을 6일 전부터 하나로 뭉치게 한 기적과 신비한 힘에 대해 증언하면서 이렇게 말을 맺는다. "대회장에 신이 임하셔서 굽어보시며 모든 머리를 하나로 뭉쳐놓으셨다."

신이라고? 종교라고? 오직 희망을 나누었고 앞날을 믿었고 그리고 정의를 믿었다. 충실함이었다. 한목소리로 노래를 부른다. 다들 일어나서 〈라 카르마뇰〉을 춤춘다. 새로운 사회주의 찬가 〈인터내셔널〉을 합창한다.

그런다고 해서 통합이 실현될까?

게드의 프랑스노동자당원들은 이 열기에 전혀 휩쓸리지 않았다. 하지만 통합이 강력한 대세라는 것은 증명되었다. 모든 장애물을 이겨내는 계기가 되었을까? 조레스는 그렇다고 믿고 싶었다. 게드는 오직 자신만이 승자라고 생각하고 있었다. 그는 리프크네히트에게 이렇게 써서 보냈다. "최대 패배자는 독립사회주의자들과 그리고 조레스에게 기대를 걸었던 지식인들이다. … 신문기자나 국회의원들인 이들은 우리의 직접적인 통제 아래 들어왔다. 이제는 리버럴한 법조계 부르주아 출세주의자들에게 침범당하고 압도되는 것을 걱정할 필요 없다…!" 이것이 통합의 환경인가?

의구심은 하나도 사라지지 않았다. 조레스가 쓴 것처럼 "당은 분명하면서도 은밀한 역설로써 밀랑의 문제를 제기하는 것조차 거부하고 끝내버렸다."

현실적인 문제들을 오랫동안 무시할 수 없다는 것을 가장 먼저 알아챈 사람은 조레스였다. 그런데 근본적인 문제는 밀랑 사건이었다. 저 멀리서 주의 깊게 열정적으로 관찰한 레닌은 나중에 이렇게 말한다. "밀랑주의는… 수정주의 정치전술을 거대한 규모, 실로 국가적인 규모에 적용시킨 가장 중대한 경험이다."

이런 특정한 용어들의 밑바닥을 관통하는 하나의 진실을 블룸은 훨씬 간단하게 표현했다. 밀랑의 입각은 "혁명적 행위이다. …앞으로 역사가 완수할 일련의 일을 시작했다." 그리고 1900년 1월 1일 『르뷔 블랑슈』에서는 이렇게 쓰고 있다. "사려 깊은 사회주의자들 가운데 마르크스의 형이상학이 빈약하다고 무시하지 않는 사람은 아무도 없다. 경제노선이 매일 삐걱거린다는 고무시한다…" 블룸은 이렇게 쓰면서 필경 '사려 깊은 사회주의자'에서 선배이자 친구이며 자신이 아끼는 조레스를 떠올렸을 것이다. 그러나 조레스의 사상은 이러한 단순한 판단보다는 훨씬 복잡하며, 블룸도 몇 개 월 후에는 그런 말을 하지 않게 된다.

아마 블룸은 자피 체육관의 사태를 목격한 후 마르크스주의와 게드를 동일시하면서 분노의 감정을 그대로 드러내 그렇게 썼을 것이다.

왜냐하면 프랑스노동자당의 투사들과, 무엇보다 그 지도자는 정통 마르크스주의의 수호자로 자처했기 때문이다. 그들이 '바로 그' 마르크스주의자들이었다. 그들이 권위와 대표성에 매몰되어 서툴고 과격하게 나오는 것을 보면서 어떻게 노선을 문제 삼지 않을 수 있겠는가?

게드가 대회에서 리프크네히트와 포옹한 뒤에 그에게 보낸 편지에서 썼듯이, 그들은 "우리에게 이로운 방향으로 헤어질 준비를 해야 할 것이고 곧 그렇게 되고 말 것이다."

게드는 론과 이제르, 바르, 드롬의 사회주의자들을 찾아다니면서 만나보고는 "우리의 부대는 전혀 훼손되지 않았다. 사방에서 입각파에 반대하여 우리와 함께한다"는 생각을 가지고 돌아왔다.

게드로서는—바이양도 마찬가지다—결별하기로 결심하고 그 준비를 하면서도 결별의 책임을 묻는 여론을 피하는 것만이 중요했다.

이 점을 조레스는 인지했을까? 사람들에게 위선적인 속내가 있을 거라고는 절대 생각도 못한다. 음흉하게 수작 부리고 조작하는 것은 상상조차 못했다. 고결한 품성 때문인가? 당연히 그렇기도 하겠지만 잘못된 신념과 겹치

레의 미궁에 빠져드는 우를 범하지 않으려고 조심하기 때문이다. 이런 미로
에서는 자칫 효율성이란 것 때문에 영혼을 잃기 십상이다. 그는 똑바로 나아
간다.

이 무렵, 1900년 초에 그를 만난 사람들에게 조레스는 자신의 선택이 올
바르다는 것을 다시금 확인시켜 주었다.

머지않아 발데-루소는 『라 크루아』를 수색하라는 명령을 내리게 된다.
성모승천회의 기관지이고 진짜 반유대주의, 반드레퓌스파, 반공화파 신문이
다. 그리고 오귀스트 성모승천수도회는 재판에 의해 해산당한다.

사람들이 지금 실현된 사회주의자들의 통합은 취약하다고 하면 조레스
는 웃는다. 저 깊은 곳에서부터 우러나온 운동은 망설임과 주저함을 이길 것
이다. 그리고 외국 사회주의자들의 의견을 듣고자 그는 『라 프티트 레퓌블리
크』의 칼럼란을 그들에게 개방하지만, 그들은 저주를 쏟아내지 않는다.

한편 20세기가 문을 여는 이 시기에 조레스는 국제정세에 더욱더 주의
를 기울인다.

남아프리카에서는 보어인(이 지역에 일찍 정착한 네덜란드 출신 식민지인들을 가리키
는 말)과 영국인들이 싸우고 있었다. 베이징에서는 '제국주의' 열강들이 모두
다 결집하여 중국을 치겠다고 위협했다. 영국과 독일, 프랑스, 미국, 이탈리
아, 러시아의 군인들이 식민지 질서를 수립하기 위해 서로 어깨를 겨루고 진
을 쳤다.

"유럽 민족들이 탐욕과 증오에 찬 최악의 유혹에 빠져버렸다"고 조레스
는 평한다. 그리고 예감한 듯이, 국가의 군대들이 연합하는 순간에 다음과 같
이 덧붙인다. 그것은 다른 대륙들 민족들을 딛고 이루어진 유럽의 화해 같았
다. "지금 유럽은 유럽의 평화를 위한 당, 유럽평화동맹을 결성하지 않으면
모든 위험에 노출된다." 어떻게? 사회주의 인터내셔널이 이 역할을 할 수 있

다. 그래서 조레스는 1900년 9월 파리에서 열리기로 되어 있는 인터내셔널 대회 준비에 착수한다.

모습이 달라진 파리, 거대한 공사장일 뿐인 파리. 가는 곳마다 울타리를 두르고 땅을 파헤쳐놓았다. 지하철을 파고 봄에 개통할 뱅상-마이요 노선의 역사들을 건설하고 있었다. 만국박람회 개막식에 맞추어서 지하철을 개통할 것이다.

세기적인 이 변화, 습속과 사상의 심대한 변모와 더불어 사회 심층부에 있는 모든 것의 작동이 한층 명백해지는 것 같았다. 자동차, 비행선, 영화는 그 놀라운 존재를 과시했다. 전화와 전기를 비롯한 발명들로 일상생활은 한층 간단하고 편리해졌다. 새로운 가능성들이 조금씩 열리고 있었다.

조레스는 지방에 있을 때는 전화로 기사를 불러주고 받아쓰도록 했다. 때로는 즉석에서 전혀 머뭇거림도 없이 기사를 작성했는데, 전화선 너머로 필기사가 받아쓴 기사를 다시 읽어주면 마치 눈앞에 문안을 있는 것처럼 틀린 곳을 바로잡아 주었다.

그러나 이러한 팽창은—그래도 다른 나라들보다 프랑스는 좀 덜한 편이었다. 파리의 지도층이 투자보다는 지대와 러시아에 차관공여를 더 선호했기 때문이다—사상 영역의 변질과 궤를 같이했다.

아직은 불확실하지만 드레퓌스파와 공화국 제도의 승리는 지식인 세계에 반동을 불러일으키고 있었다.

조레스의 정치적 성공에 반감을 가진 페기는 처음에는 도덕적으로 반대하다가 급기야 맹렬한 반사회주의, 민족주의로 기울어졌다.

그래도 아직 몇 달 동안은 페기가 조레스를 아꼈다. 그러나 1900년 그해에 뤼시앙 에르가 자기 출판물들에 대해 후견인처럼 구는 것이 갑갑하게 느껴졌다. 페기는 몇 달 전부터 콜레주 드 프랑스에서 베르그송이 진행하는 강의에 점점 더 빠져들고 있었다. 페기의 이런 태도는 1900년 5월 17일에 베르그송이 정식으로 콜레주 드 프랑스의 교수로 임명되었을 때 나타난 '유행'을 따르는 것일 뿐이었다. 페기는 사교계와 지식인사회를 다 모아놓은 듯한 금요강좌에 드나들었다. 그에 따르면 "세상에 새로운 영양분을 더해 주는" 철학강의를 듣기 위함이었다.

매주 금요일 4시 45분이면 꽉 끼는 짧은 청색 외투를 걸친 페기는 베르그송의 강의를 들으러 온 젊은 여자들과 학생들과 부르주아들 속에 섞여 있었다. 사람들은 이 강좌를 합리주의의 답답함을 떨쳐버리고 또 비록 정치적 표상에서는 벗어날 수 없다 하더라도—저자가 무슨 말을 하든—정치를 둘러싼 루머들에서는 멀리 비켜나 있는 새로운 철학을 정립하는 자리라고 생각했다. 그리고 어떤 면에서 이것은 반(反)조레스였다.

이로써 경쟁관계에 있는 철학자들 사이의 해묵은 논쟁이 끊이지 않고 이어졌다. 그리고 페기는 사회주의가 조직화되고 권력에 의해 정치세력으로 인정되는 순간 이쪽 끝에서 저쪽 끝으로 돌아섰다.

그로부터 몇 달 후(1901년 10월), 그는 이렇게 쓴다. "내가 조레스의 최대 적수 중 한 사람이면서 또 그에게 충실하다는 것을 주목해 주기 바란다. 비록 내가 그의 가장 큰 적이라 해도 프랑스에서 그 사람처럼 통합론에 절대적인 애정을 기울이는 사회주의자가 없다는 것은 사실이며 또한 나보다 더 자유에 대해 열정을 가진 진정한 무정부주의자가 없다는 것도 사실이다."

자유의 주제가 사회주의의 핵심임을 조레스는 벌써 여러 해 전부터 밝혀왔다. 그리고 베르그송 철학을 그는 학위심사 때부터—철학적으로—물리쳤다. 베르그송이 조레스 이름을 거론하지 않고 답변하도록 했다.

철학적 거부는 조레스에게 정치적 의미를 가진다. 그에 따르면, 사상과 정치는 분리될 수 없기 때문이다. 그가 통합 속에서 사는 것은 사실이다. 철학자는 세상 속에 있다. 지난날 동기생의 사상을 고려한다면 철학자 베르그송이 드레퓌스 사건 내내 참여를 거부한 것은 놀랍지 않다. 아니 그는 2~3월에 『르뷔 드 파리』와 『르 리르』(*Le Rire*, 웃음)에 마치 시사문제를 조롱이나 하듯이 코믹한 미술시론을 세 차례 기고했다. 하지만 조레스는 1900년 4월 13일에 열린 한 강연회(제목은 "예술과 사회주의"이다)에서 자기 방식대로 이에 응답한다. 작가 아나톨 프랑스의 사회로 파리 생마르탱(센 강 동북쪽 서민구역)의 성문에서 가진 이 강연회에서 그는 다음과 같이 말한다. "예술가 여러분, 우리를 두려워하지 마십시오. 민주주의는 인류 전체를 엘리트로 만드는 것입니다. … 모든 사람을 충만한 인간애로 이끌어야 합니다." 사회가 쇄신되면 예술의 쇄신이 이루어질 것이다. 그러면 예술가들은 마침내 이해를 받을 것이다.

페기는 분개하며 더 이상 '동조'하지 않았다. 사회주의 운동의 힘 자체와 그것이 부과하는 규율을 소름끼쳐 했다. 『르 탕』이 사회주의 통합에 대해 언급하면서 "지평선에 새로운 위험이 솟아나고 있다"고 썼을 때 그는 모반을 일으킨다. 그리고 모라스는 이 신문에서 '왕정에 대한 설문조사'를 하겠다고 발표했다.

몇 해 전부터 합리주의 사상을 공격해 오던 지적 사조는 바로 자신의 정치적 패배를 통해 강화되었고 새로운 요소들을 끌어들여 반공화주의와 민족주의를 분명하게 드러냈다.

그리고는 젊은이들—페기—에게 영향을 끼치고 있었다. 더욱더 격렬하게 반민주주의 감정이 표출되었다. 여론의 비난을 받자 엘리트주의 경향이 강고해진 결과이다.

1900년 2월 13일, 클로델(시인 폴 클로델을 말함)은 함께 점심을 먹고 있던 줄 르나르에게 "드레퓌스 사건은 마치 우리가 외국 땅에 사는 것처럼 불편을 느끼게 만들었다"고 말한다. 이런 지적인 인물이, 시인이 마치 핏발 서도록 화가 난 사제 같은 느낌을 풍긴다. "하지만 관용할 수 있지 않은가요?" 하고 르나르가 묻자 "하인들이라면 그러겠죠"라고 대꾸한다. 클로델은 "엔지니어들에 대해서만 이해하고 감탄하는" 듯했다.

그가 표명하는 것을 간결이 말하면 근대성과 반동의 정신, 합리주의자에 대한 거부와 새로운 세기를 포용하려는 의지, 엘리트주의와 민족주의의 새로운 결합이다.

조레스는 이 사상갈등의 한복판에 설 수밖에 없었다. 결코 이 영역을 버리지 않았기 때문이다.

이 점에서도 조레스는 표적이 되었다. 이미 멀어져 간 페기는 파탄을 정당화하기 위해 부당한 비난을 퍼부으며 불화를 쌓아나갔다. 여전히 조레스를 만나 함께 걸으며 이야기를 주고받았지만, 서로 통하지가 않았다. 해묵은 질투심만 되살아날 뿐이었다. 이렇게 페기는—교사자격증을 수여받지 못했다—점점 더 발끈했다. 페기의 말을 빌리면, 특히 조레스가 "고등사범 출신이고 우수한 철학교사 자격자로서 철학을 해보기로 결심하게 되었다고 회고할 때면" 더욱 심했다. 조레스가 실제로 철학도이고 철학적 사색을 포기하지 않았다는 것은 페기에게 중요하지 않았다. 그러나 페기에게는 이 만남이 재앙처럼 되었다.

페기가 구체적으로 들려준다. "어느 날 그만 잘못, 우리는 꽤 정기적으로 콜레주 드 프랑스의 베르그송 강의를 듣는데 적어도 금요강좌는 꼭 간다고 말해 버렸다. 경솔하게도 그에게 지금의 사상흐름을 좀 알려면 반드시 그 강의를 들어야겠구나 하는 느낌이 들게 한 것이다. 그러자 그 자리에서 불과 13분 만에 그가 알지도 못하고 한마디도 이해도 못하는 베르그송 철학의 강연을 나에게 모두 다 정리해 주었다. 틀린 점이 하나도 없었다. 하지만 그는 베르그송 씨와 예전 고등사범 동기생이었다. 그것으로 충분했다. 내가 그에 대해 불안을 느끼기 시작한 여러 증후 중 하나이다."

특히 놀라운 것은 폐기의 잘못된 신념, 즉 그 자신감과 편파성이다. 그는 베르그송에 대한 조레스의 철학적 성찰을 무시했다. 더 이상 조레스의 말에 귀 기울이지 않았으며 객관적으로 판단할 수도 없었다. 정치는 폐기를 맹목적으로 만들었고 조레스의 참 모습을 은폐시키면서 서서히 그 능력을 발휘하기 시작했다. 폐기는 증오의 진영으로 걸어 들어갔다.

그런데 어떻게 조레스를 "참아내는가?" 그는 곳곳에서 모습을 드러냈다. 매일 신문의 논설을 통해서 자신의 입장을 밝히고 있었다.

잡지에도 등장했다. 『르뷔 소시알리스트』나 위베르 라가르델과 칼 마르크스의 손자 롱게가 창간한 청년잡지 『사회주의 운동』(*Le Mouvement Socialiste*)에 그의 강연들이 실렸다.

사상충돌의 현장에서도 그의 모습을 볼 수 있었다. 노(老) 코뮈나르 알만이 1900년 2월에 라탱 구 중심 지역의 학자협회 홀에서 개최한 강연에서 집산주의자 학생들을 앞에 놓고 조레스는 강연을 했다.

그 학생들 속에서 철학도 조레스는 독일 사회주의자들의 반대편에 서서 발언했다. 영국에서 오랫동안 망명생활을 한 사회주의자 에두아르트 베른슈타인은 마르크스주의 가설들을 '수정하는' 임무를 스스로 맡아 1899년에 『사회주의의 전제들과 사회민주주의의 임무』를 발표했다. 그리고 칼 카우츠키가 그에 응답했다.

사회주의자라면 누구나 이 논쟁에 관심을 기울였다. 모든 사회주의자가 사회주의의 상승과 발전 그리고 노동자조직들의 통합을 목격하고 있었기 때문이다. 프랑스에서는 조레스의 친구 프랑시스 드 프레상세가 이렇게 썼다. "팔짱 끼고 있으려고 선출된 것은 아니다. …행동을 해야 하며 행동의 가능성은 개혁과 점진적인 진보의 틀 내에서만 가장 커질 따름이다."

그렇다면 노동계급과 그 역할은 어떻게 되고 마르크스주의의 빈곤화 이론, 가치이론, 위기이론 그리고 계급투쟁이론 자체는 어떻게 되는 것인가?

베른슈타인에게 "모든 것은 운동에 있다. 최종목적에는 아무것도 없다." 카우츠키 같은 정통 마르크스주의자들에게 "근본적인 것은 최종목적이다. 그러나 목표에 다가가기 위해 운동이 있어야 한다." 그리고 로자 룩셈부르크가 부상하고 있었는데 그 좌파에게는 "모든 것이 최종목표에 있다. 운동에는 아무것도 없다."

조레스는 우선 '마르크스주의는 그렇게 해야 할 때는 그 내에 변혁의 수단들을 포함하고 있다'고 확언했다. 따라서 그는 베른슈타인의 반대진영에서 카우츠키와 함께했다. 그에게는 언제나 같은 측면에 대해 "무엇을 하더라도 프롤레타리아 계급과 부르주아 계급은 근본적으로 구분되고 근본적으로 반목하며, 그런 상태로 존재한다."

그러면서도 카우츠키와 달리 프롤레타리아가 고립되는 것을 바라지 않았다. 오히려 프롤레타리아 계급이 부르주아 계급과 많은 접촉을 하기를 원했다. "우리는 혁명을 원한다. 그러나 영원한 원한을 원치 않는다. …일상적인 만남과 언젠가의 협력을" 간곡히 호소하면서 이렇게 말한다. "모든 인간들이 만나는 날, 그 만남은 얼마나 숭고하고 보편적이고 영원하겠는가?"

자신의 신념을 표현한 것이다. 이로써 조레스는 논쟁을 초월한다. 계급투쟁을 확인하지만 그것은 역사의 한 순간일 뿐이다. 목적은 인간들의 통합이다. 유토피아인가? 그의 인본주의는 폭력의 논리 안에 관대함과 선의라는 구속력을 도입한다.

조레스에게 역사는 계급갈등의 산물이다. 그러나 인간의 역할은 계급갈등을 부인하는 것이 아니라 그것을 다스리고, 인간들끼리 싸울지라도 모든 인간의 이익을 선택하는 것이고 '결정적인 만남'의 서곡인 짧은 만남들을 만들어가는 것이다.

이렇게 사회주의적 인본주의는 조레스에 의해 정의된다. 그는 사람들, 프롤레타리아들에 대한 교육의 필요성을 중요하게 생각했으며, 그리하여 조레스—와 다른 지식인들—는 "화려하고 공허한 일반론을 피하고" '무지의 망령'을 퇴치할 민중대학들에 생명을 불어넣게 된다.

그는 뤼시앙 에르를 비롯한 연구자들이 모여 설립하여 대학생들을 교육하는 사회주의 학교를 지원했다. 현대 프랑스 사회주의 이론에 관한 첫 강의는 레옹 블룸이 했다.

물론 이러한 창의적 기획은 얼마 못 가 중단되었지만, 어느 전선이든 참여하려는 조레스의 의지를 보여주는 것만은 분명했다.

나이 마흔이 되던 그해의 조레스는 진정 프랑스 사회주의의 표상이었다. 베를린에 체류하고 있던 라파르그는 게드에게 이렇게 편지를 썼다. "어제저녁에 (독일, 벨기에, 오스트리아의) 여러 계열 사회주의자들과 이야기를 나누었습니다. 하나같이 그들은 어느 정도씩 조레스를 지지했습니다. …그들은 오직 『라 프티트 레퓌블리크』를 통해서만 정보를 얻습니다. 그들에게 조레스는 여전히 드레퓌스 사건의 영웅이지요."

1900년 2월 10일부터 벽에 나붙은 붉은 바탕의 커다란 포스터에서 조레스의 이름이 눈에 띈다. 대형판 『현대 프랑스의 사회주의 역사』의 주간 별쇄본 판매를 예고하는 광고이다. 게드는 "이 기획에서는 국외자로 남기로" 하고 빠졌는데, 그보다는 자신의 한계를 알았을 것이다. 뤼시앙 에르도 자신에게 할

당된 제2제정 항목을 쓰지 않겠다고, 포기했다.

그래서 프랑스혁명부에서는 조레스만 남았다. 세 개의 혁명의회(제헌의회, 입법의회, 국민공회)에서부터 테르미도르의 로베스피에르 몰락까지의 역사와 그 다음 "19세기의 결산"과 "1870년 전쟁의 역사"를 책임지고 집필하기로 한다. 그리고 그를 역사가의 반열에 올려놓는 것은 "프랑스혁명"이다.

그는 '노동자와 농민들'을 위해 쓴다고 말했다. 하지만 전문가들—소르본의 올라르 교수—은 책이 출간되자 곧 전통적인 정치사의 틀을 깨뜨림으로써 경제적인 혁명사, 지역적인 혁명사, 사회적인 혁명사의 길을 개척한 독창적인 작품이라고 인정했다. 조레스는 원 사료를 바탕으로 해서 선구적인 업적을 이룩한 것이다.

열정적으로 쓰기도 했지만 객관적이고 날카로운 감각도 잘 보여주는 원고이다. 자신의 역사철학과 정치인으로서의 경험을 접목시켜서 혁명가들과 현대 정치인들을 대비시킨다. 로베스피에르에 대해 다음과 같이 말할 때, 어떻게 게드를 떠올리지 않을 수 있겠는가. "그렇다. 그에게는 광신적인 사제 같은 면모가 있다. 무오류라는 허용하기 힘든 요구, 자만심이라는 편협한 품성, 자신의 잣대로 모든 것을 심판하는 전제자의 면모, 사상에 강박되어 개개인의 고통에 대해서는 무서우리만치 삭막한 가슴. 그리고 마침내 자신의 인격과 신념, 자기 야망의 이해관계와 대의의 이해관계를 차츰 혼동한다."

조레스는 이 인물을 투철하고도 끈질기게 그려나가면서도, 한편으로 로베스피에르의 도덕적 청렴성과 종교적이고 치열한 그의 삶을 이야기할 때는 늘 그렇듯이 특히 고결한 태도를 취한다.

사실 조레스에게 역사는 "흔히 동일한 대의를 위해서 서로 싸우는 이상한 충돌이다. 정치와 사회의 운동은 모든 세력이 만드는 결과이다. 모든 계급, 모든 경향, 모든 이익, 모든 사상, 모든 집단과 모든 개인의 에너지가 길을 뚫고 나아가고 역사에 굴복한다."

집단적인 추진력이자 그 결과가 바로 역사라는, 커다란 인간운동에 대한 관대한 비전이다. 조레스는 이렇게 보는 것이며 그리고 사람들은 부분적인 투쟁을 경시하고 참여 무용론을 주장한다고 평가를 내릴 수 있다. 조레스는 철학자이자 역사가, 지식인일 따름이다. 궁극적으로 진영과 계급과 사람들을 하나로 묶고 단련시키는 것은 역사라는 것을 인식하면서 타격을 고려하고 계산하는.

그러나 삶과 역사에는 모럴이 있다. 선택을 해야 한다. 그것이 명예와 객관성의 미덕이다. 조레스는 이렇게 밝힌다. "나에게 묻는 그 모든 전투원들에게 애매하고 위선적이고 비겁한 대답을 하고 싶지 않다. 나는 그들에게 말하겠다. '당신들의 가열 찬 투쟁으로 달아오른 여기, 93년 6월의 태양 아래 나는 로베스피에르와 함께 있으며 그의 옆, 자코뱅파 자리에 앉을 것이다.'"

그렇다. 선택을 해야 한다.

그것은 비감하고 비극적일 정도이지만, 조레스가 다시 불러일으키는 혁명의 모든 주검들이다. "그들은 여러분들에게 삶의 법칙을, 선택과 우선권과 전투의 엄한 법칙을 그리고 취하는 입장과 힘들지만 반드시 필요한 배제에 대한 엄격한 법칙을 부여한다."

이 몇 줄을 통해서 조레스는 개인적 딜레마를, 자신이 그것을 얼마나 뼈저리고 느끼고 또 해결하려고 애쓰는지를 말하고 있다.

이처럼 그는 이 저술에 혼신의 힘을 다하여 '광대한 농민의 바다'와 개인들(당통, 바뵈프, 마라, 로베스피에르)과 경제적 세력들에게 생명을 불어넣는 데 성공한다. 역사가—그것도 선도적인 역사가—의 저술이며 철학자의 책이자 정치가의 책이다. 조레스에게 연구 및 사상과 행동은 끊임없이 서로 오고가야 하는 것이기 때문이다.

조레스는 이 책을 "노동자 및 농민 프롤레타리아 역사를 항목별로 분류" 했다면서 널리 읽히기를 희망했다. 결코 저자의 허영심이 아니다. 1899년에 페기가 조레스의 논문들 일부를 모아 『사회주의 행동』이라는 제목으로 책을 펴내려고 했을 때, 그는 유보의 뜻을 표했다. 그러나 심사숙고한 끝에 출판한다는 것, "이 역시 행동하는 것이다. 기꺼이 이 뜻에 따르겠다"고 한다.

그래서 그는 『르 마탱』지와 인터뷰를 가지며, 이 기사는 타른의 사회주의연맹 신문 『근로자의 외침』(Le Cri des Travailleurs)에도 실린다. 또 『툴루즈 통신』(La Dépêche de Toulouse)에 서평을 싣고 『라 프티트 레퓌블리크』에도 글 몇 편을 기고한다. 모두 '그의' 신문들이다. 다른 신문들은 거의 침묵한다. 『르뷔 드 파리』는, 조레스가 청했지만 서평을 거부한다.

'좌파' 역시 묵묵부답으로 일관한다. 조레스에게 적대적인 게드의 당은 책을 보이콧한다. 모든 사회주의 경향의 대표자들이 쓰는 역사를 바랐던 조레스는 바로 그 사상적 가족 내에서 재갈이 물리게 된다!

다른 사회주의자들은 의견이 갈라진다. 앙들레르는 친구 에르에게 이렇게 쓴다. "발간된 별쇄본 받았네. …서문은 좋지 않더군. 나머지는 기본적으로는 좋은 교과서이고 세부적으로는 창의적인 사상들이 가득하네. 소설처럼 읽히는군."

마르크스와 함께 유물론적이고 미슐레처럼 신비적이고 플루타르크처럼 영웅적이고자 한—조레스에 따르면—이 책은 결국 그에 값하는 반향을 얻지 못한다. 역사가들은 의심 없이 이 책을 칭찬한다. 그러나 그건 대중들과는 아무 상관이 없었다.

좌파와 우파의 적수들은 아예 무시하거나 조금 들쳐보고는 격렬하게 비난한다. "이건 싸구려 철학이고 기요틴으로 사람들을 보낸 정치이다"고 조르주 소렐은 말한다.

조레스는 그러므로 정치적 참여의 희생물이었다. 책을 읽지도 않고서 그 책에 대해 어떤 생각을 하는지 짐작하고도 남음이 있었다. 그가 92년 9월의 학살을 분명하게 비난하든— "천하고 어리석은 행위"—혁명의 인물들을 세심하고 객관적으로 판단하든 그런 건 아무 상관이 없었다. 그는 사회주의자이고 웅변가이다. 그들은 지식인, 엄정한 연구자의 모습을 보고 싶지 않았을 뿐이다.

게다가 너무 많은 재능과 척척 해내는 일솜씨며 풍성한 다작은 오히려 조레스의 작업을 공정하게 평가하는 데 걸림돌이 되었다. 그의 작업은 그저 그런 행위로 보였고 사실 그랬다. 아, 그가 만약 힘을 아껴서 이 작품만 내놓았더라면, 이 주제만 논하고 역사학의 베르그송처럼 한마디로 전문가의 한 사람이 되고 정치와 사회의 참여에 신중하고 자신의 지적 자산을 최고로 '여기는' 부르주아처럼 자기 삶과 사상과 창조적 행위를 용의주도하게 관리했더라면! 그런데 그는 위고의 방식대로("산문에서 그는 빅토르 위고에 버금간다"고 블룸은 말한다) 갖가지 형태의 존재들 중 한 사람이고 다양함 속에서 완전한 통합을 이루었다. 그러나 범속한 여론은 당황해하며—아마도 무의식적인 질투심 때문이었을 것이다—그를 단 하나의 면으로 축소시키려 했다. 그러나 이 '지독한 사람' 조레스는 자신의 이미지에 아랑곳하지 않고 다른 것들, 자신이 껴안은 '대의'—신앙—를 위해 봉사하는 데 모든 재능을 다 쏟아부으면서, 때로는 신랄해지기도 했지만 그것도 잠깐일 뿐 결코 '치명적일' 정도가 되도록 내버려두지 않았고 위대한 고전들을 읽거나 일에 몰두하여 내면의 빛… 평온의 힘을 밀고 나아갔다.

하지만 사방에서 공격해 들어오는데 냉정을 유지하기는 어렵다. 통합을 원하고 12월 대회에서 가진 미약한 표현을 통해서도 통합을 기대한 조레스는 생각을 다시하게 된다.

만국박람회의 회오리가 사람들을 유인하는 파리, 공업관 앞에서 식민지 관들의 이국적인 매력이나 센 부두 위를 날아다니는 놀라운 양탄자를 꿈꾸고 혹은 막 운행을 시작한 지하철 1호선 마이요-뱅상 선 앞에서 황홀해하는 파리. 사람들은 생생한 스포츠 제전을 거행하는 국제적인 시합, 그 선수들과 함께 올림픽 경기장에 앉아 있는 파리에서 사회주의자들의 논쟁은 계속되었다.

조레스는, 예를 들어 밀랑이 제안한 파업의 중재조치를 두둔하면서 여전히 앞장서서 정부를 지지했다.

물론 환상을 갖지는 않았다. 밀랑은 조정 가능성을 지나치게 높이 평가하고 있었다. 조레스는 "존경하는 밀랑의 사상은 지극히 온건한 전임자들과 기본적으로 차이 없다"는 보수지 『르 탕』의 논평을 읽어보아도 충분히 알 수 있었다.

무엇보다도 조레스는 노동자 분쟁이 고조되는 것을 보고 사회주의자들의 통합이 필요하다는 것을 더욱더 절감했다. 슈나이더 사가 있는 크뢰조에서 파업이 일어났다. 결의에 찬 기나긴 행렬이 공업과 고용주의 도시를 돌아다니며 뒤흔들어놓았다. 카르모 파업, 몽소-레-민의 파업. 노동조합에 가입하는 노동자들이 늘어나고 있었다. 그 어느 때보다 파업자들은 단호하고 침착했다.

그리고 마르티니크(풍부한 자원과 함께 전략적 중요성을 가진 인도양의 큰 섬. 프랑스 식민지였음)의 사탕수수 노동자들의 파업에서는 군대가 총을 쏘고 사망자가 발생했다.

국내에서는 샬롱-쉬르-손 파업에 군대가 개입하여 파업자들이 목숨을 잃자 더 큰 반향을 불러일으켰다. 이제 밀랑은 여느 장관들과 똑같은 장관이 아니라, 줄 게드의 말을 빌리면 "프롤레타리아의 살해자"였다. 학살자일 뿐이었다. 갈리페가 사임하고 그 자리에 공화파 정신의 소유자인 폴리테크니크 출신 앙드레 장군이 앉았지만, 별 소용이 없다.

오히려 사회주의자전체위원회의 '혁명파'와 '입각파' 사이에 골만 깊어져 갔다. 조레스는 선전위원회가 26회 소집되는 동안 24회를 출석하지 않았다고 비난들을 퍼부었다. 혁명파의 좀스럽고 분파적인 '관료주의' 지배가 강요되는 경향의 한편으로, 원내의원들은 보통선거의 우위권을 상기시켰다. 이에 대해 혁명파는 "사회주의자는 파악하기 어렵고 애매한 유권자대중들을 걱정할 필요가 없다"고 응수했다. 실력을 갖춘 것은 오직 위원회들뿐이었다. 의원들은 정치적 야심을 가졌다는 혐의로 경멸당했다.

9월 28~30일에 바그람 회의장에서 개최되는 인터내셔널 대회와 이어 열릴 전국대회에서 입장의 차이는 표출될 수밖에 없을 터였다.

그전의 몇 주일은 말 그대로 일촉즉발의 분위기였다. 프랑스노동자당 연맹들은 "근로자들이 이렇게 기만당하고 구속되고 칼에 찔리고 총에 맞고 학살당한 적이 없다. …과거 사회주의자 밀랑과 파나마 변호사 발덱-루소는 프롤레타리아의 재앙에 전적으로 책임이 있다"고 정부를 비난했다.

파탄을 조장하고 있음을 조레스는 간파했다. 브리앙의 지원을 받아 정면으로 맞섰다. 애매한 인물이긴 했지만 브리앙은 9월 대회에 지방의 대의원들을 가장 많이 모을 수 있을 만큼 능란했다. 게드주의자들도 반격에 나서서—『르 마탱』의 소유주이자 발덱-루소의 사위인 에드워즈의 자금으로—『르 프티 수』(Le Petit Sou)를 창간하여 조레스를 표적으로 삼았다. 사회주의당을 지배하여 분열시키고 이용하려 한다는 비난이 조레스에게 가해졌다. 그런 만큼 "그는 우리에게 아부했으나… 우리가 더 이상 필요하지 않을 때는 우리를 제거해 버릴 것이다."

다시금 동지들은 의심하며 조레스의 얼굴에 대고 모욕을 퍼부었다. 또다시 그들은 저속하게 문제를 개인적인 것으로 돌림으로써 진정한 토론은 피하는 치사스런 주장을 늘어놓았다.

조레스는 또 두들겨 맞는다. 이윽고 그가 답한다. "우리는 POF가 이중 플레이를 했으며 노동계급을 속이고 혁명적 경향을 분열시키고 약화시키는 것을 고발한다…."

이렇게 싸우지만 기력이 다 쇠진했다. 목의 통증이 다시 심해졌고 자신에게 가해지는 '비열한 욕설' 앞에서 쓰디쓴 슬픔만 치밀었다.

그렇지만 9월 23일 인터내셔널 대회가 열릴 때 조레스는 연단에 있었다. 그가 사회를 볼 것이었다. 프랑스 사회주의자들 중에서 가장 알려진 사람 아닌가? 세계 각국의 대표들이 모인 회의장에서는 오스트리아의 아들러와 독일의 카우츠키, 이탈리아의 엔리코 페리가 눈에 띄었다. 클라라 제트킨과 지금은 노부인이 된 '러시아의 테러리스트' 베라 자술리치 등의 여성들도 자리했다.

토론은 정중하게 진행되었다. 밀랑 건과 관련하여 카우츠키는 예외적인 상황에서는 부르주아 정부에 대한 참여 사상을 유보한다는 동의안을 통과시켰다. 페리와 손을 잡고 이 동의안의 통과를 막으려 했던 게드가 패배했다. 그리고 모두들 1904년 암스테르담에서 다시 만나기로 기약하며 헤어졌다.

강경파가 패배했지만 인터내셔널 대회는 이제 막을 올렸을 뿐이다. 다음날 같은 방에서 프랑스인들끼리 다시 만나게 된다. 거기서 게드는 복수를 하려고 한다.

이것은 분열의 대회였다. 1천 명의 대의원들이 서로 욕을 퍼붓는다. 어떤 이들은 '살해자들' '예수회원들' '배신자'라고 소리치고 어떤 이들은 박자에 맞추어 "갈리페, 밀랑, 학살자들"이라고 외친다. 또 어떤 이들은 "샬롱! 마르티니크!" 하고 고함을 친다.

　머릿수로 표결할 것인지 위임장으로의 표결인지 절차상의 문제로 서로 싸운다. 마침내 브리앙이 장내를 휘어잡아 대의원에게 투표자격을 주기로 한다. 게드의 지지자는 소수이다. 조레스는 일개 대의원이었지만 오른쪽, 자기 지지자들 한가운데 앉아 있다. 장내를 둘러본다. 연단에서는 청중이 뛰어올라가 연사들을 비방하고 동지들은 "성채에서 귀족처럼 살면서 대회장에서 선동놀이를 한다"(브리앙이 라파르그를 그렇게 공격했다)며 서로 헐뜯는 이 미친 분위기가 못내 참기 어렵다.

　서로들 '도둑놈' '살인자' 취급을 했다. 한 게드주의자(앙드리외)가 다친 손을 치켜들고 회장으로 들어와서는 복도에서 누가 칼로 찔렀다고 외치자, 게드를 비롯한 프랑스노동자당 대의원들은 우르르 일어나 소리친다. "우리는 살해자들을 피하겠다."

　그들은 자신들의 깃발과 폭력, 자신들의 확신과 헌신적인 전투성과 함께 그 자리를 떠났다. 그리고는 다른 장소—글로브 회관과 이어 보티에 회관—에서 자기들끼리 대회를 열었고, 한편 조레스는 통합의 필요성을 재확인하고 기층의 사회주의자들을 향해 호소한다.

1899년 12월의 위선극은 이렇게 막을 내렸다. 지금은 9월이다.
밖에서는 만국박람회가 열리고 있다. 수십만 명의 관람객, 눈부신 건축물들—그랑 팔레—자본주의 사회의 위용을 아낌없이 드러내었다.

　그 며칠 전인 9월 22일 인터내셔널 대회 개막 전날, 정부는 튈르리 궁전의 정원에 거대한 천막을 두 개 설치해 놓고 프랑스의 시장 2만 777명을 불러들여 연회를 베풀었다. 주방이 11개에, 전화선이 연결된 테이블이 무려 606개나 되었다! 행사 주관자들은 자동차를 타고 테이블 사이를 돌아다녔다.

시중드는 사람들은 8가지의 요리에 음료는 넘쳐나게 제공하라는 지시를 받고 있었다. 루베가 연설을 시작하자, 승리의 축배를 들고 박자를 맞춰 박수를 보냈다. 이 거대한 연회는 일개 사건이나 구경거리의 수준을 넘어 공화국의 제도가 지방과 시정의 현실 속에 뿌리내렸음을 확인시켜 주었다.

그러면 사회주의는?
증오와 언어폭력, 전술의 유보, 맹렬한 비난으로 나약해 보이기만 하다. 조레스는 이 모든 것으로부터 사회주의를 구해 내고 싶다.

그래서 결코 포기하지 않는다.

11월에는 게드파의 근거지에 자치연맹을 조직하기 위해 노르 도에 머물렀다. 이렇게 투쟁하면서도 언제나 대결을 마다하지 않았으므로, 릴의 사회주의 시장 들로리가 11월 26일 릴 공설운동장에서 열리는 게드와의 대토론회에 그를 초청하자 기꺼이 수락했다.

긴장해서 주의를 기울이는 청중 앞에서 두 '방법론'이 충돌했다. 여기서는 모욕이 아니라 선명한 입장이 요구되었다. "선장이 누구든 자본가계급과 그 재산을 실은 배는 침몰시켜야 한다"는 게르의 발언에 조레스는 응답한다. "우리는 더 큰 범죄를 막기 위해서 그들을 지지했을 뿐이다. 우리에게 실책과 과오 또는 범죄를 저질렀다고 비난하는 것은 결단코 부당하다!"

게드가 반박한다. "노동계급을 그 주인들의 공화국을 지키게 하기 위해 소집해서는 안 된다." 단호하면서도 심금을 울리는 조레스는 열정적으로 귀 기울이며 박수를 보내는 사람들에 고무되어 공화제 민주주의를 찬양한다.

서로 다른 두 인물, 사상이 오직 목소리로써 충돌한 이 중대한 교육의 순간을 조레스는 사랑했다.

"계급투쟁 일반에 대해 말하기는 쉽다. 그러나 특정한 경우 하나하나를 살펴야만 한다. …나무 한 그루 한 그루가 어떻게 움직이고, 숲속의 잎사귀 하나하나가 어떻게 떨리는지 미리 밝혀내기 위해서는 바람의 일반적인 방향을 아는 것만으로는 충분치 않다." 청중은 게드에게 갈채를 보내는 것과 똑같이 그에게 경배를 보냈다. 조레스는 감동한다. 물론 상처는 깊었지만 지도자들의 이 성실한 결투는 부대 전체가 전진할 수 있게 해주었다.

"사회주의자들 사이에 이견이 무엇이든, 난관이 무엇이든, 결론적으로 쟁점이 무엇이든 우리는 다시 만났다"고 말문을 연다.

그는 미래와 통일, 사회주의의 위대한 우애에 대해 말한다. "빛과 이성과 조직으로부터" 통일은 탄생할 것이다. "그것은 우선 개혁을 착수할 것이며 그 개혁 안에서 혁명을 여는 행동으로 나아갈 것이다."

조레스, 그는 대중적 성공을 위해서도 자신의 사상을 결코 배신하지 않았다. 그러나 그는 그것을 생각하고 목격하고 이처럼 느끼기 때문에 그 말을 터뜨릴 수 있었다. "혁명, 그렇다. 나는 온건파가 아니기 때문이다. 나는 여러분과 함께 혁명가이다."

13 | 나는 누구에게나 인간애를 요구할 권리가 있다

1900 / 1902

조레스는 '블록'이란 말을 했다. 발덱-루소 내각을 지지하는 다수를 가리키는 이름이다.

그가 아니고 아마 클레망소에게서 나온 말이겠지만, 조레스가 다시 사용했다. 1902년 4월로 예정되어 이미 가동되고 있는 선거를 준비하고 승리하기 위해서 공화파 블록은 공화파 수호의 내각이어야 했다. 그리고 드레퓌스 사건 당시 공화국을 위협하던 자들을 끝장내야 했다. 이 블록을 단단히 뭉칠 수 있는 일종의 접착제가 필요했다.

사회개혁? 누진소득세? 논의는 무성하다. 조레스는 그것이 밀랑 재무장관의 시도이든, 냉정한 지성의 젊고 예리한 재무부 감사관 조제프 카이요의 초안이든 다 지지한다. 그러나 환상을 품지는 않는다. 선거협상 전야에 지나친 기대를 해서는 안 된다. 약속은 좋다. 그렇다고 일대 혼돈을 일으키자는 것은 아니다.

북부의 광부들이 뽑은 사회주의 의원들과 은행가 에나르가 함께 있는 이 산만한 집단에서 무엇이 접착제 노릇을 할 수 있는가?

발덱-루소는 자신의 신념과 정치적 재간으로 연결점을 찾았다. 그는 이미 공화국에 반대하는 입장을 취한 수도회들을 비난하면서 프랑스에는 "수도사 동맹원들과 수도사 사업가들이 너무 많다"고 포문을 열었다. 1900년 10월 28일, 발덱-루소는 툴루즈에 와 있었다. 평소와 다름없이 냉랭한 표정으로 웃음 한번 띠지 않고 말했다. "수도회들은 보유한 부동산이 10억 프랑이 넘으며, 무엇보다도 반공화파 교육을 하고 있다. 도덕적 통일이 힘인 이 나라에서 양쪽의 젊은이들은 생활조건보다 교육 때문에 서로 갈라져서 상대방을 인정하지 않으면서 성장한다…"

이것이 얼마나 위험한지는 드레퓌스 사건을 통해서 잘 드러났으므로 반드시 종식시켜야 했다. 반교권주의가 공화파 블록의 접착제가 될 것이다.

교회를 속죄양으로 삼기로 한 마키아벨리즘인가? 사실 너무 많은 성직자들이 교회연단과 자기네 신문들을 통해서 정치적 투쟁에 가담했다. 발덱-루소 자신은 상당히 온건파임에도 그가 강조하는 공화국의 논리가 있었다. "선택을 해야만 한다. 혁명과 그 정신과 함께할 것인지, 공공의 질서에 반대하며 반혁명과 함께할 것인지." 급진파의 브리송은 "종교학교들에서 더 이상 1793년의 왕당파들… 키브롱의 반역자들을 찬양해서는 안 된다"고 말했다.

그러면 조레스는? 사람들은 그가 태초에 우주라는 허공에 이미 삶의 의미와 의식은 존재했다는 글을 쓴 것을 알고 있었다. 1890년대 초였다.

줄 르나르는 레옹 블룸 집에서 함께 점심식사를 하다가 조레스에게 이에 관해 물어본 적이 있다. "종교라면, 그가 무척 수줍어하는 것 같다"고 르나르는 쓰고 있다. 그 문제에 접근하면 조레스는 어색해한다. "정말이지 당신이 생각하는 것보다 훨씬 복잡하다"고 말하면서 난감한 상황을 피해 버린다. 종교는 필요한 악이어서, 조금 풀어놓아도 된다고 생각하는 편이다. 도그마는 이미 죽었고 표지와 형식, 의식 같은 것은 전혀 위험하지 않다고 믿었던 것이다.

조레스는 발데—루소의 의견을 머뭇거리지 않고 받아들였다. "교회가 누리는 정치권력과 사회적 특혜, 예산지원을 박탈해야 하며 교육부문에서 배제시켜야 한다. …계몽이 확대되고 세속교육이 널리 영향을 끼치고 억압받는 이들이 사회적으로 상승함에 따라 각종 관습과 신앙은 서서히 시들어버릴 것이다."

종파주의? 조레스에게는 종교와 도그마 사이에 깊은 차이가 있다. 또 한편으로는 우주의 의미라는 문제가 있다.

"내 입장에서는 우주의 문제를 해학적으로 해소해 버렸다고 사람들이 믿게 되는 것을 좋아하지 않는다."

사람들이 비참한 처지에서 벗어나고 자신들이 감내해야 했던 착취로부터 해방될 때 궁극적으로 자신의 양심 속에서 대면하게 될 중대한 문제가 종교이다. 바로 이것이 조레스의 사유이다. 그러나 사람들이 그의 말을 듣고 그를 이해하고 그가 하고자 하는 말에 귀 기울이려 하는가?

편견과 증오가 자신을 무겁게 짓누르는 것을 느낀다. "말을 하면 어떤 때는 흘려듣기만 하고 알아듣지 못하는 건 이상한 일이다"고 조레스는 중얼거린다.

그를 기운 빠지게 한 것은 이런 몰이해, '비(非)지성', 독설이다.
그해 1901년 초 발덱—루소가 하원에서 결사법에 관해 논쟁—결사를 허가제로 해야 한다는 것은 수도회 문제를 교묘하게 제기하는 방법이었다—하고 있을 때 조레스는 병이 났다.

목의 통증이 심해져 말도 제대로 할 수 없는 지경이었다. 가끔씩 며칠간 통증이 지속되는 정도가 아니라 몇 달씩 연설을 전혀 할 수 없을 만큼 말을 하면 고통이 너무 심했다. 사회주의 대회들에서 어쩔 수 없이 성대를 심하게 혹사해야 했다. 그 사회주의자들이 자신의 단어를 이해하지 못하고 자신에게 모욕을 퍼붓고 자신의 선의를 의심하고 또 합류했던 이들이 '살해자들'이라고 외치면서 대회장을 떠날 때, 그런 분위기 때문에 마치 신체의 순환이 그만 멈춰버린 듯 목이 꽉 막혀 소리가 나오지 않았다.

그가 말을 못하게 된 1901년 상반기의 수개월은 사회주의자들이 사분오열되어 함께 모이기도 불가능했던 때이기도 하다.

당장 1월 23일에 그는 『라 프티트 레퓌블리크』에 성명서를 발표할 수밖에 없게 된다. "본인은 11구의 투사들에게 본인이 예고한 오늘 저녁 회합에 참석할 수 없음을 사과한다. 대단히 유감스럽게도 목이 꽉 잠겨서 그럴 수밖에 없다."

그때까지만 해도 그는 며칠만 불편하면 될 거라고 믿었다. 그러나 통증이 더 심해져 거의 알아들을 수 없는 정도로 목소리가 꺼져들었다. 신문에서는 조레스가 중태여서 아마 앞으로 말을 할 수 없을 것이라며 성대에 종양이 생겼다고 흘렸다. 정양을 해야 하는 조레스는 다시 성명서를 발표하라는 충고를 듣게 된다. "본인은 후두에 심각한 증세가 생겨 부득불 앞으로 몇 달 동안은 일체의 연설과 공공집회 참석을 절대 삼가야 한다. 상당히 장기간이 되겠지만 본인이 참여하기로 한 그룹들과 약속을 지킬 수 없으니 양해를 간청한다."

그가 얼마나 당황했을지 짐작이 간다. 전국이 '수도회'를 테마로 뜨거운 정치논쟁으로 달아오르고 교황 레오13세가 "수도회에 종교적 자유는 필수불가결하다"고 환기시키면서 개입한 이 시기에 그는 정말 할말이 많았다. 1902년의 결정적인 선거대결을 위해 정치세력들이 집결하는 중대한 순간이었다. 블록이냐 반동이냐? 교권파냐 반교권파냐? 좌파냐 우파냐?

동맹과 보수파 그리고 가톨릭교도들의 '자유주의민중행동'은 단단히 뭉쳐 하나의 세력을 형성했다. 그 맞은편에는 위원회를 통해 자발적으로 모인 개인들밖에 없었다. 그리고 민주공화동맹(루비에부터 바르투, 푸앵카레, 레그, 발덱–루소 자신까지)이 있었는데 이들이 금융계와 선이 닿는다는 것은 잘 알려져 있었다.

그러나 이 유년기의 공화국을 튼튼히 하기 위해서는 약소한 지방의 반교권파 유지들을 모두 재결집하여 하부세력을 만들어나가야 했다. 이들은 철저한 공화파이며 카미유 펠탕이 말했듯이 "사적 소유 제도에 열렬하게 집착했기 때문에 그 폐지를 준비한다거나 착수한다는 것은 생각할 수도 없었다."

이 사람들은 급진공화파–급진사회주의 당에서 카미유 펠탕과 레옹 부르주아를 중심으로 모여들었다. 공화국 최초의 이 정당은 1천 개 가까운 지방위원회와 5만여 명의 당원 및 상당수의 유력인사와 프리메이슨으로 구성되어 있었다. 그리고 1901년 6월 23일에는 파리에서 제1차 당대회를 개최했다. 권력과 사회의 톱니바퀴 안에 실재하고 공화국에 압력을 행사한다는 의미에서, 공화국 최초의 조직화된 정당이라 할 수 있었다.

조레스는 매일 급진당의 결성과정을 예의주시했다. 이 당이 공화국을 위해 결정적인 역할을 할 것임을 포착했다. 다음 선거에서 카르모의 급진파 도의원들과 명사들이 지지 캠페인을 해준다면 당선될 수 있을 것이다. 상황이 이렇게 되면 많은 선거구에서 사회주의자든 급진주의자든 유리할 것이다. 블록이 승리할 수 있다.

그러나 동시에 깊은 회한이 들었다. 이 같은 추동력을 발휘할 수 있고 또 해야 하는 거대 통합사회당은 어디에 있는가?

통합에 대한 강박관념, 이 고뇌는 그에게서 떠나지 않았다. 갈라져 나가서 조직들이 결성되는 이런 정치풍토 속에 사회주의자들이 있게 되었다. 다만 지금 그는 말을 할 수 없을 따름이다. 그래서 글을 쓰기로 한다. 서문이나 기사를 썼다. 또 니체처럼 인정받고 있는 새로운 저자들의 책을 읽었다. 일부 젊은 지식인들은 니체에게 푹 빠져 있었다. 그 밖에도 프랑스혁명에 관한 연구를 계속하였으며, 몇 달 전에 나온 초교본은 이제 책의 꼴을 갖추어 출판될 것이었다.

하지만 조레스는 일에 몰두했다. 루이즈는 아이들을 데리고 브술레로 돌아갔다. 어린 딸 마들렌이 학업상태가 양호하지 못해 몰리에르 리세에서 도로 데리고 와야 했기 때문이다.

이 가정생활은 조레스의 손을 벗어나 있었다. 그는 루이즈가 친정부모인 부아 부지사 내외를 믿고 내리는 결정들을 관대하게 받아들이며 따랐다. 장인장모는 사위의 정치적 진화에 전혀 반응하지 않으면서 적대적이었다. 그래서 조레스는 브술레에 머물 때는 주목을 받는 일이나 갈등을 일절 피하기 위해, 카르모와 알비에서 노동자 동지들이 찾아오면 주로 집에서 멀리 떨어진 곳에서 만났다.

조레스는 비판적이고 적대적이기까지 한 이런 분위기에 맞서지 않았다. 전통적인 남자답게 집안일은 안에서 처리하도록 처신했다. 그는 아내와 충돌하거나 언쟁하는 것을 피했다. 상대방을 존중하는 것도 있었지만 진짜 중요한 일은 바깥의 다른 문제들이었고 또 아내라는 여성은 전통적 책무에 갇혀 있는 이상 사상적으로 대결하여 남편의 이상과 투쟁을 공유하도록 이끄는 것은 그리 중요하지 않았다. 혹은 그러려면 초인적인 노력이 요구되었으며 조레스의 애정 개념이 아닌 다른 유형의 애정이 필요했다.

가정에서 그는 권력뿐 아니라 권력에 대한 참여도 포기하고 서재에 파묻혀 원만하게 지내며 평화를 찾기만 원했다.

이런 관점에서 그는 샬레 가에서 편안하게 잘 지냈다. 파시의 이 조용한 구역을 그는 좋아했다. 뒷짐을 지고 나무들 사이로 천천히 걸으면서 이따금 걸음을 멈추어 강아지나 고양이를 안아주기도 했다. 그는 친구들에게 이렇게 속내를 털어놓았다. "나는 책을 읽거나 글을 쓰지 않을 때는 초록색을 볼 필요가 있어. 나뭇가지의 흔들림이나 구름의 형태, 새가 날아가는 모습을 보면 마음이 풀어지면서 정말 평안해지거든."

이 구역은 그의 휴식처였다. 가끔은 길게 뻗은 오퇴이유 체육관이나 멀리 센 부두까지 갔다.

그러나 조레스에게 반드시 필요한 이런 긴장해소의 기회는 어쩌다가 찾아왔으며 그조차도 잠시였다. 상황을 직시하고 통합의 길로 다시 접어들어야 했다. 조레스가 보기에 그 어느 때보다 통합이 필요했다.

그런데 분열은 더 심해졌다. 리옹의 폴리-베르제르 회의장에서 개최된 제3차 사회주의조직대회에 게드주의자들은 참석도 하지 않았다. 그들의 신문 『르 프티 수』는 조레스와 그 동료들 그리고 밀랑, 브리앙, 비비아니 같은 자들을 '각료 망상증'에 빠져 발덱-루소를 옹위하는 데 혈안이 되었다고 비웃었다. 그들의 눈으로는 인정할 것이 아무것도 없었다. 반교권주의? "그것은 근로자들을 뭇 정치와 종교예속의 어머니인 경제예속에 대한 투쟁에서 떼어놓으려는 자본가계급의 새로운 책략이다. …부르주아 체제에서 단 하나의 진지한 반교권주의는 반자본주의"라고 그들은 말했다.

조레스는 "사기꾼이고 거짓말쟁이"였으며 입각주의자들은 더러운 사람들이었다.

게드 지지자들과는 가까운 장래에 통합을 꿈꾸는 것조차 가능할 것 같지 않다.

그러나 폴리-베르제르 대회장의 연단에서 조레스는 목의 통증으로 가만히 있을 수밖에 없었는데, 이번의 분열은 달랐다. 독립사회주의자들(조레스, 브리앙) 그리고 바이양과 가까운 '블랑키주의자들', 알만파, 브루스 지지자들만 대표가 되었다.

대회가 열리자마자 집산주의대학생그룹의 젊은 서기 아메데 드 라 포르트가 발언권을 요구하여 대단히 거칠게 '밀랑 문제'를 제기한다.

조레스는 사방에서 죄어오는 듯하다. 사회주의 집단들 각각이 끝도 없는 내부투쟁으로 좌파와 우파를 만들어내고 좌파는 분파주의에 갇혀서 배제를 모색하는 것만 같다. 조레스가 개입한다. 한 증인은 그가 "신경이 날카로워진 임산부" 같았다고 표현한다. 조레스는 대학생들을 향해 자기 "등에 칼을 꽂았다"고 말한다. 롱게가 울음을 터뜨린다. 학생그룹의 안은 거부된다. 그러자 장내의 일부가 자리에서 일어난다. 다시 고함이 터지고 바이양 지지자들은 〈인터내셔널〉을 합창하면서 다른 대의원들을 데리고 대회장을 나가버린다. 연단에서 사력을 다해 온몸으로 절규하는 조레스의 얼굴이 시뻘겋게 달아오른다. "한 분파의 이탈로 사회주의 프랑스가 위축되지는 않는다."

그러나 이제 통합은 물 건너갔다는 것을, 자신이 실패했다는 것을 그는 알고 있었다. 게드주의자들은 『르 프티 수』에서 동지들을 찾아 헤매는 고독한 기사에 불과한 이 "은자 베드로"를 조소했다. 게드의 신문은 자신들의 공격을 마감하기 위해서 특히 파르부스 헬판트(동유럽 사회주의자), 로자 룩셈부르크 같은 외국 사회주의자들의 문건을 공개함으로써 자신들의 공격을 완성했다. 그들은 조레스가 초조한 나머지 '대중들의 인기'에 영합하고자 스스로 혁명의 진지를 떠나버렸다고 비난했다. 게드에 따르면 이는 배신이었다. 조레스는 입각파 사회주의자들과 함께 자신들이 파놓은 '함정'에 빠져버린 것이다. 그들은 사회주의 깃발을 "식민지 약탈과 파업에 대한 무력대응"으로 뒤덮었다. 그들은 "급진파보다 더 나빴다." "그자들은 사회주의 강령의 조항들을 폐지했고 급기야 부르주아지와 그 패거리들이 지난날 전우들을 향해 진격하게 했다."

견딜 수가 없다. 도저히 참을 수 없다. 너무나 부당하다. 그런데 받아들여야만 했다. 게드와 바이양을 중심으로 "국제프롤레타리아조직의 분파인 혁명사회주의 조직"을 대표하는 철저한 중앙집권적 당, 프랑스사회당이 (1901년 11월 3일 이브리에서) 결성되었다. 조레스에게 그리고 "장관자리를 위해 프롤레타리아의 권리를 팔아먹으려고 한 범죄자들"에게 무섭게 적대적인 당이었다.

증오심, 비열함. 이런 프랑스사회당에 맞서서 조레스를 중심으로 "사회변혁과 공화파 수호를 위한 당" 프랑스인사회당을 부득불 (1902년 3월 투르에서) 결성하게 된다. 상호 경쟁적이고 적대적인 이 두 사회주의당의 분열만 있었던 건 아니다. 이편에도 저편에도 가담하지 않고서 단일한 거대한 흐름을 건설할 통합이 도래하기를 기다리는 8개 연맹의 존재도 확인된다.

1901년 5월, 조레스는 폴리-베르제르 회관을 나와 리옹의 골목길을 걷고 있다. 회관의 문은 닫히고 테이블 위에는 타다 남은 담뱃재와 서류들만 어지러이 널려 있다.

목이 욱신거리고 말할 수 없이 참담하다. 온몸에서 힘이 다 빠져나간 듯하다.

"우리는 좁디좁은 골목으로 들어섰다. 서로 대치하고 있는 지붕들 사이로 우리에게 똑같이 빗줄기가 떨어졌다"고 조레스는 말한다.

머리와 몸은 천근만근이고 걸음은 느릿느릿하다.

"조금이라도 몸을 말리려면 사회주의 통합의 해가 반짝 떠야 했다."

목은 불에 덴 듯 욱신거렸다. 그때 그와 마주친 사람이라면, 절망과 함께 흔들리지 않는 결단이 서린 얼굴과 천진한 눈빛의 맹렬한 에너지가 느껴지는 이 사람, 골똘히 산책하는 이 사람이 누구인지 이상하게 여겼을 것이다. 묵직한 턱에서는 결연함이 느껴진다. 투사의 턱이다. 명징한 눈빛은 꿈을 꾸는 듯하다. 아마 그는 몇 달 전 1900년 8월에 독일 사회주의자 빌헬름 리프크네히트의 서거에 임해 썼던 추도사를 기억하고 있었을 것이다. 그는 말했다. "우리는 인류의 이 진부함을 비탄하느라고 지체하지 않을 것이다. 인류는 이 세상을 떠난, 수고하고 투쟁하는 사람들의 의로움이 인정받기를 기다린다."

조레스는 자신이 수고하고 투쟁하는 그 사람들 중 하나라는 것을, 하나이고자 한다는 것을 알고 있다.

그는 계속한다. "우리는 당파들의 못된 신념을 비난하느라고 지체하지 않을 것이다. 당파들은 그들의 적과 그들 사이에 주검이 쌓여 거짓과 중상 앞에서 우리가 포기하기를 기다린다."

그는 리프크네히트에 대해 말하지만 자신을 배신자라고 비난하는 그들, 사회주의자들을 생각한다.

"고립된 몇 사람의 높은 도덕성이 돌이킬 수 없는 양심의 타락을 충분히 막아낼 때가 있다."

오직 기댈 데라고는 도덕성과 개인 그리고 그 사람의 의지. 조건이 있다. "언제나 진실, 오직 진실, 모든 진실."

진실? 조레스의 원칙은 누구에게나 그것을 말하는 것이다. 우선 그에게 그리고 정치질서 안에서 가장 소중한 사회주의자들의 통합.

그는 1901년 11월 17일 샤를 페기에게 보내는 편지에서 이를 말한다. 이젠 끝난 열정적인 관계에 대한 마지막 표현이다.

"내가 사회주의자들의 분열은 천박하다고 말한다면 필경 당신은 '신비한 통일'의 광기를 지녔다고 나를 책망할 것이다." 페기가 이미 매서운 비판을 하는 것을 조레스는 알고 있다. 사회주의자들 사이의 분열은 "방법론에 대한 중대한 오해에서 비롯된다"며 조레스는 견해차이를 인정한다.

더 이상 공상을 해서는 안 된다고 조레스는 말한다. "자본주의가 대번에 망하기를 기다리고 프롤레타리아가 단숨에 부상하기를, 아니면 부르주아 사회의 정치적 대변동을, 또 아니면 부르주아 생산의 대대적인 동요를 기다리는 데서부터 잘못은 시작된다."

조레스에게 "대혁명의 날"은 없다. 바로 이것이 개혁을 받아들일 수밖에 없는, 지극히 어려우면서도 완강한 진실이다. 밀랑이 이름난 각료로서, 프랑스 군의 대규모 작전을 참관하러 온 러시아 왕족들을 영접하는 환영연에 참석하는 것은 유감이지만 어쩔 수 없다. 어쩔 수 없다. 이 역시 치러야 할 대가이다. 진실을 말해야 한다. 밀랑에게. 러시아 왕족들의 불안감을 온 나라에 알려야 한다.

"덫에 걸린 새처럼 불쌍한 황후의 겁에 질린 시선, 쉴 새 없이 좌우로 고개를 까딱까딱하는 황제의 발작적인 신경증, 도대체 어떻게 된 일인가?—환영연에서 이 모습을 보고 카이요 장관이 혼자 생각한 것이다. 두 사람 다 자신들을 둘러싼 공화파들이 이제나저제나 혁명재판을 하려나 잔뜩 겁을 집어먹은 것 같았다….

러시아 프롤레타리아 지식인들을 잔인하게 학살한 바로 그 다음날 공화파 국방장관이 차르를 초청하여 장차 학살을 위해 훈련한 병사들을 사열하게 하다니!"

그리고 실제로 랭스 근처의 베티니 기지에서 10만 대군이 차르 앞에 도열해 있었다.

"유럽의 지도층과 연결된 대제국의 지도층이 경멸할 존재들이란 것"(카이요)을 알고—말하고—"프랑스를 더 엄청난 곤경으로 점점 빠져들게 할 양국의 이 같은 정치논리"에 대해 방비를 하려는 것이었다.

1901년부터 차르의 러시아와 동맹 결과를 예상했지만 콩피에뉴 성(城)의 살롱들에서 차르 주위를 맴도는 밀랑을 비난하지 않는 조레스의 혜안.

현실주의이다. 왜냐하면 공화국은 다양한 의견이 존재하며—이 역시 말해야 할 진실이다—"사회주의는 소수에 의해 강제될 수 없고 강제되어서도 안 되는 것"이기 때문이다.

알려야 할 진실이 있고, 있는 그대로 보아야 할 사건들의 진실이 있다. 조레스의 사상은 이 축을 중심으로 일관성 있게 전개된다.

1901년 몽소-레-민의 광부들이 파업에 돌입하자, 그는 회사에 임금인상을 요구하는 이들의 주장을 지지했다. 그러면서도 이 영역에는 개입하지 않고 퇴직금과 노동시간 문제에 대한 광부들의 요구사항을 다루는—조레스는 기뻤다—데 그치는 발덱-루소를 인정했다.

광부들이 정부가 몽소에 군대를 파견한 데 맞서 총파업을 선언하자, 조레스는 총파업을 비난했다. 그리고 당연히 게드주의자들의 격렬한 비난의 대상이 되었다. 그러나 그는 노동총동맹의 기관지 『민중의 소리』를 통해서 노동자들을 향해 길게 해명한다. "그들은 더 이상 프롤레타리아들에게 '총을 드시오'라고 말하지는 않는다. 하지만 그들은 처음에는 합법적이던 총파업이 이윽고 총으로 무장하게 된다는 걸 알고 있다. 그것이 '혁명의 작위성'이다."

혹은 "혁명은 선언한다고 해서 되는 것도 아니며 만들어지는 것도 아니다." 훨씬 앞서나갈 수 있다. 활동을 가로막고 "삶을 갈가리 찢어놓을" 수 있으며, 이것은 "대통합에 대한 자각이 있어야만 가능한… 삶의 향상"인 혁명과는 정확히 반대이다. 이어서 가차 없이 결론을 내린다. "궁지에 몰린 역사의 최후 방편인—예측할 수 없는—발작적 감정폭발이 아니라, 오늘날 사회주의에는 최상의 방법이 있다. 합법적으로 다수를 쟁취하는 것이다."

진실에 재갈을 물리고 대회에서는 명백한 사실에 대해 기존 입장만 고수하는 것은 닫힌 행동이다. 공화국, 보통선거, 합법성, 다수, 개혁. 조레스의 정치노선은 구차한 핑계 없이 선명하다.

그의 정치노선은 인간과 역사 개념에 근거해 있다. 이 점에서도 그는 진실을 말한다. 모든 관념은 전진한다는 것을 확신하기 때문에 그것을 표현하려 한다.

하원에서 사회가톨릭의 알베르 드 멍은 결사에 관해 토론하던 중 소리를 친다. "당신들이 통치하는 20년 동안 당신들은 교육과 법에 관한 모든 장치를 장악했다. 그런데 당신들이 인민들을 비기독교도로 만드는 데 몰두한 사이에 갑자기 종교부활 운동을 고지하는 지식인집단이 나타났다. 당신들은 법과 법령으로 이 운동을 막을 생각을 했다. 당신들이 실수한 것이다. 그것은 당신들보다 훨씬 강하다."

비록 드 멍이 과장한 점이 있고 또 발덱-루소의 의도가 그 정도까지는 아니라 하더라도, 이 발언은 이미 조레스가 드레퓌스 사건이 지식인들의 싸움으로 한창 고조되었을 때 시사했던 현실을 표현한다.

다른 사조들도 불안스럽다. 제네바급진당 당수와 교육장관의 초대로 제네바에 가서 1902년 2월 17, 19, 21일에 강연할 때 '니체 철학과 사회주의'의 관계를 주제로 한 것은 그 때문이다. 연사에게 대학 강의실은 너무 협소했다. 그래도 빅토리아 홀에서 가진 강연에서 그는 로마제국의 멸망에 관해 예리하고 해박하게 니체에게 대응하면서 '기독교'의 신경증보다 '네로의 신경증'을 한층 부각시킨다.

특히 그는 인류에 대해 개인을 공세적으로 주장하는 것을 인정하지 않는다. 개인주의자 조레스가? 그렇다. 그는 분명하게 말한다. "모든 인간 개개인은 완전히 성장할 권리가 있다." 그러나 우리는 인류와 단절되어서는 안 되며 "우리는 인류 전체가 초인이 되기를 바란다."

유토피아인가?

1901~1902년 증오와 험담과 비방이 난무하던 이때 조레스는 인간에 대한 이 같은 신념을 더더욱 확인하고 자아의 오만 속에서 고립되어 타인들과 단절하는 것을 거부할 필요가 있었다. 아무도 그의 목소리를 막을 수 없는가? 정치생활에서 그는 영향력이 있는가? 이 사람의 저 깊은 속까지 파고들어야 한다. 사생활까지.

그런데 공격은, 우파 적수들이 맨 먼저 하지 않았다.

모든 것은 그해, 1901년 7월 7일 일요일에 시작되었다. 그날 마들렌 조레스는 시골 부르주아의 품위 있는 전통에 따라 알비의 빌프랑슈에서 화려하고 엄숙한 영성체식을 축하했다. 흰 옷을 차려입고 온 가족이 함께 브슐레에서 식사를 했다. 『세속학교』라는 정기간행물에 한 퇴직교사의 이름으로 글이 실리지 않았다면, 그저 흔히 있는 사적인 자리였을 터이다. 툴루즈—조레스는 이곳의 시장보로 있을 때 그에게 신용대출을 거절한 적이 있었다—에서 교사로 지냈던 그 사람이 "믿을 수 없는 일이지만 사실이고… 참으로 개탄스럽게도 사실"이라는 사건을 폭로한 글이다. 이야기는 집요하게 세속학교가 있는데도 마들렌 조레스를 "알비 교구 빌프랑슈의 수녀들"에게 맡겼다고 물고 늘어지면서 "이것이 '사회주의 지도자' 조레스 씨 딸의 교육현황"이라는 내용이었다.

원한, 험담, 허튼소리들. 그러나 조레스가 사회주의자들의 거센 비난의 대상이 되고 또 전국적으로 수도회 수호자들과 반성직주의자들의 대결이 날로 치열해지는 상황에서, 매일 『라 프티트 레퓌블리크』를 통해 자신의 입장을 밝히고 모든 진영—우파, 극좌파—의 수없이 많은 반대자들의 표적이 되고 질시하는 자들과 경쟁자들이 호시탐탐 그를 노리는 이때, 그런 메아리는 멀리 퍼져나갈 수 있었다.

조레스는 『세속학교』에 실린 글을 소홀히 하지 않았다.

그는 사생활에서도 진실을 실천했다. 7월 11일 다음과 같이 해명한다. "나는 이미 내 아내가 기독교 신자라고 말했었다. 그래서 아이들 교육을 위해서는 기독교 신자인 어머니와 사회주의자이고 자유사상가인 아버지 사이에 타협이 필요했다…"

『라 프티트 레퓌블리크』에 이 구절을 쓰면서 아마 그의 심정은 참담했을 것이다. 개인사를 드러내지 않고 염치를 차리는 그가 사생활의 문을 활짝 열어 호사가들과 적들과 구경꾼들이 자신의 내밀한 영역으로 들어오는 것을 내버려두어야 했다. 이미 로슈포르의 공격을 받은 뒤로 이 주제에 관해 밝혔다. 그것을 다시, 자기 아이들은 줄곧 일반학교를 다녔다고 확인시켜 주어야 했다. 그러나 "나는 아이들이 어머니의 지도 아래 예배에 참석하는 것을 금할 권리는 없다고 생각했다…"

이것으로 충분한가?

먹이를 노리는 뭇 신문기자들이 조레스를 물어뜯었다. 어떤 이들은 그가 유산을 가로채기 위해 가톨릭을 믿을 뿐이라고 중얼거렸다. 또 어떤 이들은 그에게 원칙을 지키지 않고 비열하다고 말했다. 빈정거림과 그럴 줄 알았다는 미소를 흘리며 비난을 던졌다. 아내의 변덕에 놀아나는 "불쌍한 조레스!" 조레스에 적대적인 사회주의자들은 그가 도덕적으로 순수하지 않다고 문제삼았다. 발덱-루소의 지지에서부터 마들렌 조레스의 영성체식까지 논리적으로 연결된다고 말했다. 조레스에 반대하는 집회를 열자는 캠페인까지 준비되고 있었다. 드레퓌스파 저널리스트 위르뱅 고이에는 『로로르』에 "조레스 사건"이라고 이름붙인 일련의 글을 쓰기 시작했다. 그것은 집요한 증오, 스스로 문학적으로나 대중적으로 위대한 운명을 지녔다고 믿었다가 점점 한 신문의 고정란에 갇혀버리게 된 낙오자들의 극단적인 파괴의지를 드러내었다.

고이에는 알비 교구의 빌프랑슈 사제에게 편지를 보냈고 사제의 순진한 답변을 공개하면서("조레스 양은 깊은 감화와 경건한 마음을 보이며 첫 영성체식을 치렀습니다") 조레스의 반격에 분개했다.

조레스 쪽에서 논쟁적인 짧은 글이나 연설들을 통해서 자신을 공격하는 사람들에게 덤벼들었기 때문이다. 이를테면 로슈포르에게 그 "늙은 페스트 환자", 그 "상놈", 그 "험담꾼"이라고 퍼붓는 식이었다. 또 조레스를 지지하는 제로-리샤르는 레옹 도데와 결투를 하게 되었고—상처를 입혔다. 고이에는 조레스를 '좌측'에서 공격해 들어가면서 공세의 수위를 높일 따름이었다. "조레스 씨는 성역인가? 가장 역겨운 죄와 배신이 모두 다 더할 수 없이 과장된 궤변으로 정당화되는가? 명시적이든 묵시적이든 총살, 범죄인 인도, 경찰의 폭력과 연결되어 있고 마침내 빌프랑슈 교회에서 혁명 프랑스에 도전하는 조레스. 시민들은 그를 심판할 권리가 있고도 남음이 있다!"

고이에의 목표는 분명했다. 조레스를 둘러싼 인기, 고이에 같은 사람으로서는 참을 수 없는 이 인기를 깨부수어야만 했다. 그는 정치적 질책과 사적인 사건을 교묘하게 배합해서 조레스의 적대진영을 흔들어놓으려고 했다. 조레스를 높게 평가하지만 그가 발데-루소 정부를 지지하는 데 불편을 느끼는 이들을 노렸다.

그간 집요하게 도모해 오던 대규모 작전이었다. 결점을 찾아내기가 너무나 어려웠던 조레스인데 마침내 꼼짝 못할 덜미를 잡았다고 믿었다. 더구나 이건 도저히 용서할 수가 없다. 그 까닭은 고이에 같은 자나 조레스를 물고 늘어지는 사람들의 격분에는 반대자들을 제거하려는, 조레스 같은 사람이 존재할 수 있다는 가능성조차 부정하는 살상의 욕망이 담겨 있었기 때문이다. 그의 실존이 그들에게는 질책이었다.

이로써 조레스는 자신의 의지와 상관없이 어떤 집단 전체—좌파와 우파 모두 독설과 공격을 퍼부었기 때문이다—가 누군가를 처단할 본보기로 삼을 때의 희생양 역할을 맡는다. 누군가 진실을 말하고 누군가 선하고 의로우면, 사람들은 사랑 대신 증오하고 죽이려고 한다. 진창 속을 헤집고 다니면서 그 위에 출세가도를 세우기를 거부하는, 너무나도 관대하고 너무나도 다른 기질이 느껴지는 이 사람을 비굴하고 진부한 인간적 조건으로 추락시키는 방식이기도 하다.

이제 고이에는 훨씬 더 나아간다. 그는 『라 프티트 레퓌블리크』가 감옥이나 수도원에서 옷과 모자들을 만들어 판매해서 재정을 확보한다고 단언했다. 그러니 탄압적인 국가와 조레스의 공모가 드러났다는 것이다. 결국 고이에는 조레스의 과거에서 그를 짓뭉갤 소재를 찾게 된다. 그것이 무엇인지 상상해 보라.

1901년 10월 28일, 고이에는 "조레스와 신"이라는 제목의 2단 기사를 실었다. 조레스의 학위논문 『감성세계의 실재』에서 발췌한 20여 개의 인용문으로 작성된 기사이다. 고이에는 다음과 같이 글을 시작한다.

조레스는 세속파라고 주장하는데, 그는 언제나 신이란 말을 펜 끝에 달고 다닌다. 그가 작성하고 출판한 문건이 있다. 문학박사, 툴루즈 문과대학 철학강좌 담당 장 조레스의 『감성세계의 실재』인데, 파리의 펠릭스 알캉 출판사에서 간행했다. 이 책을 일별해 보자. 33페이지, "인간의식은 신을 필요로 한다…" 58페이지…. 그리고는 결론을 맺기 전에 또 한 문장을 인용한다. 물론 이 철학적 횡설수설은 별것 아니다. 저자의 유일한 목적은 한 페이지에서 신이란 말을 열 번 반복하는 것이다. …그런 페이지가 370페이지나 된다.

10월 31일, 조레스는 몇 줄로 고이에에게 답변한다. 『라 프티트 레퓌블리크』에 "무지"라는 제목으로 실린다.

고이에 씨는 지금까지 자신은 사회주의가 무엇인지 한마디도 모른다는 것을 증명했다. 자기가 철학에 관해 하나도 모른다는 것을 이제 드러내는 것이 이롭다고 믿는다. 그는 내 책을 이해도 못하면서 단편적으로 인용한다. 『감성세계의 실재』에서 나는 스피노자의 관념적 범신론과 헤겔의 현실적 관념론의 화해를 시도했다. 그런데 고이에 씨는 그것이 자유사상의 노력이며 이성의 강조임을 잊어버리고, 모든 종교와 모든 도그마에서 해방되어 글을 쓸 나의 권리를 부정한다.

조레스는 이처럼 사상 면에서 공격을 해올 때면 훨씬 침착해진다. 게다가 그의 책이 널리 알려져서 몇 달 후 1902년에 재판을 찍게 된다. 초판의 텍스트를 글자 하나도 바꾸지 않는다는 조건 아래 조레스의 동의를 받아서.

이 논쟁과정에서 조레스가 가장 불쾌했던 것은 사회주의자전체위원회에 출석해야 한다는 의무사항이었다.

첫 회의는 몸이 아파서 참석하지 못했는데, 사람들은 비웃으면서 그가 피하는 것이라고 우겼다. 급기야 그를 고소하기까지 했다. 6주일간 이어진 포르트푸앵 거리의 회의에서 조레스는 설명하고 정당성을 입증하고 사람들을 설득시켜야 했다. 몸은 지칠 대로 지치고 목이 계속 부어올라 목소리가 쉬고 말을 제대로 할 수 없을 지경이었다. 그의 병이나 수줍어하는 성격을 동정하는 사람은 아무도 없었다. 그들은 정치적 방향이나 사건 자체에 대한 설명보다는 막무가내로 해명을 요구했다.

그가 속한 당파 내에서도 희생양의 메커니즘이 작동하고 있었다. 무사무익하며 교활함을 거부한다는 것이 잘 알려진 선량한 사람을 어떻게든 괴롭히려는 이 집요함.

네가 그저 그런 인간일 뿐이라는 것을 입증하고, 너 같은 인간은 존재할 수 없고 존재해서도 안 된다는 것을 확실히 하기 위해 죽어라. 그리고 우리가 제시한 증거가 완벽하다는 것을 알리기 위해 너를 제단에 바칠 것이다. 그런 다음 우리는 세상의 잔인함의 증거요 우리의 비열함을 정당화시켜 줄 너의 상실에 눈물지으리라. 조레스는 지금, 자신이 감당해야만 하고 동시에 자신을 인정하는 표시인 이 반동 앞에 서 있다. 그는 일종의 '선택된 자'였다.

사회주의자전체위원회는 여러 차례 회의를 열어 심의한다. 누가 고발되었다는, 흥미를 불러일으키는 심의이다. 그것도 최고로 일컬어지던 자 아닌가. 조롱이 쏟아진다. 이름난 이 사람, 터무니없는 상황에서 아내에게 양보했다고 자백한 이 웅변가를 구경하려고 사람들이 몰려든다. 겨우 이런 게 조레스로구나. 얼굴은 경련으로 씰룩거리고 기계적인 몸짓하며, 온몸으로 피로와 절망감을 말하는—우리와 다를 바 없는—약점투성이 사람이구나. 그가 당이라는 이 인간집단에 어떤 대가를 감수하고라도 참여하기로 수락한 결과가 이것이라고, 사회주의의 신념을 뿌리 깊이 체득하고 있기 때문에 이런 상스럽고 어처구니없는 짓거리를 견딜 수 있을 거라고, 속으로 중얼거리는 사람조차 없다. 그를 향한 공격은 결국 만장일치로 그의 죄를 사하는 것으로 끝나며, 얼마 후 전체위원회는 권력남용으로 해체하게 된다.

이 사건 때 당이나 당간부와 당원들 사이에서는 불안한 기류가 감지되고, 가혹하게 취조한다든가 편협한 관료주의적 도덕으로 치닫는 경향이 뚜렷이 드러났다.

비록 중대한 결과가 있었던 것은 아니지만 이 일은 존엄성과 선택의 자유를 침해하는 일종의 공개재판이었다.

마치 그 심장부에 이 병리학, 이 바이러스가 잠복해 있었던 것처럼, 사회주의에 몸담았다는 소속감과 사회주의 그 자체로부터 '전체주의적인' 사고방식이 자연발생적으로 생겨났다. 조레스는 오래전부터 바로 이것에 대항해왔다. 그리고 이 사건을 결산하면서 그는 다시 맞섰다. 원칙을 도출하고 사실로부터 출발하자. "여자들은 여전히 가톨릭 전통에 집착한다"는 것을 확인한다. 자유사상가인 남편은 억지로 온 가족에게 자신의 발전적 변화를 강요해야 하는가? "가정이라는 공동체의 기반을 이루는 화해를 깨뜨려야만 하는가?"

조레스는 거부했다. 이 사건이 있은 뒤로 갖은 조롱과 악의적인 왜곡과 위선적인 거짓말이 자신에게 쏟아졌다고 그는 말한다. "나는 극도의 불안과 그 같은 문제로 혼란한 틈을 타서 오로지 적을 무너뜨리고 전우를 깎아내릴 기회만 찾는 이들을 개탄한다." 그들의 압력에 굴하지 않을 것이다. 그는 가정이나 국가에서 낡은 신념들을 폐지하기 위해 폭력에 의지하는 것에 반대한다. 심지어 모욕이라 일컬어지는 폭력의 형태도 거부한다. 그는 계속 말한다.

그리스도를 외양간에
성모마리아를 쓰레기장에

〈레 카르마뇰〉의 이 후렴은 "그 상스러움 때문이 아니라, 이성의 자유를 표현하기보다 나약하고 무기력한 반항을 드러내는 것처럼 보이기 때문에" 그에게는 언제나 충격을 준다.

신을 모욕하는 언사의 오랜 전통을 계승한 많은 사회주의자들에게서 찾아볼 수 있는 저속하고 냉소적인 반성직주의에 그는 조금도 양보하지 않는다. 그들을 비난하지는 않는다. "많은 사람들이 그들 스스로 해방되었다고 깨달을 때까지 모욕을 가할 필요가 있다."

이렇게 그는 '나약한' 태도를 사절한다. 있는 그대로 존중받기를 소리 높여 강하게 주장한다. "나는 누구에게나 인간애를 요구할 권리가 있다."

이 견디기 어려운 수주일 동안 한 순간도 조레스는 굴복하지 않았다. 마음에 상처를 입고 원한에 사무치고 절망하고 격분을 느끼면서, 조레스는 이 사람 저 사람에게 자신이 생각하는 바를 말한다. 조용히. 그는 사회주의자이다. 사회주의자들 속에서 싸우고 있다. 인간은 인간이다. 진부하다. 맹목적이다. 그러나 그들은 인간의 얼굴을 가졌다. 우리는 그들과 함께 그들을 위해 싸운다.

한편 선거가 1902년 4월 25일이었다. 제3공화국이 지금까지 치른 선거 중에서 아마 가장 치열한 선거가 될 것이다. 두 진영이 정면으로 대립했다. 누구나 어느 한편에 서야 했다. 공화파 대 반동이다. 양 진영의 정의는 간략하지만 무시할 수 없었다. 푸앵카레 같은 온건파도 '좌파'와 함께할 수밖에 없었다. "왜냐하면 반동주의자들에게는 그들과 한편이 아닌 것은 곧 그들을 반대하는 것이기 때문이다." 그러나 선거가 끝나면 어떻게들 동맹을 맺을 것인가?

조레스는 수년 안에 재결합들이 이루어질 것임을, 더 이상 공화국은 위협받지 않기 때문에 사회주의자들이 이번에는 스스로를 위해 자제하는 모습을 보여야 한다는 것을 잘 알고 있었다. 선거를 한 달 앞두고 이렇게 말한다. "나는 선거가 끝난 다음날 사회주의자를 부르는 정부는 모두 그리고 이 부름에 응하는 사회주의자는 모두 노동계급의 직접적인 적으로 간주할 것이다." 아마 이것은 전술적인 입장과 관계가 있을 것이다. 게드주의자들이 조레스

당의 사회주의자들에게 다가갈 수 있도록 하는. 하지만 그럴 가망은 전혀 없어 보였다. 게드의 프랑스사회당은 단독으로 선거에 임했다. 심지어 게드 쪽의 한 후보는 조레스와 맞붙게 된다.

그러나 1902년 4월 카르모에서는 누구도 조레스에 대항하기 힘들었다.

도시에서는 솔라주 후작에게 복수를 하려고 했다. 여전히 솔라주는 출마하여 똑같은 방식을 썼다. 사람들이 먹고 마시는 돈을 치르느라 1898년 선거 때보다 비용이 25%나 더 들었다. 십장을 비롯하여 돈으로 매수한 지지자들에게 둘러싸여 농촌의 면들을 누비고 다녔고, 어디를 가든 한결같은 주제를 끄집어내었다. 재산과 교회, 특히 자신이 제공할 수 있는 일자리. 그리고 친구들조차 비난하는 인물이라며 조레스를 단죄했다. "저들이 조레스에 대해 얘기하는 걸 들어보라. 그가 어떤 사람인지 알게 될 거다."

다만 카르모의 노동자들이 있었다. 1900년 5월에 칼비냐크가 시장으로 재선되었다. 조레스의 승리요, 영광의 역사이다. 사람들은 가만히 있지 않았다. 더구나 지사는 조레스에게 적대적이지 않았지만 이 여당 사회주의자에게도 은근히 우호적이었다. 급진파도 조레스를 위해 선거운동에 나섰다. 순풍이 불고 있었다. 그러나 어느 것 하나도 소홀히 하면 안 되었다.

조레스는 지난 선거운동 때 말 한마디 꺼내지도 못하고 친구들은 곤봉과 돌 세례를 받았던 집회의 기억이 새삼스럽다. 그럴 때면 수모를 겪으며 그 자리를 떠야 했다. 이번에는 후작에 개의치 않고 광부들이 광산에서 내려와 수백 명씩 무리를 지어 조레스와 함께 다니며 선거운동을 하고 있다. 4년 전에 돌팔매질을 당했던, 카르모에서 14킬로 떨어진 부르누나크를 지금은 사람들을 대동하고 찾아간다. 아마 장날이었던가 보다. 다음은 한 증인의 말이다. "비가 억수로 오는데 행렬을 지어 갔습니다. 그 사람은 끝이 보이지 않는 행렬의 선두에 섰어요. 모두 비에 흠뻑 젖어 우들우들 떨며 몹시 지쳤지만 그래도 흥거웠고 열심이었소. 피로를 잊으려고 노래를 부르며 행진을 했죠. 혁명가 후렴을 계속 불렀어요. 왕이라도 그렇게 열렬한 호위는 받지 못했을 거요."

부르누나크에서 후작과 그 패거리들을 맞닥뜨렸다. 장터는 농민들의 고함소리와 서로 밀고 밀리고 치고받으며 힘겨루기를 하느라 어수선하기 짝이 없었다. 하지만 세력의 향방이 바뀌었다. 조레스는 발언할 수 있었다. 4년 사이에—그 사람 덕분에—새로운 정치방향이 절실히 요구되었다. 솔라주 후작은 아직 건재했다. 여전히 고용주였다. 그러나 조레스는 1789년 7월 14일 바스티유 습격 때 후작의 선조인 솔라주 기사가 반란자들에 의해 구조되었던 일을 상기시키며 풍자할 수도 있다. "그후 그 자손들은 카르모의 노동자들을 강압적으로 대하고 있다… 하지만 후작은 패배할 것"이라고 단언한다.

4월 25일 저녁, 가슴을 졸이며 결과를 기다리고 있었다. 밤늦게야 공식 뉴스가 전해졌다. 솔라주 후작 6154표, 조레스 6543표. 조레스의 승리다. 마침내 카르모와 파리—『라 프티트 레퓌블리크』 앞—에서 환호성이 터졌다. 마치 조레스를 위해 중상모략과 악의적인 비방의 진흙탕을 걷어내고 정의가 수립되는 것 같았다.

2차 투표 결과(1902년 5월 11일), 블록은 전국적으로 350석을 차지하면서 쾌거를 이루었다. 그중 210석이 급진파와 사회주의적 급진파이다. 사회주의자들은 48명 선출되었지만, 이 그룹 내 게드주의자들은 거의 모든 지역에서 패배했다. 카르모에서 조레스에 맞서 출마한 후보는 겨우 3표를 얻었다. 게드 자신은 떨어지고 브리앙이 당선되었다.

게드의 프랑스사회당은 유권자의 1/3을 잃었다. 그들은 조레스와 공화파 블록에 적대적인 그의 정책을 따르지 않았다. 이로써 새로운 여당은 반동파보다 80석 이상 앞서게 되었다. 드뤼몽은 재선에 실패했다. 비비아니와 알만, 두 사회주의자도 낙선했다.

그러나 선거의 승리는 개인적인 유감들을 쓸어갔다. 포르트 도레(1896년 연회 장소)에서 열린 승리축하연은 비비아니가 사회를 보았다. 조레스는 "사회주의는 급진당의 첨봉이 되어 전망을 추구해 나가야 한다. 힘에 부쳐 헉헉대는 급진당이 포기할 때까지…"라고 말했다.

이 선거에 참여한 여론(유권자의 21%만 투표를 안 했다)은 너무나도 명백한 이 결과에 깜짝 놀란 것 같다. 사실 1차 투표에서는 양 진영의 표차가 20만 표에 불과했다! 또 다른 사건들이 신문기자들을 바쁘게 했다. 마르티니크 플레 산의 화산분출로 3만 명이 사망했다. 신문들은 루베 대통령의 러시아 방문길도 따라다녔다. 대통령이 귀국하자 발덱-루소는 사직서를 제출했다. 다시 국내 상황이 여론의 주목을 끌어들였다. 언론은 발덱-루소의 정책이 선거를 승리로 이끌었는데 그가 떠난다고 논평했다. 그러나 발데-루소는 현실적인 사람이었다. 그는 카이요에게 이렇게 말했다. "나는 에티켓을 지켜야 한다는 걸 알아요. 새 여당은 그 바닥 사람으로 인정되는 이들이 이끌어나가기를 원할 겁니다…"

루베에게 에밀 콩브를 추천한 것은 발덱-루소이다. "급진파 중에서 다수가 신임할 사람이며 내가 추진해 왔던 방향에 따라 결사법을 시행할 사람"이라고 그는 말했다.

6월 7일 콩브는 급진파 7명으로 구성된 조각을 끝냈다. 카미유 펠탕이 해군장관, 앙드레 장군이 국방장관, 델카세가 외교, 확실히 믿을 만한 정치인 루비에가 재무장관에 임명되었다. 조레스의 소원대로 사회주의자는 한 명도 없는 진용이었다.

이제 조레스는 사회주의자 의원들 가운데 가장 유력할 뿐 아니라 팔레-

부르봉에서 가장 눈에 띄는 인물 가운데 하나이다.

하원을 떠나 지낸 4년 동안 그는 자신의 역할과 권위를 한층 더 넓혔다. 그리고는 다시 의사당의 의원석에 앉았다.

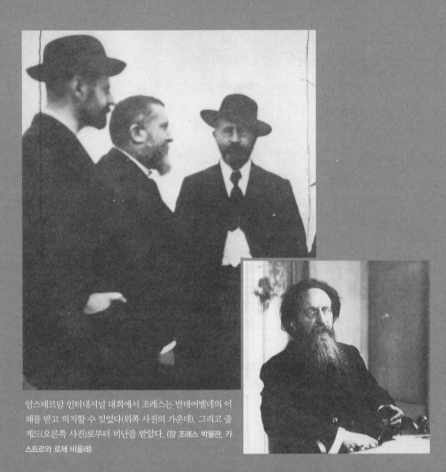

암스테르담 인터내셔널 대회에서 조레스는 반데어벨데의 이
해를 받고 의지할 수 있었다(위쪽 사진의 가운데). 그리고 쥘
게드(오른쪽 사진)로부터 비난을 받았다. (장 조레스 박물관, 카
스트르와 로제 비올레)

팔레-부르봉 근처의 마리우스 식당, 조레스, SFIO 서기인 뒤브뢰유를 알아볼 수 있
고 「뤼마니테」 운영국장인 르노델, 에두아르 바이양, 의원인 루이 부아랭이 보인다.
(장 조레스박물관, 카스트르)

V. 통합을 향해

1902

1906

14 | 조레스 왕 1902/1903

"여긴 아주 근사한 극장이네. 극장이야."

레옹 블룸과 함께 하원 본회의를 참관하러 온 줄 르나르는 의원들 한 사람 한 사람을 눈여겨본다. 의석을 옮겨가며 이 자리에서 저 자리로 바쁘게 돌아다니는 이, 비스듬히 기대앉은 이, 수다를 떨거나 혹은 꾸벅꾸벅 졸고 있는 이, 몇 가닥 남지 않은 머리카락을 빗으로 반듯하게 가르는 이. "나는 자기 머리카락에 그토록 의미를 부여하는 인물을 신뢰하지 않는다"고 르나르는 『일기』에 신랄하게 쓰고 있다. 그는 걸핏하면 불평을 늘어놓는 극좌파의 소리를 경청한다. 조그만 상자들도 보인다. 그 상자에 한 친구가 스물다섯 명의 친구들이 찬성한 쪽에 표를 집어넣는다. 작은 도미노 상자들이다. 흰색은 찬성, 푸른색은 반대이다. 르나르는 데샤넬, 조레스 등 지도급 인사들도 모두 확인하고 "의장단 아래서 의원과 각료들이 모여 단란하게 사담(私談)을 나누는 듯한" 모습에도 이따금 눈길을 던진다.

6월 1일부터 하원의장은 레옹 부르주아이다. 지난 4년간 어려운 직책을 공정하게 지켜온 온건파 폴 데샤넬을 의장직에서 쫓아낸 급진파다. 하원의 데샤넬 거부는 새로운 여당인 좌파블록의 패권이 유지되리라는 것을 시사했다. 줄 르나르는 하원 토론을 죽 지켜보면서 혼란스럽다는 인상을 받았지만 이내 "질서가 있다"고 평한다. 적어도 1/3은 열심히 일하는 의원들이라는 느낌을 받은 것이다.

르나르의 직감은 정확했다. 좌파가 다수를 차지한 이 의회에는 질서가 존재했으며, 조레스는 이에 전혀 낯설지 않았다.

　총리인 67세의 에밀 콩브는 키가 작고 살이 쪘으며 흰 턱수염과 콧수염에 이마는 훌렁 벗겨졌고 호기심이 가득한 눈은 맑게 반짝였다. 주름이 가득해 나이보다 늙어 보이지만 결단력 있는 사람이다. 조레스와 동향으로 타른 출신이다. 카스트르의 신학교를 나와 수도생활을 소명으로 여겼으며 성 토마스 아퀴나스의 심리학을 신학박사 학위논문으로 제출했다. 상급자들이 그를 사제에서 몰아내 종교 콜레주에서 철학을 가르치다가 그후 신앙심을 잃고 의사가 되었고 그 다음에는 지방—퐁스—의 유지로 시장, 이어서 상원의원에 진출했다. 뒤늦게 정치가 또 공직자의 길을 걷게 된 그는 신념이 있는 인물이었다. 강경한 반성직주의자이지만 반종교적인 사람은 아니었다. 이교도나 배교자는 아니라는 뜻이다. 그는 청렴결백하다—그를 호되게 비난하는 경쟁자들도 이 점은 인정했다. 아울러 그는 발덱-루소와 레옹 부르주아 사이의 경쟁을 이용하여 발덱-루소의 후임자로 지명을 받을 만큼 능란했다.

　1902년 6월에 그를 옆에서 지켜보았던 카이요는 이렇게 쓴다. "그는 슬그머니 권력의 세계로 들어가서는 자신의 자리를 보장해 줄 방법이 하나 있다는 것을 간파했다. 결사법을 과격하게 적용하는 것이었다." 다시 말해 그는 종교단체들에 추방령을 내리고 수도회의 교육기관 인가를 거부하게 된다. 한마디로 발덱-루소가 단번에 내리치지 못하고 칼만 휘두른 지점을 그가 재차 내려친 것이다. 1902년 6월 27일부터 120개 수도회 단체들이 문을 닫았다.

8월에는 결사법에 저촉되는 기관은 모두 폐쇄한다는 법령이 발포되었다. 1903년 10월이 되면 수도회 산하 교육기관 1만 개가 폐쇄된다. 이 가운데 절반은 종교색이 없는 간판을 내걸고 다시 문을 열었지만 혼란은 상당했다. 150만 명이 넘는 어린이들이 영향을 받았다.

조레스는 의사당이 편안한 자기 '집' 같다. 매일 걸어서 하원으로 가서 카트르 콜론(4개의 원주라는 뜻)실에서 시간을 보내며 신문기자들이나 또 어떤 그룹에 속했든 가리지 않고 동료의원들과 담소를 나누었다. 위원회에 출석했으며 초선의원 아리스티드 브리앙의 손을 잡고 팔레-부르봉 구석구석을 안내해 주기도 했다. 도서관에도 자주 가서 이 책 저 책 뒤적였다. 그렇게 잠깐이라도 독서—고전작품, 시—를 하면 지적 피로감이 가시고 맡은 바 역할을 할 수 있었다.

그런데 그 역할이 막중했다.

사실 조레스는 좌파블록의 거물 의원, 거의 리더에 가까웠다. 사회주의자들이 정부에 들어간 것이 아니기 때문에 묘한 상황이었다. 그러나 손-에-루아르의 급진파 의원 사리앙이 이끄는 '좌파위원회'가 결성되었고, 여기서 조레스는 핵심적인 역할을 하게 된다. 그는 사회주의자이지만 그 못지않게 급진적인 토양의 타른 출신이다. 이 지역 출신 하원의원 40명과 상원의원 20명의 도약대 역할을 하는 『툴루즈 통신』에도 오래전부터 자기 지면을 가지고 있었다. 그는 지리적 출신과 사회적 출신에서 또 문화적으로 공화국에 대한 애착 면에서 여권의 급진주의 의원과 사회주의 의원들의 화신이라 할 수 있었다.

그 때문에 조레스의 원내 영향력이 상당했다. 이 같은 기본적인 이유 외에도 토론 역량과 감각, 양보심, 사심 없는 태도, 협상가의 자질, 상대방을 이해하고 상대방의 관점을 받아들이는 능력을 갖추고 있었다. 위원회에서는 J. L. 브르통, 프랑시스 드 프레상세, 콜리아르가 조레스 계열의 사회주의자들(프랑스인사회당)을 대표했다. 게드주의자들과 그 동맹자들(프랑스사회당)은 여기 가담하는 데 거부했기 때문이다.

논증능력, 저술가의 역량, 단숨에 글을 써내는 솜씨로 흔히 조레스는 장시간의 토론 끝에 모든 의원이 동의하는 합의안을 도출하는 역할을 했다. "그리고 조레스는 쉽게 알아볼 수 있는 시원한 필체로 그 내용을 썼고 그런 다음에 조레스를 여권의 주요 지도자라고 지목해 버리려는 우파의 희롱과 안이한 결론을 피하기 위해 다른 의원들—바르투 등—이 보도자료를 다시 베껴 썼다…"고 한 증인은 들려준다.

조레스는 활짝 피어났다. 교만심도 없고 야심을 성취한 것도 아니다. 자기 신념이 현실에서 실현되도록 능률적으로 움직이는 일말고 그에게 다른 무슨 야심이 있겠는가? 인용문이나 자신의 사색을 황급히 휘갈겨놓은 메모들에서 그의 사상이 잘 드러나는 한 구절을 찾을 수 있다. "권력을 소유하는 것보다 더 고귀한 것이 있다. 다름아니라 사람들을 나라의 선을 위해 유익하고 필요한 일을 하게 하는 것이다."

회기 첫 몇 달 동안 직책에 연연해하지 않고 맡은 바 역할을 해나가면서 조레스는 자신의 정치노선이 옳다는 신념이 한층 강해졌다. 전에는 한번도 시도해 본 적 없는 직접적인 방식으로 정치현안에 대응했다. 그리고 의회에서 위치와 비중에 더해 신문에 기고한 글들이 대중들 사이에서 호응을 얻자, 좌파블록의 진정한 주역이 된다. 야심을 품은 것은 아니지만 조레스에게는 사회적 인정이 필요했다. 그의 삶 전체가 그것을 말해 주었다. 그는 '경쟁'과 '도전'을 좋아하는 사람이었다. 사회가 만들어내는 이 끝없는 승부에 그는 당당히 응했다. 학위, 선거, 토론, 사상투쟁, 심지어 결투는 물론이고 또 매일 글을 쓰는 일상적인 도전에. 그는 어떤 시합이든 흔쾌하게 경쟁자와 겨루지 않은 적이 단 한번도 없다. 어떤 경주에서나 자신이 더 잘할 수 있다는 자신감이 있었기 때문이다.

조레스가 경쟁을 즐겼다는 것은 이론의 여지가 없다. 수상식장이나 집회, 하원에 섰을 때 드러나게 존경을 받으려 했다. 자신의 탁월함을 드러내고 싶다거나 만족을 모르는 자신의 완벽함을 확인하려는 것이라기보다, 인간집단에 대한 완전한 소속감을 몸으로 느끼고자 함이었다. 나는 여러분에게 속해 있습니다. 집단 전체의 이익을 위해 내가 해내는 능력을 보시오. 나는 여러분들 가운데 한 사람이며, 사람에 대한 관념을 말해 주는 살아 있는 이미지가 되고자 합니다. 관념 그 자체를 위해서가 아니라 여러분을 위해서 말입니다, 하고 말하는 것 같다. 이런 의미에서 조레스는 사회의 위계질서와 가치를 존중했다. 구조에 대한 맹목적인 복종이 아니라 개인을 향상시키며 개인 스스로 집단의 가치를 인정케 하는 규칙을 승인한 것이다.

이렇게 이성과 지성, 논쟁과 협상을 통해서 타인의 존중을 받으려는 방식은 분명 정치적 의미를 지닌다.

어떤 이들이 보기에 조레스는 블록 내에서, 총리 옆에서 '탤런트 독재'를 하고 있었다. 또 어떤 이들에게는 '언변의 장관'이었고, 냉소적인 논평자들이나 가십기자들에게는 "땅딸보 콩브 신부의 심복"이었다.

조레스가 지성으로 타른의 동료들을 제압한 것은 사실이다. 그러나 그가 콩브를 지지한 것은 무엇보다 나라를 "공화국답게 만들어야" 한다고 생각했기 때문이다.

조레스는 드레퓌스 사건 당시 '예수회 수도원 장군들'을 고발했고, 수도회 학교들이 급성장하고 있다는 것을 알고 있었다. 1880년 이래 리옹에서만 10개 학교가 신설되었다. 또 중등학생의 40% 이상이 수도원 교육기관에서 교육을 받고 있었다. 국가의 기틀인 어린이, 장래 나라의 엘리트들이 일반교육에서 벗어나 공화파의 원칙에 어긋나는 시대의 분위기 속에 양성되고 있었던 것이다. 조레스로서는 참을 수 없었다. 어떤 이들의 말처럼 콩브는 "신학교에서 교육을 받고 성직에 입문하는 데 실패하자 성직자들에 대한 세속사제의 원한에 젖어들었다면"(조제프 카이요는 그렇게 생각했다), 관대하고 포용력 있는 조레스는 일을 정치적으로 판단했다. 이미 여러 차례 그는 종교에 대한 자신의 입장을 밝혔다. 역사적 현상 그리고 그 현상이 몰고 오고 인간의 조건이라는 특징을 지닌 문제들의 비중을 존중했지만 교회와 그 교회의 독단과 부와 권력은 관용하지 않았다. 콩브의 첫번째 조치 후 그는 이렇게 말했다. "나무—교회—가 뿌리부터 썩었다. 나무를 뿌리째 뽑아야 하는 것이 우리 할 일이다."

따라서 그는 콩브와 일치했으며 종파주의에 일체의 양보 없이(마들렌의 영성체식으로 겪었던 저열한 반성직주의에 대해 그가 어떻게 생각하는지를 우리는 알고 있다) 단호했다. 발덱-루소가 처음에는 은밀하게 하다가 나중에는 공공연하게 콩브를 반대하자, 그를 지지했다. 병이 든 발덱-루소—간암으로 2년 후에 사망한다—는 계속 상원의원으로 있으면서 자신이 선택한 후계자가 결사법을 추방법으로 바꾸어버린 것을 유감스러워했다. 그건 통제와 경찰법만으로도 충분할 것이었다.

"동맹원 수도사나 사업가 수도사들을 관용하지 않지만, 다른 사람들도 감시만 해서 조용히 있도록 하는 것"이 발데-루소의 목표였는데 에밀 콩브의 방식에서는 이것이 인정되지 않았다.

콩브와 발덱-루소가 한자리에 앉았다. 콩브는 조레스와 함께 쟁점을 다듬어서 전 총리에게 다음과 같이 설명했다. "성직자들은 자신들을 배려하는 조치들을 전혀 감사하게 여기지 않소. 정부의 유화정책이 오히려 그들에게는 나약함의 징표로 보일 것이오." 그리고는 이런 "유화정책은 성직자들을 대담하게 만들 것이오. 공화파 정당은 위험하다고 인식하고 있다"고 단언했다. 드레퓌스 사건 때 그는 수도회가 군사주의와 손을 잡았다는 것을 간파했다. 지금도 그는 수도회에 대항해서 행동하기를 요구하고 있었다.

이는 조레스의 입장이기도 했다. 그러나 이 입장은—콩브와 특히 그의 정신적 지주로 보이는 조레스에게—새로운 원한을 불러일으켰다. 이처럼 정치적으로 중대한 매 순간, 조레스는 표적의 중심에 서 있었다.

하원 회의장이다. 리보가 자리에서 일어선다. "그가 일어나 발언하자 모두들 조용해졌다"고 줄 르나르는 말한다. 전 총리는 콩브를 향해, 이어 조레스를 향해 소리를 지른다. "당신들은 사태가 진정되는 것을 원치 않는다. 당신들은 폭력을 원하지만 그러면 나라가 죽는다."

비인가 종교단체의 폐쇄 정책이 곳곳에서 격렬한 시위를 유발한 것은 사실이다.

서부지방 농민들은 바리케이드를 쳤고 알프스에서는 그랑드 샤르트뢰즈 수도사들의 추방을 극력 저지하고 나섰다. 프랑스여성연맹은 콩코르드 광장에서 시위를 벌이고 루베 여사에게 청원서를 제출했다. 군대가 개입하게 되자 상당수의 장교들이 주저하면서 그중 일부는 군대를 떠났다.

그러나 조레스에게 공화국은 반드시 수호해야 하는 것이었다. 공화국은 무력의 위협을 너무 자주 받고 있었다. 콩브가 도지사들에게 "진심으로 체제에 헌신하는 사람들만 공화국이 제공하는 혜택을 받을 수 있도록 신경 써달라고" 당부한 데 대해 그는 동의했다. '흑심을 품은 당파'를 굴복시키는 것이 중요했다.

이렇게 조레스는 사회주의 의원그룹 내에서의 비중을 훨씬 뛰어넘어 원내 여권의 중심인물이 된다. 그들은 도덕을 지키고 정치를 아는 그의 권위를 받아들이며, 재능에서 나오는 그 권위를 조레스는 친절하고 겸손하게 행사한다.

가장 입장이 난처해진 사람은 알렉상드르 밀랑이었다. 생망데에서 연설했을 때는 그룹의 지도자였다. 상무장관을 거친 후 의회로 돌아왔으나 조레스가 그의 위치를 차지하고 있었다. 사실 조레스는 드레퓌스 사건 때 신문에 기고한 글들과 책들 또 헌신이 눈에 보이는 활동으로 밀랑을 능가하는 명성을 얻었지만, 밀랑은 갈리페와 동반 입각하여 비판을 받았다. 이로써 조레스가 아무리 친절하게 대했어도 자기 나름의 배반감이 커지면서 서로 길이 어긋나기 시작했다.

이런 마당에 조레스가 어떻게 할 수 있겠는가? 그는 활동에 전념했다. 1902년 10월 17일 좌파위원회는—여당 그룹들 전체의 이름으로—다음 회기의 하원 부의장후보로 그를 지명했다. 그리고 1903년 1월 13일에 그는 부의장에 선출되었고 좌파블록의 규율이 유감없이 행사되었다.

스캔들이다! 우파와 중도파가 들고일어났다. 〈라 카르마뇰〉 노래를 부르고 파업과 시위를 이끌고 군을 공격하던 사람이 하원 부의장이 된 것이다. 우파언론들은 분개하면서 조레스를 조롱했다. 가소로운 부의장이 될 거라고 장담했으며 가십기자들은 그의 옷차림새를 비웃었다—그와 같은 자가 어떻게 로통드와 살롱 드 라 페(평화의 살롱)에서 거행될 기념사열에서 경례를 받겠는가?

기자들은 이 사열식 날만 손꼽아 기다렸고 동료들은 그가 실수할 기회만 노렸다. 예복을 차려입은 조레스의 모습을 보았어야 한다! 조레스가 검은색 긴 코트에 흰 넥타이의 단정한 복장을 하고 여유 있는 자세로 "번쩍이는 칼을 찬 장교 두 명의 호위를 받으며" 등장하자 사람들은 깜짝 놀랐다. 조레스는 약간 창백해 보였지만, 자신을 향해 경례하는 중령과 식민지 보병분대 지휘관 대위에게 깍듯이 인사했다. 다시 한번 시험을 통과한 조레스는 의장단에 자리 잡아서 정중하지만 공정한 교수처럼 좀 심히 엄격한 태도로 토의를 이끌고 나가게 된다.

조레스는 부의장 취임으로 공적 인물, 즉 여당 내에서의 비중에 걸맞게 정부에서 예우를 하는 인사가 되었다.

마흔네 살에 자녀가 둘이고 여전히 16구에서 살고 있었다. 책을 집필하여 출판하고 정기적으로 기고하는 논단도 있었다. 대단한 커리어라고 사람들의 부러움을 사기도 했다. 몇몇 '좌파' 살롱이나 더 신중한 '공화파' 살롱이 그를 받아들였다.

예를 들어 한 이탈리아 부호 귀족의 미망인 아르코나티 비스콘티 후작부인의 살롱이다. 50대의 이 부인은 지적이고 교양 있으며 콜레주 드 프랑스와 고등연구원에 기부를 하는 진정한 후원자였다. 빅토르 위고가 그 여자의 결혼식 증인이었다. 바르베 드 주이 거리(파리 7구)에 위치한 살롱에서 그 여자는 공화파 의원들과 영향력 있는 지식인들을 맞이했다. 브리앙과 비비아니의 모습이 보였고 발데-루소와 마찬가지로 블룸도 드나들었다. 드레퓌스파의 저명인사들이 이곳에 모여 문학과 정치를 논하곤 했다. 후작부인은 강베타의 친구인 알퐁스 페라의 딸이다.

그 여자와 조레스는 자잘한 충돌로 다져진 지적이고 깊은 우의를 이어나갔다. 그 여자는 자기가 주인공인 목요일 밤이면 여성의 출입을 금하고 정치인과 교수들을 불러들여서 속되고 거친 척하면서 '남자다운' 면모를 과시했다. 일요일에는 예술가와 예술비평가들을 초대했다.

조레스는 이 초대를 몹시 흡족해했다. "그 목요일을 생각하면 파리나 다른 어느 곳에서도 가장 근사한 일이었다"고 그는 적는다. 다른 편지에서는 이렇게 덧붙인다. "이 선의의 지적 친교, 서로에게 감탄하는 분위기에서는 다른 종류의 의견 불일치에도 불구하고 멋지고 고상한 대의를 고양시키는 무언가가 있었다."

후작부인은 조레스에게 애정과 존경을 표했다. 그러나 애매한 것은 아무것도 없었다. 이 관계에 충돌이 없지는 않았으나, 서로 화를 내다가도—정치라는 이유로—결국 화해하곤 했다. "전혀 내키지 않았지만, 기도하는 심정으로 조레스를 용서했다. 어제 목요일에 그는 보란 듯이 돌아왔다"고 후작부인은 친구에게 보낸 편지에서 쓰고 있다. 그러면서 이렇게 털어놓는다. "또 그 사람은 괴물이다. 정치라는 혼탁한 세계에 살고 있으면서 고칠 수 없는 이상주의자이다. …그는 달을 쳐다보다가 결국은 우물에 빠져 허우적거릴 것이다."

호레이쇼라는 필명으로 『르 피가로』에 글을 쓰던 마르셀 프루스트는 1903년에 세속인 조레스의 모습을 떠올린다.

나는 사상과 행동, 언변이 놀라운 조레스라는 인물에 대해, 그의 표현에 비해 정확하지도 않은 표현으로 사소한 사건을 비난하고 싶지 않다. 한마디로 누가 그를 불쾌하게 여길 수 있겠는가? 어느 날 이 감탄할 웅변가가 이름난 수집품을 소장한 어느 부인의 집에서 식사를 하고는 와토의 그림 앞에서 넋을 잃었다. "하지만 각하, 당신의 치세가 도래하는 날에는 저한테서 이 모든 것을 빼앗아가겠지요" 하고 그 여자는 말했다.

(그 여자는 공산주의의 통치를 의미했다.) 그러자 새로운 세계의 메시아는 다음과 같이 매우 멋진 말로 그 여자를 안심시켰다. "부인, 그 점은 걱정 마세요. 이 모든 것은 부인이 보관하게 될 테니까요. 더구나 부인께서 우리보다 잘 알고 더 아끼고 더 잘 관리하실 것이므로 당연히 당신이 간수하셔야지요."

그러면서 프루스트는 비꼬듯이 덧붙인다.

물건이란 것은, 그 물건에 대해 잘 알고 또 그것을 사랑하는 사람에게 돌아가야 한다는 마찬가지 원칙에 따라 나는 조레스 씨를 집산주의 유럽에서 도송빌 씨(d'Haussonville, 1843~1924, 귀족가문의 정치인이자 변호사, 문학평론가)에게 맡겨야 한다고 본다.

그리고 성채 이야기를 한다.

꼬박꼬박 가는 것은 아니었지만 조레스는 그라몽 공작부인 엘리자베드 드 클레르몽 토네르의 살롱에도 자주 출입했다. 그 부인은 파시의 레누아르 거리에 있는 정원으로 둘러싸인 저택에서 손님들을 맞이했다. 그 집에서는 바레스와 아나톨 프랑스를 볼 수 있었으며, 조레스는 아르코나티 비스콘티 후작부인 집에서 접촉하는 사람들보다 훨씬 문예에 조예가 깊은 인사들과 섞였다.

이처럼 쾌활하고 자신감 넘치고 낙관적이며 정치계의 사교생활에도 참가하는 조레스를 볼 수 있었다. 루이즈와 함께 하원의장이 주최하는 환영연에도 참석했다. 약간 서툰 우아함을 풍기는 루이즈는 시골 부르주아의 무르익은 미모를 지니고 있었다. 노래하는 듯한 억양에 천진한 그 여자는 여자들이 남편들보다 더 재기 넘치는 대화를 하거나 지적으로 침묵하는 파리의 대화에는 끼지 못했다. 그러다 보니 사람들은 그 여자를 알아보지 못했으며, 이런 외출이 조레스의 생활을 이해하거나 그 생활에 동참하는 데 도움이 되지는 못했다.

한편 조레스 혼자서 자주 다니는 아르코나티 후작부인이나 그라몽 공작부인의 집 같은 여성 살롱들은 조레스가 육체적이고 지적인 애정을 기울일 만큼 배우자와의 관계가 완벽하지는 않았다는 것을 증명해 준다. 그 시대 남자로서 그는 분할되어 있었다. 가정주부 루이즈는 부드럽고 온화하다. 후작부인과 공작부인은 사상으로 빛났다. 그는 성애의 대상으로 정부를 취할 수도 있었다. 이 시대 정치계의 풍속이 그러했으니까. 그러나 조레스는 정숙했다. 그는 충실한 남편이었다. 자기 아내를 속인다는 것은 곧 정치와 사상 그리고 사회주의를 속이는 행위였다.

그렇지만 외부에서 떠도는 가십이나 듣고 겉모습만 보는 사람들에게 조레스는 정치와 사회의 기구에 의해 차츰 변질되는 것 같았다. 군의 우상을 고발했던 그에게 군대가 거수경례를 했다. 그러자 『릴뤼스트라시옹』은 이 장면을 표지로 다루어 예복 차림의 위엄 있고 순응하는 조레스를 보여줌으로써 뭔가를 암시하려 했다.

　　프랑스가 유난히 반의회주의가 무성한 땅이란 것을, 의원들의 순결성이 가장 무섭게 의심받는 곳임을 아는—경험으로 보아 파나마나 훈장 추문 등—이들은 이것이 조레스에 대한 비판과 비방을 확인해 주는 것으로 비치리라, 짐작했다.

　　그 비판이 게드주의 대열과 무정부주의 집단에서 나오는 '좌파의 비판'이 아니었다면 그처럼 강력한 효과를 발휘하지는 못했을 것이다. 우파는 조레스의 이미지를 손상시키기 위해 '좌파'의 간행물들이 널리 퍼지게 내버려두기만—그리고 아마 재정적으로 도와주기만—하면 되었다. '우파'는 이 캠페인에서 떨어지는 열매만 주우면 될 것이다. 조레스로 하여, 좌파인사에 대한 가장 치명적인 여론의 공격이 '좌파'에서 나온다는 것이 확인되었다. 어떤 의미에서는 비방이 신빙성을 얻게 되었다. '배신'이 입증된 것이다. 분개란 부패에 대한 순수한 항의이다. 어느 날 조레스는 자신에게 부르주아 생활방식을 가졌다고 비난하는 사람들을 향해, 자신은 오로지 스스로 일을 해서 생활비를 번다고 대응하면서 이렇게 덧붙였다. "나는 루쿨루스(로마의 정치가, 군인. 전투로도 유명하지만 그의 이름은 호사의 대명사였다)도 아니지만 금욕주의자도 아니다." 실로 가십기자들에게 기사거리를 제공해 주는 서툰 발언이었다. 유명한 무정부주의 잡지제목 『버터접시』를 본떠 『버터금식』이란 제목을 붙인 팸플릿이 나오는 구실이 되었을 따름이다. 이 팸플릿은 사회생활의 '알짜배기'들을 공유하는 부르주아지와 의원들의 파렴치한 행동을 고발하고, 배가 불룩 나온 탐욕스러운 조레스가 의석 아래로 수많은 빈민들을 짓밟고 있는 모습을 실었다.

글은 위르뱅 고이에가 쓰고 삽화는 무정부주의자 그랑주앙이 그렸다. 이 팸플릿을 들여다보면 어떻게 이 비방이 저 비난을 낳으면서 윤색되어 가는지 알 수 있다. 브술레의 토지는 농업노동자들을 착취하여 해마다 수천 프랑의 연금을 거둬들이는 성채가 되어 있다. 그외에도 조레스는 파시의 부르주아 구역에도 따로 집을 갖고 있다. 비방자들에게는 그 집이 샬레 로에 있는 조촐한 집이란 것은 별 상관이 없었다.

늘 잠복해 있는 반유대주의가 이 은유적 데생에도 표현되는데, 의도적이건 그렇지 않든 드레퓌스 사건 때의 조레스 태도에서 꼬투리를 집어내듯 풍자하고 있음을 짐작할 수 있다.

조레스는 대부르주아처럼 살고 있다. 조레스는 부자다. 조레스는 유대인들과 친하다. 유대인들이 부자이기 때문이다. 조레스는 거짓말을 한다. 그의 딸의 영성체식을 기억해 보라. 조레스는 사기꾼이다. 조레스는 자기 이익을 위해 노동자를 착취한다. 이 마지막 주제가 가장 빈번하게 활용되었다. 다른 요소들은 그것이 사실임을 증명하는 수단에 불과했다.

그런데 여기서 게드주의자들은 공격수준은 달랐지만 비방을 더욱 강화시켰다. 계속되는 노동자들의 투쟁, 갈수록 심해지는 경찰의 탄압은 하원 부의장 조레스의 '여유 있는 생활'과 매일 프롤레타리아가 겪는 현실을 한층 더 심하게 대비되게 했다. 고이에의 팸플릿에 이런 글이 실려 있다. "사회주의, 고매한 이상! 이 웅장한 말들로 우리를 꾀었고 행진하게 했고 싸우도록 했다. 그런 다음 갑자기 진실이 우리 앞에 나타났다. 노동자들의 단체에 봉사했던 조레스가 사회적 상승계단을 하나하나 기어오르고 있다는 진실이다." 심지어 어느 게드주의자의 풍자적인 노래는 제목이 "조레스 왕"이다. 사리사욕을 위한 배신의 테마가 구절마다 반복된다. 노동자들을 가장 분노케 한 지점이다. 가혹하고 비참한 삶을 근근이 이어가는 자신들을 버렸다는 것이다. 그들의 입에서는 신랄함과 절망과 질투의 소리가 흘러나왔다.

> 나는 내 카르마뇰(프랑스혁명기에 자코뱅혁명가들이 입던 옷을 가리킴) 뒤집어 입었네
>
> 저 배 나온 신사들이
>
> 내가 중도파를 지지하는 걸 보리라
>
> 저주를 하면 어때
>
> 내 왕관은 제단만큼 값진데
>
> 언론이 뭐라고 한들 무슨 상관이야
>
> 나는 군주의 의자를 가졌는데
>
> 도취해서 그 의자에서 쉰다네
>
> 나는 공화주의 왕

하원 부의장에 선출된 것—한번의 회기이고 4명의 부의장이 있는데!—이 더 심한 비방을 자아냈다. 그것도 종국에는 비웃는 정도가 아니라 처벌을 호소하는 비방이었다. 그 노래는 이렇게 말한다.

어린 병사들이 호위하고
권력에 오른 자에게
당신의 손에 쥔 총이
절망의 도구이리라

블랑키주의를 자처하며 '악당과 그 일당'을 고발하는 데 온힘을 기울이는 한 간행물은 어느 호에서 "조레스와 『라 프티트 레퓌블리크』"에게 덤벼든다. 이런 구절도 나온다. "조레스는 예수회의 로욜라 뺨치게 사회주의의 일부를 거지와 장애자들의 소굴로 바꾸어놓았다."

그에게 돈이라면 "흐릿한 데가 없고 특히 냄새가 안 난다." 그러나 일거리 없는 노동자들의 손은 부들부들 떨리기 시작한다. "이들을 속인 자들은 좋지 않으리라."

"조레스 씨에게는 징벌의 낙인이 찍힐 것이고 그는 그 벌을 면치 못하리라."

이 캠페인이 어떤 여론의 반향을 일으켰는지는 평가하기 어렵다. 조레스가 노동자 집회에 참가했을 때, 그의 지원을 거부하며 시위의 대상이 되었던 적은 한번도 없다. 이런 비방과 출판물들은 그의 이름이 널리 알려졌다는 증거이고 조레스 그 이름이 프랑스 사회에서 희생양 역할을 해야 했음을 확인해 주는 것이다. 이미 수년 전부터 그는 치욕과 위협의 구름떼를 머리에 이고 다녔다. 그것들은 무엇보다 가장 격노하고 질투에 가장 민감한—왜냐하면 야심과 이기주의로 똘똘 뭉쳐 있었기 때문이다—중간부르주아지 세계에 영향을 끼쳤다. 이 사회적 집단은 오로지 개인을 기준으로 해서만 따질 뿐, 계급이나 사상을 판단기준으로 하는 경우는 매우 드물다. 조레스를 겨냥한 배신이라는 비난이, 그것도 '좌파'에서 나온다는 데 이 집단은 안심했다. 노동자들과 가난한 사람들, 그들은 매우 열등한 존재들이어서 조레스에게 속아 넘어갔다. 부동산을 소유한 소부르주아들이 신뢰하는 사회의 지성—냉소와 혼동되고 있었다—에 그들은 접근할 수가 없다. 이렇게 이 계층은 조레스를 공격하는 소리를 듣고서 그 내용을 그대로 믿었고 자기들은 민중과 다르다는 것을 스스로 확인했다. 또한 누군가의 '성공'에 대해 드러내놓고 질투하며 헌신 같은 것은 이해조차 못할 만큼 무능하다는 고백이기도 했다.

소부르주아는 비겁함과 무능함 때문에 자신들은 결코 될 수 없는 모습—사회집단을 위해 투쟁하는 인간, 사상의 인간(지식인), 사심이 없는 인간—을 조레스에게서 보고 그를 미워했다. 더구나 '좌파'에서 나서서 조레스를 공격하니, 소부르주아의 눈에는 신빙성 있게 비칠 수밖에. 소부르주아는 전혀 개입하지 않고 그저 즐기고 공감할 수가 있었다. 바로 이 성내고 심술궂고 비겁하고 순응적이고 반지성적이고 이기적인 소부르주아 계급 속에 인간 조레스에 대한 증오가 뿌리를 내린 것이다. 오래전부터 은밀히 품고 있던, 그 자체가 수치스럽기도 한 이 증오를 마침내 터뜨리는 데는 조레스를 '외국인의 앞잡이'라고 비난하는 것만으로도 충분했다. 1902~1903년부터 나타나기 시작한 치사하고 옹졸하기 짝이 없는 이 증오는 애국심이란 멋들어진 망토로 치장하여 고상한 감정으로 표출되었다.

1903년 1월 23일, 조레스는 국제정세에 대해 논평하면서 나중에 자기한테 돌아올 공격의 주제를 비난하고 나선다. "그렇다. 물론이다. 나와 나의 친구들, 우리는 외국인의 앞잡이들이다. …그러나 공화파 여권 쪽으로 눈을 돌려보면 이 저주의 낙인이 찍히지 않은 공화파는 하나도 찾아볼 수 없다는 것을 당신들은 아는가?"

그러면서 이러한 비난의 세례를 받은 사람들을 모두 열거한다. 클레망소는 영국인의 앞잡이, 페리는 프로이센인. 강베타는 제노바인. 강베타는 "당신들이 그를 향해 퍼부어댄 모욕의 더미 저 밑바닥에 깔려 그 모습을 찾아내기도 힘들다."

급기야 조레스는 감정이 북받쳐 팔을 앞으로 내밀며 엄숙한 어조로 말을 맺는다. "그런데 나는 공화파 여러분 모두에게 말하겠다. 우리 역사에는 서로 떨어질 수 없는 두 개의 세력과 두 개의 동의어, 반혁명과 증오가 있음을 기억하시오."

그러나 조레스의 설교는 아무 소용이 없다. 그의 사람됨의 깊이, 티 없이 맑은 영혼 자체, 진지한 신념, 효과적인 행동이 비방과 증오의 물결에 희생 '될 수밖에 없다'고 그를 저주했다.

처음에는 정말로 몰이해였을 수 있다.

1902년 6월 14일 조레스가 하원에서 콩브 내각을 지지하는 발언을 하자 드레퓌스파는 박수를 보냈다. "공화주의와 개혁적 행동을 위해 모든 좌파와 협력을" 원한다고 외치면서 이렇게 덧붙였다. "동시에 우리는 프롤레타리아의 조직화라는 높은 목표를 추구한다."

그런데 콩브의 스타일이 점점 그들을 화나게 했다. 그들의 눈에 콩브는 세속파라기보다 '프랑스 독립교회파', 무척이나 '프랑스 교회' 같은 존재였다. 조제프 카이요의 논평에 따르면, 그는 "대중에 대한 종교교육의 필요성을 확신하고 로마교황청에서 떨어져 나온 세속적이고 자유주의적인 사제들이 가르침을 전파하기 바랐다. 그들이 사부아 부사제의 제자든 적이든(장 자크 루소의 『에밀』에 나오는 인물을 말함) 그건 상관없었다."

이 비판이 편파적일지라도 "세속학교의 피상적이고 편협한 가르침"을 비난하고 '영혼의 철학'을 주장하는 콩브의 언명에 근거하고 있었다. 특히 경찰과 군을 동원해서 몰이하듯이 종교단체를 추방하는 이런 분위기는 자유에 적대적인 것으로 비쳤다.

콩브와 조레스는 자유를 훼손한 바 없으며, 수도원 사람들이 자신들의 특권을 지키기 위해 "자유 만세"를 외친 것일 뿐 하등 문제될 게 없다고 떳떳하게 밝힐 수 있었다. 하지만 자유라는 주제는 가브리엘 모노, 베르나르 라자르 등 드레퓌스 편에 선 지식인들까지 자극했다.

또한 우리는 그들이 정치와 의회를 불신하고 비굴한 타협을 했다는 의혹을 제기하며 선동하는 것을 보게 된다. 이리하여 조레스—드레퓌스 사건 때는 하원의원이 아니었다—는 고매한 대의를 저열한 정치적 현실로 바꿔놓은 상징처럼 되어버린다.

어느새 샤를 페기는 그것을 확연하게 드러내었다. 며칠이 지나자 페기의 역정과 증오는 가장 저속한 팸플릿과 똑같은 용어를 쓰면서 표출되었다. 1903년 초에 그는 〈다고베르 왕〉(멀리 프랑크족의 다고베르 왕을 풍자하는 이 노래는 1750년경부터 유행했고 프랑스인들에게 친근했다)이라는 노래를 지었는데, 〈조레스 왕〉이란 게드주의의 노래를 이중으로 위장한 것이었다.

"친애하는 이여 잘 있었나" "내 선거공약에 비가 내리네" "나는 법을 만들고 부수고 다시 만든다" "다고베르가 『격주평론』에 고정란을 가지게 되었다"는 등 조레스와 귀머거리 왕은 완전히 동일시된다. "나는 귀머거리가 되었다"고 노래한다. 그리고 성자 엘루아(다고베르 왕 노래에서 왕에게 간언하는 대신)는 사회주의자 프레상세이다.

페기로서는 배신한 것은 조레스였다. 조레스가 추구하는 것은 진실과 정의의 수호가 아니라 권력쟁취라고 페기는 주장한다. "그는 조금씩 정부 쪽으로, 권위 편으로, 통솔의 권위로 기울어져 갔다. …집회에서 군중을 제압하는 조레스는 왕이다." 조레스는 더 이상 철학자가 아니고 "자신의 연설과 생각과 야심과 감각 그리고 희망 속에서만 국회의원일 뿐이다." 그가 철학을 논할 때 그 철학은 웅변이다. 우리는 그의 연설방식, "그의 노력, 쾅쾅거리는 몸짓, 불끈 쥔 주먹, 강하고 무거운 명령조의 말투에서 복종과 순종을 부추기는 것"을 본다. 그리고 페기가 "사람들은 이런 정부, 단순하고 순진한 수많은 사람들이 온몸을 바쳐 충성하는 이 정부를 경계하지 않는다"고 말할 때는 팸플릿의 테마 '사기꾼'을 떠올리게 한다. 소부르주아의 한 사람으로서 페기는 스스로 안도한다. 그는 사기꾼 조레스의 본색을 벗길 수 있을 만큼 명석하다. 가만히 앉아 속지는 않을 것이다.

사실 페기는, 개인적 성공이 유일한 기준인데 그 성공이 주르륵 빠져나가는 것을 보는 중간계급과 마찬가지의 원한을 문학적 방식으로 표현했다. 왜냐하면 페기가 덤벼든 사람은 '박사'며(아, 경쟁에서 낙오한 후보자의 이 증오심), 감성세계의 실재를 가르칠 수 있는 교수(그 자신이 학위논문을 제출하지 못했다는 이 후회!) 조레스이기도 했기 때문이다. 페기 역시 조레스를 희생양으로 삼았던 것이다. '배반'이란 것 외에는 아무것도 갖다 붙일 수가 없고 나무랄 데 없는 이 성공적인 삶을 파괴시켜야만 했다.

그러나 페기의 이러한 행동은 팔레-부르봉의 우아한 중재자 데샤넬만큼이나 기발했다. 조레스가 부의장에 취임하던 날 데샤넬은 기자들 앞에서 "그의 연설보다 바지 길이가 더 믿을 수 없어서" 불안스럽다고 중얼거렸다. 페기, 그가 〈다고베르 왕〉을 '작사했다.' 취임식장의 조레스를 평한 신문들— 예를 들어서 1903년 1월 19일자 『오를레앙 공화파』(Le Républicain Orléanais)—못지않게 페기도 기발했다. "머리부터 발끝까지 빨간색, 검은색, 하얀색, 파란색으로 구분하던 르네상스 시대의 학생들처럼 여러 색깔의 옷이 한 벌 있어야 한다. 신참자 조레스의 정치와 사회 입문을 주재했던, 반은 공화주의고 반은 보수주의인 빵모자(추기경의 붉은 모자를 지칭)는 그의 시뻘건 얼굴을 더 위풍당당하게 보이도록 해줄 것이고 노란색 바탕에 검은 줄이 든 꽉 끼는 상의는 무한히 경배받는 하느님의 신앙과 전통을 기리는 신참 선량의 해묵은 주제를 표시할 것이다…."

이제 의도적인 경박한 야유와 온갖 습관적인 힐난은 조레스의 것으로 굳어진 풍자화가 된다. 페기는 여기에다 증오와 저속이란 초상을 덧붙인 또 한 사람의 적수일 뿐이었다.

조레스만 이 증오를 견뎌내야 한 게 아니었다. 이런 격한 분위기 속에서 어머니와 아내, 아이들 그리고 동생까지 온 가족이 고통을 겪었다. 심지어 동생은 딸아이—이본—를 카스트르의 푸른수녀학교에서 데리고 나와야 했다. 그리스도를 반대하는 자의 조카라는 것이다.

콩브의 반성직자 정책에 격앙된 반응을 보인 것은, 이것이 드레퓌스 사건에 능히 필적한데다 그 연장이었기 때문이다. 그런데 조레스는 두 사건 모두에서 회오리의 중심에 서 있었다. 비단 '정치'에 관한 문제만이 아니라, 개개인에게 가장 본능에 속하는 것, 따라서 가장 폭력적인—위계질서, 군대, 종교에 대한 존중—문제이기도 했다. 그래서 조레스와 그 가족들에게 쏟아진 증오는 정치와는 성질이 달랐다. 그것은 사람과 그 사람 태도의 가장 깊은 곳에서 나오며, 정치를 이성으로만 환원하면 이해할 수 없는 것이었다.

콩브가 일으킨 혼란이 프랑스의 사회구조나 부의 분배를 조금도 뒤흔들지 못함으로써, 이 증오는 한층 더 과도하게 나타났다. 그럼에도 조레스가 콩브의 정책을 지지한 것은 성직자와 군부의 위협이 공화국에 엄청난 압박으로 작용함에 따라 법과 민주적 통제로써 결정적으로 이를 피해야 했고 나아가 '프롤레타리아 조직화'의 목적을 이룰 때가 오리라고 판단했기 때문이다. 콩브를 지지하는—그리고 급진파를 재정적으로 지원하는—농상공화위원회 유지들이 맹렬한 '반집산주의자들'이라는 사실을 그는 잘 알고 있었다. 더구나 콩브는 1902년 10월 6일부터 그들 앞에서 "과격한 사회주의의 오만한 요구들"을 비난하기 시작했다. 그러므로 좌파블록, 콩브-조레스동맹은 상징적이고 정치적으로 중대한 의미를 띤 제한된 목적만을 지녔으며 또 그럴 수밖에 없었다. 그 목적이란 공화국의 사회생활 내에서 교회의 압력을 축소시키고 더 결정적으로는 군을 민간권력에 복종토록 하는 것이었다.

한편 두 정부부처가 고전적인 온건파에게 돌아가서 루비에가 재무부, 델카세는 외교부를 맡았는데 어떻게 조레스가 콩브 내각에 대해 환상을 가질 수 있겠는가. 확실히 콩브는 경제와 대외정치는 중도우파의 손에 넘겼다. 재산이든 동맹이든 건드리지 않을 것이다. 러시아와의 협력이 러시아 공채의 신청모집으로 이어져도 두 영역은 끄떡도 없다.『주르날 데 데바』(*Journal des Débats*)는 다음과 같이 매우 명쾌하게 쓰고 있다. "우리가 혁명의 깊은 수렁에 빠지지 않도록 내각에서 두 장관이 막아줄 것이다. 루비에 씨와 델카세 씨이다."

그렇다면 조레스는 지배세력들의 주도권에 일말의 타격도 가하지 못하는 공화국 수호투쟁 때문에 결정적인 이 두 현실—한편으로는 경제와 사회, 또 한편으로는 대외관계—을 희생시키려는 것인가?

이 문제는 혼란스럽고도 혐오스럽게 계속 제기되면서 첨예한 논쟁점이 되었다. 게드와 바이양 주위로 재집결한 사회주의자들, 점점 더 '혁명적 생디칼리즘' 쪽으로 기우는 CGT의 생디칼리스트들이 조레스를 향해 이의를 제기했다.

1902년 9월 몽펠리에 대회에서 CGT는 노동거래소연맹(Bourse 지역노조)과 합쳤다. 무정부주의자가 다수를 차지하는 이 조직의 반군국주의와 반의회주의, 노동자주의는 모든 블록정치—사실상 정부 전체—에 대해 본능적으로 적대적이었다. 그리고 조레스의 하원 부의장 선출은 이들의 적대적 태도를 더욱 부추겼을 뿐이다.

한편 1902년은 지난 10년과 비교할 수 없을 만큼 파업이 거세게 몰아친 해이다. 파업일수가 무려 500만 일에 달했다. 사실 주식시장과 산업의 위기로 1901~1903년의 경제성장은 전체적으로 둔화되었다. 랑그도크의 포도재배 농업에서는 불안을 금할 수 없는 폭락현상을 보이기까지 했다.

좌파정책들의 성공, 밀랑의 개혁—비판을 받았어도—역시 노동자의 역동성을 촉진했다. 이리하여 1902년 10월에 전국적으로 광부들이—상여금 원상회복, 8시간노동, 퇴직연금 조건을 내걸고—총파업을 단행했다. 조레스는 어떻게 행동할 것인가?

전혀 망설임이 없었다. 그는 자신의 정치노선을 실천했다. 밀랑과 함께 카르모 현지로 가서 파업을 지지하면서도 중재를 받아들일 것을 호소했다. 그리고 10월 23일에는 하원에서 같은 뜻으로 발언을 했고, 콩브는 그의 충고를 받아들였다. 중재가 이루어져 퇴직연금 인상 법안이 제출되었다. 지난 정부들과는 두드러지게 차이가 났다. 이 정부는 군대를 동원하지 않았던 것이다. 거의 2개월 동안 파업이 이어졌으나 분위기는 차분했다.

그러니 조레스의 입장에는 애매한 구석이 없었다. 파업자들을 지지했으며 정부를 향해서는 협상과 중재에 나서도록 압박했다. 그리고 좌파블록의 연대를 위해 노동운동을 희생시키지 않았다.

그로부터 1년 후—1903년 10월 29일—경찰국장이 파리 노동거래소에 모여 취업알선국의 방식에 항의하는 노동자 3천명을 강제로 끌어내게 했을 때, 조레스는 하원에서 폭력적인 경찰과 100여 명의 부상자를 낸 총격사건을 비난한다. 폭력은 아무것도 해결하지 못한다고 그는 말한다. 폭력은 맹목적이고 소득이 없다. 또 그는 중재와 협상에 대한 자신의 의지를 변함없이 고수하면서 혁명적 생디칼리스트들의 방식에 대해서도 언급한다.

콩브는 경찰의 행동과 난폭성을 비난해야 할 것이다.

조레스는 좌파위원회 내에서 자신의 위치를 부끄러워할 까닭이 없었다.

그러나 빈도수가 높아가는 파업, 노조의 행동, 정부정책의 한계로 좌파블록과 조레스의 역할을 비난하는 사회주의자들의 목소리가 커지고 바로 조레스의 당내에서 '좌파'의 약진이 두드러진다.

프랑스사회당으로 모인 게드와 바이양은 어떻게 말할 수 있을까? 프랑스사회당은 1902년 9월 26일부터 28일까지 코망트리에서 그리고 1년 후 랭스에서 당대회를 열었다.

이 당은 조직개편을 하고 콩브를 향해 부르주아 정부라고 비난하고 나섰다. 이 흐름에 편승한 의원들은 하원에서 다양한 직업군의 근로자들의 이익을 지키기 위해 원내투쟁을 전개했다. 그러나 가장 강경한 당원들에게 이 방식은 너무 온건했다. "당은 그 어떤 부르주아 당보다 더 합법성을 존중하게 되었다"고 게드의 친구 보니에(샤를 보니에)는 썼다. 그런데 이와 같은 합법성이 자본주의 체제에 활기를 불어넣었다. 그래서 나중에 보니에는 "혁명적 요소가 반유대주의자들과 민족주의자들에게 넘어간 것 아닌가" 하고 의심하기까지 했다.

이 시기에 파리에 체류하고 있던 젊은 트로츠키는 밀랑에게 욕설을 퍼붓는 이 게드주의자들의 시위에 참가했다. 그리고 조레스를 적으로 간주했다.

같은 시기에 독일 사민주의는 드레스덴 대회의 결의문에서 '수정주의 정책', 즉 '부르주아 정당들'과의 화해를 선명하게 규탄하고, 아무 대안 없이 "계급투쟁들을 기반으로 한 확실하고 영광된 전술"을 포기한 것을 비난했다. 게드주의자들은 이 입장을 채택함으로써 조레스에 대한 투쟁을 강화시켜 나갔다.

막강한 독일 사회민주주의는 프랑스 사회주의자들간의 대결에 준거가 되고 중재의 위력을 발휘했다.

조레스는 논쟁점을 검토하기 위해 독일의 출판물들을 보내달라고 요청하며 저항했다. 독일인들이 프랑스의 현실상황을 알지 못하고 자신들의 잣대로 판단을 내림으로써 '심각한 오류'를 범할 수 있다고 기록했다.

그러나 게드주의자들만이 독일 사회주의자들에게 의지한 것은 아니었다. 조레스가 속한 프랑스인사회당에서도 칼 마르크스의 손자 장 롱게 같은 이는 카우츠키와 늘 관계를 맺고 있었다. 그리고 롱게와 함께 '좌익'이 재건설되었고, 여기에는 체구가 거대하고 쇳소리 나는 목소리의 피에르 르노델과 상스(파리 근교의 지명) 리세의 역사학 교수 귀스타브 에르베 같은 저명인사들이 참여했다. 32세의 에르베는 자신의 신문 『욘 보병』(욘 도는 상스가 위치한 파리 북부의 도)으로 과격한 반군국주의 나팔수가 되었다.

롱게의 좌익은 확고한 원칙 없이 '혁명적 문구들'을 쏟아내면서 조레스를 좌파블록에서 떼어내려 했다. 그러나 조레스는 당의 상징이다. 그를 직접 공격할 수는 없다. 그들은 다시금 알렉상드르 밀랑을 물고 늘어져 간접적으로 조레스의 정책을 치려고 했다. 각료를 역임한 밀랑은—종교예산에 대한—하원투표에서 비판의 화살이 되었다. 이렇게 해서 롱게의 좌익은 프랑스인사회당에서 밀랑과 '입각파'를 쫓아내려고 획책했다.

롱게는 카우츠키에게 이렇게 쓰고 있다. "물론 밀랑을 제명한다고 당의 문제가 모두 해결되지는 않을 것이고 같은 패거리의 당원들 일부는 당에 남을 것입니다. 그러나 우리가 '각하'를 제거하게 되면 드빌(1854~1940, 게드와 함께 활동한 북부노동자지역의 주요한 사회주의자. 마르크스주의 관련이론을 세우고 저서들을 썼다)과 루아네(1855~1927, 『르뷔 소시알리스트』의 일원이었고 파리에서 활약한 사회주의자. 하원의원)

그리고 조레스까지도 마찬가지로 타격을 받을 것입니다."

확실히 이 전략은 조레스를 겨냥하고 있었다. 그는 이를 알아차렸다. 보르도 대회(1903년 4월 12~14일)에서 조레스는 에르베와 르노델, 롱게 등에 대항하여 밀랑을 옹호한다. 장관 시절 밀랑의 노동일수 산정에 관한 조치로 프랑스는 노동입법의 선구자가 되었다는 것이다. 그러나 그는 자신을 고통 속으로 몰아넣는 사회주의자들의 이 같은 행태에 집착하면서 격노한다. "밀랑을 살해자라고, 어린아이들을 죽였다고들 한다. 그리고는 그가 좀 반성을 하면 다시 그에게 다가와서 말한다. '친애하는 이여—당신은 충분하게 우리와 함께 남아 있지 않았다!' "

그런 다음 자신의 슬로건을 외친다. "사회주의당에서 제거해야 하는 것은 바로 배제의 정신이다!"

투사다운 묵직한 머리와 거대한 몸집의 밀랑은 꼼짝 않고 연단에 서서 한 치 양보 없이 자신의 사상을 옹호하기 시작한다. "당신들은 어느 날 갑자기 기적처럼 한꺼번에 혁명을 일으켜서 권력을 쟁취할 수 있다고 믿는가?" 만약 그렇게 생각한다면 단호히 버려야 한다. 사회계급들은 서로 밀접하게 연결되어 있어서 "적대와 연대, 상이한 이 두 관점은 절실히 요구되는 바이다"고 주장한다.

대의원들에게 악감정을 불러일으키는 이단적 발언이었다. 의결위에서는—조레스의 의견과 반대로—밀랑을 제명하기로 결정했다. 그러자 조레스는 본회의에서 연단에 올라가 비장한 어조로 밀랑과의 연대를 확실히 밝히게 되며, 그 결과 109표 대 89표로 간신히 밀랑의 제명은 기각되었다. 그러나 좌파에서 밀랑을 그대로 두고만 보지 않을 것은 분명했다. 국제적인 상황전개에 기댄 기류가 연맹들 사이에서 나타나고 있었다.

사실 사회주의당 가운데 '좌파'와 '우파'의 대립을 겪지 않은 당이 없다. 독일과 이탈리아, 러시아에서도 갈등은 치열했다. 이는 각국 내부나 국가들 간의 모순이 고조된 결과이기도 했다.

세계분할이 끝나가고 있었다. 극동에서는 새로운 제국주의—일본—가 러시아의 팽창에 맞섰다. 프랑스는 러시아와 특별한 동맹관계였고, 델카세는 유럽의 세력균형 유지가 이 협약의 목적이라면서도 동시에 영국 및 이탈리아 와도 동맹을 모색했다.

발칸에서는 강대국들이 각축전을 벌이며 들끓는 민족주의와 소수민족 들의 대립에 가세했다. 어떤 관찰자가 보더라도, 세계는 화약고가 되어가고 있었다. 조레스는 그것을 느꼈다. 그리하여 1902~1903년에 분명한 입장을 취한다. 자신에게 쏟아질 비난은 전혀 개의치 않는다. 그는 이탈리아 사회주 의자들에게 보낸 편지에서, 독일과 오스트리아와 이탈리아의 동맹은 "우리 의 국수주의와 프랑스—러시아의 환상에 필요한" 균형추이며 이 동맹은 거대 한 유럽의 결집체를 예고할 수 있는 요소라고 말한다.

또 그는 프랑스—러시아동맹이 결렬되고 독일과 대화하기를 희망했다.

그가 프랑스 국수주의를 공격한다? 한마디로 그는 대외정책—몇몇 주 변부를 제외하고—에 대해 하나같은 의견과 결별했다. 이때부터 그는 정적 들에게 '외국 앞잡이'라는 새로운 증오의 이유를 제공하게 된다. 러시아 은행 들이 신문들에 엄청난 뇌물을 쏟아부으면서 증오는 더 거세어져 갔다. 그런 까닭은 차르와의 동맹은 다름 아닌 프랑스의 저축과 러시아 국가의 연합이었 고 그 최대의 수혜자는 은행들이었기 때문이다.

1903년 1월 23일 조레스가 의회 연단에 오르자 어느새 모욕과 비난이 마구 쏟아졌다. 외국 앞잡이? 그렇다고 그들은 말했다. 천진한 것인가? 평화 와 비무장을 설교하고 전쟁이 불가피하다는 것을 믿지 않으니 분명 그렇다.

보수주의자들만이 그의 천진함을 비난한 것은 아니었다. 사회주의자들 중에서도 평화는 자본주의가 종식된 후에나 자리 잡을 수 있을 뿐이라고 믿는 이들은 마찬가지였다.

아울러 협상을 위한 대외계획을 지지하도록 간청했다. 그는 평화의 가능성을 믿었다. 파국론도 숙명론도 아니다. 즉 그의 기대는 환상이 아니라 현실주의에 바탕을 두고 있었다.

이로써 1902~1903년에 조레스의 중심주제는 확고해졌다. 국제적 긴장이 높아지고 또 1902년 9월부터 조레스가 "신문이나 책, 학교와 대학, 프랑스 육군성과 장군들을 대상으로 한 연설들에서" 확인하는 국수주의가 강화되면서, 이것은 더욱더 비웃음을 사게 되었다. 그리고 증오, 즉 그것이 대변한다고 믿는 것—조국—이 마치 고상한 태도이고 과도한 덕의 표현인 듯 감히 노골적인 얼굴로 드러내는 증오를 키웠다.

1903년 1월 23일 사건이 이미 그러했다.

그가 말한다. "지금 당장 유럽의 평화는 가능하다." 그러나 사람들은 비웃는다. 그가 32년 전부터 "평화의 황무지"가 존재한다고 지적해도 비웃는다. 사람들은 그에게 "그건 인민의 사기를 떨어뜨린다"고 응답한다. 그가 말한다. "인민의 용기를 떨어뜨리는 것은 다음 세 가지뿐이다. 거짓, 게으름 그리고 이상의 결핍."

우파 쪽에서 고함이 터져나온다. "대포가 더 있어야 한다." "그건 시에나 있는 것이고 꿈이다." 우리는 정의와 법의 위대한 현실주의자들이다. 그러나 그가 제의하는 것은 "평화의 관점에서 사건들을 바라보고, 모든 행동을 평화적인 방법으로 수행하는 것이다."

어깨를 으쓱거리고 비웃음을 날리고 비난을 쏟아낸다. 조레스는 정말 외국 앞잡이구나.

그러나 그날 『관보』(*Journal Officiel*, 의회속기록이 그대로 실린다. 매일 전날 의회의 질의응답을 기록 간행했다)는 역사상 처음으로 가두판매에서 1만 부가 넘게 팔렸다.

필연적으로 조레스에게는—외국 앞잡이라는 이미지는 차치하고라도—평화의 사도와 몽상가라는 이중 이미지가 자리 잡기 시작했다.

그의 성공적인 연설은 곧 그의 발언의 메아리를 가늠하게 해주었다. 또한 증오를 불러일으키기도 했다.

조레스는 그 증오를 침착하게 견뎌냈다. 하루도 빠짐없이 오는 욕설이 가득한 편지들을 이제 더 이상 읽지도 않는다. 설령 그 편지들을 일별한다 해도 전혀 고통 없이, 아마도 그를 욕하는 이 익명의 사람들에게 일종의 측은함을 느끼며 어깨를 한번 추스를 뿐이다. 대작가와 1시간 정도 대화를 하다 보면 이런 오욕들을 다 떨쳐낼 수 있게 되었다. 왜냐하면 이 모든 의회투쟁 속에서도 그는 몽상과 목가적 풍요라는 자신의 영역을 계속 지켜나갔기 때문이다. 가끔은 이 두 가지가 동시에 나타났다.

1903년 11월 27일 조레스는 프랑스혁명의 경제생활 관련문헌들을 분류하고 간행하는 비용을 정부에서 충당하는 법안을 하원이 채택하도록 했다. 연단에 올라 이 법안을 지지하는 발언을 할 때도 중대한 국제정치 문제를 논할 때와 똑같은 설득력을 보였다. 그에게 균열은 존재하지 않는다. 언제나 통합이다. 1903년 12월 23일 그는 프랑스혁명의 경제생활 관련문헌 연구 및 간행 위원회 위원장으로 임명되었다.

그리고 이 위원회는 역사가들에게 보낸 지침서에 근거해 문헌간행 작업에 곧 착수하여 몇 년(1903~14) 만에 68권을 발간했다! 그의 지적 활동과 정치적 관심사 그리고 하원의원으로서 역할이 하나로 수렴된 실체이며, 조레스의 실제 위치를 말해 주는 증거이다. 그러나 그를 비방할 수 없거나 하고 싶지 않을 때일지라도, 너무나 쉽게 그를 순진한 사람이나 몽상가로 취급했다. 비난은 여전하다 하겠다.

그를 향한 이 같은 심판이나 익명의 편지들 앞에서 조레스는 자신의 길을 가는 것으로 만족해했다. 이렇게 공격을 받고 전혀 이해를 받지 못하는 것은 타협을 거부하는 사람들의 운명―이것은 비관적이다―이라는 확신을 가지고.

졸라가 받은 수백 통의 익명의 편지에서 이따금 '공모자'라며 자기 이름이 나온다는 것도 알고 있었다. 익명의 편지들은 "죽어라, 죽어라, 비열한 놈, 더러운 유대인"이라고 외치면서 위협했다. "당신은 유죄선고를 받았다. 왜 너는 국제유대인단과 결탁하여 너에게 돈을 대준 독일 카이저를 증인으로 내세우지 않았느냐?"

또한 조레스가 '프랑스 국수주의'를 문제 삼기 시작한 것처럼, 졸라 역시 그러지 않았던가. 1902년 9월 28일 졸라가 음모인지 사고인지 확인할 수 없는 질식사로 세상을 떠났다. 그의 죽음은 가까운 투사나 친지의 죽음처럼 조레스에게 영향을 끼쳤다. 10월 5일 일요일, 조레스는 작가의 묘지에서 아나톨 프랑스의 짧지만 강한 추도사를 들으면서 그리고 졸라를 추모하기 위해 모인 5만 명의 인파를 바라보며 솔선수범한 한 인간의 주위로 사람들을 모여들게 하는 일체감을 느꼈다. 그렇다면 그것이 비방이든 『라 리브르 파롤』의 "자연주의의 시시한 사고, 졸라 질식사" 같은 빈정대는 제목이든 무슨 상관이겠는가? 여기저기서 들리는 몇 가지 노래도 상관없었다.

무케트 졸라
죽었네, 잘 죽었네

그를 애석해하는 드레퓌스

그와 운명을 함께하리라

이 모든 것은 사라지게 되어 있다. 그리고 의로운 자는, 설령 사후라 할지라도 반드시 칭송받는 날이 온다는 걸 조레스는 알고 있었다. 그 삶의 의미를 믿기 때문이다.

그리고 조레스는 전혀 흔들림 없이 자신의 길을 계속 간다. 1903년 4월 하원에서 조레스가 다음과 같이 자기 뜻을 밝힘에 따라 우파는 딜레마에 빠지게 된다. "민족주의당은 드레퓌스를 고발하는 문건들이 실재한다고, 전설이 진실이라고 믿었으며, 그로써 어떤 당파도 지성의 계단에서 그보다 더 바닥으로 떨어진 당은 없다. …혹은 만약 믿지 않았다면, 정직성의 계단에서 그보다 더 아래로 내려간 정당은 없다."

족집게 같은 추론은 다시 닫힌다. 조레스는 진실투쟁을 포기하는 사람이 아니다. 『진실』, 그것은 졸라가 쓴 마지막 작품이다. 1902년 9월 『로로르』에 발표되고 1903년에 책으로 만들어졌다.

1903년 7월 30일, 알비 중학의 중학생들 앞에서 조레스가 한 연설에서도 바로 이 말이 울려퍼진다. "용기는 진실을 추구하고 진실을 말하는 것이다. 일시적인 승리에 그치는 거짓의 법칙을 감수하지 않는 것이고 어리석은 박수갈채와 광적인 함성에 반응하지 않는 것이다."

조레스는 감동을 받는다. 일찍이 이 리세에서 학생들을 가르쳤다. 학교 건물이며, 처음으로 가르치고 설득하는 기쁨을 맛보았던 강의실들의 냄새까지도 되살아났다.

이미 오래전, 32년 전의 일이다. 하나의 삶이 지나갔다.

그는 "덧없이 달아나는 시간"에 대해, 다시 돌아와서 받은 충격에 대해 말한다. "시간은 한 겹 한 겹 우리에게서 우리 자신을 벗겨내며, 어느 날 갑자기 우리는 저 멀리 떨어진 곳에 있는 우리 삶의 덩어리를 보게 된다…"

이런 고백에 이어 잠시 침묵이 흐르고, 이윽고 언제나처럼 삶의 약동이 확인된다.

"그렇지만 무슨 상관 있겠는가. 시간이 우리에게서 조금씩 힘을 뺏어간다 해도 광대한 작품을 위해 쓰일 것이 우리에게 남아 있다면 무슨 상관이겠는가."

조레스는 어린 학생들을 바라보며 미래와 기억에 대한 신뢰를, 삶과 우주와 신념에 대한 사고에서 나오는 이 확실성을 표현한다. 자신의 과거에 대한 확고한 믿음이 불어넣어 주는 생명력을 가지고서. 학생들을 향해, 흔히 어른들이 아직 세상살이를 시작하지 않은 젊은이들 앞에서 부리는 아부 없이 말한다. 그들의 마음을 사로잡으려는 생각 같은 건 없다. 그는 "마음속에 품고 있는 몇 가지를 마치 어른들에게 하듯이" 말한다.

그해 1903년 여름에 그는 전쟁의 위험, 자신이 확인했던 이 위기가 점점 고조되어 가는 데 대해 불안과 우려를 감추지 않았다. "그럼, 평화는 언제까지나 우리를 피해 간단 말인가?" 하고 탄식했다. 현대의 수도들은 프리암 궁전이 당했던 것처럼 포연에 휩싸인단 말인가? 사람들은 언제까지고 분노하고 절망할 것인가? 조레스는 비록 전쟁을 막아야 한다는 의지는 확고할지라도 환상을 품지는 않았다. 저들이 순진한 몽상가라고 우기는 그 사람은 편치 않은 마음으로 말했다. "역사에 완전히 확실한 것은 없습니다. 역사의 마디마디에 병든 지점이 얼마나 많은지 나는 압니다. 그 병든 지점들에 갑자기 열이 발생해 전체로 퍼져나갈 수 있습니다…."

따라서 조레스가 수호한 것은 유토피아적 평화가 아니라 결코 불가능하지 않은 현실주의적 평화였다. 그는 인간의 실천과 의지를 특별하게 여겼으며 이런 것들은 각성과 또 우파나 극좌파에게서 찾아볼 수 있는 경제결정론에 대한 수동성과 다른 것에 의해 북돋워졌다. 이렇게 해서 그의 연설과 삶의 원천 중 하나이자 주요한 미덕인 용기를 찬양했다. 이는 곧 자신의 삶에 대해 말하는 것이기도 했다.

사람이 텍스트에서—그것이 일반적인 것일지라도—자기 입장을 밝힐 때면, 자신의 사상을 드러내게 마련이다. "용기, 그것은 실천가인 동시에 철학자이다. 용기란 자기 고유의 삶을 알아가는 것이다. …용기, 그것은 삶을 사랑하고 조용히 죽음을 응시하는 것이다. …용기, 그것은 이상을 향해 나아가고 현실을 깨닫는 것이다."

조레스가 제시하는 철학은 무사무욕으로 이어지는 가장 중요한 미덕, 각성의 철학이다. "용기, 그것은 행동하는 것이고 심오한 우주가 우리의 노력에 어떤 보상을 마련해 두었는지, 아니 보상이라는 것이 있기나 한지 전혀 알지 못한 채 대의에 헌신하는 것이다."

조레스는 철학교수로 첫발을 내디뎠던 알비 리세에서의 강의로 자신이 원하던 것을 다시 한 번 선언한다. 다름아니라 "인간에게 인간의 위대함이라는 의미를 복원시켜 주는" 것이다.

그러나 빈곤의 참상이 정신을 질식시킬 때 그것이 가능할까?

알비에서 연설한 지 4개월 후에 조레스는 노르 도 지역을 순방했다. 3월부터 이곳 직물공장 노동자들은 파업을 하고 있었다. 조레스는 아르망티에르, 우플린, 카토-캉브레지, 코드리, 리스 계곡을 찾아갔다. 노동자들의 집을 찾아가서, 침착하게 노동시간에 관한 밀랑-콜리아르 법을 지켜줄 것을 요구하는 파업자들과 이야기를 나누었다. 10월 22일에 노조들은 고용주들이 조정절차를 받아들이도록 해달라며 그에게 지원을 요청하였다.

그는 빈곤과 주당 14~15프랑의 임금과 그리고 "좁디좁은 아파트에서 아버지, 어머니, 할머니, 젊은 처녀와 어린아이들, 늙은 사람들과 사춘기에 접어든 아이들 모두가 비참하게 뒤섞여 아무렇게나 잠을 자야 하는, 그 속에서 악이 싹틀 수밖에 없는 참혹하게 가난한 살림살이"를 보았다.

그는 "파멸한 가정, 빈곤의 거센 물 속 저 밑바닥에 익사한 시체들 같은 절망적인 가족" 그리고 바로 그 위에는 조금만 더 어려워지면 허우적거리다가 물에 빠져버리기 직전인 수천 명의 남자와 여자들을 목격했다. 직물의 여왕 아르망티에르에서 "우리는 어린아이들의 알몸과 부끄러운 곳을 가릴 천 조각 하나 없는 침대들을 보았다."

바로 이것이 현실이었다. 하원 부의장으로서 엘리제궁 접견실에서 이탈리아 빅토르-에마누엘을 영접하는 데 참석하는 조레스, 아르코나티 비스콘티 후작부인이나 그라몽 공작부인의 '공화파' 살롱들을 출입하는 조레스였지만, 이런 권력서클 안에 갇혀서 입을 다물거나 제대로 보지 못하지는 않았다. 그것은 여느 때와 다름없는 불길이고 분노였으며, 그가 표현하는 죄책감으로 더욱 배가되었다. "아! 고백하지만, 우리가 이런 이기적인 무관심 속에서 살고 있음을 자책한다."

이 끔찍한 광경은 일종의 범죄이기 때문이다. 그리고 조레스는 자신과 함께 드레퓌스의 재심을 위해 싸웠던 사람들을 향해 외쳤다. 그때 문제가 되는 것은 프롤레타리아가 아니었다. "나는 이렇게 말할 자격이 있다고 생각합니다. 이제 여러분의 차례입니다. 또 다른 희생자들이 있습니다. 짓눌리고 억압받는 또 다른 사람들이 있습니다. 이들 참혹한 가정… 그들에게도 똑같이 인권과 인간의 존엄성이 있음에도, 이 권리들이 침해당하기 때문에 우리는 인류의 이름으로 항의해야 합니다…"

하원에서 자신이 목격한 것을 보고하고 중재를 거부하는 고용주들을 비난하고, 고용주들은 노동자들에게 더 이상 양보할 게 없을 정도로 양보했다고 주장하면서—직물업계 출신의 줄 당제트 의원처럼—제사업자들을 대변하는 이들을 반박했다. 발언을 하고 있는 조레스 앞에서 당제트는 북부지방의 게드주의 신문—『노동자』(Le Travailleur)—을 휘둘렀다. 그 신문은 조레스가 노르의 강력한 줄 게드 당과 경쟁하는 프랑스인사회당을 두둔하기 위해 파업을 지지한다고 비난하고 있었다.

조레스의 우파 적들이 극좌파의 주장을 들고 나온 것은 처음이 아니었다! 그럼에도 조레스의 노력은 결실을 맺었다. 하원은 512 대 2표로 다시 중재를 시도하고 직물노동자들의 생활조건을 조사할 것을 권고했다.

빌레르메 의사가 북부지방 프롤레타리아들에 관한 조사를 한 지 50년도 더 지나서, 조레스가 노동자 도시들의 비참한 현실에 국가가 눈을 돌리도록 만들었다. 아르망티에르 노동자들을 묘사한 그는 빅토르 위고 계열에 속한다. "릴(북부의 대공업도시)의 지하실, 당신의 석조 천장 아래서 그들은 죽어간다." 그는 『제르미날』의 졸라를 직접적으로 계승한다.

그러나 시간이 흘러도 노동자들의 상황은 달라진 게 거의 없었기 때문에 문제는 강하게 되돌아왔다. 조레스는 개혁의 효과, 중재의 미덕에 대해 환상을 품었던 건 아닐까? 폭력적인 혁명의 길을 선택한 편이 더 낫지 않았을까?

프랑스 노동운동—게드의 당이나 조레스의 당, CGT—에서 이 문제들은 한층 강력하게 제기되었다. 노동계가 조직화되어 갈수록 사회의 틀과 자본주의 경제와 일격에 결별하려는 시도가 다시 대두했다.

프랑스인사회당 내에서 밀랑은 혁명에 적대적인 조류를 상징했다. 더구나 전직 장관은 이미 권력이 가져다주는 혜택을 맛보았고 그에 도취되어 있는데다 자신이 거부당하고 조레스에 의해 2선으로 밀려났다고 느꼈기 때문에 표결에서 슬며시 중도로 빠져 나갔다.

1904년 1월 4일 센 연맹은 밀랑의 제명을 결정했다. 좌익으로서는 혁명정당 내에 프랑스 사회주의자들의 통합을 준비하는 것이 중요했다—장 롱게는 카우츠키에게 보낸 편지에서 이렇게 썼다.

이것은 프랑스의 입장에서는 국제노동운동을 건설하는 '좌파'의 약진을 과시하는 것이었다.

1902년에 레닌은 『무엇을 할 것인가』를 발표했다. 그는 첫 문단에서부터 밀랑의 행동을 "실질적인 베른슈타인주의"라고 비난하며 이어 "혁명적 활동을 직업으로 하는" 사람들로 이루어진 당조직의 건설을 정의한다. 1903년 11월 런던에서 볼셰비키와 멘셰비키의 대립이 표면화되었다. 마치 먹구름처럼 유럽을 향해 밀려오는 전쟁과 혁명을 예고하는 이 격동 속에서 좌파블록은 매우 취약해 보였다. 그렇지만 조레스는 수많은 영역에서 가장 비천한 사람들에게 도움이 되는 해결책을 제시하고 지원할 수 있다고 확신하면서 계속 블록을 지지했다. 그리하여 1903년 11월에 알제리 총독 조나르가 취한 현지인들에게 유리한 조치들을 승인했다. 그는 "아랍인들이 어떤 인종인지 알고 있는 당신, 당신과 나는 의견이 일치해야 한다. 그들을 많이 죽일수록 그만큼 악독한 짐승들이 줄어든다"고 말하는 자들에 맞서 콩브 정부의 정책을 지지했다. 그렇지 않으면 "여기서는 증오의 불을 지르고 저기서는 그 불을 끄고, 어딜 가나 몸서리치는 잔혹함과 살해의 끔찍한 상호작용 외에" 무슨 출구가 있겠는가.

그래서 조레스는 콩브를 지지하기로 했다. 사람들이 이따금 그에게 부여하는 "공화국의 정신적 지도자"라는 역할을 수행하기로 한 것이다. 그러나 근본적인 문제에 대해서는 일체 양보하지 않았다.

6월에 그는 프랑스의 동맹국인 러시아의 키치네프에서 벌어진 유대인 학살을 분개하며 고발한다. 차르 "권력의 직접적인 책임론"을 제기하면서 여론에 호소한다. 사회문제와 마찬가지로 대외정치 영역에 대해서도 단호한 태도를 보인다.

좌파블록의 일부 의원들이 조레스를 비난한 것은 바로 이 점이었다. 그가 자신의 사상에 충실한 것이 그들은 불안했다. 그는 '동화되지' 않는 사람이었다. 다시 연미복을 걸치고 호위장교들에게 정중하게 경례하고 이탈리아 왕 앞에서 허리 굽혀 예를 표할 수 있었지만, 그는 변하지 않았다. 회기가 1년 반이 지나고 하원 부의장이 된 지 1년이 되어도 좌파블록의 가장 온건한 이들에게는 어쩔 수 없는 증거로 보였다.

그리하여 1904년 1월 13일 조레스는 부의장 연임을 위해 재도전했지만 30표가 모자라 재선에 실패한다. 의원들은 조레스라는 장기판의 별 볼일 없는 말을 대신하기에 충분하다는 듯이 무명의 급진파 제르빌 리슈를 택했다. 사실 이것은 보수파와 온건파가 보기에는 누가 되었든 조레스보다 더 낫다는 것을 의미했다. 그러니 딱 1년만 참아주었던 것이다.

그렇다고 바르투 같은 인사들이나 급진파 사람들이 조레스를 부의장으로 받아들이는 것이 가능할까? 코드리(북부 직물업 도시)에 모인 직물노동자들 앞에서 파업을 찬양하고 노동자들의 참상을 고발하면서 그 책임은 "무정부주의와 자본주의적 착복 체제"에 있다는 조레스를?

돌이킬 수 없는 조레스. 40대에 찾아온 결정적인 삶의 방향전환을 거부하고, 공직의 문이 그를 향해 활짝 열렸을 때 젊은 날의 소신과 신념을 버리거나 얼버무리기를 거부하고 그 자신으로 남았다.

15 | 게드 동지, 조레스 동지! 1904

전쟁. 그것은 단지 하나의 낱말에 지나지 않았다. 유럽은 조레스가 표현한 "평화의 황무지"에서 살고 있었다. 그러나 "수세기 전부터 짐승들이 떼를 지어 먹이를 찾아 돌아다니는 야생의 험한 숲속, 격정과 증오의 수풀에서" 조레스가 우려한 전쟁은 피가 줄줄 흐르는 얼굴을 드러내며 걸어나오고 있었다.

전쟁은 신문의 지면을 가득 채우고 영화관의 시사장면을 뒤덮었다. 그리고 사람들은 이미 전쟁이 현실임을 알고 있었다. 멀리 떨어지긴 했지만 일본과 그토록 환영받던 우리의 동맹국 차르의 러시아가 맞붙었기 때문이다.

전쟁이다. 그래도 다들 마음을 놓았다. 1904년 2월 7일 조선 연안의 제물포 만에서 러시아 순양함 한 대와 구축함 두 대를 어뢰로 격퇴한 저 황색 불량배를 우리 동맹국인 강국 러시아가 엄벌했으니까. 법과 정의와 힘은 당연히 상트페테르부르크 편이었다. 하수인이나 다름없는 신문들이 이 말을 반복하면서, 우리가 그처럼 의지하는 러시아 해군과 육군의 우수성을 부풀려 포장했기 때문이다.

우리가 수십억의 러시아 국채를 사모은 것은 그 때문이 아니던가? 그리고 차르는 현명한 인물이다. 그가 극동에서 협상을 거부하고 제국주의 정책을 실행하고 심지어 차르의 측근에서는 대결을 불사한다는 것을 누군들 의심하겠는가? 일찌감치 무력충돌로 치닫는 것은 흔히 독재체제들이 이를 통해 내부적인 난관의 돌파구를 찾을 수 있다고 믿었기 때문이다.

그러나 누가 이 사실을 프랑스에 폭로할 수 있겠는가? 전쟁에 직접적으로 개입하지 않는 한, 그 전쟁이 아무리 불바다를 이루어도 상관없다. 저 용감한 러시아 병사들과 일본군에게 포위된 아르투르 항 작전을 지휘했던 영웅 스퇴셀 장군을 지지하는 것이다. 그래서 작가 에드몽 로스탕은 이렇게 부르짖었다.

포트아더의 스퇴셀, 그는 제노아의 마세나(군인, 프랑스혁명전쟁 때 나폴레옹과 함께 이탈리아원정을 감)이네
그에게 마랑고(마랑고 주의 주도로 나폴레옹이 승리를 거둔 곳)의 행운을 빕시다!

전쟁이란 언제나 모험이다. 수년 전부터 조레스는 프랑스의 러시아 정책 지지와 델카세의 비밀외교에 대해 비판을 하고 있었다. 국무회의에서 대외정책 문제가 제기될 때마다 에밀 콩브가 늘 이렇게 말하던 것을 조레스, 그는 알고 있을까? "여러분. 그만둡시다. 이것은 공화국 대통령각하와 외교장관각하의 사안입니다"

어떻든 갑작스런 전쟁발발은 그의 가장 암울한 분석을 확인시켜 주었다. 아마도 프랑스는 이 분쟁의 바깥에 놓여 있기는 하겠지만 러시아의 동맹국이므로 일본의 동맹국인 영국과 대립하지 않겠는가? 하지만 파리와 런던은 극동의 자국 동맹국에 개입하지 않기로 합의하고 '영국-프랑스협상'(Entente Cordial)을 체결했다. 그러나 여기서 조레스는 그 이상의 것을 간파한다. 어느 날 아무것도 모르는 나라를, 그 나라의 안전은 위협받지 않는데도 끌어들

이고 말 도박이었다. "러시아와 체결한 협정문과 그 정확한 의미가, 바로 이 협정에 의해 휩쓸려 들어가게 될 국민들에게 제대로 전달되지 않은 것은 실로 이해할 수 없다"고 조레스는 쓰고 있다.

국가의 중대한 사안에 관해서는 좌파블록과 좌파대표단이 결정을 내리고 조레스는 그 대표단의 일원인데, 이 문제에는 아무런 권한도 없다는 것이 그 증거였다. 재무장관의 루비에처럼 델카세는 접근이 불가능한 각료이고 의회의 통제에서 완전히 벗어나 있는 것인가? 이 국제적 사건들을 계기로 조레스는 좌파블록에 대해 의문을 품게 되었다. 조레스의 하원 부의장 재선이 실패로 돌아가면서 급진파와 조레스 사이의 합의는 이미 금이 가기 시작했지만, 국제적 위기가 또다시 그 한계를 확인시켜 주었다.

그러나 조레스에게는 자기검열의 기준이 있었다. 즉 정부에 대한 지지는 비판의 자유를 조건으로 한다는 것이다.

"만약 비밀협정 때문에 우리가 전쟁 일보직전까지 내몰린다면, 국민은 사회당이 그처럼 늘 제기한 문제들을 애국이란 명분으로 이미 몇 년 전부터 덮어둔 자들을 용서하지 않을 것이다."

러시아와의 동맹이 프랑스 외교의 수작(秀作)이라지만, 처음부터 조레스는 비판을 했다. 은행과 러시아 대사관 그리고 공화국 대통령들의 외국방문 수행에 매수된 언론은 한목소리로 차르를 찬양하였고, 이로써 델카세를 비롯한 역대 외교장관들은 파리—상트페테르부르크 축에 의해 프랑스가 다시금 주도적 강국이 되리라고 믿었다. 조레스에 따르면, 반대로 평화를 구축하는 길은 독일과의 대화로 유럽합의를 이루는 길뿐이었다.

그러나 사람들이 평화를 원하는가? 몇 개월 전부터 평화라는 말이 다시금 그의 펜 끝에서 나왔다. 그는 전쟁의 기운이 짙어지는 것을 느꼈다. 아직은 저 멀리 있지만, 지평선까지 차고 올랐다. 그가 비난한 것은 쇼비니즘인가? 지금 그는 러시아의 군사력과 차르 주위로 제국이 결집하고 있다고 찬양하는 (필경은 오염된) 그릇된 정보를 비난하고 있다. 『릴뤼스트라시옹』은 영웅주의와 전제정치 아래서의 신민의 충성, 인민의 아버지를 부각시키는 사진들로 현장르포를 가득 채웠다. 어떻게 조레스가 속아 넘어갈 수 있겠는가? 친구 뤼시앙 에르는 러시아 사정에 매우 밝았다. 에르는 톨스토이의 언어를 말하고 망명자들과 친교가 있었고 런던 대회의 분열 이후 러시아사회민주당 내부에서 볼셰비키와 멘셰비키가 대립하는 것을 알고 있었다. 또 레닌을 읽었고, 바로 얼마 전에 출간한 『낮은 천장』에서 러시아 사회의 현실을 잘 보여주는 고리키도 읽었다. 이제, 조레스는 계속 바보 같은 소리만 늘어놓고 러시아의 패배규모를 숨기기 위해 거짓말까지 하는 신문들을 향해 비난의 목소리를 높인다. 추락하고 있는 국제적 환경, 하수인이 된 언론에 의해 조작되고 진짜 의도를 드러내지 않는 정부에 의해 아무것도 알지 못하는 여론이 조레스는 불안하기만 하다.

1904년 초에 조레스를 만난 사람들은 이 순간의 어려운 현실이 그의 신체에까지 각인된 듯 사뭇 변해 버린 그의 모습, 뭔가에 몰두해 있고 갑자기 늙어버린 모습을 보게 된다. 이 무렵에 그가 전환점에 서 있었다는 것은 의심의 여지가 없다. 전술적 문제들에 대해 고민하기 시작했다. 평화를 수호하기 위해서는 어떻게 그리고 누구와 동맹할 것이며, 대내적으로 노동자들과 가장 헐벗은 사회계층을 위해 무엇을 구체화하고 누구와 손을 잡고 그것을 획득할 것인가, 이 정부와 계속 블록을 유지해야 하는가?

　그는 당내에서 자신을 밀어내려는 게 아닌가 하는 의구심이 들었다. 1904년 2월 14~16일에 생테티엔에서 열린 당대회에서 좌익은 한층 강화된

세를 과시하면서, 당원이 1만 1천 명에서 8천 명으로 줄어드는 등 당이 약화
된 것을 지적하고 좌파블록의 미흡함을 강조했다. 좌익은 콩브 정부에 대한
사회주의자들의 지지 철회를 요구하지는 않았지만, 국제 사회주의 차원에서
부르주아 정부와의 협력을 비난하는 소리가 거세어지고 있는 점을 부각시켰
다. 독일사민당은 드레스덴 대회의 결의안을 전적으로 찬성했다. 얼마 전 『사
회혁명』을 출간한 카우츠키와 독일 사회주의의 창건자이자 역사적 지도자인
63세의 아우구스트 베벨은 막강한 권좌에서 마르크스주의 강경 노선의 진리
를 확인하고 이를 인터내셔널 전체에 강요하려 했으며, 여기에 줄 게드 파가
지지를 보냈고 그 사실은 랭스 대회에서 확인되었다.

이 역시 조레스를 불안하게 했다.

8월에 제6차 인터내셔널 대회가 암스테르담에서 열릴 예정이었다. 사
회주의자들의 단합 없이 어떻게 전쟁에 대처할 것이며 조레스의 적수인 줄
게드를 지지하는 독일사민당이 강요하는 '전술적' 선택에 어떻게 대항할 것
인가? 이 암스테르담 대회가 조레스의 정책을 심판하고 비난하는 재판정으
로 변한다면, 그 위험은 매우 클 것이다. 조레스는 그러한 위험성을 헤아렸
다. 동시에 어떻게 프랑스와 세계의 사회주의자 단합을 포기한단 말인가?
그것만이 보수적 사회세력들에, 즉 앞으로 진전될 사태에 휩쓸리거나 빨려
들어가지 않고 먹히거나 위축되지 않고 단호하게 압박할 수 있는 유일한 수
단인데.

바로 이것이 조레스를 괴롭혔고 그래서 그가 전념해야 할 문제들이었다.
하지만 냉정을 잃지 않았다. 생테티엔 대회에서 콩브 정부는 "운신의 폭이 좁
기는 했지만 늘 최선을 다하는 모습을 보인 것은 아니다"라고 발언했다. 더군
다나 그는 의회활동과 여당에 참여하면서 국가기구들이 저항하는 것을 발견
할 수 있었다. "정부는 최선을 다하고자 해도, 전체적인 행정기구가 효율적이

고 성실하게 떠받쳐주지는 않았다."

그렇다면 국가를 변혁해야 하는가? 가능한 한 가장 민주적인 법을 적용하고—그 때문에 좌파블록을 지지한 것이다—제도개혁을 통해 의식의 상태를 바꾸는 것이다. 그리하여 (1904년 5월) 법원의 기능에 대해 질의했다. "대체 공화국은 언제 공화국 사법기구에 사회진보의 의미가 침투할 수 있게 할 것인가?" 그는 파기원과 최고행정재판소 법관들이 쟁쟁한 용기로 개인의 권리는 수호하면서도 사회문제에 대해서는 무의식적으로 혹은 적극적으로 반동적인 인사가 되는 것을 확인했다.

그렇다면 조레스가 순진한 몽상에 빠졌던 건 아니다. 오히려 개인의 권리는 치열하게 지키려는 사람이 사회정의에 대해서는 단호하게 반대하는 사회의 복합성을 예리하게 간파하고 있었다.

조레스의 분석은 도식적이지 않다. 있는 그대로의 꿈에 열려 있으며 그것은 그 꿈을 실현하기 위한 필요조건이었다. 그러므로 아직은 콩브를 지지해야 했다. 그가 정교분리 투쟁에서 공화파의 원칙들을 밀고 나갔기 때문이다. 그런 그가 위협받고 있었다.

3월 17일 콩브는 불과 11표 차로 이겼다. 29일에는 하원의원들이 큰 표차(318표 대 256표)로 해군장관 카미유 펠탕의 정책에 대한 조사위를 설치하기로 결정했다. 급진파 해군장관은 대담하게 기병대에 '자유' '평등' '에른스트 르낭' 또는 '민주주의'라는 이름을 붙이는가 하면, 병사 출신의 장교를 우대함으로써 장교집단의 카스트를 깨부수려고 했다. 점차 온건적인 요소들을 방기하는 좌파블록과 제휴하면서 어떻게 콩브를 지지 안하겠는가?

여전히 조레스는 근소한 표차만 가지고 어려운 길을 가야 하는데다 국제정세의 악화와 당내 좌익세력의 강화, 노동투쟁의 고조 그리고 이에 따른 콩브 여당의 일부 우경화로 그 길은 더 협소해졌다.

조레스는 자신의 정책을 설명하고 싶었고 『라 프티트 레퓌블리크』를 통해 그렇게 했다. 하지만 그는 이 신문의 발행인이 아니었다. 그런데도 신문광고를 비롯하여, 감옥이나 수도원에서 만든 의류의 판매로 이익을 취한다고 그를 비난하는 공격에 대응해야 했다. 더구나 이 일간지 사옥에 그 매장들이 생기기까지 했다. 이로써 조레스와 제로-리샤르 사이가 날카로워졌다. 그렇지 않아도 사회주의자들 사이에 긴장이 감도는 이 시기에 전직 장관 밀랑이 소유한 신문에 보조역으로 협력하기란 더 이상 어렵게 되었다.

하지만 조레스와 그의 친구들 에르와 블룸에게는 전쟁의 위험이 고조되고 있는 이때야말로 언론의 역할이 필수적이었다. 이미 드레퓌스 사건 때 신문이 얼마나 중요한지 실감하고 『라 크루아』나 『라 리브르 파롤』의 제호 아래 번성하는 반유대주의 지면에 맞서 드레퓌스파 신문을 창간할 것을 고려한 바 있었다. 프랑스-러시아동맹이나 러일전쟁과 관련하여 언론의 맹목성과 매수된 언론의 실체가 드러나면서 그 안건이 다시금 부각되었다.

조레스와 그 친구들—이들 대부분이 지식인이고 문필가로서 같은 생각을 가지고 있었다—은 자신들의 이미지대로 운영하고 만들어가는 신문을 꿈꾸었다. 사실 조레스는 1896년부터 이런 생각을 품고 있었다. 지금의 상황은 이 꿈을 현실로 만들도록 강제하는 듯했다. 에르와 블룸과 조레스는 진실한 고품격 신문이 들어설 여지가 있다는 느낌을 강하게 받았다. 그러면 발행부수가 많은 신문들뿐 아니라 게드파 신문 『르 소시알리스트』도 궁지에 몰아넣을 수 있을 것이었다.

이 기획은 조레스를 열광케 했다. 그는 신문기사를 쓰기 좋아했으며, 지금까지 쓴 것만도 1천여 편이나 되었다. 그의 역량은 시사문제에 관한 성찰과 그런 형태의 글쓰기에 적합했다. 그는 빠른 판단력과 기사작성으로 사건에 즉각 반응했다. 그 밖에, 신문의 정치노선이 야기하게 될 상황이라든가 앞으로의 재정문제는 깊이 생각지 않았다. 오로지 역동적 기획에만 사로잡혀 있었다.

구상하고 활력을 불어넣는 일은 그가 했다. 조레스가 못하는 '운영' 과 재정 면은 뤼시앙 에르와 레옹 블룸, 레비-브륄이 꾸려가기로 했다.

우선 기존 신문을 바탕으로 해서 체제를 갖추기로 했다. 『라 프티트 레퓌블리크』를 보완해서 좀더 세련되게 하는 것이었다. 제로-리샤르와 드장 등 소유주들은 이 방안에 동의하는 것 같더니 갑자기 취소를 해서, 1월에 새로운 신문을 발간하기로 결정했다. 최우선 문제는 자금이었지만, 조레스는 돈에 대해 속수무책이었다. 그에게는 전혀 생소한 세계였다. 에르와 블룸, 레비-브륄이 기금모집을 맡기로 했다.

기금모집은 그리 힘들지 않게 진행되었다. 조레스는 좌파의 중요한 정치인이고 의회에서 손꼽히는 지도자였다. 그리고 드레퓌스 지지파 지식인들과의 친교 덕을 보았다. 드레퓌스를 지지한 그의 이력에 힘입어 유대인 사회의 공감을 얻을 수 있었다. 진지하고 신념이 있으며 원칙에 엄격하고 이성적인 그의 사회주의는 그렇게 불안스러워 보이지 않았다. 더구나 이 사업에 참여하는 사람은 반드시 투자를 하기로 했다. 레비-브륄은 10만 프랑(1984년 현재 120만 프랑)을 쏟아부었지만, 의원연봉이 9천 프랑인 조레스는 1만 프랑을 내었다. 에르도 같은 액수를 투자했는데, 도서관 사서 급여의 두 배에 해당하는 금액이었다. 그리고 프랑시스 드 프레상세가 3만 프랑을 쾌척했으며, 1887년에 교육부 국장과 그후 외교관을 역임하고 이제 50대가 된 부유한 프로테스탄트 가문 출신의 이 인사는 19년 동안 『르 탕』지의 대외정책란을 맡아왔다. 드레퓌스 사건 때 조레스파의 사회주의자가 되었으며 리옹의 하원의원으로서 창간될 신문의 해외정책을 책임질 것이었다. 그리고 은행가 루이 드레퓌스가 2만 5천 프랑, 브리앙이 5천 프랑, 루아네 의원 2천 프랑 등, 모두 합해서 88만 프랑(1984년 현재 1천만 프랑)이 모였다.

1904년 4월 6일이었다. 그날 저녁, 조레스 자택에서 첫번째 전체회의가 열리고 에르와 루아네 그리고 편집자 카제비츠가 운영위원으로 결정되었다. 블룸과 레비-브륄은 회계위원이 되었다.

조레스는 낙관했다. 7만 부만 판매하면 충분히 수지균형을 이룰 것이다. 그 정도야 팔지 못하겠는가?

그리고 신문제호에 대한 논의가 이어졌다. 아마도 조레스였을 텐데, 『뤼미에르』를 제안했으나 『뤼마니테』로 하기로 모두 동의했다. 에르가 내어놓았는데, 그의 사상세계를 충실히 반영하는 이름이다. 그에게 인류의 진리는 오직 하나밖에 없다. "문명의 정도는 코스모폴리터니즘으로 측정된다." 이는 조레스를 그대로 나타내는 제호이기도 했다. 조레스를 언제나 활기 넘치고 살아 있게 하는 것은 보편의지를 표현하면서 일상적이고 부분적인 사건을 넘어서려는 배려, 모든 사람의 이름으로 그리고 인간을 위해 발언하고자 하는 욕망, 그것이었다. 필경 『로로르』, 『르 탕』처럼 시대의 영향을 받은 제호이지만, 그러면서도 정치를 문화적 기획, 열린 철학적 전망 안에 새롭게 위치지으려는 뜻을 드러내고 있었다. 물론 신문의 현실참여는 뚜렷할 것이다. 조레스는 롱게에게 이렇게 써서 보냈다. "신문은 정통적이고 능동적으로 사회주의를 지향하며 좌파의 화합을 추구할 것이오. 알만에게 기고를 해달라고 했으며, 그는 수락했다오. 노동조직들의 주요 투사들에게도 글을 청탁할 것이오."

신문에 기고할 사람을 찾는 것은 문제가 아니었다. 신문편성도 결정되어, 해외특파원을 두고 '사회운동' '경제현안' '프랑스와 해외 노동운동' 등의 고정란도 만들었다. '과학연대기' '농업문제' '교육' 같은 고정란들도 주목받을 만큼 현대적이다. 문예기고자들 중에는 블룸과 미셸 제바코, 트리스탕 베르나르와 줄 르나르, 아나톨 프랑스와 옥타브 미르보, 앙리 드 주브넬과

아벨 에르망의 이름이 보였다. 논설은 특히 브리앙, 비비아니, 알망이 보장해 줄 것이며 조레스는 당연히 정치부장을 맡았다. 에르는 중요한 대외정책 파트의 프레상세 보조로 들어갔다. 그리고 블룸은 월 2회씩 평론을 쓰겠다고 자청하여, 신문 한 면을 배정받아서 "오늘날 사회의 진화와 문예운동이 상호 긴밀하게 연결되는 것을 보여주고… 이로써 도피적이고 진부한 오락은 과감하게 빼버리고 논쟁을 활성화시키는 텍스트에 집중하고자" 했다.

8명이 교수자격자, 7명이 고등사범 출신인 신문이 되었다. 지식인 팀이었다. 브리앙은 "이건 『뤼마니테』(인류)가 아니라 뤼마니테들(인문학도들)"이라고 걸게 자조했다. 또한 에르 주위에 모이는 사람들과 블룸을 중심으로 한 사회주의통합그룹 등 젊은 연구자들에게 만남의 장 구실을 했다. 논설위원은 샤를 앙들레르와 마르셀 모스, 알베르 토마로 결정되었다. 드레퓌스 사건 때 그 효력과 목적을 발휘했던─사회주의에 대한 충실함과 투사적 참여를 인본주의적 원칙의 수호와 일치시킨─조레스식 편집국이었다.

기금을 모으고 리슐루 가 110번지에 자리를 잡고 신문의 기조를 결정하고 편집국을 진용을 짰다. 1904년 초에 『라 프티트 레퓌블리크』의 기고는 중단했지만, 조레스는 『툴루즈 통신』에 계속 기고를 하고 의회활동을 수행하면서 이 사업의 운영에 전면적으로 매달리기가 힘들다는 것을 깨달았다.

『뤼마니테』 창간호는 4월 18일을 발간일로 잡았다. 모든 것을 새로 일구어야 하는 흥분과 불안의 시기였다.

조레스가 신문창간을 얼마 앞두고 한창 바쁠 때 쉬렌으로 『격주평론』의 제작자를 찾아간 것은 아마 기술적인 문제를 상의하거나 다른 지원이 필요해서였을 것이다. 그는 자리를 비운 페기를 만나게 해달라고 요청했다.

물론 페기 쪽의 문제이지만, 두 사람 사이에는 깊은 골이 패어 있었다.

페기는 조레스를 "콩브파의 선동에 굴복했으니 조만간 공모할 것이라"고 비난했다.

그러나 페기는 조레스가 찾아왔다는 것을 알고 그를 방문하기로 한다. "내가 제일 젊었다. 그에 비하면 아주 젊었다. 그래서 내가 한 발 양보하기로 했다. 예전에 우리 사이에는 드높은 존경심만이 있었다."

페기로서는 정말 마음이 내켜서 한 행동이라기보다 서로에 대한 치밀한 계산에서 나온 생각이었다.

이튿날 페기는 조레스 집으로 갔다. "전과 딴판으로 늙고 변한" 조레스와 마주앉아 그의 이야기를 들었다. 찬바람이 부는 가을날의 굳건한 나무 같던 그 조레스는 어디로 갔는가? 불행 따윈 전혀 범접도 못할 것처럼 단단하게 다져진 땅 위로 발걸음을 울리던 조레스 아니던가!

페기에 따르면, 불행이 조레스를 내리쳤고 그 불행이란 바로 정치였다. 담배연기 자욱한 회합이 잦아 얼굴이 벌겋게 번들거리는 조레스, "공화파를 지지하는 살롱들을 드나들면서 갈데없이 속물이 된" 창피한 조레스다.

참으로 편파적이고 가필된 묘사이다. 조레스를 때리고 희화화하기 위해 뻘건 조레스를 만들어냈다. 그러나 피폐해진 조레스의 모습은 오히려 페기를 안심시키기도 했다. "신문이 출간되기도 전에 첫 행보에서 어떤 난관에 부딪혔는지 고백하는 것이 아닌가?"

그는 "지쳐서 허리가 구부정하고 초췌한가?" 페기가 쓰고 있듯이 그는 "이 낙관주의 전문가만큼 고통스러워하고 슬퍼하고 애석해하는 사람은 본 적이 없었을까?" 이따금 조레스에게 한동안 활력을 꺾어놓는 저조하고 짓눌린 기색이 돌았다는 것은 부인할 수 없다. 그러나 페기는 조레스의 초상화를 거무칙칙하게 그려서 그가 정치에서 패배했다는 증거로 들이대고 싶었다. 페기는 조레스에게 당사자가 아니라 그의 동지 몇 사람의 기고를 요청하는—

페기는 자신의 온 삶을 『카이에』에 바쳤다고 말한다—과감한 행동을 한다. 조레스는 두 팔을 약간 치켜들며 미안한 표정으로 페기에게 말한다. "당신도 잘 알지만 주주 찾는 것보다 기고자들을 물색하기가 더 힘들지요…" 그는 페기의 묘사처럼 "몸을 웅크리고 힘들게 이 삯마차에" 올라탔는가? 아무튼 1904년 초의 이 만남이 두 사람의 마지막 만남이 된다.

여기서 우리는 조레스가 정치생활과 개인생활의 중대한 사건—전국지를 창간하여 활력 있게 가동시키는 것, 그건 중대한 일이었다—을 눈앞에 두고 몹시 지쳐 있었음을 읽는다. 그러나 무엇보다 자기확신에 사로잡혀서 조레스에게 보냈던 찬탄을 증오로 바꾸는 페기의 험담과 고독을 보게 된다.

만약 페기가 조레스는 패배했고 곤경에 빠졌다고 믿었다면 그건 착각이다. 1904년 4월 18일 『뤼마니테』 창간호가 나와 14만 부가 판매되었다. 단편 『늙은 여자』를 이 신문에 실은 쥘 르나르는 13만 8천 부였다고 말한다. 아무튼 대성공이었다.

조레스는 사설에서 신문제호의 정당성을 논하면서 한마디로 사회주의 강령에 대한 정의(定義)라고까지 표현한다. 특히 무엇이 신문의 정신이 되어야 하는지 밝히는데, 엄밀한 의미에서의 선전과는 오히려 반대가 될 정도이다. 독자들은 이 신문에서 "폭넓고 정확한 정보"를 얻을 것이며 모든 자유로운 지성들에게 세상의 사건들을 이해하고 스스로 판단하는 수단을 제공할 것이다. 신문은 "거짓말, 편향된 정보, 강요되었거나 사기성 있는 뉴스"를 거부하고 충실한 보고와 확실한 정보 나아가 특파원의 정확한 보도를 드러내 보일 것이다. 한마디로 "양심에 따라 일관되게 진실에 대해 주의를 기울일 것이며 그렇다고 '투쟁의 활력'이 무디어지지는 않을 것이다."

정확성, 진실, 신의, 자유, 투쟁. 이 말들은 조레스의 태도를 충실하게 표현해 주었다. 당연히 그는 신문의 독립성과 투명성을 주장했다.

창간호가 발행되어 성공을 거둔 날은 모두 기쁨에 넘쳤다. 줄 르나르도 이 기쁨을 함께했다. 그의 단편이 이해를 받았는지는 알 수 없지만, 13만 8천 명의 독자가 『늙은 여자』를 읽을 수 있었다. 리슐루 거리의 신문사에 조레스와 브리앙, 에르, 아나톨 프랑스, 미르보, 블룸이 모여 입을 모아 줄 르나르를 치하한다. 작가도 에르에게 "당신도 그럴듯한 글을 썼어요"라는 말을 건네기까지 한다. 아나톨 프랑스가 열변을 토하고 미르보가 웃음을 터트린다. 조레스는 이 사람 저 사람을 번갈아 쳐다보면서 이야기를 듣고 있다. 브리앙이 농담을 던진다. "레옹 블룸이 활기를 보이고 열을 내니 여자조언자 님프 같군. 조레스가 적는 단어를 보고는 근사하다고 말하더군."

조레스가 르나르에게 다가가 감사를 표하고 너무 오래 독자들을 기다리게 하지 말아달라고 당부한다. 르나르는 꿈을 꾸나 싶었다. 일찍이 신문사 편집국에서 이와 같은 대접을 받은 적이 없었다. 아무튼 이들은 여느 신문기자들과 똑같은 사람들이 아니었고, 처음 수개월간은 성공을 구가했다.

조레스는 사회주의 판 『르 탕』을 원한 것이라는 말들을 했다. 『뤼마니테』는 곧바로 힘을 발휘했다. 대외정책 파트에서는 프레상세와 에르가 확실하고 정확한 정보를 분석하고 있었다. 나머지 지면에 대한 한 논평(티보데)은 다음과 같다. "『뤼마니테』는 찬란하다. 일간지의 리더 조레스가 이처럼 열정적이고 재능이 넘친 적이 없다. 문예비평은 귀스타브 랑송과 레옹 블룸이 교대로 맡고 있다. 르포르타주는 다니엘 알레비 담당이다. 사회운동은 10여 명의 젊은 사회주의자들이 추적한다. 연재소설은 무엇보다 아나톨 프랑스의 『하얀 돌』이다."

짜증이 난 페기만이 『뤼마니테』는 『라 랑테른』(La Lantern, 등불)보다 더 회색 신문이며 조레스가 기고하던 『라 프티트 레퓌블리크』와 마찬가지로 저질이고 정치 일색이며 허구한 날 통합 소리만 한다고 비난이 담긴 심판을 했다. 페기에 따르면, 기고자들은 "싸움 이후 공화국 구조에 나선 걸신들린 고등사범 교수자격자 떼거리"였다.

하지만 신문의 질적 수준에 대해서 이론의 여지가 없다고 사업의 성공이 보장되지는 않았다. 특히 1면에 1904년도 교수자격시험 결과를 실은 것은 마치 다수의 독자들이 이에 흥미를 가진다고 여기는 것 같았다. 신문을 모르는 감각이었다. 초기에 발행된 판들에서 발생한 사소한 오류와 편집자들이 무엇에 골몰해 있었는지를 잘 보여주는 대목이다. 그러나 이런 편집진으로 신문의 발행부수가 머지않아 1만 2천 부에 머문 것은 이해할 만하다.

창간 때만 해도 조레스는 이렇게 부수가 추락하리라고는 예상하지 못했다. "경험자들은 우리 신문을 기대하지 않았다. 우리는 14만 부를 찍는데, 손실이 막대할 것이다. 그러나 해볼 여지는 있다. 7만 부면 수지타산이 맞다."

처음 몇 달간 판매부수를 보면 가능할 것도 같았다. 『뤼마니테』에는 정보가 많은 것이 사실이었으니까.

국가와 교회 관계는 여전히 난관에 봉착해 있었다.
수도회 학교들의 폐쇄, 비오10세의 항의, 교황의 국무비서 메리 델 발의 행동으로 협약(콩코르다 Concordat)으로 묶여 있던 프랑스 정부와 교황청 사이에 대립적인 기운이 계속 감돌았다. 이탈리아 국왕의 푸대접에 더해 공화국 대통령의 로마방문—이곳에서 교황 자신은 포로 신세나 다름없다고 생각하고 있었다—이 교황을 자극하니 악화된 외교관계는 나아질 기미를 보이지 않았다. 바티칸은 프랑스 정부에 일종의 항의각서를 전달했으며, 이것을 다른 나라들의 총리실에도 보냈다.

5월 17일에 극적 사건이 벌어진다. 『뤼마니테』는 교황청에서 다른 나라들에 보낸 각서 원문을 싣고 한 구절을 덧붙이고, 조레스는 이에 분개하며 논평한다. 사실 이 발언은 바티칸이 오로지 프랑스 정부가 추락하기만을 기다리면서 파리와의 관계를 유지하고 있었음을 시사한다.

이는 조레스 쪽에서 먼저 던진 언론폭탄이요 정치폭탄이었다. 조레스는 쾌재를 불렀다. 그 각서는 단호한 반교권주의자인 알베르 드 모나코 공에 의해 비밀리에 건네졌다. 물론 조레스는 이 각서의 공개로 단기적으로는 콩코르다의 파기 문제가 일어나리란 것을 예상하고 있었다. 프랑스의 완전한 해방이 이루어져야만 한다고 그는 주장했으며, 이런 뜻은 하원에서 427 대 96 표로 동의를 얻게 된다. 대다수 의원들이 교황청의 문건으로 나라의 독립성이 훼손되었다고 판단한 것이다. 7월 초에 주교 두 명(라발과 디종의 주교)이 공화주의 정신을 지녔다고 하여 교황에게 소환되는 일명 로마행 사건으로 외교관계는 위태위태해졌다. 교회와 국가의 분리를 완수하기 위해서는 한 걸음만 더 나가면 될 것이었다.

조레스―그리고 『뤼마니테』―는 이 과정에서 결정적인 역할을 했다. 왜냐하면 콩브는 아직 망설이고 있었지만, 이 영역에서 단호한 사회주의자들의 압력을 받아 급진파들이 따라오게 되기 때문이다.

7월 어느 날, 카이요는 하원 복도에서 아리스티드 브리앙과 마주치자 사회주의자들이 이 문제에 대해 어떤 태도를 취하는지 넌지시 떠보았다. 브리앙은 망설이지 않고 대답했다. "우리는 확실하게 분리파, 그것도 단호한 분리파입니다. 무슨 답을 더 듣고 싶습니까? 우리가 사회개혁을 말할 때마다 아직 우리에게는 이루어야 할 정치적 개혁이 있다고 늘 반대하지 않았나요? 그 중 가장 중요한 것이 바로 이 문제입니다. 그러므로 우리는 우리의 개념을 검토할 수 있도록 급진주의 공약을 완수해야 합니다."

이런 발언을 보고하면서 카이요는 사회주의자들이 순진하다고 생각했다. 전 재무장관은 급진파의 사고방식에는 그것만이 전부가 아닌 어떤 것이 있는데, 사회주의자들은 미래에 대해 환상을 가지고 있다고 보았다. 그러나 사회주의자들은 이미 결심을 했다. 분리법은 조레스에게 공화국의 수호와 과거로부터의 해방이라는 측면에서 좌파블록이 달성해야 할 최종목표였으며, 브리앙은 그 사상을 반복했을 뿐이다.

1904년 8월 15일자 『툴루즈 통신』에 조레스는 다음과 같이 썼다. 그는 『뤼마니테』에 글을 쓰면서 이 신문에도 계속 사건기사를 보내고 있었다. "교회와 국가의 관계, 이 중대하면서도 고질적인 문제가 마침내 결정되어야 할 시간이다. 민주주의가 프롤레타리아가 요구하는 사회개혁과 인간연대의 거대한 작품에 전적으로 매진할 수 있기 위해서…." 그러면서 분리법이 1905년 초의 몇 달 사이에 의결되어야 한다고 구체적으로 밝혔다. 조레스는 좌파블록과 관련해서 행동지침을 정했는데, 교회를 국가에서 분리시키고 그 다음으로 사회문제에 접근할 것을 요구했다.

8월 15일에 이 기사가 나왔을 때 조레스는 그 이틀 전부터 암스테르담에 있었다.

8월 14일, 암스테르담에서 사회주의 인터내셔널 제6차 대회가 개막했다.

암스테르담은 지칠 줄 모르고 열정을 내뿜는 조레스에게 말을 건넨다. 8월의 씻은 듯 깨끗한 하늘 아래 도시는 동심원을 그리는 운하의 물속에 잠긴 듯이 좁고 높다란 벽돌건물들이 물그림자를 이루고 있다. 수세기의 역사를 거치면서 문화와 경제가 결합되며 도시로 발전한 유럽은 여기서 하나의 완성지점에 이르렀다. 아리스티드 브리앙과 함께 암스테르담에 도착한 조레스는 발걸음을 떼어놓을 때마다 유럽 문화의 순간을 혹은 역사적 에피소드를 떠올린다. 이 도시를 마주하는 순간, 조레스는 최초의 사상의 자유의 땅, 억압에 저항한 도시, 예술과 철학에 그토록 많은 영감을 주었던 도시와 부르주아 문명 그리고 국제 사회주의의 도시를 느꼈다. 사물의 통일의 의미가 밖으로 드러날 때 그가 느끼는 충만한 기쁨이다.

인터내셔널 대회는 도시 남쪽의 공원과 박물관 구역인 반-바에를레 가 콘체르트-게바우에서 열렸다. 대회장 맞은편의 넓은 공간 한쪽에는 스포츠 경기장이 있고 그 너머 수림 뒤로 릭스 박물관이 있다.

조레스는 이 배경이 무척 마음에 들었다. 회의가 열리는 사이사이에 틈을 내어 박물관들을 찾아가기로 스스로 다짐했다.

대회는 처음부터 그를 흥분시켰다. 22개국을 대표하는 444명의 대의원들, 마가렛과 해바라기와 제라늄 등 갖가지 꽃들과 수목 그리고 수많은 등록자와 깃발과 표어—만국의 프롤레타리아여 뭉쳐라!

프랑스인은 82명이 참가했는데, 그 가운데 31명이 조레스 당파의 대의원으로 비비아니와 브리앙, 프랑시스 드 프레상세, 루아네, 제로-리샤르, 르노델 같은 지도자들도 들어 있었다. 대부분이 의원 아니면 지식인이다. 알만은 6명의 대의원과 함께 왔다. 프랑스사회당의 대의원 41명 속에는 게드와 바이양, 브라크 그리고 브르통 지방 출신이지만 지롱드를 대표하는 젊은 교수 마르셀 카생 또 릴 시장 들로리가 보였다.

모두들 서로 아는 사이다. 게드와 조레스는 전에 만났던 때를 잊지 않고 있었으며 논쟁을 생생하게 기억했다. 또 조레스는 툴루즈에서의 한 회합에서 카생과 충돌한 적이 있었다. 카생은 『왕의 향연』이란 팸플릿의 주제를 반복하면서 자신이 카르모 광부들을 위해 싸운 것을 조레스가 부정했다고 비난하며 그의 발언을 거칠게 가로막았다.

이들은 모두 심정적으로는 같은 이상을 공유하고 있었지만, 개중에는 동지이거나 과거 동지였던 사람들이 자신들의 이상의 기초를 이루는 원칙들마

저 저버린 전략 때문에 이상을 위태롭게 한다는 소신을 굽히지 않는 이들도 있었다. 그래서 게드는 조레스와 그의 프랑스인사회당이 자신의 법칙과 인터내셔널의 법칙을 따르도록 강제되거나 그게 안 되면 인터내셔널을 떠나기를 바랐다. 종양을 그대로 두는 것보다는 잘라내는 편이 낫다고 생각한 것이다.

외국 대의원들 가운데서는 국제주의자 카우츠키의 노련한 행로를 조레스는 알고 있었다. 카우츠키가 채택으로 이끈 1900년 파리의 결의안에 따르면, 어떤 상황에서나 사회주의자의 입각을 이유로 쫓아낼 수 없었다. 그런데 그후 그는 변했다. 독일사민당의 드레스덴 결의안은 일체의 정부참여를 배척했다. 그에게 조레스는 적이었다. 다음은 카우츠키가 오스트리아의 사회주의자 아들러에게 보낸 편지이다. "그는 사람들이 분명하게 생각할 수 있게, 숨기는 것이 없습니다. …그는 수사(修辭)의 천재예요. 그러나 바로 그 때문에 말을 가지고 모든 것을 다할 수 있다고 믿는군요. 그는 프랑스의 민족적 자부심을 극도로 과장하지요. 그 밖에 그의 재능이라면, 의회의 사격수라는 점이겠지요." 그리고는 필시 지도자 대 지도자의 경쟁심에서 끌어내었을 적대감을 가지고 이렇게 덧붙인다. "여러 해 동안 조레스는 자기 나라의 프롤레타리아적 사회주의를 망쳐놓았습니다…."

이제 카우츠키는 드레스덴 결의안과 랭스 대회 때부터 공동의 이해를 위해 손을 잡은 게드에게 암스테르담 대회가 열리기 직전에 속을 드러내 보이기까지 한다. "조레스와 통합을 하는 것은 불가능하다고 본다. 그러나 그가 고립되고 또 프랑스 사회주의가 통합되지 않는 원인이 자신에게 있다는 걸 깨닫도록 해주어야 한다."

또 한 사람의 적으로 베벨이 있었고 이탈리아의 페리도 마찬가지였으며, 이들 모두 지성과 결연한 의지로 매력 넘치는 젊고 자그마한 여성 로자 룩셈부르크와 다름이 없었다.

조레스는 사회주의의 대의에 헌신적인 이 예리하고 강인한 유대계 폴란드 여성을 알고 있었다. 여러 나라 언어를 자유자재로 구사하는 이 여자는 1898년에 파리에 왔으며 그때 겸손한 학생으로서 자신의 박사학위논문 『폴란드의 산업발전』을 조레스에게 보냈다. 그런 다음 카르모 의원의 정책을 비난했다. "그것은 지난 15년간 사회주의가 성취한 모든 업적을 무너뜨릴 위험이 있다." 그러나 이와 동시에 그에 대한 존경심을 간직하고 있었다. 그의 진실한 사회주의 신념을 의심하지 않았고 그의 웅변에 매료되었다. 그 여자는 분명하게 말했다. "그가 말하는 것은 분명 거짓이다. 그래도 상관없다. 사람들은 박수를 안 칠 수가 없다. 그에게 설복되어 버린다." 그리고 1900년 9월 파리의 인터내셔널 대회에서 그를 만나, 그때 이미 그와 논쟁했다.

따라서 이 환영의 대회장이 특히나 조레스에게 적대적인 대의원들의 자리였다. 벨기에의 반데어벨데와 오스트리아의 아들러가 화해를 적극 유도하고 어떻게든 조레스의 축출을 막기로 결심을 했지만.

대회는 독일사민당의 힘에 압도되었다. 당원 40만 명, 54개의 일간지를 포함하여 78개의 정기간행물, 수많은 대중조직들 그리고 대중조직과 노조운동의 연계성, 수백만 명의 유권자를 보유한 사민당은 약세인 프랑스 사회당들과 비교가 안 될 만큼 거대해 보였다.

그리고 그 힘은 조레스에게 중대한 문제를 제기했다. 각국의 정당은 카우츠키에 의해 설정되는, 어떻든 독일인들의 전략만 오직 따라야 하는가? 그것은 민주적인 전통도 없고 의회도 없는 나라에서 발전했으며 교조적이고 관료적인 사회주의에서 태어난 하나의 방향성이다. 아니면 각국 정당이 자신의 전략을 수립하도록 배려하는, 특히 프랑스 사회주의자들이 자국의 현실적 조건들과 전통에 적합한 창의적인 사회주의, 즉 인도주의와 자유와 민주주의에 근거한 사회주의를 선택할 수 있게 해야 하는가? 꽉 짜인 일정에 가려서 드러나지는 않았지만 이것은 누구나 잘 알고 있는 대회의 중심 주제로서, 요점은 '사회주의 정책의 국제적 규율'이었다.

그러나 암스테르담 대회는 감동으로 출발했다.

대회를 주재하는 네덜란드 사회주의자 반 콜은 개막식에서 러시아의 플레하노프와 일본의 가타야마를 단상으로 불러낸다. 대의원들 모두 기립한다. 저기 아르투르(뤼순) 항 앞에서는 떠오르는 태양의 제국과 차르의 제국이 전쟁을 하고 있었지만, 여기서는 러시아 사회주의자와 일본 사회주의자가 힘껏 손을 마주잡는다. "만국의 프롤레타리아여 뭉쳐라!"

조레스에게 이 장엄하고 상징적인 행위는 사회주의를 전체적으로 집약해 주었다. 그러나 대의원들이 착석하고 소위원회가 구성되고, 논쟁에 뛰어들어야 했다. 이제부터는 대립이다.

대회 몇 주 전에 조레스는 책으로 엮은 자신의 의회연설문집에서 장문의 서문을 썼다. 외견상으로는 1885년의 사회주의와 급진주의를 다루었지만, 사실은 국내정책이나 대외정책 면에서 일관성 없고 모순투성이 전략을 구사하는 게드와 자신이 어떻게 다르고 또 사회문제에 접근하지 않는 클레망소와 어떻게 갈라지는지 지적하고 있었다. 한쪽에는 게드의 언사 위주의 교조주의가, 또 한 쪽에는 클레망소의 무력함이 있고 그 사이에 조레스의 사회주의 노선이 존재했다.

그러나 여기 암스테르담에서 조레스는 혼자서 격렬하게 싸우면서 게드의 말을 듣고 그에 답해야 했다. 그리고 정책을 강요하는 독일인들에게 응답해야 했다.

게드는 준엄했다. 그의 나이 59세, 자신이 옳다는 확신에 찬 그는 조레스가 사회주의를 침몰시키고 있다고 믿었다. 대회장에 모인 다수가 그를 지지할 수 있고 지지해야 한다고 생각했다. 여러 해 동안이나 조레스는 축복할 수도 굴복시킬 수도 없는 경쟁자였다. 이제 때가 왔다. 그는 대의원들에게 드레스덴 결의안을 가결시킬 것을 제의한다. 이어 논쟁의 포문을 열었다. 그는 조레스를 붙잡고 늘어진다. "동지, 지난날 동지." 할말은 다 했다. 조레스는 계급투쟁 의식이 없다. 단 한번도 그런 실천을 하지 않았다. 그는 민중의 역사적 발전에 대해서 말만 많다. "당신은, 공화국을 구했다는 당신의 행동에 관해서 논한다." 그러나 공화국은 위험에 처한 적이 없다. "당신이 공화국을 구했다고 한다면 프롤레타리아를 위해서는 아무것도 안 한 것이다!"

22개국의 대표들 앞에서 드레퓌스 사건 당시의 논쟁을 다시 펼쳐 보인다. 자본주의 사회를 완전히 변혁시켜야 한다. 그렇지 않다면 환상일 뿐이다. 그리고 세속화 투쟁은 하나의 속임수이다. 게드는 또박또박 끊어서 말을 내뱉는다. "당신의 오류는 근본적이다. 당신은 사회주의를 공화국과 프랑스혁명에 끌어다 엮어버렸다. 우리는 사회주의는 순수한 경제적 현상의 결과라고 말한다."

돌이킬 수 없는 대립이었다. (적어도 언사로는) 게드는 전부 아니면 무(無)로 조레스의 프랑스적 조건에서의 구체적인 투쟁과 대립했다. "프랑스에서 공화국은 진보와 자유의 의미를 갖는다"고 조레스는 말한다. 그러자 다른 인사들이 조레스를 공격하기 위해 연단에 섰다. 러시아의 플레하노프와 루바노비치, 체코의 네메크가 열변을 토한다. "조레스는 너무 멀리 갔다. 우리의 목적을 달성하기 위해 우리가 부르주아 정당을 이용하고 있는 것이 아니다. 바로 부르주아 정당들이 자본주의 체제를 공고히 하기 위해 우리를 이용하고 있는 것이다."

마지막으로 가냘픈 로자 룩셈부르크가 연단으로 다가가는 모습이 보이고, 다음과 같이 언명한다. "조레스는 계급투쟁과 국제연대를 웃음거리로 만들었다."

비비아니와 브리앙을 양옆에 두고 앉은 조레스는 겉으로 보기에는 동요 없이 이 심문을 들으며 몇 가지 기록을 하고 있었다. 이어서 결의안소위원회가 열렸다. 게드가 제시한 드레스덴 결의안과 반데어벨데와 아들러의 결의안 초안, 둘 중에서 택해야 했다. "우리는 드레스덴 결의안에서 우리의 친구를 물어뜯을지 모르는 이빨을 제거하고자 한다. 당신들이 조레스에게 참회를 강요하는 것은 원치 않는다"고 벨기에와 오스트리아 사회주의자들은 발언한다. 이번에는 독일인들이 발언에 나선다. "밀랑을 계속 지지함으로써 사태를 심각할 정도로 위험에 빠트린 것은 당신이다"고 입을 연 베벨이 가장 공격적이다. "그것은 당신 삶에서 가장 치명적인 행보이며 국제 사회주의를 긴장시킨 가장 위험한 함정이었다."

베벨에 따르면 조레스는 속은 것이다. 그의 곁에 있던 비비아니와 브리앙은 통역이 독일 사회주의자의 비난을 거듭해 갈수록 분개한다.

다시 베벨이 공격을 시작한다. "당신은 의식 있는 프롤레타리아를 사회주의로부터 멀어지게 했고 또 부르주아지로부터 나온 의심스러운 성분들을 사회주의적 표지로 은폐했다."

조레스 자신이 속기도 했지만, 속이는 자라는 것이다.

조레스가 발언권을 요청했다. 어느새 허옇게 세어버린 수염에 땅딸막한 그의 온몸과 육중한 머리가 결의를 말해 준다. 통역인들이 뒤로 물러섰다. 조레스의 긴 호흡의 웅변을 그들은 통역할 수 없었다. "그러면 누가 제 통역을 하겠습니까?" 조레스가 묻는다. 로자 룩셈부르크가 손을 들고 "저요" 하면서 조레스 앞으로 나간다. 몇몇 사람이 박수를 친다. "이는 투쟁과 협력을 결합할 수 있다는 명백한 증거입니다." 이어서 공격을 시작한다. 그는 소위원회에서 반데어벨데-아들러 결의안이 거부된 것을 알고 있었으며, 그러므로 그 자신과 그의 정책 그리고 그를 추종하는 사람들이 축출될 것이다. 줄 게드와 그 동료들의 정책은 독일 사민주의자들 다수에 의해 보호를 받고 있다. 그는 프롤레타리아를 심각하게 부패시키는 사람이 있다고 거듭 강조하면서, 대회에서 그를 반대하는 캠페인이 일어났다고 말한다. "그러나 유럽과 세계를 짓누르는 것은 독일 사회민주주의, 보통선거를 스스로 쟁취하지 못하고 위로부터 받은 그 프롤레타리아, 반쪽 의회에 불과한 그 의회, 혁명적 전통이 없는 그 나라, 강경한 외양 아래 자신의 무능함을 감추고 있는 독일 사회민주주의의 정치적 무력이다. 드레스덴 결의안이 국제 사회주의에 주입하려는 것은 이 무력함이다."

그 많은 사회주의의 모델이 되고 있는 가장 강력한 정당을 공격하려면 과감해야 한다. 아마도 조레스의 이 연설은 독일을 잘 알고 그 사회주의를 경멸하는 적수 뤼시앙 에르와 함께 준비했을 것이다. 또한 조레스는 '침략을 받은 경우 사회주의가 정부에 참여하는 것을 정당화하는 듯한 카우츠키의 기이한 입장을 부각시킨다. 그러면 정부에 접근하기 위해서 모든 것을 마비시키는 최악의 상황, 전쟁을 해야 할 것인가? 기이한 입장이라고 조레스는 단언한다.

그럼에도 게임은 끝났다.

가혹한 드레스덴 결의안이 가결되었다. 반데어벨데-아들러 수정안은 반대 21표에 찬성 21표를 얻었을 뿐이다. 그래서 부결되었다. 구체적인 표결상황을 보면, 세 명의 대의원(프랑스, 노르웨이, 폴란드) 표가 무력화되면서 일본과 러시아 대표단이 캐스팅보트 역할을 한 것을 알 수 있다. 민주주의의 실행 경험이 없는 나라들이어서 주권의회와 보통선거가 존재하는 체제에서는 정치적으로나 사회적으로 어떤 조건에서 투쟁해야 하는지 몰랐다.

격분한 브리앙은 조레스에게 인터내셔널과 단절하고 떠나기를 조언했다. 그러나 조레스는 전혀 그럴 생각이 없었던 듯하다. 문제는 표결을 통해 조레스와 그 친구들의 축출을 이끌어내는가 여부이므로, 그는 기다렸다. 게드는 이들 스스로 자기 당으로 들어와서 복종하든가 아니라면 사회주의 투쟁을 포기하라는 것이었다.

대회의 노장인 베벨은 숙고에 숙고를 거듭한다. 그는 두번째 안, 즉 각국의 사회주의당은 오직 하나뿐이고, **통일**은 국제대회들에서 수립된 원칙들에 근거해 이루어질 것을 요구하는 두번째 안을 가결할 것이다.

결의: 그러므로 암스테르담 대회만이 아니다.

통일: 게드는 조레스와의 협상을 받아들여야 하고, 이 두 사람으로부터 새로운 당이 탄생할 것이다.

게드가 조레스에 대해 절대적인 승리를 거두었다고 믿는 순간, 조레스는 대등한 상대로 거듭난다.

그로부터 수주일 후 베벨은 이렇게 설명한다. "조레스를 당에서 제거한다는 것은 한마디로 불가능하다. 조레스를 불가능하게 만드는 것이 불가능하다. …조레스는 정직한 인물이며 언제나 그의 뒤에는 많은 지지자들이 따라다닐 것이다."

확실히 조레스는 대의원들의 표결을 넘어서는 하나의 세력이었다. 그걸 계산해야 했다. 그리고 베벨은 대회장에서도 조레스에게 동정을 보내고 그를 승인하는 것을 감지하고 있었다.

환한 실내에서 제라늄과 마가렛, 해바라기 그리고 붉은 깃발들에 둘러싸여 개막을 선포한 대회가 막을 내리기까지는 능란함과 감동이 더 남아 있었다.

반데어벨데가 일어나서 발언을 시작한다.

"대회를 시작하면서 우리는 플레하노프와 가타야마가 악수하는 모습을 보았습니다. 조레스와 게드는 일본과 러시아보다 더한 골육상쟁을 하고 있지 않은가? 게드 동지, 조레스 동지, 국제 사회주의의 평화사상에 따라 당신들이 손을 잡을 것을 간청합니다!"

숨 막히는 순간이다. 조레스와 게드를 같은 위치에 놓는 능란한 제안이었다. 누가 잘못이고 누가 옳은가?

바이양과 르노델이 두 당의 이름으로 통일에 대해 합의한다.

이어 22개국의 444명 대의원들은 큰 목소리로 〈인터내셔널〉을 부른다.

그리고 암스테르담의 콘체르트−게바우 관의 문이 닫힌다.

연설과 깃발과 꽃과 노래 뒤에는 현실이 새로운 법칙을 부과할 것이다.

게드와 조레스, 누가 그것을 더 정확하게 분석하고 통솔할 역량이 있는가?

문제를 제기하라, 그것이 곧 그에 답하는 것이다.

16 | 나는 침을 뒤집어쓴 심정이다 1904/1905

"조레스는 윗옷 주머니에 손을 찌르고 희고 조그만 10수 지폐를 나한테 건 넸다."

카르모에 사는 한 노동자가정의 낡은 부엌에 막 들어서서 자리에 앉은 조레스는 저도 모르게 자연스런 몸짓으로 어린아이를 끌어당겨 머리에 입을 맞추더니 이 지폐 한 장을 주었다. 로랑 나브는 반세기가 지나서도 그때의 감 동을 기억한다.

그 아이의 아버지는 카르모 입구에 위치한 로지에르 마을의 작은 사회주 의 지부를 운영하고 있었으며, 아이는 매일 "거의 신앙처럼 열렬하게" 조레 스 이야기를 하는 소리를 주위에서 들으며 자랐다. 당연히 그 아이에게 조레 스는 신화에나 나올 법한 존재였다. 그런데 지금 그 사람이 가족처럼 앞에 앉 아 푸른 두 눈으로 이 장난꾸러기를 지그시 바라보고 있었다.

로랑 나브는 들려준다. "그의 시선에 붙들려서 나는 감정을 주체할 수 없 어 울기 시작했다. 엄마가 나를 야단치니까 조레스는 아주 부드러운 음성으 로 말했다. '부인, 그냥 두세요. 이 아이가 감수성이 있다는 뜻인걸요.'"

그의 말소리에는 남부의 억양이 살아 있다. 이것이 조레스를 카르모 지역의 유권자들, 그들이 농민이든 노동자든 모두를 직접적으로 정답게 접촉할 수 있게 해주었다.

암스테르담 대회 이후 처음으로 조레스가 연설한 데가 그들 앞에서이다. 9월 26일이었다.

카르모에서 3천여 명의 청중을 앞에 놓고 신들린 듯이 분명한 말을 토해내는 그는 부정적으로 처신하는 것으로 보이지 않았다. 자신의 정치노선을 포기한 지도자의 행태도 아니었다. 그는 암스테르담에 대해 설명하면서 통합의 필요성, 러시아인과 일본인이 두 손을 꽉 잡는 감동이 가득했던 국제주의를 호소했다.

그와 같은 합의가 어느 때보다 더 필요했다. 러시아 함대가 발틱 항구를 떠나 북해를 경유해서 아르투르 항으로 향했고 일본 역시 그리고 가고 있다는 소식이 막 전해졌다. 전쟁은 세계를 한 바퀴 돌아 이제 그곳에서 새로운 긴장을 뿜어내고 있었다. 청중들은 박수를 보냈다. 또한 그가 프랑스는 교회와 국가의 분리가 이루어지고 궁극적으로는 사회주의자들이 좌파블록에 계속 남아 있어야 한다고 말할 때도 환호했다. 그는 이런 뜻으로 의사일정을 표결에 부치도록 했다. 유권자들은 조레스를 신임하고 그를 따를 준비가 되어 있다.

누가 암스테르담에서 이겼는가? 게드인가 조레스인가.

조레스가 통합을 거부한다는 것인가? 야심에 굴복하여 조레스를 그런 방향으로 몰아붙이는 자들이 있었다. 그 인격이 전적으로 행동과 권력을 향해 있는, 그 날렵한 몸매가 탐욕으로 똘똘 뭉쳐진 사람인 아리스티드 브리앙은 은근한 말투로 조레스의 양보를 비난한다. 민중의 압력에 감히 맞서지 못하는 자는 겁쟁이라고 그는 말한다. 10월 9일 보르도에서 열린 집회에서 브리앙은 "너무 급히 심판을 내린 암스테르담 대회는 오판이었음이 드러났다"

고 단언한다.

반대로 다른 사람들—조레스 당의 좌익 르노델과 롱게—은 최대한 빨리 게드의 당과 통합하기를 원했다. 게드는 8월 30일부터 곧장 암스테르담에서 나온 결의안을 성사시키기로 결정하고 10월 4일 '통합위원회' 구성을 제의했다. 그러면서 좌파대표단의 포기와 이에 반대하는 사람은 제명할 것을 주장했다. 게드주의 신문 『르 소시알리스트』에는 패배한 조레스를 베벨에 의해 길들여진 사자 혹은 통합으로 화형대에서 임박한 죽음을 기다리는 모습으로 그린 풍자화들이 실렸다.

그러나 조레스는 굽히지 않는다. 분노한 그에게는 게드에 대한 지적 경멸만 남아 있을 뿐이고 그 사실을 그대로 드러낸다. "게드는 일을 단순화시키는 데 천재이다." 그렇다면 왜 통합을 거절하지 않는가? "사회혁명을 그 뚜껑을 열기 전에 가득 채워야 하는 돈궤짝으로 간주하는" 저 카우츠키와 왜 결별하지 않는가? 그 안에다 이미 100만, 200만, 300만 명의 사회주의 표를 쟁여 놓았다…. 심장이 뛰기 시작한다…. 그러나 충분치 않다…. 더 기다려야 한다…. 그러나 만약 조급한 자들이나 야심에 눈먼 자들이 민주주의 운동을 기도한다고 "상자를 흔들거나 너무 빨리 부숴버린다면…"

심지어 조레스는 유럽에 중대한 위기가 닥쳤을 때 독일 사회주의자들은 자기네 정부에 영향력을 행사할 역량이 없다고 믿었다.

한번은 암스테르담의 회식자리에서 조레스가 사회주의자 언론인 막스 베어(영국의 사회주의 기자, 저술가)와 한참 이야기를 나누었다. 베어는 자신들의 신념을 지키는 데 국제적인 경험을 활용하는 코스모폴리탄 유대인(갈리시아 출신이다) 가운데 한 사람이었다. 브리앙과 프레상세 그리고 비비아니와 빙 둘러앉아 조레스가 프랑스와 전쟁을 한다고 가정할 때 독일 사회주의자들은 어떤 태도를 취할 것 같은지 막스 베어의 의견을 묻자, 베어는 확실했다. "그들은 하나같이 정부에 복종할 것이다." 아마 조레스는 이렇게 말했을 것이다. "그렇다면 우리는 군사문제를 연구하기 시작해야 할 것이다…"

더 근본적으로 조레스는 암스테르담에서 돌아오자 곧바로 『뤼마니테』 지면에서 모든 혁명이 실패로 돌아갔던 나라, 독일의 역사에 관해 비판적 분석을 한다. 조레스에 따르면, 마르크스와 라살이 독일을 위해 다른 전술, 즉 프롤레타리아의 격렬한 폭력 전술을 전개한 것은 이 무능력에 그 원인이 있었다. 그것은 "절망의 타격이면서" 동시에 "천재적인 타격"이었다.

그러나 프랑스는 상황이 다르다. 그렇다면 왜 그해 1904년 가을에 게드의 당과 일련의 긴 협상에 들어가고(11월 27일부터), 게드의 대표들이 제시하는 조건을 거의 대부분 받아들이는가? 그외에도 4차례의 본회의(1904년 12월 19~30일) 끝에 결정된 사회당은 계급정당이며 의원들은 단일한 그룹을 형성하여 연맹에 복종해야 한다는 것과 또 실제로 '요주의인물'로 간주되는 것을 인정하는가? 의원들은 당 중앙기구를 대표할 수 없고 동지들은 위임에 의해 대변인으로 축소되는데? 일부 의원들이 "부끄러운 항복에 동의한" 것이라고 세차게 비난하고 원내그룹이 이를 받아들이기를 거부한 것을 이해할 만하다.

반대로 게드주의자들은 기쁨에 넘쳤다. "조레스의 친구들은 죄다 곧이 들었습니다. 우리는 그들이 좀더 믿도록 해야 할 것입니다"라고 한 게드주의자—브라크—가 게드에게 써서 보냈다.

조레스의 나약함? 게드와 카우츠키에 대해서는 그처럼 분명하고 엄격하면서, 통합에 대한 환상이 그를 마비시킨 것인가? 가장 친애하는 친구들의 의견에 귀를 기울이지 않은 것인가? 뤼시앙 에르는 11월 15일자 『뤼마니테』에서 카우츠키를 "반동들에게 속아 넘어간 자"라고 규정했다. 암스테르담 대회 이후 조레스는 자신이 썼던 것을 벌써 잊었는가? "일부 독일 사회주의자

들은 이상하게도 프랑스 사회주의의 전통으로부터 이탈한 몇몇 프랑스 사회
주의자들을 조종하기 위해 정치적 민주주의를 실추시키는 탈선을 저지른
다."

조레스한테는 사실 나약함도 환상도 정치적 마키아벨리즘도 없다. 그는
프랑스는 물론 모든 나라 프롤레타리아들의 통합이 필요하다고 믿었다. 자신
의 선택과 분석을 결코 포기하지 않았다. 그렇지만 형식적이고 부차적이라
판단되는 것은 그들, '관료'들에게 양보했다. '관료'들은 전체 기구의 논리와
함께 내부규율을 수립하고 안정을 추구한다.

이 사람, 조레스(우리는 그의 낙관주의를 비판할 수 있다. 그러나 이 문
제가 풀리는 것은 앞으로 몇 년이 지나서다)는 자신이 가진 청중과 재능을 격
동의 삶, 무거운 현실에 쏟아붓기로 한다. 자신의 사상을 걸고 필요한 통합을
이루기 위해서다. 두 사회주의당 사이에서 전개되는 대결을 받아들이고 이제
통합당 내에서 통합을 실현시키는 쪽을 택했다. 그의 영향력을 가로막는 장
애물들이 설치되는가? 이데올로그들이 원하는 방향이 아니라, 있는 그대로
의 삶을 받아들이면서 그것들을 돌파해 나갈 것이다.

예를 들어 게드는 자율적이고 혁명적이고자 하는 프랑스 생디칼리슴에
아무런 영향도 미치지 못한다는 것을 그는 알고 있었다. 협동조합운동—『뤼
마니테』에 고정란을 두고 있었다—도 게드를 무시한다. 모든 사회운동이 고
정된 틀에서 벗어나 있다. 그러므로 미래의 통합사회당 내에서 조레스는 자
기 뜻을 펼칠 수 있을 것이다.

자신의 효율성과 사회의 역동성을 믿고 조레스는 승부수를 던졌다. 교육
활동이 끊이지 않고 지속된다면 이길 수 있는 내기이다. 또 이 때문에 거의
모든 교사들이 보는 『초중등 교육 평론』(*Revue de l'Enseignement Primaire et
Supérieur*)에 1905년부터 여러 편의 글을 기고하고 있었다(추가 임무이지만

이 일이 그의 전략의 한 요소이기 때문에 떠맡았다). 이러한 협조체제는 구체적으로 사회주의 협동조합원 모리스 랑셀이 원한 바였다.

교조주의와 관료주의에 부딪히면서 조레스는 자신이 힘이 있다고 느낀다. 온 나라의 현실과 생생한 관계들을 맺고 있다. 그는 카르모 노동자의 부엌에도 앉아 있고 레옹 블룸의 집에서 점심을 먹기도 하고 하원의원에 지식인, 신문기자이다. 그가 왜 통합을 겁내겠는가?

카우츠키가 깨달았던 것도 그것 아닐까. 카우츠키는 암스테르담 대회 후 아들러에게 다음과 같은 편지를 보냈다. "나는 2년 전에 프랑스의 통합은 조레스에 반대하거나 조레스가 없을 때만 가능하다는 결론에 도달했다."

너무 늦었다. 통합은 조레스와 함께 이루어질 것이다. 조레스에 반대하는 통합을 줄 게드 지지자들 가운데 상당수가 원하지만.

게드주의자들 편에서 조레스에 반대하는 통합을 더군다나 원하는 이유가 있었다. 팔레-부르봉에서 조레스가 그 어느 때보다 더 에밀 콩브 정부를 지지했기 때문이다. 총리는 총리대로 암스테르담 대회의 결정은 조레스와 사회주의자들의 태도에 변화를 가져올 거로 예상했다. 콩브는 "암스테르담 대회의 결의가 전문(電文)으로 통지되는 순간, 귓전에 조종이 울리는 것 같았다. … 그날부터 결국 내가 곧 물러날 필요가 있다는 것을 고려하기 시작했다"고 고백하게 된다.

사실 보수파 의원들과 좌파블록의 온건파들, 야심가들은 이 정부가 항구 집권한다—곧 3년이 된다!—고 보았다. 이들은 콩브의 권위를 무너뜨리려 했다. 하원에서는 앵도쉰 은행(Banque d'Indochine) 총재를 지낸 급진파의 폴 두메르—그러나 콩브를 비호해 왔다—와 알렉상드르 밀랑—점점 더 우측으로 옮겨가고 있었다—이 권력을 꿈꾸었다. 바르투는 날을 세우고 있었다. 상원에서는 클레망소가 폭언을 쏟아냈다. 심지어 언제나 우아한 데샤넬까지 만약 콩브가 물러나면 콩브의 정책이 더 원활하게 수행될 거라고 암시했다. 개인적 야심을 누를 수 있는 다수파가 형성되지 않은 이런 의회체제에서는 집권기간이 길면, 그 자체가 핸디캡이다. 정부 내에서도 권력욕이 꿈틀대고 있었다. 재무장관 루비에는 오만한 태도를 감추지 않았다. 외교장관 델카세는 직관적으로 성공을 자신하고 더 이상 총리에게 보고도 안 했다. 그리고 공화국 대통령 루베는 총리를 무시했다.

나라 곳곳에서는 성직자를 지지하는 시위가 계속되었고 도지사들은 이런 종교인들의 추방을 동의하지 않았다. 또 교회재산은 결국 출세주의자들의 손에 넘어가거나 횡령될 거라는 소문이 돌았다. 그 때문에 정부는 더욱더 취약해지고 야심은 정당화되었다.

그러나 어떻게 콩브를 전복시킬 것인가? 그의 반(反)성직자 정책을 빌미로 그를 무너뜨릴 수는 없었다. 의회의 다수파와 국민의 다수가 교회와 국가의 분리를 원했기 때문이다. 대외정책? 전체적인 결산은 긍정적이다. 아르투르 항으로 항진하던 러시아 전함들이 북해에서 실수로 영국 선박들의 포격을 받았을 때 프랑스가 개입하여 국지적 사건으로 마무리했다. 이 나라는 영국과 러시아의 동맹국이다. 의회의 다수파는 영국 및 러시아와의 협약을 비준했다. 모로코 침투 정책도 마찬가지이다.

그렇지만 콩브는 무너뜨려야만 한다.

콩브의 약점이 극우민족주의에게 간파되었다. 극우민족주의 흐름은, 비록 드레퓌스 사건에서 패배했어도 능동적이고 유족한 환경의 젊은이와 지식인들을 감화시키고 있었다. 잔 다르크 동상 앞에서 시위(11월)가 일어났고 (샤를) 모라스는 악시옹 프랑세즈와 함께 프랑스애국동맹이나 애국자동맹에 실망한 사람들에게 다시금 활력을 불어넣었다. 드레퓌스 사건의 실패를 전적으로 받아들이지 않고 오직 계속해야 하는 투쟁으로 기억하는 새로운 세대가 행동에 나서기 시작했다. 악시옹 프랑세즈와 프랑스애국동맹 사이에 다리를 놓은 인물이 있었다. 가브리엘 시브통, 거칠고 야심만만하고 돈에 쉽게 넘어가고 부도덕한(그는 며느리의 정부였다) 이 사람은 대학에서 퇴학당했는데, 동맹의 회계를 맡고 있었다. 그가 50만 프랑을 착복했다는 게 드러났지만, 그래도 그는 파리의 후광을 누리고 있었다. 대부호인 보니 드 카스텔란이 돈을 대고 또 막강한 『에코 드 파리』가 지원했기 때문이다. 그랑−토리앙의 한 사무원이—4만 프랑에—석공회가 작성한 장교들에 관한 정보카드를 그에게 팔았다. 한편 석공회는 국방장관 앙드레 장군의 집무실로 그것을 넘겼고, 장관은 공화주의 장교들의 승진에 유리하게 이 정보를—정치적으로 또 사적으로—사용했다. 사실 드레퓌스 사건은 장교집단이 훨씬 더 자주 반민주적 기준으로 자기쇄신을 한다는 것을 보여주었다. 따라서 사안은 실질적인 것이었고 또 앙드레는 승진체계 변화 이상의 것을 파악해 내고자 했다. 빗나간 절차, 시샘꾼들이 모아온 대부분 비열하기 짝이 없는 정보들, "온갖 비열함과 밀고행위에 활짝 열려 있는 불쌍한 체제"라고 카이요는 평하면서 "앙드레 장군은 지금까지 우리가 본 최상의 국방장관 중 한 사람"이라고 덧붙였다. 개혁가이고 단호한 공화파 앙드레는 "그의 집무실에서 조용히 군을 주무르고자" 했던 것이다.

1904년 10월 28일 의원들이 들고일어나 장군에게 따졌고, 이튿날 『르 피가로』는 앙드레 장군이 만든 시스템을 비난하는 성과를 올렸다. '카드사건'이 시작되었다.

마치 좌파블록에 대항하는 전쟁장치인 듯, 가브리엘 시브통이 꾸민 이 사건은 급속도로 비화되었다. 콩브는 "비굴하게 내각을 포기했다." 앙드레 장군은 휘몰아치는 광풍 아래 쓰러졌다. 정치적으로나 사회적으로 불공정하게 장교들을 선발해 왔고 지금도 그러한데, 이 11월 4일이 그러한 분노를 가지고 논 "성직자 군사주의"(에르의 말)의 승리인가? 그렇게들 믿었을 수 있다. 왜냐하면 밀랑 자신이 분노 서린 어조로 앙드레 장군에게 따졌을 정도이니까. "귀하는 요주의인물 첩보체계를 당신에게 딱 어울리게 저열한 것으로 되살려놓았다."

조레스가 연단에 올랐을 때, 좌파는 이미 가담해 버린 것 같았다. 사방에서 떠들어대는 소란 속에서 조레스의 발언이 시작되었다. "원한다면 속을 것이고, 원한다면 공모자일 것이다. …여러분이 국방장관에게 질책하는 것은 지난 4년간 용감하게도 군에 공화파 정신을 재건하는 어려운 과업을 수행했다는 점이다."

분개한 조레스는 감동적인 어조로 드레퓌스 사건의 그 시절을 망각한 '기억의 마비'를 고발했다. 그리고 대세를 뒤집어놓았다. 반대 274명, 찬성 276명으로 의회는 콩브 신임을 지지했다.

하지만 임시방편에 불과했다.

극우언론들은 캠페인을 계속했다. 좌파블록에 대해 최후의 공세를 퍼붓는 분위기다. 노동계에는 어용연맹―CGT에 적대적인 노조―이 생겨났고 왕당파로부터 재정지원을 받았다. 이 연맹은 신문도 하나 발간하며 1904년 11월에 당당하게 대회를 열게 된다.

이러한 상황 속에서 콩브의 신임투표를 거부하는 사회주의자―따라서 게드주의자들 역시―는 한 명도 없었다. 현실이 대회 결의안보다 더 강하다는 것을 확인할 수 있었다. 그리고 독일 사회민주주의 신문 『포르베르츠』(Vorwärts, 전진)는 프랑스 의원들의 태도에 찬사를 보냈다!

11월 4일에 조레스는 다시 상스럽고 원색적인 격렬한 논쟁에 뛰어들었다. 앙드레 장군을 공격하는 우파에 응수하여 그는 공세적으로 질문을 던졌다. "우리는 반동적 정파들이 전도된 역할을 하는 것을 두고만 볼 것인가?"

그는 공화주의를 지지한다는 이유로 불이익을 당한 장교들의 사례를 열거해 나갔고 이런 그의 발언은 몇 차례나 방해를 받아 끊어졌다. 폴리에서 콘티라는 의원은 "당신이 미사에 참석하는 저 가련한 장교부인들을 고발한 자들과 공모하는 사이에, 당신 딸은 첫 영성체식을 잘도 치렀잖아" 하고 소리쳤다. 조레스가 경멸하며 대답하자, 그 의원은 다짜고짜 연단으로 뛰어올라가려 했다. 어디나 할 것 없이 소란스러웠다.

조레스가 노기 어린 목소리로 외쳤다. "몇 년 전부터 곳곳에서 저 민족주의 떼거리들의 고함소리를 맞닥뜨린다." 얼굴이 시뻘겋고 기진맥진한 듯하다. 의사당 방청석 쪽에서 시브통이 튀어 올라와 앙드레 장군—그의 나이가 예순여섯이다—을 향해 주먹을 날렸다. 그를 끌어내리는 사이에 밀랑이 정부에 반대하는 발언을 했다. 하지만 조레스에 의해 결집된 다수가 다시 한 번 콩브에게 지지를 표했다. 286 대 267표. 그러나 11월 15일 앙드레 장군이 사임했다.

언제나 궁지에 몰아넣고 함성을 지른다.

12월 8일, 시브통이 재판을 바로 앞두고 자기 서재에서 죽은 채 발견되었다는 소식이 전해졌다. 우파언론은 석공회 아니면 경찰의 소행이라고 떠들어댔다.

9일, 그들은 콩브에게 대정부 질의를 폈다. 콩브가 공무원들을 감시하고 또 그들의 충성을 확보하기 위해 창설한 코뮌대표단에 관한 사안이다. 의원들은 도덕성을 내세우며 총리를 몰아세웠다. 상원에서 클레망소는 이것을 "예수회 식 위선의 귀환"이라고 꼬집었다. "귀하의 패배는 어느 한 당파의 보복이 아니라 공공의식의 보복"이라고 리보는 한 술 더 떴다. 그리고 밀랑은 자신의 야심과 이제부터 우파에게 드러내 보이고자 하는 충성의 증거들로 잔

뚝 부풀려 과장되게 파르티아의 화살(후퇴하는 척하다가 갑자기 뒤돌아서 화살을 쏘는 파르티아의 전술을 지칭)을 날렸다. "어떤 정부도 시민들의 명예와 이해관계에 이처럼 압력을 가한 적이 없는, 가장 치욕스러운 지배로부터 이 나라를 구할 사람은 바로 신사 여러분이다."

이렇게 지나친 말은 온건파와 야심꾼들이 다 같이 지쳤다는 고백이었다. 이 정부는 대응하면서 오래 버텨왔고 사회주의자들이 계속 떠받쳐왔으며 또 조레스가 구조에 나설 것이었다.

그러나 조레스는 콩브와 좌파블록의 시대가 끝났음을 느끼고 있었다. 그동안 그가 물리친 개인적인 공격들, 의사당에서 사생활을 들추어내는 이런 방식이 혐오스러웠다. 마찬가지로 밀랑의 변화도 그에게 상처를 주었다.

전직 장관이 재빠르게 우파로 기울다니, 놀라웠다. 아르코나티 비스콘티 후작부인도 조레스와 같은 심정이었다. 부인은 그에게 이렇게 썼다.

밀랑의 처신처럼 역겨운 일이 없었습니다. 발덱-루소의 각료들 모두 불쌍한 사람들입니다. …브뤼티에르의 최근 책을 읽어보았습니까? …친애하는 친구여, 안녕히. 당신에 관해 내 가슴에 담긴 모든 것을 당신에게 말로 표현할 수가 없군요. 애정, 존경… 모두, 짐작해 보세요.

페이라의 딸

만약 제 편지를 비서가 개봉한다면, 제 나이가 쉰다섯인 것을 미리 알려드립니다.

그런데 그해, 1904년 말에 조레스의 심경은 편치 않았다.
집에서는 루이즈가 마음의 문을 닫고 그를 피하고 공격적이었다. 그 여자는 남편이 하원 부의장이 되었을 때 마침내 그가 권력과 명예에 다가갔으며 이제 방황의 삶은 끝났다고 믿었다. 그런데 그가 또다시 아무런 대가 없이 모욕만 받는 '안 좋은 편'에 선 것이다. 그 여자는 신념과 사상에 충실하다는 것이 무엇인지 알지 못했다. 더구나 이제 그 여자는 이런 언론 캠페인, 이 논쟁들 때문에 공적 생활에 휩쓸려들었다. 자기와 딸, 자신들의 신앙이—조레스의 잘못으로—여론의 먹이로 내던져지고 더럽혀졌다고 생각했다. 존경받고 싶은 욕망 때문에 수치스러웠고 도저히 조레스를 인정할 수가 없었다. 그 여자는 그를 이해하지 못했다. 온갖 공격과 모욕에 노출되어 있고 부르주아지가 부여하는 진정한 성공을 거부하는 남편은 얼마나 이상한 사람인가? 어느 누가 가족을 다 드러내어 명망 있는 사람들 사이에서 우스갯거리로 만드는가? 그 여자가 원하고 상상했던 것은 이런 것이 아니었다. 이제 40대로 접어들어 곱고 아름답던 시절도 다 갔다. 더 이상 희망이 없으며 조레스가 결정적으로 '빗나간' 삶을 택했다는 걸 깨닫자 그 여자는 전처럼 수동적이지 않고 비난을 퍼부었다.

그 여자가 조레스에게 마음의 문을 닫았다는 소문이 돌았다. 그 여자는 아쉬울 게 없었다. 무엇 때문에 남편을 즐겁게 해주겠는가. 그가 자기에게 해준 게 뭐 있는가? 충실함, 다정함? 그 여자는 단지 다른 장관부인들처럼, 존경받는 남자의 여자들처럼 되고 싶었을 뿐이다. 남편은 마음만 먹으면 충분히 그렇게 해줄 수 있었다. 그런데 그것을 거부했다. 그러므로 그 여자를 모독한 것이다. 이런 그를 사랑해야 할 이유가 있는가?

물론 그 여자에겐 자식들이 있다. 마들렌은 벌써 열일곱 살이 되어가는 금발의 아리따운 처녀이다. 육감적인 마들렌의 생활은 지적이기보다 육체적인 것 같았고 학업성적도 변변치 못했다. 마들렌에게는 무관심하고 또 아마도 게으르고 '제대로 살지 못한' 어머니의 좌절감과 유감과 신랄함이 배어 있었다. 마들렌은 다른 사람들을 열렬히 바라보면서 생기 있게 살려고 했다.

일곱 살 난 아들 루이는 좀 가냘프지만 잘생겼다.

결코 가족들에게 군림하지 않는 조레스는 그들이 자신과 마주치지 않으려고 피하는 것을 느낀다. 더 이상 가정은 그가 기꺼이 찾아드는 평화의 장소가 아니라 모순과 갈등과 힐난이 응어리진 매듭이었다. 1904년이 저물어가던 그때에 조레스는 이 일로 괴로워했고 더구나 매일 하원에 나가는데다 『뤼마니테』를 운영하고 기사도 써야 했으므로 일이 자꾸 쌓이기만 해서 짜증이 났다. 그리고 통일을 목표로 계속 협상을 해나가야 했다. 한쪽에는 증오에 가득 찬 사람들, 또 한쪽에는 무슨 수를 써서라도 야심을 채우려는 사람들이 문제였다.

조레스는 때로는 극단적인 몸짓으로 이 모든 것을 폭발시키고 싶었다. 그를 옭아매고 짓누르는 이 생활, 이 과제, 이 책임, 이 실망, 이 비방. 반면 사상과 꿈과 이상은 너무 산뜻하고 순수하고 충족감을 주었다.

때로는 이런 가차 없는 생활의 톱니바퀴에서 벗어나고 싶다는 욕구, 그가 지닌 변화무쌍한 개성과 규격화된 공적 생활에 도전하는 힘은 그의 연설에서 습관적으로 표현된다.

독특하게 자기를 나타내는 것은 자기가 남과 다르다는 의지의 표명이었다. 그는 말을 할 때 상대방의 얼굴을 뜯어보고 "군중이 어떻게 반응하는가가 흥미 있다"고 인정했다. "그가 사용하는 이미지가 언제나 새롭지는 않다. 그러나 신선하고, 그는 솜씨를 부려 이미지들을 펼쳐놓는다"고 쥘 르나르는 밝힌다.

어느 날 저녁 이 작가는 조레스를 유심히 뜯어본다. 짧은 넥타이에 "마치 새벽 6시까지 춤추며 놀기라도 한 사람처럼 축 늘어진 칼라, 의회의 땀에 흠뻑 젖은 칼라. 어딘지 그의 모습은 의회의 토마토 같다." 이 산만한 남자. 어느 카페에서는 시골사람처럼 지폐로 팁을 내고 호주머니에서 온갖 종류의 동전이 나오는 이 사람이 정말 사회주의자일까? 르나르는 그의 동정을 살핀다. 조레스는 하원에 도착해서, 우파의원들로부터 공격을 받는 쇼미에 교육장관을 옹호하기 위해 발언에 나선다. 우파는 탈라마라는 교사가 강의중에 잔 다르크의 신성한 성격을 부정했다고 비난하면서 그런 역사교사를 장관이 두둔한다며 질책했다. 잔 다르크는 민족주의자들의 상징이 되어 있었다. 중학생과 그 학부모들까지 항의를 했다. 여기에 의회의 극우파가 끼어든 것이다. "그렇지만 우리는 쇼미에를 구했다"고 조레스는 말한다. 르나르가 그의 연설을 축하하자 그는 이렇게 말한다. "오! 이 싸움에서 정말 흥미 있는 건 내가 말하지 않았는데요."

『뤼마니테』 편집국 전등불 아래서 젊은이들이 일을 하며 이야기를 나누고 있다. 남부의 억양과 한 가지 의문이 이들 사이에서 화제로 떠올랐다. 조레스가 데룰레드와 결투를 한다는 것이 사실인가?

민족주의 지도자는 10년 추방형을 선고받아 산세바스티안에 유배되어 있었다. 『뤼마니테』에 잔 다르크에 관한 익명의 기사가 실리자, 데룰레드가 전보로 응답을 보내왔다. 그는 동정녀의 숭고한 영광을 확인하고는 다음과 같이 말을 끝맺었다. "조레스 씨, 나는 당신을 프랑스에서 외국인의 술수에 걸려든 타락한 양심의 소유자들 중에서 가장 가증스럽다고 간주하는 바이오."

이 구절에는 조레스에 대한 모든 비방이 응축되어 있다. 조레스의 비서 빌랑주는 근래 카르모 의원의 기분을 알고 있는지라 이 전보를 며칠 보관하고 있다가 조레스에게 건넸다. 그는 전보를 읽고 주저하지 않았다. 굵은 글씨로 고치거나 지우지도 않고 써내려간 석 장의 편지에서 그는 데룰레드에게 결투를 신청했다. 그가 속한 사회당은 "이렇게 부적절하고 야만스런 방식으로 사상의 갈등을 해결하는 것을 '전적으로' 비난한다"는 말로 편지를 마쳤다. 그러면 왜? 조레스는 간단하게 말한다. "나는 결코 이런 도전을 해본 적이 없고 오히려 가장 직접적이고 가장 분명하고 가장 부당한 요구를 존중한다는 것이 나의 변명이다."

이 설명으로는 조레스의 결심이 해명되지 않는다. 사실은 이런 '비이성적'이고 '무책임하고' 극도로 개인주의적인 행위는 폭발하고 싶은 욕구, 그를 숨막히게 하는 피로에 대한 응답이었다. 주위에서는 그의 결정을 나무랐다. 르나르는 그를 심히 꾸짖었다. "오! 이렇게 웃기는 얘기가 계속된다면 당신 친구들 모두가 당신을 좋아하지 않고 당신한테 감탄하지 않을 거요." 조레스는 무심하고 체념한 몸짓을 보였지만 동시에 그의 얼굴에서는 결연함이 드러났다. "그러면 내가 힘들겠지요. 하지만 내가 옳습니다. 나는 시간을 두고 생각했어요." 그리고는 희미한 소리로 덧붙였다. "나는 어떻게 할 수가 없어요. 얼마 전부터 사방에서 그들이 내 아내와 딸을 통해 나를 모욕하는 것을 느낍니다. 침을 뒤집어쓴 심정이오. 우스꽝스럽지만 필요한 제스처로 이걸 끝내고 싶어요. 사람들이 나한테는 무슨 짓을 해도 되는 걸로 믿지 않기 바란답니다. 나를 당나귀 모자를 씌워 길거리에 내놓지 않기 바란다고요."

"당신은 당신의 적들만 생각하고 친구들은 유념하지 않는다"고 르나르가 대꾸하자 "나는 모두를 생각한다"고 조레스는 말했다.

사실 이 결투로 무엇을 중단시킬 수 있을까? 비웃음조차 막지 못한다. 오히려 조레스는 증인들을 대동하고 산세바스티안에 갈 것이다. 제로-리샤르와 드빌이 증인이었다. 에스파냐는 결투를 허용하지 않았다. 그래서 프랑스 영토로 건너와 12월 6일 앙데에서 싸우기로 정했다. 두 사람은 총을 겨누고 두 발을 쏘았다. 둘 다 빗나갔다. 조레스에게 적대적인 신문에서는 폭소를 터뜨렸다. 이 부르주아적 행태 앞에서 게드 같은 이의 냉소는 상상하고도 남았다.

그러나 조레스는 "더 이상 어쩔 수가 없다."

르나르는 생각한다. 결국 그에게 이 말을 해야 하는구나. "당신은 진정한 사회주의자는 아니다. 사회주의의 천재이다." 아무리 그래도 조레스 개인의 힘이다. 그 어떤 조직이나 이론으로 그 힘을 가두어놓을 수 없다. 그 힘은 그 자체로서 창조적이고 우리들 자리의 중심에 놓여 있다.

거의 매일 『뤼마니테』의 논설에 더해 시평도 쓰고 연설까지 하면서 뽐내거나 우쭐대지 않았다. 일하는 힘을 갖고 있었다. 르나르가 "일을 굉장히 많이 하지요?" 하고 묻자 조레스는 이렇게 대답한다. "그래요. 하지만 정치에는 휴식도 있고 변화를 보고 글도 쓰고 말도 합니다. 하원과 연단이 재미있어요. 오직 자기 예술에만 전념하는 예술가라면 이만한 양의 일에 버티지 못할 거예요."

줄 르나르는 감탄한다. 이 사람은 부유해지는 것도 장관이 되는 것도 원치 않는다. 그러면 무엇을 원하는가? "그가 데룰레드와 싸우기를 원한 것은 진심이다. 그것도 아마 그에게는 그의 일 중 한가지였을 것이다"라고 르나르는 덧붙인다.

그리고 르나르는 마치 일꾼처럼 로지에르 마을의 사회주의 지부 비서로서 조레스를 위해 헌신하고 싶어한다. "그를 위해 귀찮은 일들을 맡아서 하고 싶은 것이다. 마치 갓 쥐구멍에서 나온 쥐처럼, 나는 여기저기 킁킁거리며 자연의 냄새를 맡는 이 동물에 눈이 부셨다. 이건 미래의 학구적 이상과는 질이 다르다!"

마음이 넓은 르나르는 스스로 조레스를 위해 온몸을 바치고자 한다. 어떤 이들은 조레스 면전에서 본능적으로 증오심을 드러내고 또 어떤 이들은 "자기들 일을 처리하기 위해 그를 이용한다. 사회주의자들은 그를 배반하고 공화파는 그를 착취한다."

그런들 어떤가? 조레스는 사적인 이익에는 도무지 관심을 기울이지 않는다. "나는 나 자신보다 그를 더 신뢰한다. 그 사람은 절대적으로 청렴하다"고 블룸은 말한다.

그에게 중요한 것은 그 자신이 되는 것이고 자신이 세운 목표의 실현에 도움이 되는 방향으로 정책을 세우는 것이다. 더 많은 민주주의, 더 정의로운 공화국 그리고 종국에는 사회주의. 그는 두 가지 과제를 동시에 맡고 있었다. 좌파블록을 수호하는 것 또한 통합당으로 사회주의자들의 통합을 보장하는 것이다.

국제정세가 악화되고 있었기 때문에 이 과제는 한층 더 필요했다. 강력한 사회당이 아니라면 그 누가 프랑스가 전쟁에 이끌려 들어가는 것을 막을 수 있겠는가? 델카세의 모든 대외정책이 그 방향으로 나아가는 위험을 보이고 있는데.

러시아와의 동맹? 1월 2일에 차르의 '무적'군대는 아르투르 항에서 일본인들에게 항복했다. 모로코에서는 술탄이 프랑스로부터 차관이라는 기름진 보상을 받았음에도 프랑스의 침투를 봉쇄했다. 그러자 독일 황제 빌헬름2세는 프랑스가 자국 이익을 위해 단독으로 모로코 문제를 해결하는 것을 좌시하지 않겠다고 선포했다.

위대함이란 환상 속에서 비밀리에 진행된 이 대외정책을 비판한 것이 정당했음을 조레스는 알고 있었다.

그러나 1905년 1월에 누가 이런 걱정을 했을까? 의원들이 노리는 것은 2년 7개월 동안 집권하고 있는 콩브를 전복시키는 것이었다.

1월 10일 하원의장 선출에서 좌파블록의 브리송 후보가 폴 두메르에게 패했다. 두메르는 급진파이지만 콩브의 적수이다. 그는 연설에서 콩브의 광적인 반성직주의는 사회개혁과 누진소득세 정책의 추진을 가로막았다고 비난했다! 우파의 조작을 은폐하기 위한 좌파의 선동인데, 그럼에도 거기에 밀랑 같은 '독립파' 사회주의자들이 합류했다.

정권의 퇴진은 임박했다.

1월 13일 사회주의제정당통합위는 국제사회주의 사무국에 합의가 이루어져 임무를 완수했다고 통지한다. 1905년 4월 대회를 통해 프랑스 사회주의자들의 통합은 완성될 것이다.

몇 달 있으면 조레스와 게드, 바이양 그리고 알만은 같은 사회당의 당원이 된다.

1월 14일, 여전히 조레스의 지원으로 콩브가 6표 차로 과반수를 획득했다. 그러나 기능이 마비되고 끝이 났음을 깨닫는다. 1905년 1월 18일에 콩브가 물러났다.

1905년, 그해에 진정한 20세기가 열린다. 그리고 상트페테르부르크와 모로코에서 공장과 광장에 군중이 집결하는 사이에 조레스는 정치생활의 새로운 단계를 밟는다.

17 | 눈먼 낙관주의도 맥 빠진 비관주의도 아니다

1905/1906

붉은색. 1905년 1월 그달, 러시아제국의 도시들에서 흰 눈을 뒤덮은 색깔이다. 그리고 그해 내내 이 붉은 색깔은 탄압의 피로 얼룩진다. 사건은 1월 22일 상트페테르부르크 겨울궁전 앞에서 시작되었다. '붉은 일요일'이라고 조레스는 쓰고 있다. 가퐁 주교의 인솔 아래 15만 명—파업자와 여자와 어린아이들—이 성자 상을 들고 거리로 나와서, 차르가 자신들의 소리를 듣고 도와주기를 간청했다. 그들은 배가 고팠다. 수비대가 총을 쏘았다. 희생자가 1만명? 조레스는 구체적으로 말한다. "차르는 전화로 차르의 이름으로 민중에게 총을 발사했다는 말을 들었다." 공화국이 영예롭게 맞이해 주었고 러시아 대사관으로부터 보조금을 받은 신문들은 온갖 찬사를 쏟아내고 구경꾼들은 아낌없이 박수를 쳤던 이 군주. 조레스가 수년 전부터 그 전제정치를 비난했던 차르, "지금 살해자는 분명 차르이다. …그리고 차르가 러시아 노동자들에게 가한 폭력으로 그 자신이 치명적 타격을 입었다."

그러나 차르는 다시 살상을 시작했다. 6월, 반란을 일으킨 포템킨 전함의 수병들에게 박수를 치고 있는 계단 위의 오데사 군중들을 향해. 그리고 다시 12월, 모스크바 봉기를 탄압함으로써 1차 러시아혁명이 질식당했다.

조레스는 콩브가 퇴진한 후 새 정부의 조각 문제를 계속 협상하면서 러시아 사태에 온 신경을 쏟고 있었다. 러시아 사태는 제국에 대한 그의 분석이 옳았고 무조건 프랑스가 이 체제와 손잡는 것이 미친 짓임을 확인시켜 주었다. 우리의 국력을 강화해 주기 위해 오기로 했던 러시아 군대는 하루가 멀다 하고 만주벌판에서 항복 직전의 퇴각을 하고 있었다. "델카세라는 환영에 사로잡힌 소인배"의 잘난 외교정책이다! 왜냐하면 조레스에게는 "이처럼 어디에나 거부당하는 권력이 아직도 민중의 피로 뒤덮여 있다면 그 권력 자체가 운명을 부르는 것이기 때문이다."

러시아 사태는 온 나라를 흔들어놓았다. 매수된 언론은 사태를 최소화하는 데 급급했다. 그러나 프랑스에는 러시아 국채를 소지한 사람이 수만 명을 헤아렸다. 또 『라 리브르 파롤』의 드뤼몽처럼 어떤 이들은 이 기회를 이용해 연금생활자들을 혁명가들—즉 프랑스 사회주의자들—에게 반대하고 나서게 했다. 만약 파산한다면 그건 '봉기를 일으킨 자들'의 잘못이 아니겠는가?

조레스는 분개한다. "러시아를 파산으로 몰아가는 것은 혁명이 아니다. 차르정치, 부패와 광기의 이 체제다…"

그의 펜은 매일 『뤼마니테』 위를 달린다. 학살에 반감을 가지고 자신이 옳다는 확신으로 신정부에서 프랑스 대외정책을 이끌고 나갈 델카세 같은 보수파들을 규탄했다.

실제로 루베 대통령은 콩브 정부의 재무장관 루비에를 총리로 선정했다. 활기 없는 정부이다. 은행가로 프랑스상공업은행을 창설한 루비에는 나이 예순셋, 재무장관을 7차례나 지냈고 파나마 추문으로 오점을 남겼다. 그러나 국제금융계와 인맥이 돈독한 그는 금융계를 안심시켰다. 또 해군장관과 내무장관으로는 프랑스-아프리카위원회의 영향력 있는 회원들을 선택했다(톰슨과 에티엔).

이들은 알제리 의원들로서, 무엇보다 모로코로 식민지 팽창을 지지하는 자들이었다.

콩브에 비해 보수주의 색채가 뚜렷한 정부였다. 그러나 국가—교회분리의 공약과 군복무 기간을 2년으로 줄이는 법안을 추진하여 좌파블록을 계승한다고 자처했다. "이건 정부가 아니라 행정위원회"라고 클레망소는 비꼰다.

조레스와 사회주의자들은 어떻게 할 것인가? 러시아의 혁명적 약진의 메아리는 투사들을 열광시켰다. 게드 당의 센 연맹은—통합은 결정되었지만 아직 실현되지 않고 있었다—1월 사건을 "1871년 코뮌 이후 가장 중대한 역사적 사건"이라며 축하했다. 『뤼마니테』에 발표된 선언문은 이렇게 계속된다. "러시아 프롤레타리아들은 자신들만을 위해서 투쟁하지 않는다. 그들은 전세계 프롤레타리아트를 위해 싸운다."

국제환경은 프랑스 사회주의자들의 통합을 강력히 요구하지만, 델카세가 이 정부의 주요 인사인데다 콩브의 퇴진으로 이미 끝난 거나 다름없는 좌파블록에 계속 남아 있는 것이 의미가 있을까? 하물며 사회주의자가 루비에 내각에 참여하는 것은 더 이상 용납될 수 없다.

조레스는 조금도 주저하지 않았다. 그는 콩브를 지지했고 "정교조약 지지정책이라는 소극적이고 왜곡된 수단과 과감하게 결별한 데" 대해 찬사를 보냈다. 교회와 국가의 분리에 문을 열어놓은 것은 콩브에게 돌아가야 할 명예였다. 이 점에서는 루비에를 지지해야 할 것이다. 그리고 좌파블록은 이제 끝났다. 그래서 조레스는 아리스티드 브리앙이 『뤼마니테』를 방문했을 때 놀랐다. 브리앙은 그의 친구이지만 다가올 통합에 대해 유보적인 태도를 취한 걸로 알고 있었고 그렇지 않아도 밀랑의 변하는 모습은 야심을 가진 인물이 어떻게 되는지 가르쳐주었다. 브리앙은 과연 야심가였다. 그는 루비에가 자기에게 교육부장관을 제의했다고 털어놓는다. "그런 일은 꿈도 꾸지 말아야 합니다" 하고 조레스는 거칠게 대꾸한다. 브리앙은 분리법안 보고자라는 돋보이는 직무를 맡았고 그 때문에 입각 가능성이 한층 더 커졌는데도, 조레스의 말에 고개를 끄덕인다. "그날 저녁 나는 마지막으로 조레스를 따르기로 했다"고 그는 한 친구에게 말했다.

루비에는 의원들 앞에 서서 공약보다 방법의 변화를 강조했다. "나는 정부의 문을 활짝 열어놓겠다"고 말하고는 하원 복도에서 정확하게 밝혔다. "나는 창문을 열었다."

조레스는 세차게 대외정책을 공격했다. 그리고 러시아의 사건들을 엄중히 비평했다. 퉁명스럽고 오만한 델카세가 답변하기 위해 일어섰다. "사건들을 개탄하시오. 그러나 거기서 그치시오. 당신은 심판관이 아니다." 조레스가 벌떡 일어났다. "우리의 외교부는 한 민족의 살해를 변호할 권리가 없다." 신임투표의 결과는 찬성 373표 반대 99표였다. 조레스와 사회주의자들은 반대표를 던졌다.

조레스는 정책노선을 분명히 했다. 교회와 국가의 분리법은 찬성이다. 정부신임은 아니다.

조레스의 결정에 같은 당 소속의원들은 쑥덕거렸다. 그들은 권력의 문 앞에 다가가 있다. 그런데 조레스가 그들 앞에서 문을 닫아버렸다. 더 나쁜 것은, 그들은 희생만 당하고 통합으로 탄생할 신당에서 종속적인 지위밖에 누리지 못할 거라는 점이었다. 그들은 이런 심정을 토로하며 조레스에 반대했다. "그는 저항해 볼 엄두도 내지 않고 게드 앞에서 있는 대로 항복했다"고 세르의 J. L. 브르통 의원은 분명하게 밝혔다.

조레스 당의 마지막 대회는 통합에 관한 최종 결정을 내릴 자리였다. 3

월 26일부터 29일까지 열린 루앙 대회에서 그들은 반란을 일으켰다. 그들은 루비에가 우파로 넘어가는 것을 막기 위해서는 그를 지지해야 한다고 확언했다. 가장 신랄한—그리고 가장 단호한—이는 브리앙이었다. 그는 하원 사무국에 분리법에 관한 보고서를 제출했다. 직감적으로 그는 자기가 사람들을 끌어당기리라는 걸 알았다. 책동과 협상 감각이 있는 그다. 그리고 이제 그들이 당—여기서 선량이 되기를 꿈꾸었던 이들은 선출되었다는 사실만으로 벌써 의원들이 치르는 성가신 요구나 험담 듣기를 감수해야 했다—이라는 구속력을 갖는 틀에 그를 가두려 하고 있었다. 또 진부하고 종파적인 이들로부터는 수상하다는 혐의를 받았다. 브리앙이 질의에 나서면 언제나 사람들이 그의 말을 경청한 것은 사실이다. 우파든 좌파든 누구나 브리앙이 발군의 정치인이며 대단한 운명을 타고났다는 느낌을 받았다. 그런데 그것을 희생시켜야만 한다! 루앙 대회에서 브리앙은 좌익에 반대해서—실은 조레스에 반대하여 단 한 차례 발언했다. "왜 우리를 비난하는가? 이 모든 위선이 지겹다"고 외치면서 조레스를 향해 덧붙였다. "당신은 우리를 우리 적들의 발바닥 깔개인 양 내던졌다. 당신은 통합을 하겠지만 성공적일 수 있었던 통합은 하지 못할 것이다."

대의원 다수가—그중에는 레옹 블룸도 있었다—통합안을 지지하기 위해 개입했다.

이윽고 조레스는 능란한 연설로 당대회를 일치단결로 이끄는 데 성공했다. 이로써 수개월 내에 게드 당과의 통합은 이루어질 것이다.

하지만 조레스가 새로운 적의, 때로는 그 자신이 부추기는 증오를 의식했을까?

그는 사람들—브리앙 그리고 이어 비비아니와 제로-리샤르를 비롯한 다른 의원들—이 자신의 단호한 정책으로 어쩔 수 없이 당을 떠날 준비를 하게 만들었다. 그리하여 공개적으로, 그들 눈으로 그들은 자신들의 과거와 결별했다는 것을 인정하게 했다. 물론 그럴듯한 의식을 설정할 수 있고 그럴듯한 이유를 내세울 수 있었다. 예를 들어 조레스를—페기가 한 것처럼—독일 사람 카우츠키를 맹목적으로 추종한다고 비난했다. 또 다른 사회주의자들은 야심과 동시에 민족주의 물결에 휩쓸려 의구심을 제기하며 다시 논쟁을 벌였다. "군사적이고 봉건적인 철의 체제에 굽힐 수밖에 없는 보주 이북(보주는 프랑스 독일 경계의 산맥. 독일을 가리킴) 사회주의당의 전략이 오늘날 민주주의 진전을 상당히 이룩한 공화국에서 성장하는 프랑스 사회주의에 적합한가?" 알렉상드르 제바에스는 게드주의자였지만 이렇게 물었다. 그러므로 그들은 자기 주장을 세울 수 있고 심지어는 조레스가 활용한 추론을 거꾸로 그에게 겨눌 수도 있었지만, 조레스 자체가 순결하고 지성적이고 사심이 없었다. 조레스와 손을 끊거나 그렇게 할 준비를 한다면, 바로 그 사람은 조레스로부터 멀어짐으로써 오직 자기만을 위해 행동한다는 것을 알게 된다. 그런 자신은 젊은 날의 진지한 해안가를 떠나 개인적 야심이란 어두운 대양을 향해 나아갔다. 그런데 조레스는 그 자리에 그대로 남아 있었다. 1905년 4월 23~26일, 파리 스트라스부르 대로의 글로브 회관에서 출범한 신당에 조레스는 투사들과 함께 남았다. 당의 이름은 노동자인터내셔널프랑스지부로 지었다(SFIO).

그들은 신당의 조직구조에 이의를 제기했다. 상임위(전당대회가 열리기 전까지의 지도부)에 조레스는 들어가지 못했다. 원내의원이기 때문이다. 반대로 게드와 라파르그는 상임위에 착석했다. 당연히 그들은 당의 강령이 더이상 밀랑이 제의했고 자기들이 받아들였던 생망데 강령이 아님을 환기시키고자 했다. 신당의 강령은 "계급정당으로서 프롤레타리아트의 정치조직이고 경제조직이며 권력쟁취와 생산수단 및 교환수단의 사회화, 즉 자본주의 사회를 집산주의 또는 공산주의 사회로 변혁하는 것을 목적으로 한다."

그들은 그 모든 사항을 다 말할 수 있었다. 그러나 그러면 조레스 편에 서지 못한다. 그리고 그들은 그가 어떤 사람인지, 그가 무엇을 원하는지 알고 있었다. 물론 통일이다. 그런데 당 내부에서부터 자신의 관점을 관철시키려고 한다. 이렇게 태어난 당 SFIO가 근본적으로는 어느 날 그의 정치적 이상에 봉사할 것이고 적어도 그것이 조레스의 목적임을 그들은 알고 있었다. 또 그들은 조레스가 걱정하는 것은 현실이지 도그마가 아님을 이해할 만큼 그를 잘 알았다. 그리고 그가 『뤼마니테』를 계속 관장하고 있다는 걸 의식했다. 당 기관지는 게드주의 신문인 『르 소시알리스트』였다. 마지막으로, 그들은 당내 결정기관의 비밀투표와 다양한 조직기구의 대표를 소수파에게 할당하는 방식을 믿었다. 이를 통해 지나친 관료제로부터 개인이 보호받을 수 있었다. 아주 '극단적인' 사람들 가운데 일부는 이 통일에 만족하지 않는다는 것을 그들이 모르지 않았다. 그중 한 사람(라가르델)은 이렇게 말하곤 했다. "혁명주의자 절반과 개혁주의자 절반을 합해서 한 사람의 사회주의자를 얻는 것이 아니다." 또 어떤 이(폴 포르)는 불안해했다. "우리는 돛을 활짝 펴고 미지의 장소를 향해 항해한다. …개탄스럽게도 모든 것으로 미루어보아 이중의 얼굴을 지닌 방법이, 즉 원칙은 혁명적이고 실천은 민주적이며 부르주아적인 방식이 지속될 것으로 예측된다."

그렇다면 그들이 충실하게 남겠다고 아무리 자신에게 되뇌어보았자 헛일이다. 조레스가 통합의 제단에 그들을 희생시켰고, 자신의 분석을 포기하며 게드와 카우츠키에게 스스로 넘겨주었기 때문이다. 그들은 내심 그를 믿을 수가 없었다.

그들은 조레스를 돌이킬 수 없다는 것을 알고 있었다. 그들은 성공과 명성을 추구하는데 조레스라는 인격체가 그들을 제2선에 머물러 있게 해버리면 어떻게 그것을 획득할 수 있겠는가? 냉소적인 증인 쥘 르나르는 사회주에서부터 출발했거나 사회주의 쪽으로 다가서다가 결국 멀어져 버린 인물들을 관찰하면서 그의 『일기』에 다음과 같이 적고 있다. "옛날에 사냥할 때처럼, 오늘날 재능이 있다고 확신하면 성공한 후에 사회주의에 이를 수 있다." 그리고 주목한다. "사회주의자는 이성으로 사회주의자가 되면 손해볼 것이 없다. 하지만 감정이 망가진다. 이성을 따른 사회주의자는 부자가 가진 모든 결함을 지닐 수 있다. 감정에 의한 사회주의자는 가난한 자의 모든 미덕을 지닐 수 있다."

통합이 이루어졌다. SFIO는 대부분의 사회주의자들을 재규합했다. 통합을 거부한 의원들—대개는 저명인사들이었고… 야심도 있었다—은 '독립파 사회주의자'라고 자기규정을 했다. 조레스가 옳았음을 입증해 주는 일이었다. 혁명적 담론(계급정당 등)과 일상적인 민주적 행동을 뒤섞는다고 그를 비난하는—신당을 비난하는—비판자들에게 조레스는 자신의 역사철학, 항상 되풀이하는 통합의 가능성에 대한 믿음으로써 응답했다. 그는 이렇게 말하곤 했다. 조직이란 발전하고 완성되어 갈수록 복잡하다. "사회주의 조직의 삶, 다시 말해 당의 신분으로 편제된 노동계급의 생활 속에 심장의 동맥 및 정맥과 유사하게 수축과 확장이라는 이중의 힘, 긴장과 완화의 이중 리듬이 필연적으로 존재하는 이유이다."

조레스는 이 긍정적인 이중성, 이 변증법을 온몸으로 헤쳐나갔다. 대화하는 문화, 상반된 것들을 통합하는 문화, 그런 문화에 열린 유연한—남부의—사고방식에서 그는 갈등과 모순을 자생적으로 해결하고 지양할 수 있었으리라고 상상하게 된다. 자연과 기원의 변증법론자로서 사물의 운동에 대한 믿음을 선천적으로 가지고 있었다.

그러니 그가 이 통합을, 당의 구속력 있는 구조들을 받아들이는 것은 무엇보다도 투쟁에 필요하다고 생각했기 때문이며 '형식'(규율, 정관, 위원회,

당내 '계파'들간의 균형)은 '동력'(動力)보다 덜 중요하다고 보았기 때문이다. 그런데 그가 이 동력을 직접적으로 경험하게 된다. 그가 그 운동이다. 통합이 자신을 옭죄지 않고 더 많은 것을 준다면 그가 왜 겁을 내겠는가?

SFIO 2차 당대회(샬롱, 1905년 10월 29일~11월 1일)에서 게드와 그 지지자들(라파르그, 마르셀 카생)이 다음 선거들에서 계급 대 계급의 전략을 택해야 하고 또 2차 투표에서 사회주의 후보들이 급진파의 지지를 호소하지 않는다고 공세를 취하자, 조레스는 융합안을 찾아내어 결의로 이끌었다. 모든 선거구에 사회주의자가 출마하고 2차 투표에서는 각 연맹이 자율적으로 "프롤레타리아트와 사회공화국의 이익을 최대로 고려하여" 태도를 결정한다는 것이었다. 그리고 이 신생 SFIO에서 조레스와 바이양은 동맹이 맺었다. 게드는 SFIO를 통제할 수 있으리라고 믿었을 것이다. 그러나 현실은 조레스를 앞장세웠다. 그의 적수들은 이런 조레스의 현상을 이해할 수 없었으며 샤를 보니에처럼 한탄하는 일만 남아 있었다. "우리의 장 조레스는 그가 없애려고 하는 자들을 애초부터 망연자실하게 만든다…"고 보니에는 게드에게 써서 보냈다.

그렇지만 하등 신비할 게 없는 방법이다. 이해하기 위해 분석하고 적수의 압력이나 여론의 환상에 양보하지 않고 자기 자신보다 신념과 진실을 더 믿으며 지키는 것이다. 그리고 미움을 받거나 고립될지 모른다는 우려를 떨쳐버리고 부당하고 거짓되고 나라를 위태롭게 하는 것들을 고발하는 것이다. 자기희생과 무사무욕의 정신으로 행동하는 것이다. 그러면 때로는 나라를 위해서는 불행이지만 그것이 옳다는 것을 보여주는 날이 오게 된다.

1905년 3월 31일 빌헬름2세는 재상 뷜로브의 말을 따라 탕헤르에 요트를 정박시키고 양쪽에 칼과 권총을 차고 도시 구석구석까지 좁은 길을 샅샅

이 돌면서 자신이 방문한 목적은 "모로코 내 독일의 이익을 지켜내기 위해 전권을 행사할 결심임을 만천하가 다 알도록 하기 위함"이라는 성명을 발표했다. 이미 몇 년 전부터 조레스가 독일제국을 무시하고 고립시키는 대외정책은 불합리하다고 비판했듯이, 이제 그 정확성을 어떻게 안 볼 수 있겠는가? 조레스가 공격했던 "당치 않은 델카세의 정책"(카이요)의 결과를 어떻게 만나지 않을 수 있겠는가? 특별한 동맹국—러시아—이 일본에게 패하고 온 나라를 뒤흔드는 혁명으로 진흙다리 거인임이 판명되었는데 이런 것이 평화정책, 현실주의 정책인가?

델카세가 영국을 끈질기게 설득하여 그 지원을 받아서 독일에 대항하기로, 즉 전쟁의 위험을 감수하려고 하자 조레스는 4월 19일 하원 연단에서 이 체제를 비난하고 나섰다. "지금까지 맺은 모든 동맹과 친선이 차례차례로 왜곡되고 변질되고 위태로워지는" 것을 보여준 체제였다.

그는 불안하다. 전쟁이 다가오고 있다. 『뤼마니테』에 강력한 글로 위험을 알린다. 패배주의인가? 그는 깊은 수렁으로 빠져드는 정책을 포기하고 협상을 하도록 권고했을 뿐이다. "그러나 이는 지혜이지 결코 두려움이 아니다"라고 정확히 밝힌다. "만약 프랑스가 정당화될 수 없는 공격의 목표가 된다면 프랑스는 그 모험에 대해 생명을 다해 떨쳐 일어날 것이다."

따라서 조레스에게 사태는 분명했다. 이처럼 날카롭게 제국주의의 현실과 또 그것에 내포된 모순을 간파한 것은 처음이었다. 어쩌면 그는 "대규모 원정부대로 모로코에 손을 뻗치려는 모든 군사적 당파, 식민지적 도당"을 알아채고 1903년부터 그 정체를 밝혔던 식민지 팽창에 충분히 주의를 기울이지 못한 것을 후회하는 것 아닐까? 이제 그는 협상을 추구하자고 압력을 가하고 있다. 그리고 정부 내에서도 루비에 총리 같은 '현실주의자들'은 델카세의 방향을 반박했다. 은행가들과 국제적인 연결고리를 가지고 있는 루비에는 외교장관을 내보내기로 결심했다. 그리고 6월 6일 외무장관은 사임하지 않을 수 없게 되었다.

동맹국 러시아의 함대가 쓰시마 바다에서 일본 해군에게 패했을 때 그어떤 정파가 정부를 지지하겠는가? 재앙을 향해 지구를 한 바퀴 돈 것이다! 프랑스 참모본부가 대적 가능성에 비관적일 때 국제회의—알제시라에서 열렸다—말고 어떤 다른 길을 좇겠는가? 무모한 전쟁의 위험을 받아들이는 것외에 무슨 선택이 있는가?

그렇다면 민족적 수치이다. 독일 재상과 빌헬름2세는 프랑스 정부에 외교장관을 경질하라고 몰아세웠다.

조레스는 뼈저리게 수치심을 느꼈다. 독일을 비롯한 다른 강대국들이 모로코 문제를 가지고 국제회의를 연다는 것은 결국 모로코를 장악하기 위한위험천만한 수작 아닌가? 국가를 책임지고 있는 정치인들은 "전쟁의 채찍처럼 이따금 허공을 떠도는" 논쟁을 선동하거나 그런 논쟁이 맹위를 떨치는 것을 보고만 있을 것인가? 무책임한 장관에 대한 조레스의 경멸이 느껴진다. 그렇다. 수백만 명의 운명이 "이 델카세라는 이름의 환상에 사로잡힌 인물"의 손에 달려 있었다.

권력을 장악한 자들에 대한 조레스의 마지막 기대가 무너진 것을 짐작할수 있다. 다행히 조레스는 이 국제적 위기가 타결되는 것을 지켜보면서, 정부지도자들의 주장 뒤에는 위험을 깨닫지 못하는 무능력과 허영심이 숨겨져 있고 또 결연하게 선택해야 할 평화의 길이 때로는 너절한 이유—자만심이나더 심각하게는 개인적 이해관계—로 거부된다는 사실을 깨닫게 된다.

그렇지만 다른 민족의 절박한 의지 앞에서 포기할 수는 없다. 여론은 조레스의 이러한 입장에 민감하게 반응했다. 줄 르나르는 『일기』에 다음과 같이 쓴다. "모로코 사건은 빨리 해결되지 않는다. 조레스가 애국주의를 강조하여 불안하다. 그가 만약 그래야 한다면… 나는 수첩을 들여다본다. 그는 내게 만약 동원이 필요한 경우에는 새로운 질서를 기다려야 한다고 말했다…. 그렇다. 전쟁은 가증스럽다! 그렇다. 나는 평화를 원하며 모든 모로코 사람들이 평화롭게 살도록 두어야 할 것이다. 그럼에도 독일인들이 이 평화의 갈망을 공포로 해석한다면, 한입에 우리를 삼킬 것을 상상한다면, 아, 그건 아니다!"

어떻게 할 것인가? 조레스는 우려―다 끝났다!―속에서 위기를 실감했다. 주변사람들에게 이 위기는 전적으로 안전한 상태에서 갑자기 닥치는 '가공할 경고'라고 말했다. "평화는 취약하다"고 힘주어 말한다. 자본주의 세계에는 이해관계들이 존재하며, 그에 따라 "이런 가공할 세력들의 무정부적 폭력사태, 격렬한 대립"이 발생한다. 이런 환경이 더욱 악화되고 있는 데서 조레스는 민족주의의 고조를 확인했으며, 이는 프랑스에서 뚜렷하게 감지되었다. 특히 샤를 모라스와 그가 창설한 악시옹 프랑세즈 동맹 그리고 지식인과 대학생들을 결집시키려는 그의 시도가 그러했다. 그들은 역사가 퓌스텔 드 쿨랑주 탄생 75주년을 축하했는데, 그가 프랑스 제도들의 기원을 게르만에서 찾는 사상을 받아들이지 않는 역사가였기 때문이다. 또 기회 있을 때마다 잔 다르크와 군대를 지지하는 시위를 벌였다. 모라스는 『키엘과 탄지에』라는 글을 썼다. 페기 역시 반(反)게르만을 찬양하는 시를 쓰고 『우리의 조국』을 발간했는데, 이 책에서 조레스에게 공격을 퍼부었다.

이와 같은 갈등을 제어하고 해결하는 데 일조하기 위해서는 '보편적 프롤레타리아'를 조직하는 일말고 무엇을 하겠는가? 조레스는 결정을 내렸다. 이목을 집중시킬 만한 제스처가 필요했다. 그는 암스테르담 대회에서 러시아 대표와 일본 대표들의 만남을 떠올렸다. 그래서 독일 사회주의자들과의 만남을 계획했다. 베를린으로 가서 연설을 하리라. 그러나 조레스가 독일 수도로 떠나기로 한 바로 전날 7월 6일, 우아한 남자 하나가 샬레 가 7번지에 나타나 조레스를 만나기를 청했다. 독일 대사인 그 사람은 귀족다운 예절을 갖춰 조레스에게, 베를린 방문은 명백히 독일 내의 정치적인 이유들로 시의적절하지 않다고 설명했다. 이 독일 여행 금지를 조레스가 확실히 따르도록 하기 위해 라돌린 공(당시 프랑스 주재 독일 대사의 이름)이 파리 동부역(독일행 열차가 출발하는 역) 플랫폼에 나와 있었다는 주장까지 있다.

독일의 비토를 우회하기 위해 7월 9일 『뤼마니테』와 사회주의 신문 『포르베르츠』는 조레스가 베를린에서 할 예정이던 연설문을 실었다.

명석함이 돋보이는 내용이다. 자신의 캐릭터를 거의 예감이나 한 듯이, 조레스는 현재의 조건에서 "노동자와 사회주의 조직화에 착수하고 국제적 양심의 초석을 놓는다"는 의지를 표명한다. 그의 행동지침은? "눈먼 낙관주의도 맥 빠진 비관주의도 아니다."

그의 행동근거는? 무슨 일이 있어도 평화주의, 비폭력인가? 그를 희화화시킨 것들일 뿐이다. "우리가 전쟁을 끔찍하게 여기는 것은 겁이 나서 혹은 무기력해서가 아니다"고 그는 썼다. 만약 인간들의 고통이 위대한 인간진보의 조건이라면 조레스는 받아들였을 것이다. 그러나 유럽에서 전쟁의 길은 막다른 골목이었다.

그리고 앞을 내다보는 조레스는 마치 20세기를 읽고 거기에 줄지어 있는 억압체제들을 보기라도 한 듯이, 전쟁의 위험을 그려낸다. 조레스가 쓴 문구는 그 리듬조차 사고의 급박함을 드러내며 단어 하나하나에 역사의 인식과 통찰이 배어 있다. 사용된 수식어들은 정확하고 결국 실현될 것을 앞서 묘사한 듯하다. 만약 정치사상이라는 용어에 가장 뛰어난 이들이 지닌 예지능력이라는 책무를 부여한다면 조레스는 정치사상의 시인이다. 이처럼 조레스의 글에서는 길게 거론될 논증이 '간결하고 완곡하게' 하나의 공식으로 수렴된다. 문체의 힘은 사상적 예견으로부터 나온다.

"유럽의 전쟁으로부터 혁명이 분출할 수 있다"고 조레스는 프랑스 사회주의자들과 독일 사회주의자들을 향해 외친다. 지도계급들은 이 점을 깊이 새겼어야 한다. "그러나 또한 장기적으로는 유럽의 전쟁으로부터 반혁명, 노도와 같은 반동의 물결, 극단적 민족주의, 숨통을 죄는 독재, 극악무도한 군사주의 등과 같은 위기와 일련의 반동적 폭력과 저열한 증오, 보복과 예속이 나올 수 있다."

각 낱말의 배후에는 20세기의 민중이 겪게 되는 사실이 도사리고 있다.

"따라서 우리는 그것을 알기 때문에 이 같은 야만적인 도박을 하기를 원치 않는다. 우리는 프롤레타리아들의 진보적 해방의 확실성이, 분열과 분할을 넘어 모든 민족과 그 민족의 모든 구성원들에게 예정되어 있는 정당한 자치의 확실성이, 유럽 민주주의의 완전한 승리가 이 피비린내 나는 타격에 노출되는 것을 원치 않는다."

이렇게 1905년 7월에 조레스는 앞으로 대두할 20세기를 '보았다.' 전쟁으로부터 부상하게 될 러시아혁명과 또한 전쟁에서 태어날 파시즘과 나치즘, "반혁명, 노도와 같은 반동의 물결, 극단적 민족주의." 그리고 이 '반동적 폭력과 저열한 증오' 그것이 "숨통을 죄는 독재, 극악무도한 군사주의" 체제들 속에서 실현되는 인종주의와 외국인 혐오의 특징들 아닐까?

그 어떤 정치사상가가 20세기의 초입에서 시대의 위험을 이처럼 통찰하는가? 어느 누가 이 같은 '이성적' 선택—눈먼 낙관주의도 맥 빠진 비관주의도 보이지 않고 전쟁을 막기 위한 행동—을 하는가?

조레스의 이 '투시력 있는 현실주의' 앞에서 누가 아직도 유토피아주의자 또는 몽상가라고 말할 것인가?

사실 평화를 위해, 유럽 민주주의의 승리에 필요한 평화의 조건을 위해 이 전쟁의 첫걸음부터 바꾸어놓는 것, 그것이 문제의 모든 여건을 파악하고

자 한 조레스의 의도이다. 조레스는 문제의 복잡성을 알아내고 표현하고야 만다. 그는 국제주의와 함께, 있는 그대로의 정부활동을 말했다. 자본주의에 의해 배태된 전쟁의 장치를 고발하는 동시에 행동의 가능성을 보았다.

그는 단순화와 도식화를 거부하는 정치지도자이다. 저널리스트이고 연사로서 독자와 청중의 지성에 호소하는 지식인이다. 그리고 독자와 청중을 조종하고 속이는 것을 결코 허용치 않는다. 그들에게 아부하는 것도 용납하지 않는다.

그러나 정치세계에서는 말은 풍성하고 덕성스러워도 이런 엄격함을 갖추고 그것을 실천하는 이는 드물다. 우파는 물론 좌파도 마찬가지다. 그래서 SFIO 내에서 조레스는 귀스타브 에르베의 과장된 독설을 견뎌야 했다. 이 해직 역사교수는 철저한 반군사주의자이다. 국제적 긴장으로 전쟁이 의제로 떠오르기 시작하고 쇄도하는 파업사태에 직면하여 정부가 치안유지를 명목으로 군대를 출동시키자, 에르베의 과도한 발언은 점점 커다란 반향을 불러일으켰다. CGT 안에서 혁명 노조주의는 조국이란 관념조차 부정했다. 1902년부터 CGT 서기를 맡고 있던 독학 노동자 빅토르 그리퓌엘은 노동자의 일상적인 활동을 지지했다. 직접적인 행동은 "그 힘이 우세한 수준에 이르면 대혼란으로 변한다. 이를 우리는 총파업이라 명명하며 그것이 사회혁명이 될 것이다"고 그는 말했다.

검소하고 엄격한 투사인 이 제화공은 '정치꾼들'을 경멸했다. 그는 "근로자의 조국은 그의 뱃속이고 노동자가 일하는 장소, 그곳이 조국"이라고 단언했다.

이제 서른 살의 그리퓌엘은 무정부주의 전통의 사무원인 에밀 푸제를 CGT 지도부 보좌관으로 두고 있었다. 푸제는 10여 년 동안 『페나르 신부』

(*Le Père Peinard*, 1882~1902년에 에밀 푸제 주도로 파리와 런던에서 발간된 민중 중심의 아나키스트 정치 격주간지)를 간행했고 CGT에서는 『민중의 목소리』(*Le Voix du Peuple*)를 만들었다. 그런데 그 역시 과격한 반군사주의자이다. '군대 바보들' '병영의 저질들', 저 '불의의 궁전'을 고발하고 선거철의 '감언이설'에 대해 불신을 표했다. "반동, 공화파, 불랑제파, 사회주의 패거리 등 모두 민중들에게 피곤에 지쳐 죽을 권리만 약속한다"고 써서 정치와 정당에 대한 거부감을 노골적으로 드러내었다.

1906년 그리퓌엘은 사회주의 지도자 베벨을 만나러 베를린에 갔다가, 너무 '정치화'된 그의 모습에 실망만 하고 왔다.

하지만 프랑스로 돌아온 그가 주도하여 CGT 연맹위원회는 분쟁의 위험성을 널리 알렸다. "조그마한 일만 터져도 전쟁이 일어나게 되어 있다. … 두 나라의 프롤레타리아트가 전쟁수행을 거부할 것을" 그는 촉구했다.

이처럼 에르베에서 푸제까지, 위르뱅 고이에—조레스를 모독한—에서 그리퓌엘까지 여러 계열이 혼잡하게 뒤섞여서 과격하고 도발적인 방식으로 반군사주의와 반애국주의가 표명되었다. (에르베와 고이에가 손을 잡고) 협회까지 설립하여, 징집자들에게 시위를 탄압하라는 명령을 받으면 노동자형제들에게 총을 겨눌 것이 아니라 그들의 장교들에게 총구를 돌리라고 권하는 전단지를 발행하기도 했다.

이 극단적인 인물들—어떤 이들은 (고이에처럼) 수상했다—은 단순한 방식으로 조레스를 물고 늘어지면서, 그는 국제주의를 끝까지 밀고 나가지 못하거나 다른 사람들과 마찬가지로 정치꾼에 불과하다고 은연중에 암시했다.

이에 조레스는 답변을 시도한다. 에르베의 "오해의 천재" "혐오스럽고 부조리한 역설"을 정면으로 반박하며 "기계적인 슬로건과 기존의 공식"을 거부한다. 조국과의 관계, 민족적 의무와의 관계는 복잡하다고 그는 말한다.

그러나 동시에 조레스는 CGT를 대표하는 이 세력과 손을 끊고 싶지 않았다. SFIO의 당원은 3만 5천 명인데, CGT는 20만 명의 노조원을 보유하고 있었다! 그리퓌엘과 푸제의 사상은 노동세계의 일부 사상을 반영하고 있었다. '혁명적 노조주의'는 현실이었다. 조레스는 "혁명적 노조주의를 펜촉이나 언변의 발작으로 판단해서는 안 되는, 전적으로 새로운 사상인 동시에 새로운 수단"으로서 주목했다.

심지어 그는 총파업이 효율적일 수 있다고 설명했다. 그리고 『뤼마니테』의 고정란을 그리퓌엘에게 열어두어 "어리석은 국수주의" "퇴행적인 애국심의 비열한들"을 조롱했다.

하지만 이 때문에 그의 적들은 조레스의 절제된 국제주의적 애국주의 입장과 그의 현실주의 그리고 무정부주의의 극단적인 반군사주의 견해와 과도한 발언을 의도적으로 뒤섞어버리기가 쉬워졌다. 물론 정보에 밝은 측은 흔히 들을 수 있는 이 같은 비난─조레스가 독일에 굴복했다, 조레스는 조국의 적이다, 조레스? 헤르 조레스 말이야 하는 식의 비난─에 속아 넘어가지 않았다. 그러나 비방꾼들에게 중요한 것은 클레망소나 바레스 같은 인물의 견해가 아니라 중간계층의 견해였다. 중간계층에게 적을 지목해 줌으로써 그들을 흥분시켜야 했다.

조레스는 드레퓌스파, 조레스는 러시아 동맹 반대자, 조레스는 국제주의자. 완벽한 표적이다.

더구나 조레스는 델카세의 대외정책을 공격하여 차르와 맺은 협약의 위험성을 드러냈고 차르를 '범죄적' 존재라고 비난함으로써 막중한 이해관계를 위협했다. 어떤 발언이 자신의 이익을 훼손시킬 위험이 있으면 사람들은 그 발언을 한 자를 용서하지 않는다. 그러면 사회적 게임의 가담자들은 지금까지 관행과 관습으로 인정되어 오던 규칙을 저버리고 폭력과 때로는 잔인함이 난무하는 세계로 뛰어든다. 그자 때문에 자신에게 돌아올 혜택이 위협받는다면 그자를 침묵시켜야 한다.

러시아 동맹은 돈벌이가 되는 사업이었다. 우선 차르 권력에게 그렇다. 프랑스에서 러시아 채권 판매로 흘러 들어오는 수십억 프랑의 금화는 체제의 작동에—그리고 체제가 살아남는 데 결코 없어서는 안 되는 것이었다. 러일전쟁과 혁명적 사건들로 향후 러시아의 변제능력에 대한 국제적 신뢰가 실추된 이때—게다가 세금도 잘 걷히지 않았다—그 필요성은 더 커졌다. 이런 관점에서 조레스의 공격은 거추장스럽기 짝이 없는 방해물이었다. 일선 대금업자들의 여론에 영향을 끼치기 때문이었다. 불안해진 프랑스 은행들은 새로운 채권 판매를 꺼렸다. 그러자 러시아 채권의 유통이 붕괴되었다.

차르에게는 참을 수 없는 상황이었지만, 모든 중개인들—은행가, 환전상—과 러시아 채권보유자들 역시 참을 수 없었다. 드뤼몽이 러시아제국의 붕괴는 혁명가들에게 책임이 있다고 일기에 썼을 때, 그가 겨냥한 것은 조레스였다. 그리고 러시아 국채를 재빨리 사들였던 중소 연금생활자들의 여론 속에서도 조레스는 분명 죄인이었다. 그가 상트페테르부르크와 오데사, 모스크바의 시위자들과 봉기자들을 찬양했기 때문이다. 러시아혁명에 대한 프랑스 좌파의 연대는 (1905년 12월 16일 아나톨 프랑스는 "지금 네바 강가, 비스툴라 강가, 볼가 강가에서 새로운 유럽과 미래 인류의 운명이 결정되고 있다"고 썼다) 수만 명의 예약자들을 그 좌파에 반대해서—따라서 그 화신인 조레스에 반대해서—들고 일어나게 했다.

러시아와 함께 프랑스에서도 이데올로기만이 문제가 아니라 이해관계가 걸린 문제였다. 그런데 조레스는 예의 그 관점을 반박하는 정치가의 한 사람일 뿐 아니라 그 자본과 수입을 박탈하겠다고 위협하는 자들을 지지하는 사람이었다.

1905년 러시아 사태와 프랑스 예금의 이런 구체적인 상관관계로 말미암아 조레스를 향한 증오는 새로운 단계로 접어들어 다시 끓어올랐다. 더군다나 러시아의 신임 재상 비테 공이 일종의 속빈 강정 같은 의회인 두마의 창설을 지지하는 '개혁가'로서 재차 차관을 요청했다는 것을 알고 조레스는 격렬하게 항의했다. "두 학살 사이에 이런 금융순환이 이루어지다니, 그야말로 비통하고 파렴치하다. 피 묻은 손을 국경 너머로 뻗쳐 저 멀리 자유로운 혹은 자유롭다고 믿는 인민들의 저축을 거둬들여 전제정치의 새로운 양분을 준비하는 그 손은 악몽 속의 그것과 흡사하다." 그러면서 이렇게 물었다. "우리는 가만히 앉아서 그 손에 걸려들 것인가? 그 손이 우리의 금을, 우리의 명예를 앗아가도록 내버려둘 것인가?"

1905년 내내 하루도 빠짐없이 조레스는 러시아 혁명가들을 편들고 니콜라이2세 체제가 고립되는 것을 보고야 말겠다는 뜻을 거듭 표명했다. "이제 차르와 차리즘은 민족들의 지탄을 받아 내쫓길 것이다." 차르가 자기 인민들을 계속 노예상태로 두고자 한다면 바로 차르 자신이 증오의 값을 지불해야 할 것이다. "그리고 만약 차르가 인민들을 목 졸라 죽이겠다면 숨통을 죈 대가를 치러야 할 것이다."

『뤼마니테』나 팔레-부르봉의 연단에서 조레스의 활약은 러시아 사태와 겹쳐지면서 커다란 반향을 일으켰다.

1905년 2월 28일 파리환전상조합의 M. 드 베르뇌일 조합원은 비테 공에게 터놓고 말했다. "프랑스의 채권보유자들은 매일 아침 일어나면 채무국가의 정세를 더할 나위 없이 악의적이고 어둡고 불안하게 진단한 신문기사들을 읽습니다."

그런데 만약 러시아 채권을 보유한 프랑스 사람들의 신뢰가 무너진다면 그것은 "만주에서 러시아 군대의 패망보다 더 돌이킬 수 없는 재난이 될 것입니다"라고 이 조합원은 강조했다.

다만 조합원 씨는 러시아 채권이 끝나면 증권시장 주위에서 맴도는 모든 사람들—은행가, 환전상 등—의 부의 원천이 말라붙어 버린다는 사실은 드러내놓고 말하지 않았다. 그래서 그는 비테 공에게 "신문을 잡아야 하고 신문은 위력이 있다"는 것 또 신문에 "아까워도 200만 내지 300만 정도는 뿌려야 하며 그것이 당신이 수호하려는 단체에 이익"이 된다는 것을 고려하도록 충고했다.

대사관은 이 충고를 따랐다. 라팔로비치라는 러시아 외교관이 프랑스 언론에 기금을 살포하는 일을 맡았다. 『라 프티트 레퓌블리크』에서부터 『르 탕』과 뉴스공급원 〈아바스 통신〉까지 거의 대부분 언론이 그 대상이 되었다. 루비에 총리는 "겉으로는 손을 떼고" 차르의 대사관과 언론 사이에 무슨 일이 벌어지는지 자기는 모른다고 말하고 싶었지만, 러시아 채권 보유자가 수만 명이라는 사실을 환기시켰다. "그는 우리에게 정보가 부족하다고 질책한다"고 러시아 외교관은 보고했다.

사실 루비에와 그의 정부가 어떻게 이 상황에 무관심할 수 있겠는가? 러시아에 뿌린 금화 수십억 프랑(프랑스 공업에 투자되었어야 할 예금) 때문만이 아니라 특히 프랑스 정부가 직접 이들 예금주들의 결정을 지지했기 때문이다. 이것이 대외정책의 초석인 프-러동맹의 반대급부였다. 또한 채무자의 파산은 프랑스 연금생활자들의 자문관, 즉 권력을 쥔 온건파 엘리트들의 추락이 될 것이다. 때문에 그들에게도 유난히 많이 이의를 제기하고 러시아와의 동맹체결을 끊임없이 문제 삼는 조레스는 거북한 사람이었다. 그의 고발은 오로지 프랑스 지도자들의 무책임과 맹목성, 한마디로 한없는 무능함을 지적하고 있었기 때문이다. 그들이 나라의 안보와 경제발전을 위태롭게 만들었다는 것이다.

관세율에서 러시아 채권까지 장벽을 높이 쌓아 프랑스를 가두어버린 멜린의 보호주의로 프랑스 부르주아지 권력층은 앞으로 수십 년간 나라의 장래를 위태롭게 만들 연금생활자의 논리를 세운다. 조레스는 확실히 입을 다물어야 한다.

그런데 정확히 1년 후에 그의 신문이 곤경에 빠지게 된다. 정기적으로 『뤼마니테』 편집국을 들르는 쥘 르나르는 악화되어 가는 증세를 다음과 같이 냉정하게 기록한다. 이따금 한번씩 만져보기만 할 뿐이다. "조레스가 『뤼마니테』를 구독한다." 거의 우스꽝스러울 정도로 청렴하고 미약한 몸짓이다. 다시 몇 문장 더 쓴다. "조레스. 그의 암담한 신문. 일체의 대금을 지불하지 못한다." 그리고 2천 혹은 3천 프랑을 내놓았던 주주들 중 한 사람은 조레스에게 이런 편지를 보냈다. "제가 당신의 공동출자자인 것을 아시지요. 저는 보상을 받기를 원합니다." 불쌍한 조레스! 며칠 후 르나르는 또 이렇게 기록한다. "『뤼마니테』는 끝이다. 전기도 끊겼다. 세 명이서 신문을 만든다. 밤이 되면 그들은 누군가가 촛불을 갖다 주기를 기다린다."

조레스는 이 실패에 짓눌려 있었다. 지금까지 재정문제는 평가 절하했고 해결할 방법도 몰랐다.

레옹 블룸은 말한다. "그가 나한테 들렀다. 이제 확실히 알게 되었다고, 부채규모가 예상보다 너무 크다고 말했다. 그는 장기적으로 이런 종류의 고민을 감당할 만큼 단호하지 않다. 신문을 7월 31일(1905년)에 중단하기로 결정이 났다. 부채를 탕감하고 신문을 당에 넘기기 위해서는 아직도 4만 프랑이 필요하다…"

곤경의 원인은 여러 가지다. 신문경영을 소홀히 했고 필수적인 업무들—구독료 등—이 해결되지 않고 있었다. 또 신문용지 구매단가가 너무 비싸게 계약되었다. 창간인들의 좋은 뜻이 그들의 아마추어리즘을 벌충해 주지는 않으며 조레스는 그토록 희망을 품었던 신문의 위기를 "더할 수 없이 깊은 상심 속에서" 겪었다.

사실 문제가 된 것은 신문의 성격 자체였다. 이 신문에 기고하는 샤를 앙들레르는 거의 틀림이 없는 통찰력으로 사태를 분석했는데, 이렇게 거칠게 말한 적이 있다. "『뤼마니테』는 『르 프티 주르날』 같은 형태의 싸구려 신문을 닮기를 거부한다. 오산이다." 그에 따르면, 노동자들은 매일 신문을 사지는 않는다—살 수가 없다. 따라서 그들에게는 『르 마탱』과 『르 프티 주르날』에 실리는 모든 뉴스를 알려주어야 한다. 그 밖에도 노동자들은 미간행 연재물을 요구한다. 지적인 성향—엘리트주의—때문에 『뤼마니테』의 발행부수는 기껏해야 1만 2천 부였다.

신문에 위기가 닥치면 언제나 그렇지만 기고자들이 회의를 품게 되고 이런 회의에는 개인적이고 정치적인 모든 여건이 뒤섞여 있게 마련이다. 번번이 무슨 일이든 사유가 생긴다. 이로써 1905년 여름에 뤼시앙 에르와 레옹 블룸을 비롯하여 대부분 지식인들인 다른 기고자들이 『뤼마니테』와 멀어지면서 차츰 기고를 하지 않게 되었다. 그렇다고 비판자로 돌아선 것은 아니었다. 그래도 그들은 교양 있는 사람들이고 신문이 살아남으려면 교양물이 더 많아야 했다. 신문에 정기적으로 기고하기 시작한 CGT의 혁명노조주의자들은 무정부주의적이고 반군사주의적이며 반애국적인 어조를 띠었으며, 이에 많은 지식인들—에르와 블룸—이 항의를 했다. 조레스는 이 새로운 기고가 크게 기여하는 바와 노동세계 안에서 일으키는 반향이 『뤼마니테』에 가져다줄 수 있는 것들을 정치적으로 따져보았다. 그외에도 연구나 문예물이 요구되었고 블룸과 레비 브륄, 마르셀 모스 또는 랑주뱅이 여기에 참여했다. 이제 드레퓌스 사건이라는 중대한 싸움은 끝났는데, 일상적인 정치생활이나 신문운영과 정기적인 참여는 그들에게 부담이 되었다. 통합이 성사되었고 신당 SFIO의 조직구조가 구속력 있는 규율과 함께 정해졌다. 정치의 주변에 있는 지식인들—블룸은 아직도 그렇다—개개인은 지구당 집회의 장광설을 받아들여야만 하는 이 당에서 편치 않음을 느꼈다.

더구나 개중에 어떤 이들은 멀어질 수밖에 없는 개인적 이유들이 있었다. 대외정책란을 놓고 에르는 프레상세와 마찰을 일으켰다. 그리고 마침내 에르는 개인적인 생활을 꾸리기로 했는데, 1911년에 결혼을 했다. 그러므로 『뤼마니테』의 창간그룹과 조레스 사이에 파탄이 일어난 것은 아니었다. 조레스는 하원에서 나오는 길에 정기적으로 블룸의 집에 들러 식사를 하곤 했다. 우의에 금이 간 건 아니다. 정치적 신념도 마찬가지다. 하지만 개인적인 활동 반경, 행동하는 환경과 그것이 취하는 형태—당—가 달라짐에 따라 이 사람들을 묶어주던 끈은 느슨해졌다. 여전히 이들은 사회주의자일 것이다. 이들이 대부분의 시간을 쏟는 활동부문에서 그럴 것이다. 그리고 조레스 그는 사회주의자들의 정치지도자이다.

『뤼마니테』에 대해 결정을 내려야 하는 사람은 조레스였다. 당연히 사람들은 그의 신문을 노렸다. 신문이 죽든가, 아니면 적어도 온건해져야 했다.

조레스는 이렇게 설명한다. "우리를 재정적으로 구원해 줄 협력제의는 들어온다. …그러나 우리가 받아들일 수 없는 조건이다."

어떤 사람이 조레스의 사무실을 찾아와 20만 프랑을 내어놓았다(1984년 시세로 240만 프랑). "분명히 결정적으로 살아날 수 있었다"고 그는 말한다. "하나의 조건이 있었다. 우리가 러시아 국채를 반대하는 캠페인을 중단하고 차르정이 러시아 인민을 더 살해하기 위해 프랑스 시장에서 판매를 계획하는 새로운 채권에 반대하지 않는 것이었다."

그러나 그 사람—대사관과 금융계의 중개자로, 필시 『라 랑테른』 편집 국장이었을 것이다—은 상당히 양보했다. "당신이 원한다면 차르를 공격하시오. 그러나 채권을 공격하지는 마시오." 이에 조레스는 "그런데 정말 차르를 지지하는 수단은 그의 재정을 지원해 주는 것 아니오?" 하고 대답했다. "문제는 사회주의적이고 공화주의적인 사상의 독립이다. 국제금융이 여론기관을 장악하려는 것이다."

매몰차게 거절당한 중개인은 아무튼 러시아로 돈은 흘러들어갈 것이고 다른 신문사 국장들은 조레스보다 현명하다는 것을 명심하라고 쏘아붙이고는 문을 쾅 닫고 나갔다. 한마디로 조레스는 자신의 신문을 폐간시키는 얼간이였다. 사실 『뤼마니테』는 살아나게 된다. 신문의 형태를 개선하고 빈틈없는 관리자(필리프 랑드리외)를 배치하고 운영위의 승부수로 사회당에 직속되는 한편, 구독과 기부금, 인터내셔널 당들의 지원으로 고비는 넘긴다. 그러나 위기를 완전히 벗어나지는 못해서, 조레스는 계속 신문을 한 아름 안고 다녀야 했으며 어려움이 닥칠 때마다 힘들게 겪어내고 매일 논설을 썼다(모두 합하면 거의 2만 개에 이른다). 그래도 구독자가 4만 명을 넘어섰으며 그중 2만여 명은 파리에 있었다.

조레스는 모든 압력으로부터 독립적인 논단을 지켜냈다.

이 시기 『뤼마니테』의 역할은 중대했다. 프레상세의 대외정책 분석(첫해에는 에르가 다루던 면이다)은 다른 신문들의 이해관계가 걸린 합의를 깨뜨렸다. 또 실정을 폭로했다.

국내정치면에서는 교황의 비망록을 발표함으로써, 우왕좌왕하며 추진되고 있던 교회-국가분리법의 제정과정이 계속 작동되게 했다.

물론 의회에서는 브리앙의 능란함과 협상 또 절제의 감각이 효과를 발휘했다. 하원에서는 7월 3일에, 이어 상원에서는 12월 9일에 법안이 표결에 부쳐졌다. 4월 22일부터 법안의 핵심 조항—4조—을 면밀히 검토했지만 그건 첫 단계에 불과했고 의회의 절차가 수개월씩 걸렸던 터라, 조레스는 환호성을 질렀다. "분리는 끝났다."

그는 몹시 기뻐했다. 공화국은 세속화되었고 이제 바티칸 기구들과는 상호존중 외에는 아무런 연관도 없었다. 그리고 조레스는 브리앙—법안 보고자—과 긴밀한 협의를 거쳐서 교회의 재산소유권을 가톨릭문화협회로 이양하는 제4조를 작성하고 이 법안가결에 직접 개입했다. 중도현실주의 노선으로 "로마블록과의 관계를 끊어놓고" 교회를 종교 이외의 용도로 이용하려는 극좌파의 계획에 정면으로 맞섰다. "민중이 교회의 자리를 차지하고 그곳에서 시민축제를 열 것이다"고 사회주의 의원 모리스 알라르는 밝혔다. 그리고 원로 블랑키주의자 바이양은 다음과 같이 덧붙였다. "교회가 완전히 사라지지 않는 한, 사회의 세속화가 이루어지지 않는 한 우리의 과업은 완성되지 않을 것이다."

조레스는 브리앙이 작성한 계획의 노선을 옹호하면서 이렇게 과도한 안에 항의했다. 이 부문에서도 대외정책에서 표명한 것과 같은 태도를 취했다. 기존의 것에서 출발하여 본질—분리—을 희생시키지 않는 선에서 타협을 하도록 신경을 쓰고 그러면서 상대방을 존중하는 것이었다. 그는 의회에서 현안이 제기되자 가톨릭 쪽을 바라보면서 엄숙하게 선언했다. "당신들 신자 여러분은 자유입니다. 정신에는 정신, 지성에는 지성, 양심에는 양심으로 여러분의 신앙과 신념을 전파하시오."

신앙이 조레스를 불안하게 하지는 않았다. 성직자 기구들이 자유로운 토론 없이 영혼을 장악하려는 의지를 드러낼 때의 그 교조주의, 관료와 국가의 그 권력에 적대적이었다. 바로 이 점이 그가 세속파인 이유이다. 그가 왜 교회와 국가의 분리를 위해 싸우는지를 설명해 준다. "그것은 자유와 충실함의 업적이고 근본적으로는 대담한 업적이다. 그러나 어떤 함정도 감추지 않고 어떤 저의도 은폐하지 않는다. …난폭한 업적이 아니라 진지한 업적이다." 그렇지만 2월 11일 베헤멘테르 노스(Vehementer Nos, 프랑스의 국가와 교회분리법에 관한 교황 비오10세의 교서)에서 교황은 "공화국이 일체의 예배를 인정하지 않는 원칙을 제시한 분리는 공식적으로 신을 부정하고 신에 대한 심각한 모욕"이라고 단죄했다.

국내의 극우계열은 교회재산 등록을—문화협회에 재산을 이전하기 전이다—기회로 부대를 동원하고 일부 농민층과 도시의 드레퓌스 반대파 젊은 부르주아들과 중간계층을 공화국 반대투쟁에 끌어들였다. 태동하던 악시옹 프랑세즈는 이 기름진 토양에서 퍼져나갔고 교회는 동맹자들로 넘쳐났다. "교회 재산목록 작성에 대한 반대는—일부 전투적인 젊은 사제들 이외에도—수도의 왕당파 위원회들, 마르크 상니에의 '밭고랑' 무리, 귀족부인들이 돈을 대주는 청년패거리들을 중심으로 이루어졌다"고 악시옹 프랑세즈의 한 회원(루이 디미에)은 고백한다. "그리고 그 여자들 가운데서 솔라주 후작의 가문이며 카르모에서 조레스의 적수인 레유 남작의 부인 이름을 들었다."

곧 격렬한 사건들이 일어났다. 징수관이 나타나자, 낫으로 무장한 농민들은 공격할 듯이 에워쌌다. 군대가 개입해야 했고 장교들은 칼을 꺾고 군대를 떠났다. 조종이 울리는 가운데 여자들이 교회 앞 광장에서 무릎을 꿇고 기도를 올렸다. 노르에서는 사망자가 한 명 발생했고 브르타뉴와 피레네, 마시프 상트랄에서도 싸움이 벌어졌다. 물론 한정된 지역에서의 갈등이었지만, 보수파의 대신문들, 특히 가톨릭 간행물들은 사건을 대대적으로 다루어 이목을 집중시켰다. 그 신문들은 '포위된 교회'와 사제들의 체포를 보도했고 풍자화들은 약탈자들에게 석공회 표지를 붙여 그들의 모습에서 유대인 출신임을 시사했다.

드레퓌스 사건에서 떠올랐던 주제가 되풀이되면서 명백히 조직적인 저항이 자리 잡기 시작했다. 인정을 받는 인물 가운데는 영광스런 공화파 문인(알퐁스 도데)의 아들인 39세의 작가 레옹 도데가 있었다. 풍채 당당한 이 광적인 반유대주의자는 드레퓌스 사건 속에서 성장했다. 그의 주위로 교회 재산목록 작성에 반대하고 목록을 정치적으로 이용하려는 파리지역 사람들이 모여들었다.

이처럼 1906년 초 몇 달 사이에 목록을 문제 삼으며 악시옹 프랑세즈를 중심으로 반공화파가 되살아났다. 이들은 노골적인 왕당파이고—그것이 반대를 위한 형식일 뿐이라도—맹렬한 민족주의자들이었다. 또한 힘 있는 세력이었다. 1월 18일 모리스 바레스는 프랑스학술원 회원으로 선출되었다.

이들 무리에게 조레스는 그 어느 때보다도 적이었다. 졸라가 사망하고 드레퓌스가 정치생활에서 사라진 지금 그는—현실적이라기보다 상징적으로—드레퓌스주의와 20세기 초의 새로운 여건을 이어주는 살아 있는 접점을 표상했다. 극우계열에게 조레스는 참을 수 없는 과거—드레퓌스 사건—와 목록, 국제주의, 국수주의의 거부 같은 받아들일 수 없는 현재를 구현하는 것이었다. 몇 달 후(1906년 7월), 파기원이 1899년 판결을 무효화하고 드레퓌스에게 무죄를 선고하자 민족주의 시인 프랑수아 코페는 레옹 도데에게 보낸 편지에서 일부 여론의 분위기를 표현한다. "유대인의 신격화는 필경 예정되어 있었습니다. 결국 우리가 사랑하는 모든 것, 우리가 존중하는 모든 것, 신앙과 조국애와 명예, 이 모두에 대해 혐오감을 가지게 합니다. 진정한 프랑스는 사멸한 것 같습니다. 프랑스는 모든 면에서 변질되었고요." 코페의 솔직함과 분개심은 진정이었다. 그리고 코페는 '그의' 프랑스와 그것이 존중해야만 하는 가치들에 의문을 품게 한 주동자로, 그의 맞은편에 있는 조레스를 쳐다본다. 코페는 도데 쪽으로 고개를 돌리고 박력 있게 움직이는 악시옹 프랑세즈를 바라본다. 그는 다시 말한다. "아마도 당신과 당신 부인 같은 과감한 젊은이들이 일깨워줄 것입니다. 하지만 더 이상 젊지도 않거니와 깨끗이 패배하여 무장이 해제되어 버린 나는 더는 희망이 없고 매우 고통스럽습니다."

이렇게 공화국 자체에 대한 갈등이 고조되자 조레스는 좌파블록을 다시 단단히 붙들었다. 그는 이미 분리법 추진에 참가하여 그렇게 했다. 루베의 대통령 임기가 다되어 1월 17일 신임 대통령을 선출하는 자리에서 그는 다시 사회주의자들을 이끌었다. 하원의장 폴 두메르와 64세의 온건공화파이자 로-에-가로의 세속파 상원의장인 아르망 팔리에르 사이에서 좌파는 단연 후자를 지지했다. 두메르가 콩브 총리 시절에 반대하며 함성을 지른 데 대한 좌파의 거부였다. 찬성 449표 반대 371표로 팔리에르가 선출되었다. 좌파의 승리라기보다는 공화파의 승리였지만, 드레퓌스 사건과 분리법으로 거둔 공화파의 승리를 마치 없었던 일처럼 만들어버릴 수는 없다는 것—이것이 조레스와 사회주의자들의 표결의 의미였다—을 뜻했다.

그러나 팔리에르의 선출은 좌파블록이 살아 있음을 보여준 마지막 표시였다. 3월 7일 의회에서는 벨기에 국경지대의 보셰프라는 작은 마을에서 목록을 작성하다가 발생한 사망사고를 둘러싸고 어지럽고 격렬한 토론이 벌어졌다. 긴장된 분위기 속에서 브리앙은 우파의 질의를 반박하느라 온힘을 다했다. "이건 살인조치다" 하고 여기저기서 그를 향해 고함이 쏟아졌다. 브리앙이 "의도적으로 주민들을 압박하여 광신자로까지 몰아가는 자들"을 비난하자 아메데 레유 남작이 벌떡 일어서서 소리쳤다. "광신자들은 당신들이다. …유혈사태의 책임은 오로지 당신들에게 있다."

레유 남작, 그는 조레스의 적수이다.

루비에는 적대자들을 누그러뜨리려 애쓰고 여러 가지 증거를 보였지만 우파와 사회주의자들 모두 만족시키지 못한다. 결국 3월 9일, 그는 267 대 234표로 무너진다.

1906년 3월 10일 토요일, 프랑스에는 정부가 없었다. 팔리에르 대통령은 그날 낮에 새 정부 구성을 위한 협의를 시작하기로 되어 있었다. 파-드-칼레 광산지역의 쿠리에르는 새벽이었다. 작업이 시작되었다. 광부들은 새벽 5시면 지하 갱에 들어가 있어야 한다. 작업대의 바퀴가 돌기 시작하는 사이에 지상에 설치되어 있는 등불이 반짝였다. 갱도에는 약 1700명이 작업을 하고 있었다.

6시 30분, 일대를 뒤흔드는 폭발이 일어나더니 2호 광구에서 엄청난 양의 가스가 터져 나오기 시작했다. 3호 광구의 승강기는 이미 작동을 멈추었다. 광산촌의 문짝들이 나가떨어지고 부서지고 집에 있던 가족들은 정신없이 뛰쳐나왔다. 날이 밝자, 미처 빠져나오지 못하고 갱 밑에 남은 실종자들을 세어본다. 살아 있는 사람, 죽은 사람, 질식한 사람, 석탄더미에 깔린 사람! 천 명이 넘는다.

흥분과 분노의 소리가 여기저기서 터져 나오고, 구조대를 조직하여 갱내에 퍼지는 불길과 싸우는 한편으로 죽은 사람과 말들 타는 역한 냄새가 가스에 실려 올라오는 광구를 막았다. 독일의 구조전문 광부들이 구조대에 합류했다. 조레스가 외친다. "지금 지배자들과 자본가들은 파-드-칼레의 광부들과 베스트팔렌 광부들을 차례차례 내던져버리려고 한다."

첫 순간부터 조레스는 이 재난에 특히 큰 충격을 받았다. 그의 정치생활에서 광부들의 문제는 언제나 특별히 주의를 기울이는 부분이었다. 광부들은 이 시기 노동계급을 대표하는 선봉대였다. 쿠리에르 지역의 의원은 발리인데, 그는 드카즈빌에서 발생한 바트랭 기사의 린치를 정당화했던 사람으로 그때 조레스는 아직 중도좌파 의원에 불과했다. 이제 이 재난의 앞날이 절망적인 분위기에서 그는 CGT의 혁명노조주의자들과 무정부주의자 브루추 서기와 맞서야 했다. 사람들이 회사를 비난하기 시작했기 때문이다. 회사들은 이윤만 탐하며 안전대책에는 무관심했다. 몇 년 사이(1901~1905)에 인건비는 7.08프랑에서 6.38프랑으로 내려간 반면 1906년부터 석탄가격이 오르기 시작하면서 이익은 증대되었다. 노동자 한 사람이 하루에 석탄 1톤을 채굴해서 버는 돈이 5.41프랑에 불과했다. 그리고 1906년 1/4분기에 감자 1킬로가 0.15프랑, 쇠고기 1킬로는 2.40프랑이었다. 회사 소속의 광산촌 생활은 말할 수 없이 힘들었다. 경비원들이 광부들의 일과를 계속 감시했다! 집 안에는 "하느님과 성자 요셉이 벽에 걸려" 있어야 했고 무슨 신문을 읽는지도 감시를 받았다.

이런 조건 속에서 1천 명이 넘는 사람이—그리고 간혹 일가족들 전체가—떼죽음을 당하고 그 속에는 열세 살밖에 안 된 노동자들도 있다는 사실이 분노를 자아냈다. 파리의 신문들은 쿠리에르의 재난을 대서특필했다. 사람들은 성금을 모으기 시작했다. 그리고 13일에 급진파 페르디낭 사리앙의 주재로 이루어진 정부구성은 파묻혀버렸다. 클레망소는 이 평범한 인물에 대해 곧잘 "그 친구? 아무것도 아니야"라고 말하곤 했다.

그러나 이 정부가 무의미하지는 않았다. 아리스티드 브리앙이 다시 조레스를 찾아왔다. 충고를 듣거나 그의 결정을 따르기 위해서가 아니었다. 자신이 교육종교부 장관직을 수락한 데 대한 조레스의 동의를 얻기 위함이었다. 조레스가 사회주의자만으로 정부를 구성할 때까지 기다리라고 권하자 그는 "시간이 없다"고 답했다. 이로써 브리앙과 SFIO 사이는 완전히 끊어진다. 조레스는 증오심을 느끼기보다 다만 사람의 야심, 권력을 향한 갈증, 명예를 좇는 성급함이 어떤 것인지 깨닫게 된다.

클레망소는 내무장관이 되었다. 어느 날 사리앙 총리의 집에 초대를 받아서 간 그는 마실 것을 고르라고 "클레망소, 뭘 하겠어요?" 하고 묻자 "나? 내무" 하고 총리에게 답했다는 말이 떠돌아다녔다.

사실이든 아니든 파리와 의회 주위에 떠도는 이 에피소드는 파나마 추문 이후 정치계에서 멀어졌다가 드레퓌스 사건으로 되살아난 클레망소가 강력한 정부인사임을 확인시켜 주었다. 브리앙과 클레망소를 중심으로 '젊은 늑대들'인 푸앵카레(재무)와 바르투(건설) 그리고 레그(식민지)가 집결했다. 마침내 책임자 자리에 다가간 조레스 세대의 사람들이다. 다만 그는 이 뒤섞임을 확인하면서 오롯이 의원직을 지켰다. 브리앙은 식민지 이익을 상징하는 에티엔(국방) 편에 섰고 클레망소는 신중파인 바르투와 푸앵카레의 중간에 서 있었다.

공화국은 새로운 얼굴을 보여주었다. 공화국의 틀 안에서 사회주의자들과 노동운동에 대항하려는 모든 사람들—중도우파에서 급진좌파까지—간에 융합이 이루어졌다.

집회와 대회에서 총파업을 설파하던 브리앙은 이 진영에 합류했다. 그는 예전 동료들의 모임에서 "그렇다. 시민 여러분, 내가 변절자다" 하고 당당하게 받아넘기면서 능란하게 도전에 맞섰다.

마치 상징적인 일치처럼 정부를 구성하는 날인 3월 13일, 눈발이 휘날리고 한 무리의 노동자들이 쿠리에르 갱에서 끌어낸 시신들을 공동의 구덩이나 작은 묘지로 옮기기 위해 모여 있었다. 이들과의 대결을 피할 수 없었다. 공식 연설은 1만 5천 군중들의 야유에 파묻혀버렸다. 사회주의 의원 라망댕이 자리에서 일어나 "자본주의와 잘못된 방식의 광부 통제업무"를 규탄했다. 군중

사이에서 "당신 말 옳다. 정말이야. 다들 그렇게 생각해" 하는 소리가 여기저기서 튀어나오고, 뱅상이라는 광부들의 대표가 "봉건적인 금융가들, 군대와 헌병의 비호를 받는 범죄자들"을 공격해댔다.

다음날 찬성 299표 반대 199표 기권 50표로 사리앙 내각의 신임이 통과되는 사이에, CGT의 지구에서는 무정부주의-노조주의자들이 작성한 전단을 광부들에게 보냈다. "동지 여러분, 비열한 고용주들 앞에서 우리가 언제까지 등골이 휘어지도록 일해야 하는가? 어떤 이들은 노동을 제공하고 비참한 암흑 속에서 산다. 그런데 또 어떤 자들은 아무것도 생산하지 않고 풍요롭게 산다. 이건 아니다! 우리는 인민들이 이 사회의 범죄들을 그대로 내버려둘 만큼 비겁하다고 믿지 않는다. 동지들, 빈곤의 형제들, 노조원이든 비노조원이든 살해당한 우리 동지들의 원수를 갚자."

그날 바로 일급 광부들이 파업에 돌입했다. 파업참가자는 이내 5만 명을 넘어섰다.

이 운동이 대규모로 발전한 것은 전혀 놀랍지 않다. 재난이 뇌관을 터뜨렸다 해도, 노동자들의 항의는 잠복되어 있었으며 그것은 비단 노르뿐만이 아니었다. 파업은 더 이상 예외적인 것이 아니고 항상적인 현상이 되어갔다. 1904~1907년에 노동자투쟁은 정점을 이룬다. 이는 급속한 산업성장—금세기 최고 수준이었다(1905~10년에 4.58%)—과 궤를 같이했다. 프랑스는 아직 농촌주민이 60%가 넘었으며 1906년 현재 노동자의 60%가 가내노동자이거나 10명 이하의 기업에서 일했지만 노동자의 수 자체는 증가했다 (1906~11년에 130만 명 증가). 그리고 농촌탈출이 강력한 추세를 이루었고 브르타뉴 사람들은 고향을 떠나 파리로 파리로 향했다. 이 현상을 반영한 소설 『쉬제트의 일주일』(Semaine de Suzette)에서 베카신은 1905년에 태어났다.

브르타뉴 여자들은 하녀가 되었고 파리 교외의 공장노동자가 된 남동생은 알코올과 결핵, 매독의 희생자가 되기 일쑤였다. 고용주는 일손이 필요했다. 작업장에는 여자들의 모습이 보이기 시작했고(경제활동인구의 35%), 특히 외국인 노동자들이 몰려들어왔다. 이탈리아인, 벨기에인, 폴란드인, 에스파냐인, 러시아인, 북아프리카인, 인도차이나인 등 무려 수십만 명이나 되었다. 쉬는 날 저녁이면 이들과 충돌하여 "저 마카로니들, 저 북아프리카 놈, 저 뻘건 창자들(벨기에)" 하고 욕을 퍼부으며 싸움이 벌어지곤 했다. 그러나 노동계급에 만연한 이 외국인 혐오증 때문에 투쟁이 크게 약화되지는 않았다. 생활조건이 너무도 가혹하고 착취가 심해서 싸우지 않을 수 없었기 때문이다.

조레스에게 노동자조직은 필수적이었다. 그리고 그가 아무리 신중하고 조심성이 많아도 CGT와 혁명노조주의를 늘 고려한 것을 우리는 본다. 1905년 8월 그는 이렇게 말했다. "오늘날 노동자는 파업 없이는 고용주의 횡포에서 벗어날 수 없다."

이 몇 해 동안 파업이 끊이지 않았으며 파업기간은 특히 장기화되었다. 1906년 4월부터 8월까지 엔느보 철공장의 노동자 1800명은 물가에서 잡은 게와 가족당 1킬로가 안 되는 빵으로 연명하며 115일을 버텨냈다.

조레스는 『뤼마니테』 지면에 노조주의자들의 발언을 실었다. 파업자들의 이야기, 노동자들에게 가해지는 (치안병력—대개는 군대—이 총을 쏘는) 폭력행위들은 대일간지들이 왜곡하거나 무시하는 사실들을 제대로 알려주었다. 그외에도 조레스는 근로를 중단할 권리와 노조결성의 권리를 요구하는 공직자들을 지지했다. 1905년에는 리옹의 경찰들이 파업을 단행했다. 1906년 4월에는 수천 명의 우편원들이 일손을 놓았다. 또 초등학교 교사들이 최초로 노조대회를 열었다.

탄압은 가혹했다. 바르투는 파업에 가담한 우편원 300명을 해고시켰고 정부는 교사들의 파업권을 인정하지 않았다.

이 모든 사실은 공화국에서 근본적인 것은 사회문제이며 공화국의 제도들은 이제 정착하여 부차적 문제로 밀려났음을 가리키고 있었다. 이것, 노동세계의 새로운 현실이 조레스의 선택을 설명해 주었다. 그 때문에 사회주의 통합이 필요했고 미묘하지만 실질적으로 CGT를 지지하고 "슬프게도 필요한 무기인" 파업을 지원한 것이다.

그는 정부를 향해 중재에 나설 것을 줄기차게 요구했다. 그러나 어쩌랴? 파-드-칼레에서 신임 내무장관 클레망소는 파업자들에게 미리 경고했다.

클레망소는 기백이 있었다. 기차를 타고 아라스까지 가서 그곳에서 자동차로 랑스에 가서는 거기서부터 걸어서 CGT연맹 본부인 민중의 집에 도착했다. 사람들은 "파업 만세"를 외치며 그를 맞이했다. 그는 상황을 자세히 설명하고 파업권이 존중되도록 할 것이라고 선언했다. "그러나 저는 탄광에 병사들을 보내지 않을 수 없습니다. 헌병이 충분치 않기 때문입니다. 부대가 오겠지만 갱에 출동하지는 않을 것입니다."

그렇지만 3월 30일, 공포로 일그러진 광부 13명이 20여 일을 갱내에서 헤매다가 유령처럼 지상으로 올라왔을 때 노동자들의 분노는 새롭게 치솟았다. 석탄광맥과 시설물을 보존하기 위해 너무 일찍 광구를 닫아, 아직 살아 있는 사람들이 희생되도록 내팽개쳐 버린 것 아닌가?

이 지방 일대에 2만 5천 명의 군인—파업자 두 사람에 군인 한 명꼴의 병력—이 주둔한 가운데 무정부주의자 투사들과 혁명노조주의자들의 자극을 받아 점점 폭력사태는 확산되었다. 가택수색, 기병대의 총격태세, 바리케이드 설치가 잇따랐고 돌멩이와 벽돌이 공중을 가로질렀다. 하루하루가 그렇게 지나갔다. 장교 한 명이 죽자 대신문들은 분개했다. "혁명이 다가온다." 아라스의 『라 크루아』 머리기사 제목이다. 보수주의자들은 내무장관을 공격하였고 "클레망소가 군인이 죽게 방치해 놓았다"고 『르 골루아』지는 분통을 터트렸다. 그 사이에 파리에서는 4월 20일 바르투가 우편원 파업을 분쇄하는 데 성공했다.

확실히 탄압정책이 이겼다. "이 노르 지역에는 무장한 군대밖에 없다. 사방에 장군들뿐이다"라면서 조레스는 항의한다. 그는 "광산과 노동자들의 음울하고 깊은 밀착관계"를 드러내 보인다. "작업현장, 무덤, 시련의 장소"에서 광산과 노동자는 친하다. "그들의 전복된 생의 드라마는 광산의 비극적 역사와 혼재되어 있다." 깊은 지하 갱마다 그들은 "힘을 조금, 고통을 조금 남겨두었고 그들의 심장은 느리고 슬픈 박동, 돌연히 솟구치는 불안 속에서 소진되었다."

그럼에도 그들은 아무것도 가진 것이 없었다. 이렇게 조레스는 특정 사건에서 출발하여 일반적인 문제를 제기했다. 소유의 문제이다. 한편에는 모든 것을 광산에 내놓는 사람들이 있다. 또 한편에는 대주주들이 있고 "그들의 생은 저 멀리 맑은 태양 아래서 만개하고 있다." 그는 뼈아픈 냉소를 머금고 말한다. "집요하게 사적 소유를 인격의 연장으로 규정하고 수호하려는 자들이 정말 감탄스럽다."

1천여 명의 주검이 땅에 파묻히는 현실 앞에서, 조레스에게는 사회투쟁의 이론가로서보다 절규하고 피 흘리는 '비인간적인' 사회현실에 저항하는 것이 훨씬 인간주의에 다가가는 것이었다. 조레스는 이 투쟁의 인간적 기원을 잊지 않았으며 그 목적을 지워버리지 않았다. '수단들' 속에 빠져버리지 않았다. 그에게 감수성과 이성은 떼려야 뗄 수 없이 하나로 묶여 있는 것을 매번 보았지만, 가장 먼저 발언하고 충동을 일으키는 것은 그의 가슴이었다.

다만 이 경험으로부터 결론을 끌어내야 했다. 파업과 탄압이 거의 일상적인 사안이 된 그해, 1906년에 조레스는 선명하게 결론 내린다. "계급과 계급 사이에 힘 이외에 다른 중재는 없다. 사회 자체가 힘의 표현이기 때문이다."

냉혹한 의견표명이다. 아마도 조레스가 클레망소—지난날 드레퓌스 사건 때 그렇게 가까웠던 그 클레망소, 치열한 공화파였던 그 클레망소—의 업적에서 국가의 중재 가능성을 별로 믿을 수 없다고 보았기 때문일 것이다. 이 국가는 감히 파업을 일으키는 공무원들을 해고하는 고용주가 아닌가?

"최고의 배당금을 받으려는 자본과 더 높은 임금을 향해 노력하는 노동 사이에는 근본적으로 전쟁이 항상 존재한다. 파업은 이 전쟁의 에피소드에 지나지 않는다. 투쟁은 작업장 안에서 작업장 밖에서 조용히, 끊임없이 이어진다."

사회전쟁이다.

그달, 1906년 4월 거의 터질 것 같았다. 그리고 노동자의 봉기가 자본주의 사회에 철퇴를 가해 무너뜨리는 '그랑 수아르'가 임박한 듯했다. 출중한 프로파간다 능력을 지닌 에밀 푸제가 제작하는 CGT 기관지 『민중의 소리』는 다음과 같은 주제를 퍼트렸다. "1906년 5월 1일부터 우리는 하루 8시간 이상 일하지 않는다." 열댓 가지의 다양한 형식으로 폭이 손가락 두 개쯤 되는 라벨 100개가 인쇄된 종이를 열차와 전차, 카페의 테이블, 계단난간에 붙여놓았다. 『민중의 목소리』는 반복한다. "사방에 붙이시오. 그렇소, 어디든지 어디든지. 강박관념이 되어야 한다!"

조레스는 8시간노동의 요구가—1905년 4월 통합창당대회인 글로브 대회에서—SFIO의 결의로 채택되게 했다.

1906년 4월 중순, '5월 1일부터 8시간노동' 슬로건이 반복해서 씌어 있는 붉은색 대형 플래카드가 파리의 노동거래소 전면에 나붙었다.

4월 들어서 일련의 파업, 무엇보다 광부들의 파업이 두드러지면서 '대공포'의 분위기가 자리 잡기 시작했으며 신문은 이를 조장했다. 사실 이처럼 대규모로 노동자가 동원된 것을 본 적이 없었다. 1905년 러시아혁명의 날들이 퍼뜨린 메아리는 아직도 어디서나 생생했다. 조레스는 이러한 분위기를 틈타 도발자들이 조작과 음모를 꾸밀 것을 우려했다. 이미 상층 구역의 식품점들은 물건을 사러 온 고객들로 문전성시를 이루었다. 런던과 제네바의 호텔들은 새로운 코뮌을 겁내는 프랑스인들로 넘쳐났고 영국행 열차운행은 두 배로 늘려야 했다. 그리고 자본들이 외국으로 빠져나갔다.

클레망소가 행동에 나섰다. 1890년과 1891년 5월 1일에 그는 당시 내무장관—콩스탕스—에게 질의하면서 '제4신분'인 프롤레타리아트의 권리에 관해 발언했다. 지금 그는 노조대표단을 맞아 시니컬하게 말한다. "여러분은 바리케이드 뒤에 있고 저는 그 앞에 있습니다. 여러분의 행동수단은 무질서이고 나의 의무는 질서를 세우는 것입니다. 따라서 나의 역할은 여러분의 노력과 배치되며 우리 각자, 자기 몫을 하는 것이 최선일 것입니다."

6만 명 가까운 병사들이 파리를 점거하다시피 해서 광장과 지하철역 플랫폼에 대열을 이루어 진을 쳤다. 클레망소는 왕당파와 무정부주의자와 노조주의자들을 한꺼번에 완벽하게 끼워 맞추어서 하나의 음모를 꾸미고 있었다. 도발을 우려한 조레스가 옳았다. 아르장퇴유 다리에서 폭탄이 터진다. 그리퓌엘과 CGT 지도자들이 체포된다. 그리고 5월 1일 경찰국장 레핀은 기병과 기갑부대, 공화국 기마수비대를 출동시켜 공화국광장을 완전 포위한다. (발명자의 이름을 딴) '무캥(Mouquin) 회전목마'로 아무도 광장을 가로지르지 못하게 막는다. 병력이 도열하고, 시위자들을 이리저리 몰아세우며 채찍질을 가한다. 그리고는 잡아가서 잠시 구금시켰다가 내보낸다.

어마어마한 공포의 하루였다. 조레스와 사회주의자들은 CGT 편에 섰다. 대일간지들이 부추기는 이 경악할 분위기에서 조레스에 대해 새로운 원한이 싹트고 있었다. 그는 '점잖은 신사들'의 진정한 적이었다. 사회적 긴장이 날카로워질수록 그만큼 그의 머리 위에는 증오가 내려쌓였다.

클레망소의 대대적인 폭력적 반동은, 조작한 음모를 기소함으로써 사회운동을 망가뜨리고 평판을 떨어뜨려 철저하게 쳐부수는 것뿐만 아니라 다가오는 선거의 여론을 조성하는 데 그 목적이 있었다.

5월 5일과 20일에 선거가 실시될 예정이었다. 파업과 메이데이 시위에 대해 경찰과 군대를 동원함으로써, 급진파와 공화파는 자신들의 좌파블록 지지자이던 사회주의자들과 완전히 다르다는 것을 보여주었다. 결국 코뮌의 유혈진압이 티에르(아돌프 티에르)에게 공화국을 허용했듯이, 맥락은 다르지만 클레망소는 공화국의 사회질서 유지에서 급진파를 믿을 수 있다는 것을 증명했다.

SFIO는 모든 선거구에 후보를 냈기 때문에, 조레스의 동지와 클레망소의 친구가 다르다는 것을 유권자들에게 각인시켜야 했다. 이 둘 사이에는 소유권이라는 경계선이 있었다.

조레스는 다시 선거운동에 나서면서 위협을 실감했다. 그에 맞서 솔라주 후작은 여전히 같은 수법을 동원했다. 후작의 자금과 지지자들의 위협이라는 수법이었다. 조레스가 마을마다 돌아다니는 모습을 다시 볼 수 있었다. 솔라주가 병이 들어서 후작의 처남—앙드레 레유—이 현장에서 싸움을 진두지휘했다. 당연히 캠페인에서는 종교문제를 들고 나와, 조레스는 교회재산 약탈에 앞장선 자들 중 하나라고 주장했다.

4월 7일 카르모. 조레스는 수천 명을 앞에 두고 감동적인 집회를 열었다. 그는 분리법을 옹호하고 쿠리에르의 재난과 노르 광부들의 투쟁을 상기시켰다. 클레망소의 전술에 답하기 위해 그는 선거유세에서 노동계급 해방이라는 이름으로 "재산과 인명에 대한 모험"을 기도하는 자들을 비난했다. 그것은 바로 "파괴가 아니라 조직하고 창설하는" 사회주의에 대한 범죄였다.

프랑스 전역이 선거 분위기로 달아올랐다. 우파는 단합하여 1차 투표에서 단일후보를 내세웠다. 기권율이 20.1%에 불과할 정도로 투표 참여율이 높았다.

카르모를 비롯하여 그 일대에 극도의 긴장감이 감돌았다. 교회를 완전히 폐쇄하고 예배성물들을 팔아치울 거란 소문이 나돌았다. 1차 투표일인 5월 6일 솔라주 후작과 그 지지파는 투표업무를 통제한다고 우기고 또 시의회가 부정행위를 준비하고 있다고 비난하면서 칼비냐크 시장에게 욕을 퍼붓고 떼미는 등 난동을 부리다가 투표가 시작되기 전에 시청에 들어가 진을 쳤다.

칼비냐크는 조레스의 조언을 받아 지사에게 공권력을 투입하여 시청을 점거한 사람들을 나가게 해줄 것을 요청했다. 12시 40분에 시작된 투표는 자정 전에 끝날 것이다. 그리고 곧바로 개표가 시작될 것이다.

조레스는 낙관적이었다. 그러나 개표가 진행될수록 솔라주 후작과의 표차가 점점 좁혀지고 있었다. 농촌의 면들은 전부 후작의 편이라는 것이 뚜렷이 나타났다.

다시 한번 이 손실을 만회시키고 결정타를 날린 곳은 역시 카르모다. 1차 투표에서 조레스는 281표 차이로 승리했다(6428 대 6147표). 조레스가 겪은 바대로 힘겨운 선거였다. 그리고 확실하게 노동자들과 카르모 광부들의 선량으로 남는다.

표차가 너무 작다 보니 보수파 언론과 기자들은 조레스가 패배했다고 미리 발표하기도 했다. 일부 온건파들도 클레망소가 타른 지사에게 압력을 행사하여 유효표를 재조사해서 조레스의 당선을 검토하기를 원했다. 그러나 클레망소는 이를 거부했다.

조레스의 단호한 적수였지만 기개 있는 인물인 클레망소는 자기 경쟁자의 자질을 평가할 줄 알았다. 의회의 조레스는 그가 그리는 사상에 걸맞은 적수였다.

한편 총선은 내무장관에게 성공을 안겨주었다. 야권은 60석을 잃고 패배했다. 교회재산 목록을 둘러싼 소문, '불경한 법'에 반대하는 동원이 지지를 얻지 못하면서 유권자들은 연합정부에 대거 표를 몰아주었다(360석).

그러나 사회주의자들은 거의 90만 표를 획득하여 56명의 의원을 배출하게 된다.

SFIO는 전국적인 의회주의 세력이 되었다. 2차 투표에서 조레스는 공화파 후보에게 표를 줄 것을 호소했다. "프롤레타리아트는 자신들만의 원한과 분노를 극복해야 한다."

현실주의자 조레스에게 아리스티드 브리앙과 레유 남작, 급진파—내무장관이라도—와 솔라주 후작을 혼동하는 일은 있을 수 없다.

VI. 우리 노동계급의 수호자들

1906
1910

1907년 슈투트가르트의 사회주의 인터내셔널 대회에서 조레스가 연설하고 있다.
(장 조레스박물관, 카스트르)

1913년 쉬렌에서 열린 사회주의자 회의에서(조레스가 모자를 쓰고 연단 앞에 앉아 있다. 오른편)
(장 조레스박물관, 카스트르와 로제 비올레)

18 | 당신의 교리인 절대적 개인주의 1906

1906년 6월 12일 팔레-부르봉은 성대하게 개원했다. 서로 축하의 말을 나눈다. 쾌청한 날씨의 샹젤리제 거리와 콩코르드 광장에는 자동차들이 오가고 있다. 사회적 대공포, 파업, 4월과 5월의 시위는 잊어버린 것 같다. 파리 증권가를 흔들고 러시아 채권 소지자들을 불안하게 했던 1905년의 혁명적 충격은? 한 순간의 악몽인가. 전쟁의 위험, 탕헤르의 빌헬름2세는? 지나친 희비극적 사건이니 이성과 이해관계가 다시 이긴 건가? 알제시라스 회의에서 강대국들은 만장일치로 합의를 보았고 프랑스는 독일의 축복을 받으며—더구나 일정한 형태를 갖추고—모로코를 계속 침략하려는 것 같았기 때문이다. 교회재산 목록? 프랑스 전체주교회의는 비밀리에 문화협회의 수락을 표명했다. 그러나 말들이 많다. 교황은 유보적이다. 그리고 새로운 교서를 준비한다고 한다—8월 12일 "그라비시모 오피시"(Gravissimo Officii)로 발표되었다. 좋다. 극적으로 만들지는 말자. 클레망소가 선언하지 않았는가. "우리는 어느 교회에 샹들리에가 몇 개 있는지 세어보든 말든 그 문제는 사람의 목숨만큼 중요하지 않다는 걸 알게 되었다."

확실히 모든 일이 순조롭다. 사리앙은 앞으로 정부가 추진할 공약을 제시했다. 은행들은 12억 프랑(1984년 시세 150억 프랑)의 러시아 채권을 새로 발행했고 대사관은 환전상조합원의 충고를 받아들여 신문과 신문기자들을 '매수했다.' 그리고 채권은 100배로 불려졌다.

이제는 조레스가 불안한가! 조레스가 연단에 서 있다. 바로 얼마 전에 파리 제1구 의원으로 선출된 바레스는 그를 주의 깊게 응시한다. 광대뼈 언저리가 팽팽한 짙은 밤색 피부의 비쩍 마른 학술원 신임회원은 조레스의 말을 경청하면서 메모를 한다. "나는 의회에 열중해 있다. 의회는 눈과 귀와 신경 그리고 지성과 상상력에 영향을 준다."

조레스는 냉소를 머금고 사리앙의 연설은 알맹이가 없다고 꼬집는다. "일관성이 없고 사소한 것들의 집합이며, 선의가 담겨 있지 않은 공약들"이다. 그는 이 산만한 의회를 총집중하게 만든다. "목에 핏줄이 불뚝 드러나고 얼굴이 시뻘겋고 다리를 구부리고 선 모습이 작지만 힘이 세고 다부진 황소 같다"고 바레스는 적는다. 조레스는 클레망소 각료들 쪽으로 눈길을 던진다. 클레망소는 가슴을 뒤로 젖히고 다리를 꼬아 앉아 있다. 숱 많은 허연 눈썹에 가려 눈이 보이지 않은데다 피부병을 가리느라 깔끔한 회색 장갑을 끼고 있어서인지, 흡사 자신의 작은 세계를 꼼짝 못하게 다스리는 사나운 노인, 나들이옷을 차려입은 지방유지의 모습을 닮았다. 단단한 골격에 눈빛이 총총한 예순다섯 살의 이 사람은 정부의 실력자이다. "목과 가슴을 끊어질 듯이 뻣뻣하게 세우고 짤막한 팔의 다부진 형상으로" 연단에 선 조레스와 상아빛 매끈한 피부의 클레망소 사이에는 우주가 가로놓여 있다.

바레스는 계속 조레스를 주시하면서 혼자말로 되묻는다. "그럼 사고하기 위해서는 저처럼 허우적거려야 한다는 말인가?" 하지만 그는 "타고나기를 애초에 말을 위해 타고난 괴물 같은 웅변가, 가르침을 구축하고 문제를 풀어나가는 강하고 멋진 방식, 위대한 고등사범인 조레스"를 좋아했다. 바레스가 보기에 "이 지적 활동에는 물리적 힘이 너무 들어 있다." 그러나 그 힘이 솟구치면 온통 걸려든다는 것을 인정했다. 이윽고 조레스는 고개를 수그리고 클레망소를 뚫어져라 쳐다본다. 특별한 적수이다. 용기 있고 단호한 인물이다. 오랫동안 의회 밖으로 물러나 있어야 했음에도 스스로 정력적이고 투철한 정치노선을 빚어냈다. "역사에는 어느 편을 들지 않을 수 없는 시간이 있다"고 조레스는 말한다.

그는 이렇게 해서 클레망소를 건드리고자 했다. 대혁명의 주역들, '대담한 사람들'을 상기시킴으로써 스스로 그들의 후손, 자코뱅이라고 상정하는 현실의 사람을 향해 돌진한다. 그가 다시 말한다. "그들은 낡은 세계가 끝나간다는 것을, 잔해를 치우고 새 사회를 세워야 한다는 것을 알고 있었다."

최근 수개월간의 사건들은 조레스에게 세상이 다시 삐걱거린다는 것을 일러주었다. "비밀을 폭로해야 할 시간이 다가왔다."

이어 그는 자료를 제시한다. 이쪽에는 재산이 쌓여 있고 저쪽은 헐벗고 굶주림이 존재하는 양극단. 이 명백한 불평등. 생산하는 사람들은 가진 것이 아무것도 없다. 이들을 아무 힘도 없는 상태로 내버려두는 "이런 형태의 소유를 받아들이도록 끊임없이 강요할 것인가?" 조레스는 통고한다. "사회당은 사적 소유를 집산주의 또는 사회적 소유로 변혁시키는 법안을 제출할 것이다."

클레망소와 각료들 쪽으로 고개를 돌리고 그는 말을 끝맺는다. "당신들은 미사여구, 미흡한 해결책, 우유부단한 정책만 나열할 뿐이다. 당신들은 보통선거를 감당하지 못한다."

의회의 회기 첫날 조레스가 개입한 일대 사회적 토론이었다. 앞으로 수년간 사회의 조직화를 둘러싸고 대결할 것이며, 이것이 그 시작임을 느꼈다. 그래서 그는 세부적인 것은 무시하고 원칙의 문제를 제기하면서 본질로 들어갔다. 그가 말했듯이 이 사회가 자신의 '비밀을 폭로'하도록 하기 위함이다.

보수주의 언론은 이 논쟁에 승부가 달렸다는 것을 간파한다. "조레스는 자본주의의 풍요한 자유보다 집산주의의 관료제를 선호한다"고 『르 탕』은 썼다.

누가 응답할 것인가?

"의회에서는 언제나 재능과 학식과 교양이 좌파―조레스, 프레상세, 상바―에게 있다는 괴로운 인상을 받는다. 그런데 그 교양이 흥미 있는 방식으로는 표현되지만 잘못된 주의(主義)에 쓰인다"고 바레스는 속을 털어놓는다. 그러면서 편파적이지만 명예심 있는 이 사람은 덧붙인다. "이미 그랬었다. 당통과 카르노(1753~1823, 프랑스혁명기의 수학자, 장군, 정치인)와 로베스피에르가 서로 한편이 되었을 때 그 맞은편에는 코블렌츠의 얼간이들(프랑스혁명 전쟁이 시작된 후 1792년 7월 브륀스비크 공이 남부독일 코블렌츠에서 공포한 대륙연합군 성명서를 가리킴)이 있었다. 저 조레스파는 싸구려 음료가 든 고귀한 병이고 우파사람들은 마실 건 건강한데 볼품이 없는 술잔들이다."

그렇다면 누가 조레스에게 답하는가? 보수주의자 중 누군가가 아니라 클레망소이다.

그가 연단에 섰다. 의회에서 발언한 지 10년도 더 되었다. 파나마 추문 당시에 겪었던 모욕과 비방을 기억하고 있었다. 그는 '정권을 쓰러뜨리는 자'였고 그 입을 막았다고들 믿었다. 그러나 돌아왔다. 오랜 동안의 성찰과 쓰라림, 그 모든 것을 견뎌냈다는 자부심으로 무엇이든 이겨낼 힘이 생겼다. 정수리가 벗겨지고 동그란 얼굴에서는 눈썹과 턱수염이 유난히 돋보인다. 의지로 굳건히 버티는 인물이다. 콧소리를 내는 첫마디부터 조레스를 겨냥하며 가시 돋친 야유를 퍼붓는다. "조레스 씨는 화려한 신기루에 홀려서 저 높은 곳에서 발언한다. 그러나 나는 평야에서 수확이 날 것 같지 않은 불모의 땅을 갈고 있다."

전선이 그어졌다. 한쪽에는 현실주의, 꿈꾸기를 거부하는 사람의 책임감이 있다. 또 한쪽에 있는 사람은 유토피아주의자이다.

클레망소는 강공을 편다. 그 역시 바닥으로 내려간다. 조레스는 일개 예언자에 지나지 않는다. "당신의 이상형은 모든 아시아의 꿈의 영원한 목표였다. …그런데 예수가 왔다. 당신의 승리는 도덕적 파탄에 이른 예수의 그것보다 크지 않을 것이다." 그러므로 사회주의는 잃어버린 다른 종교들의 연장선에 기입된 예언의 꿈에 지나지 않는다. 그리고 마지막 일격. "사회주의가 기독교의 도덕적 파산보다 조용히 파산하기를 빌어 마지않는다."

조레스의 연설, 어느 한 가지도 모른 체하지 않는다. 노동계급? 무슨 권리로 그 이름을 들어 말하는가? 탄압. "나는 조레스 씨에게 묻는다. 만약 당신이 내 위치에 있다면 당신의 도지사가 보낸 '사람들이 광부의 집을 약탈한다'는 전보를 받고 어떻게 하겠는가?"

그 다음은 클레망소 철학의 핵심이다. "개인은 당신의 예언들에 불안해하지 않고 스스로 자기에게 맞는 틀로 개혁할 수 있다." 그리고 조레스가 대혁명가들의 사례를 언급했으니 클레망소도 응답한다. "당신은 우리에게 '그들처럼 행동하고 어느 편인지 선택하라'고 했다. 나는 오래 전에 선택했다. 당신과 반대로, 개인의 정당하고 자유로운 발전을 위해서다. 당신의 집산주의에 반대하는 공약이 그것이다."

박수가 쏟아지고 연설문을 게시하기로 의결했다. 신문은 이겼다고들 떠들었다. 마침내 조레스가 쓰러졌다. 드레퓌스주의는 산산조각이 났다. 드레퓌스를 위한 투쟁으로 뭉쳤던 두 인물이 대결한 것은 이제 그 투쟁의 시기는 끝나고 두 개의 사회적 관념이 부상하는 것을 보여주었다. 이 두 관념을, 정치형태에 대해서는 합의하지만 인간에 관한 철학, 사회조직에 관해서라면 갈라지는 두 인물이 구현하고 있었다.

다시 조레스가 발언권을 신청한다. "나는 연단에 올라갔다. 나를 향해 쏘아대는, 능란하고 언제나 유치한 독설에 몹시 화가 났다"고 말한다. 먼저 그는 철학과 역사 그리고 생의 의미에 대해 설명한다. "당신의 절대적 개인주의는 역사를 결정지었던 모든 광대한 진보운동을 부정하는 것이다…"

의회는 열기로 넘친다. 마치 권투시합을 관전하듯 치고받는 한 대 한 대를 계산한다. 혼란을 지지하는 것이라는 비난을 조레스는 반박한다. "그렇다, 장관 각하. 폭력은 야만적인 짓이다." 그러나 노동자의 폭력은 눈에 보이고 잔인한데 "안전하게 경영위원회의 긴밀한 관계 속에서 비공개리 회동한 몇몇 인물들"의 폭력, 고용주의 그 폭력은 "조용하게 가차 없이 사람을 때려눕힌다." 사람들, 프롤레타리아들이 "투쟁할 때 그들은 문명의 세력이다"고 조레스는 고함을 지른다. 그리고 "우리는 노동계급의 수호자들이다…."

클레망소가 벌떡 일어난다. "당신 혼자만 사회주의자가 아니다. 당신은 착한 신이 아니다…."

"장관 각하, 당신도 악마가 아니다"고 조레스는 응수한다.

그러자 클레망소는 말한다. "당신이 그걸 어떻게 아는가?"

표결에 들어갔다. 클레망소가 내무장관으로 있는 사리앙 정부는 410 대 87로 "압도적인 지지를 받는다. 그(조레스)가 쓰러졌기 때문이다."

공장에서, 철도 위에서 격렬한 분규가 시작되기 전의 일대 대결이었다. 바레스는 깊은 생각에 잠겨 있다. 땀에 젖어 흘러내리는 안경을 왼손으로 잡던 조레스의 모습을 떠올린다. "이 무슨 웅변술 교사인가! 열광하도록 뒤흔들어놓는구나!"

신문들은 사회주의가 실속 없고 비현실적임을 클레망소가 증명했다면서 그의 손을 들어주었다. 바레스는 이 논평을 믿지 않는다. "조레스는 클레망소의 주장에 낱낱이 반격을 가했다. 정신과 웅변의 대결이다."

며칠 후, 조레스와 바레스가 의회 도서관에서 마주쳤다. 서로 인사를 나누고는, 조레스가 크고 다부진 얼굴을 들며 바레스에게 물었다. '베니스에 가지 않나요?' 조레스는 피렌체와 로마도 들르려고 했다. "3주일에 천 프랑이면 될까요?" 그는 그리스 여행까지도 꿈꾸고 있었다.

바레스는 깜짝 놀랐다. 이제 막 의회 전체가 조레스에게 빠져드는 것을 보고 나왔다. 다름 아닌 자기가 매력을 느꼈다. 조레스의 연설 중 어떤 대목은 그를 흥분시키기까지 했다. "완벽하게 성공한 순간들에 그는 내가 동방에서나 충족했을 호기심의 주파수를 높인다. 그는 순례하는 고행승려처럼 다소 나를 끌어당긴다. '산속의 노인'(시인이자 극작가 알프레드 자리의 작품. 원래는 템플기사단이 이슬람의 명장인 적을 가리킨 명사이다)처럼 그는 자신의 광신자들에게 알라몽의 정원을 열어준다. 그리고 그의 뒤에서 저 유명한 에테르나흐의 무도행렬 같은 것이 퍼져나온다."

그리고 지금, 책을 들고 있는 소박한 조레스가 자기는 아침 6시에 일어나 한 시간 동안 걷고 점심때까지는 자유롭게 책을 읽고 의회나 다른 곳에서 저녁 10시까지 글을 쓴다고 말한다. "내 정신 속에는 여기서는 사용하지 않는 부분들이 있습니다"고 웃으면서 변명하듯 속내를 털어놓는다. "나는 계속 형이상학을 하고 있습니다."

진정한 것을 추구하는—적어도 그의 내밀한 글에서는—바레스는 확신한다. "저 사람은 코미디언이 아니다." 열려 있고 소박한 이 적수의 진실에 감동한다. "저렇게 커 보이고 이처럼 큰 자리를 차지하는 정신에 들어 있는 청소년 같은, 학생 같은 앳된 어조가 나를 감동시키고 그를 존경하게 하고 심지어 그에게 연민을 갖게 한다."

툴루즈의 카피톨 광장에서 어머니와 팔짱을 끼고 산책하던 것을 기억하는 건 그 '어린 사람'이다. 고등사범에 들어가고 교수자격시험에 통과하고 성취의 소식을 갖고 왔을 때 메로트의 눈에서 자부심과 기쁨을 보았던 건 그때의 그 학생이다. 그가 처음 수상 기념연설을 할 때 맨 앞줄에 앉았던 어머니, 1885년 선거운동 때 그처럼 불안해하던 어머니, 첫번째 공격이 닥치고 그때부터 그만큼 그 여자를 마음 아프게 한 공격들이 잇따랐을 때, 백발이 성성한 자그마한 몸을 기울여 요람 속의 마들렌과 루이를 들여다보던 사랑하는 어머니, 메로트. 루이즈 때문에, 한번도 넉넉한 시간을 허용치 않았던 자신의 삶 때문에 떠나보내야만 했던 그 여자를 보고 있는 것은 이 웅변가이다.

바르바자에서 태어난 그 여자 아델라이드 조레스가 1906년 7월 9일 84년의 생을 마쳤다.

그 여자와 멀리 떨어져 있고 싶지 않았던 일이며, 간호도 못해 주고 밭에 나가 거들지도 못했던 일, 학업을 마치고 그 여자에게 돌아오던 날을 그는 떠올린다. 1906년 그해 여름, 기억의 작업이다.

브술레에서 마지막으로 보았을 때, 검은 옷을 입고 머리쓰개로 흰머리를 살짝 가린 그 여자는 가냘프지만 꼿꼿했으며 한평생 상냥했던 모습 그대로 활짝 웃음지어 영원히 그어진 미소처럼 굵은 주름 두 자락이 입술 주위로 퍼지며 얼굴에 새겨져 있었다.

여든넷에 돌아간 어머니. 자신도 마흔일곱. 자식이 둘 있고 단 한 순간도 틈이 없는 일과—매일 기사를 써야 했고 의회는 계속 열렸다—에 매달리다 보면 상심이 사라지지는 않지만 자연스런 일처럼 몸에 배리라는 것은 상상할 수 있다.

아마도 그럴 것이다. 죽음마다 품고 있는 잔인한 부당함, 그 어쩔 수 없는 일을 우리가 말할 때 그리고 조레스만큼이나 강렬하게 생은 이렇게 의미 없이 멈춘다고, 메로트가 주었고 또 사람들이 그에게 보냈던 모든 사랑은 시작도 기약도 없는 흔적처럼 헛되게 종말과 함께 사라진다고 생각하고 싶어질 때, 우리가 지닌 그 상처를 더 크게 헤집지 않는 한, 가끔씩 나타나도록 두지 않는 한.

이제 이 난센스를 받아들이지 않으면 어머니의 죽음은 더 강하고 더 미친 듯이 그의 일에 투영된다. 삶—그 여자가 살았던 삶, 그 여자가 주었던 삶—이 일련의 제스처 혹은 산만한 말들의 축적 이상을 의미하기 위해서는. 깊고 깊은 애도로부터 나오는 삶을 만들자.

그럼 갑시다. 조레스는 간다.

1906년 여름은 확실히 여러 일들이 마무리되는 때였다. 파기원은 드레퓌스에게 사법적 무죄를 선고했고(7월 12일), 의회는 그를 기병대위로 복직시키고 또 피카르를 장군으로 임명했다. 에밀 졸라의 유해를 팡테옹에 안치하는 것도 승인되었다.

조레스의 친구이고 『뤼마니테』 기자인 프레상세가 메르시에 장군을 가장 중대한 범죄인으로 지목하고 비난한 연설이 팔레-부르봉에서 격분을 불러일으켰다. 내무차관 알베르 사로가 우파의 한 의원과 결투를 벌이는 등 서로 치고받는 사태가 일어났다. 그때 바레스가 개입하여 자신이 존경하는 인물들이 욕을 하는 소리를 듣다니 심히 두렵다고 말했다. "이 드레퓌스 사건에서 군인들은 성실한 증인이었다."

1906년 7월 21일, 하늘은 잔뜩 찌푸려 있다. 군사학교의 작은 안마당에서 드레퓌스는 레종 도뇌르를 수여받았으며 군대가 그의 앞에서 대열을 짓는 사이에 그는 "공화국 만세! 진실 만세!"를 외쳤다.

드레퓌스파가 승리했다.

사건은 끝났다. 조레스는 이제 다른 곳, 다른 전선에 있다. 노동계급의 전선이다.

철이 바뀌었다. 여름이 가고 가을이 찾아왔다.

조레스는 『뤼마니테』에 CGT를 위한 고정란을 개설했다. "노동계급이 막중하기" 때문이라고 그 이유를 설명한다. 노동계급은 다양한 의견과 사고체계를 지원할 수 있다. 노동계급은 의식하는 것을 모두 표현하고 경험한 것을 더없이 자유롭게 표명할 수 있어야 한다. 한편 CGT는 1906년 10월 8일 아미앵에서 대회를 열었다. 사회주의 대의원들—줄 게드와 가까운 사람들이었다—이 있음에도 불구하고 그리퓌엘은 자신의 입장을 관철시켰다. 권력과 정당으로부터의 독립성, CGT의 혁명적 소명. "한편에는 권력을 바라는 자들이 있다." 그런 자들 가운데 사회주의자들이 있다. "다른 한편은 고용주와 권력으로부터 완전한 자율을 원하는 사람들이다." 그리고 혁명적 생디칼리스트들은 이렇게 규정되었고 서로 인정했다.

그 다음, "노동조합 조직들은 밖이나 측면에서 전적으로 자유롭게 사회변혁을 추구해도 되는 정당이나 정파에 집착해서는 안 된다"고 선언하는 '아미앵 헌장'을 의결했다.

사회당보다 6배나 많은 조직원(약 30만 명)을 보유한 노동조직의 콧대 높은 발걸음이다! 언제나 현실주의자이고 낙관적인 조레스는 CGT가 자본주의의 붕괴를 목적으로 한다고 천명했기 때문에 "생디칼리슴과 사회주의의 통합"이라고 간주했다. 이러한 공동의 전망이 그리퓌엘과 푸제를 비롯하여 그들의 동지 모나트와 마르티네에게서 느껴지는 도전을 없애줄 수 있을까? 모든 경향성이 뒤섞였으나, 그들은 사회주의자라고 공언하는 이 정치꾼들이 힘을 키워 "노동자들의 표를 몰아가고" 또 권력이 자신들을 끌어당겨 부패하게 만들고 자신들의 신조와 선언을 망각하게 할 것을 두려워했다.

어제는 밀랑과 브리앙이 그랬다.

1906년 이 가을에는 비비아니의 차례다.

와병중인 사리앙이 10월 18일 사임했다. 클레망소는 여름 내내 방데(서부지방)와 바르(지중해 가까운 동부지방)에서 연설을 했다. 개혁과 보수, 신중파와 모험가들을 두루 안심시키는 지혜로운 언술이었다. "토론할 일이 아닌 조국 개념"에 대해서, "재산 또 재산, 언제나 재산에 입각한 실질적인 프랑스"에 관해서 발언했다. 클레망소는 이데올로그였으며 다수의 지지를 받는 인물로 자처했다. 그러므로 그가 권력을 쥐어야 한다고 조레스는 말했다. 사리앙과 공화국 대통령도 같은 의견이었다.

1906년 10월 23일, 클레망소가 정부를 구성했다. 사르트 도 의원이고 명석한 대부르주아이며 스스로 이단적인 기업가라고 하는 카이요가 재무장관이 되었다. 드레퓌스 사건 당시에 수감되었고 얼마 전에 장군으로 진급한 피카르가 국방장관, 브리앙이 교육장관 그리고 쇄신책으로 노동부장관은 비비아니에게 돌아갔다.

드레퓌스파의 정부이고 그들의 복수다. 모든 사회주의자들의 정부이다.

조레스의 동지와 동맹자들이 권력에 앉았다. 그리고 그는 계속 의사당의 자기 자리를 지키고 있었다. 1906년 10월 25일 표결에서 사회주의자들은 기권을 했다. 이 계획이 어떻게 될 것인지, 이미 1906년 5월 1일 그리퓌엘을 감옥에 넣었던 인물의 정부에서 노동부가 무엇을 할 것인지 알게 될 거라고 조레스는 말했다.

클레망소가 가시 돋친 연설 끝에 내뱉는 말은 조레스를 겨냥한 게 아니었을까? 그는 조레스를 쳐다보고, 다른 사람들처럼 권력에 참여하기를 거부하는 그에게 무엇이 결핍되었는지 스스로 느끼기를 바라면서 쏘아붙였다. "철학 이전에 존재해야 한다."

19 | 이제 장막은 갈가리 찢겼다 1906/1907

조레스는 한 달에 한두 차례씩 레옹 블룸의 집에서 식사를 했다. 블룸은 투쟁적 활동에서는 물러났고 『뤼마니테』에 기고도 하지 않지만 이런저런 특정 사안들에 대해 조레스에게 자기 의견을 밝히곤 했다. 섬세한 법률가인 블룸은 국무회의 자문으로 경력을 쌓고 있었다. 그리고 1907년에 대법원 심리부장으로 임명되었다. 뷔야르(이 시기의 주요한 인상주의 화가)의 화폭 두 점이 빛나는 몽파르나스 대로 126번지의 서재 겸 작업실에서 그는 거의 매일 뤼시앙 에르와 샤를 앙들레르를 만났으며 줄 르나르도 자주 들렀다. 다들 모이면 신문 『뤼마니테』 이야기를 나누곤 했다. 조레스는 신문 때문에 재정적으로 몹시 압박을 받았던 것 같다. SFIO가 어떻게 돌아가는지도 화제였다. 아무래도 에르를 비롯한 일부 인사들에겐 통합당에 게드주의 테제, 심지어 귀스타브 에르베의 반애국주의라든가 CGT의 무정부주의적 반군사주의가 너무 침투해 있는 것으로 보였다. 하지만 블룸이나 에르 모두 당을 정신적으로 지원해야 한다는 데는 의견이 일치했다. 에르는 늘 이렇게 말했다. "조레스처럼 용기 있게 전진하는 것보다 유보하고 비판하면서 브리앙 식으로 얼버무리는 것이 얼마나 쉬운지는 당신도 저만큼 잘 알고 있습니다." 아! 장관 브리앙! 장관 비비아니!

블룸이 한숨을 지었다. "한마디로 회의론자들이고 거의 냉소주의자들이지만, 지금까지 그들은 사회주의를 받아들였어요. 그리고—그는 망설이다가 의아해하는 시선에 부딪히자 다시 말을 이었다—그들은 어떤 식으로든 남을 겁니다. 급진파보다는 낫겠지요."

저질 경찰의 간계와 음모와 은폐에 대해 눈감는 클레망소 얘기도 나왔다. 총리는 '프랑스 수석경찰'이라고 불리는 것을 좋아했다. 전에 발덱-루소는 아침 8시 30분께면 집무실로 내려왔다. 그의 책상 위에는 관례대로 정치 제보자들의 보고와 허황된 이야기와 험담을 늘어놓은 치안본부 서류들이 놓여 있었다. 발덱-루소는 책상에 앉으면 이 서류뭉치를 펴보지도 않고 몽땅 쓰레기통에 넣어버렸다. 클레망소는 아침 7시에 집무실에 도착하여 1시간 반 동안이나 고개를 수그리고 이 어리석은 서류들을 읽는 것을 재미로 여겼다.

블룸은 집필하고 있는 『결혼에 대해』라는 시론도 언급했는데, 1907년 5월에 이 책이 출판되자 비판적인 평이 줄을 이었다. 어떤 신문기자들은 블룸이 "젊은 처녀들의 성애 본능을 키워놓았다"고 주장했다. 또 극우언론에서는 "유대인의 부패, 국무자문원의 음란물"이라고들 떠들었다. 조레스는 이런 반유대주의에 분개했지만, 혼전 남녀의 육체관계에 대해 거의 자유분방한 블룸의 테제는 받아들일 수 없었다. 조레스는 심히 충격을 받았다고 했다.

화려하고 '예술적인' 치장을 한 이런 식사에서 유난히 조레스 모습만 튀었다. "그는 단추 없는 작고 곧추선 칼라, 낡은 검은색 가슴받이, 헐어빠진 옷을 입었다. 손은 더럽고 수염도 깎지 않는 것 같았다. 음식마다 두 번씩 게걸스럽게 먹으면서도 양이 안 차는 듯했다. 매순간 그는 소리를 내고 입을 닦고 손수건에 침을 뱉었다."

그의 옆자리에 앉은 줄 르나르는 측은한 감동이 이는 느낌이다. "나는 그에게 마리네트한테 같이 가자고 말하고 싶었다. 마리네트가 당신을 돌봐주며 세탁도 해줄 것이라고. 사람은 이런 면이 있으면 저런 면이 있다."

그랬던 것은 조레스가 지금은 파리에서 혼자 지내고 있기 때문이었다. 루이즈는 아이들을 데리고 알비에 집을 얻어 정착했다. 그 여자는 시골을 더 좋아했다. 남편이 모든 문을 꽁꽁 닫아버린 파리에서 바랄 것이 뭐가 있겠는가? 저번에는 밀랑, 어제는 브리앙, 오늘은 비비아니다. 모두 장관이 되었다. 조레스만 남았다! 그래서 가정부 한 사람이 조레스를 보살피고 있었다. 가정부는 자기 할 일만 했다. 그는 어느 때보다도 더 외양에 무신경해졌고 아무렇게 하고 다니는 것이 소문이 나 있었다. 이것은 자신을 옥죄며 단조롭게 반복되는 일상생활의 존재를 부정하는 방식 아닐까? 또한 이제는 만나지 못하는 루이와 어머니 그리고 마들렌을 잊는 방식이 아닐까? 열여덟 살의 아리따운 마들렌은 남자들에게 충동적으로 끌리는 것 같지만, 조레스가 단속을 할 수가 없었다. 심지어 자기 비서도 집으로 오지 말게 했다. 딸이 너무 대담하게 행동했기 때문이다. 알비에서도 마들렌이 남자들을 쉽게 사귄다는 걸 알고 있었다. 지나치게 전통을 고집하는 조레스의 성향에서 볼 때는 너무 쉽게 사귀는 것이었다.

그러니 일상생활은 생각할 겨를도 없었다. 어디 그럴 시간이라도 있는가? 레옹 블룸 집의 식탁 한 귀퉁이에서 그는 잠시 후 의회에서 해야 할 중요한 연설문 초안을 잡으면서도, 또 위대한 혁명가 로베스피에르에 대해 말했다. "만약 혁명가들이 죽임을 당하지 않았더라면 그들은 모두 미쳐서 죽었을 겁니다. 그렇게도 애를 썼으니 그 노력으로 다 타버린 거죠."

하원과 『뤼마니테』 편집국으로 다시 가는 길에 블룸 집에 들러서 식사하는 동안이 잠시 긴장을 푸는 순간이었다.

의사당의 높은 방청석 회랑에서 줄 르나르는 조레스가 토시를 낀 두 팔을 흔들며 발언권을 요구하는 모습을 바라보고 있다. 하원의원들의 의회는 기이한 세계이다. 연미복 자락을 살짝 들고 자리에 앉은 바레스는 카이요 재무장관의 발언을 듣고 있는 척한다. 이어서 불과 몇 분 동안, 일면식이 없는 한 의원이 겨우 서른 명 남짓한 의원들 앞에서 보고서를 급히 읽은 다음 토론도 거치지 않고 바로 표결을 요구한다. 한 시간도 지나지 않아서 상원은 똑같은 상황에서 일을 처리한다. 수치스럽게도 의원들은 자신들의 세비를 9천 프랑에서 1만 5천 프랑(1984년 현재 18만 프랑)으로 인상하는 안을 순식간에 승인한다. 신문들은 이 사안을 대서특필했고 사람들은 분개했다. 국회의원은 '1만 5천짜리'에 불과했다. 조레스는 인상분을 합법적인 선거운동 비용으로 돌릴 것을 요구했지만, 이 동의안은 부결되었다. 그도 다른 의원들처럼 연간 1만 5천 프랑의 수입이 생겼다. 국무위원보다 조금 낮은 액수다.

이 토의는 웃을 일이 아니다. 사실 반의회주의는 계속해서 민중의 심성에 존재하는 힘이었다. 노동부를 창설했다고? 사회주의자였던 비비아니가 그 자리에 올랐다. 눈앞에 보이는 현실은 생존조건에 대한 폭력과 잔인한 탄압 그리고 사회주의자란 자들이 오늘날 장관으로 변한 모습이었다.

"독립 사회주의자란 자가 사치도 겁내지 않는다"고 쥘 르나르는 야유조로 말한다. 조레스의 동료였던 제로-리샤르의 집에 초대를 받아 방문한 르나르는 "이게 사회주의라고?" 하고 소리친다. 이 시기 민중들의 정신에 공명하는 반응이다. "제로-리샤르 집 대문에 초인종이 두 개 있다고? 그 집에 들어가려면 어느 초인종을 눌러야 하나? 샴페인이 나오고 하녀 둘이 시중들고 비서가 있고 파리에서 어디보다 전망이 좋은 곳 중 하나라는군. 그 값을 치를 것이다." 르나르는 제로-리샤르에게서 권위를 부리고 조레스를 시샘하는 됨됨이를 보았다. "그는 조레스보다 브리앙을 더 좋아한다. 장관들 편인 것이다."

장관들. 그중 수석인 클레망소, 동지였던 브리앙과 비비아니.

조레스는 조금도 신랄하지 않았다. 정치적 선택에 따라 결정된 책임자답게 처신했다. 1907년 1월 29일 교회와 국가 분리법의 실행제도를 놓고 토론이 벌어졌다. 브리앙은 사회주의자 의원들로부터 공격을 받았다. 풍부한 어휘력으로 기지 넘치는 언변을 구사하는 클레망소는 그들이 틀렸다고 하지 않는다. "어제는 우리보고 앞뒤가 맞지 않는 토의를 한다고 했다. 내 생각에도 정말 그랬다."

웃음이 터지고 좌파와 극좌파 쪽에서 박수가 터진다. "우리는 계속 앞뒤가 맞지 않는다. 그들이 우리를 그 속으로 집어넣었기 때문이다. 나는 그 속에 있고 계속 거기 있을 것이다."

의원들은 다시 웃었지만, 결국 클레망소가 정치적으로 문제 삼은 브리앙은 회의장을 떠났다. 여기저기서 수군거린다. 물러나는 것인가 사임인가?

조레스가 심각한 표정으로 발언한다. "정치는 자비로운 마음도 아니고 회의장에서 우발적인 사건이 벌어지든 권태롭든 신경질적인 충동이 일어나든 그런 데 무릎 꿇을 수 없다."

그는 아무 말 없이 잠시 그대로 있다. 여전히 브리앙은 자리에 보이지 않는다. 그가 다시 입을 연다. "분리법이 3/4 정도 마무리된 것은 현명한 국민 덕분이지만, 교육종교장관이 맡은 바 직무를 잘해 냈기 때문이다."

브리앙에게 보내는 찬사다. 언제나처럼 조레스는 개인적인 문제를 뛰어넘어서, 저 아리스티드 브리앙 동지가 권력을 좇아 사회주의를 떠난 것을 잊을 줄 알았다.

클레망소가 이 찬사에 지지를 보내며 직접 나서 브리앙을 찾아서는 둘이 함께 의사당으로 돌아왔다. 이로써 사건은 종결되었다.

그러나 자기를 버린 자들의 성공을 인정할 줄 아는 조레스의 이 태도야말로 얼마나 취하기 어려운 태도인가! 실로 도덕적인 면에서 나무랄 데가 없는 범상치 않은 모습이다. 그러면 어디서 이 사람의 결함을 찾아야 하는가? 그는 비난을 이겨낸다. 한번은 질의를 중단하고 다음날 재개하기를 요청하면서 급히 의사당을 떠났다는 소문이 떠돌았다. 딸 마들렌이 종교적 위기를 겪고 수도원으로 들어가려고 한다는 전갈을 받고서였다. 그러나 신문들은 이 소문을 그대로 실었다. 어떤 사람들은 한숨을 쉬었다. 조레스는 도무지 감각이 없다고 제로-리샤르는 말했다. 교만하면서도 비겁하다. 『뤼마니테』 편집국장이 되기를 원했던, 잘난 척하는 제로-리샤르의 해묵은 원한이다. "나는 20만 프랑을 구했다. 조레스는 쩨쩨한 유대인들로부터 10만 프랑인가를 받았는데 그들은 5천 프랑을 급여로 받기를 요구했다. 그자들은 조레스와 나 사이를 멀어지게 만들었다"고 제로-리샤르는 말했다.

조레스는 이 험담과 모욕에 민감한가? 그는 어깨를 으쓱하더니 이윽고 고쳐 말하듯이 답했다. "아니다, 내가 그것을 읽지 않는 동안은."

사실 생활과 투쟁은 조레스를 자아, 자아도취, 자기만족, 원망 또는 자기반성의 강기슭에서 멀리 떼어놓았다.

멈춰 있을 시간도 없거니와, 아마 그러한 내적 성찰, 즉 자신에 대해서나 내밀한 생활에 대한 시선이 겁나기 때문에 앞만 보고 나아갈 것이다.

또한 그의 책임감, 책임을 져야 할 과제들은 사실 그를 일에서 물러서도록 하지 않았다. 확실히 그는 바레스에게 말했던 것처럼 책을 읽고 형이상학을 실천했다. 그렇지만 그것 역시 그의 '자기중심적인' 개인적 용도로 쓰이지 않았다. 바레스에게 다음과 같이 구체적으로 말했다. "독서는, 많든 적든 이곳—하원—에서 나의 업무에 반영되는 독서는 끊임없이 나를 키워주고 풍요롭게 해준다는 것을 당신은 이해하지요."

설령 좀 쉬기를 원한다 하더라도, 사회의 요구가 고조되어 전혀 쉴 틈을 주지 않았다. 낭트 부두노동자들의 파업. 1907년 1월 20일 주1회 휴식 실시를 내걸고 CGT가 주도한 파리 투쟁의 날들. 식품업계 제빵공장 노동자들의 파업 그리고 폭력. 파업자들은 일요일에 문을 연 가게들에 몰려가 유리창을 부수었다. 4월 8일 전기공들의 파업. 장관을 이룬 최초의 이 파업으로 파리 시가지 일부가 어둠 속에 잠겼다. 극장은 영화상영을 중단했고 카페는 촛불을 밝혔다. 그 전날 교사노조는 CGT에 가입하고 그에 따라 노동거래소에 가담할 뜻임을 통지하는 장문의 성명서를 클레망소에게 보냈다. 이제 곧 5월 1일이다.

이 노동자투쟁으로 사회주의자들과 급진파 사이에 깊은 골이 파였다. 왜냐하면 클레망소에게는 이 파압에 대해 경찰행동이라는 하나의 답밖에 없었기 때문이다. 그렇지만 노동부가 있었다. 비비아니는 사회강령으로 반교권주의를 제안하는 데 만족했다. 조레스와 매우 가까웠던 이 우아한 인물은 자만하고 있었다. "우리는 인간의 의식에서 신앙을 제거했다. 하루의 무게로 피로해진 비참한 사람이 무릎을 꿇을 때 그를 일으켜 세우고, 구름 뒤에는 신기루밖에 없었다고 말해 주었다. 그리고 함께 장엄한 동작으로 다시는 켜지지 않을 빛을 하늘에서 꺼버렸다."

조레스가 볼 때, 이런 젠체하는 태도는 거의 위선이고 참을 수 없었다. 오히려 그는 이 몇 달간 "근대사상의 두 흐름인 기독교와 사회주의는 나란히 발전해야 하며 이 둘의 수렴은 정의와 평화의 세기가 도래하도록 할 것이다"고 확인했다. 무엇보다도 그는 비비아니와 클레망소의 현실정책이 양산한 사망자와 부상자 그리고 수감자들을 고려했다.

한편 클레망소는 몇 달 사이에 노동계의 증오와 경멸의 표적이 되었다. 프랑스 제일의 경찰은 '독재자'로 표현되었고, 『사회전쟁』(*La Guerre Sociale*)—

에르베가 1906년 12월부터 발행한 신문—이나 무정부주의 풍자 간행물 『버터접시』(L'Assiette au beurre)에서 클레망소는 마리안(공화국의 상징인 여신)을 유산시켜 손에 피를 묻히고서 죽은 자의 머리를 움켜쥐고 있는 의사로 그려졌다. 그리고 다음과 같은 캡션이 붙어 있다. "물론 너는 새 사회를 임신했지! 그렇지만 너는 유산할 거야. 난 장담해."

클레망소는 한 치의 양보도 없었다는 것을 말해야만 한다. 낭트에서는 부두노동자들을 향해 발포했다. 레핀 경찰국장은 파리의 시위행렬을 난폭하게 해산시켰다. 전기공 파업은 군대를 출동시키겠다는 위협으로 박살냈다. 번번이 군대가 동원되었다. 기병대는 장전을 하고 장교들은 칼을 뽑아들었다. 공격을 알리는 나팔을 불고 총구에 칼을 장착했다.

이렇게 사회분규에 군대로 대응하자 노동계에서는 풍부한 전통에 요란한 캡션의—뤼시앙 데카브는 '하사관'들을 고발했고 조르주 다리앙은 "비리비"(알제리 죄수부대로 군대은어), "여자부대", 규율부대, "냉혈한들" 등으로 낙인찍었다—반군사주의가 되살아났다.

그때마다 조레스는 노동자들을 지키거나 공무원과 교사들의 노조결성권을 수호하기 위해 개입했다. 땀을 흘리며 연단에서 주먹을 불끈 쥔 "그는 의회의 두 불기둥 중 하나"라고 바레스는 말했다. 또 하나의 불기둥은 알베르 드 멍이었다. 지금 막 살롱에서 희극을 상연한 듯 연단을 떠나는 드 멍을 보면서 바레스는 분명히 밝혔다. "나는 괴물 조레스가, 여전히 제자리로 돌아와서 담배를 피우고 있는 그가 더 좋다." 줄 르나르도 조레스의 연설을 들은 후 거의 같은 어휘를 사용했다. "조레스는 겉으로는 담배를 피우고 있지만 아마 뱃속은 부글부글 끓고 있을 것이다."

그의 맞은편에는 가차 없고 완강하고 날렵하며 의석 전체—우선 그의 급진파 의원들—를 향해 도전적인 권위를 행사하는 인간 클레망소가 있었다. 징집? 군대를 동원한다고? 그는 사회가 가진 삶을 영위할 권리를 대표해서 행동한다고 말했다. "당신이 권하는 것은 소수에 의한 사회조직의 억압이다"고 조레스에게 소리쳤다. 노동자들은 전제자가 되어서는 안 되었다.

낭트에서 부두노동자 한 명이 사망하는 사고가 발생했다. 1907년 5월 1일 파리의 시위는 1906년의 규모와는 비교할 수도 없지만 체포된 사람이 780명에 이르렀다. 하지만 클레망소는 가두행동은 일절 박살을 내려 했으며, 반군사주의 전단을 만든 자들을 체포함으로써 소기의 성공을 거두었다. 클레망소에게는 애매한 것이 없었다. 그는 날카로운 목소리로, 가끔 재치 있는 어휘를 구사하며 짧고 빠르게 한마디씩 끊으면서 말했다. 그의 정책에 불안을 느끼고 거듭 비밀회의를 하는 급진파를 향해 쏘아붙였다. "급진파 여러분 큰소리로 말하십시오. 나는 여러분을 기다린다. 나는 별궁의 벙어리들에게 교살당하는 것을 원치 않는다."

그는 CGT에 관해 이렇게 언명했다. "총동맹이 무정부주의와 반애국주의 주장을 살포하는 단체인 한 나는 총동맹의 반대자이고 적이다. 만약 총동맹이 태업과 무정부주의와 반군사주의를 설파하는 지도자들이라고 판단되면 그렇다, 그들에게 덤벼라!" 그는 총동맹이 "태업과 직접행동을 옹호하고 군 이탈을 촉구하기 때문에" 교사들이 총동맹에 가입할 권리를 거부했다.

그리고 교사노조의 간사가 해고당했다. 클레망소는 그런 사람이었다.

정부 쪽 의석에서는 사회주의자였던 브리앙과 비비아니 장관이 침묵으로써 승인했다. 4월 19일 CGT는 성명을 내고 "여론을 부인하는 행위, 바리케이드 저쪽으로 넘어간 사람들의 배반, 지난날 개인적 자유의 기수이던 클레망소, 현란한 사회주의를 과시하던 브리앙과 비비아니"를 비난했다.

장관들은 입을 다물고 있다. 조레스가 연단에 오른다.

그는 두 차례 회의 내내 혼자서 발언했다. 먼저 원칙들에 관해 하나하나

논증해 나가면서 클레망소의 논리를 논박한다. 그러나 이것이 전부라고? 누구를 설득시키려고? 클레망소와 브리앙은 정부석에서 수군거리며 웃고 있다. "당신은 야권에 있을 때 대부르주아지의 껍질을 벗겼다. 이제 당신이 권력을 쥐니 노동자들의 목을 조른다"고 조레스는 클레망소에게 쏘아붙인다.

논조는 정해졌다. 과거를 청산해야 한다. 다만 몇 달 전에 조레스는 입법자로서 브리앙의 치적을 칭찬했다. 그로부터 시간이 흘렀다. 그는 몸을 앞으로 쑥 내밀고 브리앙과 비비아니를 차례차례 응시하면서 낮은 음성으로 말하기 시작한다. "살아가면서 사람들이 무슨 이유로 서로 갈라서고 유대감이 끊어지든 어제의 친구들을 상처 입히려면 자신이 상처를 받을 수밖에 없다."

조레스는 호주머니에서 붉은색 작은 책을 꺼내서 흔들어 보인다.

몇 년 전에 브리앙이 했던 연설문들이다. 조레스는 브리앙이 여러 대회에서 총파업을 선동하던 구절들을 다시 천천히 읽어나간다. "만약 장교가 끝끝내 사격명령을 내리게 되면 당연히 총알이 발사되겠지만 그 총알이 원하는 방향으로 나가지는 못할 것이다."

이것이 바로 브리앙의 말이다! 그런데 지금 교육종교부장관으로서 그는 교사노조의 간사를 해고했다. 조레스는 지쳐 창백해 보이는 브리앙을 향해 팔을 뻗어, 그에게 취임하던 날 선언했던 것을 상기시킨다. "나는 이 자리에 나의 모든 사상을 가지고 왔고 그중 어떤 것도 부인하지 않는다." 그러면 당신은 이런 말로써 통치하고 뻔뻔스럽게 폭력을 휘두르는가? 하고 조레스는 묻는다. 이 모든 정책을 요약하자면 단 한마디밖에 없다면서 쏘아붙인다. "당신이 아니라면 이런 일도 없다."

조레스가 공공연하게 브리앙 그를 부정하는 책을 펼쳤을 때 어떻게 조레스를 미워하지 않을 수 있겠는가? 다른 시대에 대한 이 불편한 증인을 영원히 입다물게 하기를 어떻게 바라지 않겠는가?

1906-1910

답변을 해야 한다. 그리고 때로는 무관심하게 또 때로는 빈정거림과 거짓말까지 구사하는 브리앙은 능란하다. "나의 총파업 연설은 당신에게 봉사하기 위한 것이었다. 나는 당신의 경쟁자 대열을 혼란스럽게 하기 위해 그 말을 했다. 그리고 조레스 씨, 당신도 하원 부의장이 되었을 때는 지켜야 할 의무사항을 모두 다 받아들였다⋯."

구차한 변명이고 자신의 정당화이다. 조레스의 이 공격이 그의 정치적 장래를 위해 적절하다는 것도 알고 있었다. 다음날 『르 탕』에 실린 기사를 읽는 것으로 위안을 받았다. "가장 혁명적인 자도 권좌에 오르면 정부의 방식을 엄격하게 시행해야 한다는 것을 온 국민에게 보여주는 좋은 경험"이었다.

그러나 조레스의 다음과 같은 비평은 받아들여야 했다. "대중의 교육을 위해 술 취한 노예를 보여주는 것보다 더 걱정스런 일이 있으니 그것은 『르 탕』이 그들에게 보여주려는 술에서 깨어난 노예들이다."

클레망소가 조레스에게 답변하면서 브리앙 그 이름조차 꺼내지 않았고 조레스가 클레망소의 각료들 중 한 사람에 대해 공격한 것을 그가 무시해 버렸다는 사실을 알아야 한다. 이것은 두 사람의 해묵은 관계를 이야기해 준다. 겉으로야 어떻든 비난을 하면 수치를 감수하고 신랄함을 씹는다. 그러니 물론 무의식적이지만 이 옳은 자 조레스에 대한 증오심은.

조레스로서는 열을 내며 논쟁을 했지만 괴로운 순간이었다. 그가 개인을 공격하는 일은 매우 드물었다. 그리고 그가 말했듯이 브리앙과 비비아니와 클레망소를 공격한 일로 깊은 충격을 받았다.

그러나 더 이상 과거를 알리바이로 내세울 수는 없었다. "반동과 탄압의 과격한" 정책이 펼쳐지고 있었다. 그러므로 그 문제를 말해야만 한다. "내가 자책하는 것은 그것을 충분히 일찍 말하지 않은 것이다. 그것이 환상을 품도록 하고 위험을 연장시키는 데 기여했다”고 조레스는 결론 내렸다.

한편 그후 몇 주일 동안 계속 환상으로 남아 있던 것은 몽펠리에와 나르본의 거리와 광장들에서 저절로 깨졌다. 포도 경작자 수십만 명이 한데 모여 경기하락과 설탕사용, 과잉생산에 항의하는 시위를 벌였다.

클레망소는 경고에도 불구하고 운동이 고조되도록 방치하고 저절로 수그러들기를 바라면서, 불안해하는 카이요 재무장관에게 말했다. “당신은 전혀 이해 못해요. 카이요, 당신은 남부를 모른다고요. 이 모든 일이 한바탕 연회로 끝나버릴 거요.”

그러나 정작 나르본 지사관이 약탈을 당했다. 군대—지역에서 징집한—는 베지에로 이동하던 중에 전투명령을 거부하고 화약고를 습격하고 반란을 일으켰다.

여러분, 안녕한가
영광의 17연대 병사들
우리 모두 여러분을 존경하고 사랑한다.

하고 몬테우스가 노래했다. 병사들이 흩어져서 포도농민 무리들 속에 쓰러져 자고 있는 것이 보였다. 그들은—사면을 약속받았지만—멀리 튀기지 남부에 있는 ‘비리비’로 보내졌다. 그리고 기병들은 장전하고 139번 방어선이 사격을 했다. 사망 4명, 부상자 10여 명이라고 보고가 되었다.

이 ‘부랑배들의 반란’에 클레망소는 무력과 간계로 대처했다. ‘부랑배들의 지도자’인 ‘속죄자’ 마르슬랭 알베르를 구슬려 나르본의 사회주의자 시장 에른스트 페룰을 체포하게 했다. 다음은 페룰이 체포당하기 전에 쓴 대목이다. “클레망소의 노회한 솜씨는 가혹하고 무섭다. 자, 갑시다. 경호를 서시오' 하고 모자를 비스듬히 쓴 이 진부한 나폴레옹은 소리쳤다."

물론 언제든 이러한 형태의 위기는 통제가 되지 않는다. 그러나 클레망소는 폭력적인 행동으로 대책이 없다는 것을 은폐했다. 급진파 언론은 "군중의 반동적 무정부주의"를 비난한 반면, 사회주의자들과 노동계는 남부 포도재배 농민들이 혼란스럽고 모호하기는 해도 그들의 수확량에 연대책임을 느꼈다.

6월 29일—포도농사 위기를 타개하는 내용의 사기행위 단속법을 의회에서 가결한 바로 그날—조레스가 티볼리 보알에 모인 5천 명의 파리사람들 앞에서 포도재배 농민들의 입장에서 사건을 자리매김하자 사람들은 연대감을 보였다. 그는 자신이 알고 있는 남부에 대해 설명한다. 알비의 노동자 유리병공장을 세울 때 나르본을 들른 적이 있었다. 그곳에서 그는 농민들로부터 열렬한 환영을 받았으며, 유리제조공들을 위해 조직된 기금이 상당했다. 이제 그는 말한다. "그곳에서 일어나고 있는 사건은 지난 35년 이래 가장 중대한 사건 가운데 하나이다." 그리고 목소리를 높이며 북부사람들에게 설명한다. "남부에 대한 전설이 있다. 사람들은 남부가 헛된 말이나 하는 고장이라고 짐작한다. 사람들은 그 남부가 처절하고 열광적이고 비극적인 장구한 역사를 가진 것을 망각했다."

그는 클레망소를 질책한다. 남부 포도재배 농민 사건 후 사람들은 그를 '붉은 짐승'이라고 부르게 되었다. 그러나 여기에 그치지 않았다. 정작 문제는 "피착취계급뿐만 아니라 주기적으로 착취계급을 파멸시키는 자본주의의 무질서한 힘"이라고 말한다.

그는 의회에서 자신이 포도밭의 국유화에 관한 (유토피아적) 법안을 제출했음을 상기시킨다.

"이것이 이 사건의 교훈"이라고 조레스는 말을 맺는다.

아무튼 남부 랑그독은 이와 같은 조레스의 입장에 힘입어 사회주의 지지의 터전으로 바뀐다.

같은 1907년 6월 29일, 바그랑에서는 열광하는 청중 앞에서 악시옹 프랑세즈 지도자들이 메르시에 장군에게 금메달을 수여했다. "드레퓌스 옹호자들에 대한 저항"을 기념하기 위해 공개 모금한 성과였다.

레옹 도데 역시 연설하면서 남부 사건을 언급했다. "유대인들의 뜻으로 국방장관에 오른 피카르 장군은 살해자 피카르가 되었다. 피카르는 드레퓌스 총살형을 나르본에서 집행시켰다."

확실히 이때부터 드레퓌스 진영은 서로 갈라져서 대립했다. 과거는 흘러갔다. 조레스의 말은 옳았다. "이제 장막은 갈가리 찢겼다."

20 | 자기 드라마의 배우 1907/1908

그들은 모두 조레스에 대해 말했다. 데카브, 미르보, 르나르, 도데, 에니크가 함께한 공쿠르 학술원의 점심식사 자리에서까지 그가 대화의 주제이다. 조레스를 피할 수가 없다. 그는 글을 쓰고 발언을 하고 존경심이나 증오심을 불러일으킨다. 현실의 복잡하고 미묘한 주제치고 그가 손대지 않는 것이 없다. 공쿠르에서 미르보는 조레스를 찬양한다. 그들은 또한 클레망소도 거론한다. "클레망소의 근본은 진중함입니다. 그는 자기 생각에 집착하지 않아요. 더더군다나 독재적인 것에는 집착이 없어요" 하고 한 사람이 말한다. 또 1908년 3월 1일부터 일간지로 바뀐 『락시옹 프랑세즈』에 얼마 전 글을 쓴 레옹 도데를 조롱한다. 졸라를 '똥바가지'라고 표현한 끔찍스런 글이었다. 한편 이 공쿠르 학술원 회원들은 "아카데미의 다음 선거에 관한 한 적어도 모두가 유대인은 안 된다는 반유대주의자들이다"고 르나르는 기록한다.

이윽고 정치가 다시 화제에 올랐다. "정치에서 진실성은 복잡하고 교활한 간계, 교묘한 조작과 흡사하다"고 르나르는 말한다.

조레스에게는 그것이 없다고 도데는 인정한다. "정말이다. 나는 그가 아주 착하다고 생각한다." 도데가 기사를 쓰면 두 개 중 하나는 조레스를 모욕하는 것이었다. 하지만 그건 장난이었다. 그렇지 않은가? 아카데미의 변호사였던 푸앵카레는 동석한 식사자리에서 조레스에게 보내는 이런 찬사가 거북했던 것 같다. 그들은 화제를 바꾼다. 하지만 행동이며 동기, 도덕적 진보를 주제로 하면서 조레스를 피할 수 있는가? 도덕적으로 진보했는가? 아니라는 것이 푸앵카레의 말이다. 도덕이란 없는 것일까? 그러면 어떻게 하는가? "아무것도 할 게 없다"고 쥘 르나르는 단언한다. 그렇다고, 푸앵카레가 인정한다. "그래서 나는 아무것도 하지 않았다. 감히 하려고도 하지 않았다. 내가 아무것도 하지 않은 것은 어떤 명분으로 행동해야 할지를 모르기 때문이다."

전직 각료이고 누구보다 장래가 촉망되는 사람에게서 볼 수 있는 행동하지 않고 회의하는 태도를 이상하게 찬양한다. 하지만 곧 서로 갈라지게 된다. 이번에는 정부 이야기를 한다. "정부란 존재하면 그 자체가 합법적이다"고 레옹 도데가 말하자, 푸앵카레는 이렇게 답한다. "유럽 강국들로부터 인정받을 때는 그렇죠."

이것이 시대의 풍조였다. 그리고 조레스도 슈첸베르제 부인의 집에서 식사하면서 파안대소하며 의회에서 있었던 토론을 평하고 문학을 논하거나 화가 앙리 마르탱과 함께 남부를 노래할 때 등 이런 분위기에 동참했다.

다만 한층 무거운 문제를 피할 수는 없었다. 전쟁, 애국주의. 이제 그는 놀란다. 그의 적들은 그 정도로 귀스타브 에르베와 조레스의 사상을—의도적으로든 순진해서든—혼동해서 그의 입장을 왜곡시켰다. 그들은 조레스가 "무장을 하지 않은 국가는 살아남을 수 없을 것이다. 왜냐하면 그렇게 되면 이웃국가들이 진짜인지 허세인지 충분히 분간할 만한 통찰력을 가질 수 없기 때문"이라고 말할 때 놀랐다. 그래서 그에게 설명을 요구하면 이렇게 말했다. "번번이 사람들은 이런 말을 듣는다. 우리가 무장했더라면 독일이 그렇게 하지 않았을 텐데."

사람들은 좀 염려스러워서 그에게 물었다. 머지않아 분쟁이 일어날 거라고 보는가? "나는 전쟁이 일어날 거라고는 보지 않는다. 빌헬름이 내심 그렇게 호전적이라고 생각지 않는다."

전쟁을 피할 수 있다는, 그러므로 독일과 대화가 가능하다―그렇게 해야 한다―는 조레스의 신념에서 프랑스 대외정책에 관한 그의 경계심을 이해할 수 있다.

물론 델카세가 물러나고 장관자리에 오른 피콩은 경박한 과대망상증이 아니었다. 그러나 케도르세(말 그대로는 외교부 청사가 있는 오르세 부두. 외교부를 가리킴)는 아직 델카세 시절에 살고 있었다. 외교부 고위관리들은 독일을 따돌리고 알제시라스 회의에서 성사된 합의를 깨뜨릴지도 모를 위험에도 불구하고 모로코 침략정책을 계속 추진하기로 결정했다. 조레스는 정확한 정보를 얻을 수 없었지만 성장가도를 달리는 프랑스 자본주의가 영향력을 확장시킬 지역을 정복하려는 것이라고 예측했다. 러시아 채권처럼 자본수출만 하는 것이 아니라 러시아와 터키 같은 외국에 자본을 투자하는 것이다. 러시아 철강업에 뛰어들었다. 프랑스제 제품을 팔기보다 합작을 선호했다. 이로써 프랑스 중소기업이 희생되었지만 금융자본과 산업자본의 결합은 열매를 맺었다.

조레스는 이러한 국제경제의 현실에 민감했다. 그는 프랑스가―"진정한 자기 이익과 인류문명에 대한 의무감이 있다면"―경쟁적인 상업대국 영국과 독일의 긴장완화에 일조하기를 바랐다. 만약 갈등이 지속된다면 "민족들은 태풍을 만난 함대처럼 포위당할 것이다."

그러나 조레스에게는 이런 합의와 타협이 전부가 아니었으며, 설령 대결을 피하기 위해 사이좋게 나눠 갖는다 하더라도 원거리 시장을 정복하는 것은 해결책이 아니었다. "진정한 구매자는 민중이다." 내부소비를 진작시켜야 한다. 판로를 다변화할 수 있는 새로운 생활양식을 창출해야 한다. "어디서든 전쟁준비에 쏟아붓는" 수십억의 낭비를 끝내야만 한다.

유토피아라고? 그 스스로 말한다. "전쟁을 조장하는 것이 자본주의의 본질이다." 그러나 사회주의자들이 인터내셔널로 단결하면 이 '전쟁 노랫가락'을 꺾어놓을 수 있다.

조레스는 이처럼 일관된 국제정치 노선을 발전시켰다. 독일과의 경쟁에서 궁지에 몰리면 전쟁으로 갈 거라는 것을 통찰한 현실주의적 시각이다.

그런데 프랑스는 모로코에서 식민지 이해관계들과 현지의 주도권, 탄압의 악순환에 떼밀려 분쟁의 벌통 속으로 손을 쑤셔넣었다. 구축함 한 정이 탕헤르에 닻을 내렸다. 프랑스 의사 한 사람이 마라케시(모로코 중앙에 위치한 유서깊은 도시)에서 살해되었다고? 프랑스 부대가 우즈다(알제리 국경에 이웃한 동부 모로코의 주요도시)를 점령했다. 카사블랑카에서 무슬림들이 묘지들을 가로질러 전차궤도 공사를 하는 유럽 노동자들을 공격했다고? 갈릴레이 순양함이 도시를 포격하고 해병 사격수들이 상륙했다. 신중하다고 평가된 장군(드루드)은 더 대담한 사람, 다마드로 교체되었다. 내륙에서도 점령을 하기 위해 주민들을 모아놓고 아무 이유 없이 겁주고 폭격을 했다. 권위는 다 사라졌지만 협력자로 간주되었기 때문에 압드 엘 아지즈 술탄을 지지했다. 그의 경쟁자 물레 하피드는 짐(朕)의 존재에도 불구하고 차츰 인정을 받으며 프랑스에 대해 지하드, 성전을 권하고 있었다.

어느 국면이든 조레스는 총력을 기울여 싸웠다. 날마다 『뤼마니테』에서 "내륙을 향해 점점 더 들어가는 발걸음, 프랑스의 손을 점점 더 깊이 파고드는 톱니바퀴의 톱니"를 비난하면서. 그는 이러한 모험으로 인한 자원낭비와 동시에 국내문제들의 교란과 특히 독일과의 갈등 위험을 고발했다. 모로코는 화약고라고 그는 말했다. 국제적인 해결책을 찾아야만 할 것이다.

의회가 휴회라 그는 긴급소집을 요구했다. 그러나 클레망소는 침묵으로써 사태를 방관했다. 오랫동안 반식민주의자라 자인했던 그다.

마침내 1월 24일 질의에 나선 조레스는 모로코 전체를 불태우고 있는 전쟁을 비난하면서 이렇게 말한다. "모로코 독립의 기수인 물레 하피드를 인정해야만 한다." 델카세가 벌떡 일어선다. 거창한 복귀이다. 외교부를 떠난 후 발언하지 않던 그가, 정부가 대담하게 나와야 한다고 밀어붙인다. 우리의 에너지는 깊은 인상을 주리라. 독일이 아니라면 누구에게? 이어서 "영토는 광대하고 인구는 별로 조밀하지 않은 아프리카는 유럽의 가장 소중한 보고(寶庫)이다"라고 말한다.

조레스와 정반대로, 독일과 대결을 촉구하는 명료한 정책이었다. 『르 골루아』의 다음 말과 궤를 같이한다. "러시아와의 동맹, 3국협상의 힘으로 우리는 칼집에 손을 얹고 독일을 정면으로 응시해야 한다."

클레망소는 침묵으로 일관했다. 물의를 일으키지 않으려고, 분명한 입장을 취하는 대신 현지 군인들이 계속 행동하게 내버려두었다.

조레스는 분개한다. '메츠와 스트라스부르 탈환"을 위해서도 하지 않았는데 "런던 상인들이 함부르크 상인들을 파산시키도록 하기 위해서 혹은 모로코 술탄을 복권시키기 위해 독일과 싸워야 하다니." 거의 고함치듯 외친다. "여러분, 이런 생각을 하는 것만으로도 끔찍하다!"

그러나 이로 인해 또 새로운 증오를 불러일으키며 직접적인 이해당사자들과 충돌했다. 현 외무장관 스테판 피콩은 1900년부터 1905년까지 튀니지 총독을 지냈다. 그는 토착민 토지의 강탈을 눈감아주어 하원의원 7명과 상원의원 8명에게 직접적인 이익이 돌아가게 했다. 이로써 국회의원들은 거부가 되었고—콩브 정부에서 농업장관이었던 레옹 무조처럼—또 다른 급진파 의원은 인도차이나에서 이권을 챙기고는 재빨리 모로코로 갔다. 흑아프리카에서도 사정은 마찬가지였다. 프랑스아프리카위원회는 효과 만점의 압력그룹이었다.

정치를 개인적 치부의 원천으로 여기는, 그것밖에 안 되는 인물들의 태도를 과연 조레스가 상상할 수나 있을까? 이런 개인적이고 치사한 동기는 그에게 침투할 수가 없다. 그의 성격의 바탕 그 자체인 이런 도덕적 특성, 무사무욕 때문에 그는 보수주의자와 모리배의 정치세계와, 이념적 고려를 뛰어넘어서 양립이 불가능했다. 그는—이성적인 선택에 앞서—폴 두메르나 레옹 무조 또는 곧 인도차이나 총독이 되는 알베르 사로와는 다른 진영에 존재할 수밖에 없었다. 그자들은 권력을 좋아하고 돈을 좋아했다. 그것들이 가져다주는 힘과 이익 때문에.

조레스? "그 사람을 보면 눈물이 난다"고 그를 두세 달에 한 번씩 만난 줄 르나르는 말한다. "늘 입고 다니는 윗도리는 깨끗하기나 한지 미심쩍고 넥타이도 옷깃도 매일 그게 그거다. 구두는 슬리퍼처럼 헐렁하다. 그는 완전 외톨이다. 혼자 문 열고 집에 들어가고 자기 집에서는 제대로 먹지도 못한다."

루이즈 조레스는 파리에서 살 때 종종 금전적으로 어렵다고 호소를 했다. 조레스의 여행이 생활비에 부담이 된다는 말을 늘 했다. 그 여자는 조레스가 『초등교육 평론』(*Revue de l'Enseignement primaire*)에 글을 쓰면 100프랑을 받는다고 좋아했다. "하지만 『뤼마니테』는 돈을 안 줘요. 한 푼도 주지 않는다고요. 이래도 되나요? 고료 없이 글을 쓰는 바보 같은 짓을 하다니요! 다른 사람들은 돈을 받는데 이건 조롱하는 것이라고 설득을 하면 그이는 이렇게 대답해요. '사랑하는 이, 내가 내 차비를 받지 않으려는 거요. 그거 몇 줄 쓰는 건 별일 아니오.'"

돈에 무심한 조레스는 카페의 테이블에 앉아 뭔가를 먹거나 마시고는 낼 돈이 없으면 이따금 시계를 맡기고 갔으며 버스를 타서 비슷한 낭패를 당하기도 했다. 함께 탄 젊은 여성이 대신 버스비를 내주려는 것을 "그래서는 안 됩니다" 하고 거절하고 수금원에게 양해를 구했다.

그런 조레스가 횡령하고 축적하고 정치적 대원칙이란 구실로 작전들을 은폐하는 이 인물들의 개인적 전략을 어떻게 상상할 수 있겠는가?

이제 우리는 조레스가 사회주의자 대회들의 무의미한 말잔치와 안건의 충돌, 다른 사람들이 이미 한 주장을 끝없이 되풀이하거나 할당된 시간을 전혀 개의치 않고 연단에서 내려올 줄을 모르는 대의원들의 밑도 끝도 없는 간섭들을 왜 받아들이는지 이해가 된다. 확실히 조레스는 깊은 민주적 감각을 지녔으며 또 실제로 장광설로 짜증나게 하더라도 다른 사람들을, 그들의 표현의 권리를 지나치게 존중했다. 하지만 무엇보다도 그는 대회에 가면 마음이 편안해졌다. 그곳에는 대립을 넘어서서 사심 없는 동료애가 있었기 때문이다. 물론 개중에는 이런저런 야심가도 있었다. 그렇지만 대회의 색조, 당의 색조는 사상이라는 공동의 자산을 모은 갑남을녀들에 의해 결정되었다. 집단의 운명에 대한 이들의 고민, 사건들에 압력을 행사하려는 이들의 의지는 개인적인 목적을 이루기 위함이 아니었다. 오로지 사물의 흐름이 긍정적인 방향으로 바뀌기를 바랄 뿐이었다.

당과 사회주의자 대회들에서 조레스는 자신과 비슷한 사람들을 만났다. 사상을 믿었으며 또 현실주의자인 체하지만 냉소주의자에 불과한 자들보다 희망과 인간에 대한 신뢰가 훨씬 강한 사람들이다.

그 시기에 리모주(1906년 11월)와 낭시(1907년 8월)에서 열린 SFIO 대회들에서 조레스는 언제나 같은 사람들을 만났다. 에두아르 바이양, 그와 함께 줄 게드에 대항하여 자주 동맹을 형성했다. 줄 게드는 여전히 마르크스주의의 정통을 대변한다고 믿고 있었다. 그리고 귀스타브 에르베, 이 새로운 인물은 자신의 신문 『사회전쟁』(*La Guerre sociale*)에서 반애국주의와 반군사주의의 행동주의적이고 극단적인 언어를 고집했다. 그가 CGT 내에서 호응을 얻었기 때문만이 아니라 최근의 사건들이 이 주장을 확인해 주는 것 같았기 때문에, 이 경향은 강력했다. 베지에(남부 도시)에서 17연대 병사들이 일으킨 반란은 전쟁이 일어날 경우 착취자들을 향해 총구를 겨눌 것이라는 증거가 아닌가?

게드와 에르베 사이에서 조레스는 왔다갔다했다. 에르베의 잘못된 사상을 반박하려고 고심하면서도 그에게서 볼 수 있는 인정할 만한 경향과 단절되지 않으려고 했는데, 이런 태도는 흔히 모순되는 주제들에서 나타나는 복합적인 사안들을 제기했다. 그러나 그 안건들은 가결되었다. 대회와 종합적인 안이 지닌 약점이다.

"조국은 어머니가 아니다. 가난한 사람들한테는 계모이다. 우리는 지금 그대로의 조국을 사랑하지 않는다"고 말하는 에르베와 "노동자들이 하나의 계급을 형성할수록 그만큼 하나의 조국을 갖는다"고 선언하는 조레스 사이의 간극은 컸다. 하지만 그것이 SFIO였다. 서로 의견이 다른 사람들이 모여 있는 당, 조레스가 바라는 바이기도 했다. 마침내는 하나로 수렴되어 역사를 압박하는 힘이 될 것이다.

그런데 이런 말들의 이면에는 중대한 문제가 도사리고 있었다. 전쟁이라는 심각한 위기가 발생했을 때 사회주의자들은 어떻게 전쟁을 막기 위해 개입할 것인가?

에르베는 말했다. "일체의 선전포고에 대해서는 군인들의 파업과 봉기로 응해야 한다."

이렇게 따지는 시각도 있었다. 독일 사회주의자들보다 앞서 나가서는 안 되는데, 그들은 신중하다.

그리고 무슨 전쟁이든 마찬가지다. 누가 방어전과 공격전을 구분할 것인가? 그리고 왜 전쟁을 틈타 혁명을 일으키지 않는가?

조레스는 모든 관점을 수렴시키려 애썼다. 조국을 파괴해서는 안 된다. 조국이 비무장상태가 되도록 방치하지 않는다. 하지만 모든 수단을 다해 전쟁은 막는다. 의회에서 중재를 요청하며 정부를 압박하고 필요하면 그보다 더 나아간다.

어떻든 프랑스 사회주의자들은 우선 독일, 외국의 동지들과 합의를 이루어야만 효율적으로 움직일 수 있다고 조레스는 발언했다.

낭시의 SFIO 대회가 끝나고 며칠 지난 4월 18일 슈투트가르트에서 사회주의 인터내셔널 제7차 대회가 열렸다. 이 대회에 맞추어 낭시 대회는 결정되었다.

1907년 8월의 슈투트가르트. 날씨는 무덥고 폭풍까지 불었다. 조레스는 유럽의 사조들에 어디보다도 열려 있는 이 남부독일에 오니 무척 기뻤다. 대학에도 들르고 네카 강변을 따라 산책도 했다. 보는 것마다 새로웠다. 그에겐 교양에 이끌리는 열정이 남아 있었다. 16세기 독일이나 혁명기를 떠올리는 것은 조레스에게 역사는 언제든 현재의 전망을 비추어주는 도구였기 때문이다. 게다가 그는 주요한 대의원들을 알고 있었다. 반데어벨데, 카우츠키, 베벨, 베른슈타인, 다 구면이다. 그들과 독일어로 많은 이야기를 나누었다. 대회에서도 처음에는 프랑스어로 시작하다가 독일어로 발언을 했다. 폴란드사회민주당을 대표하는 로자 룩셈부르크와도 다시 만났다. 지금은 독일사민당 학교에서 학생들을 가르치고 있다. 그 여자는 줄곧 클라라 제트킨과 함께 다녔다. 근엄한 얼굴의 불타는 듯한 눈빛을 가진 클라라 제트킨은 독일의 사회주의자이고 페미니스트이다. 또 그 여자는 러시아사회민주당 대표인 레닌과 뭔가 열심히 의논하고 있었다. 눈이 예리하게 움직이고 체격이 다부진 이 사람, 레닌은 마르토프와 함께 대회의 대표이다. 바로 얼마 전에 볼셰비키와 멘셰비키가 다시 손을 잡았기 때문이다.

게드, 바이양, 에르베가 조레스와 함께 프랑스 대표단의 지도자들이었다. 대표단은 90명으로 구성되었다. 전체 대의원 886명 가운데 독일인은 150명, 영국인은 130명이다. 대회의 중심 의제이자 모든 모순과 대립의 핵심을 이루는 것은 전쟁에 관한 문제이다. 전쟁을 막기 위해 사회주의자들이 해야 할 역할 또는—낭시에서 토의되었던 것과 똑같은 표현으로—전쟁으로부터 어떻게 혁명을 이끌어낼 것인가 하는 것이다.

사실 모로코의 긴장에도 불구하고 이 유럽의 대표들 대부분에게 전쟁은 여전히 추상개념이었다. 전쟁은 위협적이고 분명 예측이 되었지만, 혁명이나 자본주의의 붕괴와 마찬가지 문제였다. 유럽에 평화가 유지된 지 37년이다. 바바리아 합창단이 대의원들을 환영했다. 회의장과 테이블 곳곳이 꽃으로 장식되어 있었다. 전쟁을 논했지만 서유럽의 분위기는 아직 평화로웠다. 국경을 넘는 데 여권이 필요 없었고 유럽 이쪽 끝에서 저쪽 끝까지 진정한 사상의 교류가 이루어지고 있었다. 논리적으로는 전쟁에 대한 불안이 포착되었지만 작가와 예술가, 교수 들은 자유롭게 왕래했다. 조레스와 사회주의자들조차 전쟁이 터질 수 있다는 생각을 받아들이지 못했으며, 전쟁발발과 그 성격에 대한 구체적인 개념을 얻는 데까지는 이르지 못했다.

필경 조레스는 그 누구보다 몰두했을 것이다. 그는 발표되는 관련자료들을 모두 다 읽었으며 특히 군사문제에 주목했다. 『뤼마니테』에 이 문제를 전담하는 고정란을 설치할 생각이었다—1906년 10월에 그렇게 했다. 조레스가 어느 식사자리에서 만난 제라르 대위가 이 난에 기고하고 있었다. 제라르는 자신의 글에 '로셀 사령관'이라고 서명했는데, 로셀은 코뮈나르에 합류하여 베르사유 진압군에게 총살당한 장교의 이름이다. 사회주의 의원 조레스가 요청하는 책과 잡지들을 제공해 주는 사람이 제라르였으며, 군사문제를 검토할 소규모 장교그룹을 구성하는 일도 그가 도왔다. 어느 날 저녁 조레스는 앞을 내다보는 통찰력으로 제라르에게 다음번 전쟁은 이렇게 될 거라며, 포탄더미 아래 깔려 박살이 난 유럽의 도시들을 묘사했다. 이 시기에 조레스는 출판인 루프와 『국방과 국제평화』(La Défense nationale et la paix internationale)라는 제목의 책을 내기로 계약을 맺었다. 이 책에서 자신이 읽은 중요한 것들과 시대의 중대사를 쓰기로 결심했는데, 이는 조레스가 전쟁에 관한 이론적 성찰이 한시라도 급하다고 보았음을 말해 준다.

그러나 1907년 국제협약에 따라 헤이그에서 평화달성을 위한 수단에 관해 회의가 열렸는데 이 유럽에 광기가 휘몰아치리라고 어떻게 믿을 수 있겠는가? 정부 대표단들은 전쟁을 뿌리 뽑을 것이라고 했으며, 박애주의적인 부호 앤드루 G. 카네기는 회의성과가 있으리라 믿게 되었다고 선언하면서 회의경비를 지원하기로 결심했다.

물론 슈투트가르트 대회 때 영국의 노동자대표 켈치(Quelch)가 헤이그에서 '불한당들의 회합'이 열리고 있다고 언명하자 모든 사회주의정당 대표들이 박수를 쳤다. 경찰이 와서, 거센 항의를 받으며 켈치를 끌어내었다. 그러나 켈치의 선언에도 불구하고 전쟁이 유럽의 문짝을 두드려 부수는 것 같지는 않았다.

감동의 물결 속에서 대회가 열렸다. 대표들은 기립하여 "러시아혁명에서 희생된 사람들과 전투원들 모두에게" 경의를 표하고, 이어 위원회별로 흩어졌다.

가장 중요한 것은 '군사주의와 전쟁'을 다루는 위원회였다. 조레스와 바이양, 에르베, 베벨이 참석했고 레닌은 로자 룩셈부르크가 실무에 참여할 수 있도록 그 여자에게 위임했다. 신중한 베벨은 독일 사회주의자들이 개입하는 것을 원치 않았다. 지난 수년 사이에 사민당은 달라졌다. 당조직은 관료화되었다. 당이 성공하면서 관리자와 간사들이 대폭 늘어났다. 사무실과 타자기, 전화 등이 구비된 전체 모습이 겉으로는 막강해 보였다. 그러나 사회학자 막스 베버가 사회민주주의가 사회와 국가를 정복하는 대신 사회와 국가가 사회민주주의를 정복한 것 아닌가 하고 자문한 것은 정당했다!

이 둔중한 조직의 맞은편에서 프랑스 사회주의자들은 즉흥성과 자발성 그리고 열정을 표현한다. 귀스타브 에르베가 독일인들을 향해 소리친다. "당신들은 당신들 정부에 대항하는 걸 모른다. 감옥 가기를 겁내는 거다. 당신들의 베벨 황제에게 복종하고 있다…" 그리고는 단언한다. "전쟁보다 봉기다." 조레스로서는 놀랍기만 하다. "베벨에게 할말이 없다는 것이 진심으로 슬프다. 우리에게 국가들간의 투쟁과 살육을 막아낼 방도가 전혀 없다니 슬프다."

그는 대의원들 쪽으로 고개를 돌려 로자 룩셈부르크를 똑바로 응시하면서 다시 말한다. "독일 노동계급과 국제 프롤레타리아의 나날이 증대하는 권한이 그 이상 나가지 못한다니 정말 슬프다."

에르베가 펄쩍 뛰며 "비겁하다. 독일 프롤레타리아들은 모두 포만감에 빠져 있는 얌전한 소부르주아들"이라고 소리친다. 로자 룩셈부르크는 이 사람 저 사람을 쳐다보면서 유심히 듣고 있다가 단호한 목소리로 "에르베는 어린아이다. 철모르는 어린아이"라고 말한다. 이어서 쏘아붙이듯이 러시아 혁명주의자들에 대해 논한다. "그들은 우리가 보내는 경의를 고마워할 것이다. 그러나 그들은 우리의 본보기가 당신들에게 유용하기를, 하고 덧붙일 것이다." 그 여자는 한참 동안 발언한다. 이렇게 그 여자가 주장하는 동안, 조레스는 주의 깊게 듣고 있다. "역사적 변증법은 우리가 팔짱을 끼고 과일을 쳐다보며 다 익어 무르팍에 떨어지기를 기다리는 것이 아니다." 이윽고 조레스와 바이양 편으로 고개를 돌린다. "동지들, 우리는 당신들보다 멀리 나아갈 것이다. 선전이 단지 전쟁종식에만 소용이 되어서는 안 된다. 자본주의 지배의 몰락을 앞당기는 데 쓰여야 한다."

조레스가 일어선다. 그는 독일어로 말한다. "자본주의는 자신의 성역 안에 갇혀 있는 신이 아니다. 자본주의의 모든 조직과 모든 표현 속에서 타격을 가해야 한다. 우리가 반군사주의 행동을 계속할 때, 개혁정책을 과감히 시행할 때, 우리는 자본주의 심장부를 치는 것이다."

여기저기서 만세를 외친다. 조레스가 다시 말을 잇는다. "전쟁의 철칙을 부수는 것은 프롤레타리아트에게 달려 있다. 프롤레타리아트는 자기 드라마의 배우이기를 원한다."

결의안이 작성되었다. 결의안에서는 프롤레타리아트의 압력 아래 획득되는 국제적 중재를 강조한다. "만약 전쟁의 위협이 있으면 노동계급과 그 계급의 대표들은 가장 적절하다고 간주되는 모든 수단을 동원하여 전쟁 억지에 모든 노력을 기울여야 할 의무가 있다…."

막연한 텍스트에 로자 룩셈부르크가 한 구절 추가할 것을 제안한다. "만약 전쟁이 발발한 경우라 하더라도, 즉각 전쟁을 중단시키고 자본주의 지배의 몰락을 서두르기 위해 모든 힘을 다해야 할 것이다."

언제나 그렇듯 결의안은 뒤범벅이다. 각자가 자기 마음에 드는 성분들을 집어넣은 잡탕. 그래서 국제대회 대의원들은 열광하면서 만장일치로 이 텍스트를 승인했고 에르베가 테이블에 올라서서 〈인터내셔널〉 노래를 부르는 모습이 보였다.

사실 로자 룩셈부르크와 레닌이 자신들의 승리를 자축했을지라도 이 텍스트의 실제 효과는 무엇일까?

만약 전쟁이 발발할 경우 호전적 정부들에게 중재와 평화를 강제할 구체적인 수단이 무엇인가? 조레스는 혁명은 공포되지 않는다고 언명했다. 그런 그가 몇 구절의 말로써 평화가 강제될 수 있다고 믿었을까? 그리고 누가 총파업을 선언하는가?

베른슈타인과 함께 강둑을 따라 걸으면서 조레스는 상황에 개입하는 것이 '도덕적인 효과'를 가져온다고 강조했다. 모든 것이 아직 의식을 바꾸면 되는 문제이고 양심에 관한 일이었다. 그러므로 말이 하나의 힘이 될 수 있게 설득하는 교육과 선전 활동을 벌여야만 했다.

그래서 그는 곧바로 9월 7일에 티볼리 보알의 연단에 섰다. 침침한 조명의 어두운 실내는 담배연기가 자욱하고 회관 밖까지 사람이 넘쳤다. 공화국 수비대는 수도 많은데다 짜증을 부리며 오만하게 행동했다. 조레스가 잘 보이지도 않았다. "그의 커다란 붉은 머리"가 아, 저기 있다. 자기 어조와 리듬을 찾지 못한 듯 느릿느릿 말을 한다. "몸집이 너무 커 도저히 날 수가 없는 새"다. 피로가 온몸을 짓누르고 청중과 호흡에 맞지 않을 때는, 말을 시작하기가 이렇게 서툴고 어색하다. 그러다가 갑자기 어조를 높이며 "횡령꾼들, 먹잇감을 쫓는 신문기자들, 방약무도한 은행가들, 냉소적인 자본가들, 대규모 모로코 정벌로 돈벌이할 꿈을 꾸는 모든 사람들"을 비난한다.

질풍 같은 박수갈채에 실려 조레스는 높이 비상한다. 이윽고 슈투트가르트의 결의안과 그 결의안이 바라는 국제적 중재에 대해 설명한다. "공격자가 누구냐고? 중재를 거부하고 사람들을 유혈분쟁 속으로 몰아넣는 정부가 바로 공격자이다."

그러면—그는 말을 끊고 뜸을 들인다—그러면 "인터내셔널은 여러분에게 말할 것이다. 프롤레타리아의 권리와 의무는 무모한 정부가 인민을 무

584

장시켜 총을 쏘도록 하는 것을 막는 것이라고, 프롤레타리아들의 국경 너머로 총을 쏘러 가는 것이 아니라 범죄정부를 타도하는 혁명적 임무에 복무하는 것이라고."

환성이 터진다. 조레스의 승리다. 〈인터내셔널〉 노래를 부른다. 그가 이렇게까지 밀고 나간 적은 없었다.

그의 눈으로는 자신이 제의하는 것이 어떤 과정의 마지막 단계일 뿐 그 종착점까지 가서는 안 되는 것이었다. 그전에 중재라는 최고장이 있다. 그렇지만 그는 다 드러낸다. 사람들이 그를 만류한다. 그는 마치 귀스타브 에르베인 듯 말한다. 결국 증오는 구실을 얻는다. 급진파는 대회를 열고 자기들끼리 서로 묻는다. 국방을 거부하는 이 사회주의자들을 선거에서 지지할 것인가? 조국에 대해, 결코 파괴해서는 안 된다고 확고하게 언명한 조레스의 말은 한 줄도 보고하지 않는다. 언론에서는 제목으로 공격을 가한다. 러시아 대사관의 돈을 받는 신문. 식민지 사회의 부스러기를 챙기는 신문.

1908년 1월, 파나마로 부자가 되었고 『르 마탱』을 경영하는, 왠지 석연치 않은 인물 뷔노 바리야가 위르뱅 고이에—언제나 그자이다—와 함께 『아로』(Haro, 비난의 외침이란 의미)라는 신문을 창간하고 매호 조레스를 공격했다. 『르 마탱』은 『뤼마니테』가 여러 번 그 속임수와 공갈협박 행위를 고발한 신문이다. 그러나 언론은 "더 말할 것도 없다." 『라 크루아』 『에코 드 파리』는 서로 질세라 하나같이 "카이저의 친구" "헤르 조레스" "사회공화국의 카이저"라고 썼다.

대외정책에 대한 조레스의 발언, 이권게임을 방해하는 그의 분석 그리고 악시옹 프랑세즈를 중심으로 한 민족주의 부상, 귀스타브 에르베의 과도한 행동은 조레스에 대한 증오심에 새로 불을 지폈다.

그는 알고 있다. 필시 자신이 얼마나 훼방을 놓고 있는지 가늠조차 못할 것이다. 그는 어깨를 으쓱한다. 무엇을 할 것인가? "사물의 힘이 그런데 뭘." 그의 적들은? 줄 르나르가 평하듯이 "각양각색이 모인 집단"이다. 조레스는 아무렇지도 않다. 무관심해 보인다. "그들은 정말 어리석은 소리를 한다"고 그는 결론짓는다. 그러나 사람을 죽이는 어리석음이었다.

그가 자신의 죽음을 걱정하는 것인가?

그가 기다리는 것은 무엇보다 스스로 '정의의 시간'이라고 부르는 것이었다. 그 시간이 오리라고 확신했다. 왜냐하면 삶의 의미에 대한 그의 사고방식이 그에게 이러한 확신을 심어주었기 때문이다. "성실한 사람에게는 당들의 외침 너머로 정의의 시간이 울린다." 그날 그는 어디에 있을 것인가? "서서 싸우고 있을 것인가 누워서 쉬고 있을 것인가?" 그는 관심을 두지 않는다. 그는 총결산을 믿는다. "아무도 내가 공화파의 선의를 저버렸다고 주장할 수 없다…" 그리고 정의의 시간이 도래할 때 "모든 민주주의가 이를 증언할 것이다."

조레스의 힘과 동력. 그것은 그의 도덕적 순결함에서 나오는 것이다.

브리앙이나 비비아니에게 맞설 수 있게 해주는 것이 그것이었다. 두려움 없이 클레망소를 공격할 수 있게 했다. 그에 관해 분명하면서도 경멸을 담지 않고 말했다. 왜냐하면 이 노(老) 투사는 노회하고 양심적이지는 않았지만 대쪽 같고 자신이 표현하는 사상에 대해선 아닐지라도 자신에게 충실했기 때문이다. "당신은 피통치자들을 위협하기에 앞서 정권을 위협하느라 당신의 의회권력을 사용했다. 야에 있든 여에 있든 언제나 당신의 목표는 군림하고 전횡하는 것이었다."

그는 클레망소의 업적에서 그 힘과 권력의 취향을 간파했다. 염치없게도 "거대하게 집결한 보수파를 섬기는 데" 쓰이고 적용되는 힘이었다. "언제나

586

부정적 정신이었을 뿐인 클레망소 씨에게는 태생적으로 부정의 업적이 예정되어 있었다."

노동자들의 시위는 한층 더 가혹하게 탄압을 받았다. 그리고 이 정책은 고용주들이 건설노동자들을 해고하고 공장폐쇄를 단행하도록 부추겼다.

센에우아즈와 비뇌, 드라베유(파리 교외와 근교의 지명들임)에서 석공들이 파업을 시작하자, 헌병들이 개입하여 1908년 6월 1일에 노동자 2명이 살해되었다. '살인정부'라고 CGT의 전단들은 절규했다. "나르본의 학살, 라온—레타프의 학살 그리고 이번에는 비뇌에서 정부가 사람을 죽인다. …살해자 클레망소에게 더 이상 법은 존재하지 않는다. …CGT는 프랑스의 붉은 짐승에게 더없이 심한 경멸을 표한다."

언어의 폭력이 폭력적 탄압에 대응했다. 귀스타브 에르베 같은 이는 비뇌에서 총살사건이 일어난 다음날 『사회전쟁』에 이렇게 썼다. "파업을 하고 있는 수백 명의 노동자들에게 권총은 한 자루도 없었다!" 그리고는 "어느 조국 없는 자"라고 서명했다.

돌연한 충격을 준 폭력이 프랑스 사회를 일주했다. 의회에서 가결된 지 2년이 지난 1908년 6월 4일 팡테옹의 둥근 천장 아래 군대가 도열하고 공화국 대통령이 참석한 가운데 주악대의 연주에 맞추어 졸라 유해의 이장식이 거행되고 있는데, 악시옹 프랑세즈 회원들은 소규모로 무리지어 시위를 벌이며 팔리에르와 장관들에게 야유를 보냈다. 그리고 그레고리라는 민족주의 신문의 기자는 알프레드 드레퓌스 소령을 향해 권총을 두 발 발사하여 팔에 부상을 입혔다. 증오는 무장을 풀지 않았다. 또 한 신문기자—앙드레 고세—가 마찬가지로 "세상을 깨끗이 해야 한다"는 사명감에서 자발적으로 나섰지만, 모라스가 제지시켰다.

라탱 구에서는 드레퓌스 사건을 완전히 끝내려는 듯 민족주의 학생들이—뤼시앙 에르와 조레스의 친구인—샤를 앙들레르의 강의를 방해했다. 그가 학생들과 함께 독일여행을 다녀온 것이 잘못이라는 것이다.

그리고 몇 주일 후 중죄재판소 배심원들이 그레고리에게 무죄방면을 판결했다.

의심할 여지없이 민족주의와 반공화주의 사상의 소생 신호였다. 악시옹 프랑세즈에서 모라스는 "분열과 악의 원칙, 혼란과 고통의 원칙, 공화파 원칙과 매일 싸울 것"이라고 구체적으로 밝혔다.

그러면 드레퓌스 사건은 허울뿐인 승리인가? 조레스의 선택이 틀렸는가? 이 싸움에서 프롤레타리아는 얻을 게 하나도 없다고 게드와 함께 선언했던 사람들이 옳았던 것일까? 10년이 지나서 피카르 국방장관과 클레망소 총리가 포도경작자들과 노동자들에게 발포하라고 명령하는 동안, 단호하고 자신만만한 새로운 세대와 함께 반공화파 기류가 다시 부상하고 있었다.

그러나 현실은 상호 모순되는 일련의 관점들로 환원될 수 없다고 조레스는 답한다. 복합성은 삶의 본질 그 자체에 내재되어 있다. 오늘날 클레망소가 그 같은 태도를 보인다고 해서 그것이 곧 드레퓌스주의자들 편에서 싸웠던 의미가 사라지는 것은 아님을 이해시키기란 힘들다. 또 조레스가 무고한 장교를 위해 사회주의자들이 나서도록 추진했던 것은 옳았다.

삶, 역사는 이처럼 화해하고 분열하고 걸러지고 있었다.

새로운 세력들이 출현하여 사회생활의 영역에서 사람과 내기의 판을 다시 짜고 있었다.

그러나 모든 영역에 걸쳐 주어진 여건을 최대한 유연하게 통합하려는 현실주의자 조레스의 입장이 여러 측면에서 모순되게 보이는 것은 사실이었다.

그래서 조레스는 베를린의 자유주의 신문 『베를린 타게블라트』(*Berliner*

Tageblatt)와 인터뷰를 막 끝마쳤다. 1908년 7월 10일자 신문이다. 인터뷰에서 그는 영국 국왕과 차르 니콜라이2세의 만남을 축하했다. 이 만남은 영-러 협정의 현실, 따라서 런던과 파리와 상트페테르부르크 사이의 '영-프협상'의 생명력을 표현했다. 이 협약에서 긍정적인 면을 찾게 되면서 조레스는 영국과 독일 간에도 똑같은 형태의 합의가 이루어질 수 있지 않을까 생각하게 되었다. 그리하여 유럽의 협력 속에서 3국협상(파리-런던-상트페테르부르크)과 3국동맹(베를린-로마-비엔나)을 성사시킬 궁리를 했다.

경계심이 강하고 엄한 신념의 소유자인 로자 룩셈부르크는 레닌의 의견을 들은 다음 그에게 공개서한을 보냈다. 조레스 당신은 최근 자본주의 외교의 판짜기를 옹호하고 있다. 당신은 부르주아 평화전도사들에 대한 환상을 키운다고 로자는 말한다. "근대 자본주의 세계에서 전쟁이든 평화든, 거기에는 국가지도자들의 의지와 저열한 음모보다 훨씬 깊은 원인들이 있다는 것을 어떻게 모르는가? 당신은 차르의 외교를 정당화시킴으로써 러시아혁명을 배반하고 있다!"

로자 룩셈부르크. 그 이상은 모르고 있다! 도무지 조레스가 어떤 사람인지 모른다. 만약 전쟁이 발발하면 프롤레타리아 스스로 총을 들기를 호소할 이 사람을. 러시아 채권, 프랑스 외교를 비난하는 이 남자는 누구인가? 로자는 말한다. "당신은 당신의 『뤼마니테』에 감동적인 호소문을 발표하여 러시아령 폴란드의 군사법정이 야기한 유혈사태에 대해 항의여론이 일어나게 했다. 그런데 지금은? 당신은 사형당한 이들과 학살당한 이들의 시신 위에, 처형장의 오물더미에 쓰러져 있는 두마의 사회주의 의원들의 사슬 위에 세워진 이 동맹을 정당화한다!"

그렇다면?

조레스는 장기판 전체를 들여다보고 있다.

그는—낱말들, 초라하고 장엄한 낱말들을 가지고—장기판의 모든 말을 한 방향으로 몰고 가려 시도한다. 그 장기 말이 전통적인 외교술이다. 저기 저것은 프롤레타리아의 행동이다. 이것은 중재에 대한 촉구이다. 저기 다른 것은 아직 개혁정책이다. 클레망소의 재무장관 카이요가 입안한 소득세법안 지지. 저쪽에 또 다른 것은 클레망소에 대한 고발이다. 그 판은 드레퓌스 재심을 위한 싸움이고 무고한 한 인간의 권리를 위한 전투이다. 이 판은 쿠리에르 지하에 묻혀버린 광부들을 위한 절규이다. 이 여왕은 귀스타브 에르베를 포함하는 사회주의자들의 통합이다. 그리고 저 장기 말, 그것은 에르베에 대한 비판.

조레스는 승부의 명장처럼 당을 이끌고 있었다. 그 어떤 것도 소홀히 하지 않는, 그리고 전쟁을 완전히 격파하고 사회주의를 위한 시합을 승리로 이끌 수 있는 길로.

다른 사람들, 어떤 이들은 진지하지만 한차례의 공격 이상은 예견하지 못했기 때문에 진지하게, 또 어떤 이들은 사람을 희화화시키려 했기 때문에 의도적으로 조레스의 어느 한 구절만 들을 따름이었고 행동과 공격 하나하나를 떼어놓아 버렸다. 그리고 승부내기를 잊어버리거나 감추려고 하면서 비난했다.

격언이 장담하는 것과는 달리, 눈을 뜨고서는 장님들의 나라에서 살기가 쉽지 않다.

21 | 단번의 공격도 안 되고 다수의 공격도 안 된다

1908/1909

"세상은 얼간이들의 집합에 불과한가?" 조레스가 소리지른다.

그는 정신이 나갔다. 모로코 사태의 추이에서 프랑스가 주도권을 쥐고 나가면 위험하다는 그의 예측이 현실이 되고 있었기 때문이다.

1908년 9월 25일 카사블랑카에서 프랑스 군인들이 독일 영사가 교부하는 통행증을 가진 외인부대(독일인과 오스트리아인) 탈영자들을 강하게 신문하고 있었다. 독일인 용병 한 사람과 치고받는 주먹다짐까지 일어났다. 신문들은 후끈 달아올랐고 파리에서 민족주의자들은 적을 비난했다. 베를린에서는 독일 황태자가 "파리의 이 무례한 도당이 포메라니아 수류탄을 맛볼 때가 왔다"고 말했다. 영국인들은 파리가 강경하게 나가게 부추겼다. 런던으로서는 강력한 경쟁자 독일보다 프랑스가 모로코에 자리 잡는 것이 나았다.

"얼간이들의 집합"이라고 조레스는 반복한다. 경멸과 불안감을 안고 그는 질문한다. 겨우 그런 일로 유럽을 전쟁으로 내몰다니! "강대국 외교관들은 이 초라한 카사블랑카 사건에서 서로의 자존심을 일치시키는 형식을 발견해 낼 수 없는가?" 1908년, 그해 가을 국제상황이 악화되리라고 느낀 파리 사람은 소수였고 그는 그중 한 사람이었다. 모로코가 문제다. 그러나 이 문제가 가장 위험한가? 며칠 후면 파리와 베를린은 헤이그 재판소의 중재에 따를 것이다. 그러면 불길이 꺼지지는 않더라도 얼마간은 우회할 수 있다.

사실 더 심각한 것은 모로코 문제 자체가 아니었다. 모로코에서는 한쪽의 프랑스와 영국 그리고 또 한쪽의 독일이 서로 대립하는 경쟁, 격렬하면서도 은폐된 힘겨루기가 마치 번식하는 종양처럼 일어나고 있었다. 이 역시 조레스는 알고 있고 예측했었다.

맨 먼저 눈에 띄는 암의 전이위치는 발칸이었다. 지축을 뒤흔드는 진동이 국경선의 불안정과 정치적 해결의 취약성을 상징하듯, 고통으로 점철된 땅에서 세 세력—터키, 오스트리아-헝가리, 러시아의 영향력—이 충돌했다. 후견을 자처하지만 잔혹하기 일쑤인 그 그늘 아래에는 민중과 민족주의와 소수민족들이 들끓고 있었다. 세르비아가—1903년에—궁정혁명으로 왕조—카라게오르게비치 왕조—를 세우고 그 주위로 슬라브인들을 집결시켰다. 이 왕조는 비엔나와 콘스탄티노플 양쪽을 적으로 두고 있었다. 그런데 터키인들은 내분으로 세력이 약화되었다—군인들이 일으킨 혁명은 제국을 쇄신하고 술탄을 폐위시켰다. 세르비아인들은 터키 지역이지만 비엔나의 지배 아래 있는 보스니아와 헤르체고비나를 합병시키려 했다.

오스트리아는 어떻게 나올 것인가? 비엔나에서는 새로운 정치적 인물들이 영향력을 발휘하고 있었다. 황제 계승자 프란츠-페르디난트 대공, 외교장관인 알로이스 다에렌탈 백작이다. 그들 뒤에는 베를린, 3국동맹의 연대가 있었다. 그 맞은편에는 러시아.

한 남자가 이 모든 것의 화신이었다. 야심찬 외교관 알렉산드르 이스볼스키다. 권력과 돈을 탐하고 전쟁의 위험에 눈을 감으면서 국사를 담당하는 정치가로 자처하는 부류의 인물이다. 그는 와해되고 있는 이 발칸 땅에 유럽의 운명이 달렸다는 것을 간파하지 못했다. 불가리아는 터키의 약세를 이용하여 오토만의 후견에서 벗어나 독립왕국을 수립하고자 했다. 1908년 9월 16일 다에렌탈은 이스볼스키에게 모라비아의 부흘라우 성에서 만나기를 청했다.

모라비아의 구릉과 밭과 숲, 사냥터. 두 장관 주위로 보이는 건 모두 평화롭다. 오스트리아가 보스니아–헤르체고비나를 병합했고 대신 러시아는 다르다넬스 해협을 마음대로 통과하고 있었다. 아마도 다에렌탈은 이스볼스키에게 수백만 프랑의 수고비를 약속했을 것이다.

러시아로서는 속아 넘어간 거래였다. 오스트리아는 보스니아–헤르체고비나를 병합했지만, 터키도 런던도 러시아인들 마음대로 해협을 통과하는 데 동의하지 않을 것이다.

온 유럽이 전율한다. 조레스는 점화장치를 분해하여 타오르기 시작하는 불씨를 고립시킨다. 베를린은 비엔나를 지지하고 런던과 파리는 상트페테르부르크의 원조요청 앞에서 서로 피한다. 세르비아와 슬라브인들은 자신들의 민족적 열망을 농락당한 데 대해 수치를 느낀다. 프란츠–페르디난트 대공은 오스트리아의 오만을 상징하게 된다. 타도해야 할 인물이었다.

"이건 삼키기 어려운 쓰디쓴 약"이라고 이스볼스키는 말했다. "그러나 어떻게 할 것인가?" 러시아 군대는 아직도 일본에 패배한 충격에서 벗어나지 못하고 있었다. 어떻게 하는가? 프랑스에 다시금 14억의 차관을 요구하고 늘 그렇듯이 또 언론의 도움을 받아 덮어버릴 것이다. 상트페테르부르크는 질서가 잡히지 않았는가? 팔리에르 대통령이 직접 러시아를 방문했고, 그 답례로 차르가 프랑스에 왔다. 조레스는 『뤼마니테』에 "수치스러운 날"이라는 제목으로 이렇게 썼다. "차르 앞에서 행진하는 것은 교수대로 숲을 이룬 행렬이다. 국가지도자들이 교수형 집행자와 형리들로 이루어진 이상적인 행렬 앞에서 허리 굽혀 인사한다…."

모로코-발칸, 비엔나-베를린, 세르비아-러시아, 장관들의 허영심, 국가 논리, 개인들의 민족적 열망으로 폭발물이 쌓여가는 것을 그들은 보지 못하는가? 종양의 정체는 이미 훤하다. 모로코, 세르비아 그리고 어쩔 수 없는 주역들인 프랑스, 독일, 영국, 오스트리아, 러시아. 마지막 두 나라는 이미 부딪쳤고 서로가 고리타분한 태도이고 따라서 더 경직되고 더 호전적이다.

"얼간이들의 집합!"

조레스의 분노는 통찰력에서 나왔다. 그는 그 모든 것을 말하고 썼다. 그것은 정치적인 항의인 만큼이나 지적인 반항이었다. 하지만 어디에도 분파주의는 없었다.

1909년 2월 9일 파리와 베를린이 모로코를 놓고 협약을 체결하자 조레스는 기뻐한다. 정치적인 영향력은 프랑스가 계속 갖기로 하고 경제적 역할은 반반으로 나누기로 한 협약이다. "이것은 유럽 평화의 절대조건인 프랑스-독일 화해를 처음으로 기약하듯, 긴장완화의 지표이다. 이런 이유로 우리는 대단히 기쁘다"고 조레스는 썼다.

그러나 그것은 하나의 지표에 불과했다. 그는 그것을 모르지 않았다. 영국인들은 이 협약 때문에 불안했고 러시아인들도 마찬가지다. 그런데 조레스는 니콜라이2세의 억압적인 권력과 연합한 데 프랑스의 위험이 있음을 알고 있었다. "우리는 모스크바의 곰과 묶여 있어서 덩달아 춤을 출 수밖에 없다. 아마 음악을 좀 빨리 하면 그들을 헤쳐 나올 수 있을 것이다."

그러나 이것을 알아차려도 감히 쓸 수 있을까? 조레스가 표명하는 견해에 당국은 성가셔했다. 그는 지도자로서 쓰고 말했다. 그는 자신의 분석이 옳다고 확신했으며, 그 분석이 공명심이나 금전 같은 개인적인 이익에서 나오는 게 아니라 오직 자기 논리의 소산이고 아부에 의해 꺾이는 것이 아니었기 때문에 그 확신은 한층 굳건했다. 우파가 격분하고 증오하는 것은 알고 있었다. 그러나 사회당 내에서조차 노여워했다. 모리스 바레스의 말이다. "사회주의자들은 마치 자갈 깔린 대로를 굴러가는 롤러처럼 조레스가 자기들 위로 지나가는 것을 용서할 수 없다. 그들은 그가 오만하다고 말한다. 그가 보잘 것 없는 말이나 한다면 별일이겠는가? 추기경들은 아주 겸손한 형식으로 그들의 편지에 서명한다. 그렇더라도 추기경이다."

사실 좀 머뭇거린 것은 조레스의 자만심 때문이 아니다. 완벽하려는 그의 성격과 지적 우수성이 합쳐진 단순한 표현이다. 그는 완벽하게 토론을 지배한다. 연사들이 발언을 다 마친 다음 개입해서 요약하고 처음과는 다른 차원의 종합 속에서 견해들을 화합시킨다. 그러면 앞선 발언자들은 자신들이 현실의 일부밖에 표현하지 못했다는 느낌을 갖게 되거나 혹은 조레스 식의 합성으로 자신들의 개성은 잃어버렸다는 불쾌한 인상도 받는다. 그들은 단일한 음조, 개별적인 음을 낸다. 조레스는 심포니를 만든다. 그 안에는 "힘찬 활력, 놀랍게 젊은 유쾌함" 이런 풍부함이 있다.

그래도 이제 쉰 살이다. 하지만 지쳐 떨어진 모습은 전혀 아니다. 네모난 수염은 허옇게 세었고 이목구비는 뚜렷하다. 생기 넘치는 작고 날카로운 눈과 훌렁 벗겨진 넓은 이마가 모두 입에 종속되어 있는 것처럼 보였다. 여전히 걸신들린 듯 먹었다. 어느 날 프티트-에퀴리 거리에 있는 알자스 식당에서 『뤼마니테』가 아나톨 프랑스에게 대접하는 회식이 5시까지 이어지고 있었다. 조레스가 하도 먹고 마셔대자 식당 종업원들은 혀를 내둘렀다. 동시에 너무 큰소리로 떠들어서 다른 손님들이 마치 그 말을 듣는 중인처럼 되어버렸다. 겉으로는 좀 진중해 보이지만 말을 하기 시작하면 사람들을 빠져들게 했다. 듣기 좋은 목소리 그리고 논리의 통제로써 넘치는 상상력은 명확한 규칙과 완벽한 문법을 따랐다.

겉으로 드러나는 이 건강함 역시 약이 오른다. 이 활력은 넘쳐나도록 뇌

두고 그를 사색이 제거된 세력으로 위축시킬 수도 있었다. 그러나 놀랍게도 어느 날 아침 팔레-부르봉으로 가는 합승버스 안에서 라신의 비극을 읽고 있는 사람, 의회 도서관에서 조르주 상드를 읽고 바레스에게 섬세하게 이 작가의 작품을 해설하는 사람, 우연히 서가에서 어떤 책을 발견하면 그 책을 찾아냈고 무료라는 것에 기뻐하는 사람, 나이 쉰에도 여전히 꿈을 가진 지식인이 그 아닌가?

그리고 그의 연설의 이미지들, 정치적 텍스트 안에서 자연을 빌려 준거를 찾는 일련의 놀라운 메타포, 그것은 드러나지 않은 서정의 삶, 억제되었지만 강렬한 감수성의 증거가 아닌가! 그것들은 의지로 제어되었고 책임감과 정치적 참여 때문에, 또한 한마디로 하면 수줍음으로 하여 다른 물길을 탔다. 사회학자 조르주 소렐—1908년에 노동자주의에 대한 변호이자 반의회주의적 경향과 혁명적 생디칼리슴의 『폭력에 대한 성찰』(*Réflection sur la violence*)을 출간했다—이 조레스의 농민 같은 이중의 성격을 보면 흔히 '가축거래 인'이 연상된다고 쓴 것은 교활한 중개상이 아니라 전체의 화해와 변증법과 종합을 지향하는 사상, 그것에 대한 몰이해를 드러냈을 뿐이다.

작가—여성—비올리가 속을 털어놓는다. "조레스는 위대한 사람이다. 그러나 개인적으로는 정이 가는 사람이 아니다. 그는 어떤 것에도 연민을 보이지 않는다." 그 여자는 조레스의 성격적 특징의 어느 한 면, 친밀한 관계를 맺기 어려운 면을 확인해 주었을 뿐이다. 그러나 이렇게 말하는 것은 그 여자의 잘못된 결론이다. "이 놀라운 사람은 다정하지 않다는 걸 숨기지 않는다." 그러면서 비올리는 "그것이 장점인지 결점인지?" 하고 덧붙인다.

조레스에게 애정의 표현이라고는 없다고?
메로트와 팔짱을 끼고 천천히 걸으면서 오랫동안 이야기를 나누는 그를 본

이들이 있다. 자녀들과 함께 있는 조레스를 본 이들도 있다. 혹은 그저 그의 책을 읽은 이들이 그 사람의 다정함을 알고 있다.

그러나 남부사람들이 흔히 그렇듯이, 그는 풍성한 말로써 그것을 숨긴다. 그리고 소중한 물건처럼 가까운 이들에게만 드러낸다. 속을 다 보이지 않는 것 또한 남부사람이다. 깊은 정은 아들 루이와 딸 마들렌에게 갔다.

딸이 스무 살이 되었다. 이미 '구혼자'가 여러 명 있었다. 노동자 출신의 신문기자 루이 줄리도 그중 한 사람이었는데, 조레스는 그를 피했다. 조레스는 부르주아 아버지처럼, 게다가 남부 남자처럼 경계했다. 그러나 마들렌은 결혼하고 싶어했다. 아마 어머니와는 다르다는 것을 얼른 보이고 싶어서였을 거다. 1909년 6월 22일 마들렌은 로브 도(남부의 도) 빌뇌브 등기소 소장과 결혼했다. 보잘 것 없는 공무원에다 허약한 몸매와 그 옹졸함은 마들렌 조레스의 빼어난 자태와 대조를 이루었다.

파리16구 시청에서 부르주아식 결혼식을 올리고 피로연은 팔레 도르세(현재 센 강변의 오르세 박물관인 장소)에서 베풀었다. 순백색 의상과 한입에 넣는 프티 푸르 과자. 조레스는 사회적 처신에서는 전통적 가치관을 벗어나지 않았다.

기혼남성을 연인으로 둔 어느 여성 사회주의자에게 그는 도덕강론을 펼쳤다. 그 투사를 부추겨 아내를 버리게 했다며 그 여자를 힐난했다. "시민 동지, 그 남자는 자유롭지 않습니다. …당신은 그럴 권리가 없었어요. 젊은 처녀들은 마음대로 처신하면 안 됩니다." 그 여성이 "조레스 시민, 당신은 한번도 사랑을 해본 적이 없어요?" 하고 분개하자 그는 이렇게 대답했다. "천만에요. 나는 내 아내를 사랑했고 지금도 그렇습니다."

편견에 얽매인 순응주의자인가? 오직 관습의 틀에 맞는 감정만 표현할 줄 아는가? 사실 조레스는 사회적 '가치관'에 지나치게 도덕적 의미를 부여했다. "개인의 생활이나 국민의 생활에서 도덕과 사상을 망가뜨리면 벌을 받을 때가 올 겁니다"라고 젊은 여성에게 말했다. 그리고 얼마 후 그 연인이 당의 유력자인 까닭에 관계가 복잡해지자 조레스는 다음 말을 덧붙였다. "나는 아무리 작은 일이라도 당의 위엄과 도덕적 권위를 훼손하는 것은 인정할 수 없다."

조레스의 한계인지 아니면 반대로 자기희생인지? 자신을 위해 사회적 권위의 서열을 선택한 것이다. 이에 대해 우리는 누구에게나 사생활은 기본이라거나 내적인 세계와 사회생활 사이에 조화와 균형이 있어야 한다고 반박할 수도 있다.

조레스한테는 그 두 가지가 서로 비끄러매여 있었다. 개인적 애정이 그의 소원에 응답하지 않기 때문일까? 종교적 감수성이 깊이 밴 교육으로 욕망을 의무감 속에 파묻었기 때문일까? 혹은 그저 단순히 톱니바퀴처럼 일에 매달려 있다가 빠져나올 때 그 일을 성취해서 느끼는, 거기에서 드러나는 책임감과 희열일까? 그러한 활동들이 가져다주는 보상을 맛보는 기쁨, 공적 생활의 회오리바람이 피신처였을 수도 있다.

마들렌 조레스가, 뇌수종으로 거의 귀가 안 들리고 사지가 부자유한 아기를 낳았을 때 조레스에게 어머니의 죽음 때처럼 다시금 앞으로 나아가고 이 쓰라린 절망을 만인을 위한 봉사로 돌리는 것밖에는 다른 무슨 구원책이 있었겠는가? 개인의 고통을 집단적 투쟁 속에 용해하고 삶의 불행을 사람들에 대한 희망으로 녹여내는 그런 길을 스스로 선택한 쉰 살 이 남자의 특성은 자신의 젊음을 배신한 것도 포기한 것도 아니었다.

다른 사람들은 자신의 상태를 받아들이기 위해서 어떻게 하는 걸까?
탄압정책에 빠져버린 클레망소의 경우는 이렇다.

1908년 7월 30일 CGT는 석공 파업자 두 명을 죽음으로 몰아넣은 헌병

들의 폭력에 항의하기 위해 총파업과 드라베유 시위를 촉구했다. 수천 명의
시위자들이 빌뇌브–생–조르주의 긴 철로를 따라 집결했고 도시의 거리들에
는 바리케이드가 세워졌다. 군대는 나팔을 불며 해산경고를 한 뒤 총을 쏘기
시작했다. 4명이 죽고 수십 명이 부상을 당했다. 시위자들은 시체를 뉘인 들
것을 치켜들고 장군 앞을 지나가면서 소리쳤다. "이게 당신이 한 짓이오. 인
사하시오."

이때 아내 크루프스카야와 함께 파리에 머물고 있던 레닌은 사태를 지켜
보고 라파르그를 방문했고 또 이 장면, "장례식을 치르는 이 부르주아공화국
의 장군"에 놀라워했다.

그러나 그를 또 놀라게 한 것은 반동들의 폭력이다. 보수신문들은 CGT
의 해산을 촉구했다. 그리고 클레망소는, 이 요구에는 응하지 않았지만 노조
지도자들을 체포하라는 명령을 내렸다. 『뤼마니테』에서 피에르 르노델은 "죽
음의 주역인 사람, 뻘건 클레망소"에 관해 논평했다. 조레스는 여러 날 동안
사태를 분석하는 글을 계속 썼다. 그는 노동자들에게 "조직하시오"라고 외쳤
다. 파업을 할 때는 보통선거를 통해 노동자들의 의사를 묻는 절차를 밟기를
노조에 권유했다. "모든 집단운동은 개인 에너지가 가치를 발휘할 때만 의미
가 있다." 에르베의 『사회전쟁』이 CGT—그리퓌엘은 감옥에 있었다—에 과
격한 언어를 사용했을 때 그는 "지나치게 격분한 몇몇 그룹의 도발적인 행동
을 통제"하지 못하는 노조에 대해 경계하도록 했다.

3년이 지난 후—1911년—에 가장 극단적인 노조주의자—메티비에—
가 바로 경찰에 매수되어 총리가 직접 만나기까지 한 선동자였음이 드러났다.

수상쩍은 이런 방식은 빈축을 샀고 일부 급진파는 클레망소에 반대했다.

카이요는 클레망소가 치안본부의 흙탕물에 손을 담글 정도로 자신을 잊
고 있다고 그의 "억제할 수 없는 경박함"을 꼬집었다. 그는 내무장관실과 총

리실에서 야비한 밀고자를 만날 만큼 스스로 품위를 떨어뜨렸다. "만약 의회
가 휴회가 아니라면 클레망소는 쓰러질 것이다."

더구나 이런 방법으로는 해결되는 게 없었다. 8월 3일 20시부터 22시까
지 전기공들은 다시 한번 파리를 어둠에 빠뜨렸다. 1909년 5월, 선원들이 하
역작업을 마비시켜 한 달 동안 마르세유와 북아프리카, 코르시카 사이가 두
절었다. 우편원들이 4월에 파업을 하자, 우편국을 장악하기 위해 군대가
동원되었고 폭력행위가 발생했다. 이에 대한 응답으로 클레망소와 바르투는
우편원 600여 명을 해고하기로 결정했다.

정부의 권위적이고 거친 방식은 불편과 비난 심지어 증오를 불러일으켰
다. "클레망소는 어떤 이들에게는 풍자와 난폭행위를, 또 어떤 이들에게는 속
임수와 수개월 혹은 수년 동안의 감옥살이와 총탄을 안겨준다"고 조레스는
말했다.

조레스는 특히 이런 정부가 여론에 끼칠 사상적 경향을 우려했다.

사회당에서는 위베르 라가르델과 E. 베르트를 중심으로 '극좌파'가 자리
잡았으며 소렐의 『폭력에 대한 성찰』이 집결지와 같은 역할을 했다. 그러니
까 이것이 '드레퓌스주의'이고 '공화국'이란 말이지, 하고 그들은 말했다! 인
간의 권리, 공화국의 제도들이 공동의 쟁취임을 노동운동에서 인정받게 하려
던 조레스의 모든 노력은 부인되었다. 그리퓌엘은 이렇게 언명했다. "보통선
거는 장식품 가게에나 갖다 줘야 할 것 같다." 여기에 조르주 소렐이 덧붙였
다. "민주주의는 사회주의의 진전을 막기 위해 효과적으로 작동할 수 있다."
"노동계급은 종교에 생각이 없듯이 의회에 관심이 없다"고 라가르델은 확언
했다. 귀스타브 에르베는 『사회전쟁』에서 이렇게 말한다. "프랑스는 피곤하
다. …마리안이 위기라면 우리는 마리안에게 종부성사를 해주어야 할 것이
다." 그리고 많은 투사들의 실망을 대신 표현하고 있다. "CGT가 여러분을

위협하는 반유대주의와 성직자 지지 물결에 대항해 유대인 부르주아와 프로테스탄트, 프리메이슨을 보호하는 것은 좋았다. 이제 위험은 지나갔다. 여러분은 더 이상 혁명가들이 필요하지 않다. 개나 판사들에게 던져버리면 된다."

그리고 반유대주의의 불씨와 노동자 폭력의 선동, 지식인들에 대한 도전―거부는 아니라도―이 다시금 출현하고 있었다. "두 귀족이 있을 뿐이다. 칼의 귀족과 노동의 귀족이다"고 소렐의 제자 E. 베르트는 썼다. "부르주아, 상점주, 무역상, 은행인, 환전상, 증권거래인, 상인, 중개인 그리고 그 역시 중개자인 지식인 공모자… 그들은 어떤 수준 이상의 높은 사상과 감정을 가질 수 없다. 사회사상은 군사적이거나 노동자적일 뿐이다."

조레스를 한층 불안하게 한 것은 사람들이―『사회주의의 새로운 양상』이란 제목 아래 E. 베르트의 펜으로 쓴―다음과 같은 사상을 읽는 것이었다. "만인을 숭고하게 드높이는 것은 전쟁의 위대함이다." "전쟁은 법과 국가를 창출했고 사회를 규정하고 출범시킨다."

조레스는, 마치 10년이나 20년이 지나면 새로운 세대가 똑같은 주제를 반복한다는 듯 드레퓌스 사건 전의 불랑제주의 시대로 복귀하는 것―퇴보이다―은 클레망소와 그의 '썩은' 정부가 만들어놓은 정치적 분위기에 책임이 있다고 보았다.

1909년 6월 25일, 하원에서 클레망소에게 질의하면서 이렇게 말했다. "이 모든 폭력, 개혁의 미흡함이 결국 국민들에게 무감각과 권태, 막연한 분노를 심어주는데 공화파가 그것을 모른다는 것은 위험하다."

사실 1880~90년의 태도를 상기시킨 것은 '극좌파'의 재출현이 아니었다.

'왕의 부대', 악시옹 프랑세즈의 민족주의적 왕당파 학생들은 뤽상부르와 당페르-로슈로(뤽상부르 공원에서 멀지 않은 대로) 곳곳에 세워놓은 드레퓌스파 정치인들(슈레르-케스너)의 조각상을 훼손하면서 라탱 구를 제압하려 했다. 유대인 교수들은 소르본 대강당에서 공격을 받았다. 문예지 *NRF*(신프랑스평론)의 창간인 자크 리비에르는 작가 알랭 푸르니에에게 이렇게 털어놓았다. "급진적 사회주의 노선은 정말이지 온몸으로 혐오가 느껴져요. 급진파와 사회주의자들이 말하는 것을 들으면 어려서 드레퓌스주의자들한테 가졌던 것처럼 거의 맹목적으로 끔찍한 느낌이 들거든요."

능란하고 활기 있고 전투적인 악시옹 프랑세즈는 민중계층, 어용노조와 끈을 갖고자 했다. 반(反)CGT인 이 어용노조 연맹은 콜레주 드 프랑스의 교수 한 사람을 연맹 전국위원회에 두었는데, 폴 르루아 보리외가 그 사람이었다. 어용노조로서는 조레스가 적이다. "우리는 조레스의 썩은 시체를 문짝에 걸어놓을 것이다"는 글을 사람들은 연맹 신문에서 읽었다. 그들은 모라스의 지원이라는 혜택을 받았다. 모라스는 빌뇌브 생 조르주의 폭력사태 이후 『락시옹 프랑세즈』의 인기칼럼에서 클레망소를 비난했다. "티에르보다 못할 게 없는 불길한 저 늙은이… 이 학살, 이 살해는 계산착오와 과오의 결과가 아니다. …그는 그것을 원했다."

동시에 조레스는 직관 때문에 이치를 배격하는 이런 비합리적인 사조가 고조되는 것을 감지하고 있었다.

베르그송은 멀리서 조레스와 계속 대결하고 있었다. 1907년 창조적 진화를 내놓았으며, 주요 신문들이 중계하는 그의 콜레주 드 프랑스 강의는 언제나 대성공이었다. 베르그송의 강의를 듣고 나오면서 페기—계속 방황하고 있었다—는 타로에게 고백했다. "이 작은 방에서 이루어지는 것은 굉장한 혁명이다. 형이상학이 돌아오고 데카르트 이래 얼어붙었던 대륙에 다시 광명이 찾아든다."

극좌와 극우에서 민주주의를 배척하고 이성을 거부하고 폭력—이미 전쟁—을 조장하고 공화국을 경멸하는 이 모든 현상은 체제에 대한 공격, 전쟁으로 치닫는 정책에 어울리는 분위기를 만들어내었다.

1909년, 공화국에 대한 완강한 반대론자인 비오10세가 극우진영과 민족주의자들과 폐기가 상징물로 선정한 잔 다르크를 축성한 것이 우연일까?

"몇 해 만에 처음으로" 하고 조레스는 클레망소 쪽으로 고개를 돌리며 말을 시작했다. 그가 보기에는 클레망소에게 책임이 있었다. 왜냐하면 그가 실망시키고 배신했기 때문이다. "처음으로 과거의 가장 과격한 정파들, 공화국에 반대할 작정으로 대담무쌍하게 나왔던 정파들이 다시 희망을 갖기 시작했다."

그러므로 이 터전에서 다시금 정면대결을 해야만 했다.

이로써 조레스는 1899년 뤼시앙 에르를 중심으로 결성되었던 사회주의 통합그룹을 본떠 창설된(1908년) 사회주의연구그룹을 지지했다. 지식인들이고 더구나 고등사범 출신들인 이들에게는 잡지—『사회주의 연구』(Les Cahiers du socialisme)—를 발간하고 특히 학생들을 위한 사회주의 학교를 살리는 것이 문제였다. 그곳에는 에르와 샤를 앙들레르—그가 진짜 교장이었다—와 시미앙, 마르셀 상바가 다시 보였고 연사 중에는 조레스도 있었다. 앙들레르는 '사회주의 문명'을 다루었다. 조레스는 1천 명도 넘는 청중들 앞에서 군사문제나 프랑스혁명에 접근했다. 위험한 사상의 노도에 대항해 둑을 쌓는 방법이다.

조레스는 여전히 사상운동에 민감했다. 지식인답게 의미를 헤아리고 결과를 가늠하는 정치인이었다. 그러나 그는 이 사회주의 학교에서 학생뿐 아니라 노동자들에게도 말을 건네고 싶어했다. 그가 환상에 젖어 있었던 것은 아니다. 아무리 사회주의적이라도 학교가 세력관계를 바꾸어놓지는 못했다.

노동자의 의식화, 사회행동에서 결정적인 것은 노조조직이나 정치조직이다. 이 때문에 1908년 10월 15~18일 툴루즈에서 열린 당대회에서 그는 통일의 요인들이 분열세력을 물리치고 승리할 수 있도록 혼신의 힘을 다했다. 상황이 그러기를 요구했다.

그는 어느 정도는 자기 도시이기도 한 툴루즈에 다시 갔다. 초임 시절을 지낸 곳이었고—그의 정치적 삶에서 단 한번인—업무행정을 포함하여 시의회 임기를 수행했던 도시이다. 대회의 본회의는 뾰족뾰족한 돌로 쌓은 베네딕트 수도원의 오래된 교회에서 열렸다. 마치 이곳으로 모여든 모든 역사가 그를 풍요롭게 해주러 온 듯, 숨쉬는 장치를 하나 더 찾은 듯 조레스의 목소리는 크게 울려퍼졌다.

줄 게드는 병으로 참석치 못했다. 그러나 반론은 거세고 분위기는 비관적이었다. 당의 총서기(뒤브뢰유)는 어두운 상황을 드러내는 리스트를 보고 하면서 이렇게 말을 맺는다. "노동자 조직들은 기소를 당하고 20년 이래 본 적이 없을 정도로 몰리고 있다." 라파르그는 의회체제를 비난한다. "이 체제가 얼마나 이해력이 없는가는 부르주아 장치의 책임자들, 즉 장관들을… 선정하는 데서 상스럽게 드러난다"고 말한다. 라가르델은 소수와 폭력의 역할을 찬양한다. "더 이상 수가 얼마냐는 문제가 아니다. …엘리트가 형성되어야 우수한 자질로 대중을 훈련하고 투쟁의 길로 이끈다."

조레스는 듣고 있다. 이로써 좀이 쏠듯이 당의 한복판에서 사상들이 구멍을 뚫었다. 폭력, 의회의 거부, 엘리트의 역할.

러시아 출신 샤를 라포포르는 백과전서 같은 교양을 지녔는데 마르크스주의의 이름으로 조레스 비판에 나선다. 발언자마다 각기 다른 사상을 표현하는 것 같다. 우파, 중도, 좌파. 선거에서 이기기를 원하는 이들, 에르베의 제자로서 이렇게 말하는 이들. "우리는 의석을 얻고 싶지 않다. 우리는 반란을 일으키기를 원한다." 그리움과 냉소를 함께 지닌 에두아르 바이양 같은 이들은 이런 사회주의자들의 병을 비난한다. "저마다 이리저리 자기 경향에 갇혀 있으면서 옆엣사람에 대해서는 '저자는 사회주의자가 아니다. 내가 사회주의자'라고 한다." 그는 웃어젖히면서 다음과 같이 끝맺는다. "우리가 발로 걷는 습관이 들어 있기 때문에 어느 날 머리로 걸어가라는 묘한 제안도 나올 것이다. 그리고 그런 제안을 했으니 운영위에 들어가게 해달라고 요구할 것이다…."

그 다음이 조레스 차례다.

그가 기다리던 시간이다. 당은 불확실하고 분열되어 있다. 서로 다른 각각의 감수성을 고려하면서 공동의 사상을 중심으로 당을 하나로 모아야 했다. 그는 힘차게 말하면서 자신의 말을 중단시키는 이들에게 "나는 지나치지 않고 모욕을 주지 않고 술수를 부리지 않는다. 이 자리에는 친구들만 있다고 믿는다"고 응수한다. 그는 자신을 믿는다. 우파든 좌파든 그는 이렇게 답한다. "새 질서가 솟아오르게 하기 위해서는 단번에 치자는 것도, 다수가 치자는 것도 아니다."

프롤레타리아는 준비되어 있어야 한다. 혁명정신과 개혁적 행동은 대립되지 않는다. "근본적으로 혁명적인 당은 가장 적극적이고 가장 실질적인 개혁의 당이다. 모든 개혁이 진보로 나아가는 한 걸음이다." 그는 말했고 그는 대회를 지배했으며 그는 대회를 끌고 가고 통일시켰다. 언젠가 줄 게드는 샤를 라포르트에게 "조레스는 너무 멀리 보고 너무 복잡하다"고 말하고는 자기 적수의 변증법에 아연해하며 덧붙였다. "조레스가 행하고 말하는 것은 모두 다 쳐부수어야 한다."

그러나 게드는 참석하지 못했고 대의원들은 끌려들었다. 회의적인 라파르그에게 "인간은 멍에를 쓰고도 채찍질을 당해도 자기 힘을 의식한다"고 말하는데, "사회주의자로서 나는 노동자의 해방을 인류의 교양과 분리시켜 생각하지 않는다"고 깊은 목소리로 울부짖는데, 아픈 사회현실에 대해 말하고 "우리는 결코 프롤레타리아의 이름으로 이 봉기의 권리를 포기하지 않을 것이다"라고 말하는데, 통합에 대한 열정, 조레스의 종합에 어떻게 저항할 수 있겠는가?

조레스 안에서 모든 경향이 서로 만난다. 그는 퍼즐을 맞추고 있다. 세 가지 관점을 펼쳐 보인다. 하나는 멀리 보고 마침내 사회주의에 도달하는 것이다. 또 하나는 상황적이다. 총파업과 봉기의 방도를 차용할 수 있다. 마지막으로 당장 급한 것은 의회주의, 시정활동, 노조, 조합활동, 개혁에 끼어드는 것이다.

조레스의 동의안은 한 표를 뺀 만장일치로 가결되었다. 대회장의 불이 꺼진다. 벵골 불꽃이 하나둘 켜지면서 여자들이 돌 위에서 춤을 춘다. 둥근 천장 아래로 〈인터내셔널〉이 울려퍼진다. "단합, 당의 통합이 툴루즈 대회에서 막 이루어졌다. 새로운 걸음이고 거인의 걸음이다. 당의 정신적 통일이 결정적으로 이루어지는 중이다"라고 최종 본회의를 주재한 마르셀 상바는 선언한다.

조레스는 이겼다. 이 툴루즈 결의안이 1914년까지 SFIO의 지침이 된다.

젊은 교수로서 명성을 얻기 시작한 툴루즈에서 조레스는 당의 지도자로 인정받는다. 1904년 그가 패배하면서 가담한 통일이 그를 중심으로, 그의 사상을 중심으로 이루어진다.

능란함인가? 타고난 술수인가?

능란하다고 보면 능란하다. 조레스는 인간과 사물의 운동에, 그리고 그것을 설명하고 그것을 최상으로 통제하는 자신의 실천능력에 승부를 걸었다. 내기는 이겼다.

이윽고 섬광 같은 불꽃들이 꺼진다. 〈인터내셔널〉, 조레스가 생애 내내 대회에서 집회로, 도시에서 도시로 퍼져 나가는 것을 좇아갔고 마침내 노동운동의 상징으로까지 된 〈인터내셔널〉 노래도 이제 그칠 것이고 그러면 대회에서 다져진 동지애도 느슨해질 것이다.

그러나 이 툴루즈 대회를 끝내고 조레스는 한층 강해졌다. 그가 말을 하면 SFIO의 이름으로 하는 것이었으므로 더 이상 아무도 이의를 달 수 없었다. 물론 대회가 끝난 후 이견들의 개입이 있었지만 미미할 뿐이었다. 프랑스 사회주의의 얼굴은 조레스였다. 그리고 사회주의에 자신의 커다란 교양과 관대함을 전부 쏟아넣었다.

1908년 11월 12일 의회에서 사형제 폐지를 둘러싸고 논란이 일었을 때 조레스의 발언은 같은 맥락에서 이 토론에 역사적 의의를 부여했다. 사형은 "기독교정신과 혁명정신에 동시에 배치된다. 그것은 절망의 신호로서 숙명은 영원하다고 믿는 자들의 '반동적 현실주의'를 드러낼 뿐이다. 당신들은 이 숙명의 덩어리 위에 기요틴을 세우는 것이다."

법무장관 브리앙이 조레스를 지지했다. 그러나 전국에서 항의가 일어났고 중죄재판소 배심원들은 진정서를 보냈다. 『르 프티 파리지앵』은 이 주제에 대한 국민투표를 계획했으며, 100만 명의 응답자가 기요틴을 찬성했고 반대는 32만 8천 명에 불과했다. 그러자 정부의 입장에 관계없이 의원들은 선거구민의 여론 앞에 엎드렸다. 기요틴이 "철로에 핏빛을 투영하는, 그리고 길이 막혀 인간의 희망이 지나가지 못하는 것을 의미하는 붉은 신호등인들 어떠랴!" 그들은 폐지를 거부했다.

그러므로 다시 프랑스 감옥의 안마당에 기요틴을 세울 것이다.

조레스는 의회에 열심인 사람에 속했지만, 가끔은 하원이나 의회제도에 회의를 품었을까?

의회의 청중석 회랑에서 사람들이 눈으로 그를 찾는다. "핏기 없는 얼굴들 사이에서 그의 불그스레한 얼굴"은 금방 알아볼 수 있다. 대개는 뭔가를 쓰고 있지만, 이따금 고개를 들어 연설하는 사람에게 주의를 기울인다. 이제 브리앙은 일류 제품의 바지와 윗도리로 우아하게 차려입었다. 하지만 텁수룩한 턱수염과 관자놀이의 애교머리는 노동자들에게 사랑받던 시절의 정치초년생 분위기와 다르지 않다.

하원의 살롱과 복도에서 브리앙은 아직 마흔일곱밖에 되지 않았는데도, 구부정한 자세로 천천히 발자국을 뗀다. 담배 한 개비를 물고 희디흰 기다란 손을 만지작거린다. 그는 느릿느릿 말한다. 분리법 토론은 그가 능란한 사람이고, 불법적인 것을 합법으로 바꿔놓는 형식을 찾아낼 줄 안다는 것을 보여주었다. 위대한 의회인의 한 사람이다. 그러나 이 능란함, 이 교활함, 사람을 매료시키는 이 솜씨로 충분한가? 조레스는 회의적이다. 시대의 과제들은 문제를 딱 부러지게 말하는 용기 있는 의원들을 요구한다. 그런데 그들은 재선을 염두에 둔다. "우리는 사람이나 정당이나 어떤 문제도 정면으로 대하기를 피하는 시대에 살고 있다"고 조레스는 말한다. 그들은 하루하루 암초 사이로 피해 다닌다. 조레스는 계속 말한다. "원칙을 제기하고 거기서 필요한 결론을 끄집어내면 회의주의자의 유희, 솔직한 사람의 천진함으로 치부한다." 그들은 현실주의자로 자처하지만 장님일 뿐이었다. "의회에 결핍되어 있는 것, 애초부터 결핍된 것은 목적을 지닌 명료한 전망이다."

그리고 사치와 명예와 이익 추구, 권력의 향유. 또한 거기에 접근하는 길을 공유하지 못하는 자들의 욕망. 각료자리를 비우기 위해 정부를 쓰러뜨려야 한다.

1909년 5월에 당장 클레망소 내각의 수명이 얼마 남지 않았다는 느낌이 들었다. 클레망소의 방법들이 화를 돋우고 성과도 보잘 것 없었지만 무엇보다도 그가 권력을 잡은 지가 오래되었다. 그의 추락을 말하기 시작했다. 그를 대신할 수 있는 사람들이 그랬다.

파리사람들의 저녁식사에서는 세론이 오간다. 미르보가 말한다. "클레망소는 모른다. 아무 생각도 없다. 도지사들을 창피 주는 데만 골몰한다. 그는 매수하면서 통치한다. 전기공노조의 파토 서기를 매수했다. 그 목적으로 100만 프랑의 복권을 허가했다는 말이 있다."

하원에서는 델카세가 해군의 상황에 관해 클레망소에게 따진다. 순양함들의 뱃전에서 폭발물이 터졌다. 대수롭지 않은 질의인가? 사실 두 사람은 서로 미워했다. 메두사의 하원 앞에서 그들은 과거의 셈을 끝냈다. 가차 없는 클레망소는 델카세에게 "웅대한 유럽 정치의 계획은 어찌되었느냐…"고 환기시킨다. "당신은 우리를 전쟁의 문턱까지 데려가면서도 아무런 전쟁준비도 해놓지 않았다." 의원들이 반원형의 좌석에서 고함을 지른다. 클레망소는 기염을 토하면서 조레스가 했던 분석을 막 확인하려 한다. "지금 신문을 받고 있는 육군장관과 해군장관이 우리는 준비가 되어 있지 않다…고 답변한 걸 당신은 잘 알고 있다. 세상 모두 알고 있고 유럽이 알고 있다."

이 사람들은 대체 어떤 사람들인가? 조레스는 의아스럽다. 대체 언제 평화를 생각하는가? 그는 분개해서 말한다. "그렇다면 클레망소는 만약 프랑스가 강했다면 파쇼다에서는 영국을, 탕헤르에서는 독일을 공격했으리란 것을 우리에게 알려준 것인가?"

클레망소와 델카세는 각자 셈을 끝내고 그 가면을 내던져버렸다.

하원은 클레망소를 쓰러뜨렸다. 브리앙이 그의 뒤를 이었다. 그리고 그의 예전 동지들─또한 조레스의 동지이기도 하다─이 내각에 들어갔다. 밀랑이 건설장관, 비비아니는 노동장관에 유임되었다. 『르 프티 파리지앵』의 소유주장 뒤퓌이가 상무장관이다. 브리앙은 대신문의 중요성을 알고 있었다.

취임사에서 그는 유화적인 자세를 취할 것임을 예고했다. "본인은 직무에 적응하기 위해 새로운 사람으로 태어났다."

곧이곧대로 믿자고 조레스는 분명히 말한다. 브리앙에게 어떠한 구실도 남겨두지 말자. 사회주의자 의원들 대다수는—게드주의자들을 제외하고—신임투표에서 기권할 것이다. "브리앙은 우리가 그를 우파와 사귀도록 몰아갔다고 말할 수 없을 것이다." 조레스의 논평이다. 그들을 쳐다본다. 밀랑, 비비아니, 브리앙 세 사람 모두 사회주의 출신이다. 다 같이 정부에 들어갔다. 인생은 흘러간다.

파리는 평한다. "브리앙은 누구보다 똑똑하다. 그러나 그들 모두 사치를 탐한다. 비비아니 같은 인물은 이권 노리는 메두사 같다. 해군에서는 훔치고 육군에서는 약탈하고 사방이 사기치고 비열하다. 우리는 악몽 같은 무리와 살고 있다"고 미르보는 말한다.

작가이자 평론가인 에드몽 제의 집에 식사하러 온 손님들을 둘러보며 미르보는 다시 말한다. "그럼 저 안에 대여섯 명도 없단 말인가? 한 사람도!"

아니 조레스가 있지.

22 | 내각의 막중한 고객, 프랑스 1909/1910

27분. 1909년 7월 25일 루이 블레리오가 영불해협을 건너는 데 소요된 시간이다. 이 최초의 놀라운 시험비행 뉴스는 이제 막 끝난 하원의 정부 신임투표를 밀어제쳤다.

한편 몇 주 전부터 클레망소 후임자의 하마평들을 한다.

재무장관 카이요 편을 든 조레스는 위기가 무르익는 순간에 하원 복도에서 몇 걸음 함께 걸으면서 그에게 속을 털어놓았다. "하원은 넘어뜨릴 수만 알았으면 지겨운 클레망소 정부와 벌써 헤어졌을 거요."

조레스는 계속 발걸음을 옮기면서 의원들, 신문기자들과 인사를 나누었다. 그는 매우 정중하고 또한 생각이 깊고 논평에 인색한 법이 없는 유창한 의원에 들었다. "지금 이 순간에 정무를 이끌어갈 수 있는 인물은 둘뿐이라고 다들 생각한다." 그는 계속 말했다. "브리앙과 키이요다. 그런데 둘이 서로 마음이 맞지 않는다."

조레스는 이를 잘 알고 있었다. 그러나 브리앙과 카이요의 갈등은 두 사람만의 경쟁으로 끝나지 않았다. 순수하고 딱 부러지고 성깔도 있는데다 개혁의 필요에 민감했던 총명한 공화파 카이요는 나서서 소득세법을 지지했다.

한편 주위의 영향력에 초연한 그는 대외정책에 대해서는 신중하게 독일과 화해를 바라면서 모로코 사태가 남긴 후유증을 염려하고 있었다. 이 모든 점에서 조레스는 그와 만날 수 있었다. 조레스는 카이요에게 이 사실을 숨기지 않았다. 조레스는 그에게 편지를 보내 청탁을 했다. "본인은 장관께 곤란한 청을 드립니다. 개인적으로 나의 정치적 친구인 타른의 전직 교사 로세의 미망인 건입니다. …당신의 우의를 믿고 빠른 해결을 당부합니다." 재정개혁안에 관해 카이요를 지지한 조레스는 다음과 같은 편지를 썼다.

개혁의 주인공은 당신입니다. 조세개혁을 위해 당신이 전국적으로 전개한 영국식 대캠페인은 상원과 다가올 선거에 크게 영향을 끼칠 거라고 믿습니다. 휴가 동안 쉬기도 했지만 저는 매일 열심히 『타임스』(영국 최대의 정치신문)를 읽으며 또 금융법안에 대한 [영국] 하원의 논쟁을 읽고 각료 전원이 국민에게 부단하게 호소하는 데 대해 감탄합니다. 저번 날 리즈에서 그레이경은 탁월했습니다.

삼가, 장 조레스

카이요는 이 재정개혁안으로 주류언론의 증오를 사고 있었다. 반대로 브리앙은 신문을 등에 업었다. 장 뒤퓌이가 그의 각료였기 때문만은 아니고 『르 마탱』의 소유주 뷔노 바리야와 더할 수 없이 좋은 관계를 유지하고 있었기 때문이다. 뷔노 바리야는 카이요에게 이렇게 말했다. "당신이 소득세만 포기하면 당신이 원하는 건 무슨 일이든 전적으로 협력하겠다…." 그러나 카이요는 포기하지 않았다.

브리앙은 이 대언론을 활용하고 부분적으로는 이 신문을 근거로 해서 정치적 전략을 폈다. 1909년 10월 10일 페리괴에서의 연설에서 그는 "국민들은 동맹과 화합과 우애의 필요를 절실히 느낀다"고 설명했다. "정체시키고 움츠러들게 하는 사소한 오점들"은 끝장을 내야 한다. "이 치명적인 씨앗"을 죽이고 "고약한 냄새"를 날려버리고 "최대한 빨리 깨끗한 바람이 한바탕 지나가게 해야 한다." 부드럽게 감싸는 듯한 음성으로 브리앙은 말을 맺었다. "나는 공화국 문을 열었다 닫았다 할 수 없다. 공화국은 어떤 이들에게는 입장을 금지시킨다."

조레스와 카이요는 이 연설이 무슨 뜻인지 곧 알아챘다. '극단주의자'들을 제외하고 정치그룹들 사이에 명확한 경계선을 긋자는 것이었다. 더구나 일반대중지—수백만 부를 발행했다—덕분에 정당의 틀을 깨고 온 나라 누구에게나 호소할 수 있었다. 정부와 의원들을 직통으로 잇는 끈을 만들어 의원들을 장관으로 발탁하는 것이다. 모든 사람에게 봉사한다. 넓디넓은 '동지들의 공화국'을 세운다. 그리고 가능하면 가장 온건한 노조주의자들이 '참여혁명'을 통한 '사회민주주의'를 설명함으로써 갈등을 막는다.

이런 청사진 앞에서 조레스는 어떻게 하면 좋은가?
우선 이 정책에 맞서 사회당의 중요성을 확실히 밝혔다. 그러나 하루가 멀다 하고 총리의 의중대로 나오는 제목과 논평에 맞설 수 있는 것은 그에게 『뤼마니테』뿐이었다.

그렇지만 『뤼마니테』의 판매부수가 늘어나 5만 부에서 6만 부에 이르렀다. 우수한 신문이다. 1909년에 크루아상 거리(파리 북부의 몽마르트르 대로에서 들어가는 작은 길)에 자리 잡았고 신문의 기반을 튼튼히 하기 위해 사회당(17만 주)과 협동조합, 노조 들의 출자로 25만 주를 조달했다. 조레스는 신문사 편집국에서 시간을 보내지는 않았지만 신문에 혼신의 힘을 기울였다. 문법대로 정확하게 기사를 쓰느라 밤을 새웠고 "간단명료하게 쓰기"로 정한 편집지침을 따랐다. 또 사진을 넣고 스포츠난을 새로 만드는 등 신문을 더 대중화하려는 방침을 받아들였다. 사건기사와 가벼운 읽을거리도 실었다. 그리고 이 모든 사항에 조레스는 자기 의견을 내고 있었다. 예를 들면 영화에 관심을 가지고 평화를 위한 교육과 동원 수단으로 활용할 수 있다고 보았다. "영화가 거대한 파괴장면들을 화면 가득 포착하는 날이 오면 얼마나 큰 교훈이 되겠는가?" 『뤼마니테』는 동원수단이었다.

10월 13일, 카탈로니아 출신의 세속파 공화주의자이자 교육자인 페레르의 총살 소식이 전해졌다. 7월에 일어난 에스파냐 도시봉기의 주모자로 바르셀로나에서 총살을 당한 것이었다. 『뤼마니테』와 조레스는 시위를 촉구했다. 10만 명이 넘는 인파가 모여 이 처형, "지성인의 이마에 쏜 4발의 총격"에 대해 분노의 함성을 질렀다. 시위행렬 맨 앞줄에 조레스가 선 것이 보이고, 그 사이에 공화국 수비대는 몽소 공원 맞은편의 쿠르셀 대로에 있는 에스파냐 대사관 앞을 지키고 있었다. 험한 장면들이 속출했다. 버스 세 대가 불에 타고 치안대원 한 사람이 목숨을 잃었다. 브리앙의 "진압에 관한 연설"이 있은 지 사흘도 채 지나지 않아서 일어난 일들이었다. 이 긴장상태는 그의 정치방향이 "불가능한 균형"을 추구한다는 것을 여실히 보여주었다. 조레스가 『뤼마니테』 지면에 브리앙 계획을 분석하면서 붙인 제목이다.

조레스는 자신이 비난했던 정치도의의 부패가 점점 심해져서 나타나는 결과라고 파악했다. "브리앙 씨는 거대한 단 하나의 당에 프랑스 시민을 모두 흡수하여 녹여내기를 꿈꾼다고 한다." 무슨 의도로? "보수주의에 부패 그 자체일 뿐인 색깔 없고 무기력하고 몰개성인 하나의 덩어리" 속으로 정당들을 집어넣으려는 것이다.

정부는 의원들에게 봉사하고 의원들은 유권자들에게 봉사한다는 개념. 조레스는 그것에 반항했다. 의회인의 임무를 그렇게 규정하는 것을 비난했다. 투표를 하던 어느 날 카르모에서 유권자 한 사람이 자기 아들을 위해 청탁을 들어달라고 했을 때 그는 딱 잘라 거절했다. 함께 있던 친구에게 그는 속을 털어놓았다. "그 사람들을 질책해서 유감이오. 하지만 의원이란 추천서나 이의 신청서를 써주는 기계도 아니고 또 그래서도 안 된다는 것을 어떻게 그들에게 설득시키겠소?"

그는 투덜댔다. "글쎄, 작년에는 코르드에서 식료품상을 하는 아저씨가 나한테 편지를 써서 쥐를 완전히 소탕할 가루약을 보내달라고 했어요." 그리고는 웃으면서 또 이렇게 말했다. "민중교육을 다시 해야 해요."

자기 집 작은 서재 마룻바닥의 뚜껑 없는 작은 궤짝에다 그는 개봉하지 않은 수십 통의 편지를 쌓아두었다. 매일같이 비방의 편지를 받았기 때문만이 아니라 편지를 보낸 이들이 대개 청탁을 하는 것을 알았기 때문이다. "하원에서 의원들이 늘 씨름하는 일이 뭔지 아나요? 그 사람들은 편지뭉치와 싸워요. 이상야릇하고 어처구니없는 요구에 답장을 씁니다." 그런데 브리앙이 발전시키려는 것이 바로 그 품위 없는 체제였다. 조레스는 설명한다. "정부의 정책은 종내 정당들을 해체시키고 혼란에 빠뜨려 온 프랑스를 내각의 막중한 고객으로 만들어버릴 것이다." 그러면 "이런 혼란 속에서 언제나 거대한 이해관계를 도모하는 세력만이 효과가 있을 것이다." 그 세력은 비열한 수단과 비뚤어진 방식으로 그 모습을 드러낼 것이다. 거대한 조직정당을 더 이상 통제하지 못하게 될 것이다. "그것은 수상한 정치가 되고 탐욕을 통제할 수 없는 정치가 된다." 그리고 신랄하게 그는 덧붙인다. "어제 사회주의자였던 총리 밑에서 보수 일색의 동맹을 재건하다니… 그런 역설은 계속되지 못한다."

누구보다 조레스가 그리고 사회주의자들은 이제부터 브리앙에게 반대표를 던지기로 결정했다.

『뤼마니테』, 팔레-부르봉, 의회 도서관 복도에서 그가 몇몇 동료들과 대화를 나누면 때로 조레스에 대해 지녔던 이미지가 깨졌다. 그들은 깜짝 놀라곤 했다. 바레스와 이야기를 나누면서 이렇게 말한 경우가 그 예이다. "세상은 소멸한다. …나는 초현실적인 것을 믿는다. 우리가 인지하는 것 이상을 믿는다. 나는 세상이 지향해 가는 신을 믿는다." 글을 쓰는 작가를 깜짝 놀라게 한 믿음이다. 그러나 편견과 종파주의가 없어 사랑하지 않을 수 없는 이 사람에게 더욱더 연민을 갖게 해주었다.

여성투사들이 이 점에서 그에게 매력을 느껴 어떤 이들은 그에게 다가가려 했지만, 그는 그런 여성들에게 공감을 표하거나 그들이 읽고 있는 책에 관해 교수로서 논평하는 호의를 보이는 것 외에 다른 것은 없었다. 쉽게 넘어갈 듯한 스타일에는 용서가 없었다. "이보세요. 생각의 균형과 어휘의 균형은 따로따로가 아니에요. 사상운동과 문장의 운동, 이성의 고리들과 시대의 고리들은 정확히 맞아떨어진답니다." 그중 한 사람이 "조레스는 단 몇 분도 침묵하지 못한다"고 말한다. 그는 모든 주제를 잡아챈다. 파스칼—작가 중에서 가장 열렬하고 가장 내면적이라고 말했다—에 대해 그리고 보쉬에, 그 '능란한 보쉬에'에 대해, 라퐁텐—기발하게도 조레스는 라퐁텐과 셰익스피어 두 사람의 작품에 나타나는 "삶의 모든 힘"을 비교했다—에 대해 논했다. 그때마다 박학하고 창의적인 강의를 했다.

그는 반짝이는 눈빛과 소박한 태도로 사람들을 매료시켰다. 격주로 『초등교육 평론』(*La Revue de l'Enseignement primaire*)에 실릴 글을 받으러 갔던 여학생은 자기 방에 그의 사진을 걸어놓을 정도로 강렬한 인상을 받았다. 그는 글을 줘야 한다는 걸 거의 잊고 있다가 그 여학생이 보는 앞에서 이야기를 해가면서 쓰곤 했다. 그 사진은 조레스에게 바치는 작은 제단과 같았고, 그 여성은 학위논문을 조레스에게 헌정했다.

이처럼 조레스는 스스로 불러일으키는 증오에도 불구하고 절대의 헌신과 사회주의로의 '전향'을 선동했다. 그에게는 "개인적 동기라고는 전혀 없다"고 블룸은 말한다. "그의 영혼의 순수함, 마음의 투명함은 때로 거의 어린아이 같다." 그러면서 자신은 그것을 '신성한 것'이라고 불렀다고 덧붙인다.

신랄하면서 부드러운 시선을 가진 한 젊은 여성이 한층 야유조로 이렇게 말했다. "조레스는 부르주아다. 품성이나 생활이 소박해도 대부르주아다. … 그에게 성자 같은 데가 있다고? 물론이다." 왜냐하면 "그는 어린아이처럼 천진하고 또 가부장처럼 후하기 때문"이라는 것이다.

그가 자아내는 애정과 그를 에워싸고 있는 이 같은 다정함은 몇몇 동지들을 화나게 했다. 이 인간적인 빛의 반경 속에서 그들은 능란함과 그에 따른 정치적 성과를 포착했기 때문이다. "게드주의자들조차 그에게 무릎 꿇는다"고 귀스타브 에르베는 외쳤다. "그렇다. 이 영향력에는 합당한 이유가 있다는 것을 알고 있다. 우리는 조레스가 웅변을 잘하는 것을 막을 수도 없거니와 그러려고 하지도 않는다. 보통 의원이면 열다섯 명, 스무 명이 할 만한 일을 조레스 혼자서 하는 것을 막을 수 없다. 그의 능률, 그의 에너지는 사람들의 마음을 누그러뜨린다."

세속화에 관한 토론에서 조레스는 두 번의 본회의 내내 질의하고 발언했다. 사제들이 세속파를 고발하고 바레스가 교사들이 교조적인 정신을 지녔다고 비난한 후 열린 토론회였다. 작가 바레스가 사실 교사들은 '실패한 사제들'이라고 주장하자, 조레스는 이 문제에서도 현실주의로 접근하여 주위를 놀라게 했다. 세속화를 칭송하는 동시에 당분간 교육의 독점은 기회주의가 아니라고 선언했다. 세속화와 사회진보는 서로 떼어놓을 수 없는 것이었다.

따라서 하나의 공식 안에 조레스를 가두는 것은 불가능했다. 이 토론에서 그는 다음과 같이 밝혔다. "프랑스는 어느 하루나 어느 시대로 축소되지 않는다. 쇠락한 모든 것들, 떠오르는 모든 것들로부터 프랑스는 아직 도달하지 못한 위대함을 향해 나아간다." 이런 성찰이 그에게는 적합했을 것이다.

그런 다음 그는 땀에 젖어 상기된 얼굴로 연단에서 내려갔다. 축하의 말을 건네는 동료들을 뒤로 하고 그는 바람을 쐬고 싶어 회의장 밖으로 나갔다. 사람들이 에워싸고 여러 의원들이 그에게 몰려들었다. 그를 만나러 특별히 상원에서 온 콩브와 하원의 안쪽 복도에서 대화를 나누었다. 선거개혁, 즉 조레스를 비롯하여 여러 그룹에 속한 많은 의원들이 급진파에 반대하여 지지하는 비례대표제가 주제다. 그러나 조레스에게 비례제는 정의의 법률이고 거래할 수 없는 원칙이다. 콩브의—비례제를 포기하면 급진파는 사회개혁 쪽으로 한 걸음 전진할 것이라는—유혹이 그의 입장을 바꾸지는 못했다.

복도에서 날카로운 대화가 오갔다. 의회에 오면 조레스는 여유만만했다. 비록 정치도덕의 타락을 유감으로 여겼지만 의회의 분위기를 사랑했다.

조레스는 의사당을 나섰다. 안마당에는 팔레-부르봉으로 드나들 수 있게 나무계단이 설치되어 있었다. 1910년 1월, 그달에 센 강이 넘쳐다. 벨샤스 거리와 생제르맹 대로의 일부, 팔레-부르봉 광장이 물에 잠겨서 조각배를 타고 다녔다. 북쪽의 생라자르 역으로 가는 데도 마찬가지였다. 조레스는 깜짝 놀랐다. 그가 연설하는 사이에 물이 차올랐던 것이다. "내가 그렇게 오래 말했다니!" 하고 그는 탄성을 질렀다.

파리는 식수와 석유가 모자라고 사람들이 쥐를 겁내는 보기 드문 분위기였다. 때로는 "물 위로 눈이 내려 침묵 위에 침묵이다." 극장은 텅 비어 있다. 그처럼 기다렸던 에드몽 로스탕의 〈여우이야기〉(Chantecler)가 실망했다. 신문들은 심술궂게도 〈시라노 드 베르주라크〉(Cyrano de Bergerac)와 〈새끼수리〉(L'Aiglon, 나폴레옹1세의 아들을 가리키는 별명)를 칭찬했다. 하지만 "민족주의자들이 달려오지 않는다. 그들은 로스탕이 드레퓌스파였다는 것을 용서하지 않았다"고 줄 르나르는 기록한다.

정치생활은 격화되고 또 수주일이나 홍수에 잠긴 파리에서 밑바닥 사람들의 생활이 어려워진 만큼 여러 가지 사회문제들이 점점 더 거세게 계속 제기되었다.

이 사회문제에 대해 SFIO 당대회는 더구나 온힘을 쏟았다. 1910년 2월 6~10일 님(동남부 지중해 인근의 옛 도시)에서 열린 당대회의 주요 의제가 퇴직연금 문제이다. 조레스는 이제 당의 마스터였다. 그는 토론할 주요 의제를 판단했다. 노동자 퇴직연금 문제를 다루어온 지도 이미 10년이 넘었다. 사실 그는 1885년 팔레-부르봉에 들어갔을 때부터 광부들의 퇴직문제를 환기시켜 왔다. 이제 법안이 하원에 상정되었다. 사회주의자들은 어떻게 해야 하는가? 당대회에서 토의가 이루어졌다. 마침내 조레스 차례이다. 그가 발언을 하고 대회는 일반론을 도출하고 중대한 입법 문제의 검토에 들어갔다.

그런데 이 문제—노동자 불입금 1%, 고용주 1%, 나머지는 국가가 보장해서 65세에 지급되는 퇴직연금제도—에 대해 CGT와 게드주의자들은—단 한번 동의하고—반대표를 던졌다. 라파르그는 "퇴직연금이란 말은 노동자들의 상상력에 마술 같은 작용을 한다. 그들은 노후에 구걸하게 될까 봐 두려워한다"고 웅변했다.

만약 자식들이 부양하지 않으면 흔히 그렇게 되었다. 그러나 게드주의자들에게 퇴직연금은 사기와 다를 바 없는 거래였다. 독일에서는 이 제도가 이미 노동자들에게 만족스럽게 운영되고 있고 퇴직연금제도의 설치가 '사회보장'의 원칙을 도입함으로써 일상적인 빈곤을 경감시킨다는 것은 그들에게 별상관이 없었다.

조레스는 끈기 있게 반대자들에게 호소했다. "나의 마르크스주의 동지들은 내가 한마디 하기를 허락할 것이다…" 그러나 게드와 라파르그는 완강했다. 노동자 공제로 혜택을 받는 것은 국가이다. 왜냐하면 많은 노동자들이 65세가 되기 전에 죽기 때문이다. 다음은 브라크의 설명이다. "노동자들한테 억지로 복권을 뽑으라고 하고 그 값을 몇 해 동안이나 임금에서 공제한다는 것이다! 65세까지 살면 당첨되는 것이다. 당첨될 확률은 6%, 잘해야 7%인데… 이건 사기다."

게드로 말할 것 같으면, 미칠 지경이었다. 도식적인 그의 의식세계에서는 공제라는 개념을 상정할 수도 없었다. "내가 사회주의에 와서 노동자들에게 무엇을 항상 말했는가? 사회주의는 근본적으로 고용주들이 매일같이 노동의 생산물에서 공제해 가는 것을 종식시키는 것이라고 했다. …이제 처음으로 나는, 사회주의자인 내가 노동자들에게 당신들의 임금을 줄여야 한다고 말해야 한다. 사회주의자인 내가 그런 결정문에다 서명을 한다고? 천만에, 그럴 수는 없다!"

조레스는 "우리들 사이에서 탁월한 스승이었던 사람"과 의견이 상치된 것이 스스로 괴로운 일이라고 인정했다. 그러나 게드를 달랜다면, 라파르그에게도 확실하게 다음과 같은 말을 던질 수 있었다. "동지, 나는 답하기가 너무 피곤하다. 당신이 판단하시오! 나는 이 말만 하겠소. 끝까지 현재의 법과 맞서 싸우려고 하니까 당신이 이런 상태가 되었고 그 때문에 위축되었다는 것을!"

대회는 조레스를 따랐다. 게드주의자들이 다시 한번 패배한 것이다.

1910년 4월 14일 하원의 표결에서 법안통과에 반대한 의원은—게드를 포함하여—4명뿐이었다.

조레스는 하원이 이렇게 일치단결한 것을 자축했다. 사회주의적 사상의 힘이 가장 적대적인 사람들까지 끌어왔다. "파고가 높으면 해초와 조개들까지 마구잡이로 쓸어갈 때가 있다."

1910년 이 봄에 조레스는 너무 낙관적이었나?
그는 온 나라에서 사회주의가 진전하고 있는 것을 느꼈다. 당은 강화되었다.
다가오는 선거에서 이 운동은 확실히 기록될 것이다. 브리앙은 정치적 향방
을 확실히 정했다. 도지사들에게 보내는 지침에 따르면, 좌파블록을 주장하
는 사람들이 아니라 정부에 개인적으로 충성하는 사람들을 지지할 것을 권하
고 있었다.
　4월 10일 브리앙은 생샤몽에서 회합을 가졌다. 그가 8년 전에 처음으로
입후보했던 곳이다. 그때는 가장 극단적인 사회주의의 이름으로 출마했는데,
지금 그는 '정치적 분파' 너머에 위치해 있었다. 공화국은 만인에 속한다. 그
가 연설하는 사이에 시위대가 돌을 던져 집회장의 유리창이 깨졌다. 총격사
태까지 발생했다. 도발인가 분개한 것인가? 브리앙은 무질서상태를 비난하
는 데 힘썼다.
　카르모의 조레스는 조용히 움직였다. 꾸준히 온힘을 다해 이 마을에서
저 마을로 선거운동을 하고 다녔다. 하지만 불안하다. 솔라주 후작이 처음에
는 어떤 급진주의자를 지지했는데—그것이 도지사의 전략이었다—그가 조
레스를 이기기를 희망한 것이다. 그러나 솔라주 가문으로서는 급진파도 너무
'진보적인' 사람이었다. 결국 후작과 가까운 팔게레트가 후보로 나섰다.
　조레스는 별로 개의치 않았다. 다시 고향을 찾아 자신이 아는 유권자들
을 만나고 가족과 함께 있거나 수확을 하는 이들과 이야기를 나누었다. "그
리고 모네스티에의 당신 집에서는 잎이 말려드는 병이 들어 복숭아를 망쳤
다고요?"
　농민들에게서 적대감이 느껴지진 않았다.

1차 투표에서는 과반수에 못 미쳤다. 급진파가 후보사퇴를 하여 2차 투표에서는 지난번 선거보다 확실히 더 많은 표로 조레스는 당선되었다. 농촌면에서도 이기는 이변을 낳았다. 그리고 여전히 그에게 충실한 카르모에서는 1906년보다 2배 많은 602표나 앞섰다.

조레스가 어느 사회주의자 아들의 숙제를 검사하고 있는데, 오랜 동지이자 지금도 카르모 시장으로 있는 칼비냐크가 찾아왔다. "놀랍다"고 조레스는 중얼거리더니, 소년을 공예학교로 보내야겠다고 그 소년의 아버지에게 말했다. "내가 보장하겠어요. 거기 가면 확실하게 가르칠 것이고 이 아이는 크게 발전할 겁니다."

그건 교수이자 공화파, 학식으로 사회에서 출세할 수 있다고 믿는 사람, 우수한 자들의 사회적 지위 향상을 학교가 보장해 주어야 한다는 세속주의자의 믿음을 표현한 것이었다. 프랑스 사회의 불공평에도 불구하고 이와 같은 민주적인 사회구조 속에서 조레스는 자발적이고 인간적으로 진화와 진보를 믿는 사람으로서 처신했다. 부서지는 파도보다는 오히려 서서히 점진적인 성장에 의해 이루어지는 전복을 믿는 사람이었다.

노동자 퇴직연금제도를 지지하는 표결과 소년의 장래 학업에 대한 조언. 그것은 하나이다.

칼비냐크는 조레스를 데리고 나온다. 시청 앞에서 군중이 그를 기다리고 있다. 그는 연단으로 올라가 손을 치켜든다.

"시민 여러분, 자유가 자라는 길에 여러분이 막 뿌려놓은 월계수들은 뿌리를 내릴 것이고 크나큰 나무로 변할 것입니다."

VII. 나는 산 자를 부른다.
　　 나는 죽은 자를 호곡한다.
　　 나는 천둥벽력을 깨뜨릴 것이다.

1910
　　 1914

장 조레스의 동생인 루이 조레스 해군제독 (장 조레스박물관, 카
스트르, CL. 사르토니)

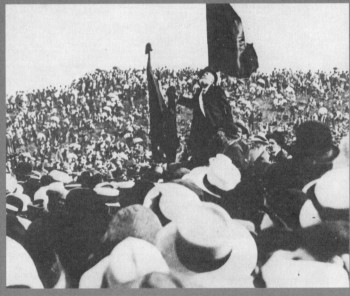

1913년 5월 25일 3년법에 반대하는 조레스의 프레생제르베 집회. 15만 명이 그의 연설을 들으러
왔다. (로제 비올레와 시로-앙줄 수집품)

1913년 5월 25일 프레생제르베 집회에서 연설하는 장 조레스. 아마 가장 멋진 사진일 것이다.
(장 조레스박물관, 카스트르와 로제 비올레)

110만 6천 표! 동지들, 100만 표를 넘어섰다!

1910년 6월에 사회주의자들은 승리를 실감했다. 지난번 하원에서 55석을 차지했는데 지금 74석이 되었다. 물론 하원의석은 총 597석이고 그 가운데 중도우파가 강화되었다. 그러나 선거를 치를수록 사회주의자들의 득표 상승은 거역할 수 없는 추세인 듯했다. 만약 비례대표제가 채택된다면 의원 수가 배가될 것이란 계산이 나왔다. 그날 저녁 이 결과를 노래로 불렀다.

> 일어서라, 일어서라. 대지의 저주받은 자들이여
> 세상은 밑바닥부터 변한다….

열광이 흘러넘친다. 『뤼마니테』의 판매부수가 파리 3만 부, 프랑스 전국 7만 1천 부에 이른 것을 조레스는 확인했다. 곧 4면 내지 6면의 북부지방 판도 발행할 것이다. 늘 취약했던 손익분기점도 그런대로 넘어섰다. 조레스는 신문 경영인 필립 랑드리외나 일상 업무를 관장하는 르노델 부국장과 점심을 하면서 낙관할 만한 근거가 있다고 보았다. 1910년 그해에 당에 가입한 젊은이가

5만 6154명이었다. 독일사민당의 수십만 당원에 비하면 약소하다고? 물론이다. 하지만 조레스는 자신이 리더로 있는 이 당이 인터내셔널에서 자신에게 새로운 권위를 부여해 주리라는 것을 느꼈다.

프랑스에는 전국적으로 모든 조건의 남자와 여자를 모으는 조직을 갖춘 그런 정치 양성기관이 없었다. 급진파에는 거물들만 있었다. 그외 조직으로는 선거위원회뿐이다. 하지만 우리는 당이다. 조레스는 이 조직에 깊은 애착을 보였다. 조레스 같은 강한 인물이 당 대회와 운영위의 세부 규율에 순종하는 것을 보고 놀라는 이들에게 그는 거침없이 대답했다. "내 뜻을 실현할 수 있게 해주고 또 허용하는 것은 당이오." 뿌리 깊은 적대감이 쏟아졌지만 그는 어깨를 으쓱할 뿐 동지들이 언젠가는 자신의 주장을 이해하리라고 응답했다. 애정문제로 당원 한 사람의 명예를 실추시킬 위험이 있는 어느 젊은 여성에게 그는 이렇게 타일렀다. "요만한 추문이라도 결코 당에 영향을 끼쳐서는 안 됩니다. 여성시민 동지, 당이 우선입니다!"

그 여자는 짜증을 내며 냉소적으로 말한다. "조레스의 분개한 목청에서 '당'이란 말이 크게 울렸다. 나에게 대문자 P(Parti, 당)는, 말하자면 당원 모두를 노동자 인터내셔널로 뒤덮을 수 있는 끝이 뾰족하고 둥글게 경사진 거대한 우산처럼, 커지고 넓어지고 중요해지는 것 같았다. 주인님, 내가 이 천을 찢은 겁니까? 나의 젊은 열기가 사회주의 초가집에 불똥이 튀게 한 것입니까? 조레스가 나를 방화범 취급한 것이 어쩌면 옳다는 것입니까?"

조레스가 보기에 불가결한 것은 투쟁의 도구인 시민학교였다. 거기서 사람들은 민주주의를 배우며, 당 또한 우애의 돛배였다.

여름이면 브쥘레에 카르모와 알비의 동지들이 찾아왔다. 조레스가 이야기를 하면 그들은 웃음을 터뜨렸다. 오솔길에서 친구들이 뒤에서 붙잡아주며 자전거 타는 법을 배우기도 했다. 하지만 육중한 그는 서투르기만 했다. 또 몇 달 후 출간하기로 되어 있는 군대에 관한 책을 마지막으로 손보고 있었다. 그는 우주에 대해 말했다. 삶의 의미와 세상의 중요성에 대해 늘 묻고 또 물었지만 1910~11년 그해, 그의 젊은 시절 모든 문제들을 새삼 강렬하게 재발견하는 것 같았다. 마치 세대가 바뀌면서 다시 총체적인 사상운동이 전면에 부상하듯이 1890년대의 논점을 키웠고 그는 세상을 살아낸 기성인으로서 초기의 물음들로 되돌아갔다.

이제 나이 쉰한 살이다. 어머니는 세상을 떠났다. 그는 깊이 생각하고 스스로 썼듯이 "죽음으로 모든 셈이 끝난다"는 것을 알고 있었다. 그는 분화구에 혼자 서 있다. 자기처럼 치명타를 입은 손자아이와 함께 어떤 운명들을 꽉 막아버린 부정의가 얼마나 크고 명백한지 헤아린다. 그는 톨스토이를 읽고 창공의 별과 친숙한 들판을 바라보았다. 신문들은 5월의 몇 주간 할리 혜성과의 충돌로 대지가 폭발하여 산산조각이 날 것이라고 대문짝만하게 예고하고 있었다. 그리고 천문학자 카미유 플라마리옹은 이 혹성의 접근으로 우리가 보게 될 세상 끝을 그려냈다. 우리는 멸망할 것인가?

그러는 사이에 카르모를 누비면서 투표를 호소하고 다녔다. 이 항성의 위협에도 불구하고 그 사람은 계속 앞으로 나아간다.

조레스는 신기술의 발전을 주의 깊게 지켜보고 있었다. 프랑스에는 이미 항공기 800대, 자동차 4만 5천 대가 있었다. 그리고 루이 조레스가 말하는 증기선과, 루이도 그중 하나인 '리베르테' 호를 지휘하는 거대한 장갑함. 인간들이 쌓아올리고 있는 이 거대한 파괴의 힘. 신세계들의 대두. "만약 영국과 독일이 서로 으르렁대다가 약해지면, 다음날에는 그들의 약세를 틈타서 판로를 확장하고 전세계를 상대로 멀리 그물을 던지는, 한층 강력해진 미국이 등장해 있을 것이다…" 국제 긴장과 모순의 악화로 이 모든 예상이 더 첨예하게 확인될수록 그만큼 조레스는 그 모든 것의 근본적인 의미를 잊지 말아야 한다는 생각이 절실해졌다.

1911년 2월 툴루즈 강연에서 톨스토이에 관한 그의 설명을 들은 이들은 고백 형태를 띤 그의 진지한 고뇌를 눈치챘다. "우리 모두는 우리가 가고 있는 좁고 어두운 인생에 내던져져 있습니다. 그래서 모든 직업, 모든 계급에 담긴 깊은 의미와 존재의 신비를 잊어버렸습니다." 그는 설명을 계속한다. 기업운영에 골몰해 있는 고용주가 그렇고 "빈곤이라는 어두운 심연 속에 빠져 이마와 입만 간신히 내놓고 호소와 항의의 절규를 하는" 노동자가 그렇다. 그러나 조레스는 여기서 끊고 한층 은밀하게 말을 잇는다. "매일 같이 서로 싸우느라고 정신이 없고 술책에 파묻혀 있는 우리네 정치꾼들"이 그렇다. 강연이 끝나갈 무렵에는 조레스에 의해 신뢰가 형성되었다.

그는 계속한다. "우리는 모두 인간입니다. 다시 말해 자율적이면서 일시적인, 신비함이 충만한 거대한 우주 속에서 의식은 방황하는 인간입니다. 그리하여 우리는 생의 원대함을 잊어버리고 의미를 추구하기를 소홀히 하게 되었습니다…"

거미줄처럼 복잡한 사건들의 중심에 선 쉰한 살의 정치지도자 조레스, 젊은 날의 문제들을 포기하지 않은 사람 조레스. 그는 다시 말한다. "우리는 진정한 선과 마음의 평온과 정신의 평정을 모른 체해 버리는 지경이 되었습니다."

진짜인 것에 대한 이 요구, 와해되지 않겠다는 거부감, 일상이라는 활동으로 길을 잃지 않을까 하는 염려로 조레스는 온몸이 팽팽하게 긴장된다. 요동치는 생의 파도 아래 변함없이 깊고 큰 상념에 빠지는 것이 그를 '흔히 볼 수 있는' 정치인과 구분시켜 주었다.

그런 정치인 중 한 사람인 아리스티드 브리앙이 하원 연단으로 올라간다. 선거가 끝난 후 신임투표를 할 것을 요구한다. 1910년 6월 28일의 일이다. 조레스와 사회주의자들은 반대표를 던지기로 결정했다. 은행가 에나르는 "만인을 위한 정의와 자유라는 이 새로운 언어를" 기뻐했다. 마치 지난 정부들에서 박해나 받았던 듯이! 따라서 그는 찬성표를 던질 것이다. 브리앙은 목소리를 높인다. "지금은 단연코, 이거냐 저거냐를 택할 때입니다. 저는 오늘 한결같고 충실한 신임을 해줄 것인지 아니면 아예 신임하지 않을지 묻기를 요구합니다." 신임은 통과되었다. 조레스는 브술레로 돌아가서 몇 주일 후에 그곳에서 코펜하겐으로 떠날 것이다. 9월 말에 그 도시에서 인터내셔널 대회가 열릴 예정이었다.

프롤레타리아의 동맹이 이처럼 강력해 보인 적은 없었다. 프롤레타리아 동맹은 한층 더 필요해졌다. 발칸에서 적들이 동맹하고 있으니.

슬라브인들—세르비아와 불가리아—은 러시아라는 거대한 보호자의 지지를 받아 서로 가까워졌다. 이에 오스트리아는 불안했다. 오스트리아가 병합한 보스니아-헤르체고비나에서 민족주의적인—또한 슬라브적인—조직들이 활성화되는 것이 확인되었다. 이 지역은 코펜하겐 대회에서 대의원들이 논했던 화약고이다. 또 베르베르인들이 움직이고 있는 모로코가 있었다. 프랑스는 군대를 증강하고 있었다. 페스와 메크네(모로코의 주요 도시)를 향해 진군할 작정이었다. 그러면 프랑스-독일조약은 깨질 것이다. 그래서 독일 사회민주주의자들은 뷜로우 같은 노련함과 확신이 결여된 제국의 새 재상 베트만-홀베크가 불안하기만 했다. 그들은 갈수록 공세적이고 강력해지는 민족주의 언론에 대해 논의했다. 영국과 독일의 경제적 경쟁도 화제였다. 알자스에서는 친프랑스 운동이 이처럼 강했던 적이 없다. 그러나 인터내셔널이 있었다.

덴마크인들은 팡파르를 울리고 미팅을 주선하고 꽃을 꽂아주며 대의원들을 각별히 환영했다. 꽃과 깃발이 휘날리고 스칸디나비아의 8월 말은 봄날같이 온화했다. 조레스는 5만 명 이상이 모인 대집회에서 연설을 했다. 조레스의 웅변에 언제나 매료되는 대의원들 속에는 로자 룩셈부르크도 있었지만, 조레스는 로자가 반대하는 사상을 전하고 있었다. 트로츠키 역시 흠뻑 빠져 있다. "거의 천재적인 조레스의 천진한 열광, 정신적 열정의 폭발, 고강도의 신성한 분노"에 매혹되었다. "나는 그의 말을 들을 때마다 처음 듣는 것 같다"고 트로츠키는 말한다. 조레스는 "절구공이로 바위를 부술 수도 있고 깨지기 쉬운 금접시에 금은세공을 완성할 수도 있다"고 러시아 혁명가는 계속한다. 러시아 대표단 일부는 유보적이었고 레닌의 냉담한 논리와는 너무도 거리가 먼 이 스타일에 적의를 드러냈다. 트로츠키는 항변한다. "검은 스텝지대의 우리 러시아는 아마 조레스의 언술을 잘못된 고전이며, 작위적인 웅변수사일 뿐이라고 평할 것이다. 그것은 우리 러시아 문화의 초라함을 증명할 뿐이다." 그러나 인터내셔널이 지구의 두 반구(半球)를 포용한다는 의미로 공 두 개를 붉은 리본으로 묶어 상징적인 장식을 하고 멋진 웅변을 하더라도, 전쟁을 막기 위해 사용할 수단을 논의할 때 사회주의의 파급력이 크다 해도, 사회주의 기구의 취약성은 선명했다.

바이양은 프랑스의 이름으로 된 제안을, 그리고 영국의 케어 하디는 공동안을 제출했다. 전쟁을 방지하고 억지할 가장 효율적 방안은 총파업이다, 군수산업에서부터 총파업이 일어날 것이라고 그들은 말했다. 그것이 하나의 해결책이었지만 독일인과 오스트리아인들에 의해 부결되었다. 평화를 유지할 수단에 관해서는 다음번 인터내셔널 모임에서 토의할 것이다. 그러나 전체적으로 전쟁에는 전쟁이라고 외쳤다.

사람들은 흩어졌다. 조레스 주위로 사람들이 잔뜩 모여들었다. 아르헨티나 대표들이 그에게 이듬해 여름에 남미 순회강연을 제의했다. 그는 다른 대륙을 찾게 될 것이며 거기서 사람들이 사회주의의 육성을 기다리고 있었다. 그는 상당한 여비를 받을 것이다(10만 프랑). 그 나라들은 모두 신생국이고 유럽의 딸인 젊은 세계였다. 그들의 설명은 설득력이 있었다. 여행은 물론 3개월이나 걸릴 것이지만 여름에는 의회회기가 없었다. 조레스는 마음이 움직였다. 받게 될 돈은 『뤼마니테』에 쓸 것이다. 합의가 이루어졌다. 1911년 7월 조레스는 아르헨티나로 떠날 것이다.

전쟁? 의식 저 밑바닥에서는 전쟁이 떠올랐지만 그는 그것을 내쳤다. 독일 사회주의자 레데부르, 영국인 케어 하디, 바이양과 로자 룩셈부르크 같은 이들이 사는 나라들 사이에 전쟁이 일어날 수 있다니? 1910년 9월 11일 프랑크푸르트암마인으로 2만 5천 명의 독일인이 조레스의 말을 듣기 위해 달려오는데 전쟁이라니? 연사는 그 혼자만이 아니었다. 코펜하겐에서 도착한 인터내셔널 웅변가들을 위해 네 개의 연단이 마련되어 있었다. 그러나 사람들은 조레스 주위로 모여들었다. 독일인들은 프랑스어로 "조레스 만세"를 외치며 〈라마르세예즈〉를 노래했다. 조레스가 그들에게 말했다.

"저는 독일 문학을 즐겨 읽으며 애호합니다.

거의 매일 저는 당신들의 위대한 사상가와 위대한 시인들과 대화를 나눕니다. 민주 독일, 민주 영국, 민주 프랑스가 언젠가 영원한 화해와 세계평화를 위해 서로 손을 내미는 날을 보는 것이 제 생애 최대의 기쁨일 것입니다."

민주 독일의 승리를 촉구하면서 그는 이렇게 말을 맺었다.

"저는 그저께 드레스덴 박물관에서 고대 삼각대를, 그 곁에서 아폴로와 헤라클레스가 싸우고 있는 것을 보았습니다.

오늘의 아폴로는 사상을 전파하는 프롤레타리아입니다.

괴테처럼 빛을 더 주십시오. 하지만 위대하게 죽는 자를 위해서가 아니라 모든 사람을 위해서 빛은 더 있어야 합니다!

이 아폴로는 헤라클레스를 쳐부술 것입니다. 왜냐하면 두 손으로 헤라클레스의 철퇴를 잡고 있기 때문입니다.

민주 독일 만세!"

이런 집회들은 낙관론을 부추겼다. 인터내셔널 대회처럼 이 집회들은 전쟁의 고뇌를 반영하면서 동시에 그 집회들이 열렸다는 사실—바로 그것—이 사람들을 안심시키고 전쟁을 상상할 수 없게 만들었다.

조레스도 이런 이중의 운동에서 비켜나지 않았다. 군사문제에 시간을 쏟고 또 1910년 하원 군사위원회의 자리를 수락하기로 정한 것은 이 문제에 계속 몰두하고 있음을 가리키지만.

하지만 각종 사건들이 계속 분출했다. 예견했고 막고자 했고 그럼에도 통제할 수 없는 사건들.

1910년 가을, 철도원들의 파업이 일어났다.

"나는 사태가 심각하게 돌아가리라는 것을 예견하고 있었다"고 조레스는 말한다. 노동조건과 열악한 임금은 도저히 참을 수 없는 지경이었다. 그러나 조레스는 이렇게 계속한다. "나는 성급하고 의견이 합치되지 않은 운동의 위험성을 감지하고 있었다." 그는 철도원들에게 의회가 열릴 때까지 기다리기를 간청했다. 권위적이고 냉소적인 브리앙이 우파에 기대어서 무력을 사용하리라고 짐작하고 우려한 것이다. 예를 들면 군사화에 맞먹고 군사재판으로 철도파업자들을 위협하는 징집조치이다. 신중하기를 당부하는 그의 충고는 받아들여지지 않았다. 북부선 철도원들의 초조감과 분노, 어쩌면 또 "개혁파를 당황하게 만들려는 이들의 계산"도 있을 거라고 조레스는 설명했다.

파업이 확산되고 마비상태였다. "맘젤 시자이유와 브라우닝 시민"에게 봉사하려는 에르베의 『사회전쟁』이 선동하여 사보타주가 일어났다. 1910년

10월부터 1911년 6월 30일까지 2908건이 넘는 사보타주 행동을 보게 될 것이다.

브리앙은 사태를 꿰뚫으며 파업운동이 서투르게 시작되었다는 것을 간파했다. 그는 야간에 내각을 소집하여 밀랑과 비비아니, 바르투의 반대를 물리치고 징집을 결정했다.

어떻게 할 것인가? 파업으로 수가 더 줄어든 북부선 대표들이 『뤼마니테』에 모였다. 그들은 운동의 급작스러움을 개탄했다. 조레스에게 "당신은 우리에게 파업하라고 권하는가?" 하고 따졌다. 그에게 의견을 말하라고 다그치자 처음에는 대답을 하지 않는다. 대의원 두 명이 그를 압박한다. 마침내 결심을 하고 그가 말했다. "근로자들의 문제를 풀어가면서 한층 사려 깊은 방법을 먼저 생각하겠다는 결심이 확고할수록 노동자 연대가 결핍되었다는 비난을 듣지 않는 것이 중요합니다."

"틀림없이 희생자가 날 겁니다." 그들의 말에 조레스는 이렇게 응답했다. "당신들의 책임은 당신들이 져야 합니다. 그러나 아무리 필요하고 정당한 일이라도 위험이 따릅니다."

조레스에게는 어려운 선택이었다. 그가 철도원들의 운명을 갖고 놀았다는 비난을 들으리라는 것을 알고 있었다. 그렇게 된다. 왜냐하면 브리앙이 재빨리 멀리 가버렸기 때문이다. 사회주의자 브리앙이 원고를 썼던 바로 그 방에서 『뤼마니테』에서 회동한 파업위원회가 체포되었다. 신문사는 수색을 당한다. 해고자가 쏟아진다. 수천 명이라고 한다. 전쟁평의회의 위협으로 노조에서는 작업재개 명령을 내리지 않을 수 없게 되었다. 브리앙은 언론을 교묘하게 부추겨 정부에 동조할 수밖에 없게 했고, 나라의 안전과 방어를 사보타주하는 무정부주의자들에 대한 탄압을 밀어붙였다. 전쟁이 일어날 경우 수송은 군대에 불가결한 것 아닌가? 파업은 그러므로 실패였다. 지난날의 사회주의자들이 공세를 주도한 만큼 더욱더 쓰라렸다.

조레스는 깊이 개입했다. "어렵고 비극적인 순간에 야심가들은 몸을 사린다. 투사들은 몸을 바친다."

그는 온몸을 던진다. 『뤼마니테』에서 브리앙을 '배신자' '무도한 자'라고 비난했다. 그리고 1910년 10월 25일 의회가 개회하자 사회주의자들과 함께 브리앙을 향해 가열찬 공세를 퍼부었다.

결판을 내자. 험악하고 격하다. 사회주의 의원들은 한 사람씩 연단에 올라 브리앙에게 따졌다. 어떤 이들―부베리―은 말을 놓으면서 브리앙이 손-에-루아르 의원이었을 때 몽소-레-민 지구에서 그에게 총파업 연설을 하러 가라고 40프랑을 빌려줬던 것을 환기시켰다! 젊은 고등사범 출신 알베르 토마―에르와 앙들레르가 사회주의로 인도했다―는 가차 없이 엄격하고도 지적으로 따지고 들었다. 그러나 진정한 심문관다운 발언을 한 것은 조레스다. 그는 근엄하게 연단에 올라가서 브리앙과 밀랑과 비비아니에게서 한시도 시선을 떼지 않은 채 격앙된 목소리로 말한다. "나는 기억하지만, 아마 당신들은 이제 권좌에 있으니 잊어버렸을 것이다."

의사당은 조용해지며 무거운 긴장이 흐른다.

그가 다시 말을 꺼낸다. "우리가 다함께 서서 연설하던 대민중집회를 기억한다. 오늘은 사라진 늙은 노동자들, 인생의 끝에 와서 그 모든 것이 혹시 무익했는지 묻던 그 투박한 사람들이 눈에 선하다. 우리의 강령을 들으면서 열네 살, 열다섯, 열여섯 살의 한창 사춘기 젊은이들이 새로운 신념으로 눈을 반짝이던 것도 눈에 선하다…."

조레스는 공격의 전선으로 나아가지 않는다. 장관들, 그들이 야기하는 사기저하와 절망에 대면하여 인간적 책임감을 갖게 한다.

"지금 그 젊은이들이 서른, 서른다섯이고 그들의 신문에서 당신들―밀랑, 비비아니, 브리앙—바로 당신들이 그들의 파업권을 거부했다는 사실을 읽으면 그들은 마음속 깊은 곳에서 삶이란 결국 악몽인가 하고 물을 것이다." 조레스가 규탄하고 용서하지 않은 것은 이 신의에 대한 배반, 인간과 삶에 대한 회의이다. 몇 사람의 냉소주의가 수많은 사람들의 절망이 되어 돌아왔다.

조레스의 말은 참을 수 없다. 그러면 브리앙과 비비아니와 밀랑은 그 말을 따라야만 한다. 자신에 대한 혐오감에서 벗어나려면 조레스를 불편하게 보고 증오의 감정을 갖는 것 외에 무엇이 있겠는가?

물론 브리앙이 답변한다. 성과가 있다. 그는 민족주의를 요리했다. 철도원들은 파업으로 "국경을 열어젖혀 놓음으로써" 나라를 적에게 넘겨준다고 그는 말한다. 우파의 박수갈채에 힘을 얻어, 방금 자기가 들은 것에 짜증이 난 브리앙은 비약한다. "만약 정부가 확고하게 국경을 지킬 법률을 찾아내지 못했다면 정부는 불법을 무릅쓰는 것말고 다른 대안은 없었을 것이다"며 그는 소리지른다.

소란이 일어나고 "독재자, 사임, 사임"을 외친다. 사회주의 의원들은 연단 아래로 우르르 몰려나가 "그만 하라"고 고함을 지른다.

그 소란 속에서도 브리앙은 몇 시간을 연단에서 버티고 서 있었으며, 이튿날 크게 신임을 얻었다. 그는 "피 한 방울 묻히지 않았다"고 두 손을 펴서 보였다. 만약 불신임을 받았다면 "불쌍한 독재자는 곧장 굴복했을 것이다." 그러나 표결에도 불구하고(380 대 170) 그는 도덕적으로 타격을 입었다. "정부가 철도원 문제를 종결했다고 생각하면 잘못이다"고 조레스가 선언했듯이 그는 "무질서와 총파업의 어릿광대 황제"였다.

브리앙은 자신이 타격을 받았다는 것을 잘 아는데다 자신의 팀을 공고히 다질 필요가 있었다. 때문에 11월 3일에 정부를 다시 구성하기 위해 그 전날 11월 2일에 사임했다. 징집에 반대하던 밀랑과 비비아니, 바르투는 인선에서 배제되었다. 그러나 석공회의 주역—라페레—이 보이고 『르 프티 파리지앵』의 소유주 뒤퓌이도 당연히 들어 있었다. 그외는 그저그런 인물들이다. "믿을 수 없을 만큼 진부함의 승리이다"고 조레스는 평했고 카이요는 이렇게 중얼거렸다. "하인들의 정부 같다."

그러나 이러한 술책도 브리앙을 몇 달 이상 구해 주지는 못했다.

철도원들은 쓰러뜨렸으나 샹파뉴의 포도밭에서 사건이 터졌다. 도매상과 생산자들 사이에 충돌이 발생해서 포도주 병과 통이 수천 개나 깨지고 부서지는 소요가 일어나 군대가 개입하지 않을 수 없게 되었다.

이 사회전선에서 조레스가 싸움을 이끌었다. 12월 17일 그는 파리에서 6천여 명의 군중 앞에서 연설을 했다. 아브르의 선원파업위원회 서기 줄 뒤랑이 '어용'조합의 장을 공격한 혐의로 기소되어 '부르주아' 판사로부터 사형언도를 받자 그는 '제2의 드레퓌스 사건'이라며 뜨겁게 고발했다. 조레스는 『뤼마니테』에서 이 문건을 낱낱이 분석했다. 또 드레퓌스를 지지했던 모든 이들, 앙들레르와 뤼시앙 에르, 마르셀 모스, 아나톨 프랑스 같은 지식인들이 공화국 대통령에게 사면과 재심을 요청하도록 촉구하는 기사를 연속 게재했다. 아나톨 프랑스는 조레스가 연설하는 집회에 메시지를 보냈다. "무고한 뒤랑이 자유의 몸이 되는 것은 여러분에게 달렸다. …프랑스 프롤레타리아들이여, 세계 곳곳에서 노동자군대가 조직되고 있듯이 여러분도 힘차게 조직할 수 없겠는가?"

조레스는 한참 더 나아갔다. 그는 아나톨 프랑스가 『뤼마니테』에 글을 발표해 주기를 소원했다. 그리하여 『크랭크비유』(Crainquebille, 아나톨 프랑스의 소설작품)의 작가에게 다음과 같은 편지를 썼다.

빌프랑슈 달비주아

친애하는 스승이며 벗에게

당신이 뒤랑 사건에 관한 글을 한 편 써주신다면 우리는 정말 기쁘겠습니다—우리를 크게 도와주시는 것이고요. 그렇게 되면 운동이 훨씬 확장될 것입니다. 제가 『뤼마니테』에 발표한 설문조사와 문건들로, 이 사건이 상상할 수 있는 가장 과격하고 가장 부적절한 '계급정의'라는 것을 충분히 아실 겁니다.

크랭크비유에 나오지만, 이는 체계화되고 비극으로 내몰립니다.

일주일 내로 파리에서 뵙게 되면 무척 반갑겠습니다.

하지만 가능하시다면 글은 곧 보내주십시오.

장 조레스

아나톨 프랑스는 글을 쓰지 않았다. 그러나 캠페인은 이긴다. 뒤랑이 석방된다. 하지만 그는 감옥에서 정신이상이 되었다.

이 비극적 사건은 조레스에게 브리앙 정부를 특징짓는 도발과 반동의 분위기를 뚜렷이 보여주었다.

그런데 조제프 카이요 총리를 향한 하원의 적대감도 그만큼 컸다. 카이요는 1911년 1월 8일 릴에서 연설하면서 급진파 중에서도 급진주의 유산의 계승자로 자처했다. 브리앙은 분리법 부문에서도 공격을 받았다. 이와 동시에 콩고에 세워진 한 컨소시엄—은고코 상하 회사—에 투입된 보조금 문제로 재정추문이 일어나려고 했다. 브리앙은 사건이 터지기 전에 떠나기로 작정하고 1911년 2월 27일 소수파로 전락하기 전에 사임했다.

사람들은 카이요를 예상했다. 공화국 대통령은 차라리 수수한 상원의원—모니스—을 선택하게 되며 모니스가 구성한 정부에서 카이요는 재무부를 맡았다. 좌파정부인가? 여러 각료들이 취임하자마자 에밀 콩브를 예방했다. 좌파블록의 귀환인가? "사회민주주의의 시기가 시작되는 것인가?" 하고

1910-1914

조레스는 물었다.

새 내각에 기회를 주어야만 한다. 조레스와 사회주의자들은 기권한다.

의회의 유희? 시원찮은 인물들의 연속? 이 정부에서 해군장관은 전 외교장관 델카세. "환각에 사로잡힌 소인국 사람" 그가 대변하는 것에 대한 조레스의 적대감을 다들 알고 있는데 '좌파'라는 말이 무슨 의미가 있으며 왜 '기권'을 하는가?

그러나 하원은 정치권력의 터전이다. 그리고 조레스는 여기서 미묘한 차이를 염두에 두면서 싸움을 수행했다. "그의 이데올로기는—위대한 의회인 중 한 사람인 조제프 카이요가 확인했다—무한히 섬세한 정치감각과 결합한다."

조레스는 하원에서 사색을 진전시킬 수 있다고 보았다. 그래서 1910년 11월 14일 의회 사무국에 군 조직에 관한 법률안을 제출했다. 18개 항목으로 구성된—6페이지—법안의 제안 동기는 450페이지이다! 사실 조레스가 3년 전부터 작업해 오던 군사문제에 관한 저작이었다.

1907년 11월 27일 루에프 출판사와 체결했던 애초의 계약이 1910년 11월 4일 갱신되었다. 따라서 그 텍스트가 며칠 후 의회에 제출되었으며 서점에 책이 나온 것은 1911년 4월이다.

조레스는 사회주의가 어떻게 될 것인지 구체적으로 규명하는 일을 포기한 적이 없었다. 그런 그에게 이 첫번째 텍스트는 프랑스 사회주의 조직에 바치는 훨씬 광범한 저작의 일부에 지나지 않았다. 여기에는 그 어떤 방대한 기획도 겁내지 않는, 또한 『사회주의 프랑스혁명사』 이후 긴 호흡의 글을 더 이상 쓰지 못하는 것을 괴로워하던 지식인 조레스의 에너지와 야심과 낙관주의가 녹아들어 있다. 항목은 그럴 수 있다지만 그 분량이 엄청나다! 그에게는 이런 깊은 작업이 필요했다.

『새로운 군』(L'Armée nouvelle)이 그것이고 제목은 그가 골랐다. 필요한 자료는 다 읽었다. 그가 책을 헌정한 제라르 대위는 가장 창의적인 장교들(랑글루아 장군, 질베르 대위)의 새로운 이론들을 소개해 주었다. 몇몇 사회주의자 군인들의 도움으로 독일 간행물과 잡지들도 훑었다. 그리고 그 자신의 소양이 들어갔다. 이 저작에서 그는 디드로, 프랑스혁명, 마르크스의 가치이론에 관한 사유를 정리하는 당혹스럽기까지 한 역량을 보인다. 책장을 넘기며 따라가면 생의 감각에 대한 철학적 명상, 존재의 의미, 고통과 폭력의 의미를 만난다. 그리고 당연히 책의 주제는 '새로운 군'에 관한 서술이다. 항상 쿠데타를 꿈꾸는 자들의 유혹의 대상이 되는 국민과 단절된 병영 속의 군대를 대체할, 지역이나 공장에 연고를 둔 시민군과 예비군에 관한 것이다.

조레스가 전망하는 군대는 청소년기부터 군사문제에 관한 교육을 받고 자기 고장을 지키며 직업장교로서 신뢰를 받고 시민으로서는 선출직 위원회들의 통제를 받는 무장한 민중이다. 동시에 민족주의적 분위기에서는 사령부의 장교들을 유혹할 과도한 공격적 전략을 경계한다. 또 벨기에의 독일 공격을 우려하여 북부 국경지대 방어를 재정비할 것을 요구한다. 한편 동부의 병사시민은 각자 자기 집에 무기를 소지할 것이다. 한마디로 전쟁의 거부를 확실히 주장해야 하고 민중이 속속들이 무장한 그런 민병대의 힘으로 방어전이 공격자의 무덤이 된다는 것을 증명할 필요가 있다.

영감이 넘쳐흐르는 책에는 조레스의 애국심이 잘 드러난다. "조국은 낡아빠진 사상이 아니다. 변혁을 일으키고 확장될 사상이다." "독일 군대 아래 살든 프랑스 군대 아래 살든" 상관없다는 귀스타브 에르베 같은 좌파의 주장을 맹렬히 공격한다. 그것은 '궤변'이다. "무릇 조국의 순결성을 치는 것은 문명을 공격하는 것이며 다시 야만으로 추락하는 것이다."

이보다 더 분명할 수 있는가? 자신을 향한 온갖 중상비방에 대해 이보다 더 결연하게 대답할 수 있는가? 그는 명확히 밝힌다. "약한 국제주의는 조국으로부터 멀어지고 강한 국제주의는 조국으로 귀결한다. 작은 조국애는 국제주의로부터 멀어지고 큰 조국애는 국제주의로 돌아온다."

그러나 이 총결산 같은 책에는 그 이상의 것이 있다. 군대에 관해 말하면서 조레스는 모든 방향의 탐색을 시도한다.

"국가는 계급을 표현하지 않는다. 국가는 계급들의 관계, 즉 세력관계를 표현한다"고 확인할 때 그는 마르크스와 갈라진다. 그가 다음과 같이 반복할 때, 자신의 신념과 관점의 전망을 명백히 한다. "지금 중요한 것은 운동의 방향이다."

사람들은 이 책을 무시했다. 비웃었다. 좌파, 반군사주의자들 그리고 독일에서는 혁명적 사회주의자들이.

조레스는 '동부지역'의 방어에 대비해야 한다고 말하지 않았던가? 알자스-로렌에서 일어난 시위에 대해 "민주적이고 프랑스적인 오랜 문화가 살아있는" 것이라고, "알자스-로렌은 숲에 담을 쌓아올려서 나무들이 갈라졌지만 담 밑에서 그 깊은 뿌리들이 자라 원시림의 뿌리에 닿는 나무들 같다"고 하지 않았던가?

낭시의 모임에 나가 알자스의 디자이너 한지 옆에서 앉아 있는 모리스 바레스가 만족할 발언이었다.

여전히 조레스의 발언에 민감한 로자 룩셈부르크는 독일 혁명좌파의 기관지 『라이프치히 폴크스차이퉁』(*Leipziger Volkszeitung*)에서 이 책을 비난했다. 이 텍스트는 법률의 항목들에서 "집요한 소부르주아적 신념"을 드러낸다고 언명했다. 로자 룩셈부르크에 따르면, 『새로운 군』은 한마디로 "오믈렛을 만들면서 소리만 요란한" 것이었다. 반대로 트로츠키는 거주지와 일터에 배속되는 '민병' 개념에서 깊은 인상을 받았으며 이 책을 읽고 또 읽었다.

우파에서는 군대를 해체하려는 것이냐고 조레스를 비난했다. 그가 표명한 애국심, 장교단에 대한 존경심 또는 벨기에의 독일 공세 가능성에 대한 경고는 아랑곳 않고 그의 사상을 희화화했다.

이로써 조레스는 그 어느 때보다도 더 주류언론이 합창하는 비방의 계절을 맞이하게 되었으며, 그 배후에서 브리앙이 조종하고 있었다.

브리앙은 조레스가 안긴 수치를 결코 잊지 않았다. 그가 잊을 리가 있는가? 그리고 브리앙은 사회주의의 '뭄 파는 여자'가 되어버린다. 그는 계파들의 대립을 잘 알고 있었다. 어떻게 조레스에게 타격을 가해야 하는지도 안다.

철도원 대의원의 한 사람인 동부선의 그랑발레—해고되었다—가 『철도원 파업에 관한 진실』(La Vérité sur la grève des cheminots)이라는 소책자를 발간했는데 거기서 조레스와 면담한 상황을 설명하고 있다. 브리앙은 여기에 승부를 걸기로 마음먹는다. 그 과정에서 조레스가 "희생자가 난들 어떻소!" 하고 말한 것으로 발언을 왜곡시켜 공격을 했다. 그러자 언론은 이 문건에 달려들어 조레스는 냉혹하게도 노동자들의 고통을 착취한다고 떠들어댔다.

조레스는 역겨움을 느끼면서 "브리앙의 언론은 계속 나를 공격하고 나는 그에 굴하지 않고 당당하게 버텨내고 있는 이 독설 캠페인"에 관해 설명했다. 이 비방의 물결 속에서 위르뱅 고이에는 번번이 그렇듯이 특출했다. "철도원 파업은 노동자들의 뜻이 아니고 조레스 시민과 그의 『뤼마니테』 공모자들 그리고 독일 첩자들에 의해 일어났다. 조레스 패거리는 베를린으로부터 독일과의 긴장관계가 최고조에 달했을 때 프랑스의 동원을 마비시킨다는 이중의 긴급지시를 받았다…"

생캉탱 사회당 대회에서 역시 게드주의자인 라포포르는 다른 편의 전선에서 공격해 왔다. 『뤼마니테』의 운영과 재정을 문제 삼은 것이다. 그들은 다시금 몇 마디 암시만으로 유대인 자본이 신문을 통제하려고 한다는 생각을 떠올리게 했다. 사실은 『뤼마니테』를 장악하고 싶은 것이다. 조레스는 분개하고 방어하고 대회로부터 승인을 받았다. 하지만 그는 라포포르가 브리앙의 조종을 받지는 않았더라도 브리앙에게서 정보를 얻고 그 영향을 받는다는 것을 몰랐다.

중상으로 조레스를 무너뜨리는 것, 그것이 항상 목표다.

브리앙을 추동하는 것은 정치적 의욕 그리고 증오로 변한 일종의 원한이었다.

페기는 "고등사범의 작은 집단"에 대한 강박증과 원한으로 분별력을 잃었다. 그 집단은 "정치의 감염부위, 오염부위이고 혁명적 정신 그 자체인 드레퓌스주의를 부패시킨 독이 퍼져 나오기 시작한" 진원지였다. 그리고 조레스는 "뤼시앙 에르의 피조물"이었다. "근본적으로 배신자"다. 일개 "불명예 인간"이다. "항복의 북을 두들기는 대대장"이다. 한마디로 "위대한 독일을 위해 일하는" '독일 당의 요원'이었다.

사악한 신념 이상의 것, 실질적인 병리증세, 그에 대해 무슨 답을 하는가?

그러나 그것은 과격한 신흥 민족주의 흐름을, 그리고 페기는 전혀 물들지 않았지만 새로운 반유대주의를 반영하고 있었다.

앙리 베른스탱이 테아트르-프랑스에서 자신의 희곡 『나 다음』(Après moi)을 다시 상연하자 저녁마다 시위가 일어났다. 『락시옹 프랑세즈』는 베른스탱이 이전에 저버렸던 것을 상기시켰다. 담장은 "배신자 유대인"을 고발하는 전단으로 뒤덮였다. 그리고 결국 연극공연은 취소되었다. "어제 라탱 구는 파리를 훈련시켰다"고 『라 리브르 파롤』과 『락시옹 프랑세즈』는 기뻐서 어쩔 줄 몰라 했다. "젊은이들이 우리와 함께하고 미래는 우리의 손에 있다." 그리고 모라스는 냉소적으로 썼다. "이 반유대주의의 섭리가 없다면 모든 것이 불가능하거나 지독히 어려워 보인다. 그것 때문에 모든 것이 정돈되고 말썽이 없어지고 간단해진다."

마치 아무 투쟁도 없었다는 듯이, 불과 10년 전에 드레퓌스 사건에서 아무 승리도 얻어내지 못했다는 듯이 그때와 똑같은 악의를 지닌 이 증오, 이 비방, 힘의 복귀. 이것들이 조레스를 흔들어대는 것을 느낄 수 있다. 계속 투쟁하려는 그의 의지가 아니라 삶과 사회에 대한 사색을 뒤흔드는 것을.

그는 체념하지는 않았지만, 그 의지와 희망의 표현에 때때로 피로감이 깔려 있었다. "아! 만약 이 슬픈 혼돈, 이 불평등하고 조작적인 사회, 비참으로 창백해지고 자만심으로 분칠을 하고 질투로 일그러진 이 뒤죽박죽인 얼굴들로부터 벗어날 수 있다면!"

그것은 진력한 후의 한숨처럼, 호소처럼 불어왔다.

"만약 괴로움의 심연 위에서 번쩍거리는 이 모든 거짓된 기쁨을 끝낼 수 있다면…."

마치 그의 낙관주의 저 밑바닥에서 절대적인 절망을 고백하는 듯, 이 전투원이 불행의 확신으로 괴로워하는 듯했다. "볼모로 잡혀 있는 모든 고통을 충분히 위무할 수 있는 사회적 진보는 존재하지 않는다."

우애의 융합을 호소하지만 불가능이다. 세상은 아직 야만적이다. 삶과 의식은 불연속이다. "중추감각은 각자 달라서 타인에게 침투할 수 없다. …각 개인에게 개인적인 괴로움은 절대적인 것이다."

조레스의 모든 감수성은 이 자아의 감옥에 저항한다. 바로 이것이 각 개체를 가두어놓는, 그리고 조레스가 오래 전부터 말과 가르침, 글, 전투적 행동, 대회와 당의 우애로써 무너뜨리려고 애쓰던 장벽들 아닐까?

사회정의, 사회주의는 이 요새에서 돌 몇 개를 빼내는 하나의 수단이다. 하지만 "약간의 인간진보를 위해 흔히는 정의조차 그처럼 많은 폭력과 그처럼 숱한 고통으로, 자신도 알지 못하는 조건으로 사들여야 하는가?" 하고 조레스는 자신에게 되묻는다.

확실히 '새로운 군'을 다루면서 인간의 조건에 대해 그 같은 반항을 표명하고 또한 "모든 살아 있는 존재에게 세상의 법칙은 그 자신의 운명으로 고스란히 요약된다"는 것을 아는 그는 한낱 정치인은 아니었다.

이렇게 자문하는 사람이라면 분명 냉소적이거나 일상의 행동 속에 갇혀 있었던 것은 아니다. 그리고 나이 오십이 넘어서도 젊은 날의 글쓰기 톤을 되찾아 여전히 그에 충실하게 말하는 이라면. "어떻든 나는 이렇듯 잔인하게 모호한 세상에 대해 나의 생각이 따로 있다. 그것 없이는 정신생활은 인간의 종을 참을 수 없게 하리라."

사람들이 서로 소통할 시간이 오리라고 어떻게 결론 내리지 않을 수 있겠는가? 그리고 조레스는 그 시간의 예고를 위해 싸웠다.

왜냐하면 이 신비한 경험이 하루하루 투쟁의 포기, 이성의 거부를 의미하는 것은 전혀 아니었기 때문이다.

이 점에서 또한 조레스는 젊은 날의 철학에 충실했다. 그는 여전히 "이성에 의해 지배되는 인간"론을 변호하고 있다. "이성은 감수성을 폐지하는 것이 아니라 조절하고 고상하게 한다." 그리고 이렇게 덧붙인다. "이성으로 제어하는 이는 감수성과 이성이 결별하는 시대의 징벌 같은 삶에 대한 역겨움,

'삶의 무력감'이 없다."

1910년대 무렵에 조레스가 확인하고 또 그를 불안하게 한 것은 바로 이 같은 상황이었다. 모든 정치적 실망으로 이런 상황이 확대되었기 때문이다. 그가 브리앙과 다른 사회주의 대의의 이탈자들에게 비난한 것은 그에 대해 책임이 있다는 것이었다. 그가 문제 삼은 것은 사회주의의 이상만이 아니라 이상이라는 관념 그 자체이다.

하원의원 프랑시스 드 프레상세는 『뤼마니테』의 저널리스트이자 조레스의 친구인데 조레스가 깊이 느끼지만 의지적인 낙관주의로 하여 그처럼 구체적으로는 표현하지 못하는 것을 예리하고 명료하게 묘사했다.

프레상세는 우선 "급진당은 노선도 이상도 원칙도 강령도 없다"고 언명한다. "그 당은 연초국이나 울긋불긋한 리본조각 같은 한심한 정책의 집행으로 하루하루 때우면서 통치하고 있다."

조레스가 그처럼 여러 번 비난했고 "만인의 권태와 만인의 혐오감"을 자아낸 것은 바로 이 신봉자 체제였다.

프레상세는 계속한다. "가장 많은 사람들이 이런 일종의 비웃음의 회의주의에 빠져드는 것을 볼 수 있다." 이 모든 것은 "언제나 어떤 불길한 것의 전조였다"고 프레상세는 경고한다. "공화국은 취약하다. 이 나라의 밑바닥 대중들은 바로 공화국의 잘못으로 공화국에 대한 믿음을 접었다."

그리고서 프레상세는 다음과 같은 예견적인 몇 줄로 결론을 내린다. "우리가 저 아래 대전(大戰)이라는 심연이 입을 크게 벌리고 있는 곳으로 이어지는 내리막길을 눈을 감고 굴러 내려가고 있는 것은 분명해 보인다."

페기가 역정을 내며 "패거리 중에서 가장 위선적"이라고 한 사람이 쓴 이 기사는 1911년 4월자이다.

모로코의 프랑스 군대는 전쟁 일보직전에 있었다. 부족들이 들고일어나 페스 (Fez), 유럽인들이 살고 있는 술탄의 거주지를 위협했다. 상하원 의회는 휴가 중이었는데—부활절이었다—정부는 공화국 대통령이 튀니지아를 방문하여 애매한 형식으로 은폐시켜서 프랑스 군대를 페스로 파견하기로 결정했다. 그리고 뒤늦게 베를린에 알렸다. 공식견해를 반영하는 독일 신문들의 기사에는 전혀 주의를 기울이지 않았다. 독일은 파리가 모로코 정복을 위해 추진하고 있는 움직임에 의문을 품었는데, 그것은 페스가 소탕되고(5월 21일) 곧 메크네도 해결될 것(6월 8일)이었기 때문이다.

민족주의 언론은 지지를 표명한 반면, 조레스는 지치지 않고 이 "신중치 못하고 바람직하지 않은" 정책을 경계했다. 그는 우리가 독일, 에스파냐와의 협정을 깨뜨리고 있음을 지적했다. 이미 에스파냐는 즉각 항의하고 모로코의 한 지역을 점령했다. 그럼 독일은? 독일 재계와 다양하게 선이 닿는 사업가인 카이요 재무장관은 베를린의 의도를 탐문하고 있었다. 6월 23일 모니스 정부가 사임했다. 이 같은 과도기 형태의 총리는 재빨리 카이요로 대체되었다. 대머리에 외알박이 안경을 쓰고 댄디풍의 우아함을 지닌 조제프 카이요는 큰 문제를 다루는 데 익숙했으며 대외정책을 신중하게 끌고 가려 했다. 그러나 주사위는 던져졌다. 그리고 조레스는 항쟁에 나선 모로코인들을 광신자 취급하는 언론의 거만한 태도에 분개했다. "자신들을 방어한 사람들을 여러분은 광신자라는 이름으로 불명예스럽게 만들고 있다"고 조레스는 쏘아붙였다.

그는 무엇보다 자신이 예측한 대로 모로코에서부터 전쟁의 톱니바퀴가 돌아갈 것을 우려하고 있었다. 모두들 거짓말을 하고 있다. 조레스가 "당신이 페스에 가시오" 했을 때 또 조레스가 자신이 제기한 문제를 상기시켰을 때 "클레망소는 내게, 메카에는 왜 못가겠는가 하고 대답했다."

프랑스 부대가 페스로 향했다. 조레스는 이렇게 경고했다. "모로코에서 당신의 군사력 장악이 확대될수록 당신의 취약면적은 커질 것이다. 그리고 페스는 평화를 위협할 수 있는 새로운 위기 속에서 우리가 유럽과 세계를 향해 지혜와 무사무욕의 교훈을, 우리가 위선적이고 냉소적으로 위반하는 국제권의 존중이라는 교훈을 줄 수 있는 곳이다."

1911년 6월 말이다.

조레스는 브술레에 가야 했다. 며칠 후면 코펜하겐 대회 때부터 예정된 남미 여행을 떠나야 하기 때문이었다. 그러나 국제정세가 걱정스러웠다. 민족주의의 고조가 위기와 결합되고 있었다.

파리에서는 6월 24일 악시옹 프랑세즈가 모로코에서의 군사행동을 지지하고 독일의 오만을 비난하는 시위를 벌였다. 바레스는 낭시에 있었다.

조레스는 여러 신문을 사러 매일 알비에 들르곤 했다. 『뤼마니테』에는 전화로 기사를 받아쓰게 했다.

그는 베를린과 파리 사이에 협상이 벌어진 것을 모르고 있었다.

베를린이 배상을 요구했다. 카이요 총리까지 포함하여 프랑스 사람들 모두가 파리 주재 독일 대사를 통해서 뉴스를 들었다. 부족들의 준동에 맞서 자국의 이익을 보호하기 위해 제국정부는 대포를 탑재한 전함 판테르를 아가디르 항으로 출동시키기로 결정했던 것이다. 탕헤르 사건 이후 빌헬름2세의 '함부르크' 출항, 즉 아가디르 공격이다.

프랑스 정부는 이것은 전쟁의 위험을 감수하는 군사적 상황이 아니다―그리고 외교적일지라도 러시아는 신중할 것을 충고했다―는 것을 드러내 보이지 않으면 안 된다.

그러므로 협상을 해야만 한다. "우리의 제국주의 정책을 끝내기 위해서"라고 조레스는 말한다. 7월 7일, 그의 글 하나가 『뤼마니테』와 독일 사민당신문 『포르베르츠』에 동시에 실렸다. 모로코의 모든 외국군 철수를 요구하자는 프롤레타리아를 향한 호소이다. 민족주의자들은 분개하여 시위를 벌여 조레스를 고발하고 빌헬름2세가 시작한 도전에 보복으로 대항할 것을 촉구했다. 그 사이에 신중한 카이요는 우리의 약체성을 고려하여 흑아프리카의 독일인들에게 배상을 하기로 결정했다.

1911년 7월 14일, 귀스타브 에르베는 상테 감옥에 수감되어 있었다. 바스티유에서 감옥까지 "전쟁 타도"를 외치는 민중들의 행렬이 줄을 이었다.

조레스는 여행가방들을 끈으로 묶고 있었다. 앞으로 3개월의 긴 여행이 불안하다. 전쟁인지 평화인지 도저히 알 수 없는 순간에 소중한 가족과 동지들을 두고 가야 하기 때문이다.

그는 『뤼마니테』에 전화를 걸어 마지막 기사들을 송고했다. 가방 속에는 포르투갈어 문법책과 에스파냐 고전작품들을 챙겨넣었다. 배에서 공부할 것이다. 처음 만나는 그곳 민중들에게 사회주의 인터내셔널이 진짜 있다는 것을 증명할 것이다. 다시 열광과 신념이 솟는다.

자 가자, 낯선 땅으로.

처음으로 유럽을 떠난다. 쉰두 살이다.

여행이다. 알비, 툴루즈 "역에서부터 곧장 여행가방의 온갖 자질구레한 것을 잘 챙기기 위해서는 마음을 다잡아야 한다." 조레스는 많은 책과 서류, 연미복 한 벌 그리고 3개월 동안 입을 옷을 가지고 간다. 그는 주의력 깊은 모범생이 아니다. 무엇인가에 몰두해 있다. 그러나 하여튼 떠났다. 스스로 잘 돌봐야 했다. 움직이니까 좀 마음이 풀어졌다. "쉬드 엑스프레스(남부급행)를 타고 국경을 두 번 넘는 일이 몹시 복잡해서 정신을 차려야만 했다."

리스본에 도착해서 아라공 호를 타고 리우까지 2주간 대양을 항해했다.

이 여행은 조레스의 삶에 여유를 주었다. 활동을 좀 쉬기를 꿈꾸었기 때문은 아니다. 반대로 그는 기사를 쓰고 연설을 하고 강연회를 열고 책을 읽고 또 읽었다. 자신의 연설을 듣는 청중들에게 그들의 현실이 배어든 설명을 펼쳐 보이고자 했기 때문이다. 프랑스혁명이나 '이상'을 다루는 데만 만족하지 않고 아르헨티나사회당의 문제도 꺼낼 것이다! 그래서 헐벗은 대평원을 가로질러 가는 기차에 앉아서 문건들을 들여다보기 시작했다. "거의 나무 한 그루 없는 대평원은 풀 한 포기 없는 돌산에 이르기까지 메마른 밀밭만 드문드문 보일 뿐이다." 카스티야는 근엄했다. "이렇게 불타는 듯한 땅, 이렇게 비극적인 건조함이라니!"

하지만 변화하는 바로 이 경관이 삶의 여유였다. 왜냐하면 조레스는 자기 직무에 푹 파묻히는—그 때문에 힘들어하지 않았다—사람이었기 때문이다. 하원의원, 늘 펜을 쥐고 있는 저널리스트, 웅변가, 알비행 기차 그리고 몇 해마다 사회주의 대회가 열리는 도시들 또는 인터내셔널 대회의 도시들, 카르모 선거. 물질과 사건의 운동 그리고 지치지 않는 지적 호기심, 박물관 방문, 시시각각 풍요로워지는 정치적 열정이 아니라면 이 생활에서 판타지란 없다.

그런데 마침내 이 반복되는 긴장에서 벗어나 차창 너머로 "중세시대에 유럽 대륙에서 이름 떨친 살라망카 대학의 실루엣과 다섯 개 종탑"을 바라보면서 감탄하고, 수확의 계절을 맞아 초라한 사람들이 띄엄띄엄 무리지어 폭염 아래서 낫으로 빈약한 밀을 베는 모습을 만나고, 그리고 또 "이것저것 뒤섞인 포르투갈의 맛있는 음식"을 발견하니 얼마나 멋진 일탈인가!

그렇다면 이렇게 떠난 조레스의 동기, 코펜하겐 대회 때 그에게 와서 여행을 권유한 아르헨티나 동지들에 대한 그의 긍정적인 대답에서 어떻게 이런 탈출의 욕구를 참작하지 않을 수 있겠는가? 물론 이 여행은 조레스의 계획에 들어 있던 타당한 '도피'였다. 인터내셔널 대의원들이 자리 잡고 있는 건물의 정면을 장식한 그림을 상기시키고 사회주의 언어로 사람들을 통합하기 위하여 지구의 두 반구를 설득하고 이어주는 것이었다. 그러나 이 생활과 '단절되고' 이 생활 밖에서 좀 '즐기고' 호기심에 양보하고픈 욕구도 있었다. 또 모로코의 긴장과 판테르 군함의 아가디르 출동으로 야기된 국제위기가 평화적으로 해결될 조짐이 전혀 없는 이때 그가 프랑스—유럽—를 떠날 필요가 있었다.

어떻든 세계의 저쪽 끝이라 할지라도 일련의 회의 그리고 국가적으로 주요한 계획의 책임을 지고 있고 지난 몇 달 동안 평화투쟁에 헌신하고 또 사회주의 인터내셔널에서 결정적일 수 있는 역할을 하는 조레스라는 이름, 이런 것들이 잠시 사라질 수 있다. 그리고 우루과이와 아르헨티나, 브라질의 동지들이 왜 그것을 이해하지 못하겠는가?

그러나 조레스는 출발했다. "가슴이 부푼다"고 했다. 걱정이 가슴을 짓눌렀지만 아무튼 프랑스를 떠났다. 그리고 곧 유럽도. 그가 친지들에게 보낸 편지들에서 묻어나는 비감과 향수는 아마도 죄책감이나 불안감 때문이었을 것이다. 사실 그는 친지들과 그처럼 오랫동안, 그것도 "지중해보다 더 푸른 대서양을" 건너 헤어져 있어본 적이 없었다.

리우에서 보낸 편지에는 이렇게 씌어 있다. "나는 끊임없이 당신과 함께 지낸다. 내가 보는 모든 것을 낮은 소리로 당신에게 이야기한다. 지금 당신이 있는 곳이 몇 시인지, 당신이 무엇을 하는지 그리고 나는 무서운 고독을 견디면서 비로소 기나긴 유배생활에서 감내해야 하는 끔찍한 고독을 깨닫는다." 그리고서 짧은 4행시를 지었다.

아! 내 아내와 내 아들로부터 얼마나 멀리 떨어졌는가.
수없는 파도, 수많은 하늘, 수많은 사람들이 우리 사이에 있네.
하지만 바람도, 먼 길도 헤매지 못하게 하는 내 가슴
확실하고 순탄하고 부드러운 비행으로 당신들과 재회한다.

그 다음 네 개의 낱말.

나를 좀 사랑해 주오

그들이 그를 사랑하지 않는다니 무슨 말인가?

떠난 사람은 그편이다. 최근 수년 사이에 가장 첨예한 위기의 순간 중 하나에 조레스의 남미 여행은, 그가 늘 의회를 위해 사색을 위해 글쓰기를 위해 꿈과 대화를 위해 가족을 '떠났던' 것의 극단적인 상징일 뿐이었다. 툴루즈에서 리스본으로 가는 기차에 몸을 싣자 문득—결혼 후 줄곧—아내를 다른 세상의 강가에 남겨두고 왔다는 생각이 가슴 깊이 파고들었다.

"언제나 다른 곳에 있던 나, 나를 좀 사랑해 주오."

7월 20일, 그는 얼마 전 공화국을 선포한 리스본에 도착했다. "애정이 듬뿍 담긴 성대하고 명예로운" 환영연이 기쁘다. 외교장관이 그를 하원까지 인도했고 의원들은 일어서서 "조레스 만세! 프랑스공화국 만세!"를 외치며 환영해 주었다.

사흘 동안 포르투갈의 수도에 머물면서 신문도 읽고 정치계 인사들도 만났다. 아직 그는 영국 재무장관 로이드 조지가 런던 시장 주최의 연회에서 독일에 대해 다음과 같은 경고성 발언을 한 것을 모르고 있었다. "어떤 대가를 치르든 평화라는 것은, 우리 같은 강국으로서는 용납할 수 없는 수치를 안겨줄 것이다."

같은 순간 케도르세에서는 독일의 요구에 대해 분개하고 있었다. 모로코와 콩고 전체를 바꾸자는 것이다. 그러면 전쟁인가? 영국은 독일이 모로코에 자리 잡는 것을 막기 위해 프랑스의 입장을 이용하면서도 또 한편으로는 아마 베를린과 협상하기로 결정한 유화적인 카이요에 반대하고 가장 단호한 파리 인사들을 지지하는 것인가?

다행히 카이요는 민족주의자들의 여론에 초연하고 완강했다. 프랑스는 전쟁에 이길 수 있는 상태가 아니라 판단하고 한 기업가—푸데르—와 파리에 부임한 독일 외교관 랑켄 남작의 주선으로 베를린과 접촉을 하고 있었다.

조레스가 대서양을 항해하면서 포르투갈어를 배우고 돈키호테를 읽는 사이에도 위기는 더욱더 심각해지는 것 같았다. 파리에서는 총사령관—조프르—을 임명했고, CGT 대표들이 베를린을 방문하여 두 나라 사회주의자들은 평화에 대한 자신들의 의지를 선언했다.

그러나 여론은 언론에 의해 뜨겁게 달아올랐다. 파리에서는 민족주의자들이 스트라스부르 조상 주위에서 시위를 벌였다.

조레스는 선실에서 글을 쓰고 전보를 통해 정세의 현황을 파악했다. 마데르에서 한번 기항했을 때, 그는 런던과 파리에서 날아온 뉴스에 대경실색한 승객들의 심리상태를 묘사한 기사를 보냈다. "아니, 모로코 때문에 싸우다니!"

그가 외쳤다. "아, 저 혐오스러운 모로코 기획… 세계의 평화가 모든 우연과 모든 광기에 의해 요동치는 것을 보다니 얼마나 딱하고 부끄러운 일인가!"

이윽고 '아라공'이 마데르에서 출항하여 조레스가 리우데자네이루에 도착하는 8월 9일까지는 조용했다.

9월 4일까지 머무를 이 대륙을 탐험하고 브라질 몬테비데오에서 일련의 회의를 가지는 일정이 시작되었다. 뜨거운 환영이다. 물론 보수적 인사들의 적대감에 부딪혔지만—몬테비데오와 특히 부에노스아이레스에서 대표로 나온—지식인층은 프랑스혁명에 대해 말하는 조레스에게 경청했다. 아르헨티나에서는 이 나라의 상황을 정확하고 섬세하게 다루어서 열렬한 지지를 받았다. 그는 농촌 개간지들을 방문하여 생활양식과 빈곤, 사회적 불평등, 농사꾼들의 역할을 알아보기도 했다.

조레스가 지구 반대편에서 목격한 것을 통해 자신의 사회주의적 신념을 확인하고 있을 때 뒤늦게 국제위기의 뉴스를 들었다. 이곳에 머물면서 느끼는 기쁨과 아르헨티나 사회주의자들로부터 받는 감탄 속에서도 어떻게 그가 태풍의 눈에 들어선 저 유럽을 떠나 있다는 감정, 불안을 느끼지 않을 수 있겠는가?

9월 21일 베를린 주식시장은 패닉 상태에 빠져들기 시작했다. 협상가들은 파리와 줄이 끊어졌고 그러면 전쟁이다. 계속 선언문을 내보낸 사회당은 9월 23일과 24일 미팅을 조직했다. 21일 이탈리아 군대가 터키 소유의 시레나이케와 트리폴리타니아(현재는 리비아 북부 지중해에 면한 지역. 로마시대부터 건설되었다)를 침범했다. 이곳은 동맹체제에 가담한 유럽 강대국들이 개입하는 첫번째 전쟁의 진원지가 되었다.

1911년 9월 말은 중대한 날짜이다. 전투가 일어난 곳은 아프리카 땅이었지만 연쇄적 결과를 불러일으키는 심각한 충돌이었다. 터키가 연루된 것이므로 발칸 일대가 문제다. 9월 28일 이탈리아–터키 사이에 공식적으로 전쟁이 발발했다. 조레스는 여덟 차례의 순회강연을 마치려면 아직도 부에노스아이레스에서 10여 일은 더 체류해야 했다.

그는 아르헨티나의 수도에서 툴롱에 정박중인 순양함 '리베르테'(자유)의 폭발사건―9월 28일―을 접했다. 사망 110명, 해군 부상자 236명 그리고 실종자들. 프랑스 해군에 덮친 일련의 어두운 사건이었다. 같은 해 순양함 '글루아르'(영광) 역시 폭파되었다. 그러나 이번 사건은 조레스와 직접적으로 관련이 있었다. 리베르테 호는 루이 조레스 해군대령이 지휘하고 있었기 때문이다.

조레스는 직접 기사를 보지 않았지만, 민족주의 언론들이 어떻게 빗대어 표현했을지는 상상하고도 남음이 있었다. 조레스 해군대령은 폭발사건이 일어났을 당시 정규 휴가중이었다. 그러나 그는 국방위원회에 출두해야 했다. 조레스에게 적대적인 언론이 악용하게 되는 절차이다. 조레스는 동생에게 편지를 썼다. "나의 불쌍한 그리고 사랑하는 루, 너에게 호소한다. 이 모욕에 정면으로 맞서는 힘을 가져라. …국방위원회는 가증스러운 교란술책이야. 무서운 시련을 겪을 거야. 너는 나 때문에 악의적이고 비열한 적들이 많아."

조레스는 10월 9일 부에노스아이레스를 떠나 보르도로 향했다. 부두에는 많은 사람이 그를 배웅하러 나와 있었다. "라틴식 찬가로 영접하지 못했던" 이 사람 그리고 "현지 문제들에 대한 적절한 분석"을 실천할 줄 아는 사람에게 고마움을 표하기 위해서였다. 아르헨티나 사회주의자들의 지도자 후안 후스토의 설명이다.

10월 26일에 조레스는 보르도에 내렸다.

그는 부두에 내리자마자 당장 소식이 궁금했다. 국방위원회는 동생에게 전혀 혐의가 없다고 판결했다. "너는 다시 일할 마음을 가지게 되고 장래를 믿게 될 거야" 하고 조레스는 편지를 썼다. 그리고서 급히 신문을 읽었다.

모로코 협상이 진척되어 베를린과 파리 사이에 협정이 체결될 것이라고 했으며, 이에 대해 이미 민족주의자들이 궐기했다고 한다. 민족주의자들은 수치스러운 항복이라며 조제프 카이요를 압박하고 있었다.

조레스를 둘러싼 공간이 다시 막혔다.

막간의 휴식, 유일했던 막간은 끝났다. 그는 전쟁의 위협, 그 위협이 수반하는 분위기를 다시 만났다. 그가 잘 알고 있는 분위기였다.

"질투의 독설과 고위 정치권의 비열."

25 | 그것은 볼모정책이다 1911 / 1912

조레스가 그것을 모를 수가 없었다. 신문들은 연일 성과를 내고 있었다. 이미 1907년부터 그가 말해 오던 '모욕의 먹구름'이지만 공격은 한층 격렬했다. 그들은 변함없이 같은 의도로 같은 무기로 치고 들어왔다. 조레스가 독일 첩자라는 것을 증명하고 설득시킨다는 것이었다.

1911년 여름 아가디르 위기에서부터 빠지면 안 되는 것은 오직 이 주제였다. 그들은 프랑스 사회 상류층과 중간층에 확산되고 있는 강력한 민족주의에 기대었으며 동시에 이러한 공격은 국수주의라는 효소를 배양해 주었다. 뿐만 아니라 적개심과 조국수호라는 고상한 충동 아래 그들의 수입이 좀 줄어들지 모른다는 우려를 은폐시켜 주었다.

카이요는 전쟁으로부터 유럽 문명을 구하고자 노력하여 대외정책 면에서 현실주의자임을 보여주었다. "왜냐하면 이 문명이 취약하기 때문"이라고 그는 말했다. 이 문명에 치명상을 입힐 정도로 위험을 무릅쓰는 것은 카이요의 시각으로는 "범죄이고 정신착란"이었다. 또 그는 누진소득세의 옹호자이다. 따라서 이 두 가지 점에서 조레스를 지지했다. 카이요를 타도하라, 조레스를 타도하라.

그러므로 이런 비방기사들을 읽지 않을 수 없었다. 조레스는 저들이 지인들과 아무 잘못 없는 동생에 대해 이러쿵저러쿵하는 것은 자신에게 책임이 있다고 느꼈기 때문에 더 한층 마음이 아팠다. 화약의 한 종류(B)가 폭발사고의 원인이었다. 그런데 고이에는 이렇게 썼다. "뻔뻔하게도 조레스 사령관은 리베르테 호가 폭발하게 했고 다른 장갑함 세 척도 꼼짝 못하게 만들어놓았다. 데탕트 시기가 지나가 버리고 나면 독일의 공격 재개에 유리하도록 우리의 해군 주력함을 툴롱 정박지에 봉쇄해 놓았다."

당연히 아가디르의 공격, 파리와 베를린 사이에 준비되고 있는 조약은 이 조레스 형제가 한 짓의 결과라는 것이었다. "이제 독일 대사는 타른 의원, 『뤼마니테』 이사에게 불명예의 대가를 지불하기 위해 핀셋을 집어들 것이다."

거듭되는 공격을 감수해야만 했다. 바로 그 고이에는 1912년 4월 『작품』(L'œuvre)에서 "시민 조레스는 로슈푸코가 부양하고 있다"고 쓴다. 조레스는 "베를린 일간지그룹과 독일 대사관의 재정지원을 받아 프랑스 의회에서는 독일제국의 웅변가, 프랑스 언론에서는 독일 황제에 매수된 비열한이 되어 있다."

이 캠페인은 은밀하게 러시아 대사관의 지원을 받는 모든 보수 언론기관들을 파고들었다. 1911년 말 러시아 대사관에는 전 러시아 외무장관인 이스볼스키가 파리주재 대사로 부임했다. 이 조치는 상트페테르부르크가 프랑스 동맹에 비중을 둔다는 것이었다. 그런데 민주주의 체제에서 그 비중이란 여론, 즉 신문에 달려 있다. 조레스의 이 고함소리만 없다면 그리고 카이요를 비롯한 거북스런 인물만 없다면 만사가 잘 풀릴 것이다.

하지만 부패자금이 모든 것을 설명해 주지는 않는다.

조레스와 프레상세가 주목했듯이 모럴의 위기가 체제를 훼손하고 민족주의는 용기와 활력을 결집시키는 이상(理想)의 역할을 할 수 있었다. 사태가 이렇게 전개된 것은 물론 언론이 결백하지 않았기 때문이다. 하지만 어떤 현상이든 진짜 뿌리가 있는 법이다. 조레스는 본질적으로 '엘리트'와 관계된 이 노도의 매질에 부딪힌 것이지만, 무엇보다도 바로 그 엘리트들이 그러한 감정을 드러냈다.

1911년, 그해 말 페기는 격노해 있었다. 그가 『격주평론』에 본부를 차리고서 이렇게 선언하는 소리를 들을 수 있었다. "전쟁이 선언되는 즉시 우리가 맨 먼저 해야 할 일은 조레스를 총살하는 것이다. 우리는 이 배신자들이 후방에서 우리 등에 칼을 꽂도록 내버려두지 않을 것이다." 확실히 페기의 증오에 찬 과격함은 이 시기에 그가 처한 개인적 실패로도 설명이 된다. 페기는 혼자라고 느끼고 있었다. 끊임없이 순수한 이상을 말한 그는 프랑스학술원 후보가 되기 위해 밀랑과 푸앵카레, 데샤넬에게 간청을 했다. 브리앙에게도 관대함을 보였다. 물질적 어려움 때문에 집요한 것이라고들 생각했다. "나는 가난하다. 아카데미에 들어가야만 한다"고 그는 말하곤 했다. 이 모든 것이 속죄의 밀사인 조레스에 대한 증오로 나타났다. 페기에게 그는 "프랑스에서 독일제국의 정책을 대변하는" '범게르만주의자'였다. 급기야 증오심은 조레스의 모습을 희화화하는 수준으로까지 비화했다. "몽똑한 팔에 배는 불쑥 나온 이 벼락출세한 대부르주아."

조레스를 친다? 어떻든 매일매일 치고 있었다. 그의 심부(深部)와 그의 감정을. 그들은 마들렌을 놓고 수군거렸다. 마들렌은 잠깐씩 이 남자 저 남자를 사귀는 충동적인 행동으로 비틀거리는 처신을 보였다. 파시의 8번지 빌라라 투르도 '성채'처럼 묘사했다. 사실 그 집은 소박하고 살림살이도 검소했다. 친구들에 대해서도 공격을 해댔다. 프레상세는 "불어터진 얼굴에 뚱뚱이 위선자, 포도주통이다." 사회주의자들, "빈약한 당에 뚱뚱이들이 확실히 너무 많다"고 페기는 말했다.

프랑스에서는 1911년부터 사회주의자들을 박해하는 분위기가 넘실댔다. "조레스가 우리 손에 걸려들지 않기를" 하고 페기는 쓰고 있다.

、 모라스를 에워싼 악시옹 프랑세즈도 같은 감정과 같은 표현경향을 전했으며, 페기의 친구 조제프 로트는 모라스의 측근 중 한 사람이었다.

1910년 1월 11일 페기는 민족주의의 성녀이자 여전사인 『잔 다르크 순결의 신비』(Le Mystère de la charité de Jeanne d'Arc)를 출간했다. 전쟁이 그렇게 유도했다. 그러나 처음부터 일련의 혼탁한 분위기를 조성했다.

"전사에게 요구되는 것은 덕성이 아니다"고 페기는 쓴다. 프랑스 식민주의는 '자유의 체제'이다. 프랑스의 성자들은 누구보다도 위대하다. 우리는 '질서'를 존중한다. "나는 성 바오로처럼 이룩된 권능은 존중받을 권리가 있다고 믿는다"고 페기는 말한다. "지난 30년간 교수들과 소르본은 프랑스에서 세워진 모든 것, 프랑스 자체를 무너뜨리기 시작했다." 그들은 민중을 부패시켰다. "지상에서 가장 근면한 사람들, 농민들을 그들은 어떻게 만들었는가. 대번에 쳐도 무너지지 않기 위해 작업장에서 바짝 조심하고 있는 이 민중을 어떻게 만들어놓았는가?" 하고 페기는 묻는다.

바로 이것이 조레스가 마주친 것이었다. 조금씩 구조화되고 있는 이념체계. 한쪽은 좀더 반유대주의적이고 왕당파이며 또 한쪽은 좀더 가톨릭의 공화파였지만, 조레스에 대해서는 일치단결해서 증오했고 필요한 출구인 전쟁 쪽으로 고개를 돌렸다.

남아메리카에서 돌아온 조레스에게 험난한 시기가 시작되었다. 페기가 쓰고 있듯이, 조레스의 적대자들은 "전쟁을 위해 끊임없이 긴장하고 끊임없이 필요한 시설을 갖추어왔다. …그것은 심지어 전쟁을 위해 무기를 갖추고 밤새 기도하는 철야의식, 그것도 예전 식의 철야의식이 아니었다. 무한정 연장되고 지속적으로 이론화되는 철야의식이었다."

물론 온 나라가 그런 것은 아니다.

조레스가 배에서 내렸을 때, 신문들은 아직도 루브르의 〈라 조콘다〉 도난사건, 경범죄로 기소되어 몇 시간 구금되었던 젊은 예술가 아폴리네르와 피카소, 파리-마드리드와 파리-로마 혹은 영국일주 비행을 석권하여 우승컵을 차지한 프랑스 비행사들의 성공을 보도하고 있었다.

조레스가 연설하는 집회장들은 언제나처럼 열광했다. 다수의 젊은이들이 사회당에 가입하고 있었다. 툴루즈에서는 이제 막 변호사가 된 뱅상 오리올―그는 유리병 노동자 오쿠튀리에의 딸과 결혼했다―이 조레스에 매료되어 따라다니면서 농촌마을에서까지 조레스의 인기를 실감했다. 오리올은 자주 툴루즈 역에 나가 플랫폼에서 기다리고 있다가 조레스를 맞이하곤 했다. 조레스는 해고된 철도원들을 위한 강연을 하러 파리에서 왔다. 사람들이 그를 알아보고 웃음 지으며 악수하려 했지만, 그의 손에는 작은 여행가방이 들려 있었고 또 한손에는 책 4권을 손가락들로 책갈피를 누르고 쥐고 있었다. 그는 다른 사람의 도움을 받으려 하지 않았다. 내 가방을 든다고? 그런 시중은 필요 없었다. 내 책을 누가 든다고? 그는 노트해 둔 쪽지를 잃어버리고 싶지 않았다. 조금 있다가 그는 오리올과 함께 걸을 것이다. 고개를 높이 들고 눈은 하늘을 향하고 호주머니에는 책과 신문을 잔뜩 넣고 오귀스탱 미술관을 들르자고 청하여 앵그르의 화폭 앞에 걸음을 멈출 것이다. 그런 다음 강연을 할 것이다. 1911년에는 톨스토이에 대해, 1912년에는 "현대의 위대한 낭만주의 작가들 발자크, 플로베르, 상드, 졸라"에 대해. 연설을 따라가는 속기사들은 그의 박식함에 놀라고 매혹되어 기록을 멈추기도 했다. 강연은 끝났는데 그들은 아직도 바그너에 대해 말하고 위고의 긴 구절을 낭송했다.

그러므로 조레스는 공격이 심각하고 상황이 위중함에도 불구하고 교양 속에서, 교양을 통해 도피의 능력을 지켜나갔으며 그것은 또한 그의 낙관주의 의지를 나타냈다.

한편 현 정세는 나름대로 믿을 만한 근거가 있다고 그는 보았다. 잠시 주춤하던 러시아의 혁명운동이 다시 힘차게 움직이고 있었다. 중국에서는 유럽 강대국들의 분열을 틈타서 혁명가들이 청왕조를 일거에 제거했다. 조레스는 이러한 징표를 경하했다. 세계는 부당한 질서에 맞서 저항으로 뭉치고 있었던 것이다. "아시아에서는 자유주의적이고 아마도 공화주의적일 혁명이 천상의 거대한 대중을 흔들고 있다"고 그는 썼다. "중국제국을 분할하려는" 외세에 대항하여 거둔 성공이었다. 바레스는 냉소적으로 "조레스가 유럽의 양심, 아니 세계의 양심을 가지려 한다"고 언명했다.

그리고 11월 4일에 체결된 파리와 베를린의 협약이 있었다. 독일이 모로코를 포기하고 카이요는 프랑스령 콩고의 내륙지대 27만 5천 제곱킬로미터를 독일에 양도했다. 프랑스와 독일 모두 민족주의적 분위기 속에서 항의가 솟구쳤다. 클레망소는 분개했다. 이렇게 해서 알자스와 로렌에 대한 앞으로의 요구조건이 희생되었음을 알고 있다는 뜻을 내비쳤다. 악시옹 프랑세즈는 시위를 벌였고 브라자의 사보르낭 미망인은 분노를 표출했다. 독일에서는 식민지담당 국무차관 린데키스트가 사임을 했다.

이로써 외교 면에서는 사건이 풀리고 전쟁을 피할 수 있게 되었지만, 민족주의 계열은 분통을 터뜨렸다. 프랑스 민족주의 계열은 앞으로 수년간 권력을 행사할 급진파의 거두 카이요를 두려워하는 정치인들에게서 호응을 얻었다.

온갖 우파는 그만두더라도 클레망소, 푸앵카레뿐 아니라 밀랑과 브리앙 같은 무리들이 카이요를 예산 종교재판의 화신인 듯 보고 자신들의 야심으로 민족주의 성향을 덧칠했다. 그들은 이를 이용해서 권력에 오를 수 있다면 그 것에 끌려가고 또 그것을 지원할 태세였다. 이로써 때로는 사소한 빌미를 틈 타 커다란 소동이 터지기도 했다.

카이요에 대해 조레스는 신중했다. 이 인물은 프랑스와 독일이 협상한 다음날인 11월 5일 곧바로 급진파의 공약을 실현하겠다고 약속했다. 그는 누 진세, 사회보장법, 물가인상을 억제할 집단서비스를 조직하여 "제대로 통치 하는 정부"가 되고자 했다. 모든 것이 긍정적이었다. 그 밖에도 그의 대외정 책은 용기를 보였다. '자코뱅'이라고 오리올이 표현하자, 조레스는 웃으며 이 런 말을 던졌다. "붉은 모자를 쓰면 모자가 발끝까지 내려올 자코뱅이지."

카이요에게서 오만한 귀족 냄새가 난 것은 사실이다. 그는 철도원들의 사면을 거부했다. 또 비례대표제에 여전히 적대적이었고, 이 점이 두 사람의 의견이 갈리는 주된 사항이었다. 이어 조레스는 말한다. "그의 정책에 뭔지 불투명한 성격이 있고, 나로서는 뭔가 거북하고 비틀린 데가 있다…."

외교장관—드 셀브—에게 진저리를 내고 카이요가 베를린과 단독 협상 한 것은 사실이었고 그것이 알려지기 시작했다. 그렇지만 조레스는 다음과 같이 결론을 내린다. "우리 친구들 일부가 편견을 갖고 그에게 반대하는데, 난 아니다. 카이요의 의도는 선하다. 어떻게 하면 어려운 임무를 끝까지 밀고 나갈 수 있는지 알고 있다. 자기 나라에 커다란 봉사를 한 거지."

그러므로 1911년 12월 14일 프랑스-독일협약에 관한 의회 토론에서 조레 스는 카이요의 정책을 지지할 태세였다.

회의는 지구전이었다. 민족주의 웅변가들은 공세적이고 엄숙했다. 잇따른 심장발작으로 1902년 10월 이후 더 이상 발언하지 않던 알베르 드 멍이 심각하게 개입했다. 자신은 목숨을 걸고 우리가 알자스를 희생하지 않았는가 하고 말하는 것이라고 주장했다. "역사는 과거의 상복을 입고 서서 우리를 쳐다보고 있다." 민족주의 웅변가마다 1871년을 준거로 들었다. "독일은 프랑스 영토 상당 부분을 획득했다"고 말하면서 협약의 비준을 거부했다. 어떤 의원은 이렇게까지 쏘아붙였다. "나는 카르타고와 거래하지는 않는다."

이 정도로 열기가 오르는데 독일과의 화해정책을 희망하는 조레스가 질문하지 않을 수 없었다. 특히 그는 모로코 분쟁의 해결이 이탈리아의 트리폴리타니아 개입과 러시아와 오스트리아의 발칸에 대한 야욕으로 이어졌음을 밝히려고 했다. 그는 프랑스가 "이 비열한 국제 서명과 충성 속에서 자기 몫의 주도권을 쥐었음"을 유감으로 여겼다.

"제지, 제지" 하고 사람들이 소리친다. 하원의장은 조레스에게 의회 속 기록을 중단한다고 환기시킨다. 그러나 그가 프랑스-독일협약에 대해 이렇게 말할 때 그의 입을 다물게 할 수 있을까? "그것은 외교에 의해 축성된 볼모정책이다."

특히 조레스는—사태가 정확히 확인해 주게 되지만—앞으로 닥칠 전쟁을 그려 보인다. 그는—전략상 그렇게 될 것인데—최근의 러일전쟁을 예로 들면서 원시적인 야만성에 최신 기술력이 더해져서 서로 충돌하는 위험에 빠진 대중을 묘사한다. 프랑스 참모부가 전적으로 공세적인 거칠고 단기적인 충격요법을 예상한 반면, 조레스는 『새로운 군』에서 한 분석들을 되짚어 꺼낸다. "벼락 몇 번 치고 섬광이 몇 차례 솟아오르면 끝나는 단기전을 상상해서는 안 된다." 마치 "수많은 포탄의 참화" 아래 놓인 인간군상, 황량하게 텅 빈 대양을 보고 있는 것처럼 이렇게 덧붙인다. "그렇다. 가공할 광경이다." 그는 사회주의자들에게는 소유제도의 혁명만이 평화를 보장할 수 있다는 것을 상기시킨다. 그래서 사회주의자들은 "지금까지 역사에서 사회적 창조의 모든 격동에 수반되었던 파괴적 증오의 폭발 없이 사태의 진화가 이루어지기를" 원한다고 망치로 내리치듯 말한다.

우파에서 그에게 따진다. 그들은 그가 말하는 장기전의 예고, 사회주의자들이 해나갈 '진화의 선택'을 양해할 수 없다. 이미 격정은 지나칠 정도이다.

그러나 그들은 소란스러운 소수일 뿐이다. 조약비준 표결 때 반대는 단지 36명, 394표가 인준했다. 물론 기권이 14명이나 되었지만 다수가 신중한 방도를 택했다. 카이요가 이긴 것이고 조레스도 이겼다.

클레망소와 푸앵카레, 레옹 부르주아가 복병처럼 지키고 있는 상원이 남아 있었다. 그들은 1월 초에 회합을 가졌고 조약을 검토하기 위해 상원 협의체가 구성되었다.

여론은 사안이 종결되었다고 믿었다. 곧 축제다. 신문들은 오르드네르 거리(서민동네인 파리 동북부 18구의 거리)에서 젊은 수금원이 살해되는 구경거리가 생겼다고 크게 실었다. 전에 노조원이었던 기계공 줄 보노의 지시를 받은 무정부주의 패거리 짓이고 경찰은 줄 보노를 추격하고 있다는 소문이었다.

그렇지만 1912년 초가 되자마자 조약사건이 다시 현안으로 떠올랐다. 신문이 흘리는 정보들에 따르면, 외교장관이 카이요에 동의하지 않은 것 같았다. 상원 협의회의 첫 회의에서부터 클레망소는 카이요에 의해 추진된 '비공식' 협상을 추궁했다. 카이요는 되는 대로 경솔하게 부인했다. "외교장관은 우리에게 총리의 선언을 확인해 주겠는가?" 하고 클레망소가 요구하자 "협의회가 나의 답변거부를 허가해 주기를 요청한다"고 장관은 중얼거림으로써 카이요를 부정했다.

"솔직하지 못한 대담성"이라고 조레스는 카이요를 평했다. 카이요는 문책당한다. 몇 시간 사이에, 외교장관 사임 후 카이요는 개각개편을 단행하려 했지만 거부되었다. 클레망소와 푸앵카레, 브리앙, 밀랑이 의회의 여론을 준비해 놓고 있었다. 그리고 신문들은 귀찮은 걸 끝장내 버렸다. 1912년 1월 11일, 카이요는 사임했다.

카이요의 심경은 쓰라렸다. 그는 조레스에게 자기를 확고하게 지지하는 것이 얼마나 중요한지를 알지 못했다고 힐책했다. 카이요는 투표방식 때문이라고 했다. "나는 비례제 반대파이고 조레스는 찬성파이다." 심지어 그는 원칙적인 이유 외에 조레스가 비례제를 원하는 개인적 동기가 있다고까지 주장했다. "조레스는 하원의석을 지키기 위해 타른에서 4년마다 꼬박 싸워야 하는 것에 지쳤다. …조레스 같은 품성의 사람에게 이 마을에서 저 마을로 돌아다니고 여기서는 고용된 불량배들의 폭행에 맞서야 하고 저기서는 목숨을 걸어야 하는 것은 참기 힘들다. 그의 친구들과 우리 친구들은 산길 으슥한 곳에 쳐놓은 매복에 맞서 그를 보호해야 했다"고 카이요는 말했다.

카이요는 조레스가 조용한 선거구를 제의받은 것을 알고 있었다. 그러나 "조레스는 카르모 광부들을 버리려고 하지 않는다"는 것을 인정하면서 "비례제를 하게 되면 생명의 위협을 받는 비열한 싸움에서 해방되면서 자기 고장에서의 선출이 보장될 것"이라고 카이요 스스로 말했다.

조레스라는 사람은 개인적인 설득이 통하지 않는다. 그러나 아마도 투표방식이 카이요와 조레스의 관계에 영향을 끼친 것은 사실이었을 것이다. "조레스는 11월 4일의 조약으로 평화와 화해의 정책이 효력을 발휘할 것에 전적으로 동의하고서 외교조약이 인준을 받기 전에는 나를 넘어뜨리려고 하지 않았다. 그는 나를 추락시키는 데 참여하지는 않았다. 나를 지지하기를 기권함으로써 내가 쓰러지게 내버려두었다."

사실 카이요의 후임 레몽 푸앵카레는 완전히 연합작전에 의해 선정되었다.

쉰두 살의 이 로렌 출신은 확실하지 않으면 움직이지 않는 능란한 사람이었다. 각료직을 거부해 온 지가 6년째이다. 냉정하고 총명하고 자신의 재능을 믿는 그는 기다렸다. 공쿠르 학술원의 변호사로 문학계나 언론계와 관계가 좋았고 1909년에는 프랑스학술원에 선출되었다. 사람들은 그를 순수하다고 했는데, 그는 대형 회사들의 변호사였다—그중에 생고뱅도 있었다. 보수파인 그는 사회주의자들과 소득세를 혐오했다. 로렌 사람으로서 민족주의 사상에 가까웠고 모든 '선량한' 사람들처럼 전쟁은 단기전이 될 것으로 보고 두려워하지 않았다. 전쟁이 승자에게처럼 패자에게도 비싼 대가를 치르게 한다는 것은 생각도 안했다. 언론은 편협한 정신에서 자발적으로 그에게 전설 같은 레테르를 붙여주었다. 정치계의 서정적 기사(騎士). 하지만 그는 드레퓌스파가 이기리라는 것이 확실해졌을 때 비로소 드레퓌스 사건에 가담했다. 소득세에 적대적 인물이란 점에서 신문들의 인정을 받고 대규모 경제적 이해관계자들로부터 평가받는 그는 민족주의 계열을 만족시켰다. 페기는—『격주평론』을 구독하는—푸앵카레가 총리직에 오른 것은 "주목할 만한 일"이라고 보았다.

푸앵카레를 에워싼 결속력은 이처럼 단단했다. 브리앙, 국방장관인 밀랑, 델카세와 장 뒤퓌이—『르 프티 파리지앵』을 소홀히 할 수 없기 때문이었다—가 보수주의와 야심 그리고 모험적이지는 않더라도 공고한 대외정책을 선택하여 단결된 집단을 형성했다. 신문에서는 마침내 위대한 내각이 등장한다고들 했다.

푸앵카레는 1912년 1월 16일 화요일에 하원에 출석했다. 총리의 취임연설에서 사회개혁이나 재정개혁에 대해서는 일절 언명이 없었다. 그러나 민족감정에 대한 호소, 동맹에 충실하겠다는 다짐, 질서유지에 대한 우려, 세속학교의 수호, 선거개혁의 예고… 푸앵카레는 이렇게 선언했지만 조레스와 사회주의자들은 이 마지막 사항에 대해 기권했다. "우리나라는 상당히 평화롭지만 일어날 수 있는 모든 우발적 사건을 통제하지는 못한다. 나라의 모든 의무를 다하도록 할 것이다."

카이요는 쓰라렸지만 이를 깊이 생각했다. 이렇게 쓸 때의 그는 과장을 했다. "나의 내각을 계승한 정부에 조레스가 자신의 협력과 자기 친구들의 협력을 유보하고, 이 정부의 수장은 그들과는 다른 정치적 이유로 비례제 찬성파이다. 조레스는 새 정부에 대해 약속했던 지지를 보내지 않고서 그 정부의 생존을 감시한다…."

조레스의 정치적 실책인가?

그는 환상을 갖지 않고 치열하게 싸워왔다. 비례제 투표로 다음 선거에서 당을 강화하고 그로써 평화와 사회개혁을 한층 효율적으로 지지하는 행동을 기대하고 있었다.

속도를 내서 달려야 할 때가 되었다. 조레스는 그것을 알고 있었다. 어떻든 사회주의자들의 투표는 아무것도 바꿔놓지 못했다. 푸앵카레는 찬성 440표 반대 6표 기권 121표로 취임했고, 반대표 4명 외에 기권은 모두 조레스와 사회주의 의원들의 표였다.

전쟁을 향한 새로운 한 단계를 넘어섰다.

그리고 어쩌면 처음으로 조레스는 자신의 당의 선거논리에 끌려서 문제의 중요성을 즉각적으로 헤아리지 못했을 것이다.

26 | 이 공포로부터 벗어나기 위해 우리는 무엇을 할 것인가?

1912/1913

다가오는 소리가 멀리서도 들렸다. 날카롭게 터지는 나팔소리, 박자에 맞추어 둥둥 울리는 북소리가 노동자구역의 다닥다닥 붙은 높은 집들 사이로 울려 퍼졌다. 신임 국방장관 알렉상드르 밀랑의 결정으로 매주 토요일 저녁이면 이렇게 연대의 군악대가 수비대 주둔 도시들의 일대를 돌아다녔다. 한 주일이 끝나고 마음이 좀 풀어지는 분위기에 갑자기 공격의 에너지를 밀어붙였던 것이다.

젊은 여자들은 문 앞의 계단에 나와 군인들에게 웃음을 짓고 남자아이들은 선두의 북을 앞질러 가면서 발을 구르고 카페 앞에나 아직 문이 열린 작업장에 모여 있는 어른들은 하사관들을 향해 작은 소리로 야유를 보내고 경찰들은 자전거를 타고 군악대 연주에 맞추어 긴 도로를 달리고 있었다.

논평자들이 회고하듯이, 푸앵카레 정부로서는 "드레퓌스의 위기 이래 심히 무시된 민족감정을 일깨울" 필요가 있었다. 또 체조협회, '스포츠'를 장려했는데, 군대는 건강한 젊은이들이 필요했기 때문이다.

이렇게 새 정부가 들어서고 며칠 사이에 이미 군사적 분위기가 조성되고 있었다. 1월 16일과 17일에 프랑스 여객선 두 척, '카르타고'와 '마누바'가 이탈리아 어뢰정의 조사를 받자, 푸앵카레가 성을 내며 하원에서 발언을 했다. 이탈리아는 이탈리아-터키전쟁을 이유로 지중해상의 항해를 통제하고 있었다. 이 작은 사건을 빌미로 푸앵카레는 민족의 깃발을 치켜들었다.

조레스는 국제적 사건의 전개만큼이나 이 새로운 스타일을 우려했다. 그는 하원을 걸어 나오면서부터 자신의 관심사에 대해 사람들과 얘기를 나누고 있었다.

뒷짐을 지고 처음에는 거의 한마디도 않고 콩코르드 광장을 건너다가 샹젤리제를 따라 걸으면서는 흔히 동행인들이 증인인 듯 목청을 높여 사건의 진상을 밝히기 위한 역사강의를 했다. 그는 이 발칸의 긴장은 세르비아와 불가리아와 몬테네그로 등 슬라브계 소국들이 그리스와 가까워지면서 힘이 빠진 터키에 덤빌 준비를 하여 러시아의 동의와 지원 아래 터키를 해체시키려는 것이라고 보았다. "만약 비잔틴 심장부에서 그리스인, 불가리아인, 세르비아인 들이 서로 등을 돌리지 않는다면 그건 기적이다. 전쟁사에서 일어났던 모든 기적보다 더 큰 기적"이라고 그는 설명했다.

전쟁. 그는 한 걸음을 떼어놓을 때마다 다시 전쟁으로 돌아가곤 했다. 더 할 수 없이 길고 잔인한 전쟁이라고 본 것이다. "수백만의 사람들이 살해와 광란의 춤으로 그 광기를 고백하는 미친 유럽의 초대를 받는다."

이 무렵 그는 쓰러진 것처럼 보였지만 다시 기운을 차렸다. 450만이 넘는 독일인들이 제국의회에 110명의 사회주의자들을 보냈다. 상당한 세력 아닌가? SFIO는 독일사민당 중앙위원회 서기 필리페 샤이데만을 파리에 초대하여 두 번 연속 연설하는 자리를 마련했다. 샤이데만은 사회주의의 선거승리는 독일 민족주의의 사망을 기록하는 것이라고 확언했다. 그는 또 독일 사회주의자들은 전쟁을 거부할 뿐 아니라 "우리를 이 야만성으로 몰아넣으려는 자들에 대항하여 우리 사회주의자들은 필사의 용기를 가지고 봉기할 것"

이라고 반복했다. 집회가 열린 바그랑 대회장에서 조레스와 청중은 일제히 기립하여 열광적으로 박수를 치고 〈인터내셔널〉을 합창했다.

하원에서 파시로 돌아가는 길에 조레스는 개선문 광장에서 잠시 침묵한다. 그 다음 클레베르(프랑스혁명기 장군의 이름) 대로로 접어들어 계속 성큼성큼 걸으면서 동행인들 앞에서 모로코에 파견된 프랑스 부대들의 진군상황을 언급했다. 그가 예측한 것처럼 저항은 확산되었다. 1912년 3월 30일 보호조약—페스 조약—이 체결될 거라고 예고되자 곧바로 부족들, 세리피 군대의 원주민부대들이 반란을 일으켜 프랑스인과 유대인들을 학살했다. 프랑스는 새로운 군대를 보내 가혹하게 탄압하고 술탄을 희생시켜 왕위를 내어놓도록 하고 리요테 장군을 총독으로 임명하여 더 많은 사람을 사살하고 마라케시(모로코 남부의 주요 도시)로 입성하도록 했다. 조레스는 분개했다. 그는 국제 긴장의 위험이든 이 같은 탄압이든 용납할 수 없었다. 신경이 날카로워져서, 하원 복도에서 바레스와 몇 마디 말을 나누곤 하던 모습도 거의 볼 수 없게 되었다. 바레스는 조레스의 분석에 대해 이렇게 설명한다. "그는 모로코를 온 세상에 독을 퍼뜨리는 종양이라고 말한다. 그는 괴로워한다. 터키라는 인격체 속에서 인류가 받아온 모욕(터키 정부의 아르메니아인 대량학살사건을 의미함) 때문에 괴로워한다. 트리폴리 때문에 괴로워하고 폴란드가 되어버린 페르시아 때문에 괴로워한다." 그리고 냉소적으로 바레스는 덧붙인다. "조레스의 친구들은 그를 예언자라고 한다. 확실히 그의 어조에 그런 면이 들어 있다."

다만 어조에만? 전쟁이 한창인 1916년, 모리스 바레스는 토리노에서 외교장관을 역임한 피콩을 만나 이렇게 선언하게 된다. "1914년 전쟁은 페스의 진군으로 불가피했다. 페스 진군은 트리폴리타니아를 노리고 있던 이탈리아를 움직이게 했다. 그러자 이탈리아와 터키 사이에 전쟁이 일어났다. 이번에는 발칸 사람들이 러시아의 보호 아래 반기를 들었다. 모든 것이 숙명적으로 전개되었다." 바레스 스스로, 이 논리는 조레스가 처음부터 명명백백하게 말하던 것임을 기억할까?

그러나 이미 1912년 그해에 들리는 것은 군사적인 발언들뿐이었다. 조레스가 두 번의 본회의에서 대외정책 방향에 대한 설명을 요구하자 푸앵카레는 공동의 이상, "착한 프랑스인의 의무"를 말하면서 침묵을 권했다. 그리고 1912년 2월 상원에서 모로코에 관한 11월 4일 조약의 비준 건을 토의하면서 클레망소는 결의에 차서 온몸을 부르르 떠는 늙은 의용군의 모습을 하고 흰 수염을 휘날리며 쏘아붙였다. "만약 우리에게 전쟁을 강요한다면 우리가 누군지 알게 해주리라." 박수가 쏟아지는 가운데 우파 상원의원 고댕 드 빌렌은 "이것이 진정한 프랑스식 발언이다"고 외쳤다. 클레망소가 계속 말했다. "죽은 자들이 산 자를 살게 하며 산 자들은 죽은 자들에게 충성할 것이다."

주류신문들은 "상원에서 일어난 애국적인 감동"이라는 제목으로, 군대 취주악대가 지나가는 토요일 저녁이면 사람들은 "프랑스 만세!" "알자스-로렌 만세!" "독일 타도!"를 외친다고 보도했다. 경찰이 매복해 있어서 "평화 만세! 조레스 만세!" 하고 외치고는 곧 잠잠해지는 목소리는 누가 대변하는가? 경찰은 '무정부주의자들'을 체포하기 위해 구경꾼들 사이를 누비고 다녔다.

왜냐하면 푸앵카레 정부는 민족주의 경향을 이용하고 발전, 유지시키면서 동시에 사회질서와 나라의 방어라는 명목으로 탄압정책을 폈기 때문이다. 이 점에서도 혼합은 신속하게—그리고 능란하게—실현되고 있었다.

1912년 4월 29일 새벽에 파리 경찰의 주요 부서인 소방관 1개 중대와 공화국 수비대 2개 중대가 레핀 경찰국장이 임석한 가운데 슈아지-르-루아 차고 앞에 본부를 차렸다. 그 장소는 여러 차례 공격을 감행한 '보노 패거리'가 숨어 있던 곳이다. 사람들은 무정부상태라고들 했다. 지식인 두 사람—킬

바치체와 그의 아내 리레트 메트르장—과 무정부주의자 두 사람이 처음에는 전 노조원인 보노 편에서 이 도당에 소속되어 있지 않았던가? 그후 이 패거리와 손을 끊었다는 것을 그들은 잊어버렸다. 하지만 이 패거리에 탈주병 두 명이 섞여 있다는 것은 기억하고 있었다. 일부 신문과 정부는 보노에서 조레스로, 범죄에서 반군사주의로 훌쩍 뛰어넘었다.

사실 1912년 8월 샹베리(리용 동쪽에 있는 도시)에서 대의원 400명과 도 단위 노조 46개가 모여 교사노조대회가 개최되었다. 대회에서는 징집되는 교사들을 금전적으로 지원하고 사기를 북돋우기 위해 각 노조에 '병사의 금고'를 설치하기로 결정했는데, 이것이 물의를 일으켰다. CGT가 후원하는 행동이라는 것이다. 교육장관은 "9월 10일 이전에 자진 해산할 것을 촉구한다." "왜냐하면 그 노조들이 민족붕괴의 온상이 될 것이기 때문"이라는 게 장관의 설명이었다. 조레스는 하원에서 그리고 『뤼마니테』를 통해서 항의를 했다. "정부의 말대로라면 교사들은 기본적인 미덕을 결여하고 있다. 반동의 소원인 군사주의와 금융가들의 소원인 애국심이라는 미덕을." 그리고 정부의 명령이란 "인민의 교육자들이여, 페스트를 피하듯 프롤레타리아들을 피하시오"라는 것이었다.

하원에서는 우파의원들이 능란하게 노조 문제인 '병사의 금고'를 반군사주의의 대두와 결합시켰다. 1900년부터 1912년까지 징집 기피자는 2.5배(7500명), 탈영병은 2배(3천 명) 늘어났다고 그들은 수치를 제시했다. 조레스는 이 토의에 개입했고 신문들은 그를 '오만하다'고 비난했다. 이로써 결합이 이루어졌다. 때를 놓치지 않고 조레스의 명성을 떨어뜨리고 그를 전국무대에서 배제시키려는 것이었다. 온갖 수단을 동원해, 그가 광범한 여론의 대변자가 아니고 오히려 외국에 봉사하고자 일부 주변적인 관점을 표현하는 것처럼 보이게 했다. 그가 관계되는 사건을 논평할 때마다, 기필코 그를 꺾어놓으려는 것이 드러났다.

1912년 2월 사회당 대회에서 조레스가 CGT를 공격한 게드주의자 의원 둘과 논쟁을 벌이자, 그들은 당 분열을 조장하는 갈등이라고 부각시켰다. 잔인한 행동들은―그들이 바라는 만큼―비난해 마땅하다고 그가 선언하지 않았던가? 그러나 그는 "아무리 폭력이 발생하고 사람들이 날카로워지고 격해지더라도 그들에게 등 돌리지 말고 그들을 그 정도까지 이끌어온 주인들에게 우리의 탄식과 분노를 보내자"고 말했다. 그들은 그가 혁명적 생디칼리스트들을 지지한다고 결론을 내렸다.

그러나 주오―CGT의 신임 서기―와 그리퓌엘 그리고 다른 생디칼리스트들은 아브르에서 열린 CGT 대회(1912년 9월 16~22일) 막바지에 조레스에게 공개장을 보냈는데, 이 진짜 '노동조합의 회칙'에서 조레스를 향해 CGT를 장악하려 한다고 비난을 퍼부었다. 그들에 따르면 조레스와 사회주의자들이 노조를 통제하려고 포위작전을 펼치고 있다는 것이었다.

알비의 유리병공장 근로자들이 1912년 9월 파업을 벌이자 거대 언론들은 의기양양해했다. 노동자들은 불가피한 기계화에 대비한 작업재편과 고용방식을 반대했기 때문이다. 조레스의 업적, 조레스의 유토피아는 무너졌다. 그는 답변하고 설명하고 협상을 지지했고 그리고 10월에 유리제조공들이 작업을 재개하자 "노동자 유리병공장의 종말을 예고했던 신문들이 거의 노골적으로 유감을 표시하는 것"을 확인하게 된다.

이 모든 사건들은 사상투쟁이 전국에서 맹렬하게 벌어지고 있다는 신호였다. 조레스는 그중 한 진영의―거의 고독한―선구자였고 맞은편에는 정부와 결탁한 언론권력, 신문들이 부풀리고 중개하는 엘리트들의 태도가 있었다. 신문들은 이 특권층의 견해가 온 나라의 의견인 것처럼 믿도록 했고 또 때로는 그렇다고 믿었다. 하지만 여러 가지 수치들은 사정이 그렇지 않다는 것을 보여주었다. 전국민을 향한 '기만선전'과 정치권력이 연출하는 군사주의적 장면—군악대에서부터 호전적 연설까지—에도 불구하고 조레스와 사회주의자들이 큰 호응을 얻고 있었다.

조레스는 도처에 있었다. 1912년 5월에는 『뤼마니테』를 지지하기 위해 조직된 집회의 캠페인에 참가했다. 신문 판매부수는 3만 부 가까이 늘어났다. 공개구독도 예상수치를 넘어섰다. 사람들이—100여 차례의—집회에서 SFIO에 가입하여 조직원 수가 1914년에 7만 6667명으로, 1910년보다 2만여 명이 더 많아졌다. 1912년 5월 5~12일의 시정선거에서 사회주의자들이 장악한 시의회는 250~60군데나 되었다. 조레스에게 가해진 무서운 압력—'독일 첩자'—을 생각하면, 사회주의 유권자들의 이 확고한 태도는 놀랍기만 했다. 전국적으로는 물론 소수였지만, 현재 여기까지 왔고 계속 발전하는 중이었다.

다만 주류는 권력과 이해관계자들의 지지를 받고 전쟁을 원하는—그리고 전쟁에 현혹된—집단이었다. "헤르 조레스는 12발의 총탄으로 처형할 만한 가치도 없으니 밧줄로 감아버리면 충분하다"고 쓴 신문들에 더해 아벨 보나르(1883~1968, 시인 정치가, 나중에 파시즘으로 감)나 폴 부르제(1852~1935, 이 시기의 중요한 소설가, 가톨릭으로 귀의)의 펜을 통해 다른 신문들도 이렇게 언명했다. "전쟁 속에서 모든 것은 새로 시작된다. 매우 야생적인 정서로 전쟁을 껴안아야 한다."

조레스는 이 야수성에 들어 있는 오만을 참을 수 없었다. 그의 내면에서 격분의 감정이 한층 강해졌다는 것을 느낄 수 있다. 위험과 전쟁에 대한 옹호—야만성—는 그가 절감하는 모든 것, 인간의 교양과는 정반대쪽에 놓여 있다.

이리하여 1912년 6월 악시옹 프랑세즈의 왕당파는 루소 200주년 기념을 반대하고 나섰다. 심각한 것은 이에 대해 어떠한 항의나 반대 시위도 조직되지 않았다는 점이다. 조레스가 이 모든 것과 대결할 수 있는가? 푸앵카레 정부는 잔 다르크 축제를 국경일로 반포하기로 결정했다. '엄지공주'를 경배하기 위해서가 아니라 잔 다르크를 유명하게 만들려는 민족주의자들의 요구에 동조한 것이다. 노골적으로 반공화주의를 선포한 자들이 고른 영웅을 정부가 인정한 셈이다.

푸앵카레는 그들의 세력을 활용했고, 이로써 조레스와 사회주의에 반대하는 공동전선이 형성되었다. 장교들은 『락시옹 프랑세즈』를 읽었다. 베르사유로 은퇴한 파티 드 클람 대령은 모라스의 지인들과 수비대 장교들 그리고 고위 성직자들을 식탁으로 맞아들였다. 그리고 푸앵카레의 국방장관 밀랑은 드레퓌스 반대파 장교의 복직을 준비하고 있었다. 그러나 그들이 믿게 하려는 것과는 달리, 온 나라가 그 뒤를 좇지는 않았다. 나라는 쪼개어졌다. 그리고 조레스에 대한 증오 역시 밑바닥 대중들의 완강한 성향으로부터 나오고 있었고, 지도층은 그것을 감지했다. 드레퓌스 사건 때와 비슷한 분위기가 고조되는 것을 느낄 수 있었다. "오랜 동안 거리와 살롱들, 클럽들에서 나누는 대화에 이런 긴장감은 없었다"고 『르 피가로』는 썼다.

하지만 신세대 엘리트와의 사상투쟁에서 조레스는 이론의 여지없이 패배했다. 몇몇 개인적인 경우를 제외하고는 부르주아지의 특권을 가진 자식들인데, 그가 달리 어떻게 할 수가 있겠는가?

악시옹 프랑세즈가 어떻든 그들을 빠져 들었다. 순양함 '레퓌블리크'(공화국) 호에서 복무하는 한 해군장교는 모라스에게 이렇게 써서 보냈다. "내

주변에서 정신적으로 붕괴된 단순한 양식의 이 체제에 대한 혐오감으로 정말 팽배해 있는 젊은이들을 점점 더 많이 만난다. 그들은 당신에게서 고결한 맥박, 민족적 명예의 맥박을 찾았다." 르낭(에른스트 르낭, 『민족이란 무엇인가』를 저술한 역사가이자 사상가)의 손자 미셸이라든가 에른스트 프시카리는 모라스 찬미자들이었다. 그런데 모라스는 매일 조레스를 증오했다. 조제프 드 매스트르와 더불어 모라스는 사람을 치지 않고 사상에만 반대하는 것은 아무 소용없다고 믿는 측에 속했다. 그리하여 『락시옹 프랑세즈』에서 그는 살해자의 보복심으로 조레스를 추격하고 있었다. "불길한 의회 선동가일 뿐만 아니라 독일의 부패와 프랑스의 썩은 반군사주의자들 사이를 중개하는 자로는 조레스를 들어야만 한다. …민족세력은 속속들이 조사하여 그의 기사와 연설 모두에 뻗쳐 있는 독일 금화의 흔적을 밝혀낼 것이다."

이렇게 반복되는 공격과 중상의 말들은 널리 부르주아 젊은이들 사이에서 증거로 받아들여졌고, 이 사상은 그를 넘어 중간계층에까지 침투했다.

레옹 도데가 1911~12년에 산업체나 상업체로 위장하여―마기-쿱 회사처럼―이 나라에 침투한 독일과 유대인 첩자들의 활동을 조사했는데, 이 기사들을 책으로 묶어 1913년 3월에 『전쟁 전』(L'Avant-Guerre)이란 의미심장한 제목으로 출판하여 출판사는 성공을 거두었다. 도데가 제시한 문건들이 가짜임을 밝히는 명예훼손 재판도 사태를 전혀 바꾸어놓지 못했다.

조레스와 카이요에 의해 시작된 이성, 냉철함, 인간적 가치 혹은 현실주의에 대한 호소는 반역으로 고발당하거나 사회계층의 변화된 가치관이나 다가올 갈등에 홀려버린 듯한 분위기와 충돌했다. 알베르 드 멍은 『에코 드 파리』에 이렇게 썼다. "불확실하고 동요하는 유럽 전체가 그 직접적인 원인은 아직 모른 채 냉혹한 운명적 확신으로 유럽을 향해 밀려오는 피할 수 없는 전쟁에 대비하고 있다…."

이 전쟁의 기다림은 자발적으로만 되지 않는다. 어떤 정신적 상태를 창출하기 위해서는 진정한 '국가적 조건' 또한 필요하다.

그래서 앵글로색슨의 출판물에 가까운 형식의 잡지 『공론』(L'Opinion)이 발간되어 정치와 문예의 주제들을 다루었다. 그리고 철강업체들이 이 잡지를 직접 지원했으며, 그 사주들이 모여 철강위원회를 구성했다. 당연히 여기서는 푸앵카레 정부를 '민족부흥의 정부'로 간주했다. 그리고 모라스와 가까운 두 젊은 작가, 앙리 마시스와 알프레드 타르드가 아가통이라는 필명으로 1912년에 '오늘의 젊은이들'에 관한 설문조사를 발표했다.

주요 언론들이 이 설문조사에 아주 큰 반응을 보였고 그 기사들은 다시 책으로 간행되었다—아가통의 설문조사 역시 여론에 영향을 끼치는 수단이었다.

지향점은 분명했다. "여기서는 엘리트 젊은이들만이 중요하다. 지금 중요한 것은 미래이다. 미래의 비밀은 다수가 아니라, 무정형의 대중을 키우는 혁신적 엘리트들에게 물어야 한다."

편향된 설문조사였고 그것이 지닌 정치적 영향력을 아가통은 다음과 같이 인정했다. "이러한 설문조사가 끼치는 영향력은 역사적인 정확성과 마찬가지로 중요하다." 민족의 진실인 것처럼 왜곡된 사실들이지만 상관없었다. 조레스에 반대하는 것이면 되었다.

"이제는 단과대학과 명문학교들에 공공연히 애국주의를 반대하는 학생들은 없다. 공병학교(폴리테크니크), 반군사주의자들과 조레스의 제자들이 그토록 퍼졌던 고등사범, 범세계주의 분자들이 그토록 널려 있던 소르본에서조차 이제 인본주의를 따르는 제자는 없다." 아가통은 계속한다. "그런 교수는 사람들이 웅성거리고 휘파람을 불며 야유할 것을 우려하여 독일의 방법론을 매우 신중하게 언급할 뿐이다." 모델로 제시된 것은 이렇게 말하는 젊은이들이다. "전쟁이 일어나면 재미있겠다. 전쟁은 우리 모두를… 신나게 해줄 거야." "마침내 피에 대한 욕구를 되살려줄 결투의 날이 오리라. 전쟁은 잔인하고 혐오스럽고 어리석은 짓이 아니다. 간단히 말해 진정한 스포츠이다. …내가 스포츠를 하고 모든 스포츠가 나와 함께 있다." 그리고서 결론으로 일종의 '인종' 의식을 확인시켜 준다. "이보다 더 자발적으로 몽상가, 인본주의자, 바보, 평화주의자, 불쌍한 위선자에 대해 경멸이 선언된 적이 없다." 누가 그 표적이겠는가? 이 모든 것을 구현하는 자, 조레스가 아니라면.

교회 밖의 모럴은 거부되었다. 왜냐하면 인종의 구원을 염려하는 이 "젊은이들은 프랑스인이면서 가톨릭이기 때문이다." 바레스의 말에 동의한 것이다. "적극적이고 어느 정도는 험악해져라. 그러면 너는 지나치게 마음을 쓰지 않을 것이다." 젊은이들 스스로 갖고자 한 초상은 그렇게 완성되었다.

프랑스 학술원은 열광하며 그 책에 상을 수여했다. 1913년 1월 23일 『르 마탱』지는 "젊은 층의 기적. 민족감정의 각성"이란 제목으로 한 면을 이 책에 할애했다.

그리고 이 설문조사의 결과들을 논평하기 위해 신문기자는 어떤 철학자를 찾아내는가? 그는 "새로운 세대의 사상에 가장 영향을 끼친" 스승이었다. 조레스의 학우 앙리 베르그송의 언명은 경탄을 자아냈다. "더 과감하고 더 대담하고 더 책임감이 있는, 한마디로 지난 세대들보다 더 프랑스적인 이 젊은이들을 보는 것이 어떻게 기쁘지 않겠는가?"

드레퓌스 사건 때 그처럼 조용했던 베르그송이 콜레주 드 프랑스의 대형 강당에서 앞으로 나와 대규모 반(反)조레스 콘서트에 자신의 목소리를 보태었다.

그런데 이 앙케트가 온 나라의 의견이라고 말하라고 누가 허용했는가? 또 어떤 젊은 층인가? 1913년에 대학자격시험을 통과한 7548명만 계산하다니! 일단 학업 증명서를 받으면 열세 살부터 노동을 하기 시작하는 수십만 명의 젊은이들은 어떻게 생각할까? 그리고 수십만 명의 농민들은?

사실은 지도계급의 것인 통제의 언어로 현실을 분장하는 모습을 보고 있는 것이었다. 말과 사상의 영토에서 싸우기 때문에 조레스에게 재갈을 물려야만 했다. 그가 메커니즘과 영향력을 분석하고 또 흔히는 불충분한 증거를 보완하는 직관력을 발휘했기 때문에 더 그렇다.

그는 파리에서 이스볼스키가 결정적인 역할을 한다는 것을 알고 느끼고 있었다. 자신이 '붉은 차르의 대사'라고 부르는 인사다. 비엔나에 대해 복수하려는 이 야심가는 파리와 상트페테르부르크를 절대 끊어질 수 없도록 연결시키기로 단단히 작심을 했다. 그는 아부하고 정책국장 모리스 팔레올로그가 있는 케도르세에 매일 들어갔다. 모리스 팔레올로그는 러시아와의 동맹을 단호하게 지지하며 스스로 귀족사회와 가깝다고 느끼는 사람이었다. 또 이스볼스키가 단독으로 만나는 푸앵카레는 동맹을 충실히 지키겠다는 보장을 해주었다. 총리에게 이스볼스키의 영향력을 경계하라는 카이요의 조언은 받아들여지지 않았다.

그런데 평화와 전쟁의 장래는 크게 상트페테르부르크에 달려 있었다. 터키와 동시에 오스트리아에 대항하여 모든 슬라브인들을 규합하려는 발칸의 작은 국가들을 차르 체제가 지원하기 때문이었다. 오스트리아의 뒤에는 베를린이 있었다. 상트페테르부르크의 야심 아래 놓여 있는 발칸의 뇌관은 언제라도 터질 수 있었고 그러면 러시아, 오스트리아 또 그에 따라 프랑스와 독일이 휩쓸릴 것이다.

조레스는 놀라운 통찰력의 소유자이다. 프랑스가 독립성을 잃지 말아야 한다고 주장하고 있었다. 그런데 이스볼스키가 상트페테르부르크 주재 프랑스 대사—조르주 루이—가 너무 미적지근하다고 판단하고 그의 소환을 요구한 것을 알게 되었다. 조레스는 "상트페테르부르크 인사들의 뻔뻔스러움과 오만함"을 비난했다. 항의는 효과를 발휘하여, 프랑스 대사는 직책을 유지했다. 그러나 얼마 동안이나?

이어 조레스는 러시아 정책의 위험성을 다시 거론했다. "발칸 때문에 유럽이 전쟁하는 일은 없을 것이고 알바니아 문제 때문에 유럽의 전쟁이란 없다! 오스트리아의 프롤레타리아, 독일의 프롤레타리아, 프랑스의 프롤레타리아와 농민들은 차르정의 의도와 이스볼스키 씨의 원한에 복무하기 위해 전쟁터를 기름지게 할 수 없다. 언제든 유혈의 비극으로 바뀔 위험이 있는 이 불길한 코미디를 끝내야만 한다." 그는 설득을 위해 꼭 필요한 말들을 사용하는가?

그는 "정치가라기보다 훨씬 더 사상가, 철학자, 선구자"라고 카이요는 평했다. "사상가, 철학자의 임무는 주위의 여론에 개의치 않고 자기가 진실이라고 믿는 것을 말하는 것이다. 선구자란 원래 시대에 앞서고, 그의 말을 알아듣는 사람은 드물다."

조레스의 발언들이 여론과 충돌을 일으키는가? 국제문제 그리고 프랑스—독일 화해와 관련하여 그는 "프랑스가 입은 상처"(카이요), 즉 알자스—로렌 문제를 충분히 걱정하는가? 카이요는 조레스에게 이 주제들에 대해 "백번도 더 신중하게" 접근하지 않았다고 힐책했다. 조레스는 알자스—로렌에 관해 여러 번 언급했다. 하지만 그들은 왜곡된 한두 마디나 이미지 외에 그의 말에서 무엇을 알아듣고 무엇을 전달하는가? 그는 전쟁반대를 위해 동원하려고 하는데 그때 신중한 사람답게 낮은 소리로 말할 수 있겠는가? 그리고 신문들이 매수되어 그를 왜곡하는데 어떻게 그의 소리를 들을 수 있는가?

이스볼스키는 푸앵카레나 팔레올로그를 만나는 것으로 만족하지 않았기 때문이다. 1912년 12월 9일과 18일에 그는 자기 나라 외교장관 사조노프에게 다음과 같이 썼다. "나는 정부와 정치권 내에서 우리에게 바람직한 방향을 얻어내려고 노력하고 있고 언론에 영향력을 행사할 수 있도록 손을 쓴다. 이 점에서 매우 주목할 성과를 거두었는데, 부분적으로 적시에 취해진 조치들 덕분이다. 당신이 알다시피 나는 지원금 분배에는 직접 개입하지 않는다. 그러나 프랑스 장관들의 협조로 분배는 이루어졌고 이미 쓸 만한 효과도 나타났다. 나 자신은 『르 탕』, 『르 주르날 데 데바』, 『에코 드 파리』 같은 파리 주요 신문들의 방향에 직접 영향을 끼치려고 노력한다."

'돌고 도는 루블화' 만큼 신념과 방향을 확인할 수 있는 것은 없었다. 러일전쟁 시기부터 뤼시앙 에르는 당시 그가 기고하던 일간지 『뤼마니테』에서 "러시아에서 비추어주는 빛을 받는 신문들"을 비난했다. 상황은 악화되었고 이제 조레스는 프랑스 정부와 러시아 정책 사이에 거의 유기적이면서 직접적인 끈이 있음을 확인했다. 그리고 이러한 전개는 대사와 각료들의 밀착된 관계에 의한 부패행위로 또 푸앵카레를 둘러싼 비밀로 나타났다.

"진실은, 공화국이 우리와 상의조차 없이 독단적 정책을 추구한다는 것이다"고 조레스는 말했다.

사실 푸앵카레는 '자신의' 정책을 능란하게 수행해 나갔다. 득의만면한 그 얼굴에서는 의회의 통제에 상관하지 않고 자신의 권력에 우쭐해하는 인물의 허영심을 읽을 수 있었다. 조용한 팔리에르, 공화국 대통령이 부여한 공화국 대표의 기능을 이행하지 않았고 심지어 공화국 제도를 통해 수립된 위계질서조차 개의치 않았다.

그리고 이 권력에 대한 갈망을 이스볼스키가 이용했다. 그는 상트페테르부르크에서 공식방문 계획을 잡아야 한다고 주장했으며, 의회회기가 종료된 후인 1912년 8월에 이 방문은 이루어졌다.

푸앵카레는—독일을 거치지 않기 위해—전함을 타고 크론슈타트를 가서 8월 9일에 국빈 영접을 받았다. 사람들은 그에게 아부했다. 그를 맞이하기 위해 열병식과 성대한 환영연이 열렸다. 차르는 페테르호프에서 그를 맞이했고 수비대 장교들은 무기를 바쳤다. 푸앵카레는 대화를 나누다가 이스볼스키가 러시아와 발칸 소국들이 맺은 조약이 군사협정이란 것을 감추고 자기에게 부분적인 정보만 주었다는 것을 알게 되었다. 하지만 이를 확인하고도 푸앵카레는 동맹에 충실할 것을 재차 다짐했으며, 다만 독일 국경지대에 신속한 군대배치를 위해 러시아 정부가 전략적 철도 건설을 서둘러주기를 요청했을 뿐이다. 이로써 "대대로 이어져 내려온 적"은 러시아와 프랑스 전선을 동시에 맞닥뜨려야만 할 것이다. 이것은 전쟁준비를 위한 여행이었다. 여기서 푸앵카레의 결단으로 프랑스가 러시아를 따르기로 약속을 한 것이 분명하다. 상트페테르부르크의 보호를 받는 발칸 국가들이 터키에서 공격을 개시하기 며칠 전인 1912년 10월 15일 프랑스 은행들을 통해 불가리아와 러시아에 차관이 공여되었다.

이제 전쟁은 유럽 땅을 덮치고 있었다. 만약 전쟁이 확산되면 "30년전쟁 이래 최대의 재앙일 것이다!"고 조레스는 말했다.

누가 그와 함께 이 사실을 말하는가? 여기저기서 사람들은 터키인들을 혼란에 빠트려놓은 세르비아인들의 용기를 찬양했다. 이 새로운 긴장에 직면하여 터키인들은 이탈리아와 평화협정을 체결하지 않을 수 없게 되었으며, 이로써 이탈리아는 트리폴리타니아를 병합했다.

인터내셔널 사회주의사무국은 브뤼셀에서 모임을 가졌다. 전쟁이 성큼 다가온 불길한 가을이었다. 이 회의에서 조레스는 아직 낙관적이었다. "강대국들은 전리품과 평화를 동시에 챙기고자 한다." 이런 모호함이 노동자 인터내셔널의 기회라는 것이다. 인터내셔널은 평화의 압력을 가하고 평화를 강제할 수 있다. 주요 수도들에서 집회를 조직하여 다양한 유럽 사회주의 정당 지도자들이 연설하기로 결정했다. 조레스는 베를린에서 연설을 했다. 그는 자본주의 본질에 대한 분석에서 시작하여 행동으로 결론을 내림으로써 자신의 입장을 요약했다. "자본주의는 전쟁을 원하지 않는다. 그러나 전쟁을 막기에는 너무나 무질서하다. 연대와 통일의 근본 힘은 오직 국제 프롤레타리아 하나뿐이다."

인터내셔널 사회주의사무국은 1912년 11월 24일과 25일 바젤에서 인터내셔널 임시대회를 열고 전쟁을 반대하는 투쟁수단을 명확하게 하기로 결정했다.

상황이 점점 더 악화되어 그렇게 결정한 것이다. 러시아에서 귀국한 푸앵카레는 언론의 아부를 받았다. 차르는 그에게 "군사적 각성, 민족의 각성"을 불러일으켰다며 치하했다. 그는 어느 때보다 더 권력에 젖어 있었다. 군중들은 그를 향해 박수쳤다. 그의 각료 브리앙은 1913년 1월의 공화국 대통령 선출에 민족적 이해관계의 후보자로 그를 출마시키기 위해 신문기자들에게 은밀하고도 효율적으로 작업을 하기 시작했고 언론은 이에 화답했다. 사주가 장관이고 이스볼스키의 지원으로 유지되는 『르 프티 파리지앵』은 말할 것도 없었다. 이렇게 해서 푸앵카레의 인품이 구축된다. 청렴하고 단호한 인물, 순결하고 애국적이며 조국에 헌신하는 로렌의 멋쟁이, 민족적 미덕의 소생을 상징하는 인물이 되었다.

의회회기를 눈앞에 둔 10월 27일, 푸앵카레는 낭트에서 중대한 계획을 발표했다. 국회의원들에게 압력을 가하기 위해 여론—또는 여론이라고들 하는 우호적 신문들—을 등에 업으려는 능란한 절차였다. 그는 교사들에게 애국심의 모범으로서 강건한 정신을 보여줄 것을 호소했다. 왜냐하면 학교가 "애국적 교육의 가장 신성한 온상"이어야 했기 때문이다. 그리고 중요한 것은 이것이다. "프랑스는 전쟁을 원치 않지만 그러나 전쟁을 겁내지도 않는 민족이다. …평화의 이상에 가장 진지하고 충실한 민족들에게는 항상 어떤 결과에든 대비해야 할 의무가 있다."

처음으로 말들—전쟁, 전쟁 가능성—이 터져 나왔다. 발설되자마자 부풀려지는, 실로 눈사태 같은 말들이다. 11월 4일 베를린과 로마, 비엔나는 예상대로 3국동맹을 다시 체결했다. 11월 22일에는 프-영연합이 군사계획에서 긴밀해졌다. 형성된 블록들은 날을 세웠고, 이것은 휴전협정이 아니거니와 평화의 목을 조르고 있는 막대를 실제로 치울 수 있는 발칸 소국들과 터키의 회담(바로 그달 11월에 런던에서 열렸다)도 아니었다. 이때 사회주의 인터내셔널은? 조레스는 그것을 희망했다.

조레스는 기진맥진해 있었다. 긴장이 극에 달했다. 그는 불안해하면서 열심히 정세를 좇아가고 고발하고 분석했다. 그리고 연설했다. 인터내셔널 사회주의사무국에서 그는 인터내셔널 임시대회를 열게끔 했고, 11월 20일 지금은 바젤로 가는 열차에서 잠들어 있다.

라인 강을 푹 감싸 안은 안개 속에 도시는 잔잔히 가라앉았다가 이윽고 조금씩 안개의 장막이 걷혀, 조레스가 각국에서 온 555명의 대표들이 모이는 성당으로 향했을 때는 사람들이 그를 알아보았다. 그는 오스트리아의 아들러와 영국의 케어 하디를 보았고 또 로자 룩셈부르크도 회의장에 있었다. 지금도 여전히 예배 보는, 역사가 충만한 교회당에서 매번 그랬듯이 우애의 대회가 개막되었다. 개신교도들은 자발적으로 이 장소를 인터내셔널에 제공했다. 자전거 경주자들의 행렬, 민속의상을 차려입은 어린 소녀들, 붉은색 깃발들.

이렇게 많은 나라의 이렇게 많은 사람들이 서로 모였는데 어떻게 전쟁이 그처럼 임박했다고 믿을 수 있겠는가?

조레스가 연단에 섰다. 열띤 침묵 속에서 그는 입을 열었다. "그처럼 길고 그처럼 험난한 종교회의가 열렸던 유구한 교회에서 우리 사회주의자들—이 대목에서 그의 목소리가 커졌다—우리는 영혼과 사상의 찬란한 통일로써 분열을 겁내지 않고 우리의 이상을 위해 일한다."

소위원회에서 대의원들—조레스는 여기서 주요한 역할을 했다—은 성명서 초안을 작성했다. 성명서는 "차르정의 범죄적 음모들"을 고발했다. 조레스는 구체적 사항들을 검토하기를 고집했다. "인터내셔널은 차르체제를 붕괴로 이끄는 것을 가장 중요한 과제 중 하나로 간주한다." 인터내셔널은 "영국과 독일의 프롤레타리아들이 군비제한 협정을 추진하도록 권유한다." 마지막으로 국제 프롤레타리아는 모든 행동수단을 사용할 태세를 갖추어야만 한다. 그것이 무엇인가는 불분명하다. 그러나 어떻게 이보다 더 나아가는가?

동의안을 제출했다. 프랑스어 문안은 조레스가 읽었다. 독일어는 아들러, 영어는 케어 하디가 읽었다. 바이양과 클라라 제트킨의 발언도 들었다. 사람들은 깃발을 흔들고 〈인터내셔널〉을 노래했다. 이어서 동의안을 해설하기 위해 조레스가 발언했다. "지금은 심각하고 비극적인 시간이다…. 만약 극악무도한 일이 정말로 일어나면 자기 형제들을 살해하기 위해 실제로 진군할 필요가 있을 것이고 그러면 우리는 그 끔찍한 사태에서 벗어나기 위해 무엇을 해야 할 것인가!"

그는 시인처럼 이야기한다. 도살자들이 진군하는 것을 그는 보고 있다. 그의 말은 정치적 어휘와는 거리가 멀며 성당을 폭탄 소리와 희생자의 절규로 가득 채운다. 대의원들은 감동에 북받쳐 비상하는 한마디 한마디를 따라간다. "나는 실러가 저 장엄한 시 「종(鐘)의 노래」 서두에 새긴 금언을 생각한다. '비보스 보코, 모르투오스 플랑고, 풀구라 프랑고'(Vivos voco, mortuos plango, fulgura frango, 나는 산자를 부른다. 나는 죽은 자를 호곡한다. 나는 천둥벽력을 깨뜨린다)" 성당 안 조레스의 목소리는 성경의 시구처럼 또박또박 장중하게 울리고 한마디씩 외칠 때마다 대의원들은 마치 육체적으로 깊은 충격을 받는 듯하다. "나는 지평선에 출현하는 괴물을 막아내도록 산자들을 부른다."

웅성거림이 점점 커지다가 이윽고 조용해진다. "나는 저기 동방을 향해 누워 있고 그 썩은 냄새가 회한처럼 우리에게 와 닿는 수많은 사자(死者)들을 호곡한다. 나는 검은 구름 속에서 위협하는 전쟁의 벽력을 깨뜨리리라."

대의원들이 기립하여 조레스를 환호하며 공감하는 사이에 그는 다시 말한다. "수세기를 내려온 희망의 꿈들이 이 돌 천장 아래서 거의 떠올랐다. 그 중에서 사회주의가 생생하게 실현하려는 것보다 더 고귀하고 더 큰 꿈은 없었다."

라포포르가 말하듯이 '장엄한 광경'이었다. 인터내셔널은 비상대회를 성공리에 마쳤다. 그러나 그는 이 선언과 감동 너머로 무엇을 구체적으로 드러내 보이려 하는가? 어느 나라에나 결연한 사회주의자들이 존재한다는 증거로서 의지의 표현, 그것이 전쟁을 막을 능력이 있는가?

조레스는 특히 이 집회가 각국 정부에 불러일으킬 수 있는 효과를 불안하게 지켜보았다. "각료들은 뻔뻔하게 재난을 일으킬 수 없다는 것을 알아야만 한다. 왜냐하면 전쟁은 어디서나 혁명적 상황을 창출할 것이기 때문이다"고 조레스는 말하면서 다음의 사상을 강조했다. "바젤 대회의 발언들은 공허한 위협이 아니라 끔찍한 미망을 응징할 혁명적 선고의 예고이다."

사람들은 조레스에게서 순진함을 본 것이 아니다. 구체적인 전쟁억지 방법들—총파업 등—은 아니지만 인터내셔널, 그것이 전쟁에 대한 반란의 잠재력을 대변하고 민중이라는 수단을 구현하고 인터내셔널이라는 상징이 전쟁을 혁명적 출구로 몰아 '전쟁 억제력'이 될 수 있다는 승부수를 보았다. 전쟁지와 전쟁이 발발하면 궁극적으로 사회주의자들에 호소하여 '혁명적' 상황을 만든다는, 그 카드를 내놓겠다는 것은 너무도 분명한 조레스의 구상이었다. 그래서 인터내셔널 사회주의사무국은 사건의 추이를 주시하고 "무슨 일이 있든"—즉 전쟁이 일어나도—모든 나라 프롤레타리아 정당들의 관계를 유지하는 것을 위임받고 있었다.

조레스는 교회를 나오다가 카미유 위즈망을 만났다. 1905년부터 인터내셔널 사회주의사무국 서기로 있는 벨기에 사회주의자 위즈망에게 조레스는 결단과 요구가 담긴 목소리로 말했다. "우리는 모든 사태에 대응해야 합니다. 당신의 직위와 당신의 위치는 중차대합니다."

조레스는 한층 더 단호해진다. "만약 전쟁이란 사태가 일어나면 외관상 매우 확고해 보이는 정신도 어떤 반향을 일으킬지 모릅니다. 어떤 일이 일어나더라도—그는 반복한다—당신은 당신의 직책을 버리지 않아야 하며 호전국들 프롤레타리아들간의 유대를 유지해야만 합니다."

조레스가 내놓은 것은 다양한 계획과 다양한 기간의 투쟁이다. 그때마다 일부 사람들은 그의 투쟁의 한 면만 포착하여 그의 전략을 폄훼하고 전투대형을 방해하고 사상을 희화화했고, 각축장의 한 각도밖에는 보지 못함으로 해서 부당하게 분개했다.

뤼시앙 에르와 조레스의 친구이자 독일학 전문가이며 사회주의에 헌신한 샤를 앙들레르가 그렇다. 그는 바젤 대회를 냉소적으로 논평했다. "바젤의 종들은 산 자들을 부르고 죽은 자들을 호곡할 수 있다. 그 종들이 할 수 있는 것은 거기까지이다."

이 반응에는 조레스가 "힘 빠지게 하고 빈정거리는 것"이라고 느낀 신랄함이 있었다. 뼈아프게 파고드는 신랄함이다. 왜냐하면 독일을 놀랍도록 잘 알고 있는 앙들레르가 독일 사회민주주의는 (독일)제국의 팽창주의적 목적에 합류했다고 믿었기 때문이다. 그리하여 그는 급진적인 작은 잡지 『악시옹 나시오날』(*Action nationale*)—1912년 11월 10일과 12월 10일—에 글을 발표했으며 그 글은 새로운 노동자 일간지 『생디칼리슴 전투』(*La Bataille syndicaliste*)에 "현대 독일의 제국주의적 사회주의"라는 제목으로 두 번에 나누어 게재되었다.

앙들레르는 비판한다. "5만 명의 스위스인과 알자스인들을 바젤로 달려가 행복하게 조레스의 말을 듣게 하기는 쉬워도—그보다 필요한—독일 사회주의를 비판하기는 어렵다." SFIO 지도자들, 그러니까 조레스는 속았고, 따라서 프랑스 프롤레타리아를 기만하고 있다. 왜냐하면 독일의 제국주의적 사회주의에서 "노동계급은 자본주의와 연대하고 식민정책과 연대하고 원칙적으로는 방어적이지만 필요하면 공격적인 무장정책과 연대하기 때문"이라고 앙들레르는 언명한다. 그러면서 자신의 논지를 보강하기 위해 베벨의 구절을 인용한다.

이 기사는 곧 전재되었고 보수적 민족주의 언론의 논평을 받았다. 그리고 조레스를 거꾸로 뒤집어놓았다. 『르 탕』과 『레클레르』—러시아 대사로부터 정기적으로 급료를 받는 두 신문—는 탄성을 질렀다. 마침내 조레스가 과학적으로 공격준비를 하고 있는 다른 민족—독일인—에게 프랑스 노동자들을 넘긴 것을 어떤 사회주의자가 증명해 주었다! 진지하든 의도적이든. 이로써 앙들레르는—그의 본의와 관계없이—조레스에 반대하는 캠페인에 이용되었다. 그리고 그가 권위 있는데다 또 민족주의 흐름을 지지하는 분위기 때문에 인터내셔널의 많은 가담자들은 갈피를 잡지 못했다.

그런데 앙들레르의 주장은 베벨의 구절을 앞뒤를 잘라버린—그러니까 의미가 달라진—것이었다. 조레스는 앙들레르 글의 주요한 논점을 애써 부인하려고 않으면서 이 점을 명시했다(그리고 앙들레르도 이를 인정했다).

조레스는 자기가 여론싸움에서 질 거라는 것을 알고 있었다. 그가 독일 사민주의의 현실에 맹목적이어서가 아니었다. 1904년 암스테르담 인터내셔널 대회에서 베벨과 독일인들에게 대한 엄중한 공격을 이끌었던 사람이 바로 그다. 그러나 1912년에 전략적으로 중요한 것은 신뢰를 유지하고 실질적으로 독일의 국제적 요소들에 의거하는 것이었다. 그리고 그런 것들이 존재했다. 그런데 앙들레르의 글은 독일에서도 반향을 일으켰다. 앙들레르에 대한 조레스의 반박에도 불구하고, 독일 사회주의자들은 프랑스에서 많은 사람들이 앙들레르처럼 생각하는 것이 아닌가 하는 의구심을 갖게 되었다.

이로써 일체감을 자아냈던 바젤 대회가 끝난 지 단 며칠 만에 균열이 생겼다. 의심이라는 요소가 인터내셔널 속으로 파고들었던 것이다. 그리고 물론 푸앵카레와 브리앙과 이스볼스키의 막강한 정보기관들이 영향력을 행사하여 독일과 프랑스 사회주의자들, 앙들레르와 조레스 사이의 불화를 조성하고 있었다.

예상치 못한 타격이 조레스를 강타했다.

물론 뤼시앙 에르는 소란스런 파탄을 피하기 위해, 독일을 그처럼 잘 알고 있는 친구 앙들레르에게 신중하게 적어 보냈다. "독일 사회당의 지적인 약점, 도덕의 결함들이 무엇인지 나도 알고 있다. 그러나 내가 그 점들을 비판하지 않은 것은 분명히 그 당을 실추시키지 않으려는 마음이 있었기 때문일 것이다." 이어서 그는 당의 권위를 받아들이는 지식인 투사로서 덧붙인다. "커다란 민중의 당은 대체로는 충동적이고 감정적인 초보적 존재들로 구성되지 노

1910-1914

선과 사고력을 갖춘 사람들로 구성되지 않는다. 그리고 노선과 방향을 실천하는 데 필요한 지성과 소양을 가진 사람들의 지적 영향력을 받아들이지 않는다."

에르는 이어서 조레스와 그 자신이 견뎌냈던 것을 회상하면서 재차 말한다. "무릇 당이란 그렇듯이 대열 속에는 많은 도덕적 빈약함과 거짓과 어리석은 짓이 들어 있다는 것을 우리는 항시 의식했지만 사회당의 업적에 기여했다. …그러나 일단 당에서 나오면 그 사람은 적이든가 파괴자가 된다."

그러므로 당을 떠나면 안 되고 불확실한 이즈음에는 특히나 그러면 안 되었다. 앙들레르는 그 충고를 좇아 조용히 조금씩 당에서 멀어져 갔다.

하지만 조레스는? 앙들레르의 그 글들은 분명 1912년 그해에 시커먼 해초처럼 조레스 내면에서 자라는 비관론을 악화시키는 데 한몫했다. 그런 정황이 벌어지거나 사건—앙들레르의 글들, 새로운 비방 그리고 아마 마비가 온 그의 손자에 대한 가슴 아픈 기억—이 닥칠 때면 갑자기 날카로워지는 그의 모습을 보게 되었다. 행동, 열렬한 행동의 확고한 낙관주의로 다시금 충만해질 때까지.

이처럼 이 "야만성과 군사적 반동의 무서운 위기"가 고조되는 사이에 조레스는 자연과 인생의 괴로움—악과 잔혹함—의 의미가 무엇인지, 스스로에게 묻곤 했다. 종교적인 문제에 접근하는 방식이다. 브술레로 돌아가 있을 때면 그는 함께 산책하는 사람—앙자를랑—에게 "노년에 쓰려고 남겨둔 직설적인 작품"에서 종교적 테마를 다룰 것이라고 말한다. 지금 당장은 그 문제를 정면으로 제기하기 전에 "점점 더 분명해지는 제안들을 진행시켜 나가야 할 것이다."

전쟁의 출현은 곧 범죄의 출현이며, 타자에 대한 파괴가 출현하는 것이기 때문이다. 그런데 그것은 자연의 법칙으로 돌아온다.

"발밑을 쳐다보기만 해도 알 수 있다"면서 조레스는 이야기를 이어나간다. 뚱뚱한 개미들이 서로 싸우고 있어 그 밑에 종이 한 장을 놓고서 그 개미들을 들어 올리는데 "그 사이에도 개미들의 격렬한 투쟁은 흐트러지지 않았다. 나는 그 개미들을 상자 안에 집어넣고 1시간이 지나자 두 적대진영에는 문자 그대로 잔해만 남았다. 개미들은 이 증오와 파괴의 구조 속에서 아래턱을 움직일 수 있을 때까지 한 점도 남기지 않고 먹이를 한 부분씩, 한 마디씩 서로서로 갉아먹었다." 그리고 그는 풍뎅이 구멍 속에서 "초록색과 금색 껍질의 다른 곤충"을 보았던 것을 기억한다. "그건 포로였다. 그놈 주인은 잡은 곤충 발들을 잘라버려 꼼짝 못하게 해서, 마치 날고기 먹잇감을 비축해 놓는 것처럼 산 채로 보관했다." 이미 발칸에서 일어나고 있는, 인간들이 준비한 전쟁을 연상시키는 공포이다.

이윽고 1912년 12월 말에 그는 필시 파괴되지 않은 우주의 얼굴을 하고 불쑥 모습을 드러낼 것만 같은 것 앞에서 절망의 외침 같은 구토를 느꼈다. "산다는 건 얼마나 무서운 일인가. 유럽의 정부마다 이 전쟁은 범죄이고 미친 짓이라고 누누이 말한다. 그리고 그 똑같은 정부들이 몇 주 후에 수백만 명에게 말할 것이다. 이 범죄와 이 미친 짓에 뛰어 들어가야 하는 것이 당신들의 의무라고. 그런데 만약 그 사람들이 항의하면, 유럽의 이 끝에서부터 저 끝까지 그들이 이 끔찍한 사슬을 끊으려고 하면 그들을 악당이고 배신자라고 부를 것이며 그들을 향해 모든 징벌의 날을 세울 것이다. 삶이란 얼마나 끔찍한가!" 그것은 이제 흩뿌리게 될 피 앞에서 치밀어오르는 구토증 같은 한 순간의 비명이 아니었다.

조레스는 그런 다음 구부정하니 다부진 턱을 꽉 다물고 다시 시작한다. 시민 조레스, 승부는 아직 끝나지 않았다!

그러나 모든 국면의 정세가 하루가 다르게 악화되고 있었다.

터키와 발칸 강대국들의 협상은 답보상태였다. 터키는 협상을 깰 태세이다. 파리에서 내각총리 푸앵카레는 민족감정의 대변자로서 공화국 대통령에 출마했다. 거대 신문들이 그를 지지했고 그 사이에 브리앙은 은밀하게 선거준비를 하고 있었다. 급진파는 아무 특색 없는 팜스를 후보자로 선정했고 사회주의자들은 바이양을 천거할 것이다. 푸앵카레는 '우파'에 대적할 공화파 후보를 정하는 예비투표에서 팜스에 밀렸건만 관례를 무시하고 사퇴를 거부했다. 그는 그룹들을 초월하는 후보가 될 것이다. 몇몇 대지도자들—클레망소, 카이요—의 적대감에도 불구하고 그는 자기가 다수를 결집시킬 수 있다고 보았다.

한 사건—파티 드 클람 중령의 군 복귀 물의—이 일어나 몇 시간 동안 푸앵카레를 동요시키는 듯했다. 그러나 그는 국방장관 밀랑을 버리기로 하며, 밀랑이 사직했다. 1913년 1월 17일 푸앵카레는 두 차례의 투표 끝에 공화국 대통령에 당선되었다. 보수파 의원들이 그에게 표를 주었다. 푸앵카레는 483표를 얻었고 팜스는 296표, 바이양은 69표였다.

누가, 아마 팔리에르 대통령이 "푸앵카레, 이건 전쟁이다"라고 말했고 그 말이 반복된다.

조레스는 선거가 힘들리란 것을 절감했다. "우리를 반대하는 거대한 보수세력이 형성되고 있다." 그들은 선거를 끝내고 베르사유에서 나오면서 〈로렌 행진곡〉을 불렀고 대언론들은 이 이례적인 대통령을 극구 찬양했다. "이것은 한 인물이나 한 정당의 승리가 아니다. 민족관념의 승리"라고 『르 주르날』은 썼다. 페기는 열광했다. "푸앵카레는 항복이라는 조레스 식의 지식인 운동과 정반대되는, 사람들이 상상할 수 있는 최상의 것인 민족적 에너지의 지속적인 도약과 기층 대중운동에 힘입어 권좌에 올랐고 그 자리에 남을 것이다."

어떤 면에서는 페기가 정확하게 본 것이다. 그것은 조레스의 패배였다. 그러나 또한 평화의 패배였다. 우파는 3년 군복무법을 곧 통과시키겠다는 약속을 받고 그 대가로 푸앙카레 주위로 결집할 것이라고들 수군거렸다. 그렇지 않아도 그것은 자신이 러시아에 한 약속의 자연스러운 귀결이라고 그는 고백했다. 그리고 독일이 결정한 조치들에 대한 정상적인 대응이었다. 독일은 프랑스군보다 두 배는 더 많은 병력을 도열시키고 있었다.

조레스의 패배였다. 푸앙카레 후임으로 브리앙이 내각총리로 들어갔다. 그리고 당연히 그 내각에 『르 프티 파리지앵』의 장 뒤퓌이는 유임되었다.

2월 20일, 권력변동 후 이틀이 지나서 푸앙카레는 상하원 의원들의 박수를 받으면서 첫번째 공식 메시지를 내어놓았다. "어느 국민이나 전쟁준비가 되어 있는 상황에서만 실질적으로 평화상태일 수 있다."

이런 말로써 푸앙카레는 새로운 한 걸음을 내디뎠다. 이미 문제는 "전쟁을 한다"는 것이었다.

조레스의 실패다. 푸앙카레가 주재한 첫 각료회의에서 상트페테르부르크 주재 프랑스 대사가 면직되고 델카세가 임명되었다. 외교장관을 역임한 그 델카세이다.

이스볼스키는 파리에, 델카세는 상트페테르부르크에.

델카세는 곧 모리스 팔레올로그에게 선언했다. "러시아 군대는 가장 빠른 시일 내에, 최대 보름 안에 강력한 공세를 취할 수 있는 상태가 되어야 한다. 그것이 내가 차르에게 끊임없이 권유했던 바이다. 외교적인 허튼 소리, 해묵은 유럽 균형이란 객쩍은 말, 나는 그런 것에 관심을 두지 않는다. 그건 그저 하는 말일 뿐이다."

이스볼스키가 이겼다. 이제 그는 엘리제를 무시로 드나드는 친구가 될 것이다.

그는 자기 나라 장관에게 다음과 같이 썼다. "푸앵카레 씨가 종종 만나고 싶다는 뜻을 나에게 피력했다. 바람직하다고 생각되는 때는 언제든지 자기에게 직접 말해 줄 것을 당부했다. 지금 같은 어려운 상황에서 관례위반에 버금가는 이 같은 파격은 우리에게 이롭고 대단히 편리할 것이다⋯." 외교적 지원, 무장협력. 푸앵카레는 동맹국에 모든 것을 공급할 결심이 서 있었다. 그리고 그는 아가디르 사건을 답습하듯이 독일과의 협상을 즉각 받아들이지는 않을 것이라고 밝혔다.

조레스의 실패이다. 그러나 싸워야만 한다.

CGT는 2월 13일 베를린과 파리 정부의 국수주의 정책을 비난하는 성명서를 발표했다. 3월 1일에 『뤼마니테』는 『포르베르츠』와 동시에 독일어와 프랑스어로 두 나라 사회당에 보내는 공동성명을 실었다. "두 나라에서 동시에 울리고 있는 것은 전쟁에 반대하는 똑같은 절규이며 무장평화에 대한 똑같은 비난이다."

3월 6일, 브리앙은 하원 사무국에 군복무를 2년에서 3년으로 연장하는 법안을 제출했다.

조레스의 실패가 3월 18일에 드러났다. 상원은 비례투표제를 확립하려는 선거개혁안을 거부했고, 이에 브리앙이 사임하고 루이 바르투가 그 자리에 앉았다.

바르투-푸앵카레. '사자의 자식들' '젊은 늑대들' '두 미남'이라고들 하는 그들이 같은 사상, 같은 야심을 나누며 권력에 올랐다.

카이요 편에서는 부당하게도 조레스에게 계속 독설을 퍼부었다. 그는 나중에 『회고록』(Mémoires)에서 조레스가 비례투표제를 통과시키기 위해 푸앵카레를 배려한 것이라고 비난했다. "대연설가가 잘 지켜주었으므로 푸앵카레는 공화국 대통령 선출을 자신했다. 그로부터 두 달 후 1913년 3월에 상원은 보란 듯이 하원에서 통과시킨 선거개혁안을 거부했다. 같은 순간에 군복무 기간을 3년으로 연장하는 법안이 제출되었다. 이때 비로소 조레스는 농락당했다는 것을 깨닫는다. …화(禍)가 닥쳤다. 호전주의의 문어발은 사방으로 뻗친다."

조제프 카이요의 비난은 근거가 없다. 사실 상원의원들이 선거법 개정에 반대표를 던진 것은, 이미 예고된 3년 군복무법이 불안스러워서 서둘러 통과시키려고 했기 때문이다. 푸앵카레를 공화국 대통령으로 선출한다? 그건 좋다. 그러면 전쟁을 선택하는 것이다? 누가 진실로 전쟁을 원하는가? 그러므로 아직 승리로 이끄는 투쟁을 할 여지가 있다. 그리고 조레스는 그 투쟁을 시작한다.

푸앵카레가 집무를 시작한 지 이틀이 지난 1913년 2월 28일에 한 재판정에서 보노의 두 공모자, 하도 읽은 것이 많아서 '레이몽 과학'이라고 부르는 칼맹과 결핵환자 노동자인 수디의 재판이 열렸다. 경찰에 의해 쓰러지기 전에 보노는 혈서로 한마디를 씀으로써 그들의 무고함을 밝혔다.

두 사람 모두 사형선고를 받았다.

그들이 도당에 가담하기로 했다는 것이다.

레이몽 푸앵카레의 대통령직이 시작되는 이때 10여만 명의 무고한 젊은이들이 죽음의 위협에 놓인다. 1913년 3월에 자기들을 1년 더 복무를 시키려고 한다는 것을 알게 된 병영의 젊은이들이다. 전쟁이 아니라면 무엇 때문인가? 그들 역시 시민이다. 조레스는 그 시민들에게 말하고자 한다.

27 | 프랑스가 말하니 조레스 씨 입을 다무시오!

1913/1914

"이건 광기다! 이건 공화국에 대한, 프랑스에 대한 범죄다!" 조레스는 의사당의 자기 의석에서 이 말을 내뱉었다. 지적 격분에 휩싸일 때 토해 내는 힘, 자기가 보기에 그 잘못됨이 너무도 충격적이어서 그 항의가 단순한 정치적 분노를 넘어 그의 내면 깊은 곳부터 뒤흔들어놓는 힘을 가지고 외친다. 식민지 '로비'—모로코 사태—에 연루된 오랑(서부 알제리의 주요 도시)의 의원이자 국방장관인 에티엔이 군복무 기간을 3년으로 연장하는 법안의 동기 설명서를 낭독하는 소리를 듣자마자 조레스는 튀어나갔다. 이 법안은 평화의 대의에 불길해 보일 뿐 아니라 어리석다. 징집된 수만 명의 젊은이들을 훈련장비도, 건강을 유지시킬 수단도 없는 낡아빠진 병영에 몰아넣는 것이었다. 노조의 언론들은 징집자들의 생활실태를 강조하기 시작했다. 그 상태가 너무나 불량해서 전염병이 창궐하여 성홍열, 뇌막염, 홍역이나 티푸스로 병사들이 사망하기까지 했다.

차분한 어조로 답변하는 국방장관의 그 침착함에는 조레스의 발언 후 "반동타도" "나보다 당신이 먼저 지칠 것이다!"고 소리를 지르는 사회주의자들에 대한 경멸이 가득 담겨 있다. 의사당은 난장판이 되었다. 우측에서 소리를 지르고, 극좌파 사회주의자들은 "패거리, 불한당"이라고 내뱉고 모로코 사태에 대한 에티엔의 책임을 빗대 "모로코파"라고 외치는 소리도 들렸다. 1913년 봄, 이렇게 드레퓌스 사건 이래 본 적이 없는 긴장된 분위기 속에서 3년법에 대한 토론은 시작되었다. 필경 그때보다도 더 격분했고 승부는 더 중요했다.

그 이유는 이번에는 국내정책과 대외정책의 양상이 복잡한 방식으로 엉켜 있었기 때문이다.

푸앵카레는 엘리제에서 민족주의를 구현하면서 그와 동시에 소득세 거부, 사회개혁 반대투쟁을 구체화해 나갔다. 3년법 그리고 완전히 러시아 편에 가담한 적극적인 대외정책이 그의 업무였고, 이스볼스키는 그렇다는 것을 잘 알고 있었다. 그렇지만 파리 주재 외국대사들의 관찰은 모두 다 똑같았다. 벨기에 대사 빌헬름 남작은 브뤼셀에 보낸 보고서에서 이렇게 적고 있다. "푸앵카레와 델카세 그리고 밀랑과 그들의 친구들은 확연히 되살아나고 있는 맹목적 애국심과 국수주의적 민족정책을 수립하여 실행해 나가고 있다. 이는 유럽과 벨기에에 위험하다. 오늘날 유럽의 평화를 위협하는 가장 심각한 위험을 여기서 볼 수 있다." 의도적으로 대사는 파리 정부가 이 평화를 깨트리려 한다고는 생각지 않는다고 덧붙이면서도 이렇게 끝맺는다. "내 생각에는, 바르투 내각이 취하는 정책이 독일의 군사주의 경향을 증대시키는 결정적 원인이다."

푸앵카레─그리고 바르투─주위로 산업과 상업의 이해관계 당사자, 정보매체의 거물들이 모여들었다. 정확히 상업과 산업의 이익을 위한 민족주의가 퍼져나가고 있었고 『르 마탱』지는 '독일제'(made in Germany) 상품을 반대하는 캠페인을 시작하여 보이콧해야 한다고 외쳤다.

이 인물들, 이 집단들이 이 같은 대외정책 문제에서 반대자들을, 그것도 다름 아닌 국내정책에서도 자신들과 반대되는 입장을 취하는 적수들(카이요와 조레스는 소득세 편이었다)을 마주치자 3년법 싸움은 날카로운 좌—우 대결로 나타났고 아무도 여기서 벗어날 수 없게 되었다.

3년법 지지자들이 패배하면 공화국 대통령의 패배일 것이고 그러면 정세가 역전된다. 소득세 표결이 끝났다. 이로써 제2제정 말기를 제외하면(그리고 앞으로 뮌헨과 히틀러에 대한 선택의 순간에) 국내정책과 대외정책이 이 정도로 뒤엉킨 적은 없게 된다. 일단의 정치인들—그중에서 푸앵카레와 바르투가 가장 저명하다—은 대외정책 선택에 자신들의 정치적 삶을 걸었다. 만약 이 승부에서 이기지 못한다면 그들은 오랫동안 권력에서 비켜나 있게 될 것이다.

이로부터 그들의 적 조레스와 조제프 카이요를 향한 치명적인 격정이 부추겨졌다.

왜냐하면 두 사람이 가까워졌기 때문이다. 바르투 취임을 둘러싼 논쟁 때 그들은 의회가 잔뜩 찌푸린 못마땅한 표정으로 신임총리의 연설을 냉랭하게 대한다는 것을 느꼈다.

야심 있고 능란하며 도덕적 양심이 높지 않은 바르투는 의회를 설득하지 못했다. 그의 주제는 물론 3년법이고 평화를 원하는 프랑스이지만 "두려움에서 비롯되는 평화가 아니라 프랑스의 위엄과 자부심에 걸맞은 평화이다." 166명의 의원이 불참했고 162명이 반대표를 던졌다. 바르투를 지지하는 표는 223표에 불과했다. 이것은 도전에 다름 아니었다.

지금은 기권한 급진파의 태도에 만사가 달렸다고 조레스는 분석했다. 그는 카이요를 만났다. 그 사람에게서 느끼는 미묘한 차이들 때문에 조레스의 생각이 바뀌지는 않았다. 카이요에게는 댄디즘이 있었고 '촌사람' 조레스를 화나게 하는 카스트적인 오만함이 있었다. 쉬지 않고 외눈박이 안경을 만지작거리며, 어딘지 꾸민 듯한 낮고 신중한 음성으로 말했다. 그러나 카이요는 지적이고 용감했다. 그는 자기가 속한 계급에 대해 자부심을 가졌지만 그 계급의 이해관계를 분명하게 전망하고 있었다. 정계에서 100보는 앞선 사람이라고 조레스는 판단했다. 이때의 조레스는 "프랑스에서 우리에게 가장 역량 있는 사람은 카이요"라고 말했고, 심지어 자본주의의 어떤 부문(예를 들어 카이요가 대표로 있는 은행)은 평화에 호의적이라고까지 평가했다. 조레스의 계속되는 말이다. "카이요는 역량뿐 아니라 관찰력과 의지, 성깔이 있다. 그가 격렬하게 싸우는 것은 그 때문이다." 두 사람은 서로 뜻이 맞았을 수 있다. "우리 사이에 합의가 이루어졌다"고 카이요도 확인했다. "임박한 사건들에 한정되지만 미래를 준비하는 합의이다."

사실 1914년 봄이면 총선을 치러야 했다. 만약 카이요가 급진당의 선두에 서고 조레스와 사회주의자들이 2차 투표에서 급진당 후보에 표를 모아준다면 좌파의 승리가 될 수 있었다. 그리고 3년법 반대투쟁이 긴급한 것을 고려하면, 두 사람 사이에 투표방식 문제는 부차적인 것으로 제쳐놓을 수 있었다. 이로써 그들 사이에 하나의 전략이 결정되었다. '3년법 반대를 위해 총력을 기울인다는 데 합의했다'고 카이요는 구체적으로 말한다. 조레스는 이 첫 번째 의회싸움이 실패할 것을 예상하고 있었다. 카이요는 만약 법안이 표결에 부쳐지면 반격이 가능하다고 보았다. 사실 정부는 군복무 기간의 연장에 소요되는 비용을 충당할 재원을 확보해야 하므로, 이 점에서 싸울 수 있고 이길 수 있다고 그는 계산했다. "우리는 재정충당 문제에 대해 공세를 취할 것이고 그로부터 소득세 현실화를 요구할 것이다"고 카이요는 설명한다. 능란한 작전이다. '애국자'라는 말을 쓸 것이다. 그들의 조국에 대한 사랑이 재정적 희생으로까지 나아가는지 판단하기 위해서였다. 이로써 국내외의 선택은 더 확실하게 엉키게 되었다.

앞으로 펼쳐질 이 투쟁은 가차 없을 수밖에 없었다. 권력을 쥔 이들에게는 적수인 조레스와 카이요를―정치뿐 아니라 도덕과 물리적인 면에서―파괴시키는 투쟁이었다. 국가의 수장이라는 그들의 상황논리 자체가 어떤 수단이든 개의치 않겠다는 무리한 선택을 하게 만들었다. 정치도의의 문제를 떠나서도 조레스와 카이요는 도전자의 입장이었고, 정치적으로 패배한다고 바뀔 입장이 아니었다. 반대로 푸앵카레와 그의 정파는 여기서 지면 모든 것을 잃는다.

양편이 각각 진영을 갖추었다. 1913년 3월 23일부터 27일까지 브레스트에서 열린 사회당 대회에서 조레스는 3년법 반대투쟁을 당의 근본 목표로 설정하도록 이끌었다. 이 문제는 국제적 중재, 프랑스와 독일의 화해 그리고 조레스가 『새로운 군』에서 제시하는 주제들을 재론하는 국가방어에 대한 정의와 모두 연결되었다.

1913년 봄, 조레스는 지쳐 있다. 얼굴은 푹 꺼지고 두통이 심해서 괴롭다. 물론 사춘기 때부터, 아마도 무리한 일과 탓으로 늘 시달리는 두통이었지만. 『뤼마니테』에서 랑드리외와 르노델은 그가 뭔가에 짓눌린 것처럼 얼굴을 두 손으로 감싸는 모습을 더욱 자주 보게 되었다. 루이즈는 브술레나 알비에 아주 한참씩 머물러 있었다. 마들렌이 자기 살림은 접어두고 자주 파시에 와서 지내면서, 아버지가 좋아하는 요리를 준비하곤 했다. 그는 호두를 사서 한번에 4개씩 큼직한 턱으로 깨물었다. 루이는 장송-드-사이의 학생이었고 1914년에 대학입학자격시험에 통과해야 했다. 섬세한 용모에 심각한 표정을 한 금발의 호리호리한 청년이었다.

반드시 해야 할 일이 산적해 있었다. 신문에 쓸 글들. 그러나 조레스는 어떤 주제도 소홀히 하지 않았다. 1913년 9월, 대외정책을 둘러싼 싸움이 한창인 와중에서 그는 CGT가 나아갈 방향에 관한 기사를 10여 편 작성하였다. 그의 판단으로는 긍정적인 방향이었다. 그래서 그는 20여만 명의 노조원과 함께 CGT가 차츰 무정부주의적인 언설을 버리고 자기 쪽으로 다가올 것이며 자신에게 좀더 대표성을 주리라고 확신했다. 그리고 또 하원 군사위원회가 있었는데, 거기에도 조레스는 참석하고 있었다. 군사위는 의원들에게 제안서를 제출하는 장교들을 설득시키려 노력하면서 그들과 서로 존중하는 관계를 차츰차츰 맺어나갔다. 이는 군사문제의 전문가들이 조레스에게서 예비군 문제를 솜씨 있게 다루는 전문가의 모습을 발견했기 때문이다. 사실 예비군은 결정적인 문제였다. 만약 프랑스가 적은 인구 때문에 독일 군대처럼 높은 수준의 정규군을 가질 수 없다면 예비군이 강해야 했다. 다만 『르 탕』 신문처럼 보수계는 예비군을 의심했다. 예비군의 혁명적인 정신 때문에 종양으로 보였던 것이다.

하원에서 나오면서 조레스는 가끔 한 장교와 잠시 같이 걸으며 단기전은 잘못된 가정이란 점, 북부전선을 시급히 강화해야 할 필요성 등에 대해 대화를 나누었다. 그리고는 그 장교가 자신을 떠나기를 고집했는데 껄껄 웃으면서 이렇게 말했다. "조레스와 이야기를 함으로써 당신이 위태로워져서는 안 된다."

비방과 중상이 가라앉기는커녕 3년법 논쟁이 치열해지면서 히스테리에 달했기 때문이다.

푸앵카레나 브리앙, 바르투와 친분이 깊고 때때로 의존관계에 있는 신문사 사장들은 이 승부가 무엇인지를 인식하고 있었다. 어느 때보다도 조레스가 말을 못하게 만들어야 했다. 1913년 3월 13일 프랑-노엥은 『에코 드 파리』에 이렇게 썼다. "프랑스가 말하니 조레스 씨 입을 다무시오! 이 말이 중요하며, 내 말을 당신과 당신 친구들이 알아듣게 해야겠으니 내가 그들의 의도와 당신의 의도를 번역한다. 'Frankreich spricht, still, Herr Jaurés!' (프랑스가 말하니 조레스 씨 입을 다무시오!)" 이 파리식 재치는 단 몇 줄로 비방을 조작하고 뻔뻔하게도 국민을 전유했다.

이 저널리스트들과 민족주의자들과 정부의 공모가 활발해졌다. 그들의 목적은 동일하다. 조레스의 입을 막아야 한다. 1913년 3월 8일 그들은 니스까지 뻗어갔다. 니스는 수비에서 중요한 도시였다. 독일과 오스트리아의 동맹국이고 니스에 대한 야심이 완전히 사라지지 않은 이탈리아를 감시하기 위해서였다. 도시는 민족주의적이었다. 이탈리아 이민자들의 수도 많고 흔히 그들은 무정부주의적이었기 때문이다. 그리고 이 노동자 인구와 외국 관광객들에게 최근 이 도시가 프랑스어 자격을 취득했다는 것을 확인시켜 줄 필요가 있었다. 데룰레드가 이 도시에 체류하고 있었다. 또 여기저기서 사회주의자들—한 줌밖에 안 되었다—이 조레스의 '국제정세'에 관한 강연을 듣기 위해 니스로 왔다. 그러나 먼저 도착한 사람들만 강연장으로 들어갈 수 있었다. 도지사의 효과적인 지원으로 거의 대부분의 장소들을 예약해 놓은 왕의 부대원이 강연장을 장악해 버렸기 때문이다. 앞줄에 앉은 사회주의자들—교사, 조각가, 노동자, 전기공—몇 명이 빙빙 돌아가는 호각을 마련해서 조레스의 음성을 덮어버리는 수백 명의 훼방꾼들을 조용히 시키려 했지만 소용이 없었다. 조레스는 포기할 수밖에 없었다. 그가 외치는 소리가 들렸다. "저들은 외국에 살고 있고 국민들의 평화를 원치 않는다. …당신들은 진정한 프랑스 민중이 아니다. 진정한 프랑스 민중들은 당신들을 비난할 것이다." 파리 신문들은 흔쾌하게 이 사건을 자세히 보도했다. 마침내 이겼다—사실 조레스의 말을 처음으로 막았다.

아르코나티 비스콘티 후작부인처럼 세련된 사람들이 있는 사교계에서
도 이제는 조레스를 관용하지 않았다. 후작부인은 3년법 지지자들 편에 섰고
부인의 집안사람인 미술학교장 앙리 롱젱은 분개했다. "혁명적 교리로 조레
스는 프랑스를 무방비 상태로 내버려두는 데 동의한다. 그의 배후에는 무엇
이 있는가? 온통 봉기부대와 조국 없는 자들뿐이다. …아니다. 정말이지 우
리는 그를 멀리 하는 편이 좋다. 그는 우리와 동류의… 인간이 아니다."

조레스는 상처를 받았다. 그는 이 목요일 모임과 살롱을 좋아했다. 후작
부인에게 다음과 같은 편지를 썼다.

친애하는 친구에게

당신의 편지에 진작 회신을 못했습니다. 이처럼 중대한 시기에 어떤 오해가 우리를
갈라놓는지, 제가 하고 있는 진정한 **국민적**(강조는 조레스) 노력이 얼마나 오해받고 있는
지 목도하는 것이 참으로 가슴 아프고 괴로운 일이었습니다. 유익한 노력을 국민들이 외면
하게 하고 그 선한 의지를 왜곡되게 하는 것은 그들이라고 저는 믿습니다. 저에 대한 당신
의 착오는 이 어려운 시기에 감당해야 하는 저에게는 크나큰 시련입니다. 당신의 영혼이
저를 정의롭게 할 때 저는 혼자 혹은 다른 이들과 함께 돌아올 것이며, 저의 친근함과 신념
은 변하지 않을 것입니다.

이 사건은 1913년 그해의 분위기를 의미심장하게 반영하고 있다.

해마다 언론은 여론조작에 나섰다. 독일과의 국경사건들은 과장되거나 첩보
행위 혹은 악의적 행위로 보도되었다. 파리의 언론들은 독일이 무고한 것을
몰라서가 아니라 여론을 자극하는 방법으로 이런 사건을 이용했다. 고장 난
비행선이나 부득불 프랑스에 기착하게 된 비행기는 곧 첩보행위를 했다는 비

난을 받았다. 그러므로 낭시에 독일인 관광객이 나타나면 왜 낭시 젊은이들이 적의에 차서 고함을 질렀는지 알 수 있다. 알자스에서 일어난 일들은 계속 주의 깊게 추적되었다. 사람들은 한 독일 장교의 거친 행위에—당연히—분개했다. 그러나 프랑스와 독일 국회의원들이 베른에서 회의를 열기로 하자, 알자스 의원들은 유럽 전쟁을 대가로 치러야 하는 합병에 대해서는 지지하지 않겠다고 선언하고 알자스 주(州)의 '광범위한 자치'를 주장했다. 같은 신문들이 이 정서를 경멸했다. 그 알자스인들은 "프로이센인, 작세인, 바덴인일 뿐이다." "『르 탕』이 알자스를 모욕하던 바로 그날, 내가 그 신문에서 모욕을 당한 것이 기분 좋다"고 조레스는 말했다. 그러면서 알자스인들과 로렌인들은 분쟁의 선동자가 아니라 정복자 앞에서 "놀라울 만큼 당당함"을 보여주었다고 주장한다.

이스볼스키와 러시아 대사는 당연히 전국적으로 벌어지는 이 논쟁을 각별히 주의하며 뒤좇았다. 그리하여 1913년 6월 4일 러시아 외교관 라팔로비치는 상트페테르부르크에서 이렇게 적었다. "클로츠 씨—바르투 내각의 재무장관—가 나에게 군복무법 표결과 그들이 처해 있는 어려운 상황에서 필요할 경우 다시금 한 조각 제공해 주기를 요청했다." 클로츠에게 빨리 10만 프랑을 보내고 "새로운 군복무법에 대한 반대캠페인이 일어날 가능성을 고려해서 그리고 바르투 내각이 처할 곤란할 상황과 관련해서 대대적인 언론캠페인"을 벌여야 했다.

3년 군복무법이 신문의 허장성세를 넘어 국민들 속에서 심각한 저항에 부딪힌 것은 사실이다.

법안표결을 기다리는 사이에, 5월 15일 정부가 제대 예정인 1910년도 병사들은 1년 더 군대복무를 해야 한다고 발표하자 병영은 부글부글 끓어올랐다. 사람들이 엄격한 시간통제와 위협적인 군대규율을 알게 되면서 거부의 표시가 점점 강해지고 있었다. 군복차림의 병사 300명이 툴 거리(파리 12구에 있음)에서 "3년법 타도"를 외치며 행진했고 어떤 병사들은 〈인터내셔널〉을 불렀다. 벨포르, 마콩, 로데즈(모두 군부대가 주둔한 도시들)에서도 비슷한 시위가 일어났다. 바르투는 CGT와 '병사의 금고'를 문제 삼아 88개 도시의 노동거래소들을 수색하도록 했고 그 과정에서 투사들이 체포되었다. 이어 바르투는 정부는 CGT를 기소하고 해산시킬 방법을 강구할 것이라고 예고했다. 이리하여 바르투는 애국심의 이름으로, 클레망소와 브리앙이 수년 전에 시작한 탄압정책을 강화해 나갔다.

심한 반격이었지만 바르투의 불안의 징후이기도 했다. 왜냐하면 급진당에서 카이요가 3년법에 대한 단호한 적대감을 확인하고는, 당 지도자가 되는 것과 급진파에게 단합과 투표의 행동통일을 강제하는 것 두 가지 목표를 가지고 이 조직을 점점 장악해 가고 있었기 때문이다. 이 두 가지 목표—카이요 의장과 당의 새로운 규약—는 1913년 포(Pau)에서 열린 급진당 대회에서 실현되었다.

런던 주재 벨기에 대사인 랄랭 백작은 이렇게 썼다. "여기서는 생각보다 3년 복무가 실제로 인기가 없는 것이 쓰디쓰게 확인된다."

그것은 조레스—그리고 그가 이끄는 사회주의자 투사들 전체—가 법을 반대할 경우 그들이 얻게 될 득실을 계산하지 않고 전력을 다했기 때문이다. 피로를 이겨낸 조레스가 이렇게 투쟁적인 적은 없었다. 이 시기 조레스는 그것에 자신의 온 생애가 집약된다는 것을 자각하고 있었다. 1913년 봄과 여름 이때 그것은 드레퓌스 시기의 군사주의에 대한 투쟁이었다. 노동자의 자유, 민주주의 그리고 평화는 하나로 수렴되고 있었다. 이를 뚫고 나가는 일이 이때처럼 중요했던 적이 없다. 그는 그것을 알고 있었고 또 말했다. 전쟁이냐 평화냐, 반동이냐 민주주의냐, 서로 떼려야 뗄 수 없다. 그러나 더 이상 조레스는 너무도 자주 그랬던 것처럼 고립된 사람이 아니었다. 그는 자신을 믿어주는 당의 선두에 서 있었다. 게드는 여전히 정치적 몰이해와 다름없는 분파주의에 눈이 먼 투사였다. 사회주의자들은 특히 급진파와 제휴하면 안 된다고 역설하는 그의 목소리가 들렸다. "부르주아지 분파의 술수에 걸려드는 것은 말 그대로 배신인 동시에 우둔함의 한계를 확장시키는 것 아니겠는가?" 그러나 추종자가 없다!

조레스에게는 자신의 말을 경청하는 당과 자신을 옳다고 인정할 정도로까지 가까워진 CGT에 더하여 매일 기사를 쓰는 신문이 있었다. 게다가 『뤼마니테』는 계속 판매가 증대되어 하루에 10만 부 가까이 나갔는데, 그러면 1912년보다 3만 부 늘어난 것이었다. 또한 그르노블에는 『민중의 권리』 (*Droit du peuple*)가 있었고, 리모주에는 『중부의 민중』(*Populaire du Centre*), 툴루즈의 『남부 사회주의』(*Midi socialiste*)가 있었다. 그리고 이 도시에서 조레스는 『툴루즈 통신』에 글을 쓰고 있었다. 사회당의 주간지들까지 합친다면 일주일에 거의 100만 부의 여론을 움직였다. 그것은 150만 부가 나가는 장 뒤퓌의 『르 프티 파리지앵』, 100만 부의 『르 마탱』, 『르 주르날』 같은 거대 정보지의 거대 언론생산에 비하면 약소했다. 더구나 『렉셀시오르』(*L'Excelsior*) 는 전면 사진으로 독자에게 깊은 인상을 주었다. 하지만 마침내 조레스는 하부구조인 지구당과 연맹이라는 그물망에 기댈 수 있었다. 그리고 3년법 반대투쟁에서는 인간의권리동맹과 의회중재그룹, 평화의권리협회가 넓은 층에 영향을 끼치고 있었다. 아나톨 프랑스나 세뇨보, 샤를 리세 뒤에서 지식인들—드레퓌스 사건의 그들—이 다시금 움직이기 시작했다. 3년법 반대로 시작된 진정서 캠페인은 불과 몇 주일 사이에 70만 명이 넘는 사람들로부터 서명을 받아냈다.

그러므로 1913년의 봄은 국민 전체를 대변한다는 민족주의자들의 난폭함이 수만 명의 투사들과 대립하는 이상한 봄이었다.

양편 사이에 오지인 지방이 있었다. 전쟁에 대해 불안해하는 이들, 전쟁이 어떻게 될지 상상조차 못하는 이들. 시대의 분위기에 포획된 이들은 이 분위기가 불안과 어두운 세력들이 강요하는 지하세계의 표현임을 깨닫지 못했다. 그래서 어떤 사람들은 영화화면을 통해 〈판토마〉(Fantomas)의 모험을 추종했다. 또 어떤 이들은 지드의 『바티칸의 지하창고』(Les Caves du Vatican)를 읽었다. 50상팀짜리 대중소설 『복수의 맘젤』에서는 자신이 중독이란 것을 알아차리지 못하기도 했다. 이 소설에서 "하원의원이고 평화주의자들의 대장"인 로제스라는 인물이 티볼리 보알 집회에서 70년 전쟁의 영웅에 의해 타살된다. 그 영웅은 린치를 당하기 전에 "연사의 머리에 총을 쏜 것이 기뻐서" 다음과 같이 소리친다. "모든 배신자와 모든 반애국자는 이렇게 죽는다!" 그리고서 저자는 결론을 내린다. "이 권총 한 방이 양심을 일깨워 파리에는 신선하고 장엄한 영웅주의가 꽃피는 것 같다."

같은 해에 또 다른 책에는 자기 나라의 승리─불가리아에 대해 거둔 승리이다. 조레스가 예측했듯이 한때의 동맹국들은 서로 분열되었다─에 열광한 젊은 세르비아 여성이 이렇게 말을 맺는 장면이 나온다. "나는 독일인과 약혼했었다. 지금은 프랑스의 대포가 우리에게 승리를 안겨주었기 때문에 나의 독일 남자를 더 이상 원치 않는다."

선전, 사상투쟁. 이 시대 감수성의 표현이었다. 바레스는 『영감의 언덕』(La Colline inspirée)을 출간했다. 스스로 선한 의견을 가지려 한 우아한 작가는 자신의 내밀한 노트에는 조레스에 대한 섬세한 판단을 기록했지만 싸움은 싸움이었다. 그는 은유와 배신으로 가득 찬 잉크에 자신의 정치적 펜을 적셨다.

"이미 조레스는 예방조치를 취했다. 그는 반은 프랑스를 떠났다"로 시작하는 그의 글은 계속 이어진다. "그는 유럽의 시민이다. …요컨대 누군가가 내게 묻는데, 그는 프랑스어로 사는가? 그렇지 않다. 그는 독일어로 살아갈 준비가 되어 있다. 그는 베를린에서 연설했다. 이제부터 그의 사상은 프랑스이기보다 독일답다. …아마 그는 팔레-부르봉처럼 제국의회 의원일 것이다. 해체되는 프랑스의 한복판에, 모든 사태에 대비하기 위해 사회주의자 부대라는 군대를 두고 있다. …칸트에서 헤겔, 한(Hahn), 니체까지 독일인을 잘 안다는 지극히 오만한 그는 필연적으로 범게르만주의자들과 통한다."

'문화'의 분석이라는 위장 아래, 똑같은 비난이었다. 조레스는 독일 첩자라는 것이다.

조레스는 이 분위기가 무엇을 의미하는지 잘 알고 있었다. 살해하라는 호소이다. 그는 낮은 소리로 여러 번 반복하여 그 말을 했다. 그러나 구애받을 것이 뭐 있겠는가? 그가 이렇게 썼을 때, 그는 바레스에게 답변한 것 같다. "불랑제 식이거나 반동적 민족주의의 온갖 형식을 수락하지 않는 이들은 민족적 천재의 이름으로 교수대와 도살장의 낙인이 찍힌다."

파리에서는 페레 형제가 철근골조를 건축물에 사용하여 막 감탄을 자아낸 샹젤리제 극장에서 디아길레프가 1913년 5월 29일 스트라빈스키의 〈봄의 제전〉을 공연할 준비하고 있었다. 그리고 벌써 그 공연은 통제 불가능한 논쟁을 일으킬 것을 예고했다.

사회의 명암이다. 가벼운 봄의 베일 아래, 하루가 다르게 늘어나는 자동차들(프랑스에 10만 대) 옆으로 우아한 여자들이 숲속의 평화롭고 투명한 나뭇잎들 사이를 돌아다니고 밝은 옷차림의 남자들은 숲속 큰 호수에서 소매를 걷고 노를 저으며 보트놀이를 하고 있다.

1913년 5월 25일 그날, 거기서 수 킬로 떨어진 프레생제르베 언덕에도 사람들이 햇빛을 가리느라 양산을 받쳐 들고 밀짚모자를 쓰고 있다. 그리고 언덕 저 높은 곳에서는 중절모를 쓴 조레스가 깃대를 꽉 움켜잡고 마차 위에 서 있다. 그는 연설을 하고 있다. 48시간 사이에 집회가 준비되어 그들이 이곳으로 왔다. 약 15만 명이 3년법을 비난하고 군사주의 정책과 전쟁의 위험을 고발하는 그의 말을 듣고 있다.

엄청난 성공이다. 조레스는 몰려든 인파, 이 사람들의 호응에 기뻐한다. 동지들의 언어를 사용하자면, 이들은 "가만히 앉아서 도살장에 끌려가는 것"을 원치 않는다.

이 집회에서 그는 앞으로 시작될 의회투쟁을 이끌어갈 기운을 얻었다. 그 투쟁은 길고 힘들 것이다. 조레스는 반대안을 제출하는데 그 제안의 목적은 "프랑스의 방어력을 증강하는 것"이라고 그는 말한다. 독일인들이 병력을 증강했기 때문에 국민들에게 말해야만 한다. "북부전선의 요새들을 엄호하라. 서두르시오. 어떤 희생을 치르더라도 예비군들을 군 기간요원으로 키워야 합니다." 동맹국들은? "장래의 운 그리고 독립과 구원에 필요한 노력을 계산해 볼 때 민족은 오직 자신의 힘에만 의지해야 한다."

그는 구태의연한 법을 비난한다. 비효율적이다. 그는 연단 밖으로 몸을 내밀고 장군들이 앉아 있는 정부석을 향해 두 손을 활짝 펴 보이며 말한다. 자기의 신념을 온통 쏟아내는데, 반원형의 의사당 안에 울려퍼지는 그의 목소리와 긴장된 모습은 비장하기까지 하다.

카이요는 자기대로 7시간 동안 연설할 것이다. 그 역시 3년법에 반대했다. 의회는 주의 깊게 듣고 있었다. 병사들의 시위가 있을 거라는 7월 4일, 조레스는 CGT에 사고의 책임이 있다는 바르투에게 답변했고 우파의원들은 몰려나와 조레스에게 욕을 했다. 그는 목청을 높이지만 초연한 어조이다. 그러나 그가 받은 위협을 언급하는 어투를 보면 자신에게 닥친 위험에 대해 숙고했다는 것을 알 수 있다.

"당신들의 신문, 당신들을 지지하는 신문들의 기사에는" 하고 그는 시작한다. "언제나 우리에 대한 살해위협이 있는 것을 아십시오. 가장 살인적이고 가장 바보 같은 중상이다. 당신들은 이 지경인 것이다! 당신들의 신문들은 비방 뒤에는 나와 우리들, 우리 친구들에 대해 이렇게 말한다. 동원되는 날에는 이 처형에 더 완벽한 처형이 추가될 것이다."

그는 『툴루즈 통신』의 기사 하나를 예로 들었다. 같은 신문에 필자—폴 아당—가 냉소적으로 쓴 다음 문장에 이미 그 답이 있었다. "프랑스 학술원에 들어가기 위해서는 나를 괴롭히는 것만으로 충분치 않다." 그는 기사 원문을 인용한다. "폴 아당 씨는 당신들에게 전쟁이 선포되는 첫날 이 모든 사람들은 9월파(프랑스혁명기의 당파 이름)의 정당한 분노에 의해 쓰러질 것이라고 덧붙였다. 왜냐하면 그들은 침공의 공모자들이기 때문이다. …아! 여러분, 여기서 그들은 마라와 인민의 벗을 말한다. 그러나 진지하면서도 산발적인 그 폭력은 왕당파 신문들의 냉정하고 끈질긴 폭력에 비하면 아무것도 아니다."

그들만 그런 것도 아니었다. 합리적인 『르 탕』이 "조레스가 매사에 민족이익에 반대하고 외국의 변호인이 된 지 이제 10년이 되었다"고 썼다.

하원의 의사록을 읽고 나서 "우리는 적절한 시기에 일부 사악한 목자들을 충분히 제거할 수 있다"고 선언한 페기가 있다. 그리고 그는 영웅적인 풍모로 이렇게 덧붙였다. "전시에는 하나의 정책만 있는 것이고 그것은 국민공회의 정책이다. 그러나 국민공회의 정책을 숨기지 말아야 한다. 그것은 조레스를 죄수 수레에 태우고 그 커다란 목소리를 막아버리기 위해 북을 둥둥 울리는 것이다."

그 '쩡쩡거리는 목소리'를 침묵시킬 수 없기 때문에 살인자들에게 호소하는 것이다.

왜냐하면 법이 7월 19일 하원(358 대 204)에 이어 8월 7일 상원에서 통과되었어도 조레스는 신문기사와 집회로 캠페인을 계속했기 때문이다. 그리고 카이요는 이미 조레스에게 예고했듯이 이제(10월의 급진당 포 대회 이후 그는 급진당 의장이 되었다) 새로운 군사조치의 재정문제를 제기하고 있었다. 그런데 사회주의자 조레스, '독일 첩자' 조레스, 반애국자 조레스가 오래전부터 희화화되었어도 사람들 사이에서 그의 인기가 변함없는 것이 분명하다면, 사업가 카이요는 조레스와 연합했기 때문에 권력자들에게 매우 위험한 존재였다. 그는 각료였고 총리였다. 그는 존경받고 있었다. 그가 소득세를 원하는 것은 확실하지만 그를 보고 그의 말을 들으면 그를 무정부주의자로 여기기가 힘들었다. 그러므로 카이요는 몇 달 동안 조레스와 함께 주요한 표적이 되었다.

카이요는 더군다나 이를 악물었다. 1913년 11월 30일에 그는 브리앙의 이름을 들지 않고서 그에 관해, "모든 사람을 복종시키려고 하기 때문에 어떤 당파에도 속하지 않는 저 회유자들"에 관해 언급했다. 하원에서 그는 새로운 군사비용과 그에 따른 세금의 막대함을 일깨웠다. 정부는 그 비용을 채권발행으로 충당하려고 했다. 반대로 카이요는 조레스의 지지를 받아 소득세를 제안했다. 카이요와 바르투의 논쟁은 험악하다. 이중의 승부가 걸린 싸움이었다. 물론 재정문제이지만 그 배후의 목표는 3년법이라는 것을 누구나 똑똑히 알고 있었다.

채권발행이 가결되면서 처음에는 바르투가 이기는 듯했지만 카이요가 다시금 공격에 나서 13억 프랑의 채권발행을 위해 면세제도를 폐지할 것을 요구한다. 바르투는 거부하고 신임을 물을 것을 제안한다. 표결에 들어간다. 1913년 12월 2일, 바르투가 표결에서 패했다.

조레스는 환호했다. 3년법 정부는 이제 전복되었다.

바르투가 회의장에서 나오는데 에두아르 바이양이 사회주의 의원들의 박수를 받으면서 바르투에게 쏘아붙였다. "3년법 타도!" 바르투는 칼칼한 목소리로 응수했다. "프랑스 만세!" 그의 사임은 푸앵카레에게 적지 않은 타격이었고 공화국 대통령으로서 개인적인 실패였다. 이튿날 조레스는 『뤼마니테』에 이렇게 쓸 수 있게 된다. "상대방이 재기할 수 있다면 12월 2일 어제 거의 회복했을 것이다."

바르투의 실각을 루이-나폴레옹 보나파르트의 쿠데타에 비견하는 것은 조레스가 자신이 이끄는 투쟁을 얼마나 중요하게 여겼으며 그 싸움에서 카이요와 함께 한판 승리했음을 나타낸다.

그러나 공화국 대통령 푸앵카레는 이 상황을 활용했다. 체제의 정신을 존중한다면 카이요를 총리로 선정해야 할 것이다. 하지만 그는 거부하고 길을 돌아 알렉상드르 리보와 뒤퓌이에게 정부구성을 위임했다. 두 사람 다 사절한다. 그러나 마지막으로 가르의 상원의원인 급진파의 가스통 두메르그가 새 정부를 구성하게 된다. 능란한 선택이었다. 세속파이자 공화파인 두메르그는 좌파이지만 3년법에 찬성했다. 그는 재무장관으로 카이요를 선택하고 "법을 엄격히 적용할 것"임을 언명했다.

그러니 1914년 봄, 총선을 맞아 해결된 것은 부분적인 회복이었다. 각자 선거대비에 들어갔다. 카이요와 조레스가 싸움에서 이길 것인지는 선거로 판명될 것이었다. 그러나 앞으로 닥칠 4~5개월은 준엄한 대결의 무대일 수밖에 없었다. 격렬한 감정이 지나치다. 파고가 너무 높다.

외국인 관찰자들은 하나같이 '바르투 내각의 실각은 푸앵카레 대통령의 불신임을 성사시키는 공격이며 그의 적수들의 힘을 증명해 준다'고 평가했다.

이 성공은 민족주의자들에게 강력한 감정을 불러일으키고 있었다. 조레스에 대한 비방이 한층 거세어졌다. 카이요 역시 난폭하게 내동댕이쳐졌다. 조금만 구실이 있으면 왕의 부대원들은 거리로 나가 시위를 했다. 1914년 1월 30일 폴 데룰레드가 니스에서 사망하자, 2월 3일 그의 유해를 맞이하기 위해 10여만 명이 파리의 리옹 역에 운집했다. 푸앵카레 대통령의 메시지에, 브리앙과 바르투와 모라스의 참석 그리고 생토귀스탱 교회까지의 장례행렬은 콩코르드 광장의 검은 미사포를 쓴 스트라스부르 상 앞에 멈추어 서서 "프랑스 만세"를 계속 외쳤다.

데룰레드 장례식 때 장례대열 내부에서 자신의 행렬을 조직했던 악시옹 프랑세즈는 그후 몇 주일 동안 그르노블과 낭시, 파리에서 100여 명의 학생들을 규합한다.

이 시위들이 드러냈듯이 우파는 확산되었다. 급진파와 연합한 사회주의자들은 좌파를 형성했다. 조레스가 전망했던 상황 그대로다. 1914년 1월 말, 조레스는 사회당의 아미앵 대회에서 이 아이디어를 중심으로 대의원들을 집결시켰다. 총선 2차 투표에서는 국수주의와 군사적 반동을 물리쳐야 했다. 아미앵 대회에서 그는 진정 당에 영감을 불어넣는 유일한 지도자였다. 그가 대의원들을 향해 "이제 우리는 싸우러 나갈 수 있습니다"고 외치자 모두가 하나가 되어 한참 동안 그에게 경의를 표하고 〈인터내셔널〉을 합창했다. 싸울 것이고 이길 것이다.

조레스의 이 역동성, 급진파와 합의된 선거전략, 카이요의 강화된 권위—각료이고 급진당 의장—는 푸앵카레와 브리앙을 불안하게 했다. 브리앙은 누구보다 교활하다. 정치적으로 이쪽 끝에서 저쪽 끝까지 변화가 심한 행로를 걸어온 사람들이 흔히 그렇듯이, 닳고 닳은 그는 사상의 유희를 벌여 능란하게도 자신이 떠나온 진영의 모든 사람들이 저촉되는 주장들을 이용한다.

1913년 12월 21일 브리앙은 생테티엔에서 전적으로 카이요를 겨냥하여 장시간의 연설을 했다. 위험한 것은 카이요-조레스의 연합이라고 정확히 간파했기 때문이다. 그는 직접 카이요의 이름을 들먹이지는 않는다. 그러나 브리앙이 "추문을 일으킬 정도로 쉽게 부자가 된 순간에도 이처럼 위협적이고 지나친 몸짓으로 주먹을 부를 향해 돌린 금권정치 선동가들에게 우리는 스스로 따질 권리가 있다. 그것이 부에 도달하기 위해서인지 아니면 부를 보호하기 위해서인지" 하고 말할 때, 급진파 각료가 누구를 말하는지는 쉽게 알 수 있었다. 암시가 가득 찬 이 연설은 마치 치명타를 날리기 전에 아직은 절제된 첫번째 공격처럼 위협감이 묵직하게 배어 있었다.

조레스는 조심한다. 그는 브리앙이 성과를 거두는 것을 보았다. 이번에는 일종의 경멸의 뉘앙스를 풍기며 그를 아쉬워하지 않는다. 조레스가 말했다. "그 연설은 정치행위가 아니다. 그것은 이제 좌파로 돌아올 수도 없고, 사회주의와 급진파 세력 전체에 대항해 구성된 우파, 보수적이고 온건한 대정당의 우두머리로까지는 아직 단호하게 갈 용기가 없는 자의 무력한 분노가 폭발한 것이다."

조레스가 정확히 보았다. 며칠 후 브리앙은 바르투와 함께 좌파연맹을 창설하게 된다. 그리고 『르 프티 파리지앵』 사무실에서 이 신문의 소유주 장 뒤퓌이가 참가한 가운데 좌파연맹은 구성되었다. 조레스가 말한 그 온건중도를 모으고 급진파 유권자들을 끌어오려는 의도가 명백했다. 사회주의자들은 거기서 과거 동지들을 발견하고는 '배덕자 연맹'이라고들 부르게 된다. 조레스는 한층 더 엄중했다. 왜냐하면 브리앙에 관해 언급하면서 용서할 수 없는 인물 자체를—그에게는 매우 드문 경우이다—물고 늘어졌기 때문이다. 조레스는 신랄하고 원통한 마음으로 말했다. "브리앙이 스스로를 믿는 마음과 예전의 자신감을 잃은 것이 눈에 보인다. 그는 자기 개인이 전부이고 그 전부는 아무것도 아니었던 듯이 날카롭게 그리고 비굴하게 자기 개인을 위해 변호한다."

이 구절을 읽으면 조레스의 감정이 격해진 것이 느껴진다. 힘든 나날이었다. 그는 오랫동안 싸워왔다. 그의 삶은 이미 역사로 바뀌어 있었다. 로제 마르탱 뒤 가르는 그의 작품 『장 바루아』(Jean Barois)에서 조레스가 실제로 겪은, 그러므로 그가 행위자의 한 사람이었던 드레퓌스 사건 시기, 졸라 재판의 시절을 이야기한다.

투쟁 동지와 동반자들이 사라졌다. 며칠 사이에 그들 중 세 명이. 1914년 1월 4일 조레스가 누구보다 아끼던 이들 중 한 사람인 외젠 푸르니에르가 떠났다. 보석세공 노동자이고 재능 있는 독학자로서 폴리테크니크와 예술과 직업 콩세르바투아르에서 노동의 역사 강좌 자격증을 획득한 사람이었다. 브누아 말롱과 함께 『르뷔 소시알리스트』를 만든 사람들 가운데 하나이기도 하다. 저 옛날 수줍고 망설이던 청년의원 조레스가 감격에 차서 초창기 영웅적 사회주의자들을 만나려고 했던 때의 일이다.

1월 18일에는 그 엄격한 도덕성으로 드레퓌스 사건을 세상에 알렸던 피카르 장교가 눈을 감았다. 그 바로 이튿날인 1914년 1월 19일에는 더할 수 없이 가혹한 충격으로 프랑시스 드 프레상세의 죽음이 찾아왔다. 당과 의사당에서 조레스의 친구이자 동맹자이고 무엇보다 『뤼마니테』 3면에 실린 그의 대외정치 분석은 정보와 지성, 예측 면에서 프랑스 언론의, 따라서 『르 탕』 "외신란"의 오만한 어느 필진보다 수준이 높았다.

저세상으로 간 프레상세는 전쟁이 다가오는 것을 보고 있었다. 그는 유서에서 종교의식으로 치르는 장례식을 거부했다. 정의와 사랑의 신을 믿지 않아서가 아니었다. 목사의 아들은 말했다. "나는 모든 교회와 헤어졌고 종교의 최대치를 내가 이해한 대로의 사회주의에서 찾았다."

조레스는 프레상세의 죽음으로 깊이 상심하게 된다. 그의 옆에는 지난날 코뮈나르 바이양과 현대회화—마티스에 대해—평론을 쓰는 섬세한 지식인 마르셀 상바가 남아 있었다. 상바는 역설을 부리면서 문제를 재치 있게 다루었고 『제왕처럼 굴든가 그도 아니라면 적어도 평화를 이루시오』라는 제목의 책을 출간하여 성공을 거두었다. 그러나 조레스에게는 프레상세가 더 가까웠다. 조레스는 그의 무덤에서 장중한 목소리로 말한다. 비감 이상의 것을 표현하는 말들을 토로했으며 그것은 다시 한번 생과 용기에 대한 호소였다. 조레스는 말한다. "어떤 타격이 우리를 계속 덮친다 할지라도 나는 나약한 소리를 내지 않겠다. 우리에게 일어난 상실이 아무리 크고 그것을 헤아리는 우리의 심정이 아무리 힘들다 할지라도 우리 안에 살아 있는 것은 불굴의 희망이며 우리는 환희에 차 죽음 앞에 태연하리라. 길 양편에는 무덤이 늘어서 있으나 그 길은 정의로 나아가는 길이기에." 소중한 사람이 떠나가면 우리는 또한 자기 본연의 존재를 생각하게 된다. 이렇게 말할 때 조레스도 그렇다. "사회주의 안에 들어 있는 삶의 세찬 힘이 모든 빈한함을 날려버리고 개인운명의 모든 그늘을 지워버리리라." 그의 예법으로는 자신에 관해 말하는 것은 부끄러웠다.

1914년 1월 22일 조레스는 왕의 부대원들이 제압했다고 주장하는 라탱 구한복판에서 프레상세를 기리는 모임을 가졌다. 학자협회의 강연장이다. 그는 수년 전에 이 자리에서 마르크스주의를 말하면서 라파르그와 논쟁했다. …한 동지가 또 사라졌었다. 1911년에 노쇠함에서 벗어나기 위해 배우자인 로라 마르크스와 자살을 선택했었다.

그 방에서 조레스는 프레상세의 도덕적이고 지적인 모습을 그려나간다. 오늘날 젊은이들에게 모델로 제시하기를 원하는 태도와는 전적으로 상반되는 인생이었다. 아가통에 대한 조레스의 응답이다. "그들은 당신들에게 말한다. 오늘날 늘 듣는 소리이다. 행동으로 나아가라고. 그러나 사고 없는 행동은 무엇인가? 그것은 무기력의 난폭함이다." 그리고 철학자 조레스의 베르그송 교수에 대한 비판이다. "자기들이 체계라고 부르는 것에 대해 경계하게 하는, 그리고 본능과 직관의 철학이란 이름 아래 지성을 포기할 것을 충고하는 자들을 경멸하시오."

사상의 영역을 결코 포기하지 않을 조레스, 이 영역—그의 영역—에 평생 주의를 기울인 조레스는 이성의 비판에 맞서 일어선다. "전대미문의 오만함으로 프랑스 문명의 수호자임을 자처하면서 야만적인 낮은 힘"에 복종하도록 유도하는 이성의 비판에 맞서.

그러나 이 추모, 결코 소홀히 할 수 없는 이 경계심은 로맹 롤랑이 다정하게 말하는 이 "수염 달린 대식가" 조레스를 소진시켰다. 지난 몇 달 동안 그의 결심, 낙관, 활력은 그의 의지에 빚지고 있었다. 그것은 또한 그의 지성의 결실이며 책임감이다. 누가 그것을 말할 수 있는가?

조레스는 이제 쉰다섯 살에 들어섰다. 숱이 많은 풍성한 머리를 더 짧게 깎곤 한다. 작달막하고 단단한 느티나무, 강한 생명력을 지녔지만 이제는 자주 찾아드는 피로의 순간을 쫓아버리지 못한다. 그 피로와 기진맥진함은 그가 사용하는 단어들에서 느껴진다. 분출하는 사건들의 파고 앞에서 일종의 격노이다. 그들은 모든 곳에서 귀를 막아버렸다.

발칸에서 세르비아는 오랜 동맹국들을 제압했다. 이를 매개로 러시아와 프랑스는 승리를 거두어갔다. 얼마 동안? 오스트리아는 세르비아의 가면을 쓰고 러시아가 한 발자국이라도 진군해 오는 것을 더 이상 좌시하지 않기로 결심했다. 그러나 러시아로부터 자금과 요원을 지원받는 보스니아-헤르체고비나의 민족주의 비밀단체들은 애국적인 주장과 차르라는 거대한 보호자의 선동에 좌지우지되었다. 베를린이 비엔나를 지지할 것이다. 파리는 계속 상트페테르부르크에 충실할 것이다. 뇌관은 모두 장착되어 있었다. "유럽은 이렇게 계속될 것인가?" 조레스가 고함을 친다. "민중들이 이렇게 막심한 어리석음과 부정직함에 지치고 말 것인가? 유럽은 마침내 양심 없이는 견딜 수 없다는 것을 깨달을 것인가?"

그러나 톱니바퀴는 계속 돌아가고 있었다. 1913년 11월 22일, 베를린 주재 프랑스 대사 줄 캉봉이 독일 수도에서 벨기에 대사의 정보를 전달했다. 포츠담에서는 벨기에 왕이 빌헬름2세와 장시간 담소를 나누고 있었다. "프랑스와 전쟁은 불가피하다. 조만간 닥치고야 말 것이다"고 빌헬름2세는 언명하면서 이렇게 덧붙였다. "프랑스의 정책은 내부의 격앙된 풍조를 저지하기는 고사하고 언젠가부터 끊임없이 독일을 의심하고 방해하는 경향이 있다. 그래서 나는 보복이라는 개념이 프랑스인의 정신에 끊임없이 출몰한다고 믿게 되었다."

조레스는 물론 이 외교 통지문을 몰랐지만, 명백한 사실들이 그로 하여금 상황의 심각성을 짐작할 수 있게 해주었다.

엘리제에는 평화가 주요한 관심사가 아닌 인물이 기거하고 있었다. 그의 관심은 정반대였다. 조레스의 적수인 인물이다. 그는 조레스를 겨냥하여 이렇게 말하기를 주저하지 않았다. "나는 공공연히 조국은 없다고 선언하는 자들보다도 평화주의를 위장한 교활한 박사들과 비열함을 충고하는 자들을 두려워한다." 〈라마르세예즈〉에 〈인터내셔널〉을, 삼색기에 적기를 대립시키는 사람. "나는 프랑스를 위해 프랑스를 배반하고 부정하고 또는 방기하는 모든 자들을 반대한다."

푸앵카레는 고상한 방식으로 위르뱅 고이에나 매수당한 싸구려 신문들에 기고하는 변변찮은 비방자들과 똑같이 사고하고 있었다. 이로써 엘리제는 3년법 반대자들에 대항하는 요새였고 공격 사령부가 되었다. 조레스, 그 다음은 카이요.

브리앙이 첫 공세를 펴기 시작한다. "카이요, 금권정치 선동가"가 자기의 부를 더욱 보호하기 위해 부를 공격했다고 브리앙은 말한다. 단순히 달변의 효과를 노리는가?

푸앵카레나 바르투와 마찬가지로, 브리앙은 대언론과 좋은 관계를 유지하고 있었다. 뒤퓌이의 『르 프티 파리지앵』만이 아니었다. 『르 피가로』의 사장 칼메트는 푸앵카레와 바르투, 브리앙의 친구였다. 그런데 카이요의 첫째 부인은 카이요가 정부(情婦)에게 보낸 은밀한 편지들 상당수를 칼메트에게 넘겨주었다. 그리고 그 정부는 카이요의 두번째 아내가 되었다.

만약 어떤 증언들을 믿는다면 엘리제에서는 카이요에 반대하는 언론선전에 관심이 많았다. 그 선전은 이미 『르 피가로』에서 시작되었다. '세무조사관' 카이요는 매일같이 공격을 받고 있었다. 전 총리를 둘러싼 논쟁적 기사가 몇 주일 사이에 100여 편에 이르렀다. 그는—조레스와 마찬가지로—독일을 위해 조국을 배반했다는 비난을 받았다. 1911년 베를린과의 협상 당사자가 그 아니었던가? 그것으로는 충분치 않았다. 왜냐하면 재무장관 카이요는 끄떡 않고 모욕을 참아내고 있었기 때문이다. 3월 13일 『르 피가로』는 지금은 그의 아내가 된 정부에게 보낸 카이요의 사신을 공개했다. 13년 전인

1901년 7월 5일자 편지이다. 그러나 카이요의 적들에게는 대단히 흥미 있었다. 카이요는 그 편지에서 특히 이렇게 썼다. "나는 소득세를 수호하는 척하면서 박살내 버렸습니다."

브리앙은 이 편지내용을 들어서 알고 있었는가? 모든 정황으로 보아 그렇게 생각된다. 1913년 12월 21일 그의 연설이 카이요의 이 같은 언급을 옮긴 것에 지나지 않았기 때문이다. 조레스의 동맹자인 급진당 의장에 대한 음모는 무르익어 갔다. 일은 한참 진전될 것이다. 로세트라는 출세한 사업가가 카이요의 보호를 받았을 거라고, 옛날 사건을 들먹거리기도 했다. 급진파 각료의 요청에 따라 당시 총리(모니스)가 파브르 검찰총장에게 사건을 기각시키도록 요구했으리란 것이다. 칼메트는 매일매일 비난을 반복하면서, 어떤 압력이 가해졌는지 파브르가 상세히 작성한 문건을 갖고 있다고 주장했다. 조레스는 1911년에 이 사건을 추적했었다. 그는 이 문제에 관한 조사위의 위원장을 맡기까지 했지만 드러난 사실은 아무것도 없었다. 그러나 바르투 후임으로 브리앙이 법무장관이 되자 파브르 검찰총장은 브리앙에게 제출하는 보고서를—사건이 종결되고 몇 달이 지나서—작성했다.

칼메트는 다른 편지들을 발표하겠다고 되뇌었다. 3월 17일, 카이요 부인은 『르 피가로』지 사장을 만날 것을 요구한다. 그 여자는 소맷자락에서 권총을 꺼내 그를 죽인다.

카이요는 사임하고 그의 삶은 망가진다. 뭇 기대 이상으로 정치적 살해가 성공한다.

이 작전으로 누가 성공한 것인지를 알기 위해서는 신문을 봐야 한다. 『락시옹 프랑세즈』는 "독일인 카이요와 사람 죽이는 부인"이라는 제목으로 '매수와 살해 공화국'에 관해 썼다. "카이요, 그는 부자로 태어난 무뢰한이다. 카이요, 그는 발은 두엄 속에 두 손은 독일 돈에 처박고 자기 부인에게 없애버리라고 사주한 칼메트의 피가 튄 무도한 노름꾼이다. 이 정부의 사형집행자, 실크해트를 쓰고 단도를 휘두르는 자, 돈 받고 국토를 넘겨준 자…."

그러나 작전은 그 이상이었다. 카이요는 사임했어도 아직 완전히 밀려나지는 않았다. 의회 조사위원회가 로세트 사건을 다시 조사하기로 했다. 그리고 바르투는 의회 본회의에서 전 법무장관으로서 자신이 보관하고 있던 파브르 검사의 문건을 호주머니에서 꺼냈다. 그는 친구인 칼메트가 살해되었으므로 그것을 내놓을 권리가 있다고 생각한다고 말했다.

칼메트 장례식에—어떤 이들은 그가 주연이라고 했는데—왕의 부대원들은 영웅을 묻기 위해 모여들었다. 가까스로 봉기를 모면한다.

조레스는 이번에도 조사위 의장이 되었다. 이중의 타격이다. 만약 철저히 파헤치지 않으면 카이요의 공모자가 되는 것이었다. 만약 그가 급진파 의장을 비난하면 두 당의 동맹은 끝장이다!

통합적인 조레스는 절도 있는 판결을 내린다. 기소할 이유가 없음을 증명하고 재정문제가 정치에 끼친 영향을 비난한다. 그는 곤경에서 무사히 벗어난다. 『시궁창 속』(Dans le cloaque)이라는 제목으로 반의회, 반공화파 그리고 당연히 급진파에 적대적인 일련의 격렬한 글들을 발표한 바레스—그가 조사위의 일원이었기 때문에—는 냉소적으로 양보한다. "나의 인상을 요약하면, 우리 머릿속에는 이 혁명가 속의 탁월한 소르본 박사 의장이 있다고 말하겠다."

이 상냥한 말이 정치적 대결의 과격함을 감추지는 못했다. 카이요는 무대에서 사라진 것처럼 보였다. 그의 아내는 생-라자르 감옥에 수감되어 판결을 기다리고 있었다. 그러면 조레스는? 그는 어느 정도 호의를 가지고 바레스에게 응답한다. "혁명가 속에서 바레스 씨가 언제나 찾아낸다고 믿는 소르본의 그 영혼이라는 나…"를 들먹였다.

그러나 방심은 오래 가지 않았다. "그들한테는 카이요가 있다." 조레스는 혼자이다.

하지만 모든 것은 아직 유권자들에게 달려 있다.

1914년 7월 31일 조레스가 암살당한 장소인 크루아상 카페. (사진은 프랑스국립도서관)

1914년 8월 1일 좌파신문들, 라울 빌랭(위)의 조레스 암살 보도. 귀스타브 에르베는 『사회전쟁』에서 놀랍게도 "국가방어 우선"이라는 표제로 선회하여 전시의 신성동맹을 예고한다. (장 조레스박물관, 카스트르, 사진은 아를랭그 비올레)

VIII. 그리고 지금 불이 붙고 있다

1914

28 | 도살장 가축의 피에 도살자의 피가 섞일 것이다
1914. 4-6

조레스는 펜을 들었다. 그는 의원들이 편지를 쓰고 있는 의사당 옆방에 앉아 있었다. 1914년 3월 6일이다. 며칠 전부터 그는 로세트 사건 조사위원회에 전적으로 몰두해 있었다. 항상 정신을 차리고 긴장을 늦추지 말아야 해서 진을 빼는 회의의 연속이었다. 그들이 카이요를 겨냥해 파놓은 함정에 끊임없이 그를 빠뜨리려고 했기 때문이다. 마르셀 상바가 말한 대로 그들은 카이요가 "부유한 부르주아지에게 소득세를 내게 하려고" 했기 때문에 목을 치기를 원했다.

조레스는 짤막한 펜으로 생각의 속도만큼 빨리 움직이는 말들, 둥근 글자들을 써내려갔다. 이 말들을 그는 젊은 날 편지를 주고받았던 샤를 살로몽에게 보냈다.

친애하는 나의 친구,

나는 3월 15일 3시쯤 가서, 그날 친구들 집에서 나를 기다리고 있는 아내와 합류하기 위해 5시 조금 전에 떠나겠네. 아내는 함께 자네한테 가지 못하는 것에 몹시 마음이 상해 있네. 하지만 그날이 아니면 선거 전에 시간이 없다네.

그는 이때부터 1차 투표일로 정해진 1914년 4월 26일까지 선거전에 전력투구하게 된다. 전례 없는 폭력이 예고되는 선거전이었다. 대신문과 대통령의 권력이 반대파에 맞서 총력을 기울이고 있었다. '독일파'라 불리는 모든 사람, 다시 말해 조레스와 사회주의자들, 카이오의 급진파, 3년법에 반대하는 모든 사람이 그들의 반대파였다. 무엇이 양측의 게임에 걸려 있는가가 분명했기 때문에 정치투쟁은 치열했다. 불랑제 시기 이후 처음으로 민족주의는 그 본색을 드러냈다. 이로써 대외정책과 군사정책 선택이 선거의 최대 쟁점이 되었다.

조레스가 원하던 바였다. 사회당 서기 루이 뒤브뢰유가 조레스의 '새로운 군'에 대한 제안 이상을 제시하는 『사회주의는 평화다』(*Le Socialisme c'est la paix*)라는 제목의 소책자를 전국 곳곳에 살포했다. 이에 맞서 언론—푸앵카레와 브리앙의 신문 『락시옹 프랑세즈』 그리고 아나톨 프랑스가 '저열한 신문'이라고 부른 『라 크루아』, 『르 펠르랭』(*Le Pèlerin*, 순례자) 같은 가톨릭 신문들—이 들끓었다. 『라 크루아』는 1면에 "두 친구"라는 제목을 붙여 조레스와 독일 황제의 사진을 실었다.

선거 캠페인은 이에 따라 조레스와 좌파에 맞서 이질적인 세력들을 결집시켰는데, 그 세력을 공고히 해준 것은 민족주의와 러시아동맹이었다. 모라스에서 브리앙까지, 푸앵카레에서 클레망소까지, 바르투에서 리보까지 서로 다르고 대립하는 인사들이 모여들었다.

브리앙은 클레망소를 미워했고 또 클레망소는 푸앵카레를 싫어했다. 조레스를 공격하고 적극적인 대외정책, 즉 자칫하면 전쟁의 늪에 빠질 수도 있는 분쟁의 위험을 수용하는 대외정책을 지속시키겠다는 의지가 깔려 있는, 한마디로 기질과 야망의 경쟁이었다.

그것은 서로에 대한 전쟁선언일 뿐이었으며 클레망소에 대해 조레스가 말했듯이 "분명하다기보다 단호한 말들"이었다. 그들은 현실주의자로 자처 했다. "조레스 씨는 언제나 미래에 대해 논한다. 나는 현재를 논한다"고 클레 망소는 말했다. 그런데 이 모든 현실주의자들은 불과 며칠간의 단기전을 예 상하고 있었다. 조레스만이 이와 대비되는 견해였다. 그러나 그들은 더 이상 벗어날 수 없는 정치적 선택을 하게 된다. 조레스가 클레망소에 대해 평했듯 이, 그들은 "데룰레드가 떠남으로 해서 공백이 생긴 초소 안에서 보초"를 서 고 있었다.

그 3월 6일에 친구 살로몽에게 편지를 쓸 때 그는 책임감으로 압박받고 매일 자신에게 가해지는 비방을 견디고 또한 피로와 기진맥진케 하는 두통과 과로 그 모든 것으로 머리가 복잡했다.

하지만 그의 펜은 미끄러지듯 나가며 다음 말을 잇는다.

나는 오늘 아침 [알랭의] 『행복론』 후반부를 읽었다. 내겐 눈부심이었어. 알랭이 분명 히 좋아하지 않고 또 내켜하지 않을 테지만, 그처럼 침투력 있고 그처럼 귀한 그의 명확하 고 정온한 비전에 대해 만약 내가 감히 하나의 단어를 사용한다면 그래, 베르소[조레스와 살로몽의 고등사범 시절 학장–인용자]가 말할 수 없이 좋아했을 거야. 그리고 나는 그 글 서두에서 당장 우리를 위해 크게 이로운 걸 찾아냈어. 그건 우리를 결합시키기도 하고 또 분리시키기도 하는 거지. 살로몽 여사에게 안부를 전하며, 너에게도.

조레스

이처럼 조레스는 전적으로 몰두해야 하는 이 결정적인 시기에 독서로 여유 를 찾을 수 있었다. 그는 『행복론』으로 알랭과 대화를 했다. 알랭은 거의 언 제나 목전의 현실과 거리를 두고, 숙고된 지혜와 인본주의가 스며든 도덕적 입장을 정의하고자 한다. 이 고뇌의 시간에 그는 독서를 했고(페기가 그에 대해 썼던 그 모든 것에도 불구하고 그는 페기의 글을 읽었다) 또 걸작들을 읽었다. 루소, 톨스토이, 셰익스피어 그리고 끊임없이 찾아간 원어 그대로의 고전들, 호메루스와 비르길리우스(기원전 70~19년, 로마의 시인). 전쟁이 문 앞에 와 있음으로 해서 자신을 떠나지 않는 이 '세상이란 수수께끼'를 꿰뚫어보려는 듯이.

그는 하늘을 향해 질문하면서 동시에 알비 땅에 계속 발을 푹 담그고 있었다. 그는 농부들과는 파투아 사투리로 말하고 광부들에게는 프랑스는 투표함과 함께 방어할 것이라고 연설하면서 늘 그랬듯이 힘차게 선거운동을 해나갔다.

환영의 박수소리, 동지들과 칼비냐크의 조용하고 확실한 태도에서 그는 노련한 경험으로 이제 자신은 누가 쳐부술 수 있는 사람이 아니고 선거구를 결정적으로 '확보'했다는 것을 직감했다. 그래도 1차 투표일 저녁에 그는 솔라주 후작 후보보다 1954표를 앞선, 역대 가장 높은 총득표 6801표로 당선된 사실을 알고는 감동하며 두 손으로 머리를 움켜쥐고 울었다고 한다.

모욕에 뒤이어 찾아든 승리였다.

그는 전처럼 전국을 순회했다. 그리고 조레스의 승리다. 그의 분석, 그가 제시한 SFIO의 방향성, 민족주의 조류에 대한 저항, 급진파와 이루어낸 합의의 성공이었다.

상징적인 사건은 조제프 카이요가 불과 몇백 표 차이로 마메르(프랑스 서부 루아르 지방 사르트 도의 한 도시)에서 재선된 것이었다.

사회주의자들은 총투표수 139만 8천 표 중 거의 30만 표를 획득했다. 원내그룹의 의원이 103명을 헤아리게 되었으며 이 승리를 이끈 조레스는 이론의 여지없이 그들의 지도자였다. 브리앙의 좌파연맹, '배덕자 연맹'은 전부 다해서 21석에 불과했다. 3년법의 가장 극성 대변인 중 한 사람인 조제프 레나슈는 패배했다. 하원에서 급진파는 136명이고, 603명의 의원 중 269명이 3년법에 적대적이었다.

푸앵카레와 그의 친구들은 어이없어했다. 일부 젊은이를 전체 젊은이와 동일시한 모든 '아가통'들—그들은 서로 엘리트라고 불렀다—에게는 참담한 실패였다. 보수언론 기자들은 자신들의 낙담을 숨기지 못했다. "농촌에서 사회주의의 진전은 가슴이 내려앉고 공포감을 안겨준 사건이다"고 『에코 드 파리』는 썼다. 또 같은 신문에서 알베르 드 멍은 이렇게 선언했다. "이 결과에 대해 궤변을 부리면서 여론을 안심시키고자 노력한들 헛일이다." 모라스는 무너졌다. "지방의 투표 결과는 군사법의 적용을 위태롭게 하고 그 존재를 위협한다."

주식시장은 불안해했다. 이스볼스키가 격노했다. 상트페테르부르크의 신임 프랑스 대사—델카세는 자신의 정치경력을 위해 파리로 돌아갔다—모리스 팔레올로그는 푸앵카레의 심복이자 친구인데, 만약 3년법을 손질하게 되면 러시아동맹이 문제될 것이라는 신경질적인 선언문을 발표했다. 누가 이 나라를 통치하는가, 시민들인가 러시아의 차르인가? 하고 조레스는 물었다.

사실 선거는 푸앵카레와 바르투, 브리앙이 추진해 온 정책이 민심을 얻지 못했음을 보여주었다. 민중들은 이에 찬성하지 않았다. 선거전이 어떠했는지 생각해 보면, 투표의 의미를 비켜갈 수 없었다. 신랄한 일부 우파신문 기자들은 냉소적으로 콩브-조레스 내각을 부르짖을 것을 제안했다! 푸앵카레가 부딪힌 문제는 사실 새 정부 구성이었다. 두메르그가 사직서를 제출했다. 그에게는 새 하원이 너무 '좌파'로 보였기 때문이다. 어려움이

1 9 1 4

닥칠 것을 예감하고 신중하게 처신했다. 아마 그는 카이요에게 가해졌던 것과 마찬가지의 압박 캠페인을 겁냈을 것이다. 그래서 그는 물러났다. 누가 그 자리를 이을 것인가?

푸앵카레는 패배했다고 자인하는 사람이 아니었다. 능란한 그는 하원의 새로운 다수파와 정면충돌하지 않고서 자신의 정책을 유지시킬 수 있는 내각 총리를 물색하고 있었다. 물론 이 결합이 이겼다 할지라도 취약할 것이다. 그 때문에 푸앵카레가 불안해하지는 않았다. 의원들, 특히나 급진파는 입장을 바꿀 수 있었다. 의회제도의 논리 자체가 전개와 역전, 거부를 쉽게 허용한다. 그리고 누가 국제적 사건들을 쥐고 흔드는가? 언제라도 그들은 나라를 뒤집어놓을 수 있었고 푸앵카레의 정책만이 가능하다는 걸 증명해 줄 수 있었다. 압박해 들어오는 사건들 덕분에 그가 가만히 있어도 그의 정책은 받아들여지게 될 것이다.

그리하여 푸앵카레는 비비아니 쪽으로 고개를 돌렸다. 사회주의 출신이다. 3년법 지지자는 아니었다. 약간 육중한 몸집에 불안한 눈초리이지만, 턱수염을 기르고 둥근 머리를 짧게 깎은 모던한 자태의 그는 '매력 있는' 남자인데다 나태하고 병약했다. 생기 없는 지성을 지녔지만 의회에서 가장 언변이 좋은 웅변가 중 한 사람이고 변덕스럽다. 노동부장관으로 정계에 입문한 그는, 우리가 기억하지만 확실한 무종교임을 자랑스럽게 말했다. "사람들이 다시는 불 켜지 않을 하늘의 빛들을 꺼버렸다"고 그는 말하곤 했다. 가수들은 그를 가리켜 '별빛을 끄는 사람'이라고 했지만, 사실 권력에 마음이 이끌리는 그저 그런 평범한 인물이었다. 푸앵카레가 위임하는 직무를 그는 수락했다. 그러나 예감한 대로 비비아니는 3년법 폐지를 원하는 급진파의 거부에 부딪혔다.

비비아니가 항복했다. 푸앵카레의 실패다. 조레스는 『뤼마니테』에서 "3

년법은 국가방위를 위태롭게 하고, 대외정세가 불안할수록 그만큼 더 폐지가 시급하다"고 거듭 주장했다.

푸앵카레가 완곡하게 나왔다. 사람들은 제3공화국에서 대통령은 별로 권한이 없다고들 했다. 사실 그는 의원들에게 제시한 인물을 발탁함으로써 혹은 전적으로 타협하거나 힘의 시험의지를 완연히 드러내는 식으로 해서 자신이 맺어온 관계를 통해 정부의 방향에 영향을 줄 수 있었다.

푸앵카레는 길목을 지켰다. 그는 조레스와 카이요가 서로 만나는 것을 알고 있었다. 물론 지금 당장은 카이요가 무대 밖에 있었다. 7월중에는 그 부인의 재판이 열릴 것이다. 그러나 그의 재선과 좌파의 성공은 그에게 새로운 미래를 제공했다. 카이요-조레스의 결합이라면 그 영향력이 막대할 것이다. 카이요 여사의 『르 피가로』 사장 살해사건과 로세트 사건 이후 이 결합은 불가능하다고 믿었는데, 그렇다면 마침내 가능성이 다시 보이기 시작했다.

카이요와 조레스는 의회복도에서 만났다. 서로 탐색하는 대화였지만 의미심장했다. 카이요는 유럽 화해의 토대를 놓을 대외정책 프로그램을 가진 범(汎)좌파내각을 원한다고 말했다.

이어 조레스가 수긍하는 태도를 보이자 카이요는 계속 말했다. "사회당이 의회의 협력뿐 아니라 정부의 협력에 유보 없는 동조를 해야만 일이 가능합니다." 잠깐 침묵이 흐르고, 이윽고 카이요는 자신이 할말을 신중하게 고른다. "내 입장에서는, 당신이 외교부장관으로 내각에 들어오지 않는다면 지금 정권을 장악할 가능성은 없습니다."

그런 일이 현실화되면 정치풍경이 뒤집어지리라고 판단한 것이다. 사실 지금은 프랑스의 역사와 유럽 역사에 심대한 변화가 일어날 때였다.

조레스가 케도르세에! 그는 듣고 있었다. 자신의 지지를 약속했다. 확실히 사회당은 암스테르담 대회 이후 부르주아 정부의 참여를 거부하고 있었다. 그러나 인터내셔널 결의안이 예상한 예외상황들이 있다. 그래서 조레스는 구체적으로 말했다. "위험이 임박하고 심각한 것을 고려하면 당은 스콜라적인 철학을 피하는 것이 적절하다."

이 어두운 시간에 한 가닥의 희망이었다. 이기기 직전 순간의 부풀어올라 누르기 힘든 격앙된 감정이다. 온힘을 다해서 문짝을 꽉 붙잡았더니 마침내 전쟁의 문들을 닫아버릴 수 있게 되었다.

그날 겉으로는 새로운 여당의 총리를 찾는 것이었을 뿐이지만 역사적 망설임의 순간이었던 것은 사실이다.

물론 결정론은 물밑에서 작동하고 있었다. 저기 세르비아에서는 비밀단체 '검은손'의 테러리스트들이 수류탄과 연발권총을 착착 준비했다. 그들은 오스트리아-헝가리제국의 연방구조를 이용하여 하나의 슬라브족 축을 만들어 발칸의 슬라브인들을 재결집하려는 프란츠-페르디난트 대공의 구상을 알고 있었다. 그러자 러시아인들의 지지를 받는 세르비아인들도 똑같은 계획을 세웠다. 세르비아가 슬라브인들의 집결 중심지가 되는 것이었다.

그렇더라도 운명을 틀어놓을 수는 있다. 조레스는 그렇게 믿었다. 푸앵카레 역시.

그는 능란하게 새로운 총리 후보로 알렉상드르 리보를 선택했다. 도발이었다. 이건 너무 뻔했다. 몇 해 전부터 리보 상원의원은 의회 우파의 지도자 중 한 사람인데다 이미 10년도 더 전에 러시아동맹으로 조레스에 반대했다! 그런데 푸앵카레가 이 칠순의 보수파를 밀었던 것이다. 리보는 단단한 사람이었다. 1895년 이후에는 총리직을 맡지 않았지만, 재빨리 정부구성을 마치고 델카세를 국방장관에 다시 앉혔다. 그리고서 1914년 6월 12일 하원에 출석했다.

푸앵카레는 리보가 성공하기를 바라는가? 그런 상상을 하기에는 푸앵카레는 정치권을 너무 잘 알고 있었다. 하지만 이렇게 해서 의회의 결단력을 약화시켰다. 리보에게 성공의 기회를 제공하고 동시에 개인적인 결단을 보여주는 것이다. 그것이 공화국 대통령인 그의 선택이었다.

하원에서는 리보에 반대하여 항의가 일어났다. 급진당에 대한 모욕이라고들 공격했다. 국민이 기다리던 것은 당신이 아니다. 사회주의자들도 이구동성으로 소리쳤다. "리보를 페르-라-세즈로!"

그에 맞서서 리보는 3년법을 수호했다. "내가 아는 한…" 하고 그가 말문을 열었다.

마르셀 상바가 일어나서 그의 말을 가로막았다. "모든 주장을 논할 수 있다. 하지만 이건 아니다. 공포감은 아니야…."

표결에 들어갔다. 306표 대 262표로 리보의 신임이 부결되었다. 조레스는 환호했다. "인민의 의지는 모든 반동과 간계와 폭력…을 조합한 세력보다 옳았다"고 그는 썼다. 그의 펜은 이길 수 있고 이겨야 한다는 신념에 차서 결연하게 미끄러져 내려간다. 조레스는 "단호하고 역설적이고 가차 없는 공화파가 일어나 모든 이에게, 푸앵카레 무리와 조프르 무리와 팔레올로그 무리에게, 개인권력을 만들어내는 모든 이들, 공포에 질린 모든 장인들, 학술원과 대기실의 모든 독과점자들에게 말한다. 공화파 프랑스가 발언했으니 잘 새겨들어야 한다"는 것을 보았다고 썼다.

왜냐하면 조레스는 이 경기를 이끄는 것은 푸앵카레이고—그래서 승부가 어렵고 비싼 내기가 되었다—대통령이 이기든 지든 승패가 판가름 나리라는 것을 감지했기 때문이다. 그는 대통령을 향해 직설적으로 물었다. "푸앵카레 씨, 성급하고 고집불통의 대통령이 되어서 항복인가 사임인가 하는 무서운 딜레마에 몰리기를 원하는가?"

조레스는 이중의 잘못을 저질었다. 그는 푸앵카레를 과소평가했다. 리보

카드를 접게 되자 대통령은 비비아니를 꺼내들었다. 이것이 내가 타협한 후보자요, 하고 말했다. 만약 당신이 또다시 거부한다면 당신 스스로 위기를 부르는 것이고, 그렇게 되면 아마 국제적 긴장 속에서 체제의 위기가 일어날 것이다.

조레스의 또 다른 잘못은 급진파 의원들을 과대평가한 것이다. 장기적인 위기를 불러올지 모른다는 위험으로 그들은 불안해했다. 의회 시스템은 선명한 관점을 무디게 만들어 무난한 해결을 유도한다. 비비아니 경우가 그렇지 않은가? 우리는 리보를 거부했으니 신념을 보여주지 않았는가?

비비아니는 평범한 정부를 구성하고 6월 16일 하원에서 "3년법을 정확히 적용하도록" 매진하겠다고 선언했다. 비비아니를 거부하고 리보를 물리치고 카이요-조레스 정부를 지지할 것 같았던 바로 그 의원들이 찬성 362표 반대 139표로 비비아니의 신임에 동의했다. 조레스와 사회주의자들만이 비비아니에 반대표를 던졌다.

조레스의 심경은 쓰디쓰다. 그는 국민의 기대, '속아 넘어간 병사들' '헛된 희망'에 대해 언급했다. 어떻든 "병사들은 정치인들이 내심으로는 결코 말을 뒤엎지 않는다고 믿을 권리가 있다"고 말했다.

용기와 명료함을 가지고 심각한 순간에 대처하여 결정을 내리려면 이따금 자신을 짓누르는 이 같은 간극이 생기는 것을 그는 확인했다. "이 모든 것은 혼란, 어두움, 모순이고 지킬 수 없고 참을 수 없다."

그의 동지 르노델과 랑드리외 그리고 『뤼마니테』 운영자들은 그가 너무 지쳤다고 보고, 그를 드 라 투르 빌라로부터 책으로부터 그리고 비비아니가 군사비 충당을 위해 채권발행을 가결시키게 될 의회로부터 떼어놓기로 결정했다. 그가 조세 때문에 충격을 입은 것이 사실이었다(1797년 이후로는 이와 비슷한 일이 일어난 적이 없다!).

그들은 조레스를 블랑슈 보트가 사는 릴라당 쪽으로 데리고 갔다. 보트는 조레스가 그 행실을 나무랐던 여학생이다. 시골에서 식사를 하고 한담을 나누면서 조레스의 낙관주의는 조금씩 살아났다. 그는 전쟁이 초래할 결과들 앞에서 자본가들이 겁에 질려 있다고 믿는다고 말했다. 조레스가 이런 생각을 표현한 것은 자본주의의 맨 앞에 서 있는 분자들—그는 카이요 같은 사람들을 생각했다—이 냉철하기 때문이었다. 그 때문에 잔잔한 검은 구름떼가 폭풍을 품고 있듯 전쟁은 필연적으로 자본주의에 의해 잉태된다. 행동에 나서야만 한다. 합리적인 인물들을 도와야 한다. 그는 식욕을 내어 열심히 먹는다. 그는 버질을 낭송한다. 그가 와 있다는 것을 알고 노동자들이 달려와서 인사를 한다. 몇 시간 동안의 평화이다. 열차 기관사는 그가 파리로 돌아가는 기차를 탄다는 것을 알고서 기관실에서 내려와 시민 조레스의 두 손을 꽉 잡는다. 노동자들이 그를 에워싸고 있다. 사라져 가는 시대의 우애에 대한 이미지이다.

6월 27일, 조레스는 다음날 『뤼마니테』의 기사를 작성하고 있었다. 이렇게 첫 줄을 썼다. "외국인 노동자 문제만큼 중대한 문제는 없다…." 120만 명이 넘는 외국인 노동자는 수시로 착취당하고 수모를 당했다. "행정적 자의와 경찰의 전횡에 맞서 그들을 보호해야 한다…"고 조레스는 썼다. 그리고 여론을 '궤도이탈'로 이끄는 민족주의자들을 비난했다.

그는 기사를 쓰고 있었고 검은손의 두 테러리스트 차브리노비치와 프린지프는 사라예보에서 기다리고 있었다.

28일, 프란츠-페르디난트 대공과 대공비가 보스니아 수도에 도착했을 때, 그중에 차브리노비치가 수류탄을 던지지만 실패한다. 그리고 잠시 후 프린지프가 대공 내외를 살해한다. 심지에 불이 붙어 타오르기 시작했다.

6월 29일, 즉각 조레스는 격렬하게 반응한다. "인민과 왕들을 살해하는 것은 무익하다"고 그는 말한다. 이 이중 살인은 "발칸 반도에 헛되이 흐르는 피의 강물에 또 하나의 올가미를 추가할 뿐이다."

난폭한 행동과 탄압에는 해결책이 없다고 그는 덧붙인다. "자유, 권리, 정의, 평화. 그것이 문제의 열쇠이다." 하지만 그렇지 않다면?

"만약 온 유럽이 사고와 방법을 혁신하지 않는다면… 동유럽은 가축의 피에 도살자들의 피가, 유익한 것이라고는 아무것도 없거나 아니면 널리 퍼져서 뒤섞인 이 모든 피의 주된 근원인 도살자들의 피가 뒤섞이는 도살장이 될 것이다."

조레스의 기사는 6월 30일 『뤼마니테』에 실린다. 그날 화요일에 각료회의가 열린다. 오스트리아 문제는 거의 다루어지지도 않고 종교단체들 문제만 즐비하다.

29 | 시민 여러분, 절망감으로 이 말을 합니다
1914. 7

1914년 7월은 화창할 것이라고 예고되었다. 파리의 부르주아 동네들에서는 노르망디의 도빌이나 카부르 해안으로 떠날 궁리를 하기 시작했다. 샹젤리제에서는 7월 14일 행렬을 준비하느라 깃대와 연단이 설치되고 있었고, 신문들은 일찍이 프랑스에서 보지 못한 웅장한 행렬이 될 거라고 전했다. 세간의 화제는 프랑스 일주 자전거경기와 7월 20일 중죄재판소에서 열릴 카이요 부인의 공판이었다. 매일 한 건이라도 이 기사를 싣지 않는 신문은 없었다.

평온한 여름? 그렇지 않을 리가? 발칸에서 사람들이 죽는 건 벌써 여러 해 되었다. 조레스 스스로 대공의 암살은 "흐르는 피의 강물에 또 하나"일 뿐이라고 쓰지 않았는가? 그는 한 외국잡지에 실릴 장문의 글에서, 정확히 전쟁은 피할 수 없는 것이 아니라고 확언했다. 단 유럽의 은행가와 기업가들이 합의해야만 하고 그렇게 할 수 있다. 인간행동, 인간의 사고는 자본주의를 제어하기 위해 그 격랑의 물길을 돌려야 한다. 그건 가능한 일이다.

한편 정치 분위기는 어느 정도 풀어진 것 같았다. 상원은 소득세를 채택하게 될 것이다. 비비아니가 약속을 했다. 며칠 전부터 우파신문들의 공격이 줄어들었다. 그들은 이미 조레스에 대해 모든 것을 말했건만, 유권자들은 그 논평들에 저항감을 드러내었다.

날씨가 더워지면 힘들어하는 조레스인데, 이 여름더위 속에서 얼마간의 평온함이었다. 파리에서는 숨이 막혔고 이 무렵이면 브술레에 머물기를 좋아했지만 의회회기가 계속되었다.

그래서 그는 빌라 드 라 투르로 귀가하고 있었다.

아들 루이가 방학 동안 바르(동남부의 도 이름)로 떠났다. 조레스가 걱정을 많이 했지만 아들은 바로 얼마 전 바칼로레아 1부 시험에 합격했다. 바쁜 업무 속에서도 루이의 학업에 주의를 기울인 조레스는 무척 기뻤다. 몇 해 전에 그는 장송-드-사이 리세 교문 앞으로 루이를 찾아간 적도 있었다. 수학이 약한 루이의 추천서를 받기 위해 친구인 샤를 살로몽 교수와 프레데리크 로트 교수에게 편지를 쓰기도 했다. 아들이 레옹 블룸처럼 국무자문원(정부자문과 행정에 관한 사법적 자문을 담당하는 프랑스 고위 공공기구)에 들어가는 것이 그의 꿈이다. 섬세한 윤곽을 가진 이 키 큰 소년을 보고 있노라면 솟구치는 감동을 숨기기 어려웠다. 그는 자식이 정치인이 되기를 고집하지 않았다. 이 투쟁의 삶은 너무 가혹하다. 그러나 누가 막을 수 있겠는가? 루이 조레스가 장송-드-사이에서 사회주의학생그룹을 만들었다는 말들을 했다.

조레스는 저녁이면 빌라 드 라 투르의 창문을 활짝 열고는, 쑥쑥 자라서 꼭대기가 2층까지 닿는 집 앞의 나무를 바라보며 더더욱 시골에 대한 그리움에 젖었다. 여름은 도시에는 맞지 않은 계절이었다.

다행히 그는 파리를 벗어났다. 공기가 훨씬 전원 같은 지방의 어느 도시에서 모임이 있었다.

1914년 7월 5일, 조레스는 로슈포르에 있었다.

5월에 이 도에서 처음으로 사회주의 의원이 선출되었다. 조레스를 친절하고 따뜻하게 맞이해 주었다. 편안함을 느낀 조레스는 부드러운 목소리로 마음 가는 대로 말했다. "우리는 문명화되었다는 유럽에 있습니다. 스무 세기 전에 골고다의 사람이 십자가에서 죽으면서 말했습니다. 선한 의지의 사람들에게 평화를. 그리고 그분처럼 우리도 민족들 사이의 평화를 말합니다…."

이즈음의 조레스는 자주 종교를, 종교가 의미하는 바를 생각했다. 전쟁, 그 '원시성'을 막기 위해 종교에 기대는 것이 어떻게 가능할까. 종교가 삶의 의미에 대해 던지는 질문들을 생각해 보았다.

그리고는 이 열렬한 청중들 앞에서 국내 정치상황을 논한다. "우리는 어떤 혼란도 원하지 않는다. 우리들 중 누군가가 공동내각에서 권력의 책임을 맡기를 바라지 않는다."

이 발언은 카이요의 제의에 대한 공식적인 답변인가, 단순히 당 전체가 결정할 사안이지 일개 당원이 결정할 일이 아니라고 하는 것인가? 또한 급진파와 연합한다는 것인가? 그들이 진정으로 구상하는 것을 과연 알고 있는가?

"오늘 다르고 내일 다른 생각을 하면 안 된다"고 그는 못박는다. "내가 급진파에게 나무라는 것은 결단을 내릴 줄 모른다는 것이다" 그들은 비비아니에게 찬성표를 던지지 않았던가? 청중들이 휘파람을 불자 조레스는 손으로 만류하며 계속한다. "아! 나는 비비아니 내각에 대해 심한 말을 하고 싶지 않다." 사람에 대한 따뜻함이 느껴진다. 그는 브리앙이 아니다―청중들이 소리지른다. "브리앙 타도!" "그는 더 빨리 출세하고 싶었다." 조레스는 목소리를 높인다. 그러나 "중요한 것은 도달하는 것만이 아니다. 내려가지 않고 올라가면서 도달하는 것이 중요하다."

그렇지만 멀리 가버린 이런 몇몇 성급한 사람들에도 불구하고 "…인간 정신의 앞날에 새로운 불꽃과 신념과 희망을 불어넣는… 사회주의 사상에 절망해서는 안 된다."

사람들이 기립하여 외친다. "조레스 만세, 사회공화국 만세." 조레스는 땀에 흠뻑 젖어 기진맥진해 있다. 다행히 대양의 바람이 불어온다.

바로 그날 7월 5일, 키엘(독일 북단의 주요한 항구도시)에서 빌헬름2세는 오스트리아 황제 프란츠–요제프에게 세르비아인들과 결판을 내야 한다는 발언을 했다. 물론 전면전은 아니다. 지역분쟁으로.

단지 그뿐인가? 이 7월의 첫 며칠 동안 조레스와 여론은 그러기를 소망했다. 그런데 전쟁은 누구의 머릿속에나 있었다. 페기는 한 친구에게 이렇게 고백했다. "전쟁에 나가야만 하는 만큼, 내 아이들보다 내가 나가는 게 좋겠어." 알랭은 "어려운 것은 평화이다. 흔치 않은 것은 이성이다. 내가 기리고자 하는 것은 신중함이다. 왜냐하면 광기는 결코 신중하지 못하고, 그 어떤 열정도 신중하지 않기 때문이다. 그런데 사람들은 마치 모르핀 같은 영웅주의의 주사를 맞는다. 내 친구 테라시에, 우리는 그 미친 자들 모두에게 정신 차리도록 물을 뿌려야만 할 것이다"라고 썼다.

알랭의 논평은 1914년 7월 7일자이다.

그날 조레스는 하원에 있었다. 비비아니는 자신의 웅변으로 의원들을 설득하여 40만 프랑의 여행경비 지출을 통과시키려 했다. 푸앵카레가 차르 니콜라이2세를 만나기 위해 러시아 방문을 할 계획이며 비비아니가 수행할 것이다. 이 프랑스 고위 정치가들은 그 다음에는 스칸디나비아 군주들을 방문할 것이다.

조레스가 항의한다. 다시 한번 우리를 구속하고 있는 '비밀조약들'을 환기시킨다. 바이양이 내뱉는다. "우리의 3년법은 차르 니콜라이2세에 대한 빚이다." 하지만 예산은 통과되었고 뜨거운 분위기는 가라앉았다. 조레스는 야유까지 던진다. "푸앵카레 씨는 수병의 캡을 머리에 쓰고 발틱의 바람을 마시기를…. 푸앵카레 씨의 직무는 여행이니, 여행을 하라…."

조레스는 결단력을 가지고 한층 침착하다. 새로 크게 솟구쳐 오르려고 한 순간 물러서는 파도처럼.

7월 13일 그 파도는 다시 몰아쳤다.

상원 군사위원회의 법안 보고를 맡은 샤를 웡베르는 역대 정부들이 두려워하는 사람이었다. 푸앵카레가 그에 대해 설명한다. "웡베르는 역대 국방장관들에 관한 자료를 모두 갖고 있다. [국방]부에는 장관에게 알리지 않는 비밀들이 있다. 그는 자신을 위해 그걸 가지고 있는 게 아니다. 군의 절반이 그의 고객이다. 이것은 국가적인 위험이다."

푸앵카레는 문건들이 공개될까 봐 두려워했다. 7월 13일에 웡베르가 일을 벌이게 된다. 그 상원의원이 군대조직의 결함을 조목조목 열거하는 것을 들으면서 클레망소는 아연해서 소리를 질렀다. 모든 부문이 명백했다. 순손실, 낭비, 무대책으로 나가는 돈이 수백만 프랑이다. "우리는 방어도 통치도 받은 바 없다"고 클레망소가 내뱉었다. 군의 개혁이 필요하다고 분석했던 조레스의 의견을 재확인시켜 준 사실들이다.

7월 14일 샹젤리제. 붉은 바지 차림의 사병들이 검은색 예복 차림의 푸앵카레와 비비아니 앞에서 분열행진을 하고 있을 때, 조레스는 「폭발」과 「그들의 업적」이라는 기사 두 편을 쓰고 있었다. 이 글들에서 그는 "범죄나 다름없는 무대책, 치명적인 무능, 어리석음, 지적 나태함"을 비난했다. "군사적 국수주의인 반동의 평판을 영원히 실추시킬 끔찍한 사실들이 폭로되면서 드러난 것들이다."

민족주의 계열과 정부는 당황했다. 상원의원의 의도가 무엇이었든 3년법 반대론자들의 주장을 뒷받침해 주는 사실들이었다.

대책을 세워 이 결정적인 국방관계 문제들로부터 여론의 주의를 돌려놓아야 했다. 지금까지의 대외정책으로 보아 그들의 무책임이 드러날 위험이 높았다.

그렇기 때문에 더구나 재차 공격을 가해, 7월 16일 크론슈타트행 '프랑스' 순양함을 타고 파리를 떠나는 외교사절, 푸앵카레와 비비아니, 케도르세의 드 마르주리 정책국장 그리고 장군들과 속죄양들을 떼어놓아야 했다. 이 여행을 군의 운영체계에 대한 비난과 연결시키게 두어서는 안 될 것이다.

7월 14일 파리에서 열린 사회당 비상대회에서 조레스가—게드에 맞서—전쟁에 반대하는 가장 효율적 수단의 하나는 "국제적으로 조직노동자들의 동시 총파업"이라고 선언한 동의안을 통과시킨 것을 이해할 수 있다. 조레스의 적수들은 사회주의 지도자를 짓누르기 위해 이 문안을 물고 늘어졌다.

이 동의안은 처음 보는 것도 아니거니와 이상할 것도 없었다. 파업의 '국제적 동시성'을 확인하는 것은 프랑스만 '마비되지 않을 것'이라는 데 대한 보장이었다. 조레스는 매일매일 반복했다. "총파업은 쌍방 합의되든가 혹은 그렇지 않든가뿐이다." 아무것도 되지 않았다. 다시금 그를 향해 격렬한 증오의 노도가 덮쳤다.

이렇게 강하게 덮쳤던 적은 없다. 여러 신문에서 "프로이센 사람" "헤르 조레스"의 죽음을 촉구했다.

동의안의 의미를 의도적으로 왜곡했다. 『르 탕』, 온건파 『르 탕』, 합리적인 『르 탕』이 '역겨운 명제'에 관해 다루었다.

1914년 7월 17일 『에코 드 파리』에 모리스 드 발레프는 이렇게 썼다. "전쟁을 눈앞에 두고, 군인 몇 명에게 시민 조레스를 벽에다 밀어붙이고 그가 간절히 원하는 탄환을 머리에 쑤셔 박으라고 명령한 장군이 누구인지 나에게 알려주시오. 당신들은 그 장군이 자신의 가장 기본적인 의무를 이행하지 않으리라고 보는가? 그는 할 것이고 나는 그가 할 그 일을 위해 그를 도울 것이다."

모라스는 『락시옹 프랑세즈』에서 망설이지 않았다. "누구나 알고 있다. 조레스 씨, 그자가 독일이라는 것을." 그리고 위협이 가볍게 여겨져서는 안 되기 때문에 모라스는 덧붙였다. "우리의 정치는 빈말이 아니란 것을 알리라. 관념적 현실감각에 진지한 행위로 대응한다."

그리고 조레스가 "오늘날에는 한 인간으로부터 비롯되는 것이 아니라 불가항력적인 사물의 질서에서 기인하는 거대한 사건의 힘"을 언급했으니, 도데는 같은 『락시옹 프랑세즈』에서 범죄를 원하면서 갈 수 있는 데까지 멀리 나아갈 것이다. "우리는 누군가가 정치적 암살을 실행할 결심을 하는 걸 원치 않는다. …그러나 조레스는 전율할 것이다. 그의 기사는 어떤 광적인 사람에게는 정말 그 불가항력적인 질서를 바꿀 수 없는지 실험이란 방법으로 확인해 보고 싶은 욕망을 불러일으킬 수 있다. 문제는 장 조레스 씨가 칼메트 씨(생물학자)의 조건을 따를 것인가 아닌가 하는 것이다."

조레스를 죽인다. 이 말들은 마침내 1914년 7월 23일에 활자화되었다. 조레스 주변에서는 불안해했다. 샤를 라포르가 조레스에게 이 기사들에 유의하도록 촉구했지만 그는 어깨를 으쓱하면서 답했다. "조금도 중요하게 생각지 마시죠. 샤를 모라스 씨는 내가 자기를 들먹이지 않는다는 것을 용서할 수 없는 겁니다."

하지만 라포르는 여전히 불안하며 필립 랑드리외에게 이 기사 이야기를 꺼냈다. 『뤼마니테』의 경영자는 놀라지 않았다. 매일같이 조레스를 협박하는 편지를 받고 있었기 때문이다. 드 라 투르의 조레스 자택이나 의회로도 편지가 많이 왔다. 다음은 익명의 편지이다.

선생

오늘 모인 10인위원회는 만장일치로 사형을 가결했다. 동기는 군에 반대하는 당신의 행위, 기사, 연설이다. 당신은 프랑스에 대한 배신자로 밝혀졌다. 결단의 시간이 되면 당신이 어디에 있든 죽을 것이다.

10인

자신을 보호할 방도에 대해 이야기하면 조레스는 기분 좋아하지 않거나 관심 없다는 몸짓을 했다. 위험은 그의 삶을 따라다녔다. 그는 길거리에서 시위자들 속에 함께 있을 때 누차 헌병들의 위협에 도무지 개의치 않는 태도를 보이곤 했다. 그는 용감했으며 또한 자신을 보호해야 한다는 집착을 갖기에는 수많은 사람들 가운데 하나일 뿐이라 여기는 깊은 겸손함이 있었다.

그렇지만 그는 늘 자신이 전쟁의 주요한 장애물임을 직감하고 있었다. 대회를 치른 지 며칠 안 되어 모욕과 위협이 우박처럼 쏟아지고 있었을 때, 폴—봉쿠르가 인사차 드 라 투르 빌라로 그를 방문했다. 그때 그는 어떤 예감에 따르듯이 말했다. "아, 보세요. 이 살육을 막기 위해 아직도 무엇이든, 무엇이든 할 수가 있습니다! 무서운 일입니다. …그렇지 않아도 그들이 우리를 먼저 죽이겠죠. 아마 그 다음에 그들은 후회하겠죠…."

하지만 삶은 이런 예감들을 쫓아버렸다. 파리가 춤추는 이 7월 중순에 어떻게 자신의 죽음의 순간을 예상하며, 어떻게 전쟁이 일어날 수 있다고 상상하겠는가?

사회당 대회에 참석한 칼 리프크네히트(독일의 좌파 사회주의자. 1919년 1월 군부에 의해 살해당했다)는 수도의 분위기를 이렇게 포착하고 있다. "뛰어다니고 날아다니고 유행을 좇는 이 분방한 군중의 즐거움이 내게는 이상하게도 무엇에 억눌린 것처럼 보인다."

파리는 오케스트라의 은근한 음악에 맞추어 춤을 추고 도시 곳곳에는 급히 설치한 연단이 늘어서 있다. "사람들은 힘차고 우아하게 춤춘다. 거의 소리도 내지 않고 격한 음조도 없고 웃어젖히지도 않고 상스런 동작도 없고 거칠게 밀치거나 몸을 흔들지도 않고 춤을 춘다. 상쾌한 7월의 밤이다."

리프크네히트는 "사람들이 이리저리 뛰어다니는 시끄러운 장소"에서 조레스가 불과 몇 분 만에 기사를 다 쓰는 것을 본다. "바깥세계와 자신의 머리를 3중벽으로 차단한 것 같은 조레스의 집중력"에 매혹되었다.

대회에서 그는 게오르그 바일의 발언을 듣고 있었다. 바일은 제국의회에서 메츠(이 시기에는 독일 영토, 현재는 프랑스 동북부 도시)의 사회주의 의원이고 『뤼마니테』의 베를린 통신원이었다. 바일은 당연히 프랑스어로 발언을 마치고 박수를 받았다. 그런 다음 리프크네히트는 동지들 조레스, 르노델, 롱게와 대로를 산책하다가 헤어졌다. 그러니 어떻게 전쟁을 상상하겠는가?

그렇지만 전쟁은 (러시아) 수비대 병사들의 열병식 리듬에 맞추어 유럽 땅을 뒤흔들고 있었다. 그 병사들은 7월 20일 크론슈타트에 도착한 푸앵카레와 비비아니 그리고 프랑스 정부요인들 앞에서 열을 지어 행진했다.

그들은 순양함 '프랑스' 호에서 내려 니콜라이 2세의 요트 '알렉산드리아' 호에 올랐다. 7월 23일 크라스노이에 셀로에서 거행된 열병식은 장관이었다. 흰색 군복, 호전적으로 연단을 향한 머리들, 기마포병대의 행렬. 그것은 굴러갈 준비를 다 끝낸 러시아 '압착롤러'이다. 군대는 차르 앞을 통과하면서 "우리는 폐하께 복무하므로 행복하다"고 외친다. 프랑스 신문기자들은 열광한다. 그들은 1905년의 패전을 잊었다. 오직 『뤼마니테』의 통신원만이 자신이 들은 소리에 분개했다. "봉건시대의 심성이 드러나는 비열한 복종의 말이다."

연설마다 단호했고, 단독회담에서는 프랑스가 동맹에 충실함을 러시아 측에 보장해 주었다. 그리고 개인적으로 신중한 차르가 자신이 전면에 나서서 세르비아인들을 지지할 수 있다는 결론을 내렸다. 프랑스인들이 있으니.

러시아 궁정에서는 불안한 국제정세 속에서 이 여행이 무엇을 의미하는지 평가해야 했다. 러시아가 어떤 일을 주도하든 무조건 지지를 하겠다는 것이다.

전쟁준비를 독려하는 여행이었다. 왜냐하면 '마술사' 라스푸틴이 지배하고 있는 황제의 측근들은 푸앵카레의 보장으로부터 "역사적인 날들, 신성한 날들"이 임박했다는 믿음을 끌어냈기 때문이다. 한 대공비(大公妃)는 프랑스 대사 팔레올로그에게 이렇게 말했다. "전쟁이 일어날 겁니다. 오스트리아에는 남은 게 아무것도 없어요. 당신들은 알자스와 로렌을 탈환하세요. 우리 군대들이 베를린에서 합류할 겁니다."

그러므로 프랑스 정부는 직접적인 책임이 있었다. 그런데 푸앵카레와 비비아니는 현실을 보기를 거부했다. 푸앵카레가 상트페테르부르크를 가로지르는 사이에 엄청난 파업이 도시를 마비시켰다. 하지만 프랑스 여론은 장래가 암울해 보이는 이 중대한 사건을 전혀 모르고 있었다. 『타임스』(영국 최대의 중립적 주요 일간지)를 보고 사건을 자세히 설명해 주는 것은 조레스였다. 인쇄공들과 전차운전사들이 상트페테르부르크의 구역을 고립시키는 바리케이드를 쌓았다. 몇 년 만에 처음으로 카자흐 부대가 시내에 배치되어 시위자들을 이 공적 행렬에서 멀리 떼어놓는 데 성공했다.

프랑스 신문들이 제공하는 사건보도와 논평은 어디 있는가?

조레스의 논설기사는 7월 23일 『뤼마니테』에 실렸다. 바로 그날 푸앵카레와 비비아니는 '프랑스' 호에 탑승하여 크론슈타트를 떠나 스톡홀름으로 향했다.

이 순간을 기다렸던 비엔나 정부는 세르비아에 최후통첩을 보냈다. 사실상 비엔나는 사라예보 사건을 조사한다는 명목 아래 베오그라드의 주권재민을 요구하고 있었다. 24일에 조레스는 최후통첩 소식을 들었다. "무시무시하게 가혹한 통첩이다"고 불안스러워하고 심지어 안절부절못하면서 말했다. "이 통첩은 근본적으로 세르비아 민족을 모욕하거나 짓밟으려는 계산이 선 것으로 보인다. …오스트리아의 성직자와 군부의 반동이 전쟁을 원하는 건 아닌지 그리고 정말 전쟁을 일으키려고 애쓰는 게 아닌지 의심스럽다. 그것은 범죄 중의 범죄, 극악무도한 범죄가 될 것이다."

이번에는 전쟁이 유럽과 조레스의 목을 옥죄었다. 여론은 계속 카이요 부인의 재판에 쏠려 있었다. 매번 배심원들에게 사건을 뒤집는 증거를 제출, 자기 아내의 방면을 이끌어내는 장관의 능란한 변호솜씨가 기사거리였다. 하지만 관찰자들은 누구나 1914년 6월 28일 사라예보에서 불을 댕긴 도화선이 화약고로 다가가고 있다는 것을 알고 있었다. 7월 25일, 세르비아는 비엔나의 요구조건 중 일부만 수락하고 양국의 외교관계는 단절되었다.

조레스는 그날 7월 25일 리옹 인근의 베즈에 있었다. 보궐선거를 위한 선거집회였다. 걱정으로 가슴이 짓눌리기 시작한 엄청난 수의 군중들, 백열전구의 흐린 불빛 아래서 가면처럼 창백하고 경직된 그 얼굴들이 조레스가 꽉 잡은 듯한 연단을 향하고 있었다. 불과 20분 전에 그는 베오그라드와 비엔나의 국교가 단절되었다는 소식을 접했다. 몇 마디 인사말에 이어 불안감에 거친 숨을 내쉬었다. 조레스는 전면전이라는 톱니바퀴의 작동 가능성을 있는 그대로 밝혔다. "지난 40년 동안 지금처럼 위협적이고 비극적인 때는 없었다"고 말문을 열었다. "…모든 민족이 작은 횃불을 손에 들고 유럽의 거리들을 가로질러 다니는 모습이 보이고 이제 드디어 불이 타오른다."

강연장은 찬물을 끼얹은 듯 조용했다. 청중은 평화가 위협받고 있는 것은 알고 있었지만 죽어간다는 상상은 못했다. "시민 여러분, 저는 절망감으로 이 말을 합니다. 우리가 야만적인 잔인함과 살해의 위협을 받고 있는 이 순간, 남은 것은 오직 하나밖에 없습니다. 프롤레타리아가 온힘을 모을 것이며… 일치된 가슴의 박동이 끔찍한 재앙을 피하게 해주리라는 것입니다."

군중은 박수로 공명했다. 사람들은 흩어져 다시 7월의 무더운 밤 속으로 빠져들었다.

행동에 나서야 했다. 이 군중을 언사 이상의 것으로 붙잡아야 하고 전쟁 당사자들의 감시자로 만들어야 한다. 7월 25일 토요일, 『생디칼리슴 전투』에서 군대가 철수할 때 시위할 것을 촉구했다. 군악대가 통과하는 사이에 사람들은 실제로 소리를 쳤다. "공화국 만세" "전쟁 타도" "카이요 만세" "3년법 타도" 대로 곳곳에서 시위가 시작되었다.

평화를 지지하는 노동자의 열기가 고조되는 느낌이었다. 그리고 조레스는 노동운동의 모든 힘, 사회당과 CGT를 자신의 행동을 중심으로 모이게 한다는 승부수에서 이기고 있었다.

7월 26일 일요일 그는 리옹에 남아 있었다. 사회주의 후보 마리우스 무테와 점심을 하고 박물관을 찾은 뒤 저녁이 되어서야 파리행 기차를 탔다. 그는 너무나 긴장해서, 식사하면서 우정을 나누고 그림을 감상하며 숨을 가다듬을 그 몇 시간이 필요했다.

그러나 같은 일요일, 수백 명의 민족주의자들은 "군대 만세!" "전쟁 만세!" "베를린으로"를 외치면서 파리의 대로를 행진하고 있었다.

27일 저녁, 라 센 노조연맹과 『생디칼리슴 전투』는 보복을 하기로 결정했다.

조레스는 자신을 싣고 파리로 가는 열차 안에 있었다. 디종(리옹과 파리 사이에 있는 동부 도시)에서 기차가 고장으로 한동안 정차를 했다. 그는 전문을 받고 전화로 기사를 보내기 위해 급히 현지 신문사인 『디종의 진보』(Le Progrès de Dijon)로 갔다. 불과 몇 분 만에 『뤼마니테』에 기사를 받아쓰게 하는 그를 신문기자들은 감탄어린 눈으로 바라보며 그의 말을 귀를 기울이고 있었다. 그는 글로 쓰지 않고 구술했던 것을 다시 한 단어씩 반복했다. 또한 프랑스의 군사력 약세를 드러낼 만한 것은 일절 싣지 말도록 당부했다.

하지만 그는 분개해 있다. 이 중대한 시기에 푸앵카레와 비비아니는 여전히 부재하다. 현지 신문기자들은 그가 받아쓰라고 불러주는 다음의 구절을 듣는다. "아마 우리 프랑스인들을 수렁에 빠뜨리려고 할 텐데, 그러나 언제 우리는 다시 정부를 가질 것인가?" 전쟁의 수도인 상트페테르부르크 방문만큼 이중적인 상징은 없다. 푸앵카레가 파리를 권력 공백상태—두번째 상징이다—로 만들어서 그로써 자신의 종속을 입증하듯이.

전쟁의 불길이 치솟는 이 전환점의 날들에 사건들은 굴러간다.
푸앵카레와 비비아니가 여행을 단축하고 덩케르크로 가서 파리로 급히 돌아오기로 결정한 것은 7월 26일이었다. 역시 순양함에 있던 빌헬름2세도 서둘러 베를린으로 귀환했다.

27일 저녁 9시부터 자정까지 수십만, 아마 10만에서 20만 명의 시위자들이 오페라에서 공화국 광장까지 "전쟁타도"를 외치며 거리에서 시위를 했다. 엄청난 경찰력이 시위자들을 단속하려 했지만 소용이 없다. 『르 프티 파리지앵』은 "평화 만세, 평화 만세"의 외침을 전하면서 이렇게 덧붙였다. "막강한 적을 쳐부수어야 하는 경찰들은 격렬하게 군중에게 달려들었다."『르탕』은 분개했다. "대로들이 불경한 시위로 더럽혀졌다." 그런데 『뤼마니테』와 조레스는 신중했다. 시위보도에 3면의 한 단 중 반쯤만 할애했다. 물론 우파언론은 조레스를 공격했다. "조레스 씨는 CGT와 『생디칼리슴 전투』가 선동한 반군사주의 도당들에게 감히 비난 한마디 할 엄두조차 내지 않는다"고 『주르날 데 데바』는 썼다.

조레스는 왜 이렇게 유보하는가? 다른 민족들은 아무런 저항도 없는데, 무정부주의적이고 혁명적인 폭발이 일어나고 그것이 반동이나 프랑스의 약화에 구실이 될까 봐 우려하는 것인가? 이 시각 그는 외교적 승부와 국제적인 합의에 의한 프롤레타리아의 동원에 희망을 두고 프랑스 노동계급의 항의라는 고립된 행동에는 기대를 하지 않는 것인가?

그는 운동들에 이의를 제기하지 않았지만, 그것에 의지하지도 않았다. 모든 힘의 연합을 목표로 했다. 그리고 정부에 압력을 가하는 것이었다. 7월 28일, 그는 SFIO의 이름으로 파리와 베를린 정부에 보내는 성명서를 작성했다. 두 정부 각각 자국의 동맹인 모스크바와 비엔나를 만류해 달라는 성명서였다.

그러나 이 성명서의 잉크가 채 마르기도 전에—7월 28일 바로 그날—오스트리아가 세르비아에 막 선전포고를 했다는 것을 알게 된다.

전쟁으로 가는 문은 활짝 열렸다. 남은 희망은 단 하나뿐이었다. 국지적인 분쟁에 그치게 하고 동맹과 군사논리의 작동으로 모든 강대국들이 자동적으로 거기에 뛰어들지는 않는 것이다.

침통한 순간이다. 아직 희망이 절망과 한판 겨룰 것이다.

조레스는 전쟁을 언급할 때마다 공포감 속에서도 구체적이고 강력한 용어들로 표현한다. 범죄와 살해, 살육, 티푸스, 암살, 도륙, 피. 정치시인은 말로만 만족하지 않는다. 진짜 상처가 난 듯 이미지들이 흘러내린다.

하지만 이 영감어린 시적 사실주의는 전쟁에 대한 광적인 환상에 사로잡힌 감수성과는 정반대였다. 그런 만큼 흔히 그것을 표현하는 사람들은 그들이 계속 선도자 역할을 하리라는 것을 이미 알기 때문에, 전쟁을 받아들이지 않았다.

이렇게 유럽의 운명이 결정되는 이 나날들에 함부르크 주재 프랑스 영사 폴 클로델은 『일기』에 이렇게 적었다. "7월 26일 일요일. 아침에 미사에 갔다. 담뱃가게가 있는 거리의 모퉁이에 붙여놓은 커다란 흰색 벽보에 구원과 모험이란 멋진 낱말들이 씌어 있다."

전쟁(KRIEG)!!!

1914

전쟁송가: 사람들이 우글거리는 욕탕 안에 갇혀서 숨이 막혀 헉헉거린다, 서로가 서로를 죽인다. …느닷없이 돌풍이 불어와 모자들이 날아간다. …직업으로부터, 아내와 자식들로부터, 규정된 사회적 지위로부터 해방되는 모험이다. 같은 시각 유럽의 모든 대도시 함부르크, 베를린, 파리, 비엔나, 베오그라드, 상트페테르부르크. 바다의 1/3은 피로 변한다. (묵시록)

…기름과 커다란 불길이 넘실대는 욕조 속에 빠진 대포 만세. 다시 한번 사람들은 서로 목을 조르고 서로 만나고 서로의 팔 안에서 서로 느끼고 서로 알아보게 된다.

그리고 파리에서는 극작가 앙리 베른스탱이 훨씬 저속하고 더 야비하고 더 정치적인 어조로 전쟁에 대해 같은 매력을 표현했다. 일찍이 악시옹 프랑세즈는 그가 탈퇴를 해버리자 그를 반대하는 시위를 벌였는데 그런 그가 조제프 카이요와 논쟁을 벌임으로써 민족주의 여론의 갈채를 받고 선언했다. "젊은 시절에 나는 미친 짓을 하여 공개적으로 뉘우쳤다. …나는 군대로 돌아가기를 원했고… 그리고 받아들여졌다. 지금 나는 전투부대에 있으며 동원된 지 4일째 되는 날 떠나는데 아마 내일일 것이다. 카이요가 언제 떠나는지는 모르겠지만, 그를 말릴 것이다. 전쟁에서 여자가 대신할 수 있는 것은 없기 때문이다. 총은 스스로 쏘아야만 한다."

7월 29일 카이요 부인이 방면되자, 잠깐이지만 민족주의자들이 격렬한 시위를 벌였다.

그러나 에피소드의 끝은 그것이 아니었다. 그 전날 밤 조레스는 레옹 블룸을 동반하고 북역에 갔다. 그는 국무위원에게 브뤼셀행 열차까지 함께 가자고 했다.

바이양과 게드, 라포르트, 롱게, 상바와 그의 아내는 이미 브뤼셀행 열차에 올라 있었다. 벨기에 수도에서 인터내셔널 사회주의사무국의 모임이 열릴 것이다. 조레스는 레옹 블룸을 한참 동안 껴안고 있었다. 그는 그날 아침 자신이 쓴 것을 다시 말했다. '생각할 시간'을 가져야만 했다. 동맹, 동원이라는 자동적으로 계속 굴러가는 악마적 장치에 끌려가서는 안 되었다. 그는 영국의 중재안에 힘을 실어주었다. "사건들의 소동이 어둠침침하고 미친 듯한 세상 속에서 돌진한다. …혼돈스럽고 맹목적인 난폭함이 오늘날처럼 짙고 뚜렷이 나타난 적이 없었다."

브뤼셀로 가는 내내 조레스는 사색에 잠겨 있었다. 몹시 피곤해 보였다. "인간이 동물적 본성을 버리지 못하고 이처럼 무력하게 체념하는 것이라면, 사람이란 고통을 겪게 되어 있는 존재가 아닌지. 살아야 할 가치가 있는지 의문스럽다"고 그는 말했다.

전쟁 앞에서 그는 이처럼 때때로 고통의 문제, 생의 의미로 되돌아오곤 했다. 서로 자멸하는 개미떼나 다름없이 인간들 서로가 서로를 밀어붙이는 어두운 힘을 제어할 능력을 상실한 야만적인 광경에 짓눌려온 수개월 전부터 그는 이 생각을 하고 있었다.

어느덧 브뤼셀 남부역에 닿았다. 그는 에스페랑스 호텔에 짐을 풀고 이튿날 7월 29일에는 사회주의 인터내셔널 동지들을 상면할 것이다.

그날 29일 오후로 막 접어든 파리. 덩케르크에서 하선한 푸앵카레와 비비아니가 북역에 도착했다. 역에서는 군 장성들과 문인들, 젊은 남자들이 무리를 이루어 박수를 치며 일행을 맞이했다. 무리 속의 한 해군제독이 외쳤다. "우리는 신의 섭리를 지휘할 수는 없다. 그러나 때가 오면 프랑스는 대비를 할 거라고 생각했다."

그 7월 29일에 조레스는 민중의 집에서 사회주의당 대표들을 만났다. 로자 룩셈부르크는 몹시 긴장한데다 오스트리아의 아들러와 체코의 네메크에 대한 비난으로 팽배해 있었다. 그들은 자기 나라 민중들이 민족주의 물결에 휩쓸려 세르비아와의 전쟁으로 기우는 것을 인정하고 있었다. 독일사민당 의장 하제는 독일인들이 전쟁에 반대한다고 믿었다. "그들은 베를린에서 시위를 벌인다."

비엔나로 예정했던 인터내셔널 대회를 8월 9일 파리에서 열기로 결정하고, 그에 앞서 반드시 평화를 지킬 것이라고 당당하게 밝힐 것이다. 그런 다음 조레스가 사무국 선언문을 작성했다.

목적은 언제나 마찬가지다. 프랑스와 독일 프롤레타리아가 자신들의 정부를 향해 상트페테르부르크와 비엔나를 제지시키도록 압력을 가하는 것이다.

그런데 그 시각, 조레스가 왕립곡마단에 모인 브뤼셀의 군중들 앞에서

할 연설을 준비하고 있을 때 상트페테르부르크에서는 궁극적으로 오스트리아—헝가리에 맞서 싸울 13개 군단에 부분 동원령이 내려졌다.

군사적 메커니즘을 작동시키는 중대한 결정이었다. 파리에서는 푸앵카레와 비비아니가 돌아와서 곧바로 소집한 각료회의는 아무런 대책 없이 그저 정보를 확인하는 데 그쳤다.

그 숫자는 얼마나 될까? 왕립곡마단 회의장을 가득 채우면 8천 명 정도? 건물 밖에도 그만큼 모였는가?

조레스는 라포르트와 나란히 연단에 앉아 있다. 라포르트는 불안해 보인다. 하루 종일 조레스는 인터내셔널 사회주의사무국 직원들과 함께 작업을 했다. 그리고는 『뤼마니테』에 보낼 기사 하나를 쓰고는, 시간이 없어서 간신히 목만 축이고 집회장으로 달려왔다. 조레스는 "두통이 심하다"고 했다. 그러나 강연장이 그에게 생기를 불어넣어 준 것 같다. 그는 낮은 소리로 인터내셔널 동지들의 발언을 비꼬면서 논평하고는 연단 쪽으로 나아갔다. 청중의 기대감이 느껴지자 얼굴이 환해진다. 그렇게 45분 동안 연설을 했다.

박수가 터져 나온다. 그는 전쟁의 폭력성과 빈곤, 티푸스, 포탄을 상기시키면서 미망에서 깨어난 인간들이 그 지도자들에게 해명을 요구할 거라고 언명한다. "당신들은 이 모든 시체를 우리에게 어떻게 설명할 것인가?"

연설은 비단 상황분석에 그치지 않는다. 그를 죄어오는 문제들을 감추지 않고 소리 높여 말하는 명상이었다. "스무 세기 동안 기독교가 사람들을 인도했고 100년 전부터 인간의 권리가 승리했는데 수백만 명이 왜 그래야 하는지도 모르고 지도자들도 그 이유를 모르면서 서로에 대한 증오심도 없이 서로 물어뜯는 것이 가능한가?"

그는 "위대한 모성애에 충만한 여성 옆에서" 걸어오는 저 죽은 자의 모습을 보면서 시인으로서 말한다. "나를 가장 비통하게 만드는 것은 무지한 외교이다."

그리고는 엄숙하게 덧붙인다. "지금 이 순간 나는 세계 앞에서 프랑스 정부는 중재를 주도하는 저 감탄할 영국 정부의 최고의 평화동맹자이며 또한 러시아를 향해 인내심을 가지고 신중하게 처신하도록 조언할 것이라고 말할 권리가 있다." 그리고 지금 파리는 평화의 정치를 이끌고 있다는 자신의 믿음에 더 큰 힘을 실어주기 위해 그는 지난날 자신의 태도를 환기시킨다. "나는 집요한 의지로 우리 국수주의자들의 증오를 머리에 확실하게 새겨왔으며, 이런 나의 의지가 프랑스—독일의 화해로 약해지는 일은 결코 없을 것이다." 위기가 이 단계에 이르자 그는 모스크바와 비엔나와 베를린이 대부분의 책임을 져야 한다고 생각한다. 그는 다시 영국이 제안한 중재를 간청하면서 이렇게 외치며 말을 끝맺는다. "만국의 인간다운 인간이여, 바로 이것이 우리가 완성해야 할 평화와 정의의 과업입니다."

박수소리가 울리고 청중들은 일어서서 모자와 손수건을 흔들었다. 대열이 형성되고 있었지만, 몹시 지친 그는 에스페랑스 호텔로 돌아갔다.

이튿날 인터내셔널 사회주의사무국의 최종 회합에 나와 있는 그는 낙관하는 것 같았다. 1914년 7월 30일이다. 그는 반데어벨트와 얘기를 나누고 있었다. "상황이 조정되지 않을 리가 없다"고 말하는 그는 여전히 러시아가 동원령을 내린 것을 모르고 있었다. 열차를 타기까지 두 시간이 남았다. 이 야만적인 위협으로부터 잠시라도 벗어나고 싶었다. "당신네 플랑드르 프리미티프들을 다시 보러 박물관에 갑시다" 하고 그는 말했다.

예술, 문화. '인간다운 인간들'의 표현이다. 확실한 것은 그것들이 존재하며 그것들이 구현하는 가치들은 어떤 일이 있어도 반드시 살아남는다는 것이다.

브뤼셀-파리 기차는 남역에서 13시 1분에 출발했다. 4시간여의 여행으로 다시금 피로가, 박수갈채와 군중의 단호함과 독일인 하제의 우애와 아름다운 화폭들로 잠시 잊었던 걱정들이 그를 덮쳤다.

그러나 파리 북역에 17시 15분에 도착하여 롱게가 기차에서 내리자마자 산 『르 탕』을 펼쳐든 순간, 조레스는 사태를 깨닫고 분노로 전율했다. 러시아의 부분 동원령 소식이 1면에 실려 있었다. 그리고 언제나 그렇듯이 뉴스는 늦었다.

새벽 3시경 이스볼스키가 푸앵카레와 비비아니에게 상트페테르부르크는 전쟁이 임박했다고 판단한다고 통지했다. 푸앵카레는 전문으로 답했다. 그는 독일에 구실을 주지 않도록 신중할 것을 충고했다. 그러나 상트페테르부르크에서는 프랑스를 믿을 수 있다고 보았고 푸앵카레의 대사인 팔레올로그는 러시아 수도에서 자신이 입수한 정보들을 움켜쥐고 파리에는 이미 기정사실이 된 것만 통지하는 방식으로 술수를 부렸다. 조레스가 파리에 도착한 시각보다 한 시간도 더 전(16시)에 차르는 참모본부의 압력에 굴복하여 총동원 칙령을 공포했다.

푸앵카레와 비비아니는 각자 아침에 바로 군대에 국경 10킬로 지점을 유지하면서 병력을 강화할 것을 지시했다. 동시에 정부는 바그랑 대회장에서 열릴 예정이던 CGT의 집회를 금지시켰고 이미 지하철의 모든 출구는 경찰이 빈틈없이 지키고 있었다. 하지만 경관들의 난폭함에도 불구하고 에투알과 테른(파리의 개선문 가까운 대로의 지명) 광장을 중심으로 군중들이 모여들기 시작했다. 파리의 이 구역은 매일 저녁 시위의 무대가 될 것이다.

지방의 도시들에서는 노동거래소와 사회당의 촉구로 수많은 시위가 일어났다. 브레스트, 부르주, 리용, 셰르부르에서도 마찬가지다. 도시마다 수천 명의 시위대가 전쟁 거부를 외쳤다. 강력하면서도 격렬한 평화의 흐름이 시작되는 것 같았다.

포기하지 말자. 조레스는 상바를 대동하고 북역에서 팔레-부르봉까지 달려
갔다.

18시나 되어서 그는 의사당의 철책 앞에 당도했다. 그곳에서 내무장관
말비와 마주쳤다. 머리가 마구 헝클어진 조레스는 오른손에 밤색 여행가방을
든 채 왼손에 움켜쥔 노란색 전단을 말비 앞에 펼쳐들었다. 곁에 있던 신문기
자들이 전단에 박힌 글씨를 읽는다. 전쟁 반대, 평화 지지. 그들은 얼굴이 뻘
개져서 사회주의자 시위행렬들을 여기저기 몸짓으로 가리키는 조레스를 보
았다. 이윽고 조레스가 의사당 안으로 들어갔다. 기자들의 질문에 그는 이렇
게 답했다. "영국의 중재는 실패하지 않았다. 나는 비관론도 이 공포도 이해
할 수 없다."

그는 중재의 원칙, 발전해 나가는 평화행동에 희망을 두고 불같은 정력
으로 싸웠다.

숙의하고 있는 의회의 사회주의자 그룹 앞에서 그는 브뤼셀의 결정사항
을 보고하고 8월 9일 대규모 시위를 준비할 것을 촉구했다. 그런 다음 20시
경 그를 필두로 한 사회주의자 대표단은 비비아니를 면담했다.

총리는 조레스가 표하는 공감을 이용하면서 교활하게 굴었다. 그들에게
부분적인 정보만 알려주면서 안심을 시켰다. 프랑스 군대는 국경에서 10킬
로 지점에 주둔해 있다. 조레스는 기뻐한다. 그렇다면 프랑스는 책임에서 벗
어난다. 그러나 비비아니는 자신이 알고 있는 러시아의 결심을 전하지 않았
다. 물론 그는 아직 총동원령을 모르고 있었다. 그 이튿날 7월 31일에야 팔레
올로그는 그 사실을 전달했다. 그러나 이스볼스키가 제공한 정보는 명확하
다. 러시아는 전쟁에 나간다. 그리고 프랑스 정부는 겉으로만 신경 쓰고 따르

는 척하며 내버려둔다. 증거? 비비아니는 일체의 평화 지지 시위는 분쇄하기로 한 경찰의 조치를 조레스에게 알려주지 않았다. 조레스가 한 한 가지 질문에 대해 비비아니는 노조 투사들이나 무정부주의자들(B수첩 소지자들)이 체포되는 일은 없을 것이라고 구체적으로 답변했다. 이 면담으로 조레스는 안심을 하고 밖으로 나왔다. 그는 함께 간 브두스 의원에게 말했다. "당신도 알다시피, 만약 우리가 그들의 자리에 있다면 평화를 보장하기 위해 우리가 더 잘할 수 있는 일이 무엇일지 모르겠습니다." 그는 '중립화'된 것이다.

서둘러서들 『뤼마니테』로 갔다. 그곳에서는 단호하게 전쟁 거부를 지지하는 금속연맹의 주오, 메랭과 함께 CGT의 대표단이 그를 기다리고 있었다. 그들은 시위 얘기를 꺼냈다. CGT는 8월 2일 일요일에 한 차례 시위를 할 계획이었다. 조레스는 인터내셔널 대회일인 8월 9일로 늦추는 게 좋겠다는 의견이었다. "무슨 일이 있든 노동계급이 공황과 공포에 빠지지 않도록 해야 한다"고 조레스는 말했다. 그러면서 정부 쪽 인사들과 만난 바에 따르면 현재 유럽의 긴장상황은 열흘 이상 지속될 것이라고 덧붙였다. 토론이 끝나자 CGT 대표들은 조레스의 의견에 동조했다. 다음날 7월 31일 총연맹위원회에서 이 문제가 재론되겠지만 이미 그들의 입장은 결정되었다. 조레스의 전략을 수락한 것이다. 비비아니는 정말이지 능란하다.

긴 하루였다. 브뤼셀, 소박한 플랑드르 사람들, 파리, 이 만남.
조레스는 피곤에 절어 있었다. 밥 먹으러 늘 다니는 르 코크 도르 식당으로 서둘러 내려갔다. 몽마르트르와 페이도 거리의 모퉁이에 있는 식당이다. 소란스러움, 환한 불빛, 목청 높여 얘기하는 소리, 뚫어져라 쳐다보는 증권사 직원들의 시선, 귀를 찢는 듯한 음악과 노래 소리 속을 오가는 기자들.
다시 사무실로 갔다. 기사를 써야 했다. 머리가 너무 무거웠다. 하지만 원고지 한가운데 제목—"냉정이 필요하다"—을 쓰고, 그 아래 써내려갈 말들을 떠올리자 머리가 좀 가벼워졌다. 전쟁의 광기라고 조레스는 말한다. 위험한 것은 "갈수록 감정이 격해져 흥분하고 불안감이 퍼져나가는…" 것이다. 크나큰 위기이지만 물리칠 수 없는 것은 아니다. 그리고 덧붙인다. "외교전은 필연적으로 수주일이 걸린다."

그는 러시아 동원령에 관한 최신 정보를 듣지 못했다. 그가 기사를 쓰는 사이에 비엔나에 주둔해 있는 전군에 동원령이 내려진 사실을 몰랐다.

이제부터는 자기 나름의 요구를 가진 군 기관들이 이끌고 나갈 것이다. 군 수뇌부들의 권위, 그들의 기술적 판단, 그들의 표면상의 논리가 우세해진다.

그리고 '외교전쟁'은 단 몇 시간 만에 종결되는 것이 아니라 해도 조레스는 이미 동맹체제가 형성될 때부터 외교전이 벌어졌다는 것을 스스로 강조했건만 잊고 있었다. 그리고 프랑스는 모로코에 진격해 있었다.

날이 다 저물어가는 이날 1914년 7월 30일은 이미 10년도 더 전부터 진행되어 오던 과정의 종착일 뿐이었다. 조레스는 그 사실을 모르는 것인가 기억하고 싶지 않은 것인가? 밤의 열기 속에서 그의 기사가 활판에 조판되고 지방의 도시들에서 거행될 평화시위를 예고하는 전문들이 쌓이는 동안, 파리의 테른 광장과 개선문 광장에서 시위자들과 경찰 사이에 유혈충돌이 일어났다는 소식이 전해졌다. 조레스는 크루아상 거리와 몽마르트르 거리의 코너에 있는 크루아상 카페로 무엇을 좀 마시러 내려갔다.

그는 꿈을 꾸고 있다. 하루 동안의 격심한 피로가 얼굴에 역력하다. 그는 천천히 마신다. 나지막한 소리로 만약 전쟁이 일어난다면 그 전쟁이 일깨울 야수 같은 격정에 관해 이야기한다. "우리는 거리 한 귀퉁이에서 살해당하기를 기다려야 한다." 그는 무거운 몸으로 불편하게 택시에 오른다. 랑드리외에게 인사를 하지만 시선은 다른 데를 보고 있다.

택시가 멀어져 가는 사이에 스물아홉 살 난 한 남자가 눈으로 그 차를 좇는다.

그는 조레스를 노렸다. 그의 이름은 라울 빌랭. 전날 밤 랭스(파리 북쪽의 오래된 도시)에서 도착했다. 금발에 가느다란 턱수염이 생기 없는 그의 얼굴을 드러나 보이게 했다. 그의 어머니는 '만성 정신착란'으로 몇 년째 병원에 수용되어 있었다. 또 그는 아버지를 좋아하지 않았다.

그는 알자스-로렌의 청년의벗 협회에 가입했으며 이미 빌헬름2세를 죽일 생각을 했었다. 10여 일 전인 7월 19일 그는 세브르의 가톨릭 축제에 가서는 사격대 앞에 서서 아무 말 없이 세 시간 동안 쉬지 않고 정확하게 총을 쏘았다.

7월 30일 22시경 그는 『뤼마니테』 사옥 쪽으로 걸어갔다. 조레스는 한번도 본 적이 없었다. 신문사에서 한 무리의 사람들이 나오고 있었다. 아마 저 가운데 조레스가 있겠지? 빌랭은 한 노동자에게 물었고 그 노동자는 『뤼마니테』 사장을 손으로 가리켰다. 좀더 나이가 많을 거라고 빌랭은 상상했었다. 그는 크루아상 카페로 다가갔고 몽마르트르 거리로 향한 창문가에 앉아 있는 조레스를 발견했다. 빌랭은 호주머니에 든 피스톨의 개머리판을 꽉 쥐었다.

그러다가 잠시 망설이더니 저쪽으로 멀리 갔다가 다시 돌아왔다. 조레스가 나왔다. 그 사회주의 지도자와 함께 신문사를 나왔던 사람 하나가 택시를 불렀고 조레스가 차에 탔다. 기회를 놓쳤다.

빌랭은 다시 오기로 한다. 그는 카이요도 찾을 수 있다고 생각한다. 그리고 그 자리를 떠난다.

30 | 피 흘린 자의 피가 가장 깨끗하다
1914. 7. 31

다 왔다. 조레스는 브뤼셀에 가지고 갔던 가방을 아직 손에 들고 있었다. 다 왔다. 택시가 그를 투르의 막다른 골목에 내려놓았다. 1914년 7월 31일, 새벽 2시 가까이 되었다. 그가 문을 밀고 들어갔다. 마들렌이 그를 기다리고 있었다. 마들렌은 비록 피곤으로 움푹 파였지만, 그런 아버지의 얼굴에서도 평화가 아직 가능하다는 희망을 읽어낸다.

다 왔어. 애정 어린 음성으로 중얼거린다. 내일은 저녁 먹을 때 들어올 거라는 한결 같은 약속. 그녀는 기다리고 그는 돌아올 것이다. 이윽고 의지와 이지력으로 버텨내야 했던 격동의 시간 후 불현듯 찾아드는 친밀한 포옹과 안도감.

이제 자야지. 몇 시간은 자야지. 아마 잠들기 전에 『성모고지송』을 몇 페이지 읽을 것이다. 조레스는 그 책을 침대탁자에 놓아두었다고 누군가 클로델에게 말해 줄 것이다. 아니면 페기의 베르그송에 관한 시론을 읽을 것이다. 조레스는 철학 전문가로서 그 책이 좀 소략하다고 생각한다.

이제 한여름 밤의 숨 막히는 적막이다.

유럽 곳곳에서 군인을 태운 기차들이 달린다. 병영의 운동장 포장도로에는 한데 모아놓은 수천 마리 말들의 뚜벅거리는 말굽소리가 가득하다. 포병대의 수송마차에 매달 말들이다.

대규모 학살을 준비하고 있는 것이다. 러시아 동원령. 오스트리아-헝가리의 동원령. 프랑스의 군사조치. 그리고 독일군 수뇌부는 앞으로 몇 시간 내에 전쟁위험 상태의 선포 명령을 내린다. 영국 해군함정들은 경계상태에 들어간다.

루앙의 한 인쇄소에서는 7월 31일 조간으로 나갈 『루앙 통신』(*La Dépêche de Rouan*) 초판이 인쇄되고 있다. 그 신문의 한 페이지에 알랭의 논평이 실렸는데, 이 철학자는 이미 그 결과를 보았다는 듯 전쟁 저 너머에 대한 비장한 기사를 쓴다. "이 전쟁이 끝나고, 이겼든 졌든 인민들은 정녕 고귀한 피가 모자란다. …피 흘린 이의 피가 가장 깨끗하다. …부대를 이탈할 수 있다. 하지만 곧 총격을 당할 것이다. 묘지로 가는 멋진 선택이다! 불의가 추도사 몇 구절을 낭독하겠지. 이 모든 장대한 죽음은 누구를 위한 교훈인가? 이제 나는 이 놀라운 위선의 수확, 성대하지만 사실은 비천한 연설의 시대를 우려한다. …영웅의 그림자들이 돌아와 자신들의 목숨으로 사들였던 이 명예로운 평화를 찬탄하기 바란다."

"피 흘린 자의 피가 가장 깨끗하다…."
그날 7월 31일, 조레스는 늘 그렇듯이 일찍 일어났다. 신문을 한번 훑어보고 생각에 잠겼다. 서로 모순되는 두 가지 감정이 일었다. 수백만 명을 죽음으로 실고 가는 시커먼 강물이 지하에서 흐르는 것 같은 예감, 이런저런 말 속에서 제롬 보슈의 환영 같은 잔인한 상을 만들어낸다는 예감. 이 비관적인 격랑은 현재의 국제위기 저 너머, 국가 지도자들의 책임을 넘어 장관과 외교관들의 무지함이랄까 옹졸함을 넘어 이 동물성, 이 폭력, 인간조건의 심장부에 놓여 있을 인간성에 대한 물음을 모조리 끌어내었다. 이 분출하는 동물성이 조레스를 끌고 갈 것이다. 그는 그 성질을 알고 있었고 거의 매일 그에 관해 말하고 있었다. 그들이 우리를 죽일 것이다. 우리를 살해할 것이야. 브뤼셀로 가는 기차에서 그의 옆에 앉은 롱게는 그를 지켜보면서, 몹시 지친 그를 바라보면서 이미 그가 죽어 있는 것을 보았다.

그러나 비열하게 짓밟지 않는 의지를 지닌 '인간다운 인간들'도 있다. 그 의지 역시 인간의 모든 철학을 담고 있다. 마침내 이기는 것은 우애의 감각이며 승리하는 것은 이성이다. 그것이 내기라면 극한까지 가서라도 승부를 봐야 한다.

조레스에게서는 자본주의 체제가 증명하듯 혼란과 범죄와 전쟁을 자연발생적으로 쏟아내는 역사의 본질, '자연스러운' 물결을 대면하는 것이 지식인의 그리고 정치인의 임무라는 신념이 느껴진다.

만약 인간적인 인간이고자 한다면 이성을 견지하고, 이성이 승리할 수 있고 이성은 그렇게 해야 함을 믿어야 한다. 그리고 그것이 조레스가 생애 내내 베르그송을 반대한 이유이며, 7월 31일 그날에도 여전히 페기의 콜레주 드 프랑스 교수에 대한 시론을 읽으면서 그것이 약하다고 보고 반박한 이유이다.

그 때문에 전쟁을 반대하는 투쟁을 포기하지 않는다.

9시쯤 레비-브륄에게서 전화가 왔다. 아직 희망이 있는지, 조레스가 어떻게 그것을 확인하는지 조레스의 생각을 알고 분석들을 비교해 볼 필요가 있었다. 그가 오기로 하여, 조레스는 기다리고 있었다. 그들은 이야기를 나눌 것이다.

조레스는 빌라 드 라 투르에 곧 도착한 레비-브륄과 논의하면서 자신의 생각과 전략을 설명하게 된다. "대단히 위험하다. 그러나 물리칠 수 없는 것은 아니다." 전날 저녁에도 그렇게 썼고, 그 기사는 여기 『뤼마니테』의 한 페이지에 있다. 그렇다. 냉정함이 필요했다. 정신이 명료해야 하고 강철 같은 신경, 분명하고 침착한 이성, 굳건한 의지가 있어야 했다. "영웅적인 인내력과 영웅적인 행동을 동시에 가져야만 한다."

레비-브륄의 질문들에 조레스는 대답한다. 그는 어제 비비아니를 만났다. 총리의 발언은 그가 브뤼셀에서 한 연설, 즉 프랑스 정부는 평화를 원하고 평화유지를 위해 노력한다는 것을 확인해 주는 것 같았다. 조레스는 파리가 런던의 중재 요청을 지지한다고 믿었다. 또 파리가 신중하게 상트페테르부르크에 영향을 끼칠 것이라고 생각했다. 파리는 러시아를 제지시켜야만 한다. 영국과 합의해서. 그리고 파리는 그렇게 할 것이다.

이 믿음—환상으로 가득 차 있지만, 다른 어떤 카드를 내놓을 수 있는가?—으로 조레스는 이날 31일 아침에 시간이 모자라지 않음을 재차 확인했다. 위기는 아직 중심 근원지에 이르지 않았다. 그는 『뤼마니테』의 기사에 그렇게 썼다. 그리고 이렇게 분석한 결과, 프랑스 정부를 지지해야 하고 CGT의 노동자시위를 만류해야만 했다. 이 점에서는 조레스가 승리했다. CGT가 그의 말을 좇기로 했으니까. 8월 9일 인터내셔널 대회 때까지 이렇게 갈 것이다.

"상황은 이렇다. 이것이 우리의 입장이다"라고 그는 말한다. 결정적인 것은 상트페테르부르크에 대한 파리의 압력이다. 그리고 물론 남은 것은 시간이고 결정의 박자이다.

이날 7월 31일 오전에 조레스의 낙관적 추론의 근거였던 이 두 축은, 그가 레비-브륄과 헤어지고 팔레-부르봉에 들르는 사이에 사라지게 된다. 그는 사건의 추이를 파악하고 하원에 모여 있는 사회주의 의원들과 당의 상임

운영위원들을 만나기 위해 의사당을 들렀다.

　마침내 조레스는 이중의 계산착오를 범했음을 깨닫게 된다. 프랑스 정부가 러시아인들에게 결정적인 압력을 가하리라고 믿은 것이 잘못이었다. 그렇다면 이미 위기의 한복판에 들어 있다는 것이다. 더 이상 하루 단위로 계산해서는 안 된다. 시간 단위, 때로는 그보다 더 짧은 단위여야 한다.

같은 날 오전, 푸앵카레는 자필로 영국 왕에게 편지를 쓴다. "만약 독일이 전쟁터에서 3국협상이 확고할 거라고 확신하면, 그럴 경우 평화가 깨지지 않을 가장 큰 기회가 주어질 것입니다."

　그것은 분명 런던이 확언한 중재의지를 프랑스가 지지하는 것이 아니었다. 반대로 적을 굴복시키기 위해 더 한층 강한 위협을 선택한 것이다. 그러면 전쟁으로 가는 길이다.

　7월 25일 푸앵카레의 러시아 공식방문을 수행했던 이스볼스키가 파리로 귀임하기에 앞서 상트페테르부르크 역 플랫폼에서 팔레올로그와 이야기를 나누었고 두 대사가 "이번에는 전쟁이죠" 하고 결론을 내린 것을 조레스는 알지 못했다. 며칠 후 이스볼스키는 말하게 된다. "이건 나의 전쟁이오." 어떤 증인들에 따르면, 푸앵카레 부인이 친한 이들에게 "필요한 건 전쟁을 잘하는 것이고 조레스를 제거하는 것이다"고 말한 사실을 조레스는 몰랐다.

조레스는 하원에 도착해서도 여전히 프랑스 정부를 신임하고 있었다. 하원 복도는 사람들로 넘쳐났다. 각료들이 지나가면서 단편적인 몇 가지 기밀들을 던지면, 기회를 엿보고 있던 신문기자들은 그 정보들을 날름 받아가곤 했다. 조레스는 사회주의 그룹의 모임에 참석했다. 그들은 내무장관 말비가 CGT에 대해 시위금지 조치를 내린 것을 불안해했다. 대표단이 장관을 만나고 돌아왔다. 장관은 조치를 철회하기를 거부했다.

조레스가 복도로 나왔다. 뉴스를 갖고 온 한 장관 주위로 사람들이 몰려들었다. 베를린이 '드로헨데 크리크-게파르주스탄트'(drohende Krieg-gefahrzustand)를 선포했다. 이미 철로가 차단되고 열차들이 멈췄다.

갑자기 조레스는 깨달았다. 비비아니가 아마 그를 '잠자게' 했던 것이리라. 시간이 없다. 그가 속은 것이다. 이제 문제는 시간이다. 그때 말비가 복도로 나왔고 조레스는 그에게 다가갔다. 만약 시간이 없다면 상트페테르부르크에 압력을 가하는 것이 더한층 시급했다. 조레스는 어조를 높인다. 그가 정부에 대해 보였던 믿음은 깨져버렸다. 그가 말비에게 말한다. "러시아가 영국의 제의를 수락해야만 합니다. 그렇지 않다면 프랑스는 러시아를 따르지 않고 영국과 행동을 같이할 것이라고 러시아에 통보할 의무가 있습니다."

말비는 지친 듯 가느다란 목소리로 그러겠다고 한다. 하지만 조레스는 더 이상 정부의 결단력을 믿지 않는다. "만약 거세게 압력을 가하지 않는다면 돌이킬 수 없게 될 겁니다." 그리고는 위협한다. "정부의 임무는 무서운 개입이 될 것입니다."

말비가 자리를 떴다. 복도에는 소문이 무성하다. 조레스는 아직도 실낱같은 희망을 가지려 한다.

사람들이 사전을 찾는다. 롱게가 독일 대사관에 전화를 건다. '드로헨데 크리크-게파르주스탄트'라는 표현이 정확히 무슨 의미인지 알고자 해서다. 조레스는 다소 안심을 한다. 그것은 '계엄상태' '계엄법'이라는 의미일 뿐이다. 그러나 그 자신도 확신은 못한다. 그를 둘러싼 의원들과 신문기자들이 그의 증인이 된다. "아니, 아니다. 혁명의 프랑스가 종교개혁의 독일에 반대하여 무지크(농노에 가까운 신분의 러시아 농민을 가리키는 러시아 말)들의 러시아 뒤에서 행군할 수는 없다."

그런 다음 그는 이미 말비에게 했던 "우리나라가 러시아의 봉신(封臣)처럼 보일 것"이라는 말을 반복하고는 격분해서 소리친다. "우리가 아렌탈(오스트리아 장관)에게서 보스니아-헤르체고비나를 매수할 4천만(프랑)을 받지 않았다고 격노하는 이스볼스키 때문에 세계 대격변을 일으키다니!"

그러나 그는 말을 하고 이성의 이름으로 항의하는 사람에 지나지 않는다. 이 시각에 권력을 쥐고 있는 사람은 누구인가? 장관들인가? 장관들이 가동시켰고 그 장관들을 다소 의식적으로 끌고 가는 외교와 군사 톱니바퀴에 의해 권력은 이미 무용지물이 되어버렸는가?

에너지—조레스의 것과 같은—가 필요하다. 그러나 이런 역동성을 억제하고 제어하기 위해서는 이 에너지가 정부 메커니즘의 심장부에 자리 잡아야 한다. 하지만 기계가 전쟁을 향해 굴러가는 것을 만족스럽게 쳐다보고 있거나 혹은 비열하게 굴러가도록 내버려두는 데 동의한 무력한 인물들만 보일 뿐이다. 비비아니를 만나야 한다고 조레스는 말한다.

19시. 조레스는 사회주의자 대표단—롱게, 르노델, 브두스, 카생—의 선두에 서서 케도르세를 방문한다. 그러나 외교부장관도 겸하고 있는 비비아니는 독일 대사 쇼엔 남작을 접견하는 중이다. 대표단의 말을 귀기울여 듣고 있는 사람은 아벨 페리 국무차관이다. 젊고 총명한 사람이다.

조레스는 묵직한 권위를 갖고 말한다.

"긴장하시오"라는 말로 입을 떼고 그는 이렇게 비난한다. "당신들은 우리의 동맹국 러시아에 너무 물렁하게 이야기한 것이오." 아벨 페리는 항의하면서 파리의 입장은 확고했다고 조레스를 설득시키려 한다. "우리는 그렇게 하고 있습니다." 조레스는 다시 말한다. "상트페테르부르크와 베를린에 제의한 런던의 중재를 러시아가 받아들이도록 해야 합니다. 그것이 해야 할 임무이고 또한 구원책입니다." 페리는 상냥하게 몇 마디 한다. "조레스 씨, 당신이 우리와 함께 있으면서 조언해 주고 도와주지 못하는 것이 얼마나 유감인지 모릅니다."

그들은 조레스에게 감히 진실을 말하지 못했다. 그들은 그의 시선이 두려웠다. 가차 없는 그의 명민함이 겁이 났다. 그들도 속으로는 그가 옳다는 것을 알고 있었다. 아벨 페리는 비비아니나 말비와 똑같이 처신했다. 조레스는 더 이상 속지 않는다.

"나는 당신들에게 맹세합니다. 만약 이와 같은 상황 속에서 당신들이 우리를 전쟁으로 끌고 가면 우리는 봉기를 일으킬 것이며 민중에게 진실을 외칠 것입니다."

그는 온 마음을 다해, 감명을 받은 페리에게 말을 던진다. "당신들은 이스볼스키와 러시아 음모의 희생자들입니다. 우리는 총살을 당할지라도 당신들을 경솔한 수장을 둔 각료들로서 고발할 것이다." 조레스가 던진 마지막 말이다.

페리는 브두스를 붙잡았다. 그는 조레스를 정면으로 대할 용기는 없지만 의원에게 고백처럼 말한다. "다 끝났어요. 아무것도 할 일이 없습니다."

그들이 외교부 건물 밖으로 나온 것은 그날 1914년 7월 31일 오후가 다간 황혼 무렵이었다.

조레스는 사태를 파악하고 있었다. "사건들의 소동이 어둠침침한 광기의 세계로 돌진하는" 이 순간, 그가 쓰려 한 기사는 유럽을 앗아가는 범죄적 광기의 책임자들을 비난하는 일뿐이었다. 이 "경박한 머리를 가진 각료들" "환상에 사로잡힌 경솔한 자들"이 국가를 책임진 정치가로 자임하면서 "서로 겁주고 서로 안심시키느라고 시간을 보내고 있는(더없이 매력적인 직업) 모든 자들을 죄인 공시대(公示臺)에 매달아야 한다."

드레퓌스 사건 시대에 『증거』를 썼던 그, 『나는 고발한다』의 영향력을 목도하였던 그가 이 기사를 어떻게 생각지 않을 수 있겠는가. 사회당을 책임에서 벗어나게 해주고 그에 따라 미래를 지키려는 기사이다. 이 순간에도 그의 의식은 깨어나 있다. 길 양편에 무덤이 늘어서 있어도 그 길이 정의로 나아가기에.

그날 밤, 그는 위기의 원인과 책임자들을 고발하는 "'나는 고발한다' 같은 것"을 쓰겠다고 말한다. 모로코를 장악하기 위해, 이탈리아가 트리폴리타니아를 점령해서 불똥이 발칸에 튀도록 내버려두던 때부터 위기가 닥쳐오는 것을 보았기 때문에 가면을 벗겨내고 근원을 분석하는, 기록으로 남을 결정적인 기사가 될 것이다.

그러나 전쟁이 임박했고 그 전쟁을 막기 위해 그날 저녁 할 수 있는 일이라고는 아무것도 없이 그저 이성과 분노의 외침에 그쳐야 한다는 생각에, 조레스의 모습은 영판 딴사람 같다. 얼굴이 몹시 의기소침해 있다. 그 내면에서 무엇인가가 죽어가고 있는 형상이다. 왜냐하면 전쟁은 그의 중대한 패배였기 때문이다.

수년 전부터 그는 전쟁 반대에 모든 노력을 기울여왔다. 장차 장인이 되는 미셸 오쿠튀리에를 방문한 뱅상 오리올은 조레스의 초상화에 적혀 있는 구절을 보았다. "평화를 위한 투쟁은 오늘날 가장 위대하고 가장 긴급한 투쟁이다." 그래서 암스테르담 인터내셔널 대회에서부터 코펜하겐 대회에 이르기까지 전쟁에 반대할 감수성을 지닌 프롤레타리아 세력의 형성이 조레스의 주요한 목표였다. 그런데 끈기 있게 해온 그 구축, 그 양보, 한마디가 문제가되어 오랜 시간 논쟁하고 또 해야 했던 그 결의안들, 그 모든 것이 사라져 버린 듯했다.

그리고 이 피의 강물, 이 도살.

마치 강박관념처럼 죽음이 조레스 안에 있음을 누가 의심하겠는가? 그는 7월 31일 『뤼마니테』의 편집자 모리스 베르트르에게 그 말을 다시 했다. "만약 동원령이 내려지면 나는 살해당할 거야." 그는 여러 차례 그 가정을 환기시켰다. 그러나 그 같은 예감이 그토록 자주 표출된 것은 그를 겨냥한 위협 때문이 아니었다. 그것은 더 깊은 인식에 부여된 가시적이고 합리적인 형태일 뿐이다. 죽음은 이것이다. 헤아릴 수 없이 많은 세월 동안의 희망의 죽음이며 마치 오랫동안 잉태하고 있던 아이가 갑자기 잘못되어 죽어서 세상에 나오는 것과 같은 죽음이다.

조레스는 이 전쟁이 돌이킬 수 없는 자신의 패배임을 잘 알고 있다. 이 야만성의 재출현, 이 어리석음과 맹목성의 승리에 그는 책임이 없건만, 하지만 진흙탕의 역사가 이긴다.

그렇지만 만들어야 할 신문이 있다. 써야 할 기사가 있다. 우선 기운을 차려야 한다. 먹는다. 살아 있다는 증거이다.

롱게가 코크도르에서 밥을 먹자고 제의했다. 그는 이날 저녁에 크루아상 카페에서 왕의 부대원들과 마주칠까 봐 우려했다. 하지만 조레스는 음악과 여자들이 있는 코크도르를 거절했다. 그는 크루아상이 편했다.

무더운 저녁이다. 파리는 윙윙거린다. 사람들은 밖으로 나간다. 대로변으로 향해. 소리 죽여 말하거나 아니면 입을 다물고. "알지 못하는 위험이 다가오는 듯 공기 중에 무엇이 보이는 것 같다. 불안감 속에서 사람들이 사건들을 제대로 인식하게 하는 어떤 힘 같다…."

그래서 사람들은 집 밖으로 나와 "불빛이 반짝이는 대로"를 걷는다. 이 긴장의 시기에 거리가 사람들을 잡아당기고 있다. 거리에는 사건, 소문이 떠다닌다. 사람들은 무지의 덫에 걸려 무슨 일이 일어나는지도 모른 채 사방 벽이 열기로 끈적거리는 어둠침침한 방 속에 갇혀 있고 싶지 않다. 다들 밖으로 나왔고 조레스와 친한 협동조합연맹 회원 푸아송은 『뤼마니테』를 향해 걸어간다. 대로를 지나자 몽마르트르 거리이다. 도로보수를 하느라 파헤친 곳에 위험표지로 작은 등잔불 하나만 있을 뿐, 거리는 어두컴컴하다. 그러나 크루아상 카페의 널찍한 실내는 밝은 불빛으로 환하다. 푸아송이 다가간다. 창가 옆 식탁에 앉은 친구들, 동료들이 보인다. 조레스는 거리 쪽으로 등을 돌리고 앉아 있다. 그 양옆으로 랑드리외와 르노델이 앉아 있다. 뒤브뢰유, 르누 그리고 또 독일 제국의회의 메츠 사회주의 의원인 게오르그 바일도 있다. 식당 안에서 어떤 사람이 조레스를 유심히 살핀다. 그의 얼굴을 뚫어지게 쳐다본다. 푸아송 부인은 왠지 불안하다. 그러나 조레스는 무심하게 딸기 타르트를 한 입씩 깎아먹고 있다. 『보네 루주』(*Bonnet rouge*)의 한 기자가 자기 손녀 사진을 그에게 보여준다. 조레스는 아이가 몇 살이냐고 묻는다.

몇 초 사이에 라울 빌랭은 커튼 뒤 거리에서 총을 들어 머리에 한 발 쏘아 조레스를 죽일 것이다.

1914년 7월 31일 금요일 21시 40분일 것이다.

미처 비명이 터지기도 전에, 푸아송 부인이 "조레스가 죽었어. 그들이 조레스를 죽였어" 하고 소리치기 전에, 누군가가 라울 빌랭을 붙잡기 위해 골목으로 뛰쳐나가기도 전에 조레스는 르노델 쪽으로 쓰러진다. 그리고 주사를 놓기 위해 주사약을 청하자, 아마 그 약제사는 이렇게 대답할 것이다. "나는 조레스의 저 대갈통에 아무것도 해줄 수 없다. 전쟁에 책임이 있는 저

강도에게."

이 증오와 어리석음의 외침은 또 다른 총탄과 같다. 협조를 거부한 이 '정직한' 상인—심리적인 일탈은 자칫 행동으로 옮기게 한다—은 또 하나의 살해자이다. 그리고 그는 자발적인 반응임을, 빌랭의 범죄를 설명하기 위해 음모테제까지 들고 나올 필요가 없음을 증명해 준다. 빌랭은 그리고 몽마르트르 거리의 정직한 약제사는 『파리-미디』의 모리스 드 발레프를 읽는 것으로, 『에코 드 파리』에 실린 환상의 시인 프랑-노앵을 읽거나 『락시옹 프랑세즈』에서 레옹 도데를 읽는 것으로, 그렇지 않으면 한층 부르주아적으로 『르 탕』의 위르뱅 고이에를 읽는 것으로 충분하다.

그들은 레이몽 푸앵카레가 패배주의자들과 비겁한 교수들에 관해 말하는 것을 듣는 것만으로 충분하다.

음모?

러시아의 끈을 추적할 필요가 전혀 없거니와 이스볼스키의 보복의 말을 상기할 필요도 없다. 조레스는 7월 마지막 날들에 외교부 건물을 나오면서 이스볼스키와 마주쳤고 그에게 "아 저 이스볼스키 오리, 그는 자기 전쟁으로 알고 있어!" 하고 내뱉었다.

음모?

그건 조레스, 그의 주장과 그의 노력을 반론이 아니라 비방과 중상으로 파괴하려는 이 의지 속에 있다.

음모?

그것은 정치적 지배계급의 것이다. 그 정치계급이 통제하는 정보기구의 힘을 빌려서 의도적으로 거짓을 퍼뜨리고 그들은 자신들의 잘못을 대신할 희생양을 찾는다.

조레스는 살육의 전야에 도살된 희생양이다. "군대의 선봉에서 쓰러진

영웅" 조레스.

그리고 크루아상 카페에서는 전투복 차림의 한 장교가 자신의 레종 도뇌르 훈장을 떼어내 조레스의 가슴 위에 얹는다. 제라르 대위가 표하는 경의의 몸짓이다.

그러나 사람들이 변두리 지역에서 내려와 거리로 쏟아진다. 크루아상 카페 앞에서, 『뤼마니테』 앞에서 꼼짝 않는 이 남자와 여자들. 곧 드 라 투르 막다른 골목의 빌라를 향하는 조레스의 시신을 실은 차 뒤에서 포효하며 달려갈 이 군중, 확실한 그의 죽음에도 불구하고 "조레스 만세! 조레스 만세!"를 집요하게 외치는 이 군중은 조레스에 걸맞은 경의를 보내고 있다.

우리는 죽은 자들을 깨우리라

카르모 시장 칼비냐크가 그날 밤 자다가 깨어나서 조레스의 사망소식을 듣고는 "마치 뭔가에 얻어맞은 듯 현관바닥"에 무릎을 꿇고 쓰러진 것을 말해야 할 것이다. 그는 쓰러져서 분함과 절망에 주먹으로 머리를 쳤다.

그리고 폐기의 '야만적 환희'를 상기해야 할 것이다.

한 순간 공포의 외마디소리가 터져 나오고 곧 무서운 침묵이 흐르는 내각회의에 들러보기로 하자. 말비가 이렇게 말하면서 들어온다. "경찰국장이 세 시간 후면 파리에서 혁명이 일어날 것이라고, 변두리 사람들이 몰려 내려올 것이라고 전화가 왔다." 그중의 누군가가 말한다. "그럼 어떻게 되는 거야. 밖에서 쳐들어오고 내전도 벌어진다고! 모든 게 한꺼번에?" 치안유지를 위해 국경으로 보내지 않고 파리에 주둔시킨 2개 기병연대는 어떻게 되는가.

그리고서 정부의 포고문이 배포된다. "참으로 고매한 대의를 위해 투쟁했고, 이처럼 어려운 시기에 평화를 지키고자 권위 있게 정부의 애국적 행동을 지지한 공화파 사회주의자"를 경배한다. 그리고 르네 비비아니의 서명이 들어 있다.

공화국 대통령 레이몽 푸앵카레는 조레스 미망인에게 개인적으로 서신을 보낸다. "그 어느 때보다 국가의 통합이 절실한 시기에 그의 재능과 인품에 존경을 보냅니다…."

바레스는 조레스의 시신 앞에서 머리 숙여 예를 표하고 『카이에』에 이렇게 쓴다. "그의 결점이 무엇이든 그것은 아무것도 아니고 나는 그가 고매한 인간이었음을 알고 있는데, 그의 주위가 이 얼마나 적막한가. 맹세코 그는 위대한 인간이었다. 잘 가시오, 조레스. 기탄없이 그를 사랑할 수 있기를 원했건만."

그리고 툴롱의 한 맥주홀에서 그 소식을 들은 어떤 해군중위는 이렇게 자기 의견을 말한다. "천만다행이다. 이제 더 이상 그는 지금까지 저지른 만큼의 악을 행하지 않을 테니까. 이 소식을 전해 준 신문장수에게 5프랑을 주겠다."

유행하는—마르텔 드 장빌 백작부인을 따라—집시 차림의 한 작가는 일기에 이렇게 쓴다. "나는 일이 잘되었다고 생각한다. 『락시옹 프랑세즈』와 그 신문 편집국장이 국민들에게 이런 각별한 도움을 베풀었다면, 그들은 귀찮은 일을 멋지게 해낸 것이다. …신문들의 논조는 상당히 당혹스럽다. 무슨 착란으로 이 불길한 조레스가 오늘 아침 애국적인 혹은 스스로 그렇다고 생각하는 신문들의 애도를 받는가. 나로서는 도저히 이해할 수 없을 뿐 아니라 받아들일 수가 없다…."

8월 4일, 조레스의 장례식이 치러진다. 전쟁이 선포된 다음날이다.

이제 극렬한 애국자가 된 귀스타브 에르베는 8월 1일에 당장 이렇게 쓴다. "우선 국가방어다! 그들이 조레스를 살해했다. 우리는 프랑스를 무참하게 죽이지 않을 것이다." 그리고 곧 게드와 상바는 각료가 된다.

전쟁이 너무도 급작스럽게 애도와 위선의 장막을 벗겨버림으로 해서, 조레스의 죽음은 헤아릴 수 없이 많은 죽음들 아래 묻혀버린다. 그리고 그 집시는 만족스러워하며 더 써내려간다. "어떻든 그가 사라진 것이 별로 떠들썩하지는 않다. 늘 젠 체하는 어느 당이 애지중지하던 자식의 갑작스런 사라짐이."

그러자 시인 마르셀 마르티네는 총파업과 봉기를 얘기하다가 지금은 군대로 떠난 동지들을 궁금해하며 자신에게 되묻는다. "내가 돌아버린 것일까, 아니면 그들인가?"

그리고 사관후보생 루이 조레스가 1918년 6월 3일 부대원들의 선두에 섰다가 사망한 것을 말해야만 할 것이다. 그는 이렇게 말하곤 했다. "장 조레스의 자식이 되는 영광을 가졌으면 모범을 보여야 한다. …조국의 방어에 사활이 걸렸으면 그것은 철학적 국제주의와 양립할 수 없는 것이 아니다."

라울 빌랭은 감옥에 있었다. 1919년 봄에 재판을 받았다. 이 12명의 "선한 프랑스인들"을 주시했어야 한다. 그들은 전쟁에 종군하지 않았으며 그중 한 명만 봉급생활자이고 다른 이들은 상층이든 중간층이든 확고한 부르주아이다. 3월 29일 11 대 1로 라울 빌랭은 무죄판결을 받고 방면된다. 민사재판을 받고 있던 루이즈 조레스 여사에게는 소송비용을 부담하라는 판결이 내려진다.

아나톨 프랑스가 분개해서 이렇게 말한 것을 우리는 알고 있다. "노동자들이여! 조레스는 당신들을 위해 살았다. 당신들을 위해 죽었다! 이 판결은 당신들을 불법자로 만들었다! 당신들과 당신들의 대의를 수호하는 모든 이들을. 노동자들이여, 깨어 있으라!"

1919년 4월 첫째 일요일에 15만 명의 인파가 라마르틴 소공원에 조레스의 흉상을 세우기 위해 빅토르 위고 광장으로 모여든다. 거기서부터 한 대표단이 빌라 드 라 투르까지 가서 조레스 여사에게 인사를 한다. 긴 행렬이다.

사람들은 들장미 한 송이를 단추에 꽂고 〈인터내셔널〉을 부른다. 전쟁이 발발하고 첫 좌파 시위이며 진정한 조레스 장례식이다.

그후 1936년 9월 15일 에스파냐 내전이 시작되고 두 달이 지난 후, 공화파 민병대는 다른 사람 이름을 차용해 수년 전부터 그곳에서 살고 있는 한 프랑스인을 이비자에서 죽인다.

키가 작고 좀 사나웠던 그 사람의 이름은 조레스 암살자 라울 빌랭이다.

조레스는 1924년 11월 23일 이후 팡테옹에 안장되어 있다. 좌파연합 정부가 1924년 5월 총선에서 승리한 후 이 장대한 의식을 거행하기로 결정한다. 카르모의 광부들이 하원에서 팡테옹까지 조레스의 시신을 운구할 것이다.

그러나 에두아르 에리오 총리의 의도는 국민을 규합하는 데 있었지만, 실패한다. 우파는 이 계획을 노골적으로 경멸하며 반대한다. "그는 연단에 선 것보다 팡테옹에 있는 편이 훨씬 덜 위험하다"고 한 상원의원은 말한다. 특히 1920년 투르 대회부터 조레스의 당이었던 SFIO는 분열된다. 그 다수는 공산주의자가 되어 『뤼마니테』를 자기들이 지킨다.

블룸은 옛집이 된 SFIO에 남는다. 그래서 사실은 서로 적대적인 두 대열이 조레스를 팡테옹으로 인도한다. 두 개의 대열, 두 개의 당이 조레스의 기억을 놓고 다툰다.

조레스가 브리앙과 대화를 나누던 중 그가 팡테옹보다 "시골의 양지바르고 꽃이 핀 우리네 작은 무덤이 좋다"고 밝혔음을 우리는 기억한다. 그 말에는 늘 공식적인 번다함을 피하려는 시골사람의 감수성이 드러나며 개인적인 감정 이상의 것이 담겨 있다. 두 대열 속에는 조레스의 새로운 실패의 상징과 같은 것이 있다. 그의 가장 항구적인 목표이던 평화와 함께하는 사회주의의 통합은 전쟁 속에서 깨져버린다.

그러면 조레스는 관대함과 지성의 자국만—이미 그것만 해도 상당하지만—남겼을 뿐 대지로 돌아와 씨를 뿌리지 못한 삶일까?

그 대차대조표를 만들기 위해서는 역사를 단기적이고 피상적으로 보아야 할 것이다. 1914년 전쟁발발과 투르 당대회 그리고 사회주의자들과 공산주의자들의 대립이 조레스의 두 가지 꿈의 죽음, 그의 정치행동의 주요한 두 축의 파탄을 표상하는 것은 사실이다.

그러나 더 깊이 들어가야 한다.

매순간 조레스의 선택은 민주주의, 개인과 집단의 자유, 그가 공화국이라고 부른 것 편이었다.

코뮌의 흔적이 깊이 새겨져 있는 프랑스 노동운동들 대부분이 지닌 맹목적인 분파주의에 반대하면서 끊임없이 정치 '형식'—보통선거, 정치적 권리—의 중요성을 상기시켰다. 이 자유의 유산은 프랑스 역사에서 가장 고귀하다. 이로써 그는 마침내 사회주의 운동에 민주주의가 뿌리내리게 했으며, 이는 현대 프랑스 사회의 역사에서 결정적이다.

근본적인 정치적 자유들이 프랑스에서는 외국의 점령 아래서만 질식당한 것은 우연이 아니다. 또한 그 험난한 정치투쟁들이 나라를 독재체제 속으로 침몰시키지 않은 것도 우연이 아니다.

조레스는 민주주의와 사회주의 그리고 프랑스 인민과 자유의 결정적인 결합을 주관했다.

이런 관점에서 제3공화국의 공식연보들 및 그 시기 우리의 엘리트들과 조레스의 삶은 얼마나 대비되는 역사인가?

파업자들에게 충격을 가한 탄압에서부터 드레퓌스 사건에서 국가가 저지른 거짓말까지, 정치인들의 부패와 무능에서부터 1914~18년의 도살로 귀결된 대외정책까지, 러시아 채권 선택에서부터 국내 산업에 대한 투자 거부까지 황금시대(Belle-Epoche)와 부르주아 왕조에 얼마나 그늘을 드리웠던가?

하지만 프랑스 사회는 노동자들의 삶의 조건(퇴직연금에 관한 토의를 생각하게 된다)에서부터 결백한 자의 권리 수호로 한 발자국 한 발자국 스스로 민주화해 나갔으며, 여기서 우리는 조레스의 부단한 행동에 빚지고 있다. 모든 중요한 선택에 대한 그의 통찰력과 통치했던 자들의—때로는 의도적이고 타산적인—맹목에 대해 무슨 말을 하겠는가?

조레스는 혼자였는가? 그렇다고 인정하는 것은 조레스 그를 배반하는 것이리라.

"역사는 서로 다투는 인간들이 바로 그 대의에 봉사하는 이상한 충돌이다. 정치와 사회의 운동은 모든 힘의 결과물이다. 모든 계급, 모든 경향, 모든 이해(利害), 모든 사상, 집단과 개인의 뭇 에너지는 발현되고 전개되고 역사에 순응하려고 노력해야 한다"는 그의 사고를 상기해야 할 것이다.

그것은 정확히 그가 현실을 제어할 수 있다고 믿었고 '총체적인' 개념을 가지고 있었기 때문이다. 그리고 이와 같은 방식으로 현실에, 정치행동에 접근하고자 한 것에 조레스의 모든 현대성이 있다.

그가 생의 의미에 대해 스스로 탐문할 때, 자유와 개인의 권리와 사회정의를 분리시키지 않을 때, 혁명과 개혁을 함께 가지고 갈 때 그는 우리의 동시대인이다.

그는 기회주의를 넘어서고 우선 인간에 전념하기 때문에 자신의 세기의 노쇠함을 피했고 통합에 그리고 인간과 사물의 운동에 몰두하는 모든 이들과 연합하였다. 그는 시대에 갇히지 않았다. 그의 사고와 행동의 현재성을 헤아리기 위해서는 그를 읽고 추적하는 것으로 충분하다.

우리는 여기서 다른 책들 뒤에, 다른 책들에 힘입어 이 "심포니 같은 천재"(블룸), "생 전체가 화합, 이해, 마치 거울을 든 것처럼 시민들의 의지를 반영한 사람"(미테랑)의 자취를 그려보았다.

어떤 입장을 취한 책인가?

조레스가 이렇게 썼고 우리는 그것을 말했다. "우리는 죽은 자들을 일으켜 세울 것이다. 그러면 그들은 잠에서 깨어나자마자 여러분에게 생의 법칙, 선택의 여지와 선호와 투쟁의 여지가 거의 없고 신랄하고 필수적인 배제의 법칙을 강요할 것이다. 너는 누구와 함께 있어? 누구와 같이 싸우는 것이고 누구에게 반대하는 거지?"

그가 이렇게 결론지은 것도 우리는 알고 있다. "나는 로베스피에르와 함께 있고 그의 옆에서 자코뱅 자리에 앉을 것이다."

나는 조용히 말한다. "나는 조레스와 함께 있다."

파리 1984년 8월 23일

티나와…를 위해

연 표

연도	장 조레스의 생애	프랑스	다른 세계	발명과 문화적 사건
1819	아버지 쥘 조레스 출생	루이 18세	볼리바르, 에스파냐 격퇴	최초의 증기선 대서양 횡단
1822	어머니 아멜라이드 바르바자 조레스 출생	나폴레옹 사망(1821), 샤를10세(1824)	키오스의 학살	쇼펜하우어 「의지로서의 세계」
1852	쥘 조레스와 아멜라이드 바르바자 결혼	나폴레옹3세, 토지금고, 동산금고, 대형백화점	카부르	조제프 드 메스트르 「교황론」; 스탕달 「연애」; 게리코 「메두사의 라도」; 슈베르트 〈미완성 교향곡〉; A. 콩트 「실증주의 교리문답」; G. 상드 「종지기」; 투르게네프 「사냥꾼 이야기」; 라마르틴 「그라치엘라」; 베르디 〈라트라비아타〉
1859	9.3 장 조레스 출생	베르그송 출생, 철도법	이탈리아 혁명. 사이공, 프랑스인들 점령	다윈 「종의 기원」
1860	8.18 장의 동생 루이 조레스 출생	니스와 사부아 프랑스로		마르크스 「정치경제학 비판」; 톨스토이 「카잣」; 바그너 〈트리스탄과 이졸데〉
1864	조레스 5세	60인 선언, 파업권에 관한 법	1차 인터내셔널	비니 「운명의 여자들」
1869	조레스 10세, 콜레주 드 카스트르	의회 공약, 나폴레옹3세 수락, 전쟁, 알자스-로렌 상실	수에즈 운하, 일본, 메이지 시대	플로베르 「감정교육」
1870-71	조레스 숙부(해군제독) 1870년 전쟁에서 두각	3공화국: 파리코뮌		

연도				
1876	파리의 콜레주 생트-바르브 고등사범학교 수석입학	프랑스 공화파 총선 승리	1차 인터내셔널 와해	전화 동력모터 말라르메 「목신의 오후」
1878	조레스 20세			뤼미에르 「제 이야기」; 졸라 「목로주점」
1879	철학교수자격 3등	마-마옹 사임. 쥘 그레비 당선		
1880		1880년 7월 14일의 첫 축제 페리-강베타. 검사의 권리에 관한 법, 언론법. 쥘 게드, POF 창당(1880)		아나톨 프랑스 「실베스트르 보나르의 범죄」
1881	카스트르 중학(1884)과 툴루즈 문과대학 철학교수			
1882	아버지 쥘 조레스 사망	초등교육에 관한 페리법	3국동맹	마네
1884	조레스 25세	파몐법: 직능노조 허가	플레하노프, 러시아 마르크스주의암 창설(1883)	림스키코르사코프; 졸라 「제르미날」; 마스 퇴르와 광견병 혈청
1885	타른에서 하원의원 당선			니체 「선과 악을 넘어서」
1886	조레스와 루이즈 부아 결혼. 의회 에서 첫 질의	불랑제 국방장관. 전국노조연맹 창설. 드뤼몽, 「유 대인 프랑스」		빅토르 위고 사망; 시쿠수 램보 「영명(幻影)」
1887	「툴루즈 통신에 첫 기고	발송 추문, 그레비 사임. 최초의 노동거래소. 슈나 블레 사건		
1889	조레스 30세. 낙선. 큰딸 출생 툴루즈 문과대학 교수	불랑제. 파리에서 당선 민주박람회: 에펠탑	빌헬름2세, 비스마르크 해임	베르그송 「의식의 즉각적 소여론」
1890	조레스, 툴루즈 시의원	메이데이	교서, 빼해멘테르 노스	베를렌 「행복」
1891	툴루즈 전차운전사 파업	프랑스 함대, 크론슈타트에. 푸르미 사고	금래드스턴	
1892	소르본에서 철학박사학위 수여. 카르모 광부파업	프랑스-러시아 군사협정. 파나마 추문. 토르 멜 리, 노동시간 12시간으로 제한		와일드 「레이디 윈더미어의 부채」

783

연도	장 조레스의 생애	프랑스	다른 세계	발명과 문화적 사건
1893	1. 조레스, 알비 재보선거구 사회주의 후보로 하원의원 당선 「단 프티트 레퓌블리크」에 들어감	러시아 함대, 툴롱에. 무정부주의자들 거사 (1892~94). 억벌	취리히에서 인터내셔널 대회	최초의 영화용 영사기; 최초의 자동차(디옹)
1894	조레스 35세	사디-카르노 암살. 카지미르-페리에, 공화국 대통령에	니콜라이 2세, 차르 즉위	바레스 「피, 쾌락, 죽음에 대해」
1895	카르모 유리제조공 파업	CGT 창설. 펠릭스 포르 공화국 대통령. 드레퓌스 군직 박탈		발레리 「테스트 씨와 함께하는 저녁」
1896	알비의 노동자 유리병공장 문을 엶	생말리 강경. 러시아 군주 파리 방문	사회주의인터내셔널 런던 대회	
1898	드레퓌스 사건. 총선에서 패배. 「단 프티트 레퓌블리크」, 정치부장. 이듬 루이 출생	졸라, 「나는 고발한다」. 알카셰, 외교장관. 악시옹 프랑세즈. 사회주의자 노래로 〈인터내셔널〉 채택. 파쇼다. 앙리 중령 자살	에스파냐-아메리카전쟁. 보어전쟁	로스탕 「시라노 드 베르주라크」. 모랑 「알지크」
1899	조레스 40세	발데크-루소 내각총리, 밀랑 재무장관. 드레퓌스 특별사면		모라스 「세 가지 정치사상; 라벨 「죽은 아기를 위한 파반」
1900	조레스, 룰레에서 게드와 논쟁. 두 방법	밀랑-콜리아르의 노동시간법	파리 인터내셔널 대회. 중국, 의화단 사건	프로이트 「꿈의 해석」; 파리의 지하철 1호선. 제펠린 비행선 비행
1901	마들렌 조레스의 영성체	그리뮈엘, CGT 총서기에. 프랑스사회당(J. 게드 등)		
1902	조레스, 카르모 의원으로 재선	콩브 내각. 프랑스인사회당(조레스 등)	시베리아 횡단철도 완공	졸라 사망
1903	하원 부의장	밀랑, 프랑스인사회당에서 제명	볼셰비키(다수파)와 멘셰비키(소수파) 분열	포드 자동차공장; 라이트 형제 최초의 비행

연도				
1904	조레스 45세, 『뤼마니테』 창간. 폴 데룰레드와의 결투	모든 수도회 관련의 교육을 금지하는 법. 2년 근속 무복 카드 사건	암스테르담 인터내셔널 대회. 프랑스 사회주의 당파, 통합 결정	프로이트 『성의 이론』
1905	파리의 글로브 대회	사회당 통일; SFIO. 콩브 실각	러시아혁명: 피의 일요일과 포템킨 호 사건	
1906	카르모 의원 재선	CGT, 아미앵 헌장 채택. 클레망소 내각. 브리앙 장관, SFIO에서 제명		로맹 롤랑 『장-크리스토프』
1907	툴루즈의 SFIO대회 조레스, 지도자론	미디 포도재배 농민 항거 발노브-생-조르주와 드레쉬유에서 대항사고 발생 광산에서 8시간노동의 날. 졸라 유해, 팡테옹에	전쟁문제에 관한 슈투트가르트 인터내셔널 대회. 보스니아-헤르체고비나, 오스트리아에 병합. 러시아와 세르비아의 외교 실패	고리키 『어머니; 드뷔시 〈금빛 물고기〉 G. 소렐 『폭력에 대한 성찰』
1909	조레스 50세. 마들렌 조레스 결혼	모로코에 관한 프랑스-독일협정 주요, CGT 총서기, 클레망소 내각 실각, 브리앙 내각		블레리오, 영불해협 횡단; 지드 『좁은 문』
1910	조레스, 카르모에서 재선	철도원 파업 브리앙에 의해 제패	코펜하겐, 인터내셔널 대회	페기 『잔 다르크 순결의 신비』
1911	『새로운 군 건행 넘비 여행』 루이 조레스의 순양함 '리베르테' 호 폭발	카이요 내각; 아가디르 충격	이탈리아, 트리폴리타니아 병합	클로델 『인질』
1912	무앙카레 내각	무앙카레 내각	발칸 전쟁 바젤에서 반전 인터내셔널 날 비상대회	좋 로맹 『단짝; 프로이트 『토템과 터부』
1913	5.25 프레생제르베 집회	푸앵카레 대통령에. 3년법	윌슨, 미국 대통령에	스트라빈스키 〈봄의 제전〉
1914	조레스 55세. 카르모에서 재선 7.31 빌랭에 의해 암살당함.	좌파, 총선승리. 전쟁 통일 신성동맹	프란츠-페르디난트 공 사라예보에서 암살	프루스트 『잃어버린 시간을 찾아서』

연도	장 조레스의 생애	프랑스	다른 세계	발명과 문화적 사건
1917		전선의 반란: 파업, 신성동맹 파탄, 클레망소 내각	러시아혁명, 미합중국, 전쟁참가	프로이트 「정신분석 입문」
1918	조레스 아들 루이 조레스 동부전선 선에서 사망	휴전	브레스트-리토프스크 조약	차라 「다다 선언」
1919	라울 발랑 무죄석방, 조레스 미망 인, 소송비용부담 판결	총선 '국민블록', 장 조레스 주모시위, 데사벨에 이어 말랑, 공화국 대통령에	베르사유 조약, 제3인터내셔널 창설 (코민테른)	원자분해
1920		투르 당대회, SFIO=PCF 분열	히틀러 25개항 공약 제시	베르그송 「영혼의 활력」
1924	조레스 팡테옹에 안치	좌파블록, 공화국 대통령 말랑, 강제사임	레닌 사망	도제 미르방 뒤 가르의 「티보가 사람들」 출간 시작(1922~40)
1936		인민전선 레옹 블룸 내각총리	'스탈린 식' 헌법	
1959	조레스 탄생 100주년	드골(1958), SFIO, 정부에 들어감	공동시장 발족	
1981		PS 재서기기, F. 미테랑 공화국 대통령 당선 후 팡 테옹의 조레스 묘지 방문		
1984	조레스 암살 70년, 공화국 대통 령 크루아상 카페에			

참고문헌

조레스 참고문헌을 전부 작성하려면 적어도 수백 권의 책 제목이 들어간다. 여기 제시하는 목록에서 시작하여 더 공부할 수 있을 것이다.

A) 조레스 관련 연구현황과 정보 및 토론

Cahiers Jaurès, http://www.jaures.info

B) 조레스 전기

Charles Rappoport, *Jean Jaurès, l'Homme, le Penseur, le Socialiste*, Paris, 1915. (조레스의 연설과 글 다수 인용. 유익한 사료)

Frantz Toussaint, *Jaurès intime*, Paris, 1952. (일화)

Harvey Goldberg, *Jean Jaurès*, Paris, 1970. (노동운동과 정치적 상황 속에서 조레스 조망. 참고문헌)

Henri Guillemin, *L'Arrière-Pensée de Jaurès*, Paris, 1966. (필수. 저자의 해박한 통찰은 조레스의 사유를 잘 드러내 보여준다.)

Jean Rabaut, *Jaurès*, Paris, 1971. (확실하고 정확하고 완전하다. 저자는 조레스연구회 창설자의 한 사람. 주요 참고문헌)

L. Lévy-Bruhl, *Jean Jaurès, esquisse biographique*, Paris, 1924. (조레스의 편지들. 사료)

Madeleine Rebérioux, "Jean Jaurès," *Dictionnaire biographique du Mouvement ouvrier français* T. XIII, Paris, 1975. (저자는 조레스와 그의 시대에 가장 정통한 역사가)

Marcelle Auclair, *La Vie de Jean Jaurès*, Paris, 1954. (조레스의 생애를 감성적이고 내밀하지만 엄격하게 접근. 역사적인 차원에서 소홀히 다룬 부분이 없다.)

C) 조레스 암살

Jean Rabaut, *Jaurès et son Assassin*, Paris, 1967. (박식하고 결정적일 수 있는 논점. 참고문헌)

Jean Rabaut, *Jaurès assassiné*, Bruxelles, 1984. (전작과 많이 중복되지만 더 확장된 연구)

F. Fonvielle-Alquier, *Ils ont tué Jaurès*, Paris, 1968. (증언들이 실려 있는 이야기)

D) 조레스의 모습

Actes du colloque, *Jaurès et le Nation*, Paris, 1965.

Actes du colloque, *Jaurès et la Classe ouvrière*, Paris, 1981. (두 권 다 매우 풍부한 논점과 논의들이 실려 있다.)

André Robinet, "Jaurès," *Philosophes de tous les temps*, Paris, 1964. (조레스의 철학저술 발췌. 주목할 연구)

G. Leferanc, *Jaurès et le Socialisme des intellectuels*, Paris, 1968. (열린 명제에 대한 흥미 있는 반성)

G. Tétard, Colombes, *Essais sur Jean Jaurès*, 1959. (필수. 체계적이고 비판적인 참고문헌)

Madeleine Rebérioux, "Socialisme et Religion," *Les Annales, ESC*, 1961. 11~12.

Vincent Auriol, *Ils ont fait la Republique: Jean Jaurès*, Des essais, Paris, 1962. (풍부한 내용)

E) 조레스의 텍스트

Jean Jaurès: Contre la guerre et la politique coloniale, Paris, 1959. (M. Rebérioux의 서문과 주해. 매우 유익)

L'Armée nouvelle, L. Baillot(introduction), Paris, 1977. (모든 주제에 접근하는 중요한 텍스트)

L'Esprit du socialisme, six études et discours, J. Rabaut(préface), Paris, 1964.

La Guerre franco-allemande 1870~71, J. B. Duroselle(préface), M. Rebérioux(postface), Paris, 1971.

Les Origines du socialisme allemand, L. Goldmann(préface), Paris, 1959.

Histoire socialiste de la Révolution Française, A. Soboul éd., E. Labrousse et M. Rebérioux(préface), Paris, 1980. (역사가 조레스를 알 수 있다.)

Jean Jaurès(1859~1914), *L'Intolérable. Anthologie*, Gilles Candar. (두 권 예정의 주제별 선집)

Jean Jaurès, Anthologie, Louis Levy, Madeleine Rebérioux(préface), Paris, 1983. (주목할 서문과 기본적인 텍스트 필수)

Etudes socialistes, M. Rebérioux, Genève, 1979.

Jean Jaurès et la Classe ouvrière, M. Rebérioux, Paris, 1976. (조레스와 노동세계의 관계를 잘 보여주는 선집)

Les Preuves, M. Rebérioux, Paris, 1980. (드레퓌스 사건에 관한 중요한 글 모음집)

Œuvtes de Jean Jaurès 9 tomes, Max Bonnafous, Paris, 1931~39. (Toulouse: Privat의 20권 예정 조레스 전집 출간을 기다리며)

Préface aux discours parlementaires: Le socialisme et le radicalisme en 1885, M. Rebérioux, Genève, 1980. (중요한 텍스트)

F) 제3공화정의 역사

조레스를 잘 알기 위해서는 반드시 읽어야 할 책들이다.

F. Braudel et E. Labrousse (la direction), *Histoire économique et sociale de la France* T. 4, Paris, 1979. (조레스 삶의 전개 틀을 보여준다.)

G. Bonnefous, *Histoire politique de la IIIᵉ République* T. 1/T. 2, Paris, 1967. (조레스에 대해 철저하게 반대하지만 의회토론을 아는 데 필요)

J. Chastenet, *Cent ans de République* T. 1~4 Paris, 1970. (학문적 접근이지만 유용한 정보들 포함)

J. M. Mayeur, *Les Débuts de la IIIᵉ République(1871~98)*, Paris, 1973. (역사적 연구의 요약)

M. Rebérioux, *La République radicale, 1898~1914*, Paris, 1975. (새로운 시각들)

P. Sorlin, *La Société française, 1840~1914*, Paris, 1969. (조레스 삶의 전개 틀을 보여준다.)

G) 제3공화정 시기의 특정 모습들

Denis Bredin, *L'Affaire*, Paris, 1983. (참고문헌 등 드레퓌스 사건을 대단히 정확하게 다룸)

E. Weber, *L'Action française*, Paris, 1962.

J. M. Mayeur, *La Séparation de l'Eglise et de l'Etat*, Paris, 1966. (원문 포함)

Jean Bouvier, *Les Deux scandales de Panama*, Paris, 1964. (원문 포함)

P. Guiarl et G. Thuillier, *La Vie quotidienne des députés en France, 1871~1914*, Paris, 1980. (유익한 책)

R. Poidevin, *Les Origines de la Première Guerre mondiale*, Paris, 1975. (원문 포함)

Zeev Sternhell, *Maurice Barrès et le Nationalisme français*, Paris, 1972.

Zeev Sternhell, *La Droite révolutionnaire, 1885~1914*, Paris, 1978.

Zeev Sternhell, *Ni droite ni gauche*, Paris, 1983. (이상 세 권은 매우 주목할 만한 필수 서적)

H) 조레스 시기의 노동운동과 사회주의 운동

A. Kriegel, *Les Internationales ouvrières*, Paris, 1964.

A. Kriegel et J. J. Becker, *1914, la Guerre et le Mouvement ouvrier*, Paris, 1964.

Alfred Rosmer, *Le Mouvement ouvrier pendant la guerre*, Paris, 1936.

C. Willard, *Les Guesdistes, 1893~1905*, Paris 1965. (필수)

D. Lindenberg, *Le Marxisme introuvable*, Paris, 1975. (프랑스의 마르크스주의 도입에 관한 중요한 성찰)

F. Napo, *La Révolte des vignerons, 1907*, Toulouse, 1971.

Georges Lefranc, *Le Mouvememt socialiste sous la IIIᵉ République* T. 1, Paris, 1977. (박식하고 명료하며, 필수 서적)

H. Dubief, *Le Syndicalisme révolutionnaire*, Paris, 1969.

H. Luxardo et al., *Courrières, 1906*, Paris, 1979.

J. Droz (la direction), *Histoire générale du socialisme* T. 2, Paris 1974.

J. Julliard, *Clemenceru, briseur de grèves*, Paris, 1965.

J. Julliard, *Fernand Pelloutier*, Paris, 1971.

J. Maitron, *Dictionnaire biographique du mouvement ouvrier français* 3ᵉ partie, Paris, 1981. (정보의 원천)

J. Nettl, *La Vie et l'Œuvre de Rosa Luxemburg* T. 1, Paris, 1972.

Jean Maitron, *Le Mouvement anarchiste en France*, Paris, 1975.

M. Dommmanger, *Histoire du 1er Mai*, Paris, 1972.

M. Perrot et A. Kriegel, *Le Socialisme et le Pouvoir*, Paris, 1966.

Rolande Trempé, *Les mineurs de Carmaux, 1848~1914*, Paris, 1971. (필수)

Rosa Luxemburg (textes), *Le Socialisme et la France*, Paris, 1971.

I) 조레스 주변

A. Lanoux, *Bonjour, M. Zola*, Paris, 1978.

André Robinet, *Métaphysique et Politique selon Péguy*, Paris, 1968. (페기, 베르그송, 조레스의 관계에 대한 섬세하고 해박하며 꼭 필요한 접근)

Charles Andler, *Vie de Lucien Herr*, Paris, 1932.

D. Lindenberg et P. A. Meyer, *Lucien Herr, le Socialisme et son Destin*. (조레스 주변의 지적 상황에 대한 독창적이고 필수적인 연구)

G. Leroy, *Péguy, entre l'ordre et la Révolution*, Paris, 1981.

H. Guillemin, *Charles Péguy*, Paris, 1981. (페기-조레스의 관계, 에르 그룹과의 결별에 관한 솜씨 있는 장문의

chapter 포함)

Jean Lacouture, *Léon Blum*, Paris, 1977. (앞부분에서 조레스의 전기를 다루며 충실한 전기)

Jean-Claude Allain, *Joseph Caillaux, Le défi victorieux (1863~1914)*, Paris, 1978. (매우 중요한 연구)

J) 텍스트, 회고록 등

19세기 후반의 모든 저술과 회고록을 살펴야 하지만 임의로 간추렸다.

Alain, *Propos*, Paris, 1956. (필수)

Claudel, *Journal 1* (1904~1932), Paris, 1968. (필수)

J. Caillaux, *Mes Mémoires* vol. 3, Paris, 1942~47. (주목할 지성의 변론)

Journal de Jules Renard (1887~1910), Paris: Pléiade, 1975. (이 시기에 대해 가장 생생하고 사실적이고 민감하고 명철한 텍스트)

Laurent Naves, *Mon Chemin*, Paris, 1966. (카르모 출신의 잊지 말아야 할 증언)

Proust, *Contre Sainte-Beuve, suivi de Essais et articles*, Paris, 1971. (필수)

그 밖에 Guéhenno, les Tharaud, Roger Martin du Gard, Jules Romain, Barrès, Péguy 등의 텍스트

Combes에서 Poincaré까지, Joseph Paul-Boncour에서 Maurice Paléologue까지 정치인과 외교관들의 회고록

k) 이 시대 사회주의자와 조레스

François Mitterrand, *Politique 2*, Paris, 1981.

Léon Blum, *L'Œuvre* T. Ⅰ d'abord, Paris, 1972.

* 조레스 전집 및 최근 조레스 연구서(옮긴이)

장 조레스 재단 www.jeanjaures.org

Critique littéraire et critique d'art, Oeuvres de Jean Jaurès T. 16, Fayard, 2000.

Les temps de l'affaire Dreyfus (1897~1899), Oeuvres de Jean Jaurès T. 6, 7, Fayard, 2001.

Philosopher à trente ans, Oeuvres de Jean Jaurès T. 3, Fayard, 2000.

Gilles Candar, *Jean Jaurès, Laïcité et République sociale, 1905~2005: Centenaire de la loi sur la séparation des Églises et de l'État*, Textes choisis et présentés, Le Cherche midi, 2005.

Jean-Pierre Rioux, *Jean Jaurès*, Paris: Perrin, 2005.

Rolande Trempé et Alain Boscus, *Jaurès et les syndicats du Tarn*, Institut Tarnais d'histoire sociale(CGT) du Tarn, 1994.

Ulrike Brummert, *L'universel et le particulier dans la pensée de Jean Jaurès*, Tübingen: GNV, 1990.

찾아보기

476, 500

알바니아 681

알바크, 모리스(M. Halbwachs) 373

알베르(Albert) 141, 409, 469, 475, 554, 564, 568, 576, 635, 663, 677, 730

알비 50, 53-56, 58, 60-62, 64-66, 69, 72, 96, 102, 106, 147, 158, 160, 163, 205, 210, 235, 236, 242, 248-51, 257, 360, 370, 402, 410, 453, 559, 569, 627, 648, 650, 674, 701, 729

알자스-로렌 13, 29, 75, 98, 272, 641, 662, 681, 761

알제 26, 124, 133, 209, 228, 296, 308, 344, 368

알제리 178, 209, 210, 296, 458, 505

알제시라스 회의 546, 573

알카자르 90

암살 14-16, 194, 199, 738, 744, 752, 778

암스테르담 393, 464, 475, 477, 479, 484, 486-88, 688

암스테르담 대회 464, 477, 479, 483, 486, 488, 490, 514, 732, 770

압드 엘 아지즈 574

앙데 499

앙드레, 루이(L. André) 420, 492-94

앙드리외(Andrieux) 게드주의자 394

앙드리외(Andrieux) 경찰총장 189

앙들레르, 샤를(C. Andler) 127-29, 253,278,303, 320, 389, 469, 524, 557,588, 603, 635, 637, 688-91

앙리, 베르트(B. Henry) 335, 341

앙리, 에밀(Émile Henry) 190, 192, 193

앙리, 위베르 조제프(H. J. Henry) 255, 276, 326, 333, 335, 341

앙자를랑 691

앙쟁 광산 180

애국자동맹 108, 111, 336, 339, 343, 343, 491

애국주의 513, 519, 572, 678

앵그르(J. A. D. Ingres) 661

어용노조 연맹 602

언론 13, 73, 108, 161, 189, 191, 194, 195, 201, 236, 246, 254, 269, 273, 279, 292, 297, 317, 331, 367, 376, 420, 437, 442, 463, 466, 474, 487, 494, 504, 522, 541, 549, 558, 585, 593, 630, 634, 642, 647, 654-56, 667, 674, 684, 697, 704, 720, 727, 750

에나르(Aynard) 352, 358, 397, 630

에니크, 레옹(L. Hennique) 571

에드워즈(Edwards) 392

에랄(Héral) 159, 164--67

에르, 뤼시앙(L. Herr) 125, 127-31, 139, 159, 174, 247, 253, 256, 272, 273, 277, 278, 280, 282, 303, 315, 340, 342, 344, 346, 355, 380, 386, 463, 488, 524, 557, 588, 603, 637, 682, 688, 690

에르망, 아벨(. Hermant) 469

에르베, 귀스타브(G. Hervé) 447, 517, 557, 572, 577, 585, 587, 590, 600, 617, 640, 649, 776

에리오, 에두아르(É. Herriot) 778

SFIO 508-511, 517, 525, 532, 538, 540, 542, 557, 578, 606, 607, 619, 670, 675, 689, 729, 751, 778

SFIO대회 577, 579

에스테라지(Esterhazy) 255, 272, 276-78, 280-82, 285`-87, 331, 333

에스파냐 28, 154, 499, 614, 647, 778

에스파냐 내전 778

에스파냐 호텔 154

에스페랑스 호텔 754, 756

『에코 드 파리』 585, 677, 682, 703, 730, 743, 773

에티엔(Étienne) 258, 505, 533, 697, 698

에펠, 귀스타브(G. Eiffel) 114, 115

NRF 602

엥겔스, 프리드리히(F. Engels) 62, 146, 229, 230

조레스는 그렇게 해서 갔다. 암살이었고 시간은 1914년 7월 31일 야간, 장소는 파리 몽마르트르 거리 146번지의 식당이었다.

그 장소와 그 시간은 잊히지 않았다. 몽마르트르 대로에서 조금 들어간 골목 모퉁이의 허름한 그 식당, 카페 크루아상에서 2009년 3월에도 조레스 연구회의 정기연례회의가 열렸고 20대의 정치학도가 새로운 마르크스주의 연구를 발표하고 나이든 이들, 한참인 이들이 한자리에서 질문하고 의견을 나누었다. 연구회는 아주 소규모이지만, 1959년에 창간했으니 50년의 역사를 가졌다. 재정 없이 연구를 하려면 어떻게 하는가를 보여주는 프랑스식 연구회의 하나이다. 프랑스의 정치가 그렇듯이 연구도 개인들의 의지와 협의방식으로 작게 움직였는데 사실 처음 30년 동안 나온 연구회지는 A4용지의 반장 크기에 지면은 30쪽, 때로는 그에도 못 미쳤다. 『카이에 조레스』라는 이름으로 잡지가 볼 만해져서 표지에 색도 넣고 100쪽이 넘는 꼴을 갖게 된 것은 근래 2000년대이다.

외양의 초라함은 연구회지를 창간한 1950년대 사회주의 전공자들에게는 아랑곳없었다. 마들렌 르베리우가 이미 주관하고 거장 에른스트 라브루스(Ernest Labrousse) 또 장 라보(Jean Rabaut), 모리스 도망제(Maurice Dommanget)가 참여했다. 경제사 전공에 전후 좌파사학의 지휘자였던 라브루스이니 조레스 연구를 지원한 것은 당연했고 선생과 함께 1964년 툴루즈 대학에서 열린 조레스학술회에는 이제부터 쟁쟁하게 활동하는 사회주의와 노동문제 연구자들이 포진했다. 자크 줄리아르, 미셸 페로, 롤랑드 트랑페가 그 이름들이다. 공화주의 연구가 전공이 되지만 모리스 아귈롱도 조레스 연구에 빠지지 않는다. 연구는 프랑스 안에서만 진행되지 않았다. 1981년 『조레스와 노동계급』 논문집은 국제적인 연구현황을 알리는데 당시의 소련을 비롯해서 이탈리아와 독일, 헝가리 등지에 연구가 퍼져 있고 일본의 1977년 논문이 소개되었다. 미국 위스콘신 대학 하비 골드버그의 연구는 이미 1962년에 나와 프랑스의 노동과 사회주의를 한데 얽어 분석하는 정치함으로 미국 좌파역사학의 자세를 시사하였다.

막스 갈로의 이 전기는 이른바 대중을 의식하고 대중을 상대로 하는 역사소설의 형식을 가졌는데 당대출판사에서 주목하고 번역을 고집했다. 이 책이 간행된 1980년대 중반에 조레스를 읽을 독자대중이 거기서 확보되었다면 같은 상황을 지금 여기서 만들고 싶다는 뜻이었다. 물론 1980년대 그 시점은 프랑스에서 사회주의 정부가 세워져 출판과 독서도 영향을 받았을 테니 지금 여기의 상황과 비교할 수 없지만 독자들의 갈구는 역설적으로 깊을 수도 있다고 편집진은 짚었다. 사실 선거를 통한 사회주의의 도정은, 당사자들은 힘들었고 밖에서 보기에는 미미했다. 그래서 자본주의 아래 사회주의? 그런 거라면 냉소하기 쉬웠지만 프랑스사회당 창당이 1905년이니 정치적 자유가 그만큼 확보되었던 나라에서 사회주의 정권 수립까지 75년의 시간이 필요했다는 셈을 하게 된다. 영국노동당이 1945년 선거에서 이기고 독일은 분단의 와중에도, 나치즘 아래 다 부서졌을 것 같은 사민당을 재건할 뿐 아니라 집권하게 한 역사에 비해 오히려 프랑스 사회주의의 역사가 지지부진했거나 복잡했다는 감도 든다.

하지만 이념과 정치의 결합이, 즉 파탄과 실망과 원망을 이겨내고 다시 힘을 모으는 과정과 노력이 아무리 힘들었다고 해도 우리 같은 경우와 비교할 만할지. 조레스와 평생 '동지'였던 르베리우 선생이 직접 묻기도 했다. "당신 나라에서는 조레스가 잘 안 알려졌지요?" 당연하다면 당연하다. 조레스라는 특정인이 문제가 아니라 민주주의의 알맹이인 사회주의, 사회주의를 껴안는 민주주의의 성장은 어렵기만 했고 그와 같은 비전은 유실될 수밖에 없었다. 민주주의는 식민치하에서 발붙일 수 없다. 누군가 아무리 그런 꿈을 꾸어도 그건 상상과 언어의 영역에 머무르지 현실과 실천으로 전이하지 못한다. 왜냐하면 민주주의의 토대는 혈연이나 지연이나 하여튼 연(緣)이 아니고 연줄을 끊어낸 개인의 판단과 사고이다. 그런데 그러려면 개인이 자유로워야 한다. 그것이 분명한 전제이다. 자유롭지 않은 상황에서는 의지력과 자발성이 동력이 되어 사고를 가동시킬 수가 없다. 식민주의는 자유와 거리가 멀다. 종속민이 자유롭다면 위선이며 반박의 여지가 없는 모순이다. 따라서 거꾸로 사람들은 의지할 둥지를 찾아 연줄에 연연한다. 그 결과 식민치하에서 민주주의의 지반을 닦기 어려운 것이, 식민지 해방은 쟁취했는데 다음 단계로 이행하기가 난감한 사유를 만들었을 것이다. 1950년대에 어렵게 식민지 해방을 이룬 북아프리카나 1961년 루뭄바를 살해하는 (벨기에) 콩고나 아마 해방기 한반도나 상황은 크게 다르지 않았을 것이다. 민주주의와 사회주의의 결합이 분열과 난관에 부딪힌 것은 서유럽에서도 다를 바 없었지만 그곳에선 시간을 벌었다. 그리고 서유럽 어느 곳도 식민지가 아니었고, 식민지를 만들어낸 자유와 정복의 역사를 가졌다.

그 자유를 바탕으로, 그걸 허물지 않는 수단으로 1889년 제2차 인터내셔널 창당을 해낸 이들의 가슴에는 결심이 서 있었다. 이번에는 쓰러지지 않으리라. 파리코뮌 이래 10여 년을 넘긴 유랑과 반성 또 견문으로 깨달은 바가 많았다. 각자 자기 나름이었지만 너나없이 재건에 나섰고 무정부주의와 손을 끊겠다는 생각을 했다. 1896년 런던 대회에서 전날의 동지들을 밀쳐내고 마르크스주의 사회주의로 간주되는 이들만이 회동하기로 결정한 것은 사회주의의 막대란 손실이었지만 달리 방안을 몰랐다. 사회주의는 선거라는 전략에 동의하면서 쇄신을 기하고자 했고 무정부주의와 합석하면 일이 틀어질 것으로 보였다. 이들의 선거참여를 놓고 부르주아에 합류했다거나 혹은 이미 지고 들어갔다는 평가는 무리이다. 남의 피를 흘리도록 하는 것이 사회주의는 아니었다. 코뮌의 전사들이, 1848년의 희생자들이 오직 피 흘리라는 유언을 남기지 않았다. 파괴와 건설의 동시진행을 요구했고 그러므로 방법론의 문제가 뼈아프게 다가왔다.

백가쟁명으로 어수선했지만 그래도 이제 제2차 인터내셔널이란 든든한 '백'을 두었다.[1] 자기들 소식이 부르주아 언론에 한 줄도 안 비쳐도 상관없었다. 어느 나라 사회주의 신문이나 노동잡지나 온 세계의 정보가 실리고 연대감이 감돌았다. 지식과 노동은 보이지 않는 손을 잡았다. 필진이 도열했고 실력은 쟁쟁했다. 그리고 적이 두려워하는 것은 이들 세계의 놀라운 헌신이었다. 대의에 대한 기여는 실제적이었다. 고에르겐의 학위논문으로 상세하게 알게 되었지만 독일과 프랑스 사회주의는 만나고 다가가고 협의했다.[2] 독일 사민당의 저 수많은 신문잡지들은 신문이 이념의 운명을 쥐고 있다는 듯 총력전, 선전전을 벌였다. 읽고 버리는 선전지가 아닌 그 논설과 기사들은 독일이든 프랑스든 선정적이지 않았고 인식의 지평에 목마른 노동자들을 도왔다. 부르주아의 인문지성을 갖추고 때로는 넘어섰으나 부르주아의 이익에 종사하지 않으려는 지식인들의 참가로 이념의 언론은 빛났다. 활자는 작고 제목은 침착했으며, 국정비판과 외신해설이 기성 언론을 제쳤다. 연재소설도 실었고 전국의 모임과 집회가 지면을 덮었다. 1904년 조레스와 젊은 동지들이 창간하는 『뤼마니테』는 지금 프랑스국립도서관의 애호를 받는다.

　사회주의자들은 이기기로 작정했다. 이길 것 같았다. 싸우기는 무척이나 싸웠지만 인력과 도구, 이념이 연계되었다. 무엇보다 산업현실이 용기를 주고 운동을 재촉했다. 노동과 자본의 간격과 갈등이 이렇게 심할 수 없었고 반면 노동의 조직력과 결속이 이렇게 강대한 적이 없었다. 산업의 질적 발전은 성장의 지표만 올린 것이 아니라 노동이념의 전망을 밝게 했다. 철강, 조선, 금속 노련의 힘은 나라에 따라 차이는 있어도 젊고 완강했고 자신에 넘쳤다. 오랜 세월 노동의 보루였던 직물, 의류, 인쇄업에다 한창 도시를 부수고 새로 짓는 건설업, 필수 대량생산품인 유리병 공업, 이미 파업과 협상에 능숙한 철도원과 광부 노조, 어디를 둘러보아도 노동은 사회의 인프라였다. 사회주의는 이 변혁의 전망에 봉사하여 생산자들의 대변인이고자 했다. 그러려면 우선 폭력시위가 사회주의라는, 사회주의자는 여차하면 폭탄을 터뜨린다는 이미지를 깨뜨려야 했다. 그것이 무정부주의를 물리친 사회주의의 변(辯)이었다. 그러나 배제와 제거는 다르다. 유럽 사회주의는, 아마 지정학적 혜택도 받았겠지만 길게 보면 '사회주의'를 온통 불구로 만들지 않았다. 어느 한편이 제거되어야만 다른 한편이 살아남으리란 망령에 시달리지 않은 것은 상대적으로는 행운이었다.

　이때 1880년대, 1890년대 유럽에선 동서 유럽 어디에나 사회주의 정당이 수립된다. 거짓말처럼 사회주의가 사회를 휩쓴 것이다. 보통선거권 투쟁이 어제 벌어졌던 작은 나라 벨기에도, 오스트리아제국 소속의 헝가리에서도, 북유럽은 물론 정치기질이 북유럽과 사뭇 다른 에스파냐, 남유럽에서도 모두 사회주의 깃발의 정당이 출현하고 표를 얻었다. 오히려 산업강국이고 정치의 근대화가 빠른 영국, 프랑스에서 당의 수립이 늦은 편이다. 이름은 각각 달랐다. 나라마다 연혁과 사정이 있으니 독일은 사민당, 영국은 노동당,

이탈리아는 사회당이었다. 이에 비해 하여튼 이 시기에, 예를 들어 조선 같은 나라에서 사회당을 세울 수는 없었다는 사실은 스쳐 지나갈 일은 아니다. 지하당이 아닌 이상 당은 보통선거제도가 수립되어야 가능하고 선거를 하려면 시민의 법적 자격조건이 구비되어야 하는데 모든 것을 한번에 이루기에는 합의도 강제도 불가능했다. 이유는 중층적이고 복합적이지만 결과로는 오랜 정치문화를 근대정당으로 탈바꿈할 시기를 놓쳤다. 그리고서 식민치하의 민족운동은 강하게 공산주의의 영향을 받는다. 1917년 러시아혁명의 영향은 북방의 기지를 선봉으로 강하게 침투했다. 북아프리카의 민족운동이 시기는 같지만 공산주의를 수용하지 않은 점에 비추어 조선이 독특했는지 궁금하지만 여러 조건이 작용했을 것이다. 아마 그만큼 강렬한 혁명 개념만이 호소력을 발휘할 수 있었을 것이다. 사회민주주의가 사람들에게 와서 닿으려면 기존에 이미 자유주의로 구축된 것들이 눈앞에 구체적으로 보였어야 하니, 식민시기로 넘어온 다수 민중의 가슴속에 무엇이 그렇게 지켜야 할 가치였는지는 답을 미리 정하지 않고 헤아릴 일 같다. 주지하다시피 한국전쟁 이후의 마지막 기회는 법의 이름을 빌린 처형으로 사라졌다. 유난한 현상은 아니다. 가혹하지 않아서가 아니라 오히려 그 세대의 수고를 변방에 묻지 않기 위해서다. 1950년대 동유럽이 겪은 사상의 부자유도 컸다.

공화정은 사실 식민지나 억압체제의 부자유와 함께하지는 못한다. 프랑스의 사례가 이를 웅변한다. 자체의 노력도 컸지만 방어와 생존이란 이름으로 정치적 자유가 봉쇄당하는 약자의 환경에 있지 않았다. 그리고도 1871년에 시작하여 20년 넘게 공화국이 뿌리를 내리는 건지 전복되는 건지 기대와 두려움이 엇갈렸다. 1893년 조레스가 사회주의자로 재선에 성공했을 때 일단 체제는 정착한 것 같았다. 그러나 조레스는 이것을 공화국의 시작이라고 보았다. 공화국은 사회공화국으로 나가야만 그 이름에 진정 값할 것이었다.

그는 기필코 공화국의 방향을 틀려고 했다. 하지만 투쟁이 아니라 정치의식이 온몸에 녹아 있던 그로서는 전복의 방법은 반드시 비폭력이어야 했다. 평화리의 변혁은 더디고 미흡하다. 시골 출신이지만 고등사범을 나온 그는 젊은 동지들과 손잡고 반대와 우려를 무릅쓰고 이 길을 갔다. 이 책은 그가 스스로 떠맡고 또 그에게 부여되었던 그 임무의 수행과정을 그린 전기이다. 그런데 전기물인 만큼 더구나 꼭 말하고 싶은 것이 있다. 이 책의 뜻이나 이 책을 옮긴이의 생각이나 조레스의 전기는 특정인에 대한 존경, 더구나 숭배와는 거리가 멀다는 점이다. 조레스는 이른바 전형적인 지도자가 전혀 아니다. 그래서 책의 제목을 정하는데 출판사의 고심이 컸다. 그는 큰 사람이지, '위대한 인물'이 아닌 것이다. 그는 즐겨 '다수 혁명'이란 말을 많이 했지만, 그때 다수는 숫자덩어리가 아니라 하나같이 의미 있고 누구나 가치 있는 실존의 주역이었다. 그건 분명 인구압이 무섭지 않고 대규모 공황에 빠지지 않은 안정 속 이상이기도 하다. 그러나 정치가 만개한, 신문과 화제가 문학과 정견을 쏟아내는 정치도시 파리의 산물이기도 했다.

조레스는 정치인이었다. 정치란 그에게 다른 것이 아니었다. 대통령제가 아니었으므로, 아니 1인의 강한 권력이 등장할까 감시의 눈이 여전했으므로 정치인이라 해도 이론적으로는 누구나 600여 명 하원의원 중 1인이었다. 그렇게 1인에 불과하면서 설득력과 호소력을 가지려면, 반드시 그렇게 하겠다면 사유와 독서, 법안과 토론의 의회활동, 공중의 관심과 신뢰, 그런 무형의 요소들이 아주 중요했다. 정확하고 부단하게 이념과 향방을 제시할 능력이 있어야 했다.[3] 그런 것들이 진부함 속에 갇히기 쉬운 무명의 다수에게 무언가 참신한, 오늘을 딛고 내일을 바라볼 힘을 주었다. 누가 더 잘하느냐, 어느 파가 더 실하고 또 영감을 주느냐. 경쟁은 치열했다. 매일매일 승부가 나는 듯 정치판은 뜨거웠다. 여러 웅변가를 낳았고 정객의 논변이 세밀하고 수사를 동원했다. 더 중요한 것은 일상이 언변과 다르지 않아야 했다. 조레스의 경우, 일상은 신념의 거울이었다. 일상사는 정치사와 결탁해 있었다. 이 시기의 정치인 한둘이 그런 것이 아니었지만 그는 매일 책을 읽고 글을 쓰고 대학생들 앞에서 역사에 남는 이념싸움을 벌이고 노동자들의 파업을 카메라로 찍은 듯 보도했다. 다시 돌아오기 힘든 정치 고전기였다. 자본이 창궐했지만 문필이 무너지지 않고 물질의 침범에 맞설 위력을 보인 것 같다.

그는 자기 가방을 꼭 챙겨들고 다녔다. 지어낸 일화가 아니라 그의 옆을 따랐던 사람들이 직접 겪었던 얘기다. 지금과 같은 비서, 경호원, 수행인이 필요한 시대가 아니었고 더구나 사회주의 세계에서 그런 권위는 상상할 수 없었다. 그렇지 않아도 아직 집단농장, 일당 개념이란 서유럽 지형으로는 상상을 못하는데 상대편의 의심은 두텁고 무거웠다. 너희들, 자유란 자유는 다 없애려는 거지. 사람을 권위로 밀어붙여 국가의 종처럼 만들려는 거지. 대부분의 사회주의자들은 이 혐의의 눈초리를 아예 의식도 하지 않았다. 답변할 가치도 없었다. 하지만 조레스는 달랐다. 인문지성을 부르주아 독단의 인문지성으로부터 떼어내려고 했다. 앞서 싸운 많은 사회주의자들을 받들어 그는 확실하게 하고자 했다. 자유는 사회주의의 원천이며 사회주의가 진정한 자유를 건설할 것이었다. 소유와 자유의 관계는 사회가 그토록 이기적이지 않아도 보장될 수 있었다. 물적, 지적 소유는 이보다 훨씬 만인이 나누어 가질 수 있었고 그 길이 온 사회의 자유를 굳건히 하는 최신 공법(工法)이었다.[4]

물론 그의 자유의 반경에 여성이 포함되었던 것은 아니다. 한데 뒤섞을 문제는 아니지만 그는 자유로운 멋쟁이 신사가 아니라 시골의 농부 티가 배어 있고 결혼과 사생활에서는 조심스레 처신한 신중한 남자였다. 당시 정치인들이 흔히 갖기 쉬운 개인사도 전혀 없다. 오히려 여성의 해방이라는 논제에 자유롭고 확실한 테제를 세운 것은 라파르그이다.[5] 에스파냐 계통의 기질이 섞이고 현실을 초월하는 감각이 있던 라파르그의 마르크스주의는 여성문제를 열어놓았다. 그러나 조레스 역시 이 시기 사회주의의 상식인 가정과 자본주의의 깊은 연결고리는 충분히 의식했다. 베벨의 『여성론』을 등지는 사회주의자는 있을 수 없었을 것이고(어느 사회주의 교서보다도 많이 팔리고 널리 읽힌 이 책은 한국에서도 일찍 1945년 무렵에 번역된 저술이다) 조레스의 경우도 성적 문제의 사회적 비중에 눈감지 않았다.

어느 모로 보든 그의 직무는 이념을 외치는 것이 아니라 이지적 방식을 실천하는 것이었다. 그것이 고등사범 철학수업이 그에게 떠맡긴 과제였다. 윌름 거리 고등사범의 도서관에서 뤼시앙 에르와 그는 이 실천의 정당성에 합의했다. 모욕이 쏟아질 것이지만 그런 건 시궁창에 버리면 되었다. 두 사람은 사회주의를 인간의 문제로 치환하고 확대하기로 했다. 서양말 휴머니즘은 우리말로 적어도 세 개의 판본이 가능하다. 인문주의, 인본주의, 인도주의의 세 갈래 길을 고를 수 있다. 아마 인간애, 인류애라는 표현도 경우에 따라 적절할 것이다. 인(人)을 내세운 혁명의 나라에 대고 과연 그러냐는, 이 인본(人本)의 문제가 터지는 계기가 발생했다. 유대인 포병대위가 독일에 군의 기밀정보를 흘렸으리란 추정 아래 필적 감정으로 그 유대인이, 군인장교가 유죄판결을 받고 이미 수년이 지났는데 판결에 불복하고 재심을 요구하는 여론이 일었다.[6] 1898년 1월, 사회주의자들은 세기의 질문에 봉착했다. 유대인 포병대위면 사회 상류층이고 엄연히 부르주아이다. 개인적으로 무고해도 사건에 너무 개입할 필요는 없다. 그렇지 않아도 좌파의 본령이 지금 급진파인데, 그렇게 되면 사회주의자들은 그들과 무엇이 다른지 색깔을 구분할 수 없게 된다. 어느 개인이 인간이란 사실에 그렇게 애정을 갖지는 말자. 그건 계급에 기반 한 사회주의에 해롭다. 그럴 심경도 아니다. 파리코뮌의 그날들이 멀리 간 것 같지만 눈감으면 떠오른다. 동지를 묻고 의사당에 앉으면 다 잊어버리는 것이 아니다. 노장 사회주의자들의 무언의 항의는 틀리지 않았다.

　그러나 조레스는 망설이지 않았다. 코뮌을 모르고 공화정의 호의를 듬뿍 받았지만, 사회주의는 그들 세대에도 중요했다. 사분오열된 프랑스 사회주의의 통합이 긴급하고 절실했다. 하지만 당은 프랑스인의 당이어야 했다. 적어도 그가 알고 그가 생각하는 프랑스인들의 삶의 철학이 배어든 당이라야 긴 세월 당으로 살아남을 것이었다. 살아남을 뿐 아니라 그래야 가지를 뻗고 어느 날 아낌을 듬뿍 받는 큰 나무가 되어 있을 것이었다. 인본주의는 그와 고등사범 동지들의 의견으로는 프랑스인의 마음과 언어에 밴 중대한 가치관이고 외부의 공격 앞에 양보할 수 없는 근본이었다.[7] 고등사범의 사서 뤼시앙 에르는 충고도 하고 자신감도 주었다. 키가 크고 건장하며 최신 유행인 자전거로 멀리 뱅산에서 윌름으로 다니던 에르는 확고한 신념의 소유자였다. 그러면서 특히 독일 사상에 해박하고 러시아 망명객들과 통하고 파리의 알만파 노동자들과 친근했다. 조레스의 학위 부논문 주제이기도 하지만 사실 19세기 사회주의는 독일 사상에 원천적으로 빚졌다. 에르나 조레스나 그 때문에 독일적 사유를 흠모했다. 그럼에도 외부에서 도입되는 손은 프랑스인의 감각과 표상이 맞아들여야 했다. 여기서 물러서면 사회주의는 외래적인 것으로, 프랑스 사회의 주변에서 서성거리고 만다. 그는 결판을 내려고 했다. 우리는 이렇게 충분히 짐작해도 조레스의 '사건' 개입은 그럴 필요가 있었을까, 의문이 드는 행위이기도 하다. 기존 사회주의에 대결하여 자파세력의 확보를 위한 차별정책이었다고 가늠해 볼 수도 있다. 그러나 아무래도 그건 물질주의를 중심으로 하는 판정이 아닐까 싶다. 왜냐하면 1898년 7월에, 총선에서 떨어지고 그러니 의회에 나가지도 못하면서 굳이 『라 프티트 레퓌블리크』 편집국에서 그런 장문의 논설을 더위 속에 연일 써댄다는 것은 정략으로는 하기 힘든 일이다. 조레스의 문필은 대체로 어려운 어휘를 쓰지 않는다. 19세기라

문장구조가 복잡하긴 해도 웅변가였던 만큼 읽어서 아름다운 문체를 사랑했다. 더구나 신문과 잡지에 연속 써대야 했다. 그런데 이 사건으로 그가 집필한 논설은 유(類)가 다르다. 그해 여름의 논설을 모은 책 『증거』는 읽기가 아주 어렵다. 인기정책의 자세로는 도저히 감당할 수 없는 법리에 대한 법리의 대항이었다.

그가 또한 망설이지 않은 것은 교회와 국가의 분리 사안이었다. 우리는 사회주의라면 흔히 종교를 박해하는 교리를 가진 것으로 이해하기 쉽다. 그러나 유럽 사회주의의 진전과 교회의 관계는 긴장이기도 하고 협력이기도 했다. 이념과 종교가 대결로만 치닫지 않았던 것이다. 교회는 이기적 특권의 비호 같은 역할도 했겠지만 바닥사람들에 가장 가까운, 그 사람들이 가장 먼저 찾아가는 친구였다. 기독교사회주의란 터전은 마르크스주의 이전에만 일구어졌고 그 다음에는 황량하게 비어버린 것이 아니다. 영국의 케어 하디가 기독교인이고 노동당의 중추로 활약하며 독일기민당은 진보정당이었다. 프랑스는 그런 경우와 비교되지 않는다. 영국 노동운동가인 톰 만처럼 공산주의자인데 기독교인이란 양립은 교회와 국가의 대치로 험한 말, 원한의 감정을 안아야 했던 나라에서는 배리이다. 하지만 종교와 신앙은 유럽 문화의 본바닥이다. 오랜 동안 비기독교화가 진행되었고 특히 20세기 후반에는 교회에 잘 안 가도 종교적 삶이 변질된 것은 아니다. 1905년 프랑스가 국가와 교회 관계를 법제화하는 사업은 1789년 혁명의 유산 정리와도 같았으며 조레스는 이 단계를 밟지 않으면, 공화국을 확실히 하지 않으면 사회주의 단독으로 정립될 수 없다고 믿었다. 그러나 분명한 건 교회의 권력이 문제이지 신앙에 대한 부정이 아니었다. 그럼에도 조레스 같은 입장은 프랑스 내에서나 특히 국제 사회주의에서 동의도 양해도 받기 어려웠다. 그는 부르주아들 하는 일에 너무 개입하고 사회주의 고유의 것은 지키려 하지 않았다하지만 그의 사회주의 역시 노동과 노동자에 관계했다. 그의 정치적 이상은 한마디로 노동자를 대변하는 것이었다. 이유는 장황하지 않다. 선거구민이 카르모의 노동자들이었다. 그러므로 그가 노동자를 버리면 그는 하원의원이 되지 못하고 그러면 그는 아무것도 아니다. 왜냐하면 조레스의 정치와 사회주의는 양자택일이 아니고 일란성 쌍둥이 같았기 때문이다. 정치와 노동자 양자관계는 선입견으로 바라보아서는 잘 보이지 않는다. 국회의원들은 의사당 밖의 사람들과 가까웠다. 조레스만이 유난히 노동자들이나 유권자들과 친밀하지 않았다. 그런 판독은 오해이다. 하나의 전형은 많은 사례를 함축한다. 지금 말로 소통이 긴밀했던 것인데 이 역시 이유를 댈 수 있다. 선거구가 작았고 프랑스 어디서나 도시 규모가 원체 작았다. 파리를 제외하면 보르도, 마르세유, 리옹 같은 대도시도 아직 20~30만 수준이었고 다른 지방도시들은 공간은 널찍한데 사람은 적은 형세이니 여유가 있었다. 그의 향리인 카스트르, 중학교수를 지낸 알비, 노동분쟁이 일어난 카르모는 모두 소도시이다. 걸어서 다녀도 아마 한두 시간이면 시내를 다 보았고 더 갈 데도 없다. 그런데 풍요롭고 아늑했다. 수목은 울창하고 길은 깨끗하며 집들은 직공들의 집이나 부르주아 구역이나 가슴이 떨리는 차이는 없다. 북부 공업지대와는 풍경이 달랐다. 조레스는 이 때문에 1903년 노르 도의 아르망티에르, 우플린에 노동실태 조사를 나갔을 때 상당히 놀랐고 "인간 이하의 물밑에서 배회하는 참상"을 목격한다. 그러나 풍경이 노동은 아니다. 그가 보고 자란 것은 악착같이 일하는 들밭의 농사꾼이고 그가 표를 호소해야 하는 것은 일하고 일해도 가진 게 거의 없는 광부들, 유리제조공들이었다. 조레스는 이 때문에 공화파에서 나올 때 유감이 없었다. 1848년 민주사회파의 후신인 급진주의는 개인의 소유를 아끼는 나라에서 인기가 많았지만 그의 시선은 다른 지평선을 만났다. 자본과 노동의 모순을 현실에서 실감했고 철학도인 그에게 시대를 통찰하고 시대를 초월하는 이념은 사회주의였다.

1890년대에 노동을 위해 의회에서 일하기로 한 정치가는 많았고 이미 노동과 정치의 관계는 일방적이지 않았다. 파리 18구, 19구는 물론이며 릴, 툴루즈, 몽뤼송 곳곳에서 현직 노동자들이 시정을 집행했다. 상부구조로 보아도 노동자가 정치인에게 로비를 해야만 하나라도 일이 풀리는 것이 아니라 노동측에서 정치인을 고르고 주시했다. 두드러진 예가 광부노조이다. 영국에서는 말할 것도 없지만 광부노조의 역사는 오래되었고 광부파업은 국가의 기간을 흔들었다. 자연히 국가에서 상당히 신경을 썼다. 광산 자체는 장기임대 형식으로 개인 소유주에게 양도했어도 광부들의 노동조건에 국가가 팔짱 끼고 있지 않았다. 광부들 쪽에서도 이 노동이 대를 물렸다. 사고는 끊임없었고 지하 등불 하나의 촉수와 안전이 자식과 형제, 동료의 숨통을 죄었다. 카르모 광부들의 역사에 대면한 롤랑드 트랑페에 따르면[8] 지하 갱의 광부들은 연대의 의미를 알았고 노동의 준열함을 자부했다. 트랑페가 조레스로부터 광부들의 세계로 나아가듯이 광부들은 젊은 조레스를 끌어냈다. 아직 공화파 조레스였고 고등사범을 나온 지 4~5년, 의사당에 들어온 지 1~2년의 스물여덟 살 젊은이였다. 노련한 광부노조 지도자들이 철학과 출신 신진의원의 성실함과 재능, 정의의 감각을 알아보았다. 법안을 면밀하고 우수하게 작성해서 현안인 광산대표단 문제[9]와 연금법안의 통과를 추진할 수 있어야 했지만 필경 노동자 앞에서 정중하고 진심인, 동정도 계산도 아닌 자질이 필요했으리라. 조레스와 노동의 관계는 그렇게 시작되었다. 1924년 그의 팡테옹 이장에 노동자들이 관을 메듯 그는 노동자들의 심금을 울렸지만, 그러나 프랑스의 노동세계는 전혀 간단치 않았다.

혁명적 생디칼리슴이란 말은 우리들 노동의 세계에서는 운동으로나 이론으로나 어느 정도 생경한 어휘이다. 이용재의 연구로 프랑스의 사례뿐 아니라 에스파냐와 미국과 스웨덴의 상황을 확인하지만,[10] 서구를 넘어 라틴아메리카와 아프리카에 확산된 이념이고 운동이었다. 영국하면 타협과 온건노선이 지배했으리라는 것도 오해이고 김명환은 대쪽 같은 생디칼리슴이, 톰 만이 영국에서 존재했다는 것을 보여준다.[11] 생디칼리슴은 소수의 것도 소수의 절규도 아니었다. 무엇이 자본과 노동의 본질인가를 몸으로 겪는 이들만이 내놓을 수 있는 강자에 대한 '불복종' 선언이었다. 강자의 정체가 무엇인가? 1906년 아미앵 헌장은 사회주의 정치가 그 범주에 포함되고 노동은 이를 거부한다고 천명했다. 프랑스의 노동운동이 왜 이렇게 특수성이라면 특수성을 발휘했는가는 혁명 이래 100년의 역사와 관계된다. 1789년 혁명으로 자유주의 경제 진입을 관철하려 하면서 프랑스의 법제는 노동의 결사라는 장애물을 막았다. 결사금지법이 최종적으로 해제되는 것은 자그마치 90년이 지나 1884년이다. 오히려 파업권이 먼저 허가되는 아이러니를 빚는데, 법은 법이었다. 하지만 법에는 틈새가 있었다. 20명 이하로 모이는 것은 합법적이다. 파리뿐 아니지만 카페라는 이름의 술도 팔고 커피도 파는 공간은 집에 들어가 보았자 썰렁하고 비좁으니 밖에 나와 이웃이라도 만나고 소식도 듣는, 근사하게 말하면 사회성과 사교성의 장(場)이었다. 이 장면이 이른바 프랑스식 정치문화의 풍성한 하부구조다. 19세기 프랑스는 거의 쉴 새 없이 끓어올랐다. 1830년, 31년, 34년 리옹에서는 견직공들이 봉기하고 진압당하고, 1848년 혁명에서는 다시 파리 노동자들이 시위와 요구에 앞장서고 그리고 패배한다. 1850년대, 60년대의 헤게모니는 번성하는 주식시장과 저택을 구입하는 신흥부유층, 해외로 휴가 가는 상층 부르주아가 장악한 듯했지만 노동자들은 그들대로 여러 진로를 모색했다. 소규모 모임은 내적인 사회성을 다질 뿐 아니라 부패를 혐오하는 감시망이 된다. 지도자가 멀리 있고 보이지 않아 추종하든가 무관심하든가 하는 형태가 아니고 직접 대고 따질 수 있다.

누가 누구에게 권위의 횡포를 부리기 어렵다. 노동자들은 누구의 권위에도 따르지 않고 독자적으로 살 수 있었다. 마침내 CGT의 전국 결성을 성사시키고 혁명적 생디칼리스트들이 모였을 때[12] 그들에게는 적이 뚜렷했다. 정치는 썩는다는, 부르주아는 썩었다는, 그런 썩은 정치에 사회주의자들이 들어가서 이번에는 노동을 위하겠다고 하는 꼴이었다. 생산자의 역량은 높았다. 프루동 이래 이론으로 실천으로 꾸준히 역량을 키워왔다. 『사회주의 운동』 편집국에 삼삼오오 모이는 20대 운동가들은 게드주의자들은 물론 조레스의 계파도 보기 싫었다. 아니 조레스 쪽이 더 끔찍하고 더 치사하게 보였다. 고등사범 나오고 시골에는 큰 집이 있고 부르주아 살롱에 다니고 언변은 유창하고 노동자 표를 얻고, 상종하고 싶지 않았다. 푸제, 이브토, 그리퓌엘, 다 같은 심경이었다.[13] 그러나 이러한 묘사는 매우 감정적이다.

　문제는 훨씬 심각했다. 펠루티에의 반론이 정곡을 찔렀다.[14] 어려웠던 성장기를 이길 수 없어 일찍 가지만 펠루티에는 노동자는 노동자끼리 위한다는 그의 사상은 진실로 신이 없고 주인이 없고 조국이 없는 혁명사상이었다. 노동사가 자크 줄리아르가 훗날 엄호하듯 노동자는 정치의 도움 없이, 개입 없이 충분히 알아서 자주적으로 살 것이었다.[15] 사회주의에 대한 소렐의 반론은 보다 엄밀하고 깊었다. 어느 나라 사회주의를 향해서나 비슷한 생디칼리슴 비판이 나왔지만 프랑스의 경우가 더 아팠다. 『폭력에 대한 성찰』은 이 세상을 구원할 방법은 계급투쟁뿐임을 뼛속 깊이 역설한다.[16] 정치세력화의 길로 접어들면 계급투쟁은 끝이다. 계급투쟁의 요원은 오직 프롤레타리아였다. 프롤레타리아의 진정성 여부에 회의가 번지는 건 1970년대이고 1900년대 프롤레타리아는 한 계급이 아니라 모두의 구원을 쥐고 있었다. 조레스에게도 프롤레타리아는 오직 소중했다.

　조직노동의 반격과 공격에 상처를 입고 반면 돌아보면 급진당은 전국의 표를 쓸어 모으는 1906년, 1910년에 사실 그의 입지는 좁았다. 제3공화정 전기 내내 극좌라는 정치표현이 나오는데 극좌란 아직 없는 공산당이 아니고 프랑스 급진파, 급진당이었다. 프랑스 급진주의는 혁명의 정통이라고 할 만 했다. 1950년대에 주저앉을 때까지 급진주의의 원리와 심성은 프랑스인들이 아주 좋아한 정치론이다. 혼자서 너무 많이 차지하려고 욕심 내지 말고 적절 하게 조금씩 많은 사람이 나눠 갖자는 원리였다. 다만 결코 놓을 수 없는 원 칙은 소유해야 하고 소유를 보장하라는, 보장하겠다는 서로의 약속이었다. 땅은 넓고 인구압박은 없고 산업화는 분산되었으며 농업국가인 나라의 심성 이었다. 사회주의는 이 급진파와 한통속으로 극좌라는 의석에 앉았지만 내심 으로도 사이 좋을 리는 만무했다. 1, 2차 선거제도 때문에 동거와 협상은 불 가피했다. 게다가 많은 노동자들이 마르세유, 툴루즈, 낭트에서 움직이지 않 는 급진파였다. 산업화의 규모가 크고 강한 독일의 사정과 달랐다. 소생산업 체와 소규모 작업장에 소유의 폐지를 외치는 사회주의가 먹혀들기 힘들었다. 더구나 급진주의는 산업화의 폐해를 현실적으로 막고 보다 건강한 사회를 꾸 려가는 방안으로 연대주의를 제창하고 사회입법을 추진했다. 법을 바꾸고 공 장에서 노동법이 통하게끔 하는 일이 중요했다. 이데올로기의 몫이 있고 사 회연대의 방안이 따로 있었다. 이 사회운동의 산실인 파리 사회박물관은 그 때나 지금이나 사회정책의 중요한 근거와 자료들을 제공하는 중요한 거점이 다. [17] 조레스는 이 같은 정책과 입안의 중요성을 간파하고도 남았지만 그의 입지는 어렵기만 했다.

1905년 인터내셔널의 결의를 받아들여 혁명정당, 계급투쟁의 원리로 당 을 꾸리고 난 후 1906~1907년 당세는 확장되지 않고 실망은 내분의 위기를 조장했다. 1908년 유명한 툴루즈 대회에서 당의 원칙을 놓고 만 3일간 야간 까지 집중토론을 벌인 끝에 개혁과 혁명 두 이론을 융합하자는 결론을 끌어

세
나
고
을
지

낸 데는 조레스의 지도력도 컸지만 위험해지는 외부상황도 주효했다. 1905년 모로코 사태 이후가 되면 파리 일간지들의 1면 제목이 바뀐다. 지면에 긴장감이 돌고 대외문제에 대한 관심이 높아진다. 정작 일이 터지는 것은 1914년이지만 긴장은 잠복해 있었고 좌우의 대결은 전면적이었다. 대결의 쟁점이 논리를 넘어 생존의 사수로 치달았기 때문이다. 두드러지게 나타난 프랑스 우파의 역사는 간단치 않았다. 어느 사회든 그렇지만 좌파와 우파의 대결이 선악의 싸움은 아니었다. 프랑스의 경우도 공동선의 추구라는 목표를 두고 길이 갈라지고 접전과 충돌이 감정을 격화시켰다.[18] 샤를 모라스는 훗날 비시 시대를 겪고 수감된 후 냉소를 모두 버리고 사물의 질서와 무질서에 대해 쓴다.[19] 우파는 1898~99년 드레퓌스 사건에서 집결하기 시작하여 10년 후인 1910년에는 악시옹 프랑세즈라는 행동대로 우국의 선봉에 나섰다. 대외문제는 내부문제보다 적개심을 일으키기 쉬웠다. 조레스는 혐오의 대상으로 벼랑 끝까지 몰렸다. 친독이라고 공개적인 우익 민족주의의 질타만 받은 것이 아니다. 샤를 페기의 맹비난은 현실의, 정치의 난맥을 부정하는 시적 정결함의 표현이기도 했지만 조레스의 평화론을 허용할 수 없었다. 프랑스에서 평화를 외치면 얘기는 다른 게 아니다. 독일이 좋다거나, 적어도 독일에 반대하지 않는다는 것으로 금방 해석되었다. 조레스는 사실 독일 사상에 심취했다. 여러 마르크스주의자들이 아직 독일어 원전을 해독할 수 없었고(투사들이 그런 고등교육에 접근할 여유도 없었다) 교육받은 부르주아들이 그런 문헌에 관심을 갖지 않을 때였다(프랑스의 마르크스주의 도입은 고고한 대학강단에서 시작하지 않았다. 버젓한 대학의 철학과에서 마르크스주의를 강론하려면 코제브가 동유럽에서 스트라스부르로 들어오고 가톨릭인 앙리 르페브르가 마르크스주의를 해설해 내는 1920~30년대까지 기다려야 한다).

조레스의 반전론은 단순하지 않았다. 그는 낙관이 심하다는 비판을 들었고 트로츠키가 놀라는 '천진함'이 있었지만 실제로는 전쟁과 혁명에 대해 많이 알고 있었다. 고전과 프랑스혁명의 문헌에 익숙했으며 혁명의 장군 오슈에 탄복하고 그의 고뇌에 동참했다. 사회주의자 가운데 군의 문제에 부심한 경우는 흔치 않다. 조레스는 군이 국가의 새로운 군으로 재생하는 플랜을 갖고 있었다. 따로 저술을 위한 저술을 할 시간도 목적도 없던 그가 쓴 『새로운 군』은 저술이 아니라 의회에 제출한 입법안의 요약이다. 3년이 걸렸고 젊은 장교들 가운데 공화주의 신념을 가진 몇몇 장교들의 협력이 컸다. 그 책, 특히 10장, 11장 또는 12장은 비단 군제뿐 아니라 부르주아, 혁명, 민중에 관한 발군의 서술이라는 평을 얻는다. 그는 군이 민중의 군으로, 그렇게 해서 강력한 군으로 평화를 지킬 수 있다고 시안을 그렸다. 특권과 자본, 억압과 전쟁으로부터 군을 떼어놓고자 했다. 1900년을 돌아서자 세력경쟁 위주의 정세는 가열했고 그가 주력한 것은 정책 과정과 결정, 의도에 대한 분석이고 비판이었다. 프랑스가 모로코 침공을 서두르는 1910~12년, 발칸이 격렬해지는 1912~14년 여름까지 그는 국가이익이란 이름의 이익과 경쟁의 논리, 자본의 논리에 맞서 장관과 총리, 우파를 대상으로 장시간의 공격을 했다. 그러나 한편 인상적인 것은 의회에서 야유와 고함이 터져도 그 많은 말과 매서운 비난이 청중을 갖고 있었던 사실이다.

　　전쟁이란 내전이 아닌 이상 적국의 존재가 명시적이다. 1870년~90년대의 숱한 노력으로 달라지지만 프랑스–독일관계는 유럽 평화의 관건이었다. 오랫동안 독일은 프랑스에 위협을 주는 실세가 아니었으나 프로이센 주도의 통일을 에워싸고 상황은 달라졌다. 1870년 프로이센–프랑스 전쟁에서 적군이 파리를 포위하고 알자스–로렌을 내주어야 했던 경험이 1900년대에 사라졌던 것이 아니다. 조레스는 이 1870년 전쟁부터 주목했고 책임을 따졌다.[20] 배상금을 다 갚았지만 독일에 대한 만감은 깊었다. 민족우익의 발흥에는 그럴 만한 이유가 있었다. 국가체제가 누구나 주인이라는 공화정인 것도 무너질까 두려운데 더 나아가 인터내셔널이란 사실 그 정체가 무엇인가? 인터내셔널은 우리의 역사 경험에는 없는 일이다. 2차 인터내셔널 대회마다 유럽 모든 나라가 참가하다시피 성황이었다. 암스테르담 대회, 슈투트가르트 대회, 코펜하겐 대회 모든 자리에서 관심의 폭은 넓고 보고는 면밀했다. 러시아와 우크라이나, 아메리카와 브라질, 세르비아와 폴란드의 파업과 운동이 보고되고 논란을 자아냈다. 그러나 독일사민당은 사회주의의 종주국이었다. 이데올로기를 가졌고 조직이 놀라웠다. 당은 망명과 핍박 아래 견고하고 거대해졌다. 1893년 총선에서 이미 총유권자의 23.3%, 1903년에는 31.7%의 다수를 차지했다. 시절은 나날이 긴장을 반복하는데 프랑스와 독일은 어디서나 엉켰다. 보물덩어리인 모로코를 에스파냐의 약세를 기화로 프랑스가 선점하고 거의 독식하겠다는 의사에 독일이 승복하지 않았다. 터키의 약세는 남동유럽의 기존 판세를 뒤엎고 러시아가 손을 뻗칠 호기로 보였고 그러면 합스부르크제국은 러시아와 프랑스 사이에서 포위된다. 긴장과 음모, 탄압과 항거를 타결하는 길은 전쟁만 남은 것 같았다.

이 모든 사태에 당면하여 자본주의가 전쟁을 잉태시킨다는 것은 조레스의 신념이었다. 1905년 이후 그의 논설은 전쟁과 이에 연관된 식민지 경쟁에 집중되었다. 물론 조레스뿐 아니다. 여러 지식인들이 전쟁의 위험에 직면하여 비판하고 호소했다. 작가 아나톨 프랑스는 통렬하게 비난했다. "백인들이 홍인종, 황인종 흑인종의 절멸을 놓고 분쟁하고 4세기 동안 지구의 커다란 세 지역의 해적질에 혈안이 되었다. 이 끊임없는 약탈과 폭력의 연속 동안에 그들이 지구의 크기와 윤곽을 알게 되었다. 그들의 지식이 커지면 커질수록 그들의 파괴는 확대된다. 오늘도 백인들은 황인을 예속시키고 살해하기 위해 소통할 뿐이다. 우리가 야만스럽다고 경멸하는 그 사람들은 범죄를 저지르는 우리를 알고 있을 뿐이다." 그중에도 조레스는 험악하게 나왔다. 의회에서 그의 질풍 같은 웅변은 자본가와 식민주의자와 이에 결탁한 것으로 보이는 군부를 내리쳤다. 이 논변이 그가 곧 식민주의 비판자였다고 연결되는 것은 아니다. 식민지 문제에 대한 그의 비판은 원천적인 것이 아니라 국가정책의 모순과 부당성에 대한 비판이었다. 흔히 한계라는 어휘를 쓰지만 한계라고 하고 싶지 않다. 그가 모두 비판했다는 뜻이 아니라 오히려 반대이다. 사회주의도 포함하여 당시 정치세계에서 식민지를 바라보는 입지는 협소했다. 오히려 근원적으로 비판하지 않았다는 비판은, 그야말로 유럽에 지나치게 기대하는 의식일 수 있다. 그러나 이 단서를 붙인다면 조레스의 모로코 정책 비판은 압권이었고 따라서 반감과 악감정의 촉진을 도왔다.

반전론자들에 대한 우익의 혐의는 나날이 커가고 반대로 반전운동은 1911~13년 점점 기세를 올렸다. 위험은 분열을 극복하게 하는 듯, 노동과 사회주의, 지성인과 근로자 들이 다 같이 반전의 대열에 모여들었다.[21] 15만 인파. 1913년 5월 25일, 파리 동북부 교외 벌판 프레생제르베의 군중은 전쟁의 억제를 열망했고 조레스는 포효했다. 중요한 질문이 남는다. 그가 그렇게 치열한 반전주의자였다면 왜 전쟁을 통해 혁명을 이룬다는 전법을 구상하지 않았는가에 혐의를 두고 그의 사회주의조차 오직 미지근했던 것으로 규정할 수 있다. 그는 이 문제에 답변을 한 적이 있다. 1905년 7월 모로코 사태가 비상해진 상황에서였다.

우리들 사회주의자들은 전쟁을 겁내지 않는다. 만약 전쟁이 발발한다면 사태를 똑바로 응시하여 그 전쟁을 민족들의 독립과 인민의 자유와 프롤레타리아의 해방으로 돌릴 것이다. 우리가 전쟁을 두려워하는 것은 유약하고 힘없는 감상 때문이 아니다. 혁명가는 인류의 커다란 진보의 조건이 그것일 때 그 조건들에 의해 억압받고 착취당하는 이들이 분기하여 해방될 때 사람의 고통을 할 수 없이 받아들인다. 그러나 지금 오늘의 유럽에서, 자유와 정의를 성취해 내고 그리하여 민족 대 민족의 원한이 바로 잡히는 길은 국제전쟁의 길이 아니다.

　유럽전쟁에서 혁명이 분출할 수 있다. 지도계급들은 분명 그 생각을 할 것이다. 그러나 그러면 오랜 기간 반혁명, 격렬한 반동, 과도한 민족주의, 질식할 독재, 가공할 군사주의, 퇴행적인 폭력, 저열한 증오, 보복, 예종이 잇따를 것이다. 그런데 우리는 이 야만적 우연의 게임을 하고 싶지 않다. 우리는 프롤레타리아의 진취적 해방의 확실성을, 분할되고 절단당한 모든 민족 또 민족의 파편들에 예약된 정당한 자주의 확실성을, 유럽의 사회적 민주주의의 온전한 승리를 이 유혈의 충격에다 내맡기고 싶지 않다.[22]

프랑스 자체의 사회주의 사상은 층층이 쌓이고 호소력을 갖지만 지금 이때 긴요한 새 사상의 정립은 어려운 1890년대, 1900년대에 사회주의 운동의 저변에는 파리 집산주의대학생그룹이 있었다. 라파르그-조레스의 관념론 대 유물론 논전은 이들이 개최했고[23] 비슷한 그룹이 1898년 5월 선거에 떨어진 조레스를 붙잡고 드레퓌스 사건에 이 정도밖에 못하는 것이냐고 다그쳤다. 조레스에게만 그들이 기울었다는 뜻이 아니다. 그들은 '검은 장갑'으로 알려진 혁명의 노장 블랑키를 비롯해서 라파르그의 강론을 경청했고 무엇보다 이렇게도 칸막이 속에서 사는 '우리의 빈곤함'을 반성했으며 이 칸막이를 부수어 세상에 기여하고자 했다.[24] 다들 알고 있었다. 그들에 앞서 수많은 투사들이 각자의 방식으로 사고하고 싸우고 평생 이완을 몰랐다는 것을, 부르주아지가 부끄러워 한 투철한 노동자주의가 프루동에 빚졌다는 것을, 브누아 말롱이 온유한 합류로 변혁의 열망에 마지막까지 종사했다는 것을, 전투의 총탄 아래 가지만 바를랭이 계급의 한계 안에 노동자를 가두지 않았다는 것을,[25] 그리고 과감하게도 라파르그와 게드가 외부사상을 도입하고 조직화를 달성해서 프랑스 사회주의의 전기를 마련했다는 것을, 소렐이 세상의 더러움과 썩음에 마르크스주의로 대항하고자 하는 것을. 필경 그 젊은이들의 뇌리에서 떠나지 않은 것은 시간과 자원의 박탈로 의식과 사고, 정감, 예술과 문학을 전유하지 못하는 노동자의 현실이었다. 노동자대회들이 생존의 확보와 노동조건의 개선뿐 아니라 사무치제 노동의 주권을 논하는 이유도 거기에 놓여 있었다.[26] 과학과 사진과 새 동력과 기계가 계속 창안되는 시대에 다수가 함께 의식하고 누리고 사상을 돌보며 살아가기를, 혁명이란 비전이 그렇게 해서 나누어지기를 그들은 열망했다. 조레스는 그러한 다수의 힘이 아니라면 혁명은 허상이라고 보았다. 그는 소수의 특권을 수호하는 것이 정치라고 믿는 이들에 맞서 싸웠다.

그것은 지적인 것이 물적인 것을 섬기지 않게 하겠다는 의지를 말했다. 그것은 진정 시궁창 같은 싸움이었다. 안 들어가는 편이 깨끗했을 것이다. 그러나 정치를 제련하여 불순물을 제거하지 않으면, 어느 날 정치의 반대편에선 폭력이 우리가 더 빠르고 더 호소력이 있다고 세인의 공감을 얻을지 몰랐다. 때문에 유럽 사회주의가 정치의 길을 갔다면, 그건 어느 당파의 전유로 성장하지 않았을 것이다. 식자층의 넓은 관심과 지원, 일반의 신뢰가 이념을 키웠다. 우리도 『사회주의인명사전』이 출간되었지만 장 메트롱이 주관한 『노동자인명사전』은 방대하다. 프랑스혁명기, 19세기, 파리코뮌, 1870~1914년 그리고 20세기에 노동과 사회주의에 종사한 무명과 유명의 활동과 사상을 추적했다. 현재는 한 장의 CD에 그 모든 것이 담겨 있고 기록화면들이 노동과 삶의 싸움을 멋있게 재현한다. 조레스는 상당히 크지만, 그 가운데 한 사람이었다.

[주]

1. 제2차 인터내셔널에 관해서는 G. 리히트하임, 『사회주의운동사』(김쾌상 옮김, 까치, 1983, 230~69쪽) 참조.

2. Marie-Louise Goërgen, *Les relations internationales entre socialistes allemands et français à l'époque de la deuxième internationale (1889~1914)*, Thèse, Université Paris 8, 1998.

3. 19세기 프랑스의 국민형성과 정치학에 관해서는 홍태영, 『국민국가의 정치학』(후마니타스, 2008) 참조.

4. 장 조레스, 『사회주의와 자유』 외, 노서경 옮김, 책세상, 2008.

5. Paul Lafargue, *La question de la Femme*, Paris: Edition de l'Oeuvre nouvelle, 1901.

6. 아르망 이스라엘, 『인권 정의 진실의 이름으로 다시 읽는 드레퓌스 사건』, 이은진 옮김, 자인, 2002.

7. J. 조레스, 「인권에서 사회주의로」, 양호민 편, 『사회민주주의』, 종로서적, 1985, 83~89쪽.

8. Rolande Trempé, *Les mineurs de Carmaux, 1848~1914* t. 1, 2, Paris: Éditions ouvrières, 1971.

9. Gaston Laraud, "Les délégués à la Sécutrité ouvrières mineurs," Thèses pour le doctorat, Poitiers, 1907.

10. 이용재, 「생디칼리슴의 국제적 비교연구」, 『프랑스사 연구』 21, 2009. 8, 117~49쪽.

11. 김명환, 『영국 사회주의의 두 갈래 길』, 한울, 2007, 157~284쪽.

12. *Le congrès de la charte d'Amiens, 9ᵉ Congrès de la C.G.T.* 1906. 10. 8~14, Editions de Institut CGT d'histoire sociale, 1983. 아미앵 헌장 100주년 기념논집으로는 Le syndicalisme révolutionnaire, La charte d'Amiens a cent ans, *Mil neuf cent, Revue d'histoire intellecxtuelle*(24, 2006) 참조.

13. '직접행동'에 관해서는 장 프레보지에, 『아나키즘의 역사』(이소희 · 이지선 · 김지은 옮김, 이룸, 2003, 455~64쪽) 참조.

14. 프랑스어로 되어 있지만 페르낭 펠루티에(Fernand Pellouiter) 소개 웹사이트를 참조할 수도 있다.

15. Jacques Julliard, *Autonomie ouvrière*, Paris: Gallimard/Le Seuil, 1988.

16. 조르주 소렐, 『폭력에 대한 성찰』, 이용재 옮김, 나남, 2007.

17. 연대주의에 관해서는 홍태영, 「사회적인 것의 탄생과 뒤르켕의 '신'자유주의」(『한국정치학회보』 36집 4호, 2002. 12, 7~25쪽); Léon Bourgeois, *Solidarité*(Paris: Librairie Armand Colin, 1912) 참조. 사회박물관의 의미는 민유기, 「프랑스 사회개혁 두뇌집단 뮤제 소시알 활동과 보수적 개혁(1894~1914)」(『역사학연구』 23, 호남사학회, 221~48쪽; Janet R. Horne, "Republican Social Reform in France: The Case of the Musée Social, 1894~1914"(Doctor of Philosophy, New York University, 1991) 참조.

18. 프랑스 우파 문제는 김용우, 『호모 파시스투스』(책세상, 2005) 참조.

19. Charles Maurras, *L'ordre et le désordre*, L'Herne, 2007.

20. J. Jaurès, *La guerre franco-allemande 1870~1871*, Paris: Flammarion, 1971.

21. 송충기, 「1차대전의 발발과 사회주의자」, 『서양사연구』 14집, 서울대 서양사연구회, 1993. 10, 51~94쪽; 노서경, 「1차대전 전후 프랑스 사회주의의 반전운동에 대해(1905~1914)」, 같은 책, 1~49쪽.

22. Jean-Pierre Rioux, "L'alliance des peuples," *L'Humanité* 1905. 7. 9, Paris: Perrin, 2005, pp. 250~51.

23. L'idéalisme et le matérialisme dans la conception de l'histoire, conférence faite au quartier latin sous les auspices de groupe des étudiants collectivistes de Paris, Paris: Imprimerie spéciale, 1894.

24. 사회주의사 개관은 Paul Louis, *Cent cinquante ans de pensée socialsite*(Paris: Librairie Marce Rivière & Co, 1938) 참조.

25. Jean Jaurès, "Benoît Malon," *La Revue socialiste*, 1894,

26. Léon de Seilac, *Les congrés ouvriers en France: De 1876 à 1897*, Paris: Armand Colin et Cie, Editeurs, 1899.